美学

批评哲学中的问题

上卷

〔美〕门罗·C. 比厄斯利 著
邓文华 译

创于1897 商务印书馆 The Commercial Press

根据哈克特出版公司（Hackett Publishing Company, Inc.）1981 年版译出

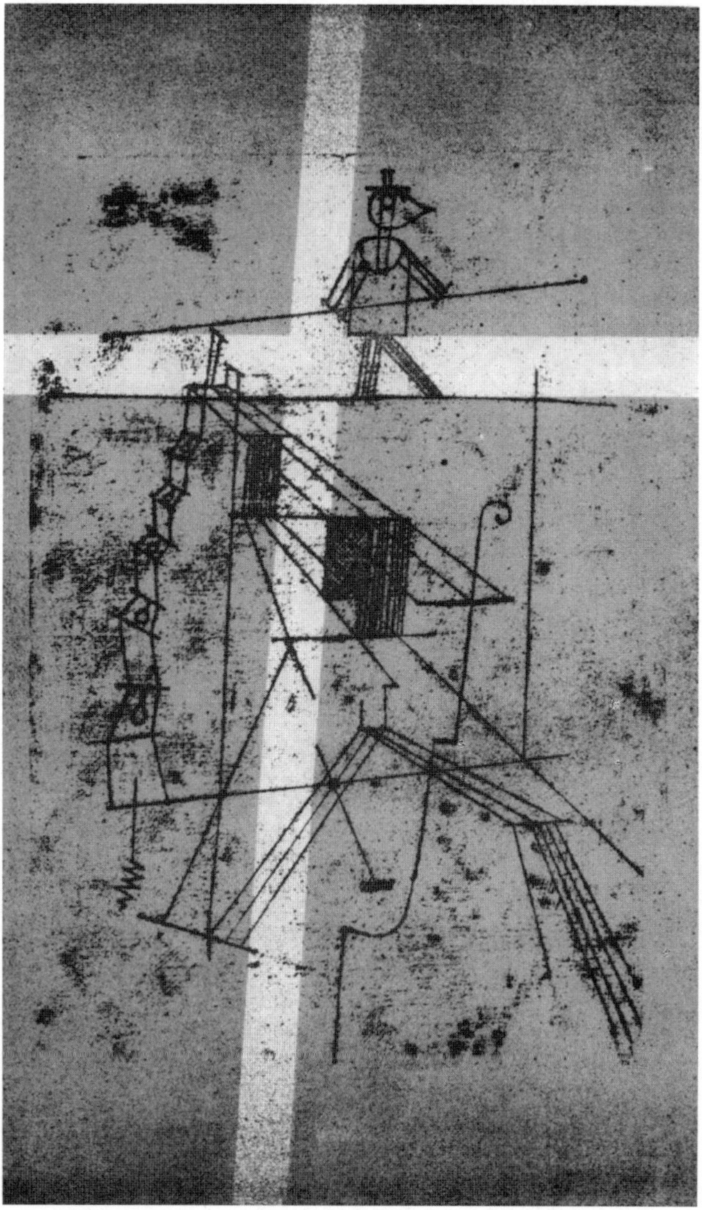

保罗·克利/《走钢丝的人》，石版画

献　给

伊丽莎白·莱恩·比厄斯利

代译序：定义美学、辨析意图、现象场
——比厄斯利分析美学三题

高建平

很高兴邓文华翻译的这本《美学：批评哲学中的问题》终于问世。文华原本在北京第二外国语学院获得学士和硕士学位，于 2006 年至 2009 年期间在中国社会科学院研究生院攻读博士，我是他的指导老师。他的博士论文，研究的就是这位门罗 · 比厄斯利（Monroe Beardsley）的美学思想。当时，我就对他说，希望他译出这部《美学：批评哲学中的问题》，这是比厄斯利的代表性著作。时间一晃过去了十五年，其间多次与他谈到这本书的翻译，这本书最终能译成，我也是深感欣慰。此书我此前曾读过英文本，这次读到中译稿，还是有不少新的感受。

门罗 · 比厄斯利是美国著名美学家和艺术批评家，生于 1915 年，1985 年逝世。关于比厄斯利这个人，中国人既熟悉，又陌生。中国学界熟悉他，是由于他年轻时曾与威廉 · 温姆萨特（William K. Wimsatt）合作撰写了《意图谬误》和《感受谬误》两篇文章。在文学批评上的"新批评"派传入中国之时，这两篇文章也随之在中国产生重要影响。他的一部在中国广为人所知的著作是《美学史：从古希腊到当代》。我将此书译出后，2006 年曾在北京大学出版社以《西方美学简史》的书名出版。后来，我在做了校订以后，又于 2018 年在高等教育出版社出版了该书的中英文对照本。那本书简明而又逻辑性强，有整体性，对美学史的重要人物、事件、线索都有清晰的描述，适合研究生教学，因此被普遍接受和采用。然而，中国学术界对他在美学上的贡献，却仍是比较陌生的。他的一些观点，在各种美学选本和其他美学家的著作中，常有人零星提到，例如，他关于美学的定义，对意图论的批判，对审美对象的分析，等等，都在中国学术界常被人提起。然而，这本《美学：批评哲学中的问题》仍没有中文译本，学界对他的了解仍是零碎而具有片断性，并带有种种误读。经过数年的努力，文华终于将此书译出，与学界见面，对中国学界了解分析美学，了解门罗·比厄斯利的美学思想，对于中国美学研究吸收分析美学的营养，发展艺术阐释学，都具有重要意义。

比厄斯利是一位承续了分析哲学传统的美学家。分析哲学的源头，是奥地利哲学家维特根斯坦。维特根斯坦的主要著作有两部，第一部是《逻辑哲学论》，第二部是《哲学研究》。与维特根斯坦相同的是，他的第一部著作也是关于逻辑学的研究，书名是《实践逻辑》(*Practical Logic*, 1950)，此后还著有一部名为《直接思考》(*Thinking Straight*)的书。这两部书尽管讲的不是美学问题，但显然，对他将逻辑的方法带入美学研究中，具有重要的意义。他与维特根斯坦的不同之处在于，维特根斯坦没有写出系统的美学著作，尽管他在晚年有一些美学的思考，其理论也启发了分析美学的出现，比厄斯利却在很早的时候就写出了重要的美学著作，是维特根斯坦哲学学说较早的美学传人。

一、对"美学是什么？"的独特回答

关于美学，几乎所有的美学著作和教材都会努力提供一个自己的定义。而从事美学史研究的学者却会发现，在不同时代，在不同的研究者那里，人们给美学这个学科所下的定义却又是不一样的。当鲍姆加登（Alexander Gottlieb Baumgarten）致力于建立美学这个学科时，他所说的美学，是研究感性认识的科学。到了黑格尔写作《美学讲演录》时，他将美学定义为“艺术哲学”，所讨论的是处于理性与感性关系间的艺术的本质。在比厄斯利开始他的美学研究之时，美国还在流行杜威的美学，杜威也是将美学看成“艺术哲学”，他是从经验的角度考察艺术的特性。门罗·比厄斯利对美学的研究，也同样是“艺术哲学”。然而，此“艺术哲学”非彼“艺术哲学”。更为具体地说，比厄斯利的“艺术哲学”有着自己独特的特点，如果用最简单的语言概括，比厄斯利认为美学是“艺术批评的哲学”。

比厄斯利在回答这个问题时指出，面对艺术作品，至少可以有三个层次的提问：

> 第一，人们可以针对具体的作品问具体的问题：“这是弗里吉亚调式的旋律吗？”“《俄狄浦斯王》一剧的逆转在哪里？”回答这些问题显然是批评家，而不是美学家的任务。它们不要求理论的反思，而要求事实的信息与阐释的技巧……在第二层次上，人们可以问这样的问题：“什么是音乐调式？”“什么是悲剧基本或一般的特征？”回答这些问题是文学或音乐理论家，或系统的批评家的任务……在第三层次上，人们可以针对批评本身，针对所使用的术语，针对研究与争论的方法，针对它的潜在假定提问。这些问题显然从属于哲学美学。[1]

1 〔美〕门罗·比厄斯利：《美学史：从古希腊到当代》，高建平译，北京：高等教育出版社，2018年，第15页。

在比厄斯利看来，美学的内容很丰富，所有关于艺术批评问题的深层的理论思考，都是艺术哲学，也就是美学。这是一种对美学的相当包容的定义。比厄斯利写道：

> 作为一个研究领域，美学由一整套十分异质的问题所构成：当我们针对艺术作品而力图做出某种真实而可靠的陈述，这些问题就会出现。作为一个知识领域，美学则由批评陈述的澄清和确定所要求的诸原则所构成。因此，美学可被理解为批评哲学，或元批评。[1]

比厄斯利的这种对美学的描述，肯定了美学在第三层次，即对艺术批评的规则、方法、术语等的讨论。这种讨论不是致力于逃离批评本身，而是批评的深化。比厄斯利还认为，理论思考的成分是随着层次的提高而增加的。第三层次固然已毫无疑问是哲学美学，第二层次也有着很多的理论思考的成分，即使是在第一层次，也并非完全不存在理论思考。

他看到美学的这种复杂性，从而提议："让我们都同意在靠近第二层的中部划一道线，不作结论，不追求精确性，并且，我希望，不作出武断的建议。"[2] 这样的定义，带来了不同的反应。有人认为，这种定义太模糊，也有人认为，正是这种模糊的说法，使美学具有多种可能性。

与比厄斯利相比，另一个有着很大影响的分析美学学者吉恩·布

---

1 见门罗·比厄斯利：《美学：批评哲学中的问题》第 5 页。

2 〔美〕门罗·比厄斯利：《美学史：从古希腊到当代》，第 15 页。

洛克（Gene Blocker）在他的著作《艺术哲学》一书中，就为美学提供了明确得多的定义。他认为，人们面对艺术作品，具有三个层次的活动，它们分别是：经验、解释和分析，美学属于最高的层次，即分析的层次。他解释道：

> 每一个层次都表现着或阐明着比它更低些的下一个层次——音乐表现感情，批评解释音乐，艺术哲学分析批评用语，等等。对每一个较高一级层次的判断，都是通过看它是否清晰地阐明了比之更基本的层次上已有的东西，因此最终极的标准乃是对艺术品的直接知觉经验，正如对一种食物之好坏的最终评判是亲自吃一吃一样。[1]

这就建构了明确的三层体系，认为美学就是这第三层。对于布洛克来说，美学就是批评的术语分析，通过术语分析，澄清一些模糊的概念。布洛克的这一定义，符合比厄斯利以后的分析美学的走向。对于此后的分析美学家们来说，美学的定位已经明确，是对艺术批评的术语和概念的分析。

比起比厄斯利的解说来说，像布洛克这样的美学的定义就清晰得多。当然，这种清晰性同时也会牺牲一些复杂性。在分析美学此后的发展中，依照理论自身发展的惯性，追求简明定义的倾向赢得越来越多的分析美学家的欢迎。然而，分析美学家们的这种致力于研究艺术

1 吉恩·布洛克的这本书原名为 *Philosophy of Art*，直译应为《艺术哲学》，1987 年中译本以《美学新解》的书名出版，此后 1998 年曾以《现代艺术哲学》的书名在四川人民出版社再版。此处的引文引自〔美〕H.G. 布洛克著，滕守尧译：《美学新解》，沈阳：辽宁人民出版社，1987 年，第 13 页。

的定义做法，也会引导人们走进概念分析的迷宫之中。

比厄斯利还举例说，这种对于艺术哲学的定义，具有广泛的适用性。例如，伦理学就是道德哲学。我们可以在一般意义上做出道德陈述，例如，人们可以说，“杀人是错的”。如果进一步，问“错”的意义是什么，这种讨论就进入了哲学层面。再如，物理学讨论物质世界的一些具体属性，如原子、中子、质子……各种基本粒子的存在与运动规律。如果我们进一步讨论世界的物质性，我们就要讨论人与物的关系，人对世界的认识是否可能。

各门知识都有其层次划分，而哲学是其中最高的层次。美学是艺术哲学，就是从这个意义上说的。美学不同于批评，但又建筑在批评的基础之上。不懂批评，做不了美学，而美学又要超越批评。这种超越，就是超越文学艺术的批评在面对具体作品时的价值观，从而在一个更高的角度分析批评所使用的术语的意义。

西方美学进入 20 世纪 90 年代以后，许多美学家开始了对分析美学的批评。这些批评者所列举的分析美学弊端最重要的一条，就是批评分析美学的间接性。他们认为，分析美学过多关注批评所使用的语言分析，淡化价值，不再关注对象的美。这就造成了一个悖论，分析美学名为美学，而不再研究对象的美与丑。在这种情况下，回到比厄斯利，重新看到分析美学创立之初时所面临的复杂性，是一个美学研究出路的有益的选择。从某种意义上说，比厄斯利代表着美学界在走进分析美学时的一些特点，同样，他也构成了美学界走出分析美学时的一些可能的路径。一方面，比厄斯利认为，美学是“元批评”，只是“批评的批评”；但另一方面，比厄斯利并非认为，美学不关心对象的批评，远离经验本身，而是认为，美学作为关于艺术批评的哲学，要讨论与艺术批评有关的各种深层的理论问题。

二、对意图论的批判及其引发的思考

比厄斯利对批评理论的研究，是从对意图论的批判开始的。前面说到，他在1946年就与温姆萨特合作，写作了《意图谬误》一文。此后在这本著作中，对这方面的理论有进一步的发展。

意图在作品中的作用，这是引起激烈争论的问题。长期以来，从意图的角度来解释一个文本的意义，早已成为传统。一部文学艺术的作品，总是作者所作，而且常常是发源于单个的作者。从作者的个性和人生经历，写到这些生活经验在作品的凝结，这早已成为文学史写作的惯例。诺贝尔文学奖一般说来不像科学奖那样由几个人共同分享，原因可能也在于文学作品是个人独创的结果。美学上关于“天才”和“趣味”的理论，都与这种对个人独创性的强调有关。在中国古代，有“以意逆志”和“知人论世”的说法，认为阅读和阐释作品要追溯作者之“志”。这在中国人后世的阐释理论中，也有着深刻的影响。当比厄斯利批评“意图决定论”之时，他所面对的，正是这一悠久的历史传统。

首先，我们需要明确的是，比厄斯利对“意图”论的批判，有着其独特的角度。他不是从创作的角度反对“意图”论，不是说作品不是由作者所作，或者作者的意图在作品的形成中不起作用。那种“作者死了”的说法，是一种吸引眼球的极端说法，很容易引起误读。他所要做的事，是建立一种批评的哲学，也就是说，他所考虑的，是针对文学艺术的批评和评论活动所进行的哲学思考。这就对他的“反意图论”的界限做出了明确的规定。

其次，围绕“意图”问题，可以展开一些重要的讨论。诗不是应用文，不是一张布告，不是一份药品使用说明书、一份合同。布告让人看不懂，误解其中的意义，合同意义不清，引发各种解读，从而产生法律纠纷，这都是不好的文字。这些应用文，就是要意图清楚明确。历史书写也是如此，要事实清楚，记录准确，同时，也要表明写作者对事实的判断。中国人讲史家笔法，是说在历史叙事中通过词语的选用，将写作者的褒贬意向在字里行间隐晦地表达出来。与这些应用性文字不同的是，文学讲求表达的语言和结构上的技巧，内在情感和潜意识的表达，以及由“互文性”所产生的语言上的特点。用最简单的话说，关于文学，人们常常讲求“说了什么”与“如何说”之间的区分。应用文重在“说了什么”，而文学将“如何说”放在了重要的位置。文学的价值常常就在“如何说”中体现出来。批评家如果只关心一部作品说了什么，那就只是将之当作应用文看待了。面对一部文学作品，短到一首小诗，长到一部长篇小说，批评家所要做的，不是研究作者的传记材料，作者的创作意图，甚至不是作品所要表达的主要意思。批评家所要做的事，是认真阅读作品本身，感受其中的每一个词句，每一个细节，并将自己的评论建筑在对作品的经验，而非对作者的推断的基础之上。这时，“如何说”也就有了相对的独立性。

同样的道理也适用于其他的一些艺术门类。我们在欣赏艺术品时，并非在猜作者想从中表现什么，而是感受艺术作品本身，即绘画的线条和色彩、雕塑的造型、音乐中声音的组合、舞蹈的人体动作等等使我们产生的经验。这种经验，不是对“说了什么”的认知，而是对“如何说”的感受。

再次，有些艺术门类有二次创作的情况。感受一首诗，阅读文字与听该诗的朗诵所产生的效果不一样。独自阅读一部小说，与高水平的演员将这部小说读给你听，所获得的经验也大不一样。更为复杂的情况，有剧本的写作与演出的关系。一位作者写了一部剧本，后来由导演和演员将它搬上舞台。在排演的过程中，导演会觉得剧本的这一处或那一处演出来效果不好，而演员也发现这句或那句台词应该是这样而非那样说出，如此等等。整个排演的过程，就是一个不断再创作的过程。类似的例子，还有交响乐的演奏，电影、电视的拍摄，等等。在所有这些需要二次创作的艺术中，意图都不是单个人所拥有，而成为复杂的、多人意图推动下的艺术创作活动。最终，某个清晰的意图似乎已经被淡化或消解，形成了一个由无数动机推动下形成的复杂的艺术创作过程。

更进一步说，艺术创作，即使作品是由单一作者所作，也是一个复杂的意识与无意识，动机、目的与活动，意图、习惯与能力，意志、情绪和情感，心理状态和注意指向，等等，综合在一起的过程。如果在批评时以作者意图为依据，就是将这各种因素割裂开来了。

在文学艺术批评中，批评家们还要将艺术作品在社会、时代和文化中所产生的意义考虑在内。人们常说，“一本书有自己命运”，其实，一部文学艺术作品更是命运无常。从批评的角度看一部作品，批评家所面对的是复杂的因素。常常有这样的情况，一部作品在发表的当时默默无闻，而在此后会突然走红。与此相反，一部曾流行一时的作品，后来就无人问津。还有，一部作品在自己的国家影响一般，而在别的国家却风靡一时。人们喜欢一部作品，对作者的生平经历并不在意，似乎就是喜欢作品本身。例如在中国，“五四”以后，易卜生的《玩偶之家》、都德的《最后一课》都曾相当流行。前者引起了批评家们对娜拉命运的热烈讨论，后者激发了强烈的爱国热情。这两部作品在中国的命运，正是应合了中国当时的“启蒙”和“救亡”两大主题。

以上所有这些例证，都在支持一种反意图决定的理论。然而，在文学艺术的批评中完全排除意图，也会招致反对。毕竟，作者还不能“死”，宣称作者“死”了的理论，只不过是为了吸引人注意的夸大其词而已。前面说过，比厄斯利的美学，只是一种批评哲学，他开创了将美学看成是批评哲学的传统。此前，与艺术有关而被看成是美学材料的文本，有这样几种：哲学家们在探讨艺术的性质，文艺理论家致力于指导文艺创作，而作家和艺术家则写出自己的文学艺术主张或者创作经验。比厄斯利这种从批评出发的理论，所面对的是作品文本，而不是作者。因此，他不是否定作者的存在，而是为他自己的理论探讨设定范围而已。

意图是一个引起了激烈争论的大问题。仅凭意图来评估艺术的成功程度固然是错误的，但是，即使是从批评的角度来看，对意图的设定仍有其存在的理由。

首先，面对作品文本，阐释者当然有其自由，可提供各种各样的阐释，但这并不等于说，阐释是任意的。阐释有着它自身的制约性，而这种制约性中很重要的一条，仍是创作者的意图。当人们说“一千个观众，就有一千个哈姆雷特”之时，作为一种批评哲学，仍要在多种阐释中提出选择的原则。放弃选择的原则，不对阐释做限定，那就等于说，阐释是任意的，怎么说都行。这样一来，阐释的沟通就不再可能。实际上，人们在遇到“哪一个哈姆雷特”问题时，仍要诉诸莎士比亚其人其世来做出选择，即哪些是莎士比亚可能会有的哈姆雷特，哪些是莎士比亚不可能设想的哈姆雷特。如果有批评家将一些莎士比亚不可能具有的现代观念，如个性解放、民权、女权等不属于莎士比亚时代的观念强加到哈姆雷特身上，就会引起读者的反感，这时，批评界就会有“回到莎士比亚”的呼声，寻找莎士比亚时代可能会有的哈姆雷特。这时，作为一种批评哲学，我们仍然要设定意图的存在，从而寻求在种种阐释中做出一种合理的判定。

当然，人们很可能永远不会知道作者的真实意图，那种以作者意图的追寻为目的的对作品文本进行的考证性探索，可能会把批评引到歧途之上。这是比厄斯利的意图谬误说所具有号召力的地方。的确，批评变成了作者意图的考证，会使对作品的理解，以及对作品价值的评价变得毫无意义。然而，这不能否定意图设定对作品评价的全部意义。作者意图存在的设定本身，对批评活动本身意义的形成，是一种支撑。这种设定，对于作品的感性特征的获得，以及创作者的个人特性、成长经历、生活状态间关系，并由此所赋予的作品的人性的获得，具有不可或缺的意义。同时，也可以为批评者提供阐释的有限性，例如，避免不合理地给作品提供超越创作者，及其所处的时代和文化的任意阐释。

在设立作者意图时，并不一定要局限于作者的有意识的意图，或者创作目的，而是将意图扩展为作者的人本身，他的生活，他所受的教育，他的经历、经验，以此作为批评中进行选择的范围。这同时也把作者的无意识包括了进来。新批评坚持作品本体论，从而排斥了从弗洛伊德到荣格的心理分析学派。其实，心理分析学派固然也反对意图论，但他们所反对的，是对意图的理性化的解释。意图可以是有意识的，从而是理性的，也可以是创作的动机，兼有意识与无意识。心理分析学派强调无意识的作用，引发了批评理论对意图中的无意识成分的关注。实际上，意图本身就是这种意识与无意识相互作用的结果。

分析美学学派致力于在“说什么”与“如何说”之间做出区分。其实，这两者在文学和艺术作品之中，也不能完全割裂。“如何说”要服从于“说什么”，尽管前者有相对的独立性。然而，在“说”的过程中，对“如何更好地说”的追求，又是时时与“说什么”有着密切的关系。完全离开了“说什么”的“如何说”，只能是胡言乱语而已。

最后，关于二次创作问题，一些复杂的、需要有很多人的协作才能完成的文学和艺术作品，并不能否认创作者的意图存在，而只是使这种意图变得复杂化，成为意图的叠加而已。所出现的情况，实质上还是最初的意图之力所引发的连锁反应，由于新的力的加入而推动了一个过程，使其得以持续而已。正如多米诺骨牌效应，每一张牌都受了力，又施加了力。然而，最初的那张牌的力所起的作用，仍不能排除。在批评中，我们仍需要有这个假设。有没有这个假设，结果大不一样。失去了这个假设，作品的意义就被赋予了任意性，从而可任意解释。

在陈述了上述正反两方面的道理以后，我们可以得到一个结论：作为对作品的评价，比厄斯利是对的，不能根据意图来评价作品。作者的意图绝不是“评论一部文学作品成功的标准”。批评的哲学要确定，批评家所面对的，是建筑在作品之上的经验。道理要建立在感受之上，理论要建立在经验之上。离开对当下作品的经验而去做作品原意的考证，是一个错误。然而，这并不是说作家“死”了，意图不存在了。文学艺术的创作是一个既有内在心理又有外在动作，并且这两者融合无间的活动过程。最初的动机是一连串活动的缘起，在活动过程中完成作品。

三、审美对象的客观性

当人们从事审美活动时，审美对象是客观存在还是主观状态的体现，这是另一个重要的问题。美学史上的审美态度说，持一种主观论的立场。这些“态度说”的持有者认为，对象之所以美，是由于主体对它们持有某种“态度”。例如，“心理距离说”认为，审美对象之美，是由于审美主体在心理上与对象之间拉开了距离。距离产生美，而这种美，那么，就不是由于对象本身而是由于一种心理的距离。而“移情说”则是认为，审美对象之美的原因，是主体向对象投射了情感。这两种学说，都属于主观论。此外，当时还流行其他一些源自心理学的美学观点，都具有主观论的色彩。

与这些20世纪前期在国际美学界流行的主观论大潮不同，比厄斯利认为，审美对象是客观的。这种客观性，并不是指对象的物理属性。文学作品不是纸张和文字，绘画不是线条和色彩，雕塑也不是石头或青铜。然而，这种客观性，又是实实在在的，可提供审美经验的客观对象。

审美的客观性，与认识论上对象的客观性具有不同的含义。例如，两位重要的英国经验主义者洛克与贝克莱，就曾涉及这个问题。洛克认为，不存在“天赋观念”，心灵诞生时“像一张没有写过的纸——没有任何记号的白纸”。[1] 因此，他是客观论者。与此相反，贝克莱则认为：“存在就是被知觉。当我说我在上面写字的桌子存在时，我的意思是说我能看见或感觉到它。当我离开屋子而说它存在时，我的意思是说，如果我在屋子里，我就会看见它，或者某一其他心灵实际看见了它。如果说事物存在而不被心灵知觉，那完全是不可思议的。”[2] 因此，他就是主观论者。

席勒曾在他给贝尔纳的信中讨论美学上的主观与客观。他认为：

---

1 〔德〕文德尔班：《哲学史教程》，罗达仁译，上卷，北京：商务印书馆，2017年，第164页。
2 〔美〕梯利：《西方哲学史》，葛力译，下册，北京：商务印书馆，1979年，第103页。

"博克的理论是主观而感性的，沃尔夫学派（包括我们常常提起，又常常误解的鲍姆加登）是客观而理性的，康德是主观而理性的，而他自己则是客观而感性的。"[1]席勒认为，审美对象是"活的形象"，具有客观性。这种客观性，只是指对象具有一定的自主性，不由当下的自我所决定而已，而不是离开人的独立存在。

在中国，关于美的主观论和客观论，曾出现过激烈的争论。朱光潜前期持主观论，而后来提出主客观的统一。蔡仪则从认识论出发研究美学问题，从而提出了客观论。这是一个古老的争论。主观论从审美欣赏者出发，这时，就会出现欣赏者各有自己的标准，最终导致没有标准。客观论诉诸事物的物理属性，失去了与人的联系。此后，美学界还有人提出"社会论"和"价值论"的观点，都是试图在人与物之间寻找某种"中间物"。

针对这种争论中的困境，比厄斯利提出了一个重要概念，即"现象场"（phenomenal field）。据此，他做出了现象上主观与现象上客观的区分，对于在美学上解开主客观争论的困局，具有重要的启发意义。一片风景代表了一片心情，高兴时山欢水笑，悲伤时愁云惨月，这是将审美的对象等同于人的情感，属于现象上的主观论。与此相反，还存在现象上客观的审美对象。

山川明媚、风和日丽，会带来审美愉悦。面对这样的美丽风景，如果审美者不愿意欣赏，心事重重，会有人劝他趁着好天气，多出去走走，看看风景，散散心。相反，乌云密布、电闪雷鸣，或者月黑风高，会带来震撼和惊恐。环境和气象的变化，原本无所谓好坏美丑，是现

1 见高建平《席勒的审美乌托邦及其现代批判》一文。引自高建平：《西方美学的现代历程》，合肥：安徽教育出版社，2014 年，第 131 页。

象场赋予了它们与人的关系，相对于人来说，又有了好天气与坏天气之分。这些环境和气象本身又具有客观性，具有一种客观的美。

这种现象上的客观性，大量体现在文学艺术作品之中。文学作品中的人物，当然是作家塑造的，但又是现象上客观的。批评家可以围绕着作品人物的性格特点进行争论，对人物所具有丰富而深刻的含义不断探索和发现。哈姆雷特是如此，安娜·卡列尼娜是如此，贾宝玉和林黛玉也是如此。一些不朽的文学形象，其特点就在于可提供人们取之不尽、用之不竭的阐释的源泉。将这些人物说成是具有现象上的客观性，就是说，意义仿佛是从这些人物身上发掘出来的，而不是批评家在阐释时赋予的。在诗歌中也存在着类似的现象。诗歌所描绘的景色，所抒发的情感，也具有现象上的客观性。我们总是被一些美好动人的诗句所感染，而不是将已有的情感投射到诗句上面。我们会赞美诗人的奇思妙想，赞美诗中的奇词妙句，从而中感受和学到许多知识，感受到诗句所传递的思想情感，而不只是在阅读时所寄托的阅读的情感。

这种现象上的客观性，说明对象的美是“呈现”出来的。人们常说，世界上不缺少美，缺少的是发现美的眼睛。这是说，美就在那儿，等待我们去发现。

这种“呈现”会带来一系列的问题：首先，我们听一首乐曲，初次听没有听懂，后来再听，越听会越觉得好，于是，百听不厌，从中发现更多的内容和意义。我们听一些古典乐曲就是如此。听贝多芬的《英雄交响曲》，一开始听上去只是感到雄壮，听了多遍，才能慢慢觉得意味深长。记得有一年在香港，躺在旅馆床上打开电视，听电视上反复播放某歌星的歌，一开始觉得淡而无味，甚至有点怪异。听了很多遍以后，才能接受，觉得是一首可听的歌。读一些古典名著，常常也是读了几遍，才越读越喜欢。甚至有人说，所谓的经典，就是值得读多遍的作品。所以说，《红楼梦》要看五遍，其他世界名著，也是如此。电影评论家也会告诉我们，一部好的电影，至少要看两遍，要想写出评论，就要看更多遍。这都是表明，作品的意义，就存于作品之中。批评家既非要根据作者的意图来理解它，也不是看它在读者身上产生的效果，批评家所要关注的，是具有客观性存在的作品本身。这种作品所具有的客观性，是一种现象上的客观性，不是它的物理存在，也不是它在人的心理中的存在，而是某种介乎其间，从现象的层面所具有的对象性。

其次，审美对象的客观性，还体现在对作品的理解有“对”与“错”之分上。有人看一幅画，得到了一种解读，别人会说，他理解错了，画的意义不在于此，于是产生了争论。对戏剧、小说的理解，也会是如此。只要有对“正确的”理解的认定，就是意味着审美对象有现象上的客观意义，批评家们可以对此进行争论，而不是谈到“趣味无论辩”。好的批评家恰恰在于他们评得“正确”或“到位”，令人信服，而不随心所欲，任意发挥。

比厄斯利特别指出，那种印象主义批评，需要排除在外。批评家的直接印象，很可能并不是作品的“呈现”，它们只是批评家个人的经验，很容易导向错误。至于那种以被评论的作品所提到的话题为契机，借题发挥，说作者想表达其他意思的批评，更与对作品的阐释毫不相关。

结语：分析美学引入中国的意义

我从 1989 年到 1997 年在瑞典乌普萨拉大学读书，在那里所读的大都是分析美学的著作。我的同学中，有几位在分析美学研究方面很有建树。1995年，我从斯德哥尔摩渡海赴芬兰拉赫底参加第13届世界美学大会，从此与国际美学协会结缘。此后的二十多年中，我连续九次参加世界美学大会，并与多位在国际美学协会中活跃的学者成为朋友。这些朋友的观点各不相同，但大都有一个共同的特点，即反分析美学。记得有一年，我邀请几位国外朋友到天津开会，在会议结束后从天津回北京的火车上，斯洛文尼亚学者阿列西·艾尔雅维奇和美国学者泰勒斯·米勒要找我“谈谈”。他们所谈的内容，是问我为什么要让我的博士生研究分析美学。在他们看来，分析美学过时了。还有一次，我邀请美国学者阿诺德·贝林特到中国社会科学院文学研究所举办讲座。讲座结束后，我请他到我办公室坐坐，恰好那天我订购的几本英文书寄到，我一边拆包一边把那几本拿给他看。贝林特也表示，这些分析美学的书不值得看。至于理查德·舒斯特曼，我曾对他说，读过他编的一本分析美学的选本，他则淡淡地说，那是以前的事了，言下之意是，他现在不再做分析美学研究了。那么，分析美学研究在中国还有什么意义？

记得当时，我回答这些国外学者说，分析美学所讨论的一些问题，从中国人的眼光来看，仍然很有趣。其实，我还想进一步说，分析方法的掌握，对于中国美学研究者来说，是一个美学能力上升的阶梯。在美学中，有许多概念需要澄清，有许多研究角度需要尝试，这些研究会有助于中国美学的发展。中国美学家做研究，不能只是追西方最新潮流，而是要从我们自己的实际出发，多方寻找资源，解决我们所面临的问题。有时，一些看似古老的书，真正读进去，仍会发现其中的价值。

我们以前对于西方20世纪美学的理解，大都是粗线条的了解。

其实，书仍是要完整地去读，读进去。这些书研究了当时的美学界所面临的问题，有些问题至今也没有很好地解决。美学与许多人文学科一样，是在对一些问题的追问中得到发展和前进，而不是像一些人所宣称的一样，能够一下子解决什么“千古之谜”。为研究和思考提供框架，由此进一步发现新的问题，这本身就是学术的进步。

比厄斯利在分析美学史上属于比较早的一位，他的美学思想致力于经验方法与分析方法的结合。在他以后的一些分析美学家，像阿瑟·丹托、乔治·迪基等，则代表着完全放弃经验方法的一代。在当代美学重回经验论的大趋势下，比厄斯利的学术，仍能提供一些启发。一些重要的美学著作，是美学史上留给我们的宝贵财富。

看到本书的巨大篇幅，深感将它译出之不易。20世纪百年美学，美国美学界出了几本最好的书，本书应该是其中之一。他山之石，可以攻玉。从这个意义上讲，比厄斯利这本书的出版，是对中国美学研究的一个重要学术贡献。

前　言

在我看来，一本书因其主题而受到几个领域的专家学者的审察，却还能拥有如此之多的读者和指导者，这种幸运是可遇不可求的。我偶尔会在心里嘀咕他们几句，因为他们让我焦头烂额，不得不更用心去思索书中某个有欠严谨的论点，或者去修改某个我不太确定的段落。但现在，我要借此机会承认，他们的帮助让我受益良多，实乃荣幸至极。他们总在力所能及之时伸出援手，把我从自己的井底拉上来。在经受他们的细察之后，如果此书还存在什么瑕疵，则完全是我个人的固执所保留下来的。

我无法提及所有以这种或那种方式帮助过我的人的名字，但我由衷感谢我的妻子，林肯大学的伊丽莎白·莱恩·比厄斯利，她对书稿的最新校对，既严苛又细腻，是无可替代的。感谢斯沃斯莫尔学院的理查德·B. 勃兰特，他在伦理学和价值理论中的真知灼见，迫使我在关于规范性批评的章节中做出了许多改进。感谢田纳西大学的罗伯特·W. 丹尼尔，他阅读了刚从打字机上打印出来的各章节，并且总是乐于提出宝贵的建议。感谢斯沃斯莫尔学院的亨利·格莱特曼，与他的交谈，极大地促进了我对相关心理学问题的理解。感谢哥伦比亚大学的阿尔伯特·霍夫施塔特，他不厌其烦，相当仔细地阅读了书稿，并提出了很多批评意见，让我获益匪浅。感谢布鲁克林学院的约翰·霍斯珀斯，他也总是在第一时间阅读我刚完成的所有章节，是他的点评引导我前进，让我信心倍增。感谢斯沃斯莫尔学院的塞缪尔·L. 海因斯，他和我就关于文学的章节中的那些例子和原则展开了富有成效的讨论。感谢斯沃斯莫尔学院的赫德利·H. 里斯，他阅读了绘画部分的内容，并指导我如何能让它们在各方面更加合理。感谢密歇根州立大学的理查德·拉德纳，我们共事时，他曾和我讨论了书中的一些问题，他对这些问题的思考对我有潜移默化的影响。感谢斯沃
vii 斯莫尔学院的彼得·格拉姆·斯温，他阅读了音乐部分的内容，并向我解释如何能让它们在各方面更加合理。感谢斯沃斯莫尔学院的罗伯特·M. 沃克，他教了我很多美术知识，并且帮我筛选书中的插图。感谢耶鲁大学的威廉·K. 温姆萨特（我对他加以引用的脚注以及我在更早前的著作中的鸣谢似乎并没有清楚地表明这一点），由于他，才有了观念的各种丰富性，以及对多年来一直是激励我前进的动力和原型的各种批评问题的执着探寻。最后，但并非故作姿态，我要感谢我在斯沃斯莫尔学院那些研读美学的学生，他们对我来说就是一群群苏格拉底，因为他们习惯性地拒绝任何不能予以合理辩护的观点，并且迫切地想要发现什么样的观点是能够予以合理辩护的。

我谨向约翰·西蒙·古根海姆纪念基金会（John Simon Guggenheim Memorial Foundation）表达我的感激之情，它提供的研究基金资助（1950—1951 年）使我能够致力于隐喻的研究，其中一些研究成果出现于本书第三章。我还要感谢斯沃斯莫尔学院的罗伯特·M. 沃克和所罗门·阿施的慷慨相助，他们允许我使用其收藏品的复印件。此外，我也要感谢莉迪娅·巴克内尔女士的帮助，她是负责书稿打印的主力军。感谢字母排序专家马克·比厄斯利，在索引方面，他帮我排忧解难，让我省时省力。此外，还要感谢菲利普·比厄斯利，他循循善诱、温柔敦厚，是我在了解当代音乐的分支时所请教的权威。

在撰写这部书时，我多次想起了我的恩师，耶鲁大学已故的威尔伯·马歇尔·厄本，是他唤起了我对美学问题的兴趣，并谆谆指导我的早期研究。如果能以此书来纪念他，我将不胜欣慰！

门罗·C. 比厄斯利

于宾州斯沃斯莫尔学院

1957 年 10 月 1 日 viii

目　　录

上　　卷

下 卷

插 图 目 录

卷首插图：保罗·克利 /《走钢丝的人》，石版画

正文插图：

题　　记

我如果不知道自己是根据什么原则赞许一个对象，而不赞许另一个对象；称一种东西为美，而称另一种东西为丑；判断孰为真理和谬误、理性和愚蠢，那么我思想起来便觉得不安。

——大卫·休谟

1980年“补遗”

——若干老问题的新视角

在此书第一版付梓二十年后，写一篇实质性的补记，显然是有必要的了：只有这样，方可纠正因时过境迁而日益显得片面的重要内容，展现1958年以来艺术哲学所取得的重大进展，并回应近些年来针对我的观点和结论所出现的各种批评声音，从而使得读者能够听到其他立场的观点，并对争议性的问题做出个人的判断。

首要的一点是：我虽然在撰写第一版时就已谙晓美学领域中坚守艺术之特殊性和特权的人与赋予艺术以某些从属的社会和文化功用的人之间旷日持久的论战，但在当时的写作背景下，我强烈地感受到了探索和强调艺术之独立性和自主性的必要性。我不那么关注（虽然最后在第十二章予以了些许关注）艺术活动与其他形式的活动之间、作为社会产品的艺术品与其他基本兴趣和关切之间以及艺术品与其所处于的社会、传记和历史条件之间的相互关系。我觉得，在它的那一发展阶段，美学理论要求我们进行郑重其事的尝试，以弄清楚：对于艺术的特殊性，对于作为一项迥异的不像很多人所认为的那样依赖于心理学和社会学的任务的艺术批评，对于一种最充分地存在于艺术品之中的独特价值——一种独立于艺术品的道德、政治、哲学或宗教维度以外的价值，我们能够做出什么合理的辩解。在我看来，最为人所熟知的和最引人关注的试图通过这种方式赋予艺术以尊严的努力——

克莱夫·贝尔和罗杰·弗莱这样一些所谓的“形式主义者”所做的努力——对这项事业的影响，总体上弊大于利，虽然他们的批评确实在历史上举足轻重，而且他们的美学思想也引发了建设性的讨论。艺术的符号学理论——其时正处于苏珊·朗格和查尔斯·W. 莫里斯的阶段——在很多人看来有着光明的前景，但是，（即使其理论困境可以克服）我觉得这种理论是一种有局限性的、缺乏充分依据的艺术观。
xvii 我从如日中天的“新批评”学派中，发现了一些认真尝试，它们试图将文学视为某种具有自身特殊性和重要性的东西，它们试图理解文学的运行机制，而且试图为文学作品的阐述找到一种客观的、（在一定范围内）可证实的方法。依己愚见，我并不认可一些新批评家所强调的各种宗教和政治观，我也看不出这些观点与他们作为批评家和文学理论家所从事的研究有什么逻辑关系。但是，我确实认为，他们的极简理论需要哲学的补充和支持，而本书的片面性，甚或偏颇性，源于一种要公正地对待文学、音乐和视觉艺术的不懈努力。但遗憾的是，在那些年头，我对其他艺术——电影、建筑、舞蹈——了解不多，因而无法充分讨论，但我相信，文学、音乐和绘画足以阐明和检验我的概念和原则。我姑且知足罢。

在我看来，过去的二十二年是哲学美学中一个令人肃然起敬的开拓创新的时期，人们现在所做的研究，比我们在 1958 年所做的研究更有生气，更有活力。一些关键性的著作和论文，以及它们所引起的广泛反响，对于这一进步而言厥功至伟。受益于哲学其他分支所形成的新观念，一些更古老的问题已经改头换面，以更有趣的、更易操作的形式而回归。但是，即使是这些问题，更遑论尚未受到如此广泛关注的其他问题，也仍然存在着一些这样的重要方面（合理的观点、有用的区分、实质性的论证）。这些方面早在 1958 年就讨论过了，现在仍然要予以考察。我筛选出了十个话题，对它们做简要的回顾；在我看来，这些话题各领风骚，在当下生机勃勃，共同构成了一幅美学近况的生动图景。

1. 艺术的定义

在本书第一版中，我不吝笔墨地讨论艺术品，却疏于提供一个艺术的定义（无论是界定为一种技巧，一种活动，抑或一种物品），这无疑是不合常情的。那时，我不想过多纠缠于这个问题，无论它其时多么受欢迎（尽管不如当下受欢迎！），它并不能让我信服其重要性，或者不能保证有任何令人十分满意的、可达成共识的解决方法——正如保罗·齐夫和莫里斯·韦兹在他们那些为人所熟知的文章中所提出的那样（第 74 页）。我希望能将就使用“审美对象”这个替代性的通用术语，较任意地用它表示欣赏和批评的对象，同时，基于这部书的目的，希望能充分阐述它的含义与范围。不过，我现在意识到，在我对这一术语过于粗线条的讨论中（第一章），我当时是夸大了把一个（部分地）从意图主义的角度界定的概念作为我最一般的概念的缺点[1]；我 xviii
现在还意识到，那些睿智的批评者多年以来的帮助，以及我对不断提高的哲学素养和美学讨论的回应，使得我现在能够保持一种更加中庸的观点。然而，我最初之所以不愿从一个艺术定义入手，部分是由于我的结论，即如果不诉诸这部书后面章节（事实上是最后几章）所不得不使用的诸概念，任何结果都是不尽如人意的——因此，只有到了最后，方可给出一个充足的定义，届时它无须再进行实质性的论证。我

1　除非另作说明，此类页码均是指原书页码。——译注

现在依然认为，这一思路是正确的。

我目前倾向于回答“什么是艺术?”，这一问题被理解为探询是什么将艺术品与其他事物区分开来。简而言之，我给出的回答如下：一件艺术品乃一种条件安排，这种条件安排的意图是提供一个带有鲜明的审美特性的经验——也就是一个这样的（宽泛意义上的）对象，想要它能够满足审美兴趣的意图，在它的生产中起了举足轻重的因果作用。我并不为这个主张做严格意义上的辩解（见《重新定义艺术》一文），而只想补充几个简短的澄清性的注释：很明显，这个定义预设了某种关于“一个经验”的审美特性或者审美兴趣的说明（见下文第10节）。它并不假装符合艺术家和批评家的所有实际用法，那是不可能的，但是，它致力于为美学问题的理论探究做出一种至关重要的、不可或缺的区分。这一定义，并不像有些人可能怀疑的那样，是与“意图谬见”相抵牾的，根据我对意图谬见的理解，它一直是被用于艺术品的阐释与评价（见《论文学哲学》一文）；无论一些美学家说什么，我并不觉得将艺术品一类限定为按意图生产出来的事物有什么不妥——当然，这不是说艺术品中的一切都是匠心运思的结果。这一定义也不排除一些这样的事物，在其中，非审美的其他意图，如宗教、政治、情色、巫术等，也发挥了作用。如此这般界定艺术品，未必意味着（1）艺术品的审美意图实际上已经实现了，或在较高的程度上实现了，或者（2）艺术品以外的其他事物（自然和技术物品）不能提供具有鲜明的审美特性的经验，也就是说，不能在某种程度上满足审美兴趣。

在第一版中，“审美对象”一词被赋予了一个开放性的析取式外延（disjunctive extension），也就是说，它涵盖任何一个这样的东西，其或是一首乐曲，或是一幅画，或是一首诗，如此等等（原书第64页，另见《艺术的定义》一文）。无论我们是否还需要这样一种包罗万有的概念，我所提出的这种艺术品定义，都会造成两个后果：(1)艺术品无须属于公认的门类、类型或媒介(虽然标新立异的艺术品一旦成功， xix
就有可能引领其他艺术品，从而构成某种范畴)；(2)那些属于艺术品的公认范畴的对象，未必就是艺术品(比方说，电脑创作的东西也许是音乐，但不是艺术)。但是，整体上而言，除非艺术史的发展比以前更加混乱无序，否则按照我所提出的思路，艺术品和审美对象往往殊途同归，是同一种东西。

当我回应迈克尔·汉彻针对第一版中一些论题所做的切中肯綮的批评和讨论(参见其《诗与树》一文)，特别是当我考虑到他生动有趣地援引了梭罗的《瓦尔登湖》这类书籍，作为可与“艺术批评”相提并论的审美“自然批评”的范例时，我自觉应接受他认为我“偏爱人工对象而系统地歧视自然对象”的指控。但我相信，我们基本上达成了以下共识：(1)自然具有审美价值(见下文第10节)，有时甚至具有极高的审美价值；(2)由于其特殊功能，一般的艺术品是审美价值更丰富的源泉，而且提供更高阶的审美价值。汉彻把艺术品的审美优越性归因于艺术品更显著的人类学区域性质(见下文第3节)。在他看来，这种显著性是艺术品的人类渊源所产生的一个结果，虽然它肯定也是思虑活动所产生的结果。

正如近年来的众多美学家，我也仔细考量了另一种至关重要的艺术观，这种艺术观由乔治·迪基提出、改进，并予以有力的辩护(见《艺术与审美》)。但归根结底，在这种艺术观中，我至今找不到一个理论上具有意义的和经验上具有适用性的艺术概念所要求的那种实质性(substantiveness)。在其原初的、最有影响力的形式中，这种艺术观的要义是：社会中的某些人工制品具有一系列方面，某人或者某些人代表一个所谓“艺术界”的社会制度而授予它们“欣赏候选者”的资格

（《艺术与审美》，第 34 页）；这些人工制品，就是这个社会的艺术品。然而，尽管这种定义的每个要素都经过了精雕细磨，却仍然困难重重（见《艺术在本质上是制度的吗？》一文）。在我看来，最棘手的问题是：如果不规定“艺术界”是由以某种方式与艺术品发生联系的人所组成，则不可能对艺术界是什么这个问题做出任何连贯性的说明——而对于那些可能需要艺术定义的哲学家、艺术史家、人类学家或诸如此类的人而言，这种循环性使得“艺术的制度论定义”毫无用处。诚如迪基所为，坚持艺术惯例是制度化的，而被接受为艺术并作为艺术而被欣赏的事物也许依赖于一个社会因素的网络，这仍然是正确的和重要的。但是，正如其他几个思想家，迪基所关心的是提供一个足以囊括米歇尔·杜尚的“现成品”和“拾得物”（Objet trouvés）的艺术定义——而我则是将这些东西视为关于艺术的陈述，而不是艺术品本
xx 身（关于迪基的观点的更多批评和讨论，参见安妮塔·西尔弗斯的《被抛弃的艺术界》和科林·莱阿斯的《丹托和迪基谈艺术》等论文）。

蒂莫西·宾克利的观点（参见《关于艺术的决策》和《展品：反美学》等论文）更加激进，但与迪基的精神不谋而合：使得任何东西——任何可以被思考或指涉的东西——成其为一件艺术品的，是其“指示性”（indexed）：（粗略地说）也就是它被某个艺术家贴上艺术品的标签。然而，指示性如何发挥作用，比方说，指示性自身如何能够将一堆垃圾或者一个幽闭恐惧症的病例转换为艺术？宾克利语焉不详，尽管他似乎以一种生动有趣的方式对当下的先锋派中广泛存在的一种假定进行了阐述。

莫里斯·韦兹的原创论点——由于“特指”的艺术概念是一个“家族相似”概念，艺术的“真正定义”（一种能够提供艺术品的必要和充足条件的本质主义定义）宛若空中楼阁、镜花水月——仍然时不

时地推动人们去探究我们所假定的普遍性的或日常性的艺术概念之逻辑性——这些探究常常支持或反对韦兹的观点。在这些论文中，有一些很有启发性。莫里斯·曼德尔鲍姆(见《家族相似和艺术的一般性》一文)提出我们要承认关系属性，由此，他有效地反驳了那些认为艺术不可能有必要条件的观点；他向我发出了一个邀请——我谨此接受之——要我从艺术品的“制作者的活动和意图”(第5页)中寻找诸如此类的共同属性。黑格·卡恰多里安(见《论艺术》一文，以及《艺术的概念》第二章)提出了一个“诉诸相似性或类比性的外延原则”，按照这一原则，灵活而仍受控的艺术概念，可以在与公认的“范例”重要相似性的基础之上延伸至新种类的对象。乔治·施莱辛格(见《审美经验与艺术的定义》一文)提出，所有艺术品均存在着一个“共同因子”(common denominator)，即每件艺术品都是一个“在标准条件下为感知者提供审美经验的人工制品”(第175页)。在我看来，这个方向是对的，虽然我认为他的审美经验概念仍需修订(见本书下文第10节)。在一篇同样针对艺术定义的问题以及这一问题的不同解决方法而提出了很多独到见解的论文(《艺术的本质》)中，E. J. 邦德指出，一件艺术品是任何归属于某种艺术形式(如音乐、文学)的东西，他还细致入微地说明了艺术形式是什么。由于后一种说明极其依赖于“审美欣赏”的概念，邦德的计划与我的计划因而是一脉相承的——除了一点：正如前面所指出的那样，我认为机器生产的或者偶然生产的一个艺术门类的实例，都不能算作艺术品。在一篇以迪基的主张为出发点，却同时抛弃了它的一些主要特征的颇有见地的文章(《历史地定义艺术》)中，杰罗尔德·莱文森提出：一件艺术作品最好被界定为一个这样的东西，即创作者“意图让人们以正确地对待先在的艺术品的任何方式来对待之”。(第234页)这个主张有趣地整合了我和卡恰多 xxi

尼安的方法的诸要素，而且它也许抓住了“艺术作品”这个术语的惯用法以及它被延伸至新的创造物的使用方式的某些特征。但是，如果像他所提出的那样，“正确”一词是“规范”之类的意思，那么“任何方式”这一短语也许就过于宽泛了（因为存在着很多坏的审美习惯！）；如果“规范”要派上用场，就必须受到一些限制——在这种情况下，我建议以是否形成某种形式的审美经验作为参照（见本书下文第10节）。这样，历史的参照就是多余的，而这个定义与我的定义更趋于一致。

阿瑟·丹托（见其《艺术界》一文，以及后来所写的两篇文章）的讨论是最透彻的，也是最有影响力的。他提出艺术的概念在本质上与历史条件和艺术理论密不可分：只有通过艺术界对某种理论的接受，一把雪铲才能摇身变成杜尚的现成品，也就是艺术品。但是，丹托未能清楚地说明，在他看来，什么才能算是一种理论，或者是对一种理论的接受；或者，准确地讲，哲学诞生前的人类在唱歌或画面具时，为何就不能是在不知情的情况下创造了艺术品——正如他们没有工程学院而能建造房屋，或者没有法哲学而能制定法律。（关于丹托观点的更多批评和讨论，参见我的《艺术本质上是制度的吗？》、安妮塔·西尔弗斯的《被抛弃的艺术界》、科林·莱阿斯的《丹托和迪基谈艺术》、理查德·斯科拉法尼的《艺术品、艺术理论，以及艺术界》等论文。）当然，在任何社会，什么东西被创造，或者什么东西作为好艺术而被称颂，或者什么东西被展览和传播，这在很大程度上依赖于政治、商业或神学的掌控者的允许，而这些掌控者也许具有形形色色的动机和依据。艺术与制度，因而息息相关。但在我看来，要厘清艺术的社会问题，我们需要一种关于艺术活动（有审美意图的安排）的一般性说明，它在逻辑上独立于艺术理论、传统或社会制度。

参考文献

Beardsley, M. C. “The Definitions of the Arts.” *Journal of Aesthetics and Art Criticism* 20 (1961).

____. “Intentions and Interpretations: A Fallacy Revived.” To appear in *The Aesthetic Point of View*. Ithaca: Cornell University Press, 1981.

____. “Is Art Essentially Institutional?” In Lars Aagaard-Mogensen, ed., *Culture and Art*. Atlantic Highlands: Humanities Press, 1976.

____. “The Philosophy of Literature.” G. Dickie and R. Sclafani, eds., *Aesthetics: A Critical Anthology*. New York: St. Martin’s Press, 1977. xxii

____. “Redefining Art.” In *The Aesthetic Point of View*. Ithaca: Cornell University Press, 1981.

Binkley, Timothy. “Deciding About Art.” In *Culture and Art*.

____. “Piece: Contra Aesthetics.” *Journal of Aesthetics and Art Criticism* 35 (1977).

Bond, E. J. “The Essential Nature of Art.” *American Philosophical Quarterly* 12 (1975).

Danto, Arthur. “The Artworld.” *Journal of Philosophy* 63 (1964).

____. “Artworks and Real Things.” *Theoria* 39 (1973).

____. “The Transfiguration of the Commonplace.” *Journal of Aesthetics and Art Criticism* 33 (1974).

Dickie, George. *Art and the Aesthetic: An Institutional Analysis*. Ithaca: Cornell University Press, 1974.

Hancher, Michael. “Poems versus Trees: The Aesthetics of Monroe Beardsley.” *Journal of Aesthetics and Art Criticism* 31 (1972).

Khatchadourian, Haig. “Art: New Methods, New Criteria.” *Journal of Aesthetic Education* 8 (1974).

____. *The Concept of Art*. New York: New York University Press, 1971.

Levinson, Jerrold. “Defining Art Historically.” *British Journal of Aesthetics* 19 (1979).

Lyas, Colin. “Danto and Dickie on Art.” In *Culture and Art*.

Mandelbaum, Maurice. “Family Resemblances and Generalizatioin Concerning the

Arts." *American Philosophical Quarterly* 2 (1965).

Schlesinger, George. "Aesthetic Experience and the Definition of Art." *British Journal of Aesthetics* 19 (1979).

Sclafani, Richard J. "Artworks, Art Theory, and the Artworld." *Theoria* 39 (1973).

Silvers, Anita. "The Artworld Discarded." *Journal of Aesthetics and Art Criticism* 34(1976).

2. 艺术的本体论

我在第一版中仅仅部分地、暂时地讨论过的另一个基本问题，近年来也在很大程度上得到了澄清和探究——虽然分歧仍在，困难尚存。
xxiii 这一问题涉及艺术品的本体论地位：从形而上的意义上讲，艺术品是哪一类或哪些类实体？一些艺术品，诸如雕塑，似乎属于狭义上的物体类；另一些艺术品，诸如即兴舞蹈，则属于事件类；但是，这种说法仅仅是一个开端，它甚至需要修正。我较早前的想法是，要为界定审美对象与批评陈述的范围这一目的而提供足够的依据。然而，时至今日，已经涌现出了一批极为重要的理论学说，它们经过深思熟虑，亦拥有极高的哲学素养，因此，它们在这里理应得到回应。

在第一章中，我把审美对象归入（包括事件在内的广义上的）"知觉对象"——一些属性至少可以通过感官而知觉的实体——同时我认为一般的艺术品也是如此。然而，视觉艺术更晚近的进展，特别是所谓的"概念艺术"的异军突起，可能会被认为宣告了这种本体论观点的有效性。蒂莫西·宾克利（见《展品：反美学》一文）提出：(1)即使艺术品是一个知觉对象（比如河原温[1]寄来的一张讲述他今日几时几点

1 河原温（On Kawara，1933—2014），日本著名概念艺术家，他创造了标志性的"日期画作"，遵循他每到一地的当地日期、语言习惯。——译注

起床的明信片)，但它的知觉属性并不是它*作为*艺术品所拥有的有趣的或者重要的属性；(2)真正的艺术品，也许只是一个观念或者一种可能性。第一个观点是有趣的，但对我的主张没有什么影响。至于第二个观点，宾克利似乎承认，“观念”(无论河原温的明信片传达了什么观念)只有通过它的记录性(documentation)才能成为一件艺术品：必须存在一张实则*是*一个知觉对象的明信片，或者某种其他刻文。无论接受者严格意义上的关注焦点是什么，我看不出有什么充分理由可以否认这件艺术品(如果存在一件艺术品的话)*就是*那一张明信片，或者那一系列明信片——正如我认为我们可以说，一首诗*就是*一个文本，虽然这文本的知觉属性也许不是由于其自身而令人感兴趣的。毕竟，当概念性的艺术作品被展览、销售或借用，被如此这般对待的，是记录，而不是它的“概念”，同样也不是它所指涉的任何事件或事态(比如说，河原温在现实生活中的昼行夜卧)。

正如一些批评者所注意和评论的那样，当我在审美对象的生产、表演和呈现之间做出某些区分(见第一章第 4 节)，我不可避免地提出了某种形式的现象主义：虽然未做太多论证，我提出，关于艺术品的批评陈述，可以转换成关于艺术品的呈现(即艺术品在特定的时间向特定的人所显现出来的表象)的陈述。在一篇颇有见地的评论文章(《比厄斯利的审美对象概念》一文)中，布鲁斯·莫顿表明，这种现象主义不是切实可行的，而我也逐步意识到，现象主义作为一般的知觉理论是行不通的。现在，我正稳步朝着非还原性的唯物主义的方向前进，看看将艺术品视为物理客体能走多远(这与纳尔逊·古德曼《艺术的语言》一书的精神，有着异曲同工之处)。 xxiv

以一幅画为例。它是一个物理客体，具有位置与重量之类的物理属性。它也是一个知觉对象，具有粉红色与圆形之类的感性特征。当我们称其为一件艺术品，我们心里所想的，也许是它的某些属性；而当我们称其为一块涂有颜料的画布，我们心里所想的，则是其他属性。但是，在我看来，如果说这幅画是同时拥有这两套属性的同一个实体，这并没有什么不妥。约瑟夫·马戈利斯（《艺术作品即物理上具身的和文化上突生的实体》与《艺术作品的本体殊异性》等论文）却断然摒弃了这一区分。我认为，主要的问题关乎某些具有独特的审美重要性的性质之地位，诸如“生动”和“视觉平衡”（见本书下文第3节）。而在马戈利斯看来，一件视觉艺术品（或其设计）可以是生动的，但它不是一个物理客体。因此，艺术品在数值上与物理客体不是同一的。马戈利斯始终认为，我们在这里有三种迥异的东西：物理客体、物理客体所“包含”的艺术品，以及艺术品作为其形符（token）的“类符”（type）（一种抽象的特称）。理查德·沃尔海姆（《艺术与其对象》，第1—63页）注意到，我们对于某些艺术品的很多讨论，并不能真正适用于乐谱和印刷书籍之类的物理客体。正如马戈利斯，他也提出，存在一种“艺术作品和物理客体之间的属性互斥”（第10页），虽然这一点未得确证，但从物理客体（不同于艺术品）不能再现或表现这一想法出发而展开的绵长论证，似乎到最后也不得不承认，在这里并不存在互斥性（见下文第4节和第5节）。虽然沃尔海姆本人的主张，即艺术品是“类符”而物理客体是艺术品的形符（第64—72页），被予以了一种生动有趣的概述，但它似乎也无法应对他用以反驳物理客体理论的同样一种的简单反证法：一个“类符”能被悬挂于墙、搬运或者毁坏吗？

诚如马戈利斯所强调的那样，一件雕塑无疑是一个文化客体，它通过艺术家的劳动而获得了它的那些审美上有趣的属性；但是，一旦石头经过加工并发生变形，如果说它现在拥有这些属性，这似乎没有不妥。一件艺术品不只是一个物理客体，它是一个被附加了某种东西的物理客体：新的形状和性质（见《艺术在本质上是制度的吗？》一文）。理查德·斯科拉法尼（见《艺术作品概念之逻辑原始性》一文）基于 P. F. 斯特劳森的“人”之概念的类比性，为一种极其相近的观点做了充分的辩解。

即使这样一种说明（这里只是简要概括）适用于所谓的“单次”艺术品，诸如绘画——也许还适用于特殊的即兴舞蹈，即具有附加性质的物理事件——但是，当它运用于所谓的“多次”艺术品，诸如表演多次的音乐作品、在同一铜版上制作的蚀刻版画，或者发行量达数百万的小说，却是有问题的。尼古拉斯·沃尔特斯托弗（见《关于艺术作品的本体论》一文）为一种将艺术作品分成两个本体论范畴的基 xxv
本区分做了令人信服的辩解，并且提供了一种关于多次艺术品的本体论的详尽说明。他诉诸“类”（kind）的概念：简言之，一件音乐作品是一个表演类（即使它缺乏实际表演）。类不是物理客体，其实例（instances）是。

草草数笔，道不出这一理论的精妙性和精确性，也无法展现其力量。举例来说，它允许作品与实例之间的不一致：《第一号勃兰登堡协奏曲》的一次特定表演，会具有很多不属于《第一号勃兰登堡协奏曲》这个类的属性；而某些场次的表演，可能（由于表演者的失误）缺乏真正属于《第一号勃兰登堡协奏曲》这个类的属性。对于这一说明的主要异议（诸如马戈利斯所提出的异议）是，类是抽象的实体，因此，不同于艺术品，它们既不受造，也不受毁。诚然，这一说明要求我们对“创造”与“毁坏”等术语予以特殊的阐释：例如，我们可以说，创造一个多次的艺术品，就是完成或者给予充分的指导来完成一种安排，这种安排是一个类的首例，而毁坏一个多次艺术品，则指这个类的所有实例不复存在，而且人们无法再制作这个类的实例。当我们考察我们在讨论这件或那件艺术品时所要使用的那些五花八门的语言——创造、制作、销售、引用、修复、赞美、伪造、运往纽约，等等——我们似乎不能规定某种单一的本体论地位，以证明所有诸如此类的陈述的直接真确性。但是，如果我们能够依据我们的本体论说明而对这些陈述进行合理的阐释，我们也无须困扰。举例来说，按照沃尔特斯托弗的说明，“我听过《第一号勃兰登堡协奏曲》”这一陈述，乃“我听过《第一号勃兰登堡协奏曲》的一次表演”的省略式。总体上而言，我觉得这是我们目前所能找到的最好阐述。（而关于它的进一步完善和修订，参见杰罗尔德·莱文森的《何为一件音乐作品》一文，以及肯达尔·沃尔顿的《声音模式的呈现与描绘》一文。）

另一个问题也许要加以考察，因为我们接下来要面对的，是作为（有知觉性质的）物理客体的艺术品和作为物理客体的**类**的艺术品之间的严格区分。如何将沃尔特斯托弗的说明扩大至单数的艺术品，从而（通过与马戈利斯的一个主张相类似的方式）摈弃这种二元论，这是一元论倾向的哲学家所面临的永久挑战。根据一种较为合理的关于艺术创造的观点，诸如杰克·格里克曼（见《艺术中的创造性》一文）所提出的观点，艺术家所**创造**的，不是一个（他所**制作**的）物理客体，而是一类物理客体。因此，即便是《蒙娜丽莎》，也不应被理解为物理绘画，它应被理解为绘画的一个类，这个类仅有一个实例；当修复者竭尽其能，试图复原破损的或者残缺的作品，他所要恢复的是画作的**外观**，也就是画作的特殊形式和性质（可以说，他此时在效仿原创的艺术家）。xxvi 诚如很多美学家所言，这个主张所面临的一个困难是，世上只有一幅《蒙娜丽莎》，任何摹本，无论临摹得多么逼真，都是伪造品，这一点似乎不仅是对的，而且必然是对的。如果《蒙娜丽莎》是一个类，而不是一个个别的物理客体，那么，很难解释这个类为何原则上不能有一个以上的实例，因此，也许我们必须承认多次艺术品和单次艺术品之间的差异是不可化约的。而另一方面，我们可以说，我们视如珍宝的，不是《蒙娜丽莎》(视其为一个类)，而是这个类的第一个，也就是最早的实物，这纯粹是一种历史和文化的殊异性；《蒙娜丽莎》的一幅赝品之所以是欺骗性的，不是由于它冒充这个类的唯一实例，而是由于它冒充这个类的第一个实例。

参考文献

Beardsley, M. C. “Is Art Essentially Institutional?” In Lars Aagaard-Mogensen, ed., *Culture and Art*. Atlantic Highlands Humanities Press, 1976.

Binkley, Timothy. “Piece: Contra Aesthetics.” *Journal of Aesthetics and Art Criticism* 35 (1977).

Glickman, Jack. “Creativity in the Arts.” In Lars Aagaard-Mogensen, ed., *Culture and Art*. Atlantic Highlands Humanities Press, 1976.

Goodman, Nelson. *Languages of Art*. Indianapolis: Hackett Publishing Co., 2d ed., 1976.

Levinson, Jerrold. “What a Musical Work Is.” *Journal of Philosophy* 77 (1980).

Margolis, Joseph. “The Ontological Peculiarity of Works of Art.” *Journal of Aesthetics and Art Criticism* 36 (1977).

____. “Works of Art as Physically Embodied and Culturally Emergent Entities.” *British Journal of Aesthetics* 14 (1974).

Morton, Bruce. “Beardsley’s Conception of the Aesthetic Object.” *Journal of Aesthetics and Art Criticism* 32 (1974).

Sclafani, Richard J. “The Logical Primitiveness of the Concept of a Work of Art.” *British Journal of Aesthetics* 15 (1974).

Walton, Kendall L. “The Presentatin and Portrayal of Sound Patterns.” In *Theory Only: Journal of the Michigan Music Theory Society* 2 (1977).

Wollheim, Richard. *Art and its Objects*. New York Harper and Row, 1968. xxvii

Wolterstorff, Nicholas. “Toward an Ontology of Art Works.” *Nous* 9 (1975).

3. 审美性质

在本书第一版付梓一年后，弗兰克·西布利发表了他的三篇文章中的第一篇（《论审美概念》），这篇论文引发了一场前所未有的、硕果累累的大讨论，并启发（或招惹）出不少于十二篇主要针对其观点的英语论文。我将从这些问题错综复杂的历史中挑选出一些（最主要的和最基本的）问题加以评述。

西布利提出，一件艺术品（但不局限于艺术品）的性质可以有意义地划分为两类，分别以相对应的术语来表示（沿用这些术语适用于某些种类事物的一些意义）。这样，当"躁动"和"梦幻"被用于音乐或者绘画，它们就是审美术语；如果说音乐包含六部式赋格乐段，或者说绘画包含椭圆形的浅蓝色块，则是在使用非审美术语。西布利所使用的众多例证，使得很多读者深信，这里暗含某种重要区分；但结果表明，这种区分难以言明。西布利提出，审美术语的正确使用（或审美性质的辨识）要求诉诸"趣味"——不是评价意义上的趣味，而是做出细微而敏锐的鉴别的趣味。这个提法遭到了很多批评者的强烈质疑（见《何为审美性质？》一文）——尤其是特德·科恩在一次细致周密的批评分析中所提出的质疑（《审美/非审美以及趣味之概念》一文）。科恩争辩说，西布利未能建立任何诸如此类的区分。在美学中，这样的一种区分是毫无用处的，而且，甚至不存在任何一种为美学家们和批评家们所共有的极其清晰和稳定的直觉，根据这种直觉，人们在对术语进行归类时可以达成共识。科恩列出了一长串术语来挑战读者，要求读者判断它们是审美的还是非审美的（第139页）。但是，科恩的论点，尤其是这部分，似乎值得商榷，因为他不允许我们区分一个术语的不同意义，包括那些被用于不同种类的事物时必然发生改变的隐喻义（见本书下文第 4 节）。比方说，“安宁”一词，也就是科恩所用的一个例子，在“我度过了一个安宁的假期”这个语句中，明显是非审美的，而在“康定斯基的《休息》这幅画有着一种安宁的特质”中，则是审美的。

但是，这并不能为我们提供一个原则来做出这一区分，而如果西布利对趣味的诉求并不充足，是否存在其他选择？在我看来，存在两种区分，它们一目了然，且颇值得区分；审美 / 非审美的区分，似乎与这两种区分紧密相连，或者是二者的一种混合体。首先，存在区域性质（regional qualities）与局部性质（local qualities）的区分，而在第一版（第二章）的基础上，这一区分必须改换一种稍弱的语义，就像罗伯 xxviii
特 · 马瑟斯和乔治 · 迪基几年前所表明的那样（见《“区域性质”的定义》一文）。区域性质乃一个综合体由于其各部分的特性以及各部分之间的关系而拥有的一种性质。西布利（在《审美与非审美》一文中）注意到，他的所有审美性质几乎都可以视为区域性质的子类，而且，我们一旦用“人类区域性质”这一术语取代之，则更接近于让这些类具有相同的外延（coextensive）。这一概念也许需要更多的思考。粗略地说，一件艺术品（以艺术品为例）的一种人类区域性质，就是一个语词所（也许隐喻地）指称的一种性质，而这种性质实际上（在一种相关的虽然未必相同的意义上）适用于某些人：比方说，“躁动”“安宁”“梦幻”等等。其次，存在着直接起作用的性质和不直接起作用的性质之间的区分，当这些性质达到显著的程度，便对一个审美价值判断予以支持（见下文第 9 节）。康定斯基的绘画之所以是传世之作，尤其是由于他在画中所呈现的显著的或者鲜活的安宁感，虽然另一件作品——如保罗 · 克利的《港口的活动》——则是由于强烈的躁动感而成为传世之作。(参见《何为审美性质？》一文，以及戈兰·赫尔梅伦在《审美性质、价值及情感意义》一文中对这一观念的质疑。)

在其原创论文中，西布利提出了两个主要论题：(1)一个对象的审美性质的在场，取决于某些非审美性质的在场(正如区域性质取决于局部性质)，以及(2)审美术语，或者在审美意义上使用的术语，并没有适用条件，因此不能根据规则主导的标准来使用。第二个论题是西布利的主论题，争议颇多。彼得·基韦(参见《谈艺术》一书以及他的数篇论文，最近一篇是《论审美概念》)为这一论题做了巧妙而有力的辩解，即审美术语可以分析成非审美术语——感知莫扎特的小步舞曲(《A大调弦乐四重奏》[作品464])的统一性，就是感知其旋律、和声、对位关系和转换中的两种动机。但是，在我看来，统一性实则一种突生性的特征，也就是整首小步舞曲或其某一复杂部分所拥有的某种东西，它产生于众多的内在相似性和组合关系，却不能还原为这些相似性和组合关系，我仍然觉得这是一目了然的。

西布利当时并不觉得他的次论题有辩解的必要，虽然他在后来的文章中这么做了(见《客观性与美学》一文)。在第一版中，我始终坚持人类区域性质的客观性，但对于后来所出现的针对它们的客观性的挑战，却未予以直接回应。在我看来，比方说，要证明一幅画作的躁动感是画作中各种局部性质与关系的一个函项并不难；如果我们通过删减、添加、替换等方式改变这些性质与关系，我们就能改变躁动感
xxix 的强度，甚或使其消失不见。这就是穆勒求异法。然而，问题是：一种区域性质的存在是否也是独立于艺术品之外的其他要素的一个函项？如果是这样，这明显会促使我们把艺术品的“审美”描述——它们是“躁动的”或“安宁的”——视为相对于这些条件而言的。举一个简单的例子，人们有时认为，能否感知画中的躁动，或者在多大程

度上感知到这种躁动，这可能会取决于心境的影响；你若恰好是悠然自得的（如果我可以借用加州马林郡的一个习语[1]的话），那么，一幅只有轻度或中度躁动感的画作，也会让你觉得其中有着强烈的躁动感。因此，“躁动”不应被视为绘画的一种简单性质，而是要被视为绘画中相对于感知者的情感状态而存在的一种性质。当然，要反驳这一具体观点也易如反掌，因为我们可以说，虽然这一性质的感知也许受主观因素之影响，但它的存在却非如此。

针对审美性质的客观性所提出的其他成熟的挑战，得到了一些有趣的论证的支持。肯德尔·沃尔顿（见《艺术的范畴》一文）争辩说，每件艺术品都应被理解为专属于一个范畴，这一范畴是以标准属性和可变属性来界定的；每件艺术品的性质之存在和强度，部分是它所专属的或被划归的范畴的一个函项。这未必导致相对主义，因为一般都会存在一个这样的范畴，我们将作品划归于它是正确的，因此，被划归于此范畴的艺术品可以说拥有了它被感知拥有的诸性质。要决定哪一个是正确的范畴，一个重要标准是艺术家的意图。这种论证的结构错综复杂：虽然它包含一些发蒙启蔽的关于期待和信念影响知觉的方式的例证，但在我看来，范畴的概念是有瑕疵的，它似乎涵盖各种不同的归类形式。

约瑟夫·马戈利斯（见《茁壮的相对主义》一文）另辟蹊径，他提出，企图将审美性质归属于艺术品的语句并不具有真值，虽然它们也许具有某些其他“价值”，诸如恰当性、合理性或适宜性。（卡尔·阿申布雷纳在《批评的诸概念》一书中提出了一个旨趣相近的观点，他用“特质论”[characterism]一词来表示审美性质的归属）。马戈利斯至今

1 “悠然自得”的英语原文为“laid back”。——译注

没有提供这些另类“价值”的说明，或者解释它们全都是什么样的“价值”。他支持这种形式的认知主义的主要论据似乎是这样子的：虽然我们能够区分非审美性质的“实有”（having）和“似有”（seeming to have）（“它是红色的”和“它看起来是红色的”），但对于审美性质，却不能如法炮制。但我认为实情并非如此，我见过很多批评家撤销审美性质的判断的例子（“第一次看这部戏，它给我的感觉是愤世嫉俗、玩世不恭，但第二次看时，我从中发现了更深刻的反讽，以及更真实的喜剧性。”）。无论如何，如果批评家对艺术品的描述无真假可言，我觉得他们很难履行自己的工作职责；这样一来，比方说，诸如此类的描述就
xxx 不能作为理由来支持他们的批评评价了，而它们一贯都是这么使用的。

伊萨贝尔·亨格兰德（见《再谈审美与非审美》一文）将“审美归属”（审美性质的归属）界定为“不能在主体间确证的，至少不像非审美归属那么直接”（第 286 页），由此来解决客观性的问题。她认为，由于“是 / 似”的对比不能“严格地”适用于审美术语，它们无法在实际情境中或者在法庭上使用（第 288 页）。我对此表示怀疑。

杰弗里·奥兰（见《理论、阐释与审美性质》一文）提出：（1）一件艺术品的部分拥有什么具体的审美性质，这取决于我们对作为一个整体的作品的阐释（这种广义上的阐释是一种关于作品的浑然之气的统一性理论）；（2）一件艺术品总允许一种以上的阐释，因此审美性质的归属在本质上是相对的。然而，在我看来，对特定案例的详尽分析会证明，一个图形（以此为例）所能拥有的审美性质的可能范围对它的语境认定（contextual determination）施加了限制，因此，对审美性质的感知，以及对总体阐释的选择，常常是由一个相互调整的过程所决定的，在这一过程中，不同部分的潜在性质都被考虑在内。

人们还讨论了一个这样的问题：如果存在审美性质，那么，它们

的理解模式是日常的感知，还是认识论意义上迥异的或者它们所独有的某种东西？比方说，就像弗吉尔·奥尔德里奇（见《艺术哲学》第一章）所坚持的那样，我们“洞察”（prehend）艺术品的性质，就是“激活”这些性质。但是，我并不认为这是支持我们引入一种特殊的理解模式。诚如西布利所言，我们看到了绘画中的躁动，我们听到了音乐中的安宁。

参考文献

Aldrich, Virgil. *Philosophy of Art*. Englewood Cliffs: Prentice-Hall, 1963.

Aschenbrenner, Karl. *The Concepts of Criticism*. Dordrecht: D. Reidel, 1974.

Beardsley, M. C. “The Descriptivist Account of Aesthetic Attributions.” *Revue Internationale de Philosophie* 28 (1974).

____. “On the Relevance of Art History to Art Criticism.” In Thomas F. Rugh and Evin R. Silva, eds., *History as a Tool in Critical Interpretation*. Provo: Brigham Young University Press, 1978.

____. “What is an Aesthetic Quality?” *Theoria* 39 (1973).

Cohen, Ted. “Aesthetic/Non-aesthetic and the Concept of Taste: a Critique of Sibley’s Position.” *Theoria* 39 (1973). xxxi

Hermerén, Cöran. “Aesthetic Qualities, Value and Emotive Meaning.” *Theoria* 39 (1973).

Hungerland, Isabel. “Once Again, Aesthetic and Non-Aesthetic.” *Journal of Aesthetics and Art Criticism* 26 (1968).

Kivy, Peter. “Aesthetic Concepts: Some Fresh Considerations.” *Journal of Aesthetics and Art Criticism* 37 (1968).

____. *Speaking of Art*. The Hague: Martinus Nijhoff, 1973.

Margolis, Joseph. “Robust Relativism.” *Journal of Aesthetics and Art Criticism* 35 (1976).

Mathers, Robert, and Dickie, George. “The Definition of ‘Regional Quality.’ ” *Journal of Philosophy* 60 (1963).

Olen, Jeffrey. "Theories, Interpretations, and Aesthetic Qualities." *Journal of Aesthetics and Art Criticism* 35 (1977).

Sibley, Frank. "Aesthetic Concepts." *Philosophical Review* 68 (1959), somewhat revised in Joseph Margolis, ed., *Philosophy Looks at the Arts*, Rev. ed. Philadelphia: Temple University Press, 1978.

____. "Aesthetic and Nonaesthetic." *Philosophical Review* 74 (1965).

____. "Objectivity and Aesthetics." *Proceedings of the Aristotelian Society*, Supplement vol. 42 (1968).

Walton, Kendall L. "Categories of Art." *Philosophical Review* 79 (1970).

4. 意义和隐喻

意义理论在过去二十年的蓬勃发展，使得人们有可能提出一种关于文学意义的说明，它比本书第一版（第三章）所给出的说明更胜一筹——虽然在其中以及在关于文学风格的讨论（第五章）中所做出并使用的区分，仍然需要保留。即便是现在，普遍性的共识仍未达成；关于意义和意图（一个口头或者书面文本的意义和说话人或写作人在生产文本时所表达的意义）之间关系的问题，仍然具有极大的争议性。对于某些目的而言，正如语言的某些科学用途，意义也许可以通过真值条件而予以充分的解释：一个人必须拥有才能被正确地称为“一个老头”的某些属性，构成了“老头”一词的意义。但对于文学理论所要求的更广义上的意义而言，情况就复杂多了。比方说，我们必须考虑被隐喻性地使用的语词所具有的非规范性的特殊语义（“平和”在“一尊
xxxii 平和的雕塑”这一语境类型中的意义，而不是它在“性情平和”这一字面语境类型中的意义）。

各路语言哲学家参与建构了一种高度成熟的意图主义式的意义理论（无妨如此称呼），在他们当中，脱颖而出的是 H. P. 格赖斯（见《言

说者的意义与意图》一文，以及此文所参考的一些较早论文)。大致而言，格赖斯提出，在某一特定场合生产出来的一个文本(即“话语”)，其意义就是生产者意图让别人理解的意义，而生产者也意图让别人从这种意义上来理解他。鉴于它各方面的精妙性和复杂性，这种意义理论被一些人视为最有前景的理论。在我看来，这种理论与每种形式的反例都函矢相攻(比方说，我认为口误是指说话人的言说表达了他并不打算表达的意思)，而在某些形式中，其“意图”概念导致了一种不良的逆向思维(regress)。但是这种意义理论值得仔细研究，且充满活力。(关于更深入的讨论，参见约翰·比罗的《意义理论中的意图主义》一文。)

我倾向于探寻一种不同方向的意义理论，其发轫于语言哲学中一种成果丰硕的理论学说的发展，这一理论学说最早归功于约翰·奥斯丁(《如何以言行事》)，但也归功于后来很多语言哲学家，特别是威廉·P. 阿尔斯顿(《语言哲学》)和约翰·R. 塞尔(《言语行为》)。这种“言语行为”(speech act)理论所提供的新概念，已经从各个方面运用于文学理论的问题，并产生了极其有趣的结果(例如，参见《言语风格与言外行为》和《审美意图与虚构的言外行为》等论文，以及其中所提到的参考文献)。最核心的概念是“言外行为”(illocutionary act)这一概念，即在言说一串可理解的语词(一个文本)的过程中所实施的行为。在我所理解的这种理论(它接近于我所理解的奥斯丁的理论，但与其他人的理论大相径庭)中，在某些条件下(旁边有杂货店和一个明显身体健全的人，如此等等)，一旦说出“请把一些食品搬进来”这个语句，就产生(即也成为)了一个在搬运食品时寻求帮助的行为——一种言外行为，以及一种特殊的请求行为，这种行为是一种普遍的类型。其他类型的行为包括赞美、欢呼(诸如为一个团队欢呼)、威胁、拒绝、嘲弄、鼓励、许诺、陈述、要求，等等。大多数言外行为的实施，是有意为之（也就是说，包含实施这些行为的意图，通常也包含通过实施这些行为而获得结果的意图——诸如在搬运食品时得到别人的帮助——）；而对于一些言外行为而言，存在某种特定的意图，是为了让行为发生而必须满足的产生条件之一。人们意图实施一个言外行为，却发现事与愿违（在说出请求帮助的语句时，孩子们已经跑开了，根本没听见，因此他们的“领会”无从谈起），这也是常有的事情。

由于言外行为理论而成为可能（并且由阿尔斯顿提出）的意义理
xxxiii 论，把一个语句的意义，并间接地把构成这一语句的诸语词的意义，视为该语句的“言外行为的潜势”（illocutionary-act potential），即它们（根据语言的语义与句法规则）被用以实施言外行为的能力。这一理论也要予以充分的阐述，但是它似乎为文学阐析中举足轻重的意义（诸如语词的内涵）的处理奠定了一个坚实的基础（参见《批评的可能性》，第二章）。

自第一版付梓以来，大量的研究极大地澄清了我们在提供一个关于隐喻表达式及其在诗歌和日常话语中所起的作用的说明时所遇到的问题。一个根本性的分歧仍然挥之不去。坚持隐喻的“转化”（conversion）论之人认为，语词一旦进入一种隐喻视角，它们便获得了新鲜的，甚至新奇的语义（见《论隐喻意义》一文）。根据这种理论，存在一些隐喻性的语义，它们不是标准化的，而是与特定的语境类型密切相关。我深信，只有这样才能解释一个这样的事实，即隐喻是标准的词典意义发生改变的重要方式之一：在很多种语境下，一个“慢板曲”之类的语词可以隐喻性地用于某种特质的音乐，而它的隐喻义也许会逐渐缩小，并固定下来，从而成为亡隐喻：其隐喻义已成为一个新的字面意义。但与我在第一版（第三章）中所提出的观点相反，我现在意识到，一个隐喻词的意义不能局限于它先在的内涵：隐喻会把被指涉的事物之原为偶然的属性（我们对于平和之人及其性情的所知和所信）转化为意义（见《隐喻的转向》一文）。

持隐喻的“恒常”（constancy）论之人，则试图解释隐喻是如何起作用的，虽然其中的语词保存了字面意义（见J. J. A. 穆艾的《隐喻研究》）。一种方法是将隐喻句视为缩略式明喻，其要求我们对两个东西或者两类东西进行比较。唐纳德·戴维森最近为该理论的一种形式做了辩解（见《何谓隐喻》一文），但是，他辩解的方法无非是最大程度地减少隐喻的认知内容——鉴于隐喻句所传达的大量信息、视角、鉴赏和洞识，我难以接受这一点。纳尔逊·古德曼（见《隐喻即兼差》一文）对戴维森的文章做出了一些有效的在我看来令人信服的批评。

在关于隐喻的悬而未决的诸问题当中，有一个是要甄别一些这样的特征，这些特征将一个语词或短语置于一种隐喻性的视角，由此产生了某种隐喻义。在第一版中，我通过逻辑的相悖性（以及特殊的谬误性）对此予以了解释：“平和”蕴含“有感知力”，而雕塑并没有感知力，因此“一尊平和的雕塑”这个词语组合在字面意义上是悖谬不顺的。正如蒂莫西·宾克利（见《论隐喻的真与诚》一文）与特德·科恩（见《隐喻略解》一文）所表明的那样，除了别的特征，这些特征同 xxxiv
样不能解释所有隐喻。作为隐喻之否定式的隐喻（“婚姻并非玫瑰花床”），在字面意义上是真的，也必然是真的。虽然这个问题至今尚未解决，但我认为它表明了否定的二阶性。将婚姻看作玫瑰花床，其中所蕴含的逻辑相悖性，肯定在排除甚至具有逻辑真值的陈述（从而使之隐喻化）时发挥举足轻重的作用。

参考文献

Austin, J. L. *How to Do Things with Words*. Oxford: Oxford University Press, 1962.

Alston, William P. *Philosophy of Language*. Englewood Cliffs: Prentice-Hall, 1964.

Beardsley, M. C. "Aesthetic Intentions and Fictive Illocutions." In Paul Hernadi, ed., *What is Literature*? Bloomington: Indiana University Press, 1978.

____. "Intentions and Interpretation: A Fallacy Revived." In *The Aesthetic Point of View*, ed. Donald Callen and Michael Wreen. Ithaca: Cornell University Press, 1981.

____. "Metaphor and Falsity." *Journal of Aesthetics and Art Criticism* 35 (1977).

____. "Metaphorical Senses." *Nous* 12 (1978).

____. "The Metaphorical Twist." *Philosophy and Phenomenological Research* 22 (1962).

____. *The Possibility of Criticism*. Detroit: Wayne State University Press, 1970.

____. "Verbal Style and Illocutionary Action." In Berel Lang, ed., *The Concept of Style*. Philadelphia University of Pennsylvania Press, 1979.

Binkley, Timothy. "On the Truth and Probity of Metaphor." *Journal of Aesthetics and Art Criticism* 22 (1974).

Biro, John. "Intentionalism in the Theory of Meaning." *The Monist* 62 (1979).

Cohen, Ted. "Notes on Metaphor." *Journal of Aesthetics and Art Criticism* 34 (1979).

xxxv Davidson, Donald. "What Metaphors Mean." *Critical Inquiry* 5 (1978).

Grice, H. P. "Utterer's Meaning and Intentions." *The Philosophical Review* 78 (1969).

Goodman, Nelson. "Metaphor as Moonlighting." *Critical Inquiry* 6 (1979).

Mooij, J. J. A. *A Study of Metaphor*. Amsterdam: North Holland, 1976.

Ricoeur, Paul. *The Rule of Metaphor: Multi-disciplinary Studies of the Creation of Meaning in Language*. Toronto: University of Toronto Press, 1977.

Scheffler, Israel. *Beyond the Letter: A Philosophical Inquiry into Ambiguity, Vagueness and Metaphor in Language*. London: Routledge and Kegan Paul,

1979.
Searle, John R. *Speech Acts*. Cambridge: Cambridge University Press, 1970.

5. 再现

第一版（第六章）中关于图像再现的讨论，是我第一次尝试回答一个我认为很重要却又令人困惑的问题，在此之前，这个问题几乎不为人所知，更遑论严肃的讨论：一幅画再现了某东西，这是什么意思？——或者说，“毕加索的《镜子前的女孩》再现了一个女孩”这样一种陈述的真值条件是什么？虽然这一章中的讨论做不到始终严谨细致，但它做出了很多区分，这些区分现在仍然是必要的和有用的。但很明显，其中针对最重要也最棘手的概念，即“描绘”的概念所做出的分析，需要进行较大修订，以充分考虑到一些要点：比方说，我们想要区分一幅图画的描绘和摹绘；在同一个蚀刻版上先后绘制而成的两幅版画并不是相互描绘，无论多么相似；未曾实存的事物与事态是能够描绘的，甚至能够以极其真实的方式进行描绘；漫画和立体主义的幻想都能够再现；如此等等。保罗·齐夫几年后（独立地）提出的独到见解（见《论一幅绘画再现了什么》一文），从根本上诉诸“视觉景观”这一概念。视觉景观既存在于图像，也存在于图像所描绘的对象之中，因而可能存在一种契合；运用这种见解所面临的困难（很难将毕加索的绘画理解为包含一种可以称之为一个女孩端坐镜前的视觉景观的东西！），更清晰地表明了我原有主张的不足。大约是同一时间（1960 年），E. H. 贡布里希的《艺术与幻象》问世，让我们对图像再现的惯例这一要素，开始有了比以往任何时候都要深入得多的理解——我们必须学习如何读图，以掌握人们所使用的再现系统的规则（比方

xxxvi 说，在一幅素描画中，有界区域应被理解为描绘了一个固体物，而交叉影线则描绘了阴影，等等）。（比较戴维·诺韦荻的《惯例与图像风格的发展》一文）

随着纳尔逊·古德曼的《艺术的语言》的出版，再现的问题（在1968年）陷入了岌岌可危的境地，因为古德曼的这部书（第一章，以及第六章第1节）尖锐地挑战了当时一个被广泛接受的，事实上我认为具有普遍性的假设，即图像再现必然牵扯到图像和它所描绘的东西之间，甚至是《镜子前的女孩》中的某些形态（格式塔）和一位端坐镜子前的年轻女性可能拥有的某些典型形态之间所存在的一种重要的相似性。古德曼试图表明，相似性对于再现来说并不是必要的，这种论点开启了针对这些问题的全新大讨论。

古德曼的基本立论是：针对图像再现（或音乐中的再现，等等），我们所要说的一切，都可以诉诸两个基本概念。首先，存在简单意义的"再现"，古德曼认为这种再现不过是通常意义上的"指称"（denotation）：正如"汽车"这一词项（或更确切地说，"是一辆汽车"这一谓词），一辆汽车的图像也指称泛称的汽车。不同之处在于，图像和语言谓词属于不同类型的符号系统（在古德曼精心构建的体系中，图像符号系统——不同于语言——具有语义和句法的密集性）。但其次，我们也能根据一幅图画的图像属性——根据指称这幅图画的谓词——将它和其他图画归为一类，从而将汽车图（以此为例）和永动机图区分开来。当然，永动机图并不指称任何事物，因为这类事物并不存在；即便是一幅汽车图，也未必指称真实的汽车（比方说，如果它是一幅十三轮汽车图的话）——一幅图画也未必是一幅汽车图才能指称汽车（比方说，如果它是大型停车场的照片或素描画上方的一个小黑点——在停车场远处，汽车看起来就是一些小黑点）。

即便是古德曼的批评者也常常称道他的技巧，通过这种技巧，古德曼对这两个基本概念，即一个密集的符号系统中的“指称”概念以及“是一幅……图”的概念予以建构和运用，而他的主张也经常是令人信服的。但是，我仍然困惑于其主张的某些基本特征，尤其是他把“再现”当成“指称”的做法（见《〈艺术的语言〉与艺术批评》一文）。虽然古德曼声称他并不反对作为不定指涉的一种形式的描绘概念——这张照片描绘了**一辆汽车**——但是，他认为现存事物的再现（就像在绘画和雕塑中那样）拥有与语言标签相同的基本语义特性，虽然他承认它们之间存在显著差异（比如说，谓词在逻辑上是可以分合的，图像则不可以——但参见罗伯特·豪威尔的《日常图像》一文）。我认为，描绘是许多视觉艺术作品一个重要的语义功能，它涉及选择性的相似。基本上而言，我的看法是：描绘的画面具有一些视觉特征，这些特征符合某一类对象的区别性的、典型性的、外显性的特征——比 xxxvii
如一个汽车形状，无论多么扭曲变形（虽然在其他图画中，在不同的风格体系，选择性特征也许是图画空间中的色彩、体积或位置，或者是明暗的变化模式，等等）。

除了这种观点以外，近年来出现了另外两种很值得关注的观点。肯达尔·沃尔顿（见其《图像和拟托》一文，以及更晚近的文章）提出了一种精细入微的、令人印象深刻的“虚构真理”说。例如，根据这种学说，“德拉库拉[1]照镜子没有影子”这个命题在布拉姆·斯托克的小说中具有“虚构的真实性”，因为文本使它在小说的世界里成为真实的，虽然现实世界并非如此（这是对一个精确而复杂的**定义项**的一种

1　德拉库拉是西方历史上最有名的吸血鬼形象之一，最早出现于爱尔兰作家布拉姆·斯托克 (Bram Stoker,1847—1912) 于 1897 年出版的小说《嗜血幽灵——德拉库拉伯爵》。——译注

粗略释义)。实现虚构真实性的一个途径是"扮假作真"(与"想象为真"相对)，即由于某种事实，而不是由于某人的想象、假装等而拥有虚构的真实性。因此，再现性的图画可以说是"拟托游戏的道具"：关于画中人、物、事的真理之所以具有虚构的真实性，是由于画布上的形状、线条和色彩，它们使得我们有可能对大卫名画[1]《斐多篇》中的苏格拉底及其同伴们(以此为例)实施看见、注意、辨识等(拟托)活动。而一幅画在一个特定的社会里描绘了什么，取决于社会公认的规则，这些规则通过图画的视觉属性明确指出画中被"扮假作真"的是什么命题。在沃尔顿看来，虽然与对象的相似性并不是描绘这一对象的必要条件，但是，既然对一个对象的描绘的感知可以被视为对这一对象的拟托式感知，这种拟托游戏一般都是由相似性助推的。

沃尔顿的说明细致入微，解开了再现的许多谜题。但在我看来，他同时也造成了一些其他的谜题：例如，苏格拉底饮鸩自尽一事，如何能够在大卫的画作中扮假作真(因为这事情在历史上本来就是真实的)？而且，我隐隐觉得，感知毕加索对一位端坐镜子前的女孩的描绘，并不意味着我们一定要假扮自己是在感知一位端坐镜子前的女孩(关于其他评论，参见埃迪·泽马克的《描述与描绘》一文)。戈兰·赫尔梅伦细致而清晰地提出了另一种可供选择的说明(见《论描绘》一文，以及《视觉艺术中的再现与意义》第二章)，其建基于维特根斯坦的"看作"(seeing as)概念。赫尔梅伦允许"描绘"拥有很多可能的意义，但从最主要的(以及值得推荐的)意义上讲，当一幅画由于其视觉属性经过如此这般的安排，以至于被视为或可以被视为一个苹果

1 指雅克·路易·大卫(Jacques Louis David，1748—1825)在1787年所绘的《苏格拉底之死》。大卫是法国大革命时期的杰出画家，新古典主义的代表人物。——译注

时，这幅画就是描绘了一个苹果。赫尔梅伦和沃尔顿都注意到，这种学说与沃尔顿一脉相承，虽然赫尔梅伦的学说的方向有所不同。罗伯特·豪威尔针对“图像再现的逻辑结构”所做出的技术分析，则将“看作”理解为再现概念的一个本质要素，其通过可能世界的语义学而解释了关于被画物体和事件的陈述。珍妮弗·罗宾逊（见《略论古德曼关于图画的语言理论》一文）则支持一种关于“看作”的说明，只要这 xxxviii
个术语是从广义上理解，从而不仅包含视觉性的体察，而且包含“认知性的”体察。在我看来，这超出了赫尔梅伦的立场，而且也许弱化了它，使得它能够符合任何充分的说明。令我深受困扰的一点是，这一术语本身并不能解释什么。如果我们以“被看作”来定义描绘，它就走向无用的相对论；如果我们以“可看作”来定义描绘，它则走向无用的宽泛性；如果我们（理应）把重点放在“鉴于如此这般的一种视觉属性之组合，应看作”之上，那么，真正的问题就变成了一个阐明规则或惯例的问题，这些规则或惯例恰恰使得这些视觉属性脱颖而出，并恰恰指涉这一类事物。

参考文献

Beardsley, M. C. “*Languages of Art* and Art Criticism” and reply by Nelson Goodman. *Erkenntnis* 12 (1978).

Black, Max. “How Do Pictures Represent?” In Maurice Mandelbaum, ed., *Art, Perception, and Reality*. Baltimore: The Johns Hopkins Univeristy Press, 1970.

Gombrich, E. H. *Art and Illusion: A Study in the Psychology of Pictorial Representation*. Princton: Princeton University Press, 2d ed., 1961.

Goodman, Nelson. *Languages of Art*. Indianapolis: Hackett, 2d ed., 1976.

Hermerén, Göran. “Depiction: Some Formal and Conceptual Problems.” *Journal of Aesthetics and Art Criticism* 37 (1978).

____. *Representation and Meaning in the Visual Arts: A Study in the Methodology of Iconography and Iconology*. Lund: Berlingska, 1969.

Howell, Robert. "The Logical Structure of Pictorial Representation." *Theoria* 40 (1974).

____. "Ordinary Pictures, Mental Representations, and Logical Forms." *Synthese* 33 (1976).

Novitz, David. "Conventions and the Growth of Pictorial Style." *British Journal of Aesthetics* 16 (1976).

Robinson, Jenefer. "Some Remarks of Goodman's Language Theory of Pictures." *British Journal of Aesthetics* 19 (1979).

____. "Two Theories of Representation." *Erkenntnis* 12 (1978).

Savile, Anthony. "Nelson Goodman's 'Languages of Art': A Study." *British Journal of Aesthetics* 11 (1971).

Sparshott, Francis E. "Goodman on Expression." *The Monist* 58 (1974).

xxxix Walton, Kendall L. "Are Reprensentations Symbols?" *The Monist* 58 (1974).

____. "Points of View in Narrative and Depictive Representation." *Nous* 10 (1976).

____. "Pictures and Make-Believe." *Philosophical Review* 82 (1973).

Zemach, Eddy M. "Description and Depiction." *Mind* 84 (1975).

6. 表现

第一版（第七章）中所给出的关于艺术表现论的极具批判性的说明，在很大程度上要归功于一些哲学家（如 O. K. 鲍乌斯马和约翰·霍斯珀斯），但它也刻意与当时盛行的艺术观背道而驰。表现论并非只有一种单一的形式，甚或只有一种规范形式，因为表现论的开山鼻祖（鲍桑葵、克罗奇、科林伍德）予以了截然不同的表述。但是，当时存在一个普遍性的假设（在批评家中尤其如此，他们极少对这一假设予以检查），即艺术品，或成功的艺术品，是通过一个艺术家表现情感的过程而创造出来的，而一件艺术品的特殊性和价值就是它的这种生产方式所产生的结果。

针对这种假设，有必要从各个方面对它做出批驳：这样一种观点的建构不可能具有较高的连贯性；它绝不能真正描述艺术品通常是如何生产出来的；一件艺术品的特殊性和价值，其说明可以完全独立于关于艺术品的起源或生产方式的假设，等等。我们注意到，恰恰是在展现较强烈的人类学区域性质（诸如欢快、魅力、力量或者忧伤）的时候，一件艺术品可以是表现性的（expressive），而不是表现论意义上的任何东西的表现（expression）。并且，它实际上可以与表现论所不适用的自然对象共有很多诸如此类的性质。在我看来，如果说这种普遍性的艺术观——表现论中的真知灼见可以通过“审美性质”（我们姑且采用这一术语）来表述——在过去二十年已经成为占据主导地位的观点，这是不失公允的（关于一种系统性的批判，参见黑格·卡恰多里安的《艺术表现论的批评性评价》一文）。

并不是说，这种反表现论所向披靡，未遇任何阻力，或者说，以讨论艺术为己任的人完全理解了它或领会了它的含义。时不时有人提出了表现论的修订版本，其中不乏深知灼见，虽然它们的命名是否正确是值得怀疑的。举例来说，R. K. 埃利奥特（见《审美理论与艺术经验》一文）令人信服地指出，我们对艺术品的经验与我们对其他对象的经验严格说来是全然不同的，不管它们给我们提供了什么样的性质：我们可以“由内而外地”体验作品，也就是说，我们“仿佛就是诗人或艺术家”（第112页），将作品“之表现按照某种想象的方式作为自身的 xl
表现”来加以体验。这种经验被予以了生动的描述：我们能够聆听乐段，“仿佛有人在乐音中并通过乐音来表现情感，就像一个人在嗓音中并通过嗓音来表现情感一样”（第119页）。这就像从音乐（或绘画，或诸如此类的东西）中找到某种类似于诗歌的戏剧说话人的东西；我们根本不用把音乐所表现的情感归于作曲家，或者归于实际上较为确定的任何人。但这样一来，这种审美经验现象学实际上就不再是一种传统意义上的表现论了，而是某种更胜一筹的东西——而且是某种与我所理解和捍卫的反表现论完全一致的东西。这似乎是很明显的。

在我看来，关键的区分关系到一种艺术理论与两个概念之间的联系：(1) 艺术品所表现的东西；以及 (2) 艺术家所表现的东西。表现论的本质是以 (2) 解释 (1)；表现的行为或过程是根本，而关于作品中的表现的陈述，则隐而不显地指涉表现的主体（expressing agent）。按照相反的观点，虽然人们仍然有机会将艺术家说成是表现了某种东西（尽管这个惯用语也许给人以误导，因而被认为要敬而远之），但大体上而言，这个表现行为应被视为创造了某种具有表现力的东西的行为。因此，(2) 是通过 (1) 解释的：根本的观念仍然是，作品具有自身的形式和性质，而我们对这些形式和性质的关系，却不依赖于任何关于其创造或创造者的假设。

据此，艾伦·托梅对表现做了鞭辟入里的分析（见《表现的概念》），它向我们悉数展现了表现行为的诸条件，但同时摈弃了表现论——他将表现论的核心内容表述为这一命题：如果一件艺术品具有某种表现属性 Q，那么，艺术家就是在创造这一件艺术品的过程中表现了一种感受状态 F，其“质性类比物”（qualitative analogue）是 Q（第 103 页）：轻柔音乐具有艺术家在创作音乐时内心所感受到的那份轻柔的质性类比物。表现属性的名称也指谓人们的意向性状态：痛苦、怀旧等（第 128 页）。在我看来，这是表现属性的一种过于狭窄的定义，因为我认为我们一定想要将壮美、瑰丽、雄伟、尊严、机智等这样一些（隐喻性的）属性包括进来——这些属性（严格地说）可能都是人类的属性，虽然它们并不是意向状态。针对表现属性和非表现属性之间的关系，托梅还提出了一种非常有趣的观点（比较前面第三节中关于审美属性与非审美属性的讨论）。既然人们的意向状态表现于部分构成这些状态的行为之中（面露怒容，或者摆出愤怒的姿态，就是愤怒的一部分），由此推知，在音乐（以音乐为例）的表现属性与节奏、旋律音程、和弦进行等这样一些属性之间，同样存在一种类比关系（第130—131页）。托梅所提出的这种观点并不是十分明确，因为它并没有具体指出这种类比性的远近程度；但是如果它蕴含音乐的非表现属 xli
性部分构成了它的表现属性，我认为它会面临一个难题，即理解局部性质如何可能成为区域性质的构件的难题。

在《艺术中的心灵》这部复杂难懂、博大精深的著作中，盖伊·希思罗阐述和捍卫了表现论的一种原始形式，在其中，他对他所说的当下的“经典立场”予以了具体的修正与补充。其理论的关键点是“艺术行为”的概念——我们可以通过声称“在如此这般（关于一个全裸的中年妇女）的蚀刻版画中，伦勃朗冷漠地、不动感情地处理（描绘、观察、思考）他的主题”而描述这样一种行为。这种行为是艺术家的一种行为，牵涉艺术家的态度；这种行为被认为存在于“作品内部”，因为我们是从作品之中发现了它的本性。因此，某些“拟人化的性质”——冷漠、反讽、同情等——之所以归属于一件艺术品，是“由于艺术家在这件作品中的**所为**”（第26页）。这样，希思罗将人们的注意力引向了艺术品的一个重要而被忽视的特征，同时提供了很多有启发性的范例。然而，我心中尚存的怀疑，源于那个依旧令人费解的想法，即一个行为存在于艺术品**之中**。诚然，创作油画作品并赋予作品一种冷漠的态度，这确实是一个行为，但我认为，作品的冷漠与伦勃朗的实际态度仅仅有着偶然的相关性。更吸引我的是珍妮弗·鲁宾逊的观点（见《艺术行为的可撤销性》一文）——它与R. K. 埃利奥特的观点不谋而合——我们从作品中发现的态度（因为蚀刻的皱纹清晰可见，松弛下垂的皮肤暴露于寒冷昏暗的灯光下，如此等等），最好归属于一个隐含的观者，即一个虚构的创造物（比较本书下文第378页）。

纳尔逊·古德曼对表现的分析（《艺术的语言》，第二章），实则是对表现特征的分析，而且，我认为它属于一种艺术符号学理论，而不是表现论。古德曼摈弃了经典观点，因为，比方说，它忽视或忽略了一件艺术品若要表现“安详”则必须在场的一个本质要素，即一种语义维度。当一幅画表现了“安详”，它就满足了三个条件：（1）“是安详的”这一谓词，或者某个共延性的谓词，适用于这幅画（古德曼勉强同意我们在宽松的意义上说，这幅画具有“安详”这一*属性*）；（2）这幅画*指涉*这一谓词（或属性）；以及（3）这一谓词在隐喻的意义上适用于这幅画（拥有感觉力的生物，才会在字面意义上是安详的）。当然，条件（1）和条件（3）不会受到经典观点的批驳，但条件（2）却是一个背离。古德曼所持的论点是，艺术品是例示性的（以及其他类型的）符号系统中的字符（characters）：它们指涉自身的一些属性。

“指涉”必须从极其宽泛的意义上来看待，并被理解为由各种条件、活动、决定、规定等构成。但是，如果一幅画在不同寻常的程度上展示了“安详”，而这幅画本身也挂在美术馆的墙壁上展览（另一种意义上的展示），以唤起人们对其性质的注意，那么，说这幅画（被用来）指涉“安详”（见《理解音乐》一文），确实言之有理。然而我认为，如
xlii 果我们固守古德曼所偏爱的惯用语，而仅仅讨论*谓词*，这是行不通的，而且，我认为，一旦属性和谓词发生分离，指涉属性的概念，便存在一些难解之谜（见《符号美学与审美教育》一文）。我也不认为艺术品有趣的、有意味的审美属性总是被指涉的属性，即使是从这种弱意义上来讲。尽管如此，古德曼的例示概念是美学研究中的一座丰碑，这已

然成为不争的事实。

参考文献

Beardsley, M. C. "Semiotic Aesthetics and Aesthetic Education." *Journal of Aesthetic Education* 9 (1975).

____. "Understanding Music." In Kingsley Price, ed., *On Criticizing Music: Five Philosophical Perspectives*. Baltimore: The Johns Hopkins University Press, 1981.

Brentlinger, Ann F. "Exemplification of Predicates." *Nous* 4 (1970).

Elliott, R. K. "Aesthetic Theory and the Experience of Art." *Proceedings of the Aristotelian Society* (1967).

Gombrich, E. H. *Meditations on a Hobby Horse*. London and N. Y.: Phaedon, 2d ed. 1971.

Goodman, Nelson. *Languages of Art*. Indianapolis: Hackett, 2d ed. 1976.

Hospers, John. "Professor Sircello on Expression." *The Personalist* 56 (1975).

Howard, Vernon. "On Musical Expression." *British Journal of Aesthetics* 11 (1971).

Jensen, Henning. "Exemplification in Nelson Goodman's Aesthetic Theory." *Journal of Aesthetics and Art Criticism* 32 (1973).

Khatchadourian, Haig. "The Expression Theory of Art: A Critical Examination." *Journal of Aesthetics and Art Criticism* 23 (1965).

Robinson, Jenefer. "The Eliminability of Artistic Acts." *Journal of Aesthetics and Art Criticism* 36 (1977).

Sircello, Guy. *Mind and Art: An Essay on the Varieties of Expression*. Princeton: Princeton University Press, 1972.

Sparshott, Francis. "Goodman on Expression." *The Monist* 58 (1974).

Tormey, Alan. *The Concept of Expression*. Princeton: Princeton University Press, 1971.

7. 小说

言语行为理论的出现和细化（见前文第 4 节），使得人们有可能为虚构性或想象性文学的老问题找到一种解决方法，与第一版（第九章）中所提出的方法相比，它是更普遍的和更根本的。较早前的观点与之并不冲突，而是包含于其中：非断言性的语篇（比如一个虚构或讲述的故事）被视为一种特殊的语篇，在其中，言外行为并未发生；而在虚构文本的王国中，抒情诗在散文体叙事的旁边找到了自己的“立身之所”。

很多晚近的思想家都提出了这种小说理论的不同版本，其使用的核心概念迥然而异，但在某些主要论题上殊途同归。马西娅·伊顿（见《艺术、人工制品和意图》和《说谎者、喧嚣者和戏剧说话者》等论文）创造了“跨言行为”（trans-locutionary act）这一特殊术语。在跨言行为中，作者把言外行为转移至或归结于虚构的说话人。理查德·奥曼（见《言语行为》一文，以及后来发表的文章）指出，文学是一种这样的语篇，在其中，正常的言外行为力量被撤销，而保留了一种他称之为“模仿力”的特殊力量（玛丽·普拉特在《文学语篇的言语行为理论探索》第三章对奥曼的观点进行了批评和讨论）。约翰·塞尔（《虚构语篇的逻辑地位》一文）将作者说成是“模仿”以言行事的行为。肯达尔·沃尔顿（见《惧怕小说》和《虚构世界离真实世界多远？》等文章）指出，虚构语句与图画（见前文第 5 节）大同小异，都是用于拟托游戏，而恐怖电影的痴迷者所体验的并不是真实的恐惧，而是拟托的恐惧。诸如此类的术语传达了真理的重要层面（其作者对此贡献颇大），但是，在我看来，它们在不同方面也是给人以误导的（见

《文学的概念》一文)。我现在深信，最令人满意的说明，是诉诸“再现”概念的说明(见 B. H. 史密斯《论语篇的边界》，第一部分)。按照我对这种理论的理解，正如画家描绘一头牛，或者演员在舞台上描绘一个击打行为，创作一个虚构文本，就是在基本相同的意义上再现(即描绘)一个或一系列以言行事行为(见《审美意图与虚构的言外行为》和《小说即再现》这两篇论文)。试看一个清晰明了的例子，也就是 A. E. 豪斯曼[1]的一首诗的结尾部分：

> 请在墓前停下脚步，
> 故名深镌，心已无澜。
> 那个深爱过你的少年，
> 守诺践约，葬爱于此。

说话人已不在人世，所以很明显没有人在实施真正意义上的言外行为。除此之外，这些言语的受话人是一个特定的个体，却又不是任何真实的人，所以不存在 J. L. 奥斯丁意义上的“领会”。但是，这些言语却勾勒出了一连串可能的虚构性的言外行为：**央求**一个曾经深爱的人驻足坟茔，**提醒**受话人他曾经许下的要忘记她的诺言，**自嘲**只有阴 xliv
阳相隔才能让他信守承诺，等等。

文本不能充分记录一个实际的言外行为(但不至于不能被解读为一个实际的言外行为的再现)的一个原因，是它未能确立与真实世界的联系：小说所叙述的婚礼从未发生过，人物的姓名并不属于真实的

1 阿尔弗雷德·爱德华·豪斯曼 (Alfred Edward Housman,1859—1936)，英国学者、诗人，著有诗集《什罗普郡一少年》(1896)、《最后的诗》(1922)，《集外诗作》(1936)等。文中诗句摘自他的诗歌《因我更爱你》(“Because I liked You Better”)。(译文自译)

人，如此等等。对大多数小说（并非全部）的这一特征进行描述的问题，一直备受关注，因为它牵扯到“指涉”（reference）这个基本概念，而人们对这个概念一直争论不休。根据人们所熟知的一种理论——最有名的支持者是约翰·塞尔（《言语行为》，第四章和第七章）——唯独存在的实体，方可被指涉，因此，“詹姆斯·邦德”这个名字并不能指涉什么；而这使得詹姆斯·邦德小说成为虚构性的，同时不会妨碍我们将其视为提供某种史实的对于某个人的再现。根据一种不那么广泛但我认为更合理的观点，当我们宣称这部小说是关于詹姆斯·邦德的，我们理应明白，这是在说其名指涉詹姆斯·邦德其人。他虽然是不存在的，但他拥有传说中那些不同凡俗的品质和冒险精神。否则的话，打个比方说，我们就不能说，小说中的“詹姆斯·邦德”这个名字（类符）的两次不同发生（形符），指涉的是同一个人（见杰拉尔德·维斯昂的《非存在者的指涉》一文）。但是，无论我们是选择将名字视为指涉某个对象，还是意图指涉某个对象，显然都不会影响到将小说视为再现的一般性理论。

然而，一些哲学家同时兼顾两种观点。他们认为，名称指涉某种东西，而且必须指涉某种东西。但是，既然虚构的名称并不指涉现实生活中的实体，它们就必须指涉其他某种实体，即享有一种特殊的“存在模式”或“实在模式”之实体。近年来，很多技术性的论文对这种迈农式的本体论予以了深入探究，尤其值得注意的是泰伦斯·帕森斯的论文（见《虚构对象的迈农式分析》一文）；但是，我目前仍看不到增加基本的本体论范畴之必要性，因为这会导致很多关于各种模式之间的关系的形而上问题，以及很多关于我们对它们的知识的认识论问题。从某种意义上讲，我们所有人都会发现，讨论一部小说的“世界”是极为方便的，而且，似乎很清楚，针对这些世界——针对隐藏的事件、扑朔迷离的动机等——我们能够说一些重要的话，甚至取得审美上重要的发现。如作家所写的小说，其中的语句显然无真假可言；弗吉尼亚·伍尔芙并不报告现实世界中的某种情况，而其语句并不会因符合或不符合这种情况而是真的或假的，她只不过是使用这些语句来创造一个新的（虚构）世界而已。劳伦特·斯特恩（见《论小说人物》一文）和J.O.厄姆森（见《论小说》一文）对这点讲得很好；它与上述观点是相吻合的，即在挥毫写下这些语句时，作者是在描绘而不是在实施以言行事的行为。然而，我们针对作品所说出的语句——比方说，当我们作为批评家而对《达洛维夫人》或《洛丽塔》进行描述——实际 xlv
上可以是真的或假的。但这样的话，它们是因符合或不符合什么而是真的或假的？

这一问题邀请——当然也吸引了——人们对关于小说世界的陈述加以语义学的考察：是什么使它们是真的或假的，进而言之，这些陈述是关于什么样的由文学文本所映射的实体？人们给出了一些有趣的说明，并予以了翔实细致的阐述。尼古拉斯·沃尔特斯托弗（《艺术作品的世界》一文）把“事态”（包括事件）这个概念视为根本性的，它构成了一个世界，不管是虚构的还是真实的。一个作者通过自己所书写的语句而揭示了某些事态，但很多其他事态也经由文本的阐析而发现；沃尔特斯托弗为两条可以在诸如此类的阐析中使用的一般原则提供了极好的解释和说明。所有事态皆存在，但不是所有事态都是现实发生的。“哈克·费恩有一个木筏”是虚构的，因为它不属于现实世界的一部分。虚构世界在某些方面也是不完整的，因为，比如说，如果哈克·费恩的存在要得以发生，他就必须有一个明确具体的身高；但是，既然这一事态属于小说，而不属于现实世界，哈克·费恩身高n英尺这样的事态是无须存在的。

戴维·路易斯（见《论小说中的真理》一文）给出了一种说明，它与沃尔特斯托弗的说明有着一些有趣的相似性，虽然使用了截然不同的基本概念。路易斯将小说人物的描述视为缩略语，它们被操作者（operator）心照不宣地在前面加上“在一部如此这般的小说中……”这样的内容，同时，路易斯还考察了一些将真值条件归属于诸如此类的扩大句的合理原则。一个主要问题——沃尔特斯托弗也讨论过它——是处理关于作品世界的真实陈述的问题，这些陈述只是隐而不显的，因而必须阐析之：（沿用路易斯的例子）福尔摩斯的住所距离帕丁顿站比滑铁卢站更近，这是一个我们可以根据伦敦的地图而合法地推导出来的事实，尽管阿瑟·柯南·道尔的小说对此并未予以明示。路易斯表明，通过使用“可能世界”语义学中的概念，我们是如何能够充分阐述两个可供选择的原则——一个原则（大致）依赖于恰巧符合现实世界的东西，而另一原则依赖于人们对于现实世界的普遍信念——以便对故事的外显语句进行补充的；路易斯让批评理论家自行决定，对于批评而言，哪一个原则是更令人满意的。

小说人物的本体论地位问题，在另外两篇重要论文中得到了迥然不同的回答。罗伯特·豪威尔（见《虚构的对象》一文）对一些关于小说人物的陈述的分析予以了条分缕析的批评，并提出了他的结论（只是尝试性的，尚未完全展开）：比方说，“安娜·卡列尼娜”这个名字指涉“一个有明确身份的、个性鲜明的（但非现实的）对象”。这种观点所面临的一个主要难题是，真实的人是通过一个指定过程（比如登记出生证）而获得自己的名字的，把名字广而告之以后，这个名字从此与个体须臾不分，并成为这一个体的身份证明。“安娜·卡列尼娜”
xlvi 这一名字的指定，却没有诸如此类的因果过程：我们所有的，只是她在小说中被赋予的各种特征；而无论这些特征有多少，它们仍有可能全部都属于无数个迥异的个体，因此，它们并不能构成一个独一无二的人物的个性和身份。豪威尔认为，托尔斯泰的创作活动提供了一种替代性的个性化手法：他对安娜展开想象，百里挑一，把安娜作为聚焦的对象，并在小说世界中将她放在了一个独特的位置。

彼得·范·因瓦根（见《小说的受造物》一文）争辩说，小说人物是存在的，而其名字是有指涉对象的；但他认为，他们是他所说的“文学批评的理论实体”的一个子类，也就是一个包括情节、韵律、意象类型、体裁等其他概念在内的范畴。他在两种属性之间做出了一个极其关键的区分：(1) 诸如此类的“小说受造物”(creatures of fiction) 严格意义上的属性，如由塞缪尔·克莱门斯所创造，是某种类型的文学反主角的一个实例，受到莱斯利·菲德勒的误读，等等；(2) 作品“归结于”人物的属性（这一术语的技术性词义），如身为男孩、目不识丁、有筏子等等。范因沃根表明，一些关于虚构实体 (fictional entities) 的难解之谜，是如何能够通过坚持这一区分而得到解决的。

参考文献

Beardsley, M. C. “The Concept of Literature. ” In Frank Brady et al., eds, *Literary Theory and Structure: Essays in Honor of William K. Wimsatt*. New Haven: Yale University Press, 1973.

____. “Fiction as Representation” (forthcoming).

____. “Intentions and Interpretations: A Fallacy Revived.” In M. C. Beardsley, *The Aesthetic Point of View*, ed. Donald Callen and Michael Wreen. Ithaca: Cornell University Press, 1981.

Eaton, Marcia. “Art, Artifacts, and Intentions.” *American Philosophical Quarterly* 6 (1969).

____. “Liars, Ranters, and Dramatic Speakers.” In Benjamin R. Tilghman, ed, *Language and Aesthetics*. Lawrence: University of Kansas, 1973.

Howell, Robert. "Fictional Objects: How They Are and How They Aren' t." *Poetics* 8 (1979).

Lewis, David. "Truth in Fiction." *American Philosophical Quarterly* 15 (1978).

Ohmann, Richard. "Speech Acts and the Definition of Literature." *Philosophy and*
xlvii *Rhetoric* 4 (1971).

____. "Speech, Literature, and the Space Between." *New Literary History* 4 (1972).

Parsons, Terence. "A Meinongian Analysis of Fictional Objects." *Grazer Philosophische Studien* 1 (1975).

Pratt, Mary Louise. *Toward a Speech-Act Theory of Literary Discourse*. Bloomington: Indiana University Press, 1977.

Searle, John. "The Logical Status of Fictional Discourse." *New Literary History* 6 (1975).

____. *Speech Acts: An Essay in the Philosophy of Language*. Cambridge: Cambridge University Press, 1969.

Smith, Barbara Herrnstein. *On the Margins of Discourse: The Relation of Literature to Language*. Chicago: Chicago University Press, 1978.

Stern, Laurent. "Fictional Characters, Places, and Events." *Philosophy and Phenomenological Research* 26 (1965).

van Inwagen, , Peter. "Creatures of Fiction." *American Philosophical Quarterly* 14 (1977).

Urmson, J. O. "Fiction." *American Philosophical Quarterly* 13 (1976).

Vision, Gerald. "Referring to What Does Not Exist." *Canadian Journal of Philosophy* 3 (1974).

Walton, Kendall L. "Fearing Fictions." *Journal of Philosophy* 75 (1978).

____. "How Remote are Fictional Worlds from the Real World?" *Journal of Aesthetics and Art Criticism* 3 (1978).

Wolterstorff, Nicholas. "World of Works of Art." *Journal of Aesthetics and Art Criticism* 35 (1976).

8. 文学阐释

在第一版中，我建议要区分三种形式的批评活动，它们皆以促进我们对一部文学作品的理解为旨归：“阐述”(explication)(第三章)、“阐析”(elucidation)(第五章)以及最狭义上的“阐释”(interpretation)(第九章)。我深感于这些活动中所遇问题的差异，但同时也意识到了它们所共有的问题和程序，因此我并非不愿沿用文学理论家中的普遍用法，让“阐释”这一术语涵盖所有这三者——而在适当的场合保留它们的区分。从发现和报告文学作品中的隐含意义这一广义上讲，阐释确实是批评家的重要工作，而且也给文学美学家带来了棘手的理论难题。确切地说，阐释牵扯到什么样的探究？如果有的话，它在何等程度 xlviii
上可以宣称自己生产文学的客观知识？

虽然我做出了如此大的让步，但是我对“阐释”一词的扩展的忍耐是有限度的，而即使是这种广义上的阐释，我也倾向于保持它与“后现代”批评家在当下对文学作品，事实上对各种文本普遍实施的自由随意的操作的区别(如果可以清晰界定并稳当维系这一区别的话)。在其目前最高级的形式中，它被称为“解构”，但是，很多也许配不上这一标签(假设它有着一个较为确定的意义)的知名批评家，却热衷于解构的精神，一种率先由尼采大力倡导的对文本随心所欲甚至冷酷无情的态度。这些批评家通常把自己的工作说成是“阐释”，但这种阐释实际上在于为玩转观念的目的而利用文本，这些观念不能说是文本的任何日常意义的一部分：对作品的潜意识动机进行精神分析式的猜测；对作品中的语词进行双关语解读和文字游戏，从而使得作品显得自相矛盾或自掘坟墓；从海德格尔或黑格尔中引用毫不相干的章节内容，对随意挑选出的作品片段进行断章取义式的自由联想，等等。这种形式的批评如火如荼，值得哲学家进行更深入的批评和讨论（关于它的概要和实例，参见杰弗里·哈特曼主编的《解构与批评》，以及若苏埃·阿拉里主编的《文本的诸策略》）。但在这里，我将把注意力集中于更狭窄的广义阐释之美学问题。

处于争议中心的两个问题是：(1)一般意义的批评阐释能否被确证或证实——也就是说，有证据的充分支撑——因而被证明是比对立的阐释更令人首肯心折？(2)若能，如何做？很多讨论都以这样或那样的方式提及华兹华斯的一首小诗，这首诗最初被 E.D. 赫施在论辩中引入（见《阐释的有效性》，附录一"客观的阐释"），然后被我用来为阐释的客观性（与相对性相对）做辩解（见《批评的可能性》，第一章和第二章）。这首诗如下：

昏睡封住了我的灵魂；
我已无人世的担惊受怕：
她的感觉仿佛荡然无存，
不知岁月长人世情。

如今她纹丝不动，了无声息；
听不着，也看不见；
随着大地昼夜飞驰的转轮，
伴着岩石，陪着树木。[1]

1 这是英国 19 世纪浪漫主义诗人威廉·华兹华斯（William Wordsworth, 1770—1850）所创作的爱情组诗《露西》(*Lucy Poems*)中的一首，名为《昏睡封住了我的灵魂》。——译注赫施引用了 F. W. 贝特森（他认为这首诗是泛灵论；露西现在是自然的生命的一部分）和克林思·布鲁克斯（他认为这首诗是机械论；露西可怕地沦为了单纯的物质存在）的相悖阐释。关于这首诗，近年来出 xlix
现了其他各种不同的评述；例如，参见 J. 希利斯·米勒（《论边界》一文）和诺曼·N. 霍兰德（《论文学的阐释》一文）。

对问题（1）的肯定回答，得到了赫施强有力的、坚持不懈的辩护（见《阐释的有效性》和《阐释的目标》）；赫施指出，摆脱相对主义的唯一途径——也就是说，一种“认知主义的”阐释概念的唯一基础——在于把这首诗（或其他文学作品）的意义等同于作者想要表达的意义。要解决贝特森和布鲁克斯之间的那种争论，只需诉诸可获得的传记性证据，即华兹华斯在 1798 年创作这首诗时倾向于泛神论，因此是不可能以布鲁克斯所描述的方式来看待世界的。（如果我们遵照前文第 7 节的内容将这首诗视为言外行为的再现，那么传记性证据的相关性就更有问题了。）我对赫施的观点进行了批判（见《批评的可能性》，第一章），在我看来，把文本意义和作者意义混为一谈，是经不起反驳的。对此，威廉·E. 托尔赫斯特（见《论何为文本》一文）回应说：一首诗就是一个话语，它的意义应通过 H. P. 格赖斯所建议的方式（见前文第 4 节）来理解，这样的话，一首诗的理解“本质上就是一个正确领悟（诗人）意图通过它来表达什么意思的问题”（第 10 页）。托尔赫斯特的论证较为充分，如果格赖斯的意义理论无懈可击，它将能为托尔赫斯特的观点提供有效的支持。杰克·迈兰德（见《作为认知学科的阐释》一文）对赫施的观点进行了详尽深入的分析和入木三分的批评，并为作者意图之外的文本意义之独立性做了辩解。（比较约翰·埃利斯的《论批评阐释》一文。）

意图主义的论题——确定一个文本的意义，必然要诉诸关于作者意图的信息——近年来广受欢迎，人们对它的支持方式有趣而多样。P. D. 朱尔（见《对文本的诉求》一文）将阐释视为“功能性解释”，这种解释本质上指涉诗人的写作理由，比方说，写“大地昼夜飞驰的转轮”，而不是写其他内容的理由（参见我在《批评阐释的一些问题》一文中的评析）；斯坦·奥尔森（见《论批评和意图》一文）似乎认为，由于将语篇归类为文学必然会指涉意图，其阐释也理应如此（比较《论文学哲学》一文）；迈克尔·斯泰格（见《意图的菲勒斯》一文）提供了一些生动的文学范例，它们**似乎**都要求诉诸作者其人其时的所思所想。约翰·赖克特（见《论文学的理解》，第三章和第四章）坚持维系意图对于阐释的相关性，他针对很多问题，诸如反讽和隐喻，进行了淹贯精微和洞见症结的讨论。但是，赖克特的论证是基于言语行为理论的一种我认为错误的形式（见前文第 4 节）——认为把握一个言外行为的本性，就是把握实施这一行为时心中所存的意图——其基本辩
1 解并不成功，尽管有诸多优点。我仍然觉得，关于作者意图的证据，虽然在理解他所书写的文本时可能是有帮助的，但在我们根据正确的规则和惯例来理解这一文本时，它既不能推翻，也不能补充文本的内容（见《意图和阐释》一文）——而这尤其适用于文学研究中经常出现的一种论证形式（参见上述斯泰格的论文），在这种论证中，作者从首稿开始就对其文本进行重大改动，而终稿被挖掘出了种种意义，依据是这些意义更早前是明显存在的，虽然现在被删除了。这是“六经注我”（eisegesis），不是“我注六经”（exegesis）[1]。

我的观点仍然是：既然有了词汇和句法，我们解决诸如关于华兹

1 eisegesis 和 exegesis 分别是两种不同的文本诠释法，前者指牵强附会地解读文本，后者指从文本原意出发进行解读，即所谓的原意释读法。

华斯的诗歌的争论问题，就必须诉诸（它被创作时的）各种潜在的意义（如果这是我们感兴趣的，就像我们通常理应感兴趣的那样）。当多重意义未被删减，我们经常能够全部接受，并且理应这么做。当多重意义相互抵牾，我们则面临（严格意义上的）含混性而无法取舍。我并不认为贝特森和布鲁克斯针对华兹华斯的诗歌所做的阐释是同样合理的；布鲁克斯正确阐释的东西，是华兹华斯当时可能会写下的那首诗（别有这想法！），其第二个诗节如下：

如今她纹丝不动，了无声息；
既不惊，也不喜；
随着大地无规律地转动，
伴着树木，陪着岩石。[1]

在我对“阐述”较早前的处理中（第三章），我清楚地意识到，要让阐述成为一种产生客观的、（在某种意义上）可证实的以及具有合理的争辩余地之结果的共同批评程序，就必须存在针对某些超越语言学的方法论原则而达成的共识。乔纳森·卡勒将这一观念大大地向前推进了一步，这在我看来是令人钦佩的（见《结构主义诗学》），他认为诸如此类的规则之把握构成了一种特殊的“文学能力”（参见我的《论文学哲学》一文）。沿着这些研究路径，有很多有价值的研究尚待开展。

对于客观主义的文学阐释观的攻击，无论是意图主义的还是非意图主义的，有着形形色色的形式，并抛出了很多挑衅性的论点。一

1　作者对华兹华斯的诗歌进行了词汇和句法的改动，由此表明，只有经过类似的改动，才有可能蕴含机械论思想。换言之，作者认为从泛神论的角度去解读华兹华斯的这首诗才更加合理。——译注

些人捍卫一种松散意义上的“多元主义”，这种多元主义似乎暗含对于各种不同的批评方法和批评路径的慷慨接受（参见沃尔特·戴维斯的《阐释行为》）；只要这些方法回答的是不同的问题，我觉得没有问题；但是，一旦对同一个问题（华兹华斯的诗歌是泛神论吗？——是抑或不是？）做出了相悖的回答，我就不能认为它们都是可接受的。晚近的理论家们为了证明阐释不可避免的“主观性”而恢复的弗里德里希·施莱尔马赫之“解释学循环”，得到了极大的重视：我们若不先理解诗歌的整体意义，则无从知道诗歌中一个特定语词的意义是什么，反之亦然。但在我看来，诗歌远非一个封闭循环，这是很清楚的：“旋
li 转”和“昼夜”等语词的标准词义和可供使用的内涵域，皆存在于语言之中，而且，存在着一种关于风格或修辞的一般规则，其更强调句末的“树木”，而不是句首的“岩石”。理查德·林德（见《批评家必须是正确的吗？》一文）非常赞同这种对于语词的内涵和暗含的诉求，他似乎不否认正确阐释的可能性，但他坚持认为，批评家理应更青睐成就最好诗歌的阐释，因为阐释的价值就是它的审美工具性。迈克尔·汉彻（见《阐释的科学》一文）也提出了一种大同小异的观点。

一些作者针对阐释式陈述（诸如“在《螺丝在拧紧》这部小说中，群鬼腐蚀了孩子们的心灵”这一阐析）的“逻辑弱点”展开了争论。约瑟夫·马戈利斯（见《茁壮的相对主义》一文）显然认为，诸如此类的陈述既不真也不假，尽管它们可以采用“恰当”“合理”等谓词（这些谓词显然是认识论意义上的，而不是语义学意义上的）。这样，在形式上相悖的阐释（比较上述陈述和“在《螺丝在拧紧》中，群鬼并不存在，它们是家庭女教师产生的幻觉”这一陈述），在逻辑上却并不相悖，二者都可能是批评家所接受的。但是，与我相仿，马戈利斯在坚持这种否定阐释具有真值的观点时，面临极大的困境：比方说，他宣称华兹

华斯的诗歌“确实貌似支持两种截然不同的阐释”（第 43 页），但是，如果阐释不具有真值，事实或证据如何能够支撑它们呢？丹尼斯·达顿（见《合理性与审美阐释》一文）赞同马戈利斯的观点，即实践批评家对合理性的关注，远远超过了他们对真确性的关注，但在我看来，既然合理性是真确性或者可信性（抑或某种与它们相类似的东西）的外在表现，厚此薄彼则是不负责任的。罗伯特·马修斯（见《艺术作品的描述与阐释》一文）的观点与马戈利斯近乎相同，他认为“批评阐释的证据一般而言是不确定的，因此无真假可言”（第 13 页）。（我对“因此”在这里作为一个逻辑连接词的合适性表示怀疑。）马修斯声称，根据定义，阐释（而不是描述）就是承认一个人无从知道自己所说的话是否是真确的。这样的话，如果我们在詹姆斯的小说中找到充足的线索，从而较有把握地判定群鬼是否真实存在，那么（按马修斯所见）我们对这一判定的报告将不再是阐释。也许，我们可能会习惯这种用法，虽然我觉得它是不正常的，也是不方便的，虽然它将“阐释”这一术语拘囿于不可判定的陈述（如“昆特曾经在一家啤酒厂工作”），从而把它变得毫无用处；但是，我仍然会宣称，实际上（通过文本的合理解读而）具有可判定性的关于文学作品的陈述，远多于马修斯所承认的（比较科林·雷福德和萨利·米洛的《论批评的复杂性》一文）。 lii

参考文献

Beardsley, M. C. “Intentions and Interpretations: A Fallacy Revived.” In *The Aesthetic Point of View*, ed. Donald Callen and Michael Wreen Ithaca: Cornell University Press, 1981.

——. “The Philosophy of Literature.” In *Aesthetics: A Critical Anthology*, ed. George Dickie and R. J. Sclafani. New York: St. Martin’s, 1977.

——. *The Possibility of Criticism*. Detroit: Wayne State University Press, 1970.

____.“Some Problems of Critical Interpretation: A Commentary.” *Journal of Aesthetics and Art Criticism* 36 (1978).

Culler, Jonathan. *Structuralist Poetics: Structuralism, Linguistics, and the Study of Literature*. Ithaca: Cornell University Press, 1975.

Davis, Walter A. *The Act of Interpretation: A Critique of Literary Reason*. Chicago: Chicago University Press, 1978.

Dutton, Denis. “Plausibility and Aesthetic Interpretation.” *Canadian Journal of Philosophy* 7 (1977).

Ellis, John A. “Critical Interpretation, Stylistic Analysis, and the Logic of Inquiry.” *Journal of Aesthetics and Art Criticism* 36 (1978).

Hancher, Michael. “The Science of Interpretation and the Art of Interpretation.” *Modern Language Notes* 85 (1970).

Harari, Josué V., ed., *Textual Strategies: Perspectives in Post-Structuralist Criticism*. Ithaca: Cornell University Press, 1979.

Hartman, Geoffrey, ed., *Deconstruction and Criticism*. New York: Seabury Press, 1979.

Hirsch, E. D., Jr. *The Aims of Interpretation*. Chicago: Chicago University Press, 1976.

____. *Validity in Interpretation*. New Haven: Yale University Press, 1967.

Holland, Norman N. “Literary Interpretation and Three Phases of Psychoanalysis.” *Critical Inquiry* 3 (1976).

Juhl, P. J. “The Appeal to the Text: What Are We Appealing To?” *Journal of Aesthetics and Art Criticism* 36 (1978).

Lind, Richard W. “Must the Critic be Correct?” *Journal of Aesthetics and Art Criticism* 35 (1977).

Margolis, Joseph. “The Prospects of an Objective Morality.” *Social Research* 46
liii (1979).

____. “Robust Relativism.” *Journal of Aesthetics and Art Criticism* 35 (1976).

Matthews, Robert. “Describing and Interpreting a Work of Art.” *Journal of Aesthetics and Art Criticism* 36 (1977).

Meiland, Jack W. “Interpretation as a Cognitive Discipline.” *Philosophy and*

Literature 2 (1978).

Miller, J.Hillis. “On Edge: The Crossways of Contemporary Criticism.” *Bulletin of the American Academy of Arts and Sciences* 32 (Jan. 1979).

Nordin, Svante. *Interpretation and Method: Studies in the Explication of Literature.* Lund: 1978.

Olsen, Stein Haugom. “Interpretation and Intention.” *The British Journal of Aesthetics* 17 (1977).

Radford, Colin and Minogue, Sally. “The Complexity of Criticism: Its Logic and Rhetoric.” *Journal of Aesthetics and Art Criticism* 34 (1976).

Reichert, John. *Making Sense of Literature*. Chicago: Chicago University Press, 1977.

Steig, Michael. “The Intentional Phallus: Determining Verbal Meaning in Literature.” *Journal of Aesthetics and Art Criticism* 36 (1977).

Tolhurst, William E. “On What a Text is and How it Means.” *The British Journal of Aesthetics* 19 (1979).

9. 理由和判断

针对我们关于艺术品的价值判断的本质，以及我们倾向于为这类判断所提供的理由的相关性（如果有的话），意见的分歧仍然不断出现。这些分歧卓有成效，发人深省。就像一切其他东西，艺术品（及其制作者）当然可以从很多不同的方面，从不同的视角，依据不同的准则来判断。但是，在这些判断形式或评价视角中，有一种可以说是主要的和第一性的；而我仍然持此观点：第一版（第十章和十一章）中的主要思路——尽管现在明显需要纠正——是妥当合理的。批评家的判断行为，是一种在一件艺术品主要是作为艺术品而被考量的语境下**指出该艺术品有多好**（**或坏**）的行为——无论其时或其后，它还被予以了哪些其他方面的考量。它是一种对艺术品的审美价值进行估量的行为（见《批评的可能性》，第三章）。（审美价值也是一个蹊跷的概念，我们将在下一节探讨这一概念。）诸如此类的估量理应建基于对
liv 作品的一些特征（其包括元素、构成、内在关系、性质、意义和指涉等）的准确而充分的把握，这些特征都对作品的审美价值的程度产生一定的影响。诸如此类的特征，一旦被如此考量，是作为判断准则而使用的：也就是说，一个特征是否在场的事实，被视为一个评价艺术品优劣的理由（参见《论批评理由的普遍性》和《论批评理由的归类》两篇论文）。

对于文学作品，以及其他具有意义或外在指称的艺术品而言，一个无比尖锐的复杂问题是，它们既可以从审美的视角，也可以从认知的视角进行判断；它们对于我们的知识或理解力的潜在贡献之考量，也与其总价值相关。但是，这两种形式的价值是迥然相异的，且只有一种价值适用于所有作为艺术的艺术；此外，高度的审美价值本身（而不是审美价值缺席情况下的高度认知价值），足可使一件艺术品卓越不凡。因此，似乎不言而喻的是，在这种情况下，审美价值在批评家的判断中是优先的和根本的（见《批评的名与实》一文）。

这种模式的批评性评价，其各种不尽相同的形式得到了一定的赞同和认可，即便是对它能够在多大程度上将批评判断视为一种认知性的、合乎理性的活动心存疑虑的人，也是如此看待之。依我之见，我们经常找到好的理由来赞许或谴责一件艺术品——特别是将它和另一件艺术品进行比较的时候——这些理由有时是如此之好，以至于它们所支持的信念甚至上升为知识。彼得·基韦（见《美学与理性》一文）提出，正如标新立异的其他判断，标新立异的批评判断也可能是不合乎理性的。迈克尔·斯罗特（见《审美价值判断的理性》一文）重点强调了审美偏爱的变化（诸如从偏爱柴可夫斯基到偏爱莫扎特）所具有

的明显的“单向性”，将其作为价值中的客观差异性的指示物。唐纳德·克劳福德（见《原因、理由与审美客观性》一文）摈弃了这种论点，而他对其他论点的检查则展现了对“主观主义”进行批驳时所遇到的种种困难——虽然他最后提出，一种客观的、可辩护的能够解释某些批评理由乃至于它们所支持的判断何以被人们所接受的说明，可以建基于实现人们对于艺术品的“某种共同的情感反应”的重要性之上。

哲学家们报告说，他们从评价理论的“支撑性理由”模式（不妨如此命名）中发现了种种困难，而这些困难并不是都得到了圆满的解决。例如，首先有人认为，理由必须是通过演绎或归纳的方式予以支撑；但是，批评性理由和判断之间的关系，似乎既不是演绎的，也不是归纳的，而无论如何，事实性的命题并不能在逻辑上支撑规范性命题。这是一个错综复杂的问题，但如果我的想法是对的，即坚持认为一个批评判断包含某种必要的经验要素——将某种能力归结于艺术品——那么我们可毫无阻碍地说，理由为判断予以了归纳式的支撑（参见下一节中的更多澄清）。其次，有人认为——正如乔尔·库珀曼（见《艺 lv
术作品之评价的支撑理由》一文）所认为的那样，即使批评家的理由一旦确定就能够支撑他们的评价，它们也并不能提供一种“发现逻辑”（logic of discovery）。但我认为，虽然一件作为一个整体的艺术品的影响可以合理地引起一种暂时性的评价，但评价之所以是合理的和可接受的，在于特征的分析以及准则的运用。第三，有人认为——正如布鲁斯·维尔马真（见《艺术作品的评价之比较》一文）所认为的那样，比较性的判断受到了严重制约，原因是艺术品受重视的特征多种多样，相互之间缺乏可比性，而一种整合两件作品各种“不可通约的”差异的混合判断，也是举步维艰。我承认这些困境，我也不会坚持我们能够为所有成对的艺术品甚或画作做出合理的和可辩护的比较判断。（比起你最喜爱的雷诺阿的《浴女》，毕加索的《镜子前的女孩》是更胜一筹，还是稍逊一筹？）但是，我认为（维尔马真显然也同意），在很多情况下，我们都能够做出合理的比较判断。

第四，有人认为，批评性的判断具有特殊性，因为只有体验并欣赏过艺术品的人，才能在严格意义上做出这种批评判断。因此，盖伊·希思罗（见《审美判断中的主观性和正当性》一文）认为，"没有人有权做出作品A是成功之作的判断，除非，比方说，他已经感知了作品A，并感知作品A是成功之作。"我并不确定感知一件艺术品是成功之作（或神来之笔，或平庸之作，等等）这样的说法是否合适，此外，我也不信服于这种论点，更不会承认可能确实无人拥有如此权利，除非某人已经体验过作品。这种新康德主义观点被艾伦·托梅（见《论批评判断》一文）进一步向前推进，他从一种与希思罗相似的论题中推导出一个结论：批评判断是"非传递性的"（non-transmissible）（批评家的判断无法传达给他人，因为，如果后者尚未体验过作品，他或她就不符合下判断的要求），因此批评判断不能成为真正的知识。但在我看来，即使托梅是对的，即当一个从未见过作品的人断言它是一件好作品（比方说，他诉诸所认识和信任的批评家的权威），这时，说他在给这件作品下判断是不正确的，但是，他的断言仍有可能是真确的，他也可能有很好的理由来相信它是真确的（见《为审美价值辩护》一文）。第五，虽然很庆幸，价值相对主义更粗糙的形式在哲学景观中已然罕见（它们在其他地方远非销声匿迹），但是支撑理由模式的某种相对化处理，还是得到了一定的支持。萨沙·塔尔默尔（见《审美判断及其价值准则》一文）认为，批评判断只有诉诸某些标准（或准则）才会具有客观性；而标准本身只有表明自己是一个社会在一个特定时期真正使用的，即人们所习惯的和接受的标准，才会具有正当性。

但在我看来，一些准则而不是其他准则的可接受性，依赖于这些准则 lvi
与审美价值的一种（在一定程度上）可独立辩护的哲学理论之间的一致性，因此，我们无须将这种可接受性——或者可接受准则所产生的评价——相对化为社会惯例或制度惯例。

约瑟夫·马戈利斯的“茁壮的相对主义”（参见其论文）有着更根本的影响。但是，一旦承认批评判断既不真也不假，因而无法在严格意义上予以（逻辑学意义上的）支撑，或者这些判断本身无法为人们在进行重大抉择（比如哪一个艺术家应获得研究基金，哪一幅画应挂在艺术博物馆展出，等等）时所提出的实用论证提供支撑，其后果是极其严重的，而我们如何能够适应这些后果，也不得而知。

尽管支撑理由模式存在诸多争议，但可供选择的其他模式寥寥无几，而且，在我看来，其内容之详实细致，是其他模式所无法比拟的。汉斯·艾希纳（见《审美判断中“善”之意义》一文）提出了一种这样的观点：宣告一件艺术品是好的，就是预测受话人（读者或听众）会喜欢这件作品，“如果你对 X 所归属的艺术形式兴趣浓厚，如果你的艺术经验足够广博，如果你愿意为 X 劳心费神的话”。艾希纳的主张是基于一些新奇而可疑的假设，诸如：如果一幅画中的明暗度不能保证它是好的，那么，这一明暗度就不能作为判断绘画好坏的准则。对我而言，如果认为批评家通常能够预测他甚至不认识的读者会喜欢或不喜欢什么，这是不合情理的，虽然他也许成功地说出一些极难证伪的言论，如果他通过“足够”这样一些模棱两可的语词而插入足够的资格条件的话。与这一观点相反，布莱恩·克里滕登（见《从描述到评价》一文）认为，评价表达了一种针对作品的态度，即一种针对作品的看法，而理由则旨在证明这种态度的恰当性。然而，如果你不先表明一个对象是值得赞赏的——它由于拥有那些可作为理由而援引的特征而具有了一种迥异的价值——你如何能够表明一种赞赏的态度是“恰当的”呢？对此，我百思莫解。

如果评价的理由是可能存在的，那么，一连串关于什么种类的理由具有相关性和有效性的问题，便接踵而至。有人已经遵循这一路径展开了一些讨论。尼古拉斯·沃尔特斯托弗（见《艺术与宗教》，第三部分，第 4 章）接受了我对于首要理由（或普遍准则）的归类，并建议进一步完善它们的表述。沃尔特斯托弗对统一性、“丰富性”和强烈性予以了精辟的讨论——他将其中最后一个性质分析为“极其契合”某种明显位于某些量表的左端或右端的性质，这些量表在奥斯古德[1]的力量和行动因素中的一个或更多因素上有着较高的负荷值（见《意义的测量》）。一件艺术品中的强烈性，使得它能够避免“审美平淡”。沃尔特斯托弗的主张，也许解决了一个这样的问题，即如何解释那些
lvii 可欲的、一旦在场就会促进价值的人类学区域性质（优美、庄严）和那些被（正确地）援引为缺陷的“负面”性质（刺耳、拙劣）之间的差异（见《批评的可能性》，第四章）。在盖伊·希思罗所提供的关于美的详尽说明中，这个问题也得到了颇为有趣的处理（见《美的新理论》）。在这一说明中，美的概念被扩大，从而将其他众多的审美性质都包括进来（见上文第 3 节），同时也明显排除了历史上一直作为这一概念之要素的形式观念，诸如“秩序”和“比例”（参见黑格·卡恰多里安的评

1 查尔斯·埃杰顿·奥斯古德（Charles Egerton Osgood, 1916—1991），美国心理学家，心理语言学的先驱。1957 年，奥斯古德与苏希（G. J. Suci）和坦南鲍姆（P. H. Taunenbaum）创立了语义分化法（Semantic Differential）。语义分化法是一种结合联想与评估程序来研究事物意义的测量方法，由被评估的事物或概念（concept）、量表（scale）、受测者（subject）等三个要素构成。奥斯古德发现，人的感觉意义（或情绪体验）可以从评价 (evaluation) 、力量 (potency) 、活动 (activity) 三个维度进行评价，这三个维度构成了奥斯古德所谓的语义空间（semantic space）。——译注

论，载于《美学与艺术批评杂志》1997年第35卷，第361—363页）。

参考文献

Beardsley, M. C. “The Classification of Critical Reasons.” *Journal of Aesthetic Education* 2 (1968).

____. “In Defense of Aesthetic Value.” *Proceedings and Addresses of the American Philosophical Association* 52 (August 1979).

____. “The Name and Nature of Criticism. ” In Paul Hernadi ed., *What is Criticism*? Bloomington: Indiana University Press, 1981.

____. “On the Generality of Critical Reasons.” *Journal of Philosophy* 59 (1962).

____. *The Possibility of Criticism*. Detroit: Wayne State University Press, 1970.

Crawford, Donald W. “Causes, Reasons and Aesthetic Objectivity.” *American Philosophical Quarterly* 8 (1971).

Crittenden, Brian S. “From Description to Evaluation in Aesthetic Judgment.” *Journal of Aesthetic Education* 2 (1968).

Eichner, Hans. “The Meaning of ‘Good’ in Aesthetic Judgements.” *British Journal of Aesthetics* 3 (1963).

Kivy, Peter. “Aesthetics and Rationality.” *Journal f Aesthetics and Art Criticism* 34 (1975).

Kupperman, Joel J. “Reasons in Support of Evaluations of Works of Art.” *The Monist* 50 (1966).

Margolis, Joseph. “Robust Relativism.” *Journal of Aesthetics and Art Criticsm* 35 (1976).

Osgood, Charles E. et al. *The Measurement of Meaning*. Urbana: University of Illinois Press, 1957.

Sircello, Guy. *A New Theory of Beauty*. Princeton: Princeton University Press, 1975. lviii

____. “Subjectivity and Justification in Aesthetic Judgments.” *Journal of Aesthetics and Art Criticism* 27 (1968).

Slote, Michael A. “The Rationality of Aesthetic Value Judgments.” *Journal of*

Philosophy 68 (1971).

Talmor, Sascha. "The Aesthetic Judgment and its Criteria of Value." *Mind* 78 (1969).

Tormey, Alan. "Critical Judgments." *Theoria* 39 (1973).

Vermazen, Bruce. "Comparing Evaluations of Works of Art." *Journal of Aesthetics and Art Criticism* 34 (1975).

Wolterstorff, Nicholas. *Art in Action: Toward A Christian Aesthetic*. Grand Rapids: William B. Eerdmans, 1980.

10. 审美价值

我发现，要找到规避审美价值这一概念的方法是不可能的（纵使百般尝试）。一般的价值理论仍然处于一个不尽如人意的阶段，而审美价值尤其引发了种种悬而未决的问题。但是，正如在第一版中的那样，我发现自己总是不由自主地回到一个这样的想法：当我们把艺术品称为一件好作品——或一首好诗，或一部好的舞蹈作品——我们肯定是赋予了它某种形式的（非道德）价值，而这肯定是一种迥异的和特殊的形式，被正确地贴上了"审美"的标签。此外，似乎很明显，一旦我们跨出这一步，这种价值必须是在于，或者本质上包含一种能够提供某种特别有趣的和可欲的经验的潜力。所以，多年以来，我按照这些思路尝试了不同的方法，以阐明一种充分的审美价值概念。如果我们暂时搁置关于这类价值的更一般和更根本的问题，并假设这样一种东西是存在的，而我们有时能够知道事物、事件或事态什么时候具有价值，那么我们就可以将我们此处的关注焦点缩小至我们所关心的那类价值。我们可以说，"任何东西的审美价值，都是其——**通过对它的认知**——赋予经验以一种鲜明的审美特质的能力"（见《为审美价值辩护》一文）——这是基于一个必要的预设，即诸如此类的特质本身是值得拥有的，也就是有价值的。“而说 X 比 Y 具有更高的审美价值，则是指 X 有能力提供一个更有价值的经验，因为比起 Y 所能提供的任何经验，这一经验具有更鲜明的审美特质”——同样，假定这样一种特质是好的。

刚才所勾勒的关于审美价值的分析，并非没有自身的难题，至少，其中一些难题理应予以承认。杰罗米·斯托尔尼兹便指出了证明一种能力的在场时所面临的一些问题，他为一种他所谓的审美价值的“客观相对主义”说明做了出色的辩解，这种说明在其最根本的层面上接 lix
近于我的说明(见《美学与艺术批评哲学》，第五章)。我认为，斯托尔尼兹由于将能力断言(capacity-assertions)和预测(predictions)混为一谈而使得这项任务变得更为棘手，而我也不愿把我和他所共有的基本立场称为“相对主义”，因为它并不蕴含一幅画的审美价值是相对于观众或某一类观众而言的东西。一旦我们区分了**绘画**的审美能力(它能为懂画的人提供多少东西)和**观众们**的能力(其鉴赏力可能有天壤之别)，我们就消除了很多普遍存在的困惑。非正常情境的问题是存在的，在这些情境中，有人似乎从一幅画中看出了超出画作本身的内容(见《审美的观点》一文)；但我认为，这些问题可以通过正确理解我的定义中所插入的“通过对它的认知”这一短语而避免之。这一短语不仅排除了不懂画的情况，而且排除了对画作的错误解读。例如，在乔尔·库珀曼(见《论审美价值》一文)所注意到的诸问题当中——虽然他是在讨论 G. E. 摩尔对美的定义——有一个问题是：如果我们希望通过艺术受众的经验来界定审美价值，那么，在说明什么东西构成了作品的一个“正确”经验时，我们可能会陷入困境，因为价值也许是通过诸如此类的经验来定等级的。我所希望的是，这类问题可以通过要求受众对作品中的实际内容进行认知性的把握而迎刃而解。

迈克尔·斯罗特（见《审美价值判断的理性》一文）也认为，审美价值是一种趋态属性（dispositional property）（我将能力视为趋态属性的一个种类），但是他把它视为一种“*倾向*”（tendency）。（即便是“易碎性”和“易曲性”，以及他所举的其他例子，都可以要么分析为能力，要么分析为倾向，而我们基于不同的目的或场合如何看待它们，是至关重要的。）斯罗特注意到，审美价值的定义也许无须明确规定一些这样的条件（包括给定条件下的诸特征），在这些条件下，一幅画实际上会提供一个具有鲜明的审美特质的经验。但这只是一种倾向和一种能力之间的区别：在我看来，一个批评家所能评估的是能力，不是倾向（倾向的评估要求更多的经验性知识）。当批评家给出理由，指出画作中使它能够从审美的角度上进行欣赏，也就是赋予它审美价值的特征，这时他并不需要任何关于哪类抽样人群有多大比例真正懂得欣赏这幅画的统计学概括（以便推导出某种倾向性），他只需要指出，在某些类型的绘画作品中，某些特征如何能够加强统一性、复杂性或强烈性这些积极的区域性质——基于这样一个合理的假设（见下文），即诸如此类的加强将能让画作为懂画之人提供更多的审美内容。

过去二十年以来，审美经验的概念（在第一版中它被用来界定审
lx 美价值）几经沉浮；虽然一些争论让它变得更加完善，也更加清晰，但是很多争论引起了人们对是否存在这样一种东西（或者这样一种概念能否用于审美理论）的怀疑和质疑。例如，乔治·迪基（见《比厄斯利的审美经验幽灵》一文）对这个概念展开了尖锐的批判，而我予以了回应，为审美经验做了进一步的辩解（见《失而复得的审美经验》一文）。接着，迪基发动了新一轮攻势（见《艺术与审美》，第八章）。或

许，最严重的问题关乎我的这一观点，即我们对审美经验的描述可以诉诸经验或者一个经验的某些属性——特别是统一性，尤其包含连贯性（以及完整性）之维度。统一性对我的理论很重要，因为我认为它是艺术品中的一个优点，因而也是一个积极的批评准则，因为它使得艺术品能够提供一个统一性的经验，由此具有了审美价值（因为一个经验中的统一性是使它成为一个审美经验的东西的一部分）。迪基提出了几点尖锐的批评，值得深入讨论。例如，在我关于一个统一性经验的观念中，知觉对象和各种感受是融为一体的，但是迪基倾向于认为，很多艺术品并不唤起任何感受：一些抽象画“实际上一瞥便能领会”，它们并不能唤起任何“期待”或“情感”。我的回应，概言之，是这样的：所有的图案感知都必然包含积极的探寻，无论多么短暂，而在完全理解一幅即使是极其简单的抽象图案所需要花费的时间内，事实上也存在感受的空间，对各部分进行比较和对比的空间，发现内在契合性的空间，人类区域性质突生的空间。

但我现在意识到，对于建构一种审美价值的概念来说，审美经验是一个过于狭窄的基础。我并不反对这样的说法，即始终带有或弥漫着鲜明的审美特质且有一定时长的经验就是审美经验。但是，我也承认转瞬即逝的或者经久不息但感情淡漠的经验——诸如对自然或都市景观惊鸿一瞥的经验——在其中，审美的体验境界遽然提升，而且我认为，其中也存在加强的连贯性，虽然不是杜威称为“拥有一个经验”的经典杜威式现象所特有的那种需求和实现的发展过程。在大多时候，论及艺术品与其审美价值，我们依旧可以讨论审美经验。

注意到审美经验的概念与审美态度的概念有何关联，也许是有用的，审美态度的概念虽然受到了迪基持续的攻击（见《艺术与审美》，第二至五章），但人们有时仍然诉求于它。迪基充分利用了他对于“趣味理论”和“审美态度理论”的区分。在其“强”形式中，后者包含一种这样的观念，即任何东西都可以通过采取一种审美态度而转化为一个审美对象（审美满足的一个来源）。迪基对这类观点的批驳，令我极为信服。然而，“审美态度”这个术语有时指涉审美经验的一个构成要素，即这种经验所特有的一种（艺术受众和艺术品之间的）心理关系；只要能够避免混乱，这也许是一种无害的言说方式。在这一语境
lxi 下，审美态度经常被描述为涉及“无利害关注”和“心理距离”——此二者均受到了迪基强烈而有效的批判，虽然它们也许尚未被完全摧毁。在我看来，某种形式的疏离或超脱——从实际介入中退出——是审美特质中的一个要素，尽管很难对它做出准确而妥当的描述。

但是，什么是审美特质？我目前的倾向是将它理解为一套我们从人们与艺术品（以及某些自然物体和技术制品）的成功交往中所发现的典型特征，即作为经验中的审美性之准则的特征。这些特征有助于经验（无论多么短暂）成为审美的，而一旦其中几个特征结合在一起，它们就可以确保该经验是审美的，虽然在特定情况下，即使缺少一个或两个特征，经验仍有可能是审美的。无疑需要详细解释的一点（见《审美的观点》中最后一篇文章），概括起来就是：当经验具有以下特征中的一些（始终包括第一个），就拥有了鲜明的审美特质：对于一个知觉对象或意向对象的专注；一种不为该对象以外的事物所羁绊的自由感；超越实用目的的显著情感；运用探究能力的感觉；以及自我与其经验的整合。对审美特质的这样一种描述，符合其他人的结论：比方说，M. J. 曾泽恩所给出的富有启发性的现象学分析（见《审美经验的一个依据》一文）。

晚近的批评家提出了一些重要问题。金斯利·普赖斯（见《经验的审美性从何来？》一文）通过审美经验的对象之本性来辨识审美经验

（正如我在《审美享受的区分》一文中试图通过另一种方式来辨识它一样）。但是，普赖斯误以为我企图把一种“纯粹的”审美经验从其对象中分离开来，而我则是将对象被感知到的现象意义上的客观特征视为经验中的统一性内容的一部分，虽然仅仅是一部分。乔尔·库珀曼（见《艺术与审美经验》一文）援引了我所提出的诸审美经验定义中的其中之一（见《失而复得的审美经验》一文）——它必然占有一个人的心理活动的“更大部分”，“其心理活动是统一的，并且由于与一个感性显现的或有意想象的对象之形式和性质紧密相连而是愉悦的”，而这一对象是一个人“主要注意力的聚焦所在”。库珀曼认为，这一定义过于宽泛，“因为它既适用于审美经验，也适用于性经验”。也许，我提及的“心理活动”和“注意”未得到足够的重视，或者，也许它们听起来太笛卡尔了；但我认为，审美经验（如在上述第一个准则中那样）要求一种对于形式和性质的凝神观照，即一种对于其力量的顺从，这就排除了我们与环境的很多明显的身体互动。

杰罗米·斯托尔尼兹（见《审美经验中的艺术价值》一文）提出了
一种截然不同的强有力的观点：审美经验包括一种对于“艺术价值” lxii
的辨识和享受（但我排除之）——诸如令人叫绝的技巧和技艺、敏捷的身手、机敏的才思和干净利落的动作。斯托尔尼兹的精辟论辩——其矛头对准我对技巧的处理，比方说，我严格地将技巧作为*艺术家*而不是其作品的一个特征，因而与作品的评价了不相干——表明，技巧如何能够被视为艺术品的一个可体验的特征，因而对审美价值和“审美经验是举足轻重的”。当技巧的判断以斯托尔尼兹的方式慎重为之，它们就不会越过作品而沦为传记研究，而是成为作品表现力的一部分。

最后，必须指出，如果我们在这一节中所回顾的“审美价值”和

“审美经验”这两个概念中的难题依旧无法解决，我们似乎别无选择，只能抛弃这两个概念，并且不再通过它们来建构审美理论。虽然纳尔逊·古德曼已经开始了诸如此类的尝试（《艺术的语言》，第六章，以及《构造世界的多种方式》，第六章和第七章），但这种尝试有几分胜算，现在下结论为时尚早。古德曼完全舍弃了审美价值的概念，而转向了一种非常广泛的认知价值概念，或者对知识和理解的贡献性的概念；艺术中的“正确表达”（right rendering）成为一种一般性的认知范畴，而某些研究领域中的真理则是此范畴的一个特殊实例；艺术品通过参与我们把握并同时重构我们的世界或诸世界的活动而获得了价值，而这就是它们的“主要功能”，因此它们的判断应基于它们能否成功实现这一功能。然而，这种强力的、诱人的和激进的观点似乎并不能圆满地解释艺术批评家的实践，即艺术批评家为支撑其判断而给出的理由（见《〈艺术的语言〉与艺术批评》一文），而所有艺术品如何能够都被当成符号来看待，就像这种理论所要求的那样，仍然是不清楚的（见《为审美价值辩护》一文，以及前文第 3 节和第 5 节）。但在当下，除了包括某种审美价值理论的艺术理论，它似乎是发展得最充分的另择理论。

参考文献

Beardsley, M. C. “Aesthetic Experience Regained.” *Journal of Aesthetics and Art Criticism* 28 (1969).

____. “The Aesthetic Point of View.” *Metaphilosophy* 1 (1970).

____. *The Aesthetic Point of View*. Ed. Donald Callen and Michael Wreen. Ithaca: Cornell University Press, 1981.

____. “Aesthetic Theory and Educational Theory.” In Ralph Smith ed., *Aesthetic Concepts and Education*. Urbana: University of Illinois Press, 1970.

____. “Beauty and Aesthetic Value.” *Journal of Philosophy* 59 (1962). lxiii

____. “The Discrimination of Aesthetic Enjoyment.” *British Journal of Aesthetics* 3 (1963).

____. “In Defense of Aesthetic Value.” *Proceedings and Addresses of the American Philosophical Association* 52 (August 1979).

____. “*Languages of Art* and Art Criticism.” *Erkenntnis* 12 (1978).

Dickie, George. *Art and the Aesthetic*. Ithaca: Cornell University Press, 1974.

____. “Beardsley’s Phantom Aesthetic Experience.” *Journal of Philosophy* 62 (1965).

Goodman, Nelson. *Languages of Art*. Indianapolis: Hackett, 2d ed., 1976.

____. *Ways of Worldmaking*. Indianapolis: Hackett, 1978.

Kupperman, Joel J. “Aesthetic Value.” *American Philosophical Quarterly* 9 (1972).

Price, Kingsley. “What Makes an Experience Aesthetic?” *British Journal of Aesthetics* 19 (1979).

Slote, Michael A. “The Rationality of Aesthetic Value Judgments.” *Journal of Philosophy* 68 (1971).

Stolnitz, Jerome. *Aesthetics and Philosophy of Art Criticism*. Boston: Houghton Mifflin, 1960.

____. “The Artistic Values in Aesthetic Experience.” *Journal of Aesthetics and Art Criticism* 32 (1973).

Zenzen, M. J. “A Ground for Aesthetic Experience.” *Journal of Aesthetics and Art Criticism* 34 (1976).

注：在修订此文的过程中，承蒙唐纳德·卡伦和迈克尔·雷恩提出很多有价值的批评和建议，谨此致谢！ lxiv

上　　卷

绪　言

倘若无人讨论艺术作品，则不存在属于我所建议划分的研究领域的美学问题。只要我们默默欣赏一部电影、一个故事或一首歌曲——也许除了偶尔的咕哝或叹息、恼怒或愉快的低语之外——根本就没有哲学的需要。但是，一旦我们开始谈起某件作品，各种问题就出现了。

例如，某美术杂志针对一个英国画家的画展所做的评论谈到了画中所出现的各种形状，其中包括：

> 很多添加的极其明显的数字。有时，这些数字仅仅是指日期——虽然它们并不是由于这个原因而被如此大胆地运用于戴维[1]的图案设计；相反，很简单，它们是如此根本的，如此明显的符号。在构图中，它们是作为符号的符号而存在——而戴维就像其他很多当代艺术家一样，更想表明他的作品包含符号这一事实，而不是让这些符号象征某种具体的东西。这是不足为奇的：它只不过是任何时代真正具有创造力的艺术家拥有并因之而受攻击的那种深奥的现实感所导致的结果……庆祝他对正在感知的任何东西之现实的感知——这就是艺术家在画中的对象。因

1　艾伦·戴维（Alan Davie, 1920—2014），苏格兰出生的画家，受抽象表现主义和超现实主义影响，个人特色强烈，大胆且色彩缤纷，喜好古代文化，特别是禅宗和密宗，独创多样文化、神话想象、神秘符号相结合的表现形式。——译注

> 此，在经由艾伦·戴维之手而出现于其画布之上的难以破解的秘密符号之中，并没有什么神秘之处。

如果这些数字并不象征任何“具体的”东西，它们如何可能是“符号”？而如果它们并不“神秘”，它们又如何可能是“秘密符号”？画中的符号是什么，尤其是，“符号的符号”是什么？画家的符号和他的“深刻的现实感”有着什么样的关联？“现实”一词在这样一种语境下又是什么意思？如果这种现实感，以及“颂扬”其感知这种现实感的
1 目标，是古往今来的艺术家所共有的，那么，既想表达一定的象征意义，又不太在乎你象征了**什么**，这是如何成为当代艺术家所特有的一个不寻常特征的？

某文学杂志的一个批评家对一部新小说评论如下：

> 当一位美国作家试图走进异域文化的心灵，对于他的读者来说，知道他是否慎重其事是很重要的。这位小说家是在从事真正意义的写作，就像海明威可能会说的那样，抑或只是为自己的内心幻想寻找稀奇古怪的（和不相关的）符号？
>
> 在阅读罗伯特·拉姆塞关于当代墨西哥的经典小说（《节日》）的时候，读者不必有任何的惧怕。拉姆塞先生的小说是原汁原味的。它无关乎作者本人的经验。它遵从墨西哥人的经验，作者的在场仅仅是作为一颗跳动的良心而为人所察觉。这是一种令人放心的在场。

为什么读者知道作家是否“慎重其事”，并确信小说是“原汁原味的”是重要的？事实上，读者（或评论者）如何能够找到答案？说一部小说

蕴含一颗“跳动的良心”是什么意思，而这一陈述的证据是什么？

一个唱片评论家这样论到安东·布鲁克纳[1]的交响乐：

> 布鲁克纳很擅长在第一个主题的结尾处急停，然后开始第二个主题，没有任何谦让的或狡黠的过渡乐段。他经常使用延绵不断的无和声伴奏的齐奏，一种让布鲁克纳的拥趸觉得胆识过人的过程，但第一次聆听，这一过程有时会给人粗糙的感觉。当布鲁克纳接近完成一段宏大的巴洛克乐章，他经常大胆地使用句号和感叹号来阐明它的主题。而在建构其气势磅礴的高潮时，他对旋律模进的使用得心应手。对于天赋有所不逮的作曲家而言，这些习惯也许要么显得幼稚，要么显得傲慢，但是它们是布鲁克纳的音乐个性的一部分。它们缺乏老练，这与热忱、真挚以及传达高贵而单纯的思想的努力密切相关，这些使得布鲁克纳深受熟悉其音乐的人的喜爱。

“和声伴奏”“巴洛克”“模进”是什么意思？为什么胆识理应被视为音乐中一个可欲的东西？评论家明显认为是其他作曲家之缺点的音乐习惯，如何能够被布鲁克纳的热忱和真挚转化为优点？而无词音乐有望通过什么可能的途径来“传达高贵而单纯的思想”？

针对这些充斥着不清晰的术语和不严谨的假设的引文，很容易联想到其他很多问题。它们并不是作为“恐怖实例”而提出来的，而我们在这一点上也无须考虑它们有多大的代表性。那将是很难定夺的，

1 安东·布鲁克纳(Anton Bruckner, 1824—1896)，奥地利作曲家，管风琴演奏家和音乐教育家。他以创作交响曲、弥撒曲与经文歌而著称，其交响曲因其丰富的音响结构、多重的复调特性和宏大的结构而被认为是德奥派浪漫主义最后阶段的代表人物。——译注

因为关于艺术的话语繁复多样，应有尽有，既有段落包含极幽微之洞
2 见和极细致之判断，也有段落故弄玄虚，不知所云，因而在其他领域是令人无法容忍的，更遑论被视为深奥而大受赞赏。不过，前文中的三段话，以及关于它们的问题，确实展现了一些可能会对喜欢思考的读者造成困扰的谜题。美学学科所以应运而生，正是由于诸如此类的谜题。

美学与批评

刚才所引用的段落中的陈述，大多是关于被称为“艺术作品”的对象。就目前而言，我们将在一种粗略的意义上使用这一术语，在后文中再对其进行更清晰的界定。

艺术作品分为很多易于划分的子类，相应地，关于艺术作品的陈述也是如此。关于文学作品的陈述，称为“文学批评”，此外还有音乐批评、舞蹈批评等等。我将在非常广泛的意义上使用“批评陈述”(critical statement)这一术语，由此来指涉关于一件艺术作品的任何陈述，也就是关于诗歌、绘画、戏剧、雕塑、交响乐等这样一些对象的任何陈述。批评陈述未必是对作品进行谴责意义上的批评，它无须是一个价值判断，它也未必是一个职业批评家所做出的陈述。“《罗密欧和朱丽叶》共有五幕戏”，“斯美塔那的《E 小调弦乐四重奏》是自传式的”，“伊夫·唐吉的《妈妈，爸爸受伤了！》(1927 年完成，现收藏于纽约现代艺术博物馆)具有一种不祥的气氛”——这些都是批评陈述，不管是真是假，也不管是谁提出的。因此批评陈述是对如下问题的回答：凡·高的《夜间咖啡馆》(完成于 1888 年，现为纽约藏家斯蒂芬·克拉克所收藏)中的空间再现是如何促成了一种梦魇般的效

果？舒伯特的《C大调第七交响曲》终章的配器是否有瑕疵？雪莱的《阿多尼》中的“‘一’永远存在，‘万’变迁而流逝？”这一诗行体现了什么样的形而上学观点？《樱桃园》是否是一部比《野鸭》更好的戏剧？诸如此类的问题是业余或职业批评家所要处理的。

然而，当我们提出的问题不是关于艺术作品，而是关于批评家针对艺术作品**所说**的话，也就是关于他的问题或回答，那么，我们便处于另一个话语层面。“自传式”一词用于音乐时，是什么意思？批评家通过什么方法来确定一首诗的形而上学观点？说一部戏剧比另一部更好或更差，有什么好理由？诸如此类的问题，就是美学探讨的问题。

作为一个研究领域，美学由一整套十分异质的问题所构成：当我们针对艺术作品而力图做出某种真实而可靠的陈述，这些问题就会出
现。作为一个知识领域，美学则由批评陈述的澄清和确证所要求的诸 3
原则所构成。因此，美学可被理解为批评哲学，或**元批评**。

如果我们将美学与另外两个哲学领域略作比较，美学的目的就会更加清晰：伦理学与科学哲学。“杀人是错的”是一个道德陈述，或真或假。伦理学，或至少是伦理学的一个分支，致力于探讨各种道德陈述。例如，我们可以询问：“‘错’是什么意思？”或者，“我们如何能够知道某一种行为是错的？”这些问题关乎道德陈述的意义和依据，但它们本身不是道德问题。同样，物理学家的任务是提供关于亚原子粒子，如电子、质子、介子等物质的属性的真确理论。但作为哲学家，我们感兴趣的是其他问题：这些粒子是独立于人类的心灵而真实存在的东西，还是逻辑的建构物？对自然的探索是否预设了形而上学的命题，诸如因果或归纳原则？科学的方法能否适用于所有的人类行为？这些问题关乎科学本身；它们不是物理问题，而是哲学问题。

当然，从非常基本的层面上讲，包括伦理学、科学哲学和美学在

内的所有哲学领域，在某些极广泛的和极根本的问题上殊途同归。而在此书的讨论过程中，我们会遇到一些这样的问题，它们若予以深究，就会将我们引入哲学的其他分支：形而上学、知识论、价值论等。但是，哲学问题的划分，却有着一个合理的依据，如果不人为地把藩篱竖立得过高的话。每当我们思考任何东西，总存在一些我们视为当然的一般性的推理原则，而普通逻辑学的本职工作就是探究这些原则。但是，除了这种探究所牵涉的问题，还存在一些这样的特殊问题，比方说，在我们试图针对是非对错，或者针对不可观察的物理实体，或者针对历史、上帝或感官经验——或艺术作品而冥思苦想以求其解的时候，这些问题就会出现。而在此书中，我们将关注艺术作品的反思所特有的一些问题。

如果我们以这样的方式理解美学，我们原则上就能够在美学和批评之间做出一种清晰的区分。研究伦理学也许不能让你比以前更有道德，而研究科学哲学当然也不会让你成为一个合格的科学家。所以，研究美学也不能让你摇身变成一个批评家，更不会让你变成一个画家或诗人。但美学和批评都不能脱离对方而进行，这是显而易见的；它们虽然各司其职，却相互依存。

首先，除非我们有一些可供分析的批评陈述，否则做不了美学。在本书中，我们将不得不对特定的艺术作品下断言，以提出关于其意
4 义的准则以及关于其真理的验证的问题。因此，将会存在特定的艺术门类的讨论，其依赖于批评家的发现。但是，恰恰由于这些艺术门类本身是生动有趣的，我们必须慎之又慎，以免忘记我们的初衷，我们的初衷不是增加我们的艺术知识，而是提升我们的艺术之思。因此，一旦有人说“布鲁克纳热忱而真挚”，而你不以为然，这时就有了一场生动的争论所需要的素材；他是最有争议的作曲家之一。但是，相关

的美学问题处于不同的阶位，不是："布鲁克纳为人真挚吗?"，而是："你如何得知一个作曲家是否是真挚的?"。传记性的证据在这里是否是相关的，或者，是否可以从音乐本身中听出真挚？而如果我们能够证明布鲁克纳是真挚之人，这与其交响乐的价值是否有相关性？

其次，显而易见，为了合理的批评，这些美学问题必须提出来。要成为一个好的批评家，光积累大量关于你感兴趣的艺术的资讯以及丰富的相关经验是不够的，你还必须能够富有成效地组织这些资料，而且你必须表述它们，使它们得以理解。而这就是美学所介入的地方。例如，在讨论几乎任何艺术时，"现实"之类的语词迟早会冒出来：是的，从某种意义上讲，画家们当然都对现实感兴趣。但是，从什么意义上讲呢？两个相识多年的艺术批评家也许形成了一种心智上的默契，因此，当一人提及一幅画中的一种"深奥的现实感"，另一人马上心领神会。我担心的是，更多时候是人们以为自己得其深意，但实际上并没有。而有时，他们并不是真正在意自己是否得其深意，只要他们隐约觉得有人正在说着某种深奥的东西，那就行了。批评家本人也许更想表达一个这样的事实，即他的言辞是符号，而不是"让这些符号象征某种具体的东西"。

因此，"现实"也许指事物的表象，即可以直接检查的感官性质：气味、味道、纹理等。一种"深奥的现实感"因而可能是一种对于感官现象的浓厚兴趣，一种对于感官现象的迷恋，以及一种想再现感官现象的渴望。然而，从这个意义上讲，很难看出，"任何时代真正具有创造力的艺术家受攻击"是由于它，或毋宁说，是由于"拥有"它。这一描述符合法国印象派，却不符合中世纪的哥特或拜占庭艺术家。而且，如果画家只对纯粹的感官现象感兴趣，为什么这会促使他使用符号？诚然，一旦"6"这个数字被辨识为象征一个数，感知者的注意力就会从这个数字的纯粹的感官性质转移至它所意指的抽象实体。当然，“现实”也有其他的重要词义；比方说，它也许指直接感觉到的诸性质背后的一个世界：一个不能通过感官经验，而是通过直觉或纯粹理性认识的超自然世界。哥特或拜占庭艺术家就对这种意义上的现实感兴趣，而这样一种兴趣就是画家使用象征主义的原因；但是，这与“庆祝他对正在感知的任何东西之现实的感知”，并不是一回事。

这一连串关于“现实”这个术语的问题，将会在下文合适的地方再次出现。我之所以在此处详述之，是为了更充分地表明我们必须准备好从事什么样的探究。一位好的科学家从不对科学进行哲学思考是完全可能的，但是科学的进步依赖于**某人**在某些时期驻足停留，去深入思考科学的方法、科学基本术语的意义，乃至于科学作为一项人类事业所发挥的作用。如果科学家本人做到了这点，那他在这个时候就是在提出哲学问题；从长远来看，科学家越清楚自己是在做什么、为何为之，以及如何为之，我们的科学就越昌明。再如，一个人有可能过着道德上无可挑剔的生活，而不用自问终极之善的本性是什么，或者道德责任的基础是什么；但从长远来看，我们越清楚是什么使生活值得过，我们在追求它的时候就越有可能成功；而我们对决定对错的正确方法的观念越是合理，我们的决定就越有可能是合乎理性的。同样，为了防止批评沦为空洞的长篇大论、不知所云的呓语以及离经叛道的评价，必须有人对批评的基础予以考察，而且是认真谨慎的、持之以恒的考察。我们必须询问，批评家对知觉、对价值、对知识、对现实做出了什么预设，而且我们必须检查这些预设是否是正当的。我们必须考察他们所用的基本术语的意义，以及他们的论证逻辑，并对它们予以分析和验证。一个批评家没有责任来证实自己的假设，但他必须相信它们是可以证实的，否则他做出这些假设时是表里不一的。

因此，在本书的讨论过程中，我们将把美学理解为一项迥异的哲学探寻：它关心的是批评——广义上的批评——的本质和基础，正如批评本身关心的是艺术作品。现在，必须承认，以这样的方式来划出这一领域的边界，并不完全符合其他所有美学家的做法。诚然，这个领域中的一个不便之处，是它的范围会引起很多的意见分歧。主要的分歧如下：人们习惯把创造过程本身的本性归入美学的问题之中，即画家和诗人有感于什么样的社会和心理状况，以及他们是怎样创作的。现在，我并不把一个人能够提出的所有关于艺术和艺术家的问题都视为美学的问题；我认为这样一种情境是主要的，在其中，有人面对一件已完成的作品，他试图理解它，并试图判断它的好坏优劣。如果他坚持不懈地反思自己所做的事情，他将遇到很多问题，但也许他无须探究关于艺术创造的心理学。

是什么促使艺术家进行创造的？这个问题在我看来是一个心理 6
学问题，不是哲学问题。我认为，心理学美学（处理关于艺术作品的起因和效果的问题）和哲学美学（处理关于批评陈述的意义和真理的问题）的区分是有用的。本书中的“美学”，乃“哲学美学”之简称。然而，我们将会发现，我们无法忽略心理学，它的资料和结论在许多方面都与我们的资料和结论息息相关。例如，当我们考察评价的逻辑，我们势必询问审美经验的本性，而这是一个心理学问题。一旦心理学资料仍然过于匮乏，而无法对问题做出决定性的回答，我们至少能够分析问题，并尽可能清晰地阐述问题，使得我们能够发现，要回答问题的话，需要什么样的心理学资料。

美学的问题

人们有可能找到理由宣称，讨论艺术作品既没必要，也没意思。诸如此类的言论可能是有害的。一些关于诗歌的书籍如此有趣，以至于干扰到人们对诗歌本身的阅读。有时，批评家，即使是不称职的、孤陋寡闻的批评家，由于其评论具有极高的威望值，足以传播关于绘画和音乐的错误观念，这使得人们抱着错误的期待去接触这些艺术而错过了其中弥足珍贵的东西。例如，交响音乐会上按惯例发放的节目介绍上的很多附加内容，没有反而更好，因为它们会使听众对作曲家产生先入为主之见，而不是凝神聆听音乐本身。

但，反之亦然。有大量证据表明，文学、美术和音乐教师能够帮助人们从诗歌、绘画和协奏曲中获得更多的愉悦。知觉可以进一步磨锐，趣味也可以变得更雅致。即使是创造过程的某些环节，也明显可以在美术学院和音乐学院中传授，或至少通过指导而得到有益的发展。报纸的读者应感谢评论家警告他远离糟糕透顶的戏剧。而且，除了所有这些考虑，一件艺术作品，宛如一株稀有植物、一堆史前骨骸、一场革命或一颗人脑，是我们环境中一种本身颇为有趣的现象，对于这种现象，我们可能会产生一种合法的、挥之不去的好奇心。伟大的批评家一直想知道(在很大程度上是为了知道而知道)，使诗成为诗的是什么，区分好旋律和坏旋律的是什么样的一般特征，视觉再现的可能模式是什么，等等。

无论如何，人们不会停止做出关于艺术作品的陈述。问题不是我们要不要讨论，而是我们要好的讨论还是坏的讨论。我们应尽量避免讨论太多或太急，或琐碎浅薄，或不得要领，或牵强附会，或给人以误

导。如果像我所认为的那样，艺术确实在最好的人类生活中占有一席 7
之地——我们将在最后一章回到这一问题——那么艺术就值得我们劳心费神。我们不可能都是诗人或作曲家，但是我们应努力确保我们针对艺术所说的话有助于促进而不是阻碍艺术目的的实现。这是一项任重道远的使命，因为新绘画、新诗话、新乐声层出不穷，它们给批评家带来了新问题。此外，针对艺术，总有大量无聊透顶的、愚昧无知的或动机不纯的言论，它们需要予以澄清和消除。

例如，在洛杉矶的一幢新建的警察局大楼，竖立起了一尊十四英尺高（约 4.27 米）的青铜雕塑作品，再现了一个父亲、母亲、儿子和女儿的形象。这些人物四肢枯瘦如柴，顶着一颗小脑袋，面无特征。它们据说象征着受警察保护的家庭。一个市政议员为一群震惊的公民发声，把这尊雕塑称为“也许是我所见过的最令人作呕的美国人民的讽刺漫画”，并建议拆除这尊雕塑，以一尊两位男女警察逮捕犯罪嫌疑人的现实主义雕塑取代之。好莱坞艺术家协会敦促这个雕塑群像要以现实生活中的警察为原型，由“容易辨认的形象”组成，而且要由宣誓效忠的艺术家来制作。显而易见，虽然这个复杂问题部分是政治性的，但掺杂其中的是人们在雕塑的本质、价值以及它在社区生活中的地位等方面的分歧。如果我们能够厘清这些分歧，矛盾至少会更容易处理一些。其时，关于艺术作品的合理观念之需求，其紧迫性也许不如当时宏大的道德和政治问题的合理观念，但好的艺术哲学，终究是好的哲学中一个并非无足轻重的组成部分。而在这里，哲学就是我们的终极关注。

美学的问题，肇始于人们针对任何关于一件艺术作品的陈述所能提出的基本问题，事实上，人们可以针对任何陈述而提出这一基本问题：有什么理由相信它是真的？这个问题，正如我们将在后文更充分地认识到的那样，引起了一些次生问题，诸如“这一陈述是什么意思？”

针对艺术作品，我们想要说什么？我并不希望在这里提出一个这样的问题，即批评的**功能**是什么？——比方说，更重要的是批评家对艺术作品下判断，还是批评家作为艺术贩子或者艺术家和公众之间的一个生意人去促销或吹捧它们？批评家，如果他有任何用处的话，可能会扮演几种社会角色，而在我们后期的探究中，我们将能对它们进行更有成效的讨论。大多数批评家，我认为，最终将会证明其活动的正当性，他们会做出一个这样的声明：其活动是为鉴赏，为艺术充分或恰当的享受予以支持，无论它是否对艺术创造有帮助。无论如何，
8 不管批评家心中的终极目的是什么，他总试图通过告知我们关于作品的某种信息而实现这一目的，而结果表明，他所能告诉我们的，有三种根本上不同的东西，其中每一种都提出了自身所特有的美学问题。

首先，我们必须区分关于艺术作品的**规范性**陈述和**非规范性**陈述。规范性陈述是**批评评价**（critical evaluations）。当你宣称一件艺术作品是好的或坏的，将美或丑归结于它，并将其作为一个追求或躲避的对象而推荐它，这时你就是在评价它。我找不到一个完全满意的方法来定义“规范性陈述”，但就目前而言，若能大致指出其类，足矣：批评评价是一些这样的评价，它们将“好”或“美”等语词、这些语词的反义词或者其他可以通过这些语词来界定的谓词运用于艺术作品。

在考察批评评价的意义和逻辑依据的过程中所发生的问题，是我们不得不面对的最为棘手的问题，它们将会留待本书的最后几章讨论。我希望这个顺序是审慎而不是怯懦的表现；如果先讨论一些其他问题，处理它们的任务就会轻松很多。在本节中，我们遭遇了最令人困惑的和最令人不满的概念。例如，我们可以通过询问人们赞美一件艺术作品的理由是什么而处理批评评价的问题。一个常见的理由是，作品是**美的**，比如《西斯廷圣母》（约完成于公元 1515 年，现收藏于

德国德累斯顿茨温格博物馆)、济慈的《圣亚尼节前夜》、福雷的《安魂曲》等等。但假设一个人认为作品是美的,另一人则认为作品不美,这个问题该如何解决?或者消极一点说,这个问题是否**存在**解决办法?第一个问题当然是:“美”是什么意思?因为两个争论者可能是在截然不同的意义上使用“美”一词。美是对象所固有的某种性质,还是对象以某些方式对人们产生影响的一种倾向性,抑或根本不存在这样一种东西?文学的美与音乐的美是同样的吗?要证明作品是美的,我们需要出示哪些关于作品的证据?美,是所有好的艺术作品的共性,抑或只是某些艺术作品的共性?一些人认为,一件艺术作品即使是丑的,也可能是经典之作,另一些人则不以为然。这些是“美”一词所引起的一些令人困惑的问题,亟待我们在下文解决。

第二个区分理应区别两种非规范性的陈述,即对艺术作品进行**阐释**的陈述和只对艺术作品进行**描述**的陈述。

在本书中,**批评阐释**(critical interpretation)是指以宣告艺术作品的“意义”为旨归的陈述——这不应混同于另一种完全不同的词义,根据这后一种词义,比方说,当一位钢琴家以某种方式演奏一首奏鸣曲的时候,他被认为是对它进行“阐释”。我所使用的“意义”一词,是指作品本身与某种外在于作品的东西之间的一种语义学关系。假设一首交响诗被认为蕴含一种对于生命的喜悦和肯定,或者“指涉”作曲家的生涯中的某件事情;或者,一场舞蹈被认为“再现”了年轻人爱情的觉醒;或者,一部小说中的一座桥被认为“象征”或“意谓”生活 9
的危机;或者,一幢现代化的写字楼被认为“表现”了现代商务的机能效率。这些陈述皆为批评阐释。

虽然阐释一件作品的行为不像评价作品的行为那么复杂,但是它也足够复杂了,并且产生了自身的一系列问题。以“表现”这个术语为例。我们如何确定一幢高楼是否表现了什么？反言之，对于建筑师在设计这幢高楼时的体验，对于这幢高楼的诸性质与其所服务的目的之间的关系，以及对于旁观者的体验，这一术语是否暗示了什么？在这幢高楼的表现性和它作为一个建筑设计的美感之间，存在着什么关联，如果有的话？

但在我们能够考察这些问题之前，我们必须更加简短地处理一些纯粹是在描述艺术作品的特征时所出现的问题。如果陈述告知我们一幅画的色彩和形状，或者概括一部电影的剧情，或者把一部歌剧的咏叹调归类为 ABA 形式，那它们就是批评描述(critical descriptions)。此领域这一部分中的主要问题牵扯到形式的概念。在批评语言中，很可能没有其他语词出现得这么频繁。在不同的语境下，形式与“表现”“再现”“内容”“主题”“意义”等是相对立的。拥有形式，有时被视为一般意义的艺术作品的一个区别性特征，有时又被视为这类作品中的艺术性优点的一个标志。但我们还是要问：这个术语是如何使用的？它的哪一个用法值得保留，哪一个用法由于给人以误导而必须摈弃之？不管采用“形式”的什么意义，针对一部艺术作品的形式，重要的是要了解什么？[1]

批评计划

因此，哲学美学的问题，无论多么繁杂，均可分为三大组，按自

1 在《美学的凄凉》(“The Dreariness of Aesthetics”)一文中，约翰·A. 帕斯莫尔(J. A. Passmore)通过一些生动的例子，指出批评的困扰和混乱需要美学的审视。这篇论文载于新刊《心智》(*Mind*)，1951 年第 60 卷，第 239 期，第 318—325 页，收录于威廉·埃尔顿(William Elton)主编《美学和语言》(*Aesthetics and Languages*, New York: Philosophical Library, 1954, pp. 36–55)。

然的顺序分别有不同的处理方法。描述性的陈述所引起的问题是最简单的，而它们的解决是其余陈述的先决条件，所以它们必须先在第二章至第五章解决。阐释性的陈述所引起的更有争议性的问题，将在第六章至第九章探讨。最后，第十章至第十二章将致力于探讨批评家的价值判断所引起的问题。毋庸置疑，这最后一组问题无疑是所有问题中最有趣的；这些是批评家最渴望解决的问题。此外，我们对于这些问题以及它们可能的解决方法的看法，在本书中自始而终都是一种指导意见。批评家之所以热衷于描述和阐释艺术作品，常常是因为他们 10
想要评价它们；他们将描述性陈述和阐释性陈述用作规范性陈述的理由，或部分理由。所以，当我在前面的章节中挑选出某些种类的描述加以特别检查，我有时会谨记这一类陈述与后面章节所讨论的某些批评评价的相关性。然而，我的意思并不是说描述和阐释只有在作为评价的依据时才是重要的。即使我们能够，或者愿意悬搁所有关于艺术作品的价值判断，对它们的性质和内在关系加以分析，并发现它们的意义或意指，这仍然是有趣的和有用的——因为描述和阐释毕竟是理解的两半部分。

从刚才回顾的示例问题中可以看出，我们的任务要求一定的语言分析——下定义和做比较——在本书前几章尤为如此。对于语义的这种关注绝不是琐碎无用的，虽然有时似乎与我们的主要目标风马牛不相及。它是为了解决更重大的问题。美学学科处于今天这种境况，已经无望通过更随意的、漫不经心的方法而取得进展了。

诚然，美学很久以来一直被轻蔑地视为哲学家族里的一个“继姊妹”。大家对她的嫌弃，可以轻易解释，且在一定程度上是情有可原的，因为她个人习惯邋里邋遢，也不愿干家务活。甚至是偶尔登门的一位访客，也可一眼看出美学是一个“发育迟缓的儿童”。虽然这在很大程度上无疑是由于其受冷落所致，但我们必须忘却过去，展望未来。我们已经逐步接受了她的发育迟缓，对她的要求也不像她的兄弟姐妹那么多了——事实上，我们对她几无要求，更多时候是循循善诱她去做力所能及的事情。与此同时，我们必须做好准备，为她付出比正常孩子更多的关心和努力，仅仅为了教会她最简单的基础知识。

因此，鉴于学科的当前境况，一部综合性著作，理应按精确的比例将虚心和雄心相结合，既要心存谦逊，又要志存高远。我认为是时候了，我们要尝试比以前更加系统地整合美学的各种问题，要汇总人们在其中一些问题上单独进行的零散的研究，要看看它们在同一个总框架内一并解决时是什么情况以及在多大程度上是相辅相成的，要在可能的情况下推进并解决其中一些问题；但最重要的是，要尝试澄清这些问题本身，并且建立它们之间的联系。我要弄清楚，这些问题是否真的没有比通常更好的表述；比起它们在泛滥的术语混乱中所呈现出的状况，其中一些问题实际上是否已经更接近于找到解决方法；一份满意的令大多数人都信服和同意的关于美学术语的专业词汇表，是
11 否就是求而不得的。在我看来，通过这些方向的努力，我们的批评的质量就能变得更加理想，也更有意义。这就是志存高远！

我因而自始至终尽可能言之清晰和准确，同时不放弃任何一个能够形成一种有前景的观念的机会，即使我无法准确地阐述之。我们所做的一些有效的区分，已经受到审慎的思想家一段时间的反复考量，我觉得大可把它们用于一般用途。但是，也存在其他含混或随意的东西，它们似乎是真确的，也有助于人们讨论艺术作品。我认为我们应该对它们加以利用，即使我们还不知道该如何剔除其中的谬误或者给人以误导的东西。我们必须一直将注意力放在真正举足轻重的对象之上：艺术作品本身。无论批评话语有时为了追求恰当性和正当性而必

须变得多么冷漠、分析和抽象，它都不能丧失对于它所关涉的东西的喜爱和尊重。无论我们由于厘清了一些特定的纠缠不清的和令人恼火的术语或逻辑混乱而多么引以为豪，在作品本身面前，以及在创造了作品与其所有特征、意义和价值的弥足珍贵的人力面前，我们必须保持基本的谦卑。这就是心存谦逊。

本书有一个特点，也许要说明一下。每一章结尾处的“附注与问题”部分，应有助于进一步思考书中所讨论的问题，以及书中讨论较少的相关问题。这些部分聚焦于小组讨论和论文写作的主题，并且，为了给读者提供指引，它们还包含一些内容较为广泛的但经过精心挑选的参考文献，偶尔还会提出一些问题和做出一些批评评价。此外，考虑到学者的负担问题，它们并不议论个别的思想家之优缺点，而是允许文本自身内部有可能形成问题，并对站得住脚的立场和重要的观点加以讨论。当我提出一个问题的解决方法，不管是捍卫之还是批判之，我会让它尽可能明晰而合理，以便我们能够利用其中最有助益的内容；我不会提及任何名字，但会在脚注中提及援引了主要的书籍或论文的章末附注，在这些附注中可以找到理论的诸多特定形式。因此，“附注与问题”也是本书不可或缺的一部分；它们与时俱进，紧跟美学领域中的讨论前沿。

在开始第一章之前，我们最好先从杂志、报纸、访谈和书籍中采撷一些批评书写的范例，诸如在此书绪言一开头所引用的那些。仔细分析这些范例，寻找需要进一步澄清的语词，以及需要进一步从逻辑上确证的陈述。哪些陈述是(或暗含)描述、阐释、评价？如果可能的

12 话，跟别人一起讨论，看看哪些语词的意义因人而异，哪些基本假设是有争议的，或可争议的。

以下是从批评文章中摘录的一些示例段落，它们可作为初步讨论的基础：

> 1. 在整个英国诗坛，能否找到像理查德·克拉肖[1]的《燃烧的心》中如此真挚感人，如此激情四射，而又如此直截了当，令人难以忘怀的诗句，这可能是值得怀疑的。但是，当激情的指向不是一个特定的物体或符号，而是观念和本质，也就是思想或者冥想所具有的无形共相，激情便驱使诗人表现内心最深处的幽暗和隐秘。诸如此类的复杂实体当然无法通过直接的语言或话语来表现。诗人于是诉诸情感的类比物——即一些这样的语词，它们所给予的，不是无法给予的……意义，而是音调、色彩的一种对等物，思想模式和轮廓的一种对等物。即使在我刚刚引用的那个相对简单的段落中，也有“你开怀畅饮知识的年代”和“终极之吻的完整王国”这样一些不允许逻辑分析的短语；它们是不可侵犯的短语，要求人们全盘接受，而且要以诗歌所唤起的那种强烈情感的心态来接受它们。它们所包含的隐喻的两个语词融为一体，不会或不应在读者的内心唤起任何推论性的或理性的意义。[2]

1 理查德·克拉肖 (Richard Crashaw, 1613—1649)，英国 17 世纪玄学派诗人，《燃烧的心》(“The Flaming Heart”) 是他的代表作之一。玄学派诗歌以奇喻著称，一般被认为是英国巴洛克文学的组成部分。——译注

2 摘自赫伯特·里德：《英语诗歌的各个时期》(*Phases of English Poetry*)，伦敦：弗伯与费伯出版公司 (Faber and Faber)，1948 年版，第 90—91 页。

2. 黑格[1]，雕塑家，其创作材料不是金属，显然也不再是石头。他成熟的媒介是木头，其工作室里摆满了一组组暗褐色的木雕作品，仿佛在演奏一首B小调和弦……

乍一看，其波浪状的、卵形的形状，似乎暗示很多似曾相识的东西。但比起布朗库西的形状[2]，它们拥有更具体的物质性，而且不包含那么多的理想本质。而它们也有别于阿尔普或维亚尼的生物学形态，它们并不追求暗示流转变化的形式，它们是静止不动的，镇定自如的，自得其乐的……

我以为，所有这些作品都指涉人体，《玛丽恩山胡桃》和《丛林沼泽的椒木》这两件造型优美的作品尤其如此——二者都是人体躯干雕塑，而且，从它们表面隆起的温润曲线来看，都是女性雕像。但是，它们因无头而非人化，因缺臂少腿而了无生气，因其灾难性的裂痕而有失天然。

由于它们片面化的人性，那些界定黑格的诸形式之目的的突兀裂痕，一开始就令人隐隐不安。一种施虐狂的贸然猜疑，迅速蔓延开来，因为这些用刀具切割的任性随意的结果，在作品刚开始创作时就存在了。它们所做的，就是在选中的形式下画横线，给它加上引号。于是，人们逐渐明白，这些实际上并不是人体的形象，而是人体雕塑的形象。而它们给人的启发，是古典复活的一种新颖形式，一种模仿古风的新方法。（摘自列奥·施坦伯格

1　拉乌尔·黑格（Raoul Hague, 1904—1993），美国当代雕塑家，主攻木雕。——译注

2　康斯坦丁·布朗库西（Constantin Brancusi, 1876—1957），罗马尼亚裔雕刻家，于1904年定居于巴黎。他打破现实主义传统，主要用金属和石头为材料创作简单明快的几何造型的抽象雕塑，被公认为20世纪最具原创性的重要雕塑家。——译注

的《每月评论》[“Month in Review,” *Arts*, July 1956]，第 25 页。）

3. 尽管在大多数作曲家的乐曲里，它是一个内容和结构的问题，但对于莫扎特而言，它只是一个结构问题，因为其中没有可感知的内容——物质所在，几何所在（*ubi materia ibi*
13 *geometria*）。在《费加罗的婚礼》的序曲中，这点尤为明显……其中并没有诸如此类的旋律内容。除了从弦乐器奔涌而出的音符以及木管乐器的重音符，你甚至听不到记忆中的乐曲。它无法在钢琴上弹奏。拿掉它的一个音符，整首音乐便分崩离析。也没有任何人能够信誓旦旦地说，那首乐曲唤起了他的什么情感。它完全没有表现，即那种流俗意义上的表现；但是，你听它越多，你就越激动，你的感言也就越慷慨激昂：这样的乐曲空前绝后。它对心灵的震撼远远超过了它对感官的刺激。（摘自 W. J. 透纳《莫扎特：其人其作》[*Mozart: the Man and his Works*, Garden City, N.Y.:
14 Anchor, 1954]，第 317 页。）

第一章　审美对象

什么是艺术作品？例如，当我们提到《夺发记》，或《草地上的午餐》，或《弦乐小夜曲》，我们指的是哪一类事物？如果美学的问题是关于人们针对诸如此类的事物——文学作品、美术作品、音乐作品等——所做出的陈述的问题，那么，除非我们已经知道有哪些陈述是关于这些事物的陈述，否则我们无法确定这些问题是什么。换言之，如果批评家被定义为讨论艺术作品的某个人，那么，在我们可以断定谁是批评家之前，我们必须先知道某物何时是艺术作品。

如果我们把批评陈述和其他类型的陈述略作比较，这一宏阔问题的一些含义便不言自明。我们平时会说，物理学家的工作是讨论物理对象；数学家的工作是讨论数字和函数之类的抽象实体；而当你跟医生说你的脚趾疼痛，你则是在述说一种心理状况。当然，关于所有这些问题，存在着一些无比棘手的哲学问题："电子"在什么意义上是物理对象？"抽象实体"之类的东西如何可能存在？心理学意义上的脚趾疼痛与脚趾之间是什么关系？然而，让我们姑且假设这些区分是成立的。当一个批评家称赞蒲柏诗歌的机智诙谐、马奈画作的构图或者莫扎特音乐的比例，他是在讨论石头那样的物理对象，还是在讨论数字"6"那样的抽象事物，抑或是在讨论脚趾疼痛那样的心理状况——甚或是在讨论某种截然不同的东西？

这么早就遭遇一个这么棘手的问题——一个美学家至今未能完全

或圆满解决的问题——着实令人不知所措。也许，在我们考察本书下文所出现的其他问题之前，这个问题的任何回答都不能让我们称心如意，但是这个问题是一开始就必须面对的，而且，我们无妨对它加以充分利用。随着讨论的深入，我们会清楚地看到，美学的一些难题正是源于人们不愿面对以下这个基本问题：我们在讨论什么？如果我们不确定，我们就有可能在不知情的情况下讨论不同的事情，而这不会产生卓有成效的讨论。

借助一个特殊术语，我们就能轻而易举地阐述这一章的总问题——它有几个子问题。就像我们即将看到的那样，批评家所做的很多陈述并不是严格意义上的批评陈述，因为它们并不真的是关于艺术作品的陈述。毕竟，我们每人都知道，一直紧扣主题有时是很难的，而即使是一个正在点评最新上演的百老汇戏剧的批评家，也有可能不仅是在讨论戏剧，而且在讨论观众、天气、剧场经济、国际形势或者批评家本人。不过，我认为我们可以拟定一组陈述，我们所有人都会同意它们确实是关于戏剧本身的陈述。如下：

第一幕戏节奏缓慢。

第二幕戏结尾处的反讽过犹不及。

第三幕戏中的那场对决扣人心弦。

假设我们暂时搁置不确定的例子，我们仍然有大量的典型例子。让我们引入“审美对象”这一术语，以指称那些典型的陈述所关于的任何东西。因此，我们的问题是：什么是审美对象？

现在，可以说我们一开始就提出了一个重要的，也许是决定性的问题：在这一语境下，讨论一个“对象”是否合适？当我们仔细检查一件艺术作品的整个历程，它似乎是一个或多或少持续性的过程，在其中，不断发生各种转换和变形。以易卜生的戏剧《群鬼》为例。1880年11月，易卜生在罗马期间便萌生了一些感受和想法，于是，他挥毫写下了一些文字。一年后，这些文字出版了，人们读到了这些文字——通常是惊慌失措，怒火中烧。再过两年，在某个特定的背景下，一个制片人大胆地让形形色色的人穿着某些服装，在瑞典的某个公众场合把这些文字大声朗读出来。后来，另一些人决定把这些文字翻译成英语和其他语言，使得这些文字在不同国家由不同的人在不同背景通过不同的姿势、动作和语调把它们大声朗读出来。再后来，另一些人涌入剧场，他们的大脑记录了他们的感官所体验到的光脉冲和声波，于是乎，也萌生了一些自己的感受和想法。伦敦《每日电讯报》把这部 16
戏称为“一个开漏，一个不加包扎的令人作呕的化脓伤口，一个门户洞开的麻风病院”。现在，你也许会问：在这整个过程中，是否存在着一个对象？是否有任何东西足够持久而可被称为一个“对象”？法国大革命是一个对象吗？一缕青烟是一个对象吗？一朵浪花呢？

我们将用“对象”这一术语来指涉任何一个这样的实体，人们可以命名和讨论之，并可以将某些特征归属于它。“这部戏剧是悲剧”之类的陈述，似乎关乎某东西（当然，《群鬼》是否是悲剧这个问题，言人人殊）；让我们把这东西称为“审美对象”。虽然这个术语在一定程度上是人为构建的，但它有助于我们继续探讨问题。

当批评家讨论戏剧、诗歌和雕像，他（以及我们每一个人）似乎预设，存在某种可以与创造和观照的过程区分开来的东西，某种可以体验、研究、享受和判断的东西。如果这一假设无法证实，那么批评必须要么抛弃之，要么彻底改造之。因此，本章的主要目的是要弄清楚，是否可能存在诸如此类的对象：批评家所能讨论的是哪一类事物。我们也许无法为“审美对象”这一术语提供一个完整性的定义，但是我们也许并不需要一个定义。只要我们能够在合理范围内对审美对象区别于其他对象的五个方面了然于心，批评家由于不清楚批评的对象是什么而遭遇的诸多难题便能迎刃而解，而使用“审美对象”一词也将是安全的。

§1 艺术家的意图

当我们想到艺术作品，自然而然地浮上我们脑海的东西是有意为之的人类活动的产物——诸如西斯廷教堂的穹顶画、《墓园挽歌》《沃采克》，以及沙特尔大教堂等。换言之，这些东西是某人所意图的，而且在很大程度上，它们无疑就是其制作者意图让它们成为的样子。

艺术家的意图，是其内心中一连串的心理状态或者事件：他意欲做什么；他在创作之前，以及在创作过程中，是如何对作品进行想象或者投射的。当乔叟构思《坎特伯雷故事集》，当贝多芬再三推敲《D小调第九交响曲》合唱终曲的所有可能旋律，他们是有所思有所想的。毋庸置疑，这些事件也是这些作品得以问世的因素。虽然对一个盖
17 棺定论的回答不抱太多希望，我们针对任何作品所能提出的问题之一是：作品的起因是什么？诚然，在解释（如果可能的话）艺术作品为何被创造以及它们为何是这样子时，不计其数的关于艺术作品的著作都致力于描述作品被生产时的历史背景，即当时的社会、经济和政治状况——包括艺术家的家庭和身体健康状况。

我们不必停下来去讨论这一点上可能出现的一般性形而上问题。一件艺术作品能否被解释为某一组先前条件的结果？在我看来，信奉

自由意志的哲学家，会在这种理论否认所有心理事件都是由因果关系所决定的意义上争辩说：在创作行为中，存在一种自发性的或者非决定论的因素，因此，即使从原则上而言，通过社会学、历史学或者心理学的术语来解释艺术作品，也是不可能的。另一些哲学家——我认为他们的观点是合理的——则无法理解《崔斯坦和伊索德》、普拉克西特列斯的赫耳墨斯、《天鹅湖》或金字塔为何在这方面必然区别于1954年的飓风黑兹尔、第二次布匿战争、今年世界职业棒球锦标赛的结果，或者第一次氢弹爆炸，等等。诚如《崔斯坦和伊索德》，飓风和战争都是极其复杂的，因而，如果要提供一种关于其所有因果因素的完全说明，这也许不是切实可行的，但是如果说这在原则上是不可能的，却似乎也没有好的理由。

那些从事所谓的艺术“历史批评”或者“社会学批评”的人，也致力于同样的解释事业。虽然我认为我们有很好的理由来质疑许多关于个别的艺术作品，或者关于浪漫主义、印象派或巴洛克主义这样一些普遍性的思潮运动的解释，但之所以如此，大体上是由于待解释的对象之复杂性，以及可用证据的匮乏性。这是半生不熟的思辨盛行的领域，它经常不会遭到反对，因而能够屹立不倒。也许，这就是更多的批评家不关心作品更遥远的前因，而是关心艺术家心灵中的近因或直接起因的缘故。这些批评家，是喜欢对艺术家的意图刨根问底的批评家。

意图的证据

当我们考虑审美对象和艺术家意图之间的关系，两组问题应运而生。一组问题关乎意图在评价对象时所起的作用；这些问题留待第十章（§24节）讨论。另一组问题则关乎意图在描述和阐释对象时所起

18 的作用：这些问题将在此处予以考察。这一节的基本论题是，我们必须区分审美对象与其创造者的心灵之中的意图。[1]

当你以这样的方式表述这一区分，它似乎是无伤大雅的，也是完全可以接受的。不过，对于这一区分，也存在着一些较为严肃的和令人兴趣盎然的问题，我们必须对它们予以审视。首先，值得指出的是，即使是那些可能在口头或书面上同意这一区分的批评家，在其批评理论和批评实践中，也经常不晓其中深意。例如，以下是一位常在写作中模糊这一区分的文学批评家所写的一个段落部分。他在讨论安德烈·马尔罗[2]的小说《人类的命运》：

> 这一宏大而复杂的主题的处理，一定让作者费尽了心思。很明显，他像工程师那样去着手设计一种结构，这种结构将会满足全新的一组条件；**机械式的笨拙偶尔可见**。**通过戏剧情景而呈现政治事件的说明这一手法**（滥觞于《胜利者》中对主人公加林及其永无止境的任务的描写），**在这里是作为一系列会话而出现，这些会话言尽其意，完美地实现了政治分析的功能**——尽管作者竭力塑造人物的特殊性——**以至于它们偶尔缺乏合理性**。[3]

---

1 就我所知，第一个清晰地指出这一区分的重要性的人是 W.K. 温姆萨特（W. K. Wimsatt, Jr.），请参见本章结尾附注 1-A。

2 安德烈·马尔罗（G. André Malraux, 1901—1976），法国小说家、评论家、社会活动家，著有《人类的命运》《胜利者》等小说，前者描写了中国共产党人与蒋介石殊死搏斗的故事，曾获得龚古尔文学奖。后者描写了 1925 年在中国爆发的省港大罢工，其中塑造了一名非凡的革命者加林（Garin）的形象，曾获联合文学奖。——译注

3 埃德蒙·威尔逊（Edmund Wilson）：《光明的彼岸》（*The Shores of Light*），纽约：法勒，施特劳斯和扬出版公司，1952 年版，第 570 页。着重号为作者所加。

加着重号的那些分句是关于小说的，其余则是关于小说家的；段落之间的过渡衔接，似乎不存在主题的切换。但是，为了避免招致不满，我们必须补充说，在所有艺术门类的众多批评家那里，可以找到同样恰当的关于主题来回切换的例子。

审美对象和艺术家的意图之间的区分所导致的后果是举足轻重的，但这些后果并不都是一目了然的，因为它们依赖于一个人们经常不能坚守的一般性哲学原则。如果两个事物是迥异的，也就是说，如果它们实际上是两个事物，而不是两个名称下的同一个事物（如美国的副总统和参议院议长），那么，关于其中一个事物的存在和本质的证据和关于另一个事物的存在和本质的证据，就不可能完全相同。例如，副总统身材高大的任何证据，可以自动地成为参议院议长身材高大的证据，反之亦然。但是，副总统身材高大的证据，与总统的身高毫无关系。

一旦两个事物迥然而异，却又存在因果关系，就像意图和审美对象可能存在的那种关系，这一点就趋于模糊了。如果老琼恩是小琼恩的父亲，那么关于其中一人身高的任何证据，都会成为另一人身高的**间接**证据，因为根据某些基因遗传法则，父亲的高大身材至少会影响 19
到儿子有着同样高大的身材的或然性，虽然它当然不能赋予后者以确定性。

因此，就审美对象和意图而言，二者都有直接证据：我们通过观察、聆听、阅读等方式发现对象的本质，通过传记研究、书信、日记、工作日志或者通过艺术家的访谈——如果健在的话——发现艺术家的意图。但同样，我们对于对象本身的本质的认识，是证明艺术家意图让它成为什么样子的间接证据，而我们对于艺术家意图的认识，则是证明对象成为什么样子的间接证据。因此，当我们关心对象本身，就应区分其本性的内部证据和外部证据。直接证据是我们直接考察对象时所发现的证据；间接证据则来自于对象的心理学和社会背景，我们也许可以从间接证据中得出某种关于对象本身的推断。

当直接证据和间接证据相辅相成——比方说，画家在展品目录中写道，其画作有着一种恰当而复杂的平衡感，而我们走到这幅画面前，发现它确实如此——那就没有什么问题。但是，当直接证据和间接证据相互抵牾，比如画家说的是一回事，而我们的眼睛所看到的是另一回事，那么就会存在问题，因为我们必须在它们之间做出抉择。问题是，我们该如何抉择。如果我们认为"真正的"画作就是画家心中所构思的样子，那么我们就往一个方向考虑它；如果我们认为"真正的"画作是我们面前的那幅供公众观察的画作，那么我们就往另一个方向考虑它。

我们通常不会在这些选项之间举棋不定。只要我们坚持最简单的描述层面，我们就胸有成竹；假如一个雕塑家告诉我们，他意图把他的雕像弄成是光滑的和蓝色的，但我们的感官告诉自己，它是粗糙的和粉色的，那么我们会遵从自己的感觉。然而，我们也许会由于雕像更幽微的性质而感到困惑。假设雕塑家告诉我们他意图让他的雕像优美而轻盈。我们有可能久久端详着这尊雕像，却发现情况并非如此。如果雕塑家一再坚持，我们会重新打量雕像。但如果我们仍然体察不到这些性质，我们就会得出结论说，这些性质并不存在；我们不会由于雕塑家坚信自己赋予了雕像这些性质就人云亦云，说这些性质一定是存在的。然而，众所周知，我们的知觉可能会受到我们所期待的或希望看到的东西，尤其是由于社会禁忌而不愿看到的东西的影响。毫无疑问，雕塑家无法说服我们把红色视为蓝色，但是，如果他的话众望攸归——如果我们早已倾向于把他的意图作为终审判决——

那么，雕塑家的话就可能让我们看到本来看不到的优美，或者看到本来看不到的更大程度上的轻盈。如果这点放之四海而皆准，则每人都会从这尊雕像中看到这些性质，而在所有现实情况下，这些性质都存在于这尊雕像之中。这样一来，意图，或者意图的宣告，实际上造成 20
了某种后果；雕像之所是，无法区别于艺术家意图中雕像之所是。争论因而由此而起。

但恰恰是这一争论，给我们提供了一个不把意图作为终审判决的强有力的理由。假设有一个这样的实验物理学家，他对任何假说都会产生强烈的情感介入，以至于他不由自主地觉得各项实验的结果都证实了假说：只要是假说所预测的结果，他甚至会把红色的石蕊试纸看成是蓝色的。毫无疑问，他作为科学家的前途一片渺茫，但是，如果他擅长于实验室的工作，我们仍然有办法让他施展他的才华。无妨让他操作必要的实验来检验别人的假说，但是，要事后才能告诉他，他所验证的是什么假说。这个科学家完全是诉诸想象的，但科学原理是合乎理性的。因此，我们将会采用一种类比性的规则：如果一尊雕像中的一种性质**只有**事先就相信它是艺术家所意图让雕像拥有的性质的某个人才能看得到，那么这一性质根本不存在于该雕像之中。这是因为，如果某东西只有一个期待或希望看到它的人才看得到，那么它就是我们按照日常标准所说的幻觉——正如人群中刹那间恍如你妻子的陌生女人。

就雕像的**阐释**而言，情况就更加错综复杂了。假设雕塑家声称其雕像象征“人类的命运”。这是一尊巨大的、扭曲的、形状宛若油炸麻花的抛光柚木雕像，它跟地板形成斜角固定于地板之上。我们观察这尊雕像，却始终看不出诸如此类的象征意义，即使有人指点也无济于事。我们是否应该这么说：我们不过是未能领悟这种象征主义而已，但它一定是存在于雕像之中，因为一尊雕像所象征的东西，正是其制作者想要它象征的东西？或者，我们是否应该秉承遭遇汉普提·当普提[1]的极端语义约定论的爱丽丝的精神而这么说：问题是，这个对象能否被用来意指人类的命运？如果我们选择前一路径，我们实际上是在说，就其意义而言，对象的本性是无法与艺术家的意图区分开来的；如果选择后一路径，我们实际上是在说，它可以。但是，前一路径最终会导致最狂乱的荒谬性：任何人只需动动嘴皮，就能让任何东西象征任何东西，因为另一位雕塑家可以模仿同一个对象，然后给它贴上“棕榈滩的精神，1938 年”的标签。

正确表演的问题

然而，对于那些涉及创造者和感知者之间的表演过程的艺术而言，对象本身与其生产时的心理过程的区分是一个更为棘手的问题。要体验一首乐曲或一部戏剧，我们通常要从乐谱或剧本开始，其中包含创造者对表演者的指引，但就本性而言，这些指引并不像表演本身那么
21 具体明确。乐谱并不能事先处理演奏家和指挥家必须针对力度和分句而做出的每个决策；而剧本则无法描述每个姿态、动作、音调，等等。

事实上，音乐中存在极大的不确定性。巴赫甚至不交代要用什么乐器来演奏《赋格的艺术》。莫扎特的乐谱中也并没有明示，他是想要他的小步舞曲演奏得像比彻姆那么和缓，还是像托斯卡尼尼和坎泰利那么快速？布鲁克纳希望演奏的是《C 小调第八交响曲》的哪一个

1 汉普提·当普提（Humpty Dumpty），国内又译“憨墩胖墩”“蛋头”等，是英国作家路易斯·卡罗尔（Lewis Carroll）在 1871 年出版的《爱丽丝镜中奇遇》（*Through the Looking-Glass, and What Alice Found There*）中的一个角色。在故事中，他单方面操控词汇的字面意义，使得爱丽丝无法理解他的意义，因而不可能进行有效的交流。——译注

版本？1887 年原谱版？1890 版？1892 年版？抑或有着某种折中性质的 1935 年哈斯版？对此，人们甚至无法达成共识。

因此，在乐谱并没有给出相关指引的问题上，演奏者的问题，就是决定作品该如何演奏。人们自然会说，解决方法在于确定作曲家意图让音乐听起来是什么样子，虽然乐谱并不能完全体现这一意图。“真正的”音乐，是作曲家一度在心中听到的声音：审美对象即意图。由此推断，如果作曲家尚在人世，就像斯特拉文斯基或者亨德米特那样，我们理应去咨询他，甚至要说服他来指挥乐团；如果作曲家已不在人世，音乐理论家理应去查阅他的书信和笔记，以从中寻找答案。如果仍有未填空白，指挥家理应本着对于作曲家内心愿望的尊重，竭尽所能地填补这些空白。

毫无疑问，一些演奏者是在践行这一原则，但显而易见，他们大多并不仅仅在践行这一原则。事实上，这是不可能的。其实，当现代演奏者决定该如何演奏一部作品，他主要不是靠想象中的意图来指引，而是靠其他更重要的原则。既然他必须从乐谱所开放的诸多可能性中进行抉择，他所使用的准则一定是意图以外的某种东西，要不然，他永远都找不到大多数音乐的一种演奏方式。试看贝多芬《C 小调第五交响曲》的演奏所涉及的一些典型问题。

22

此曲中，第一乐章中的第二个乐句以两个延音线二分音符结束，其中的一个延长记号在乐谱手稿中为一个小节的长度，但在乐谱的第一个版本中是两个小节的长度。问题是，延长记号应为哪一个长度？这在一定程度上会影响到整个乐段的持续性，即影响到这些乐句在多大程度上听起来像是后续旋律的一部分。但很明显，意图在这里并不起什么作用；指挥家必须决定它怎样才能与乐章的其余部分融为一体。同样，谐谑曲开头是什么节奏？正如我在上述引用的乐谱中所指出的那样，即使它是一种四小节节奏，主要重音放在每个第四小节的第一个音符，我们仍要做出一个微妙而重要的选择：强拍应落在第三小节 C 音上，还是落在第五小节 G 音上？二者皆可。但同样，人们无须求助于贝多芬；指挥家追求的是某种性质的强化，即一种诙谐和恶意的结合，这在他看来可以通过这种或那种方式而得到最充分的实现。

一个更有趣的例子，是通向第一乐章第二个主题的乐句。在呈示部（59—62 小节），它是降 E 调，用的是圆号，而在发展部（303—306 小节），却是 C 大调，用的是巴松管。现在，正如第一个乐段，大多数指挥家会毫不犹豫地指定第二个乐段用圆号演奏。为何？有人认为，如果当时贝多芬的圆号有多个阀键，因而能够吹奏两个调，而不是局限于一个调，那么，他肯定会用圆号来演奏两个调；因此，这一决定是基于对意图的诉求。然而，这一诉求的依据不是意图；它是一种猜测，即如果贝多芬当时能够自由选择，他肯定会像我们一样意识到，这一乐段用圆号演奏的话，会有更好的效果，它会更加肃穆和隆重。我们并不是先要决定贝多芬的愿望是什么，才能决定该怎么演奏，而是正好相反。

在诸如此类的情况下，表演者因而总是试图决定，演奏有什么细节是最适合总谱所规定的乐曲的更宏大的特征。只要能够确定这一适当性——当然，指挥家之间也有分歧，他们可能会做出不尽相同的但同样适当的决定——它就牵扯到了音乐本身中所发现的诸关系。当然，音乐中是否存在更大的或更小的适当性这样一种东西，则另当别论，我们将在第四章（§12）中考察这一点。

在一部关于戏剧生产的经典书籍中，有一段话生动地展现了戏剧表演的类似情境。作者指出，戏剧艺术“本质上是一种集体艺术”，它离不开导演、演员、画家、音乐家、舞台工作人员、观众等所有人的贡献。

> 再多的技术知识和娴熟技艺，都无法取代对作者意图的真正把握。一部新戏在排练时就已经有一半被重写了，这种情况并非少见……[1] 23

如果第一个句子被认为支持一种这样的观点，即剧作家的意图是导演所追求的一个标准，第二个句子则表明实情并非如此：剧本的重写帮助人们发现的，不是剧作家当时所意图的东西，而是他当时理应意图的东西。契诃夫对伊万·蒲宁如是说：他写剧本，并不是“为了让人们哭泣”——让观众悲伤的是斯坦尼拉夫斯基的演绎。著名的“《熙德》之辩”之所以发生，是由于人们对高乃依的戏剧中施曼娜嫁给罗狄克的做法感到震惊，认为这种婚姻给年轻人树立了一个坏榜样。[2]1660 年，二十四载已过，高乃依写了《〈熙德〉的审查》，在其中，

1　约翰·多尔曼（John Dolman）：《戏剧生产的艺术》（*The Art of Play Production*），纽约：哈珀出版公司，1928 年，第 2 页。

2　《熙德》（*Le Cid*）是法国剧作家高乃依创作的一部古典主义名剧，于 1636 年公演时，轰动了巴黎。此剧作讲述了一对恋人一波三折的爱情故事：罗狄克与施曼娜相爱，但为了替父报仇，杀死了施曼娜的父亲。施曼娜心情复杂地请求国王处死罗狄克；后来，剧情的发展是，罗狄克在阻击摩尔人的战斗中立了功，施曼娜也因深爱罗狄克而原谅了他。这一结局争议极大，使得该剧一度遭到禁演。——译注

他宣称，女主人公从未明确答应嫁给罗狄克，她在最后一场戏中的沉默，有婉拒之意。高乃依这一蹩脚的借口是否真的说服了人们，极其可疑：无论高乃依宣称他当初的意图是什么，戏剧中的内在张力却不允许存在任何其他的阐释。

因此，在决定乐谱和剧本应如何表演时，意图并不起任何作用。但是，这并不是否认乐谱和剧本要用一种习得性的语言来书写。要恢复素歌[1]的原始乐音，我们当然要学习用以保存素歌的记谱法，而且，为了读懂这种记谱法，我们必须熟知中世纪咏唱者所使用的诸规则。为了将巴赫的康塔塔还原为当时的咏唱者和演奏者演奏时人们所听到的声音——当然，我们想要青出于蓝而胜于蓝——我们必须研究巴赫时代所使用的演奏技巧，无论是声乐还是器乐。但是，在进行这些研究时，我们并不是寻找某个佚名的素歌作曲家或巴赫的意图。我们所询问的，是乐曲在某个特定时间听起来是什么样子的，而不是作曲家本人在自己的心灵中听到了什么声音。记谱法的阅读规则，巴洛克风格的表演习惯，都是公共惯例，至少在原则上是可以获得历史发现的；它们并不依赖于一个特定的个体的意图。

文学中的意义

这个区分似乎过于隐微，但是我们将发现它具有至高的重要性，对于那些最难区分对象和意图的艺术，即语言艺术而言，尤为如此。在文学中，这一区分往往被一个原则所抹除，这个原则得到了很多批评家的公开支持，以及更多批评家心照不宣的认可：从某种意义上讲，

1 亦称“格里高利圣咏”（Gregorian chant），是中世纪罗马天主教会的祈祷歌曲，表情肃穆，风格朴素，因而也称为“素歌”，是一种单声部的无伴奏的合唱。——译注

一首诗就是它所表达的意义，因此，发现**诗歌**的意义就是发现**诗人**所表达的意义。这个原则暗示，戏剧说话人，即诗歌中的“我”，总是诗歌的作者，因此，关于它们一方的本性的证据，就自动成为另一方的 24
证据。在“当我思量我的阳光耗尽”这一诗句中，我们认为弥尔顿是在讨论他本人的失明，即其自传的一个片段。这种想法牵扯到很多有趣的问题，但我们暂时不得不搁置它们，等到第六章再讨论。我们目前仅仅关心语词的意义和人们所表达的意义之间进行区分的可能性。

假设有人说出一个句子。我们可以提出两个问题：(1)**说话人**表达了什么意思？(2)这个**语句**是什么意思？现在，如果说话人神志清醒且有表达能力，那这两个问题的答案无疑将是一样的。而在实际情况下，除了将语句作为一种关于说话人的所思所想的线索，我们对语句并不感兴趣，这时我们并不想大费周折去区分这两个问题。但是，假设有人说出了一个让我们摸不着头脑的特别含混的语句——他企图解释个税免除条款，或者博弈论和经济行为理论，但言不达意。我们追问他想表达什么意思，他思索片刻，用不同的措辞做了解释。现在，我们可以回应他说：“也许那是你想要表达的，但不是你所说的。”也就是说，它不是这一语句所表达的意思。在这里，我们显然做出了区分。

语句的意义，并不取决于个体的一闪之念和奇思异想，而是取决于语言使用惯例，这些惯例与整个语言共同体的习惯模式密切相关。在一个含混的语句中，这点也许一目了然。有人说，“我喜欢我的秘书胜过我的妻子”；我们大为诧异，问：“你的意思是你喜欢她胜过喜欢你的妻子？”他答：“非也，你误会我了，我的意思是我比我妻子更喜欢她。”是的，从某种意义上讲，他澄清了误会，他告诉了我们他想要表达的意思。但是，由于他所表达的意思依旧不是第一个语句成功地表达的意思，他并不能在任何程度上减轻原话的含混性；他不过是用一个由于意义清晰而更胜一筹的句子替代了原话而已。

现在，让我们把这一区分运用于文学批评中的一个具体问题。在维多利亚女王登基 50 周年，A. E. 豪斯曼发表了《一八八七年》这首诗。它提到了全英人民举国欢庆的盛况。“燃烧的烟火从克里山蔓延到天堂”，因为“上帝已拯救了女王”。它回忆起不计其数为英帝国奔赴前线的年轻男子，这些男子“与上帝共同做工”，但是“他们无法自救”，并以这样的诗句结束：“你的儿孙要学你父辈的儿孙，这样上帝
25 就会保佑女王。”[1] 弗兰克・哈里斯以一种尖酸刻薄的口吻，向豪斯曼引述了最后的诗节，并且高度赞美此诗：“你挪揄了整件事情，对它进行了精彩绝伦的嘲讽。”但是，对诗歌的这种解读，特别是来自哈里斯这样一个激进分子的解读，让豪斯曼大为恼火：

> 我从未意在对爱国主义进行你所谓的挪揄，我也看不出这种情感有什么要嘲讽的：我所表达的是由衷之言；如果英国人像他们父辈那样培养出优秀的男人，那么，神将会拯救女王。对于你——你那挑衅性的赞美，我只能拒绝接受，并对此表示愤怒。[2]

因此，我们也许可以通过这种形式来提出问题：豪斯曼的诗歌，特别是最后一个诗节，是反讽吗？这个问题可予以非常准确的表述。我们

1　摘自《一八八七年》，收入《A.E. 豪斯曼诗集》（*The Collected Poems of A. E. Housmon*），亨利・霍尔特出版公司 1940 年版权，巴克莱银行有限公司 1936 年版权。本书引用内容得到出版商许可。加拿大境内版权许可来自《A.E. 豪斯曼诗集》的出版商乔纳森凯普出版公司，以及作为已故的 A.E. 豪斯曼的遗产托管人之版权经纪的作家协会。

2　弗兰克・哈里斯：《最近的当代肖像》（*Latest Contemporary Portraits*），纽约：麦考利出版公司，1927 年版，第 280 页。

有两个选择：(1)我们可以说，诗歌的意义，包括它的反讽与否，恰恰是作者意图让它成为的样子。这样，关于意图的任何证据，将自动成为诗歌之所是的证据：如果豪斯曼说这首诗是反讽的，那它就是反讽的。豪斯曼是最后的终审法庭，因为这是他的诗。(2)或者我们可以区分诗歌的意义和作者的意图。当然，我们必须承认，在很多情况下，作者可能是自己的诗歌的知心读者，因而能够帮助我们从诗歌中注意到我们所忽略的东西。但与此同时，作者未必是自己的诗歌的最好读者，事实上，也许就像豪斯曼那样，当作者的潜意识对其写作的引导超过其意识所能接受的程度，他就会误读自己的诗歌。而如果作者对于自己想要通过诗歌表达的意义的宣告与诗歌本身的证据相抵牾，那么我们不能允许他仅仅通过指令而让诗歌表达他想要它表达的意义。因此，在这种情况下，我们会让称职的批评家细读细品这首诗，如果他们从中发现了反讽，我们理应得出结论说，它是反讽的，而不管豪斯曼说什么。

意图主义批评

在诸如此类的测试用例的帮助下，我们可以在任何一种艺术中对两类批评家做出清晰的区分。有些批评家坚定而热忱地讨论审美对象本身，并且通过审美对象内部的发现来验证他们关于审美对象的陈述。在条件允许的情况下，他们可能会利用可获得的外部证据，针对作品中可能存在的东西做出假设：比方说，如果一个诗人在一封书信中谈及自己的诗歌，他可能会暗示，读者忽略了诗歌中的另一层意义。但是，假设的证据，亦即确证，是诗歌本身；正如我们不可忽视诗歌中的某种意义，不对诗歌进行牵强附会的解读，也是同样重要的。另一些批评家，则往往在作品与其创造者之间左右摇摆，他们懵懵懂懂，

稀里糊涂，不知自己什么时候是在讨论作品，什么时候是在讨论作品
26 的创造者。他们将意图的证据与成果的证据混为一谈，而且有时主要依靠外部证据来决定作品是什么，或者表达了什么意义。这就是意图主义批评的做法。

我将把克林思·布鲁克斯、唐纳德·托维爵士和 A.C. 巴恩斯作为第一种类型的批评家的例子——他们所有人对于这一区分的坚持，总体上是高度一致的。即使他们有时看似疏于区分，这表象也只是语言上的。例如，托维提到了巴赫《哥德堡变奏曲》中的第十六变奏：

> 最后，巴赫的**目标**终究不是造成一种这样的印象，即这是一首以终究是三十个变奏中的一个变奏的比例为代价而充分展开的、气势磅礴的序曲。他的**意图**是，在第十五变奏以伤感和忧愁的一章结束了作品的前半部后，第十六变奏应以超过听众期待的更恢宏和更饱满的生命力开启作品的第二部分。对于这个**目的**而言，大胆地暗示这一双乐章序曲形式的主要事实，比悉数呈现这些事实更有成效。[1]

只要熟悉托维的风格，并且从其语境中理解这段文字，任何人都能轻松自如地将它转述为非意图论的语言。“在第十五变奏……后，第十六变奏**确实**以超过听众期待的更恢宏和更饱满的生命力开启了作品的第二部分”，如此等等。

1 唐纳德·F. 托维：《音乐分析论文集：室内乐》(*Essays in Musical Analysis: Chamber Music*)，纽约：牛津大学出版社，1949 年版，第 57—58 页。着重号为作者所加。关于舒伯特管弦乐的讨论中，“意图”也有一种类似的用法，请参见《论文集》第一卷“交响曲”，第 202 页。

巴恩斯如此描述塞尚："他的主要**目的**是让色彩成为其所有形式的基本质料，他**力争**用色彩建构一切。"[1] 这时，他实际上是在讨论塞尚的**所为**。事实上，巴恩斯对绘画作品的分析，几乎完全独立于这种对于画家的指涉。而布鲁克斯则如此描写华兹华斯《颂诗：忆童年而悟不朽》的第四诗节："附带说一下，这个诗节的韵律情况似乎支持这一观点，即诗歌的张力效果是**有意为之**。"[2] 布鲁克斯在脚注中表明了他主要关注的问题："无论华兹华斯是什么意图，这种紧张感与作为一个整体的诗歌所要求的效果完全契合。"

因此，很多表面为意图主义的陈述，可以视为给人以误导的讨论作品本身的方式。存在某些常见的省略手法，它们极其方便，因而难以避免，即使它们的反复使用让我们疏于区分；当我们意指伦勃朗的 27
画作，我们言称"伦勃朗"；当我们意指罗伯特·弗罗斯特《桦树》这首诗中的**戏剧说话人**，我们言称"罗伯特·弗罗斯特"或《桦树》之"作者"；当我们仅仅意指一首乐曲的主要结构或普遍特征，我们言称乐曲的"意旨"；当我们仅仅意指一幅画的某一部分似乎并不是其他部分所需要的，我们可能会轻描淡写地说，这一部分未能实现"意图"。诸如此类的言说模式经常是无害的，但是，尽可能地对它们敬而远之，却不失为一个好主意，即使做起来很难。

存在另外一些批评家，他们持续不断地制造混乱，而且他们的批评所依赖的某些术语绝对是意图主义的。或者，即使这样一些术语的部分意义可以转换成关于作品本身的直接描述或阐释，其余的意义却

1　阿尔伯特·C. 巴恩斯：《绘画中的艺术》(*The Art in Painting*)，纽约：哈考特·布雷斯出版公司，1937 版，第 322 页。着重号为作者所加。

2　克林思·布鲁克斯：《精制的瓮》(*The Well Wrought Urn*)，纽约：雷诺与希师阁出版公司，1947 年版，第 124 页。着重号为作者所加。

不能。因此，很难知道一个术语有多少是指涉作品，又有多少是指涉艺术家，而且，很明显，一旦有人询问，使用这些术语的人并不清楚该如何进行转换。但如果我们不知道一位批评家是在讨论作品还是在讨论艺术家，我们如何可能知道他所说的是否是真的，因为我们如何可能知道我们需要什么样的证据来证实它？

例如，试看以下这个关于托马斯·沃尔夫所写的一部小说的陈述："在这部作品中，存在着一种试图对其人物进行具体化的并不成功的努力。"这个陈述可以从意图主义的角度来理解：沃尔夫非常想使他的小说人物具体化，但显得力不从心。但是，批评家何以知道这一点？他并不援引这部小说的外部证据。因此，我们必须追问，他从小说中发现了什么，以至于他对这部小说做出了如此这般的描述？一旦我们确定他的所思所想能够验证他的陈述，我们便深挖出了其陈述中非意图主义的意义；我们发现了它实际上针对小说本身所说的话。我们可以从语境中断定批评家有以下想法：(1)从小说中人物的情况来看，人物的具体化不太充分；(2)人物的具体化程度在全书中是不一致的和不规律的；(3)如果人物的具体化更加充分，小说则更加出色。这些陈述关乎小说，而不是关乎托马斯·沃尔夫本人，而前两种想法至少可以通过研读作品本身来验证。

但是，假设一位批评家描写一部戏剧时写道：它"具有意图之外的诙谐性"；在这种情况下，如果这部戏确实是诙谐的，要解释他是如何知道它的诙谐不是出于剧作家的意图，就棘手得多了。也许，这部戏在某些方面是诙谐的，在其他方面却非如此，又或者，它的幽默是一种特殊的、令人反感的幽默。另一个批评家说道，某首诗中存在过多的典雅性，由此，他声称自己指的是"对外在形式的过度关注"。这
28 能转换成非意图主义的术语吗？只有批评家接着明确指出他是在谈论

诗歌的什么特征或要素，我们才能做出决定。

意图主义批评反复使用的关键术语，是这样一些术语："真诚""单纯""自然""肤浅""虚伪""勉强""主观""个人"和"真实"，等等。所有这些术语都有能力将它们的指涉对象从艺术切换至艺术家；从其主要意义上讲，这些术语描述的是意图，但在派生的意义上，它们全部都可以用来描述意图所产生的结果。你无法通过任何普遍性的方法来界定它们；恰恰是由于其意义的多变性，那些不愿澄清自己是在讨论什么的批评家，才能够对它们操纵自如，左右逢源。因此，你只有在每个特定的场合才能决定一个批评家是如何使用一个术语的。一个相关的决定性问题是：他有什么证据说作品是"真诚的"或"虚伪的"？如果他继续宣称，一首爱情诗之所以是不真诚的，是因为他发现了诗人在创作这首诗的同时所写下的一封书信，在其中，诗人私下坦承，他并非真心喜欢那位年轻女士，那么这位批评家的讨论是意图主义的。另一方面，如果批评家指出，这首诗中的某些短语表明，戏剧说话人意识到了自己的虚伪，那么这位批评家的讨论是客观主义的——即他在讨论审美对象。

如果对这个区别予以不太正式的而且无疑过于简单的表达，那就是：客观的批评家在邂逅一个新的审美对象时所提出的第一个问题，不是"这理应是什么？"，而是"我们从中发现了什么？"

§2　知觉性和物理性

试看我们针对一幅画所能做出的各种各样的陈述：

(1) 它是一幅油画。

(2)它有着令人心动的肉感。

(3)它画于1892年。

(4)它行云流水，动感十足。

(5)它是用颜料在画布上绘制的。

(6)它挂在克利夫兰艺术博物馆的墙上。

(7)它价值不菲。

现在，针对这幅画做出这些陈述的任何人，诸如一个在博物馆公报上评论一件新藏品的批评家，通常都会认为自己在所有这些陈述中是在讨论同一个东西——比如说，雷诺阿的《三浴女》(1892年，现收藏于克利夫兰艺术博物馆)。自始至终，“它”这个代词似乎具有相同的指涉意义。

但是，在这些陈述之中，可以做出一个根本性的区分。[1] 假设我
29 们理应针对每个陈述提出询问：“你如何知道它是真的？”换言之，假设我们理应追问这一陈述的**验证**方法：如果要我们相信它是真的，需要什么样的证据？对于陈述(2)和陈述(4)而言，我认为我们可以回答说，我们能够**看出**它们是真的：我们可以端详画作，并观察画面上的肉感和行云流水般的动感。但是，这个回答对其他问题并没有用。要验证陈述(1)和陈述(5)，我们必须对颜料以及颜料所涂抹的画面进行一种化学分析。而要验证(3)、(6)和(7)，我们必须超越画作本身，而深入到历史、地理或拍卖场中去。

因此，从表面看，你至少可以了解一幅画作的两种信息(暂时忽略第3、第6和第7个陈述)。一些陈述的真值之确定，可以诉诸画作

1 这一区分来自C.I.刘易斯和斯蒂芬·佩珀，请参见附注2-A和4-B。

本身——其所显现的形状和色彩——的直接感知。一些陈述的真值之确定，只能诉诸更加迂回的方式，比如刮下一层颜料看看底下是什么，把画作置于紫外线下检查，把一块颜料放入试管中溶解，等等。正是这个区别，引出了一个我们现在需要考察的关键性问题：我们能否说，陈述（1）和（5）与陈述（2）和（4）都是关于同一个对象？我认为，没有人会怀疑陈述（2）和陈述（4）是关于一个审美对象，但陈述（1）和陈述（5）是否也关乎一个审美对象？

这个问题的一个解决方法，也许是你能够想得到的。根据陈述（4），画中是有动感的，但陈述（6）表示它悬挂于墙上，明显是静止不动的。这两个陈述似乎相互矛盾，因此，如果它们都是真的，它们不可能适用于同一对象，因为没有任何对象能够具有自相矛盾的特性。然而，有一个方法[1]可以规避这一观点：我们只需要说，这两个陈述实际上并不是自相矛盾的。当我们断定这幅画作静中有动，我们的意思并不是它有一部分具有相对于博物馆墙壁的正速度，就像一个运动物体一样。因此，这种观点并没有表明，其中涉及两个迥异的对象。

当我们转向音乐，问题就更清楚了，也更容易回答。似乎很明显，谈音乐是一回事，谈声学则是另外一回事。声音是一回事，声波则是另外一回事。即使“声音”一词既用于和声学的著作，也用于物理学的著作，它在这两种语境下的意义也是全然不同的。当你谈及德彪西管弦乐曲的音色、舒曼钢琴曲的一次演奏在分句处理上的灵敏度，或者巴托克的《第三弦乐四重奏》中某些乐段的粗糙度，你是在讨论你所能听到的某种东西。钢琴中央 C 键每秒产生的振动次数、大键琴的 30
机械动作、密纹唱片的声槽宽度，这些都是你听不到的东西，无论你

1　这一方法是保罗·齐夫提出的，请参见附注 2-A。

作为物理学家能够对它们展开多么深入透彻的研究，能使用多么精确的数学词汇来描述它们的活动；因此它们并不是它们所生产的音乐的一部分。

例如，当我们讨论声波，并宣称在如此这般的时候，它们的振幅增强了，这时，我们是在讨论听音乐的物理条件。而当我们宣称音乐有高潮，我们则是在讨论被听到的东西。诚然，感知到的音乐与其物理条件之间存在着某种因果关系：当声波的振幅增强，便听到了高潮。但是，一位熟谙乐谱的音乐家要体验音乐，并不需要声波来震动他的耳鼓，而我们大多数人都能熟记一首曲子，并在心中反复默唱。也许，倘若我们的耳朵不在这时或那时受到声波的刺激，我们将永远都不会熟识任何音乐；但是，一旦我们找到某种方法让人们服用药物或者使用无线电波来影响他们的大脑，从而让他们听到音乐，那么音乐批评家就无须修改他所说的任何话，虽然生理学家会那样做。

进而言之，我们在内心很少会怀疑我们是否在讨论音乐。也许，乐器的名称在这方面也是含混不清的，不过还没到危险的地步。当我们宣称单簧管的圆筒形管径能使它吹出奇数分音，我们指的是物理意义上的乐器。当我们描述单簧管在莫扎特《单簧管五重奏》结尾部分的第一变奏中从一个音区跳跃至另一音区时所制造的听觉效果，我们指的是我们能够听到的单簧管的音质。即使这一音质是电子乐器所制造的，我们对它的看法，仍然如出一辙。

审美对象即知觉对象

因此，就音乐而言，我们必须清楚地区分可听之物（我称之为“知觉对象”）与其物理基础。一个知觉对象就是一个这样的对象，它至少有一些性质向直接的感官意识开放。事实上，我认为我们所有人都应同意，一首乐曲的所有性质都可以从乐曲中听出，尽管不是同时听出 31
的，而任何一种即使在原则上都听不出的性质，都不属于作为音乐的乐曲。

音乐的物理基础是由可以通过物理学词汇描述的事物和事件所构成。在这里，“物理性”一词也许是误导性的，但如果没有它的话，我们的讨论将难以为继。我们把一张椅子称为一个物理对象，但如果一把椅子被认为是棕色的、坚硬的、光滑的等等，它却是一个知觉对象，是可感知的。除了知觉性的椅子，还存在物理性的椅子，即一种这样的椅子，其属性不是通过直接的感觉，而是通过称重、测量、切割、燃烧等方式而发现的。

以心理学家的可逆图形为例：里外面相互转化的立方体、楼梯、面对面并突然变成一个花瓶的背景的侧面人像。这些图形的特殊性在于，它们只有一个物理基础——光波对视网膜的刺激模式——但它们有两个知觉对象，对这两个知觉对象的感知，在一定程度上取决于个人选择。

当我们转向那些涉及文字的对象，正如我们将看到的那样，要准确地说明审美对象是什么，就更为棘手了，但同样明显的是，它并不是某种物性的东西。当一首诗被诵读，我们不会将它等同于人们诵读它时发出的声波；或者，当它被默诵，我们不会将它等同于人脑中电波震荡的过程；或者，当它被印刷出版，我们不会将它等同于书籍上的油墨。毫无疑问，如果没有大脑的活动过程，就不会有诗歌，而如果没有声波或油墨，则不会有任何诗歌可供多人分享。但是，当一个文学批评家写作讨论《荒原》或《四首四重奏》，他并不是在讨论这些东西。

诚然，文学史家也许附带地对油墨产生兴趣。文献学是处理文学文本的物理传播的科学。例如，如果发现莎士比亚某些标注为1600年和1608年的四开本书籍实际上是在1619年出版，或者《第一对开本》[1]的出版曾经一度中断，这也许是令人感兴趣的。但是，这些问题都不是批评问题：文献学家的工作，是批评的前期工作，因为文献学家并不主动去讨论戏剧或诗歌，而是试图确认“真实的文本”，也就是试图决定批评家将会讨论什么。

同样，假设我们试图对一部电视剧做出详尽的描述，我们所描述的是什么，这是有些疑问的，但是我们肯定**不是**在描述显像管中的电子。或者，再举一个例子，在电影中，被描述的场景似乎向四周延伸——我们将其视为一个整体的一部分，虽然这一空间实际上可能位于摄影棚的中央，并在镜头的视场外围戛然而止。然而，当我们讨论这些东西，我们意识到我们是在讨论不同的事物：一是如其所呈现的画面，二是制作这一画面的摄影棚。

32 当我们回到美术，知觉性和物理性之间的区分，似乎不是那么明显，也不那么重要。例如，你可以说，一件雕塑品总是同一个对象，无论是谁在讨论它，而且，它既拥有可直接体察的知觉特性，诸如其光滑性、受光方式、形状之方圆等，也拥有不能直接体察的物理特性，诸

1 《第一对开本》(*First Folio*)是现代学者为第一部威廉·莎士比亚剧本合集所命的名字，其实际名称为《威廉·莎士比亚先生的喜剧、历史剧和悲剧》(*Mr. William Shakespeares Comedies, Histories, & Tragedies*)。作品集以对开本形式印刷，共包括莎士比亚的36部作品，由莎士比亚在国王剧团的同事约翰·赫明斯和亨利·康德尔于1623年筹划出版，距莎士比亚逝世大约7年。——译注

如其大理石材质、坚固性、二百五十公斤的重量等。这个区分仍然可以保留，只不过，它不再是两个对象之间的区分，而是同一对象两个方面之间的区分。说一件雕塑品是审美对象，指的是它的知觉特性；而说一件雕塑品是物理对象，指的是它的其他特征。

我认为，只要我们尽可能清楚这一区分，我们在这里选择哪些术语都是无关大体的。要找到一套可以服务于各种类型的艺术作品（雕像和戏剧、绘画和乐曲）的专门用语，是很方便的，只要它们不歪曲事实，而这就是我在这里将要做的事情。但是，如果说我所谓的两种对象实际上是同一对象的两个方面，我也不觉得这是一种有着重大误导性的说法。

在知觉对象和物理对象之间做出区分，当然不是否认绘画、雕刻或建筑过程中所使用的物质材料的重要性。就我们目前所知，获得知觉性雕像的唯一途径是对石块、青铜或其他材质进行加工，而绘画则离不开画具和颜料。雕塑家必须与其物质材料结成最亲密的关系，而画家必须经历一段艰苦的学徒时期。毫无疑问，美术的创造，并不是一个艺术家瞬间涌现的灵感通过某种材质而自动实现的过程；它意味着艺术家要对石块或颜料所固有的各种可能性了然于心。此外，可以说，如果我们想实现对于美术作品最充分的鉴赏，也必须在一定程度上了解油画颜料和水彩的特点、调色方法、清洁和修复画作的方法等。确切地说，诸如此类的知识与作为审美对象的画作的感知有何关联，是一个不好回答的问题，也许还是一个备受争议的问题。但不管怎样，审美对象和物理对象之间的区分，仍然存在。

因此，当一个批评家宣称，提香的后期画作具有一种强烈的朦胧性以及色彩的生动性，他是在讨论审美对象。而当批评家宣称，提香在整块画布上涂上了一层暗红的底色，并在涂上颜料之后给画作增加了透明的光面，这时，他是在讨论物理对象。这一区分是至关重要的。这是因为，如此这般地描述知觉性的画作，并不能说明它的物理基础是如何产生的——色彩是涂上的、滴淌的、泼洒的、呼吹的、投掷的、
33 拍摄的、镌刻的、描画的，还是直接洒溅的？重要的是可见的结果。

此处混乱的源头是，我们为了描述知觉对象中的诸差异而使用的术语都是物理学术语，它们来源于这些差异得以产生的*诸过程*。对于一幅版画，批评家真正关心的不是……它的制作方法——它是木面木刻，抑或是木口木刻——而是它的表象。“刻”（carving）和“塑”（modeling）等术语，可以指雕塑的两种制作技巧，或者两种雕塑，因为人们即使对雕塑技巧一窍不通，也能看出雕像中的差异。当阿瑟·波普[1]对“绘”（drawing）与“画”（painting）进行区分，他根本就不是指物理学或化学；除了一个次要条件，这一区分取决于“色彩元素（色调和强度）是否包括在内”。

美术批评所面临的一个危险是，它的日常分类词大多是物理性的：“绘画”“雕版画”“石版画”“水彩画”等。我们需要的是一个这样的术语，它能够将它们都包括进来，将其作为视觉场中的有界部分而加以体验的对象，无论其物理基础是什么：它们是*视觉性的审美对象*。

§3　现象的客观性

至此，我们已看到，区分关于审美对象的陈述与关于其心理学或

1　阿瑟·波普：《绘图与绘画的语言》（*The Language of Drawing and Painting*），马萨诸塞州坎布里奇：哈佛大学出版社，1949年版，第55、57页。

物理学的起因和条件的陈述是很重要的，虽然有时是难的。而区分关于审美对象的陈述和关于审美对象的结果的陈述，也是同样重要的，虽然这会让我们面临一系列全然不同的问题。交代一个审美对象是什么，是一回事；而交代审美对象对我们做了什么，则是另外一回事。[1]

对于日常的物理过程和心理过程而言，原因和结果的区分一般不会很难：擦火柴是原因，火点燃是结果；鼻子痒是原因，打喷嚏是结果；侮辱是原因，痛斥是结果。一旦过程是紧密而持续的，我们就能提出在何处划界的哲学问题——当火加热而水烧开，这一事件的哪一部分是原因，哪一部分是结果？当我们未能确定某个相关术语的定义，我们或许感到茫然，不知道该怎么使用它——肝病患者皮肤上的黄色素 34
是疾病的一个结果，抑或是疾病本身的一部分？但通常情况下，我们诉诸常识的实用方法避免了诸如此类的迷惑。

同样，对于审美对象而言，我们是在讨论对象，还是在讨论对象所产生的结果，这经常也不难确定。A. E. 豪斯曼宣称，弥尔顿的“仙女与牧神不再跳舞”这一诗句能让人泪眼婆娑，浑身颤抖，喉咙哽咽。[2] 贝多芬宣称，他含着热泪创作了《降 B 大调第 130 号弦乐四重奏》中的谣唱曲《卡伐蒂娜》。[3] 海顿曾预测，其《G 大调第九十四交响曲》（“惊愕”）[4] 的突强和弦，能让女士们正襟危坐，凝神聆听，而他的预测无疑成真了。惠特克 · 钱伯斯告诉我们，他早年对《悲惨世界》的

1　W. K. 温姆萨特最早向我明确了这一区分的重要性，请参见附注 3-D。

2　A. E. 豪斯曼：《诗歌的名与实》（*The Name and Nature of Poetry*），纽约：麦克米兰出版社，1933 年版，第 45—46 页。

3　《卡伐蒂娜》（*Cavatina*）出现于第五乐章。这是一首谣唱曲，类似于歌剧中的咏叹调。按贝多芬自己所说，这是 1825 年夏天他处于深度忧郁之时创作的。——译注

4　此交响曲作于 1791 年，其曲名是因为第二乐章突然出现全合奏，加上定音鼓的强奏。英国用感情名词“惊愕”（surprise），德国则称“击鼓”(Puakenschlag)。——译注

阅读和重读，深刻地影响了他一生中所做出的两个重大决策。[1] 奥诺雷·杜米埃的漫画把路易·菲利普描绘为一个鲸吞钱袋子的巨人高康大，这肯定得罪了人，因为他在1832年因之锒铛入狱。在勃朗宁的诗歌中，幸灾乐祸的僧侣们向画家菲利波·利皮指出他的圣劳伦斯壁画受到肆意破坏的情形：

> 你那不愿为执事奉上烤面包的三个奴隶，
> 往日的音容笑貌已然荡然无存，
> 我们在他们身上尽情地刮擦和点戳，
> 虔诚而愤怒的人群前来祷告，
> 他们的心情渐渐复归于平息。[2]

在所有这些例子里，原因与结果易于区分。而在其他一些情况下，原因和结果则难以分辨。

首先，试看以下三个例子，它们都是从一个大类中摘录的："拜伦的《唐璜》中的一些段落是可笑的"，"马蒂斯画的摩尔室内风景是欢快的"，"德彪西的弦乐四重奏中的慢乐章很伤感"。所有这些陈述都旨在谈论审美对象的性质，但再看一眼，它们似乎不可能是关于审美对象的性质的陈述。例如，一些哲学家会认为，当我说《唐璜》是"可

1 惠特克·钱伯斯（Whittaker Chambers）：《见证》（*Witness*），纽约：兰登书屋，1952年版，第133—138页。

2 《菲利波·利皮》（"Fra Lippo Lippi"）是英国维多利亚诗人罗伯特·勃朗宁（Robert Browning,1812—1889）于1853年前后创作的一首戏剧独白诗（dramatic monologue）。在诗中，勃朗宁以瓦萨里《名人传》的记载为蓝本，采用佛罗伦萨画家菲利波·利皮（1406—1469）自述式的口吻展现了文艺复兴时期"人与神""灵与肉"这两对核心观念的变迁。——译注

笑的”，我实际上是在说“它让我发笑”，或者“我读它的时候，觉得好笑”，如此等等。但是，这些陈述是关于《唐璜》对我所产生的**效果**。因此，按照这些哲学家的观点，当我宣称一个审美对象是可笑的、欢快的或伤感的，我实际上根本不是在讨论审美对象，而是在讨论我自己。如果我认为自己是在讨论审美对象，这仅仅是因为我混淆了对象和我对对象的反应。

如果我们确实在这方面有所混淆，并有一半时间是在讨论我们自己，却误以为是在讨论其他东西，那么，意识到这一点还是有必要的。35
所以，我们最好对这一观点予以谨小慎微的考察。

现在，存在两种集中于这个问题的思路，以及两种有助于我们解决这个问题的相应区分。其中的第一种思路，我们已经在前一节中讨论过了。想象有以下小会话：

> 甲：那幅马蒂斯难道不是很欢快吗？
>
> 乙：按我的理解，你的意思是它让你欢快？
>
> 甲：非也！我的意思是**这幅画**是欢快的。
>
> 乙：哎呀，你肯定搞错了，要知道，这幅画无非是电子、质子、中子这样一些东西的集合，但很明显，电子不可能是欢快的。

乙的观点指出了人们经常认为前文所例示的那类陈述不可能真正关乎审美对象的原因之一。诚然，如果审美对象是物理对象，则很难理解“欢快”之类的形容词如何可能适用于它们。但是，一旦我们厘清了这一混乱，并注意到这些陈述并不是指涉物理对象，而是指涉知觉对象，乙的观点便会遭受灭顶之灾。

然而，一直旁听的丙，会以另一个理由为乙辩解。这是一种更加老练的理由：

> 丙（在我们代表甲对乙进行回应之后）：即使我们在说马蒂斯的画很欢快的时候也并不是在讨论电子，我们也不可能是在讨论其他种类的对象。因为严格说来，只有人类才是欢快的，因此，所有将“欢快性”归属于某事物的陈述，必须是关于人的陈述，否则就会沦为无意义的呓语。

在这里，“严格说来”是一个关键短语。除了“从字面意义（与隐喻意义相对）上讲”，它还能是什么意思呢？但如果这就是这一短语的意义，这个理由确实颇为古怪。假如丙声称，甲找错了对象，那么我们可以以彼之道，还施彼身：“严格说来”，只有狗——以及海豹——才会吠，因此，丙真正讨论的不是甲，而是狗或海豹。[1] 诚然，当我说马蒂斯的画是欢快的，“欢快”一词的意义，并不是我在说一个人心情欢快时所要表达的意义；它是这一词语的隐喻性引申。关于隐喻的问题有很多，其中一些将在第三章予以考察，但即使这些问题尚未解决，我们
36 也能看到，丙的观点取消了隐喻性陈述的可能性，这就矫枉过正了。

现象场

然而，如果不借助于知觉心理学中一个更深入的区分，我们仍然无法澄清丙的问题。[2] 让我们用“现象场”（phenomenal field）这个一

1 在英文中，“bark up the wrong tree”这一短语是“找错对象”或“攻击错对象”的意思，在其中，动词“bark”（吠）在隐喻的意义上被用于人。通过这个例子，比厄斯利认为批判了丙的观点拘泥于字面意义的片面性。——译注。

2 库尔特·考夫卡（Kurt Koffka）和其他心理学家已经讨论了这一区分以及它对于理解审美对象之特性的重要性，请参见附注 3-A。

般术语来指一个人在一个给定时间所觉察或意识到的全部内容。这样，我此时此刻的现象场，就包括各种各样的色彩和形状（视觉场）、打印机、附近鸟禽和汽车的声音（听觉场），以及我的思维、记忆、感受、期待，等等。在我的现象场中，一些部分或成分是现象中客观的（phenomenally objective）；而另一些则是现象中主观的（phenomenally subjective）。

假设你凝神观照一个单一的对象——你刚刚得到的某东西，例如一张崭新的盒装密纹唱片。你手握着它，把玩着它，这时你获得了各种不同的感觉——唱片盒光滑细腻，坚固结实，方方正正，色彩鲜艳。你还感觉到一种愉悦的期待——你马上就可以播放唱片并聆听它的声音了；也许，你想要回味你曾经从作曲家或演奏家那里听到的曲子；也许，你在忖思是否要邀请别人一起来聆听这首曲子。

这一对象显现为某种存在于“彼处”（out there）的东西，它自给自足，独立于你的意志，拥有自体的各种性质，而诸色彩和诸形状看似是该对象所有。当然，我并不想询问这个唱片盒是否真正独立于人类有机体而存在；我只想在不诉诸物理学或哲学认识论的情况下，尝试去描述我们的发现，或在意识层的收获。这就是它向你显现的样子；“红色性”就在卡纸上面，它看起来根植于，或者牢牢依附于卡纸之上，即使你闭起双眼或起身离开，它仍然在那个地方。它是现象中客观的。

然而，你愉悦的期待这一感觉，并不显现为你的视觉场中“在那里”（over there）的任何对象的特征，它是你的自体中正在发生的某种变化。这是因为，你在这个视觉场中意识到了另一个东西，即一个与周围事物迥然而异的且拥有自身的本性和特征的“我”。而你把你的现象场中的愉悦指向你自己，将其视为“此处”的某种东西，而不是

“彼处”的某种东西。它是现象中主观的。

要判断你在现象场中所发现的东西是现象中主观的，还是现象中客观的，你必须检查它，以确定它是属于某种“外在”于你的东西，诸如柑橘、摩天大楼、布丁等，还是属于你“由内”而发的某种东西，诸如渐渐积聚的怒火或者苦苦回忆一个快忘记的姓氏的努力。客观性有不同程度之分，而且是波动起伏的，因而可能存在临界经验，其缺乏
37 靠近或远离现象自体的决定性方向。但是，这一区分对我们的意识来说是至关重要的，在我们的意识里，它几乎无所不在。

因此，一幅画当然是现象中客观的。它在视觉场中的红色、色温、形状和位置，都是我们在前方“发现”的，这些都是“给定的”。而画作的欢快性、形状的节奏秩序、色调的强烈对比等，在完全相同的意义上也是现象中客观的。它们显现为现象学意义上的画作的诸性质。

人们可能会认为，绘画的欢快或忧伤与红色和方形之类的性质是不可能相同的；从某方面来说，前者似乎依赖于过往经验，后者则不然。因此，可以说，从某种意义上说，前者是主观的，后者则不然。这样，在“红色”之类的性质和“欢快”之类的性质之间，当然就存在一些重大差异，这些我们将在下一章讨论。但目前，我们所关心的，并不是我们所感知到的东西的起因，而是对它的描述。打个比方，知觉心理学的实验可能会表明，如果你是海军舰队的一名普通水兵，当你以为某个人是海军上将，你会觉得他的形象比起你以为他是海军上尉时更为高大。或者，举一个不同种类的例子，如果你面对一幅罗夏墨迹图[1]，你认为它表征什么将取决于你的心理状态——这就是罗夏测试

1 罗夏墨迹图（Rorschach ink blot）是瑞士精神病学家罗夏 (Hermann Rorschach) 所创立的人格测试所使用的墨渍图版。罗夏墨迹图测试在临床心理学中使用得非常广泛，通过向被试者呈现标准化的由墨渍偶然形成的模样刺激图版，让被试自由地看并说出由（转下页）

具有临床诊断意义的原因。诸如此类的实验表明，我们感知为现象中客观的东西，是需要解释的，而解释不能仅仅基于物理刺激。然而，它们并不影响知觉的现象学特征；海军上将的身材，作为一个现象学客体，是现象中客观的。“投射”的现象与此相仿——当精神病人把自己（无意识的）敌意投射至精神分析学家身上，这一敌意对于他来说仍然是现象中客观的，即使他对它真实的（主观）根源有所误解。

因此，如果宣称“马蒂斯这幅画是欢快的”，这与宣称“马蒂斯这幅画让我感到欢快”是不一样的。在一种情况下，我是在讨论画作的一个现象中客观的特征；在另一种情况下，则是在讨论我本人的现象中主观的感觉——这感觉是画作对我产生的一个结果。如果这两个陈述的意义相同，那么，除非其中一个为真，否则二者都不可能为真，但事实上，这些陈述在逻辑上相互独立。毋庸置疑，一幅欢快的画作经常有助于我心情愉快。然而，在某些情况下，即便是一幅欢快的画作，也只会让我想起自己求而不得的东西，因而愁上加愁；但我仍然能够感知这幅画的欢快，事实上，我的伤感恰恰是由于这一感知。此外，一幅图像——比方说，我所认识的某人的照片——可能会让我心情愉悦，即使它本身并不是一幅马蒂斯意义上的欢快图像。 38

乐曲也许不像图像那么明显，但一首乐曲也是一个现象学客体，它可以跟它对我们所产生的结果区分开来。当我凝神听音乐，它似乎比我欣赏的演奏者更加接近我，或至少更加空灵地回旋飘荡于四周的空间，我恍若置身于萦绕的音乐之中。但是，我并不将音乐听成我心中的东西；它似乎是我邂逅的某种东西，某种从“彼中”朝我涌出的东

（接上页）此所联想到的东西，然后将这些反应用符号进行分类记录，加以分析，进而对被试人格的各种特征进行诊断。——译注

西。我无法掌控它，我宛若立于川流不息的溪河中央，感受着溪河的力量。正如川流不息的溪河，音乐是客观的。

即使在我回味一首曲子，或谱写一首曲子的时候，努力或专注的感觉，或如愿以偿的满足感，在现象中是作为主体的我之自体的一部分，但这首曲子似乎是某种被发现或被创造的东西，有着自身的个性和自我存在。它就在彼处，不是处于一个特定的位置，而是可分离的、可听见的、可辨识的——当然，在这种情况下，只有它的存在是依赖于我的意志，就像我播放一张唱片那样，虽然这时它的依赖不是那么明显。

因此，当我们宣称德彪西的旋律是悲伤的，有着无以言表的失落和无助的伤感，我们同样是在讨论某种在现象中客观的东西，而不是在讨论我们自己，即使有人听出这首乐曲的悲伤却不为所动是一件匪夷所思的事情。我们将在第七章（§18）重新讨论这一问题。

当然，我们可能会误解我们归入审美对象的性质。例如，我们听过一首乐曲，一度以为它是伤感的——在这一音乐经验中，伤感具有现象的客观性——但后来再听，却发现它并不伤感。这样，我们也许可以得出结论说，我们初次聆听时误解了这首乐曲。简言之，在审美对象的某次经验中显现为现象中客观的性质，并不都是这个对象真正所特有的。我们必须在下一节中单独处理这个问题；就目前而言，我们只关心主观性和客观性的区分本身。

当我们把这个区分运用于文学作品，它最令人费解。在这里，文学作品与其效果之间的边界似乎冰消瓦解，因为在文学经验中，现象中客观的东西和现象中主观的东西是不可分割的。毕竟，阅读一首诗或一部小说是什么意思？纸上的油墨，或声音，是现象中客观的，但我们的注意力并不在于它们，或者不完全在于它们，我们的注意力集中于它们在我们心中所唤起的意义。当经验全是反应，而没有客体，我们如何可能将客体与反应分离开来？

现象客观性的定义性标志，不是向我们的直接呈现，而是自我的 39
独立之体验。而对现象客体的意识模式，不止一种。[1]我“看见”苹果；我“想起”童年的家乡或者斐济的岛屿；我“想象”香格里拉。当我看到我所认识的某人的照片，我会想起此人；当我看到现实中不存在因而无人认识的某人——诸如珀耳修斯[2]——的图像，我也会想起此人。

当然，看见某东西和仅仅想到某东西是有区别的。而想到某个你相信真实存在的东西和想到某个你不相信真实存在的东西，也是有区别的。然而，很难说清楚这些区别是什么。比起你想到某个你不相信真实存在的人——诸如安娜·卡列尼娜或美神鲍尔杜，当你想到某个你相信真实存在的人，诸如伊丽莎白女王或威利·梅斯，你对这人的观念，未必就更加生动、细致或有趣。你对铁托或毛泽东的观念，或许不如圣诞老人生动；而你对福斯塔夫的了解，也许胜过你对J. 埃德加·胡佛的了解。就目前而言，我们无须深究这一问题，虽然它是有趣的和令人费解的。重点是，想到某东西是对某东西的一种意识模式，而即使被想到的东西是不存在的，它仍然是某种可以供人沉思默想和凝神观照的东西，它仿佛近在眼前，唾手可得——尽管你无须形成它的心象——因此，它作为一个客体而强行闯入了你的现象场。

这样，我们在文学作品中所发现和关注的，是人物和地点，以及发生的事件。在文学作品中，有卡米洛特城、“皮廓德号”船、贝克街221号、奥林匹斯山；有冉·阿让、斯嘉丽·奥哈拉、吸血鬼德古拉、

1　卡尔·邓克尔区分了对事物的不同意识“模式”，请参见附注3-C。

2　珀耳修斯（Perseus），古希腊神话中的英雄，是宙斯和达那厄（Danae）之子。他杀死了怪物美杜莎（Medusa），去世后，宙斯送他到天上成为“英仙座”。——译注

彼得·潘、水手辛巴达等等。我们也会对人物做出反应——喜爱、轻蔑、嫉妒、崇敬等。当你想起哈姆雷特，你可以区分哈姆雷特和你对他的感受——你对他的感受，当然是你的感受，而不是他的感受。即使你观看这部戏，哈姆雷特也不会像一个真人那样出现在你的面前，因为你在舞台上看到的不是哈姆雷特，而只是扮演哈姆雷特的演员。但是哈姆雷特是一个本性复杂的人物，你可以研究他，揣摩他，并对他有新的发现。

你可能会说，这一区分并不适用于抒情诗，虽然它适用于小说和戏剧，小说和戏剧之宏阔与现实主义足以形成它们自身的世界。除了声音，抒情诗中还有什么是现象中客观的呢？其实，只存在程度上的差别。例如，当我读雪莱的《西风颂》，我所注意的是说话人的感受——其自怨自艾（“我跌在生活底荆棘上，我流血了！”），其壮志未酬（“让预言的喇叭通过我的嘴唇 / 把昏睡的大地唤醒吧！”）。他的感受，并不是我的感受；他的感受实则是我的感受所关于的东西。霍普
40 金斯充满童趣的小诗《春天与秋天：致孩子》有着丰富的复杂性。在“玛格丽特，你是否还在悲伤 / 不愿离开这金色树丛？”等诗句中[1]，落叶在隐喻的意义上是伤感的，而在另一种不同的意义上，它们所象征的人生无常也是伤感的；其中有玛格丽特的伤感；其中有说话人对于此情此景的伤感；最后，也许还有读者对于所有这些境遇的伤感。在每一首诗中——我们将在第五章（§15）中回到这一点——总会存在某种关于一个人和一种境遇的观念，无论多么朦胧或抽象，因此，总存在某种供读者关注和观照的东西。

---

1 选自《春天与秋天》（“Spring and Fall”），收入《杰拉德·曼利·霍普金斯诗集》（*Poems of Gerard Manley Hopkins*），牛津大学出版社 1918 版权所有。获出版社许可重印。

感受性术语

因此，无论审美对象是视觉性的，听觉性的，抑或是语言性的，现象中客观的、因而可归入审美对象的特征与现象中主观的特征之间的区分都具有适用性。我们也许希望，这一区分对于批评的重要性是一目了然的，这样批评家们就能经常清醒地意识到，他们在一个特定的场合是在讨论审美对象，还是在讨论自己。然而，恰好相反，人们对它熟视无睹，而所有艺术门类中很多受欢迎的批评术语几乎都是为了模糊这一区分，以及消除这一区分，如果可能的话。

以“感觉”这一术语为例。在日常语言中，它经常能够进行轻松自如的意义转述，而不会造成严重的歧义。当你说“我感觉心情低落”，你是在讨论你的感觉；而当你说“这砂纸感觉粗糙”，你所讨论的则不是感觉，而是你通过抚摩所感知的砂纸的触感。但是，当批评家描述审美对象的诸性质时，“感觉”一词就可能有了歧义。“在塞尚的这幅风景画中，有一种固态的*感觉*。”在这里，固态并不是一种感觉，固态的感觉不同于忧伤的感觉；固态是透过眼睛来感知的，也就是说，它是被*看见*的。如果把这一陈述转述为“在塞尚的这幅风景画中，存在着一种固态性”，或者，“塞尚这幅风景画中的景物是固态的”，那么它就不太可能给人以误导，使得人们误以为固态在很大程度上是现象中主观的东西。

即便是“效果”一词，也可能引起争议。“在委拉斯凯兹的《教皇英诺森十世像》(1650 年，罗马)中，有一种凶狠、刚强和威严的*效果*”——如果你不去罗马，你也可以在华盛顿特区国家美术馆的初步研究报告中见到这一效果。这一陈述或许被认为是描述图画的某种效果，虽然再三思考，这确实是荒诞不经的，因为图画并不能让观画者 41

变得凶狠或威严。所谓“效果”，只是委拉斯凯兹所描绘的教皇的特点；它是你可以在画中看到的东西。当然，这幅画本身是委拉斯凯兹的行为的效果，不过这另当别论。在这一描述里，“效果”一词并无用武之地。

批评家在描述审美对象时普遍使用的很多其他形容词，都具有这种特殊的指涉性。我们可称之为“感受性术语”（affective terms），而通过这一短语，我指的是任何一个这样的形容词，当它被用于一件艺术作品，它至少将对于作品对受众所产生的效果的某种指涉作为其意义的一部分。例如，当一个批评家宣称，一首乐曲是“令人厌烦的”，这句话的意思是他对音乐感到厌烦。但是这一感受性术语实际上并没有告诉我们任何关于这首乐曲的事情，因为它并没有告诉我们，音乐中有什么令他心生厌烦。另一方面，当他宣称一部小说“令人黯然神伤”，虽然他部分是在说他因这部小说而黯然神伤，但是这一感受性术语也许对这部小说做出了某种描述，无论多么模糊；如果其言属实，且措辞严谨，那么我们就可以合理而安全地猜测，这部小说的内容包含天灾人祸，以及无望的人生。

因此，在提供客观信息方面，感受性术语存在程度上的差别：其中一些完全或几乎完全是被用来描述现象中主观的状态；其中一些，虽然乍看之下是主观的，实际上却是客观描述性的，而只要我们愿意，我们可以将诸如此类的术语转换成其他传达相同信息却没有误导性的感受性因素的术语——正如我们在前文对“令人黯然神伤”这一术语的处理。在这里，一旦我们试图分析许多诸如此类的感受性术语，以确定从中可以发现多少客观性的意义（如果有的话），这就会让我们陷入无穷尽的琐碎里。不管怎样，这种分析不可能圆满完成，除非我们能够描述一个术语的具体用法，并经常能够找到可用的完整语境，以确定批评家在使用术语时，是否真的针对作品说了什么。

在这里，我们无须进行如此冗长的分析。一旦你把握了必要的方法，你自己总能在必要时将它付诸实际。以下是随意列举的另外一些感受性术语：

感人的	动人肺腑的
生动的	强有力的
令人难忘的	振奋人心的
引人注目的	安宁的
兴奋的	可怖的
扣人心弦的	令人吃惊的

当你发现一个批评家把诸如此类的形容词运用于审美对象，你就知道他至少——或充其量——是在记录他对于审美对象的反应。但首先， 42
他对自己的反应的描述有多精确，有多细腻呢？一般而言，他对自己的反应的描述越详细，他就越要指出他的反应所**指向**的审美对象的诸特征，而这样的话，他就能间接地说出某些关于审美对象的话。其次，他在多大程度上能够给出理由，由此表明自己的反应是正常的、恰当的，或者是受期待的？一般而言，为了给自己的反应做辩解，并表明自己的反应不是怪异的，批评家必须指出对象中有哪些特征大概会引起其他人相似的反应，而这样的话，他同样要至少对该对象做出部分的描述。

当然，我们不应提出这样一种独断论，即批评家永远都不能描述他们的感受。确实，我们有时很想知道其他人对一个审美对象产生什么样的感觉，并且想通过他们的感觉来印证自己的感觉；当然，诸如此类的感觉，最终也许与评价过程密切相关——我们将在第十一章（§28）考察这一点。我们有时确实**询问**他人，对象让他们产生了什么感觉？但另一方面，我们也会询问人们，对象是**什么样子**？而当我们提出这一问题，我们并不是要他们将他们的感觉告诉我们。所以，如果我们所询问的人能够辨别这两个问题，对我们来说就很不错了。

§4　对象及其呈现

无妨思考一首特定的乐曲——比方说，贝拉·巴托克的《为弦乐器、打击乐器和钢片琴所作的音乐》[1]。假设星期一你去音乐厅听了这首乐曲；星期二，你在收音机上听到了不同的管弦乐队和指挥家所演奏的同一首乐曲；星期三，你外出购买了这首乐曲的唱片，并在不同的条件下，在两个不同的留声机上分别播放了这张唱片；星期四或之后某个时间，你设法弄到了总谱，在总谱的帮助下，在心里从头至尾重温了这首乐曲。如果这些你全都做了，说明你有执迷于此的风险，但是，这首乐曲美妙如斯，百听不厌。

43

1　贝拉·巴托克（Béla Bartók）：《为弦乐器、打击乐器和钢片琴所作的音乐》（*Music for String Instruments, Percussion, and Celesta*），万有音乐出版社（Universal Edition）1937 年版权所有。布塞·霍基斯出版公司（Boosey & Hawkes Ltd）1939 年获得版权出版。经布塞·霍基斯出版公司授权重印。加拿大版权许可来自纽约联合音乐出版公司（Associated Music Publishers, Inc.）。维也纳万有音乐出版社 1937 年版权所有。

这样，这首乐曲被听了五次，而且每次听起来都有所不同。管弦乐队演奏的速度也许有所不同，留声机的音色也许有所不同。而你自己对乐曲的感悟也更加深入。一开始，第一赋格乐章的主题也许听起来一点儿也不像一首旋律；随着对位（counterpoint）趋于复杂，你也许听不到任何声部（voices）和乐曲的织体（texture），因而成为一团杂音；你需要多听几遍，才能掌握终曲主旋律中分句和重音的窍门。

然而，尽管存在这些差异，我们通常会说，你一直是在听同一首乐曲——虽然你越来越会听，从中听出了更多的东西，并且对它有了更加充分的“感悟”。不言而喻，这种常识性的言说方式——根据这种言说方式，只存在一首乐曲，但这首乐曲存在多次经验——也是音乐批评家的自然用语。这是因为，在通常情况下，当音乐批评家写到一首交响曲，或一首交响诗，抑或一部歌剧，他是在谈论某种对象，而不是对象的任何个别经验。换言之，我们并不把乐曲本身等同于乐曲的任何一次聆听时听觉场中具有现象客观性的东西；我们想说的是，一些聆听比另一些聆听更为充分。

在这里，如果我们引入一个新术语，将有助于澄清这个问题。一个审美对象在现象场中是作为一个现象客体而显现的，让我们把每个诸如此类的现象客体称为审美对象的一次“呈现”。这样，审美对象的一次特定呈现，就是一个特定的人在一个特定的场合对该对象的体验。每个人对巴托克乐曲的每一次凝听，都是它的一次呈现。常识与批评通常假定，一个审美对象并不等同于它的任何一次特定的呈现。

当然，这一假定是可以推翻的，只不过要付出巨大代价。人们可能会坚持认为，一个批评家只能有意义地讨论其本人对于审美对象的经验，或者，用我们的术语来说，只能讨论审美对象的个别呈现。这种理论，如果足够成熟且需要一个名称的话，可被称为“批评印象派”。
44 但是，即使不存在一个系统的批评印象派，[1] 也肯定存在印象主义式批评家——经常讨论审美对象的呈现而不讨论对象本身的批评家。“这部戏给我的感觉是过于冗长”，“我当时感觉他画的《窗内的鸟》太多愁善感了”，“第一次听，这首奏鸣曲似乎是无形式的”。确实，诸如此类的例子，最有可能出现于评论专栏之中，而一个报道某部戏剧或音乐作品的首场演出的记者只讨论呈现而不讨论作品本身的做法是明智的。这是因为，他只熟悉作品的一次呈现，而在没有更多机会来理解作品的情况下，他并不愿贸然提出关于作品的看法。他的第一印象可能是错的。但是，其他的批评家似乎是基于原则而如此为之。

在上述例子里，客观主义陈述和印象主义陈述之间的区分也许无关痛痒，可以轻易地转换。“我觉得它是无形式的”可以转换成“它是无形式的”。但是，有时确实会出现一个至关重要的理论上的区别。如果我们反驳批评家说，“它并不是无形式的”，那他会为自己开脱，说：“我并没有说它是，我只是说，我当时觉得它是这样的，而且，我并不相信你们能说服我，让我相信它当时看起来不是这样子的。”

这里的哲学问题是：我们是否有理由认为，一个批评家只能针对自己的呈现而做出有意义的陈述？可以说，举证的责任在于客观主义批评家，而不在于印象主义批评家。假设我们同意，我能够有意义地

1 奥斯卡·王尔德（Oscar Wilde）在《批评家即艺术家》（*The Critic as Artist*）第一章中，提出了一种大同小异的观点。

讨论我自己的经验以及其中具有现象客观性的东西；我能否讨论它们以外的任何东西，这个问题依然存在。因此，如果我提议将审美对象作为某种区别于其呈现的东西加以讨论，人们就能提出合法的要求，要我解释如何能够做到这一点。而这就要求我们针对审美对象的本性，以及针对关于审美对象的陈述与关于审美对象的呈现的陈述之间的关系而做出某种说明。

首先要划出这个问题的范围。对于审美对象与其呈现之间的关系，批评家们实际上做出了什么样的假设呢？如果我们能够拟定这些假设的一份清单，也许就能够把它们确立为客观主义批评的公设。而问题是：我们能否为这些公设提供合理的依据？如果能，客观主义批评就是可能的；如果不能，我们理应摈弃客观主义批评，而转向印象主义理论。在这里，我并不承诺提供诸如此类的依据，我只是在寻找这样一种依据的道路上迈出了第一步，也是最根本的一步。是否存在一种关于审美对象与其呈现之间关系的思考方式，从中可以推断这些 45
公设是真确的，以及哪一个公设基于其他理由而是合理的？

批评的公设

当我们分析各种关于审美对象的陈述，我们发现，很多批评家至少假定了以下六条公设：

(1) 一个审美对象是一个知觉对象；也就是说，它可以有诸多呈现。

(2) 同一个审美对象的诸多呈现，可能发生于不同的时间，面向不同的人。

(3) 同一个审美对象的两次呈现，可能不尽相同。

(4) 一个审美对象的任何一次特定呈现，未必能揭示该对象的所有特征。

(5) 一次呈现可能是真实的；也就是说，这一呈现的诸特征可能符合审美对象的诸特征。

(6) 一次呈现也许是虚假的；也就是说，这一呈现的某些特征可能不符合审美对象的诸特征。

我认为，此处无须赘论这些公设是否都是人们所普遍假定的。当老师告诉学生，一首诗读第一次，并不能完全读懂，这时老师就假定了第四条公设；当他后来告诉学生，他们误读了一首诗，这时他假定的是第六条公设。

那么，这些假设是否合理？

让我们先考察呈现本身。从一个视觉艺术的例子入手，是有帮助的：比方说，纽约大都会艺术博物馆展出的埃尔·格列柯所画的托莱多城。我们想划分出一类经验，称之为“埃尔·格列柯《托莱多风景》(约 1610 年)的鉴赏经验”，而我们的第一个问题，就是找出这一类经验的分界线，也就是这幅画的呈现类别。

诚然，这一类别的分界线可能是模糊的；这是没有办法的事情，但我们也无须为之困扰。暮色苍茫，继而黑夜来临，如果你驻足凝视埃尔·格列柯的这幅画，它渐渐变得朦胧，直至你完全看不见任何东西。你观看埃尔·格列柯的经验恰好是在哪一个时间点停止的？答案只能是：没有精确的时间点。当然，在所有艺术门类中，都存在相似类型的模糊性——例如，电台广播的一首乐曲受到信号干扰，最终只剩下一团噪声。或者，如果我们为交响乐团改编巴赫的《C 小调帕萨
46 卡利亚与赋格》，或者在一部现代的施坦威钢琴上，而不是在大键琴

上弹奏斯卡拉蒂，我们就可以询问，它是否不再是同一首乐曲，是否应称之为一首不同的乐曲。但这些问题可以暂时搁置。在这里，重点是要将这样一些种类的呈现——埃尔·格列柯的，或《帕萨卡利亚与赋格》的，或《罗密欧与朱丽叶》的——与其他经验区分开来；这一区分是不可或缺的，即使边界模糊不清。

埃尔·格列柯风景画的所有呈现之共性是：它们都是在这个审美对象的物理基础所提供的刺激物的某种作用下形成的。正如我们所见，物理基础——电子及其辐射性的电磁干扰——并不是审美对象。但是，任何人都能拥有这幅画的一个经验，只要符合以下条件：(1)他满足某些最低限度的生理条件——比方说，他没有严重的色盲症；(2)他睁开眼睛，在采光好的地方驻足于画布前；(3)他专注于他所见。如果要规定一个经验为了被归类为埃尔·格列柯作品的一个经验而必须具备的所有确切条件——在允许不同程度的散光的情况下，他应与墙壁保持的距离范围——并确保达成共识，这也许是难的，也肯定是无趣的。只有发生以下情况时，这么做才是有必要的：两个人发生了争执，其中一人宣称对方根本就没有形成这样一种经验——如果第二个人走错了展览馆，或者在大都会艺术博物馆中看到的是埃尔·格列柯的另一幅画——这种情况就有可能发生。但是，这些偶然事件当然很容易解决。

然而，当你驻足于埃尔·格列柯的画作前，并不是你所经历的一切都可以算作是你对它的经验的一部分。如果你听到一声咳嗽，或者一群孩子的咯咯笑声，这些都不属于埃尔·格列柯作品的呈现。真正属于这一呈现的，是埃尔·格列柯作品的物理基础所产生的，或者与其物理基础相关联的东西。因此，一件特定的艺术作品的呈现类别，可以通过一种特定的物理刺激物之作用而界定之；正是这种刺激物或工具，作为每次呈现的一个条件而永恒存在，不管这些呈现本身存在多大差别。[1] 至少，绘画是这样的；其他艺术又如何呢？

回到巴托克的《为弦乐器、打击乐器和钢片琴所作的音乐》。不管一个人是在音乐厅、广播电台还是在留声机上听到这首乐曲，都存在声波的某些共同模式。当你阅读总谱，这些声波模式则是缺失的，但是我们可以进一步拓宽此类，使之包括这种呈现。如果一个人会读乐谱，也就是能够在心里将图像转换成声音，他就能拥有一种呈现，它与人们在某些条件下通过物理手段演奏乐谱而**可能**生产的呈现是大同小异的。但如果有人熟记乐曲，只是闭着眼，在心里从头至尾回味
47 这首乐曲，则又如何？这算是乐曲的一次呈现吗，虽然其中不涉及任何的物理刺激？只要我们愿意，我们可以说，在这种情况下，他所享受的不是乐曲的一次呈现，而只是乐曲的一次呈现的**回忆**。但是，他的回忆如此生动，如此完整，仿佛在音乐厅里亲身聆听这首乐曲，因此，如果我们不把它包括进来，作为乐曲的一次呈现，则似乎过于武断。我们当然想说，贝多芬虽然耳聋，但他听见了他最后的四重奏，尽管听不到别人对它们的**演奏**。这样一来，我们就不得不再次拓宽巴托克乐曲的呈现类别的范围，以包括与实际呈现较为接近的再现（facsimiles），即使这些再现没有直接受到声波的刺激。

对于诗歌，也可以提出相似的问题，而且它们也可以通过相似的方式回答。

这样，当一个审美对象的各种呈现相互补充，将其呈现的现象学特征归于对象本身，就是水到渠成的事情了。当你三番两次回到大都会艺术博物馆反复端详埃尔·格列柯的《托莱多风景》，你就会期待

1 比较斯蒂芬·佩珀与其批评者的讨论，请参见附注 4-B。

看到以前所忽略的东西，诸如河岸边和田地上细小的人影，或者远处蜿蜒曲折的小路。而在描述这一过程时，你通常会说，你对画中风景有了越来越多的发现。但是，当两种呈现相互冲突，就出现了一个新问题。假设一个人说，他觉得这幅画有深度，而另一人则说，他感觉那阴暗危险的天空以及那些扭曲变形的山峰和田野向前凸显，占满了整个空间。只要每个人都满足于报告自己的呈现，那就没有冲突，因为他们是在讨论不同的事物，但如果他们都声明自己是在描述这幅画，那么，他们的声明就产生了冲突。

很明显，我们必然要决定是否要采用第七条批评公设，这条公设比其他六条更有力，也许也更有争议性：

> (7) 如果同一个审美对象的两次呈现具有互斥性的特征，则至少有一次呈现是虚假的。

第七条公设相当于说，一个审美对象不能有互斥性的特征。比其他公设更明显的是，这条公设蕴含了一个关于“审美对象”一词的用法的规定或决议。除非我们坚持审美对象不会自相矛盾，否则看不出“审美对象”这个术语有什么用处，但问题是，我们如何确保审美对象不是自相矛盾的。 48

互斥性呈现

埃尔·格列柯的风景画所出现的同一个问题，当然也会出现于巴托克的乐曲之中。在一个听众看来，第一乐章中的赋格曲的织体似乎含混不清；另一个听众则能更加清晰地分辨各个单独的声部。或者，一个听众觉得这个慢乐章是无形式的，而另一个听众则觉得它有着恰到好处的平衡性。当然，在文学中，可以找到更加明显的例子。试读迪伦·托马斯一首极其晦涩难懂的十四行诗的开头几行：

> 像暮光中的祭坛那样，在中途的房子里，
> 那位绅士和他的愤怒一起，面向坟墓躺着；
> 指甲肉刺中的亚巴顿从亚当身上分裂，
> 然后，小精灵中间的一只狗——爱吃地图册，
> 伸着下巴探听消息——从他的分叉，
> 咬出了带着明日尖叫的曼德拉草根。[1]

这首诗令人费解，以至于很多读者认为它的呈现不具有任何意义，也就是说，完全没有连贯一致的意义。但如果我们以自由联想来解读之，我们至少能做出部分性的阐释，而其中一些相互之间是不连贯的。很明显，那位绅士正值垂死之际；他是由于年过中年而在“中途的房子”里，还是他已到了所谓的炼狱，等待着最后的豁免？这个“绅士”是否是秋分时刻朝着天坛座的方向运行的武仙座？在一篇对之赞赏有加的评论里，伊迪丝·西特韦尔小姐曾经写道，这些关于吃地图册者的诗句指向了“现代生活的迅猛速度，以及追求刺激、痴迷恐怖的狂热心理”，而迪伦·托马斯却宣称它们并没有这样的意思：它们应根据字面意义来理解。二者孰对孰错？

这些问题的印象主义回答，即简单，又容易：这首诗并没有“真正的”意义；它的意义，就是你此时、明天，我此时，或其他人觉得它所

1　摘自《像暮光中的祭坛那样》，收入《迪伦·托马斯诗集》（*Collected Poems of Dylan Thomas*），迪伦·托马斯 1952 年、1953 年版权所有。经新方向出版公司许可重印。（此处采用戴玨的译文。——译注）

拥有的意义。存在的不是一首诗；存在的是很多首诗，事实上，有多少种解读，就有多少首诗。采用这样一种观点所造成的令人不快的后果，[1]应促使我们去寻找另一种选择。我认为，如果我们摈弃这种观点，我们理应坚持诗歌自有其**阐释原则**，根据这些原则，人们关于给出的阐释是否正确的分歧，便可迎刃而解。是否存在诸如此类的原则，这是我们在下文对诗歌的语言进行更充分的讨论时必须考虑的一个重要问题。很明显，关于英语单词的意义的一些分歧，可以找到客观的解决方法，即查阅词典。问题是，关于这首诗中的“中途的房子”和“吃地图册者”的意义的分歧，并不能通过查阅词典而解决。我个人的拙 49
见是，它们可以根据当代文学批评家心照不宣地，有时明确地假定的合法准则而予以解决；不过，这一观点的分说要留至第三章（§10）。

在音乐和绘画领域，一次呈现和另一次呈现之间的诸多差异，可以通过一种相对简单的方法来解决。我们知道，一个审美对象的一些现象学特征是难以看到的，它们可能要求人们凝神观照，并努力把很多因素一举带入注意力的领域。当你在一幅画作中发现了一个我看不到的性质，你可以给我指出色彩、形状、色彩对比、形状重复，等等，由此帮助我看到我所错过的东西。如果我们必须在不同的阐述之间抉择取舍，我们则有可靠的（虽然不是无懈可击的）和独立的验证，由此得知何人可能是更有鉴赏力、更有经验、更有见地的观察者，以及何人对对象的感知因而更可能是正确的。

然而，即使是非语言艺术，也面临一个不同寻常的难题，它滋生于我们更早前所讨论的各种区分。在路易斯·沙利文于 1895 年修建的举世闻名的布法罗担保大厦中，并不是每处基座都包含钢柱，而是

1 瑞恰慈和勒内·韦勒克讨论了这点，请参见附注 4-C。

每隔一处才如此，而且，厚重的角柱石中的钢柱也并不比其他钢柱大。由于这点，建筑师备受指责。现在，想象有两个人来参观我们新哥特式的大学校园，他们在一座小教堂或图书馆前停下了脚步。

> 甲：这难道不是一座美丽的建筑？它看起来如此坚固结实，却又如此典雅。
>
> 乙：我觉得，它看起来很廉价、俗气、虚伪和平庸。
>
> 甲：你怎么能这么说？难道那石料的质地不细腻吗？难道那些哥特式拱顶的位置和平衡不是恰到好处吗？难道你不觉得塔楼的比例与建筑的其余部分浑然一体吗？
>
> 乙：我同意你所说的每一句话，但我知道你所不知道的。虽然从外观上看，这确实是一座哥特式建筑，但从一个重要的方面来讲，它并不是。哥特式教堂是通过自身石头的重量来支撑自身，而这座建筑却偷偷地使用了钢结构，以至于在门外汉看来，它似乎就是靠石头来支撑自身的。但事实上，它是靠钢筋支撑的。因此，我觉得这座建筑是一个不折不扣的冒牌货。

现在，在回应乙时，我们不由想说，他无非是陷入了我们在第二节（§2）所讨论的基本混乱之中。毕竟，隐藏的钢结构并不是作为知觉对象的建筑的一部分，而审美判断必定要指向能够呈现于知觉的东西。如果乙反对图书馆的建造方式，那是一个工程学问题。

遗憾的是，这一回应过于简单。一个事实是，我们对于一个审美
50 对象的物理情况的知识，实际上会影响到它向我们显现的方式。正由于我们拥有了这种知识，它的诸多呈现就有可能获得一些它们本不会拥有的现象中客观的特征。乙认为这座建筑所拥有的性质，可能与甲

者眼里的性质截然不同。而这种情况也可能通过其他方式发生。[1] 假设你看到一尊巨大的青铜雕像，其力量让你折服；但是，如果你得知这尊雕像是用着色的奶油泡芙做成的，或者是用一大块肥皂雕刻而成的，那么你就不那么容易看出这种力量了。事实上，雕像看起来可能就面目全非了。或者，假设你在收听一首乐曲，觉得它是轻松愉悦的——但如果你得知这首乐曲是用口琴或便士哨吹奏的，它听起来可能会逊色不少。

这里的问题，不是这是否真的发生，而是它是否应当发生。而这是以另一种方式来询问：诸如此类的特征——诸呈现由于其物理条件的知识而增加的特征——应算作审美对象本身的特征，还是应算作幻象？我们理应宣称那座哥特式图书馆实际上拥有一种欺骗性的外观，而甲囿于眼界未能看出它的欺骗性，还是理应宣称乙者的知识让他在作为知觉对象的建筑中看到了实际上并不存在的东西？

真实的与虚假的特征

当代分析哲学家教育我们，要警惕一些这样的问题，在其中，"真正"一词显得举足轻重；我们认识到，诸如此类的问题极少是名实相符的，而且经常给出循环论证式的回答。因此，在处理作为一种现象学特征的欺骗性是否真正属于作为一个审美对象的图书馆这一问题时，我们必须慎之又慎。幸运的是，当代的哲学家们也教给了我们正确的使用方法。我们从形式上更具操作性的替代问题入手，以确定我们在提出原始问题时所碰到的令我们困惑不解的东西有多少是可以通过替代问题的回答而予以消除。一个这样的替代问题可以通过这种方

1　沃尔夫冈·柯勒（Wolfgang Köhler）提供了一些例子，请参见附注 4-F。

式来建构。我们可以在建筑批评家中四处观望，看看他们在一般情况下是否倾向于如此这般地理解其领域中的审美对象，从而使得物理事实的知识所引起的现象学特征被视为属于该对象。是否存在一种用法上的共识，我们可以依赖于它，至少可以宣称，这是区分该领域中的真实性特征和虚假性特征的一般方式，或正常方式？

这项工作任重而道远，因为我们必须梳理汗牛充栋的建筑学著作，从中挖掘出一种众所默会的用法。我们的问题所能得到的直接回答，注定寥寥无几，如果有的话。我们必须小心翼翼地保持我们的替代问
51 题与其他容易混淆的问题之间的区别：例如，针对建筑的某些现象学特征对于其社会功能的适当性，建筑批评家有很多话要说，但这是一个截然不同的问题。而最后，如果我们得出任何结论的话，我们可能会发现，在这一点上并不存在任何用法上的共识。我们感兴趣的那一类现象学特征，经常被归于，也经常不被归于作为审美对象的建筑。

当一个关于对象中何者"真正"存在的问题无法通过人们普遍接受的语言使用规则来回答，我们可以尝试第二个替代问题。这个问题可以通过这种方式来建构。为了任何领域中的批评的明晰性，似乎有必要在一定程度上区分真实性特征和虚假性特征。如果批评家不这么做，就会有陷入语言争论的危险；事实上，一些无效的批评争议，确实可以通过这种方式来解释。原问题是：审美对象中有什么？替代问题是：我们应如何区分属于审美对象的和不属于审美对象的现象学特征？如果这个问题尚无被认可的回答——如果事实上很少有人提出这一问题[1]——那么，就由我来提出一种区分的方法，并解释为何要采用

1 查尔斯·L. 史蒂文森的《美学中的阐释和评价》("Interpretation and Evaluation in Aesthetics")这篇重要论文例外。本文收入马克斯·布莱克主编：《哲学分析》(*Philosophical Analysis*)，伊萨卡：康奈尔大学出版社，1950年版，第341—383页。本书第三章(§10)将讨论史蒂文森的论点在文学阐述中的运用。

这一方法。而这就是我现在要简要探讨的。

暂且在目前的讨论中搁置文学，我认为，只要一个审美对象呈现的特征是依赖于呈现的因果条件的知识，无论是物理学的还是心理学的，那它们都*不能*算作是这个审美对象的特征。这样，我就会说，在上述对话中，乙从图书馆中所看到的欺骗性，并不存在于作为审美对象的图书馆之中，而要看到对象的真实本性，乙必须要么忘掉他关于其物理条件的知识，要么学会搁置这种知识。我就会说，要听懂某些类型的音乐，一个容易被自己对于作曲家生平和情仇爱恨的信念所影响的听众，也许有必要把那些信念驱赶到自己的注意焦点之外：如果一个听众对舒伯特饥寒交迫的生活感同身受，从而觉得他的音乐哀伤可悯，这是错误的。我还会说，如果一个青铜雕像的完美仿制品是用奶酪雕刻而成的，眼看手摸，都与原件没有什么不同——我们姑且不论气味——那么，作为一个审美对象，这个仿制品与原件是如出一辙的。而在了解其实际的物理基础的人们的眼里变了样的特征，根本不是*它们的*特征。

但不幸的是，这些直截了当的规定，必须追加一个限定条件，如果它们不能完全将审美对象去感觉化的话。我们并不是冷漠无情地跟对象打交道，而且，我们对对象做出丰富而充分的反应的能力，是依 52
赖于一个庞大的统觉团，这点在下文将更为清楚。这也许包括我们对于作品，或者对于它间接提到的其他作品，或者对于与它形成强烈对比的作品的一般风格的某种先前的熟识。所有这一切，对于感知者而言可能都是相关的信息；不相关的，是关于物理基础、物理意义上的创造过程，以及传记背景的具体信息。

所以，我认为，要为诸如此类的提议作辩解的话，我们只能指出（1）采用这一提议的方便之处，以及（2）抛弃这一提议的不便之处。但是，我们理应也对一些可能的异议做出回应，因为这一提议也有自身的不便之处。让我们按顺序回应它们。

这个区分至少较为清晰，而且它提供了一种解决具体问题的方法。此外，它赋予了审美对象某些稳定的性质；比方说，它允许我们说，一幅饱经岁月淘洗而物质基础完好无损的画作就是同一幅绘画作品，其特征众目昭彰，即使其调色诀窍或其他物理事实已被人遗忘。任何人，一旦把关于艺术家的个性及其技巧的知识所引起的所有现象学特征都归结于审美对象，就会陷入一种窘迫的困境。他也许会说，对象的特征随着历史知识的改变而改变。这是一种稀奇古怪的说法。或者，他可能会说，“真正的”对象是这样子的，任何一个了解其因果条件的所有事实的人，都能从其呈现中看到它所包含的所有现象学特征。这似乎暗示，对于所有古代和中世纪的美术作品，以及大多数现代美术作品，甚至是保存完好可供我们研究多年的作品，其“真实”本性，我们实则一无所知。

如果采用我所提出的准则，会导致什么令人不快的后果呢？当然，它会让人们针对特定的艺术作品所说的很多话都沦为错谬。但不管怎样，很多诸如此类的东西通常被认为是荒诞不经的——促使愚笨的批评家针对蒙娜丽莎的微笑发表长篇大论的道听途说的信息；或者是乔治·格罗夫爵士的浪漫大发现，即贝多芬在《降B调交响曲》和《C小调交响曲》中表达了他那苦涩的求婚经历。你不能把任何人自以为在审美对象中看到的一切都归结于审美对象，即使它与其他人所见并无二致；在我看来，这是最适合划界的地方。它还会促成一种广为传播的理论所急需的一个条件，该理论认为，如果不对美术作品的物理手段和技巧展开广泛而深入的研究，就不可能看到其中所存在的东西。比如，在辨别一幅线雕画和一幅蚀刻画在性质上的差异时，如果知道它们是如何制作的，这也许是一种心理学上的帮助，但是，版画中所存在的一切是可见的，即使是一个对版画的创作方法一无所知的人，也能一目了然。 53

呈现的类

我们现在已经形成一个审美对象的呈现的**类**这一概念，但是我们的原初问题仍然挥之不去：审美对象是什么，而审美对象与其呈现是什么关系？回答这些问题的一个方法，是宣称审美对象——巴托克的乐曲或迪伦·托马斯的十四行诗——无非**是**其呈现的类。这一回答将对象与其呈现区分开来，挺好，因为一个类不同于它的一个成员——奶牛的类本身并不是一头奶牛，联合国并不是一个国家。但它是不可接受的。这是因为，类是一个抽象实体，它可以想象，却不可感知；而这与前文中的第一条公设相悖。一头牛是一个知觉对象，牛的类则不然。将“类”的概念替换为其他某种抽象实体，如“构念”“本质”“理想实体”以及“一组（呈现）的汇合点”等，也是行不通的。这些也都不是知觉对象。

我们的困境如下：我们拥有审美对象的各种名称，这些名称不能理解为这些对象的个别呈现的名称，但是，似乎也不存在它们所能命名的其他东西。在诸如此类的困境之中，我们必须一如既往地对这个问题细思熟虑，看看能否更好地提出其他什么问题。有一种办法可以摆脱这一困境。[1]

尽管在一个审美对象的任何一次单独的呈现中，它的所有特征并

1　理查德·拉德纳在一篇重要论文中指出了这一方法，本节后面的讨论将基于这篇论文的内容。请参见附注 4-A。

不会全部被揭示，就像我们所同意的那样，但是它的**每个**特征都是在**某一次**呈现中被揭示的。这样，每当我们想要谈论审美对象，我们可以谈论它的呈现。这并不会把审美对象“简约”为一次呈现，它只是把**关于**审美对象**的陈述**分析为关于呈现的陈述而已。当然，我们并不想一直都这么干，因为太麻烦了。但是，我们可能会给自己打气，认为我们原则上是可以这么干的，因为这至少能够处理我们关于对象与其呈现之间关系的原始问题中最棘手的部分：一旦出现关于审美对象的特征的分歧，它们就可以诉诸以往的或当下的呈现，或者诉诸未来呈现的或然预测而予以证实和解决。例如，当我讨论埃尔·格列柯的画作，我不但是在描述我对它的经验，而且是在谈论其他符合资格的感知者在适当的条件下所能拥有的经验。

因此，让我们再次考察批评家针对审美对象所做出的各种陈述，以及我们在上述六条公设中所阐述的相应预设。假设一个音乐批评家宣称，“巴托克乐曲的结尾是铿锵有力的，而昨晚的演奏却是松垮
54 无力的”。关于演奏的陈述，应理解为关于昨晚面向听众的呈现的陈述；这些呈现具有某种共性，使得它们区别于其他时候所能获得的其他呈现。这位批评家的陈述因而可以重新表述为：“巴托克乐曲的结尾一直具有，或者一定具有铿锵有力的呈现，但昨晚的呈现是松垮无力的。”“巴托克创作了《为弦乐器、打击乐器和钢片琴所作的音乐》”这一陈述的意思是：“这首乐曲的第一次呈现是在巴托克的现象场中发生的。”“索福克勒斯《安提戈涅》的配乐佚失了”这一陈述的意思是：“此配乐不会再有呈现了。”

这些转换的哲学意义并非一目了然，虽然使用某些词类的语句能够表达使用不同词类的语句所表达的全部或部分意义，这总是有哲学旨趣的。诸如此类的发现，也许有助于我们理解这些语句的验证问

题，甚至可能牵涉一个形而上学的问题：构成现实的实体是什么？不过，我们在此处的目标，并不像形而上学家的那么宏大。要注意的是，存在一个关于对象陈述（object-statements）向呈现陈述（presentation-statements）转换的过程的特殊问题，它是由“好”这个语词所引起的。“这是好音乐”不能直接转述成“这音乐的一些呈现是好的”这一形式，因为，正如我将在第十章（§25）中所提出的那样，“好”并不是那种我们能够运用于呈现的词语。不过，我也将在第十一章（§28）中提出，“这是好音乐”可以转换成关于其呈现的**其他**陈述。但这个幽微而复杂的问题，要留待后文讨论。

当然，“呈现”的语言是一种很形式主义的言说方式，而一旦我们坚信我们在必要时**可以**通过这样的准确性来表达自己的观点，我们就可以另择一种更加口语化的风格。但就目前而言，我们仍要继续使用“呈现”一词，因为我们尚未充分把握批评家所欣然回应的以及描述、阐释和评估的审美对象的本性。

当两个人聆听一位钢琴家演奏一首奏鸣曲，这时有三种呈现，其中包括钢琴家的呈现；当钢琴家自弹自唱，则只有一种呈现。因此，我们无妨在音乐中区分三种东西：（1）作曲家的**人工制品**——此处指总谱；（2）表演——奏鸣曲的任何表演，只要是明显依照作曲家在人工制品中所给出的指导，都可称之为该奏鸣曲的表演，而同一首作品当然有许多不同的表演；（3）**呈现**——音乐的一次单独经验，每一次表演都可能产生多种呈现。

但是，（2）需要进一步细分，因为“表演”在此处有两种意义。在一种意义上，你可以说，当你两次播放一张特定的唱片，你就让它有了两次表演。这就是布兰迪斯法官在1931年的巴克诉朱厄尔–拉·萨 55

尔旅店案[1]中所做出的裁决所肯定的意义；[2]按照他对“多重表演”原则的表述，当一场钢琴音乐会被广播，其中包括面向现场观众的表演、广播电台面向电台听众的表演，以及安装了无线电接收器的旅馆经营者面向顾客的表演。在另一种意义上，你可以说，既然钢琴家只弹奏了一次，他就只有一次表演，而且，即使他弹奏了两次，但如果这两次弹奏如出一辙的话，他也只有一次表演。在戏剧中，这两种意义泾渭分明：一部戏剧——诸如《一报还一报》——可能有多次生产——老维克剧院的，大学戏剧社的，康涅狄格州斯特拉特福市莎士比亚剧院的——如果足够幸运，每次生产都有多次表演。我将把这些术语延伸至音乐，比方说，我认为拉斐尔·库贝利克录制的巴托克作品就是对它的一次具体生产，而这张录制唱片的所有播放，都是对同一次生产的播放。

生产和表演

现在，我们可以直面我们采纳第七条公设所导致的另一个结果，这一结果乍看之下颇具悖论性。阿尔图罗·托斯卡尼尼所演奏的贝多芬的《D 小调第九交响曲》第一乐章，其录制生产时长约十三分钟；富特文格勒对同一乐章的录制生产，时长约十七分钟。如果我们询问：

1 巴克诉朱厄尔-拉·萨尔旅馆案（Buck v. Jewell-LaSalle Realty Co.）是美国 1931 年的一桩著名著作权法判例。被告朱厄尔-拉·萨尔在其经营的旅馆里安装了一台无线电接收器，用以接收当地广播电台的节目，并通过有线方式与旅馆大厅及各房间连通，从而向其顾客播放受著作权保护的歌曲。作为这些歌曲的著作权代理人，美国作曲家、作者与出版商协会（ASCAP）针对被告的行为向法院申请禁令，并索赔损失。最终，美国最高法院布兰迪斯法官否决了被告的主张，认为其通过无线电接收器接收并传输由广播电台发射的歌曲构成著作权法上的“表演”（perform）。——译注

2 请参见雅克·巴尔赞：《美国人生活中的音乐》（*Music in American Life*），纽约州加登城：道布尔迪出版社，1956 年版，第 99 页。

贝多芬的《D 小调第九交响曲》第一乐章时长多少？我们就会得到相悖却又真实的回答。根据第七条公设，即使这两个回答对于同一首**交响曲**来说是真实的，但对于同一个审美对象，却不可能都是真实的。因此，一首交响乐的名称，并不是一个单一的审美对象的名称。在这里，“同一”这个词语必须引起注意。托斯卡尼尼和富特文格勒都是在生产同一首交响乐——也就是说，他们的生产是同一首作品的生产——但是他们并不是在生产同一个审美对象。因此，我们在音乐批评中讨论的对象，并不是一般意义的交响乐，而是它的某种生产，至少通常是如此。

我认为，这个结论实际上没有任何令人不安的地方，只要我们不抱有不合法的期待。例如，批评家经常询问一次生产对作品而言是否“充分”，这与询问一个特定的人的呈现对生产而言是否“充分”是截然不同的。大致而言，这个问题是这意思：作品能否有更好的生产？这是一个合法的问题，而且它有着很大的讨论空间，只要我们不受它误导而做出两个更深入的假设：(1)作品有一次且只有一次理想的生产；(2)这一理想生产在作曲家的意图中是追求的目标，即使徒劳无功。作品也许有一次真实而可能的生产，而且它比其他生产更为出 56 色。或者，也许存在几次生产，它们截然不同，却同样出色：你可以说，托斯卡尼尼生产的贝多芬乐章具有强烈的张力，而富特文格勒的生产则具有恢宏的广度。每个指挥家的拥趸，如果他们愿意的话，都可以宣称他们最喜爱的生产在艺术性上更胜一筹；但是，夸大其词地贬低对方的生产，认为它“压根儿不是贝多芬”却于事无补。

因此，当我们对一首乐曲的特征感兴趣，我们心里必须清楚，我们是在询问这首作品的所有生产或大多数生产的共同特征，还是在询问一个特定的交响乐团在一个特定的指挥家的指挥下所进行的一次特定生产的特征。即使是对于其他艺术，也要铭记这同一个区分。

例如，一部戏剧在一种意义上可被视为一部能够在观众面前进行戏剧表演的文学作品，亦即一部这样的作品，其中每一句引语都可以由演员说出，所有场景都可以呈现，所有动作都可以由舞台上的演员来演出。甚至，按照这一定义，某些小说——诸如约翰·斯坦贝克的《人鼠之间》——本就是戏剧，因为它们的呈现实际上并不要求任何改编。这样的人工制品就是剧本。但从狭义上讲，戏剧是一种特殊的生产，有着自身的场地、行当和服饰——正如《一报还一报》采用现代服装，或者《暴风雨》被呈现为一艘太空船在遥远的星球上遇险损毁。所以，同一部戏剧的两次生产，可能是两个同样出色的审美对象，虽然相差极大。理想的生产，未必存在。

至于文学，挥毫写下的或交付刊印的诗歌可被视为人工制品；默读或诵读的诗歌，则是它的生产。读者表演诗歌，犹如钢琴家表演奏鸣曲；而咏诗和弹琴都可能是一次私下的呈现，或者是一组公共的呈现。这种言说方式所导致的唯一奇怪后果，来自于一个这样的事实，即诗歌往往是在心中默默吟诵的。如果每次吟诵都是一次全新的生产，使得每次生产只有一次呈现，而每次生产都是一个数值上迥异的审美对象，那么我们的审美对象似乎就太多了，这反而碍事。我不确定这是否真的令人困窘，如果我们对此无能为力的话。当然，老师们力图纠正学生的阅读问题：他们对单词的重读——“是谁把你带来的?”的意思不同于“是谁把你带来的?”——以及他们对修辞格的掌握。我们是认为学生在学习如何生产诗歌呢，还是认为他在学习如何感知他的生产？我们将在第三章(§10)探讨，这个问题有多么重要。正如音乐家独自一人默唱总谱，此二者是合而为一的；音乐的公共表演比诗歌的公共表演更常见，这其中并没有什么哲学重要性。

在美术中，这些区分的作用略有不同。在建筑中，建筑师的设计 57
图是人工制品，而竣工的建筑是生产好的产品。也许，比起音乐表演者，施工方通常没有那么多的选择余地，因为设计蓝图能够比乐谱提供更全面的指导。建筑可能只有一次生产，也可能有多次生产，就像住宅工程中的那样。一个雕版与其各种压印的关系，正如剧本之于其生产，或蓝图之于建筑。虽然版画的诸压印不像戏剧的诸生产那样相差极大，但它们也存在一些重要差异，因为每次压印都导致了金属的些许磨损。

在绘画和雕塑中，人工制品和生产之间的区分几乎消失不见。你可以把艺术家的素描——诸如鲁本斯的一幅素描——视为乐谱、剧本和蓝图的类比物。但，这是一个错误。鲁本斯的素描是独立自在的一件美术作品，并作为这样一件美术作品而受到人们的推崇；但是，乐谱并非音乐，剧本并非戏剧，蓝图并非建筑。然而，在艺术家完成的画作或雕像和观众的感知之间，存在或者可能存在一个展览过程，在一定程度上，这一过程，即作品的感知所需要的悬挂、装框、照明等合适条件的安排，是与音乐的表演或者建筑的施工相类似的。

这些比较颇有启发性，并且引起了其他一些有趣的问题，然而，我们目前还不能在这些问题上耽搁。在本书全文中，要铭记在心的一个要点是：当我们使用“浴”（马奈的最初标题）或者“月光”奏鸣曲（这并非作曲家的标题）这样的题目，我们必须知道我们是在讨论审美对象，还是在讨论审美对象的人工制品，抑或是在讨论审美对象的呈现。一般而言，如果上下文没有特别提醒，当我提及一部戏剧或者一首奏鸣曲，我指的是它的某次生产，即使对于目前的问题而言，通常没有必要具体说明是哪一次生产。

§5　批评陈述的范围

在这本书中吸引我们注意力的问题，正如我所言，是关于我所说的“批评陈述”（critical statements）或者“批评的陈述”（statements of criticism）的意义和真值的问题。很少有这样的学科，在其目前的知识阶段，更重要的是一开始就要明确研究的对象是什么，因此，我们已经颇费苦心地缩小了我们所关心的陈述的范围，并搁置了我们所不关心的其他陈述。但是，我们仍要做出另一个区分。

审美对象乃知觉对象，其他事物亦如此，诸如奶牛、杂草和卫浴
58 设备。不是所有关于知觉对象的陈述都是我们通常所理解的批评陈述——至少不是没有争议。因此，这也许是我们可以尝试缩小研究范围的地方，我们的方法是询问：将审美对象和其他知觉对象区分开来的，是什么？

对这一问题的回答，通常诉诸我们在本章中一直小心翼翼地回避的一个术语：艺术作品。我们也许同意对艺术作品进行归类，把它们和所有不是艺术作品的知觉对象区分开来，然后同意这一说法：关于艺术作品的陈述——或至少是这些陈述中的某个子类——就是批评陈述。如果我们如此为之，下一步就是对“艺术作品”下定义，也就是阐明诸准则，让对绘画、诗歌和音乐作品这样一些东西感兴趣的人能够根据这些准则区分艺术作品和其他事物。

首先，语言用法千变万化，使得这项任务极其棘手，甚至不可能完成。[1] 即使我们踌躇满志地完成了这一任务，我们仍然可能觉得，若

1　见保留·齐夫和莫里斯·韦兹的论文，请参见附注 5-F。

将我们的注意力局限于关于艺术作品的陈述，我们会让研究范围变得过于狭隘。无论我们还需要使用什么其他准则，一件艺术作品当然是人力特意生产的某种东西——它是一件作品，它是艺术或技艺的产物，至少在这一术语的传统意义上是如此。但是，我们针对凡·高的一幅画所说的一些话，也适用于一棵枝繁叶茂的柏树；一朵花的美，也许可以通过夏尔丹的静物画所适用的一些原则予以解释；而我们也没有理由不去讨论岩石结构的雕塑性特征，即使其雕塑家是风和水，而不是摩尔或马约尔。当然，我的意思并不是说，自然对象是或可能是好的艺术作品，就像人工对象那样——也许你会想起奥斯卡·王尔德作品中的日落，那就是“一幅极其普通的透纳作品[1]，即一幅低谷时期的透纳作品”。我的意思也不是说，对后者的各种评论同样适用于前者。但是，如果一开始就将严格意义上不是艺术作品的知觉对象排除在外，却似乎过于随意，如果它们有什么其他理由要求入列的话。

然而，即使我们同意只限于艺术作品，这个术语本身仍然存在一个几乎不可根除的不便之处。因为它的意义包含一种固执的规范性或价值成分。“它很精巧，但它是艺术吗？”或者，“他的诗歌读起来很好玩，但它不是艺术”，诸如此类的表达清晰地揭示了这一因素：将某东西称为这种意义上的“艺术作品”，就是特别强调它是好的，或者在审美上是有价值的。我们可能同意消除这种规范性的意义而中立地使用这个术语；但是，规范性的意义时不时在我们不注意的时候悄然而至。即使我们保留规范性意义，这一术语在我们目前的研究阶段也是 59
无用处的，因为，甚至在我们能够确定讨论的是什么种类的事物之前，我们必须先要确定是什么构成了该种类的一个好成员。

1　透纳（Joseph Mallord William Turner，1775—1851），19 世纪上半叶英国学院派画家的代表，杰出的风景画家。——译注因此，我们无妨保留“审美对象”，作为我们最一般的术语——在谈论人们公认为艺术作品的审美对象时，即使我们偶尔使用“艺术作品”这一术语也不会造成混乱。因此，问题是如何将审美对象和其他知觉对象区分开来。而通常情况下，这似乎是通过四种不同的方法完成的，其中第四种方法在我看来是最好的。

“审美对象”的心理主义定义

第一，我们可以通过动机来定义“审美对象”，并把其范围局限于人类特意生产的对象，就像我们限定“艺术作品”的范围那样。这可以称为“审美对象”的起源学或意图主义定义。例如，我们可以说，除非一个知觉对象是一个“自我表现”的行为之结果，否则它不是一个审美对象。当然，也可能存在意图主义定义的其他变体。根据人们提出的这种定义，我们首先要区分“审美动机”和其他动机，后者在一种广泛的意义上通常被称为“实用的”，其中包括智识、宗教、道德等目的。这样，蒸汽火车头、《国富论》、菜单、苏尼人的祈雨舞、厨房炉具、根特祭坛画及帆船等，都不是审美对象，因为它们都不是基于一种“审美动机”生产出来的。

是否存在“自我表现”这样一种东西，或者存在另外一种迥异的和可分离的审美动机，这是一个有趣的问题。然而，并不是一定要提出这个问题，才能清晰而合理地讨论审美对象。因此，我们在本书中将不会提出这个问题。但如果我们打算提出这一问题，它也许最好以这种形式来表述：“一般而言，或普遍而言，审美对象的生产行为涉及什么样的心理状态和过程?”而如果我们要提出这一问题的话，我们对审美对象的定义显然一定要独立于其心理状态的指涉，否则我们就是在回避问题的本质。

这种定义还有其他令人不安的后果。首先，比方说，我们无法确定，在贡巴来尔和阿尔塔米拉发现的旧石器时代的野牛和猛犸象洞穴壁画是否是审美对象。这是因为，我们并不了解它们的创造是为了“自我表现”，还是为了巫术的目的——因而是为了实用目的。其次，我们很难确定，是否该把宗教绘画称为“审美对象”。一个祭坛装饰品，一个礼拜仪式物品，或者一幅殉道圣徒的图画，当然包含了一种敬拜的目的。我们可以说，宗教动机肯定掺杂了一种审美动机。但要 60
注意，我们证明这点的唯一证据是，作为结果的对象能够给人以极大的满足感；我们心照不宣地认为，如果它是一个好的审美对象，它就一定是艺术家按照某种“审美动机”创造出来的；但是，这预设着我们已经以一种非意图主义的方式对“审美对象”进行了定义。其三，即使是在其有适用性的地方，意图主义的定义也是随意轻率的。如果我们能够衡量一幅蒙德里安画作的价值，为何就不能衡量舒洁纸巾盒上图案的价值？如果我们能够衡量唐吉或达利的一幅超现实主义绘画的价值，为何就不能衡量书籍护封或唱片套的价值？如果我们能够衡量布拉克或波洛克的抽象画的价值，为何就不能衡量月球环形山的照片，或者显微镜载玻片、现代风格椅子或窗玻璃上冻霜形状的价值？

第二，另一方面，我们可以通过**效果**来定义“审美对象”。这可以称为“审美对象”的感受性定义。例如，我们可以说，除非一个知觉对象产生某种经验，诸如一种极度祥和的感觉，否则它就不是审美对象。当然，也可能存在感受性定义的其他变体。按照这种定义，我们首先要将“审美经验”区别于其他经验，比如“娱乐”经验。席德·西泽的电视短剧《俄克拉何马》、墙纸、珠宝、《枫叶拉格》[1]、踩高跷游戏、《罗

1　此处应是指美国音乐出版商约翰·斯达克（John Stark）在1899年发行的拉格泰姆（Ragtime）散拍乐作品，是第一部销量过百万的器乐作品。——译注

杰疑案》等都是娱乐，而这些对象都不是审美对象，因为它们并没有产生“审美经验”。

是否存在“审美经验”这样一种东西？如果存在，应如何概括之？这些都是令人感兴趣的问题，而且它们都是我们在探究批评评价的问题时必须要提出的问题。我们将在第十一章（§28）讨论它们。但是，当我们真正讨论它们，我们将会发现，问题最好以如下形式来表述：“一般而言，或普遍而言，人们对审美对象的反应中存在什么样的心理状态和过程？”很明显，我们对审美对象的定义必须独立于它的心理学效果，否则我们就是在回避问题的本质。我之所以要避免“审美对象”的感受性定义，主要是为了保留这一问题的开放性和可问性。

还有另一个原因。如果你研究为“审美对象”（或“艺术作品”）下定义的几乎任何作者，一旦他认为它——通过感受——划定了其研究范围，你会看到他很难在讨论中回避规范性的要素。他一会儿在讨论对象，一会儿又在讨论好的对象。这么做很容易，因为一旦你通过效果来界定“审美对象”，并认为效果是有价值的，那么在你的术语库中，“无价值的审美对象”这一术语就没有立足之地了。1930 年的关税法案，曾经把免关税进入国境的“古董”定义为“1830 年之前制作的具有艺术价值的对象”。但是，我们更好的做法是通过某种方式
61 来界定“审美对象”，使得好的审美对象和坏的审美对象可以同在并存——这个问题是开放的。而这就是我建议要做的事情。

第三，“审美对象”有第三种定义方法，也就是诉诸我们对待它的方法，或者对它的态度。这可以称为“审美对象”的“态度性定义”。按照这种定义，我们首先要区分出对于事物的某种态度，也就是审美态度，然后宣称：任何知觉对象，只要我们认定它是审美对象，或者以审美的态度看待之，都可以成为审美对象。

例如，你可以说，对一只苹果至少有两种看待方式。你可以对它产生一种“实用的”兴趣：你可能想判断它的经济价值或虫害情况，或者想评估苹果收成的好坏，如此等等；这就是把苹果作为物理环境的调控的线索。或者，你可能只想欣赏苹果的“表层性质”，即其色彩、肌质和味道等。如果你是按照后一种方式来看待苹果，那么，对于你而言，它在这个时候，以及在这个方面，就是一个审美对象。对于达尔文的《物种起源》，也可以做出一个类似的区分。如果你感兴趣的，是了解自然选择和人工选择的事实，或者生物学理论史，你是采用了一种实用的态度。但如果你愿意，你可以将它作为一个不厌其烦的和有证据支撑的论证，或者作为一部文体学经典，或者作为一种为世界的重要真理而献身的忘我追求的记载而勤读不辍。这样的话，你所追求的，是它的“审美性质”，你不是将它**作为**生物学论文，而是**作为**文学作品来考虑的。

态度层面的区别，因而是一种关系性的区别；没有任何东西本身是审美的或非审美的。当然，某些对象比其他对象更容易引起人们的审美兴趣——一幅布朗库西的作品总比一根棒球棒，一辆赛车总比一辆货车，一件迪奥牌外套总比一件过时的浴袍更容易引起人们的审美兴趣——但是，由于根据定义任何知觉对象都具有某些“表层性质”——也就是可以直接观照的现象学特征——一个画家想要观察甚或绘画的东西，就不存在先验的限定。同样，当人们以审美兴趣而不是以其他兴趣来看待某些对象，它们当然会带来更多回报。从一个对象中寻找有价值的性质，并不能确保得偿所愿，而一个读者若带着一种审美态度转向读亚里士多德的《形而上学》，《国会议事录》(*The Congressional Record*)中的一次演讲，一首广告歌曲，或者一本基础逻辑学教材，用不了多久就会敬而远之。

“审美对象”的态度性定义颇值得推荐。它宽容大度地提供了批评陈述最广泛的范围，因而是最不可能在一开始就回避任何问题的。此外，根据我所提出的思路而为这一定义辩护的任何人，都能够实事求是地指出：如果我们在审美的和非审美的知觉对象之间做出区分，
62 如果我们接着通过审美对象所提供的那种经验而给出一种关于审美价值的说明，那么，几乎可以确定的是，一些非审美的对象也会具有些许审美价值。而如果这听起来像是一种难以容忍的悖论式的言说方式，态度性定义则给我们指出了一条可以规避这一问题的康庄大道。

然而，我认为这并不是一种难以容忍的悖论式的言说方式，而且，我认为我们应该做好充分准备来接受这一后果。它只不过是说，人们有时会如此看待那些根据我们的定义并不是审美对象的知觉对象，**仿佛它们就是**审美对象，而有时，这些对象的这种出人意料的能力能得到较好的发挥——正如在紧急关头或嬉戏时刻，人们偶尔会坐在桌子上而不是坐在椅子上，或者在保险丝盒中使用便士硬币，不管他们被警告了多少次。但是，能够作为一个临时的保险丝，这并不是“便士”的定义的一部分，而根据一些并不提及这一额外能力的标准，我们能够很好地将便士和其他东西区分开来。

客观主义的定义

第四，区分审美对象和其他知觉对象最安全的也是最令人受益的方法，不是诉诸它们的原因或结果，或它们与人的关系，而是诉诸它们本身的特征。毕竟，这是我们区分牛和马、男人和女人以及面包和石头的方法——根据是形状和实质。“审美对象”的这样一种定义，就是**客观主义**的定义。

但建构这样一种定义，有两种方法。其中，更简单也更方便的方

法是挑选出所有审美对象都拥有而其他对象都没有的一组特征，如果这切实可行的话。审美对象可能拥有某些显著的共同特征；例如，审美对象自身呈现为现象场的有界部分，而且具有内在的异质性，但同时，它们的秩序，足以使它们能够被感知为整体。正如一些哲学家所言[1]，也许存在着更重要的共同性特征，以及排他性特征，这些特征可以作为一个定义的基础。

问题的重点是，要发现诸如此类的特征，其本身就是进行大量探究的结果，而在我们对各种艺术予以较审慎和较细致的考察之前，我们并不能满怀信心地决定这些提议是否是正确的。在目前这个阶段，我们所需要的是信息量不太大但更容易实现的某种东西。也就是这样一种类型的定义，它划分出了一个研究领域，却不预设人们要拥有关于该领域的渊博知识。因此，我们可以考虑另一种可供使用的客观主义定义。

要建构这种定义，我们首先要根据知觉对象的感觉场来对它们进 63
行分类：有些可见，有些可听。当我们在第二章（§8）检查听觉场中的基本区分，我们将争取在一点上达成共识，以将乐曲与噪声、鸟鸣和管弦乐队的调音区分开来。我们无须划出一条精确的分界线，虽然我们想让它达到多大的精确性都可以。

同样，一旦我们考虑到视觉场的基本属性，我们就能区分可见的审美对象和可见的其他对象（见第二章 §7）。一旦我们考虑到语言和意义这些基本要素，我们就能区分文学作品和其他语篇，哲学的、科学的和实用的（见第三章 §9）。以这种方式对问题进行分解的意义是，这些区分中的每一个都提出了自己的问题；一部歌剧和圆桶滑下斜道

1　例如苏珊·朗格和莫里斯·韦兹，参见附注 5-D。

的声音之间的区别，并不同于《失乐园》和一则在美国播出的缅甸牌剃须膏广告之间的区别。其中一些区分一定会比另一些区分更加棘手，而当然，所有区分在一定程度上都是模糊的，因为一般的语言用法并没有精确的界限。

但是，如果我们要实施这一计划，我们就可以析取性地把音乐作品、视觉设计、文学作品这一类对象和所有单独界定的其他类对象归于一类，全部称之为“审美对象”。这样，一个审美对象就是任何东西，它或是一首乐曲，或是一部文学作品，等等。在我们对视觉、听觉和语言展开具体讨论之前，我们实际上并不能实施这一计划。但是，我们没有循环定义的危险，因为，比方说，虽然我们将在下一章（§8）讨论音乐的诸要素，我们却不用为了界定“音乐”而引入“音乐”这一术语——我们引入“音高”“响度”和“旋律”等术语即可。

因此，通过这样一种方法，我们就能够区分审美对象和其他知觉对象，从而区分关于审美对象的陈述和关于其他知觉对象的陈述。现在，无妨考察关于审美对象的那类陈述。其中一些是关于审美对象的前因后果的陈述，让我们称之为“外部陈述”。其他陈述则是关于审美对象如其所是的陈述：其蓝，其“意义”，其美，让我们称之为“内部陈述”。从现在开始，我将用“批评陈述”来表示**关于审美对象的内部陈述**。

关于作者的潜意识、一个画家对另一个画家的影响或者一部小说所改善的社会状况等方面的陈述，都是属于艺术史或艺术社会学的陈述。要对它们进行验证，当然会牵扯到一些问题；但这些问题并不是审美对象所独有的，它们属于历史和社会科学的方法论，而不属于美学。但是，关于审美对象的特征的陈述，即对这些特征进行描述、阐释或评价的陈述，确实提出了美学领域所独有的特殊问题。因此，我
64

们将忽略外部陈述，除非它们与内部陈述的验证相关。我们已看到，人们有充分的理由质疑外部陈述与审美对象的描述性陈述，或者某些阐释性陈述的验证的相关性；关于它们与其他阐释性陈述和评价性陈述相关性的问题，留待后文讨论。

我们已对“审美对象”的意义达成了共识，因而也对批评陈述的范围达成了共识，而在此书中，批评陈述的问题将被视为美学的研究主题。比较合适的做法，也许是提醒我们自己，目前完成的事情也就这么多而已，虽然本章的篇幅很长，内容也很广泛。在美学著作的序章中，有一个传播混乱的惯例是将“审美对象”或者另一个术语的定义和审美对象的理论杂糅在一起。当作者认为艺术“即”这个或那个——“艺术即表现”“艺术即愿望的达成”——他们经常并不清楚自己是在提出“艺术”这一词语的某种用法，还是在对“艺术”这一东西做出某种概括。[1] 在本书中，我们将尽量保持这些方面的区别。理论和概括将在后文讨论；目前为止，我们一直专注于确定无疑的头等大事，也就是对议程达成共识。

现在，把我们的任务分解成几个可操作的单元，是切实可行的。姑且搁置审美对象的外部陈述，我们还有按难度由低到高排序的三大组——描述、阐释和评价。另有一种划分不可错过。存在一种关于艺术的一元论方法，它一开始就致力于一个自明之理：各种艺术是完全平行的，而在每种艺术中所必须做出的每个区分，都适用于所有艺术。这通常会导致混乱。这种一元论方法不遗余力地将证据驱赶至千里之外，一旦未能如愿，就含糊其辞，以此为代价来实现基本术语的显式对称。如果我们作为多元论者而起航的话，则会事半功倍，虽然也要

1　当我以这样的方式提到“一种艺术”（an art），我指的是“某一特定领域中的那类审美对象”。

做好准备在有条件的情况下兼顾平行论。现在，在文学作品或语言类的审美对象中，存在着某些复杂性和混乱性，它们在音乐或绘画中并没有平行之物。比起音乐和绘画之间的差别，文学与音乐和绘画的差别更大。因此，在处理描述性的和阐释性的陈述的整个过程中，我们将始终在单独的章节中讨论文学问题。在处理描述性陈述的过程中，则把音乐和绘画放在一起讨论，但是，当我们讲到阐释的问题，它们
65 也要分开。

附注与问题

§1

注：期刊名称采用如下缩略语：

JAAC：《美学与艺术批评杂志》（*The Journal of Aesthetics and Art Criticism*）

J Phil：《哲学杂志》（*The Journal of Philosophy*）

PAS：《亚里士多德学会学报》（*Proceedings of the Aristotelian Society*）

Phil and Phen Res：《哲学与现象学研究》（*Philosophy and Phenomenological Research*）

Phil R：《哲学评论》（*Philosophical Review*）

PMLA：《现代语言学会会刊》（*Publications of the Modern Language Association*）

1-A. 内部证据和外部证据。在一部文学作品的意义的内部证据

和外部证据之间，能否做出一个令人满意的区分？外部证据是否比内部证据更有权重？请参见如下著述：《世界文学词典》（*Dictionary of World Literature*, ed. by Joseph T. Shipley, New York: Philosophical Library, 1943）中的“意图”（“Intention”）词条，第325—329页；W. K. 温姆萨特和门罗·C. 比厄斯利的《意图谬见》（“The Intentional Fallacy”, *Sewanee Review*, LIV [1946]: 468–488）一文，收录于雷·B. 韦斯特所编《现代文学批评论文集》（*Essays in Modern Literary Criticism*, New York: Rinehart, 1952），第174—189页，以及温姆萨特的《语象》（*The Verbal Icon*, Lexington, Ky.: U. of Kentucky, 1954），第3—18页。比较莱斯利·A. 菲德勒的《原型与署名》（“Archetype and Signature: A Study of the Relationship Between Biography and Poetry,” *Sewanee Review*, LX [1952]: 253–273）一文；T. M. 甘的《论意图》（“Intention,” *Essays in Criticism*, VII [1957]: 175–186）这篇颇有见地的论文；R. 杰克·史密斯的《诗歌有机理论中的意图》（“Intention in an Organic Theory of Poetry,” *Sewanee Review*, LVI [1948]: 625–633）一文；威廉·燕卜荪在某次小组评议中的评论《再论奇怪的必要性》（“Still the Strange Necessity,” *Sewanee Review*, LXIII [1955]: 475–477）。

1-B. 意图主义术语的转换。分析你最熟悉的一篇艺术批评论文，找出作者在讨论审美对象时是从什么地方开始转而讨论审美对象的创造者的，反之亦然。关于创造者的陈述，有哪些可以转换成关于对象的陈述？哪些不可以？特别留意“单纯”“自然”“伪饰”“牵强”这样一些具有意图主义色彩的术语，以及“意图”的近义词，如“目标”“目的”“设计”“计划”“企图”，等等。

1-C. 作者即其作品的阐述者。作者是否一定是自身作品的最佳阐述者？罗伯特·W. 斯托尔曼的编著荟萃了各种不同的观点，参见《批评家札记》(*The Critic's Notebook*, Minneapolis, Minn.: U. of Minnesota, 1950)，第 8 章和参考文献(第 289—293 页)。特别参见哈特·克莱恩对自己的诗歌《在梅尔维尔墓前》的阐述；但问题是：他
66 所说的诗里的内容，有多少是真正属于这首诗的？比较 R. P. 特利斯特拉姆·科芬的《诗之实》(*The Substance That Is Poetry*, New York: Macmillan, 1942)，第 4 章，第 79—104 页：注意，科芬提出，除了他写的这首诗，他还有另一首诗，这首诗"未曾写出"，却是"其诗作的一部分"，而要理解已经写好的那首诗，这首诗举足轻重。

1-D. 画家即其画作的阐释者。查阅一些画家的著述，了解他们针对其画作的"意义"的阐释方式都写了什么，比如凡·高的书信，他在其中一封里写道："在这幅画(《夜间咖啡馆》，完成于 1888 年)中，我尝试通过红色和绿色来表现人类的可怕情感。"另一个例子，参见罗伯特·戈德沃特和马尔科·特里夫斯的《艺术家谈艺术》(*Artists on Art*, New York: Pantheon, 1945)。我们能否说，一幅画实际上"表现"了某种东西，但除非画家告诉我们，我们并不知道它是什么？

1-E. 正确的音乐表演之标准。找一些这样的例子，在其中，人们反对某次音乐表演的理由是这次表演由于这个或那个原因而不能实现作曲家的所谓意图。详细分析每个例子：(1)批评家有什么证据表明作曲家的意图就是他所说的意图？(2)批评家是否真的认为，音乐若按他所建议的方式演奏就会更胜一筹？参考指挥家和表演者的理论和实践，比方说，罗杰·塞欣斯的《音乐经验》(*The Musical Experience*, Princeton, N.J.: Princeton U., 1950)，第 4 章，以及戴维·伊文的《指挥棒的独裁者》(*Dictators of the Baton*, Chicago, New York: Alliance, 1943)，尤其是绪论部分：在指挥家和表演者决定该如何演

奏音乐时，他们在多大程度上是诉诸意图？

1-F. 戏剧中的意图和表演。在一部戏剧的舞台表演中，剧作家的意图，或者他被认为拥有的意图，发挥着什么样的合理作用？在这一问题上，批判性地探讨著名导演和制作人（诸如斯坦尼拉夫斯基、奥托·布拉姆、科波、梅耶荷德）的观点。参见托比·科尔和海伦·蔡洛伊所编写的《戏剧的导演》（*Directing the Play*, Indianapolis, Ind.: Bobbs-Merrill, 1953）；约翰·加斯纳的《戏剧的生产》（*Producing the Play*, rev. ed., New York: Dryden, 1953），第 272—300 页，第 436—444 页。

1-G. 文学的传记批评。你能想出这样一部文学作品吗，除非我们对作者——其人生阅历、家事、友情——有所了解，否则无法发现作品的部分意义？分析你的例子，并确认：(1)是否真的需要这种信息？(2)如果需要，作品本身是否已经包含了这种信息？例如，当我们吟咏弥尔顿那首关于他失明的十四行诗，我们无须知道弥尔顿写诗时是多大年龄；我们虽然确实需要知道诗中的说话人是失明的，但我们要知道这一点，并不需要传记性的证据，因为说话人在前两行诗句中就已经挑明了。另一方面，可以说，除非我们知晓弥尔顿再婚时已经失明 67
这一事实，否则我们不能领会弥尔顿那首悼念亡妻的十四行诗。参见乔治·波阿斯的《艺术中的意义问题》（"The Problem of Meaning in the Arts," *University of California Publications in Philosophy*, XXV, 1950）：尤其参见第 318—325 页。另参见勒内·韦勒克和奥斯汀·沃伦的《文学理论》（*Theory of Literature*, New York: Harcourt, Brace, 1949），第 7 章，第 8 章，以及大部分参考文献；还有 E. M. W. 蒂利亚德和 C. S. 刘易斯的《个人邪说》（*The Personal Heresy: A Controversy*, New York: Oxford U., 1939）。刘易斯所说的"个人邪说"确切地

说是什么意思？我们如何解决刘易斯和蒂利亚德针对诗人的“个性”和诗中说话人的“个性”之间的关系所展开的争论？至于叶芝，他在后期的诗歌中使用了很多隐秘符号，并在一部散文作品《幻象》中解释了这些符号的意义，但问题是，这些诗歌的意义有多少是可以独立于他的解释而从诗歌中发现的？参见克林思·布鲁克斯和罗伯特·佩恩·沃伦在《理解诗歌》（修订版）（*Understanding Poetry*, New York: Holt, 1950）中关于《一部戏中的两首歌》的讨论，第457—464页。

另参见韦恩·舒梅克的《批评理论的要素》（*Elements of Critical Theory*, Berkeley, Cal.: U. of California, 1952），第5、6、7章。“是什么恐怖的罪恶唤起了拜伦笔下的曼弗雷德的悔恨？答案并不能从刊印的诗歌中找到；因此，它只能从作者被驱逐出英国这一遭遇中寻找”（第42页）。韦恩·舒梅克并不吃惊，但他理应吃惊。这与一个古老的笑话异曲同工。这个笑话是讲一个漆黑的晚上，一个烂醉的酒鬼失手将东西掉进了树篱，后来人们发现他在路灯柱下爬行，问他为什么在这个地方寻找？答：“因为这里更光亮一些。”

一些文学批评家同意斯坦利·埃德加·海曼的观点，即要“理解”一部文学作品，“至关重要的”是要了解作者是否是同性恋（惠特曼、索福克勒斯）、压抑和冷漠（爱默生、梭罗）、性无能（亨利·詹姆斯）、疯癫（尼采）、酗酒（菲茨杰拉德）等等（参见斯坦利·海曼《武装的视野》[*The Armed Vision*, New York: Knopf, 1948]，第121—122页）；但是，“理解”一词在这里是什么意思？

1-H. 文学史料。文学作品的史料研究与作品的解读有何相关性，如果有的话——或者，什么类型的史料能加深我们对作品本身的理解？使用这种类型的史料，是否涉及对意图的无声诉求？参见罗伯特·W. 斯托尔曼《学者之网》（“The Scholar’s Net: Literary Sources,”

College English, XVII [October 1955]: 20–27)；勒内·韦勒克的《文学历史》(“Literary History”)一文，收入N. 弗尔斯特等人所著《文学研究的目标与方法》(*Literary Scholarship, Its Aims and Methods*, Chapel Hill, N.C.: U. of North Carolina, 1941)。

注意，文献学研究的重要性与意图的问题没有关系：文献学者所要发现的，不是莎士比亚意图写什么，而是莎士比亚实际上写了什么。同样，虽然古画修复师可能会说他试图还原艺术家的意图，但他实际 68
上是想把画作复原到它刚刚离开艺术家画室时的那种状态（除非他违背职业伦理，仅仅是想赋予它某种流行的光泽，或者某种伦勃朗式的绚丽色彩）。

1-I. 作者的作品群。在理解一部文学作品中，一个方法是诉诸同一个作者的其他作品：罗伯特·弗罗斯特的一首诗歌可能被认为有着某种意义，因为他的另一些诗歌明显表达了这种意义；陀思妥耶夫斯基的一部小说，或者莎士比亚的一部戏剧，可能会被认为有着某种主题，因为在他们的其他作品中都可以发现这种主题。证明这种论证方法的正当性的一个方法是宣称，作者一次或两次产生的意图，会再次产生，因为这是其信念体系的一部分——这是一个有争议的泛论，它会导致我们误读作者，把某种子虚乌有的内容归于他的某一部作品。你能找到关于这种错误的例子吗？在不诉诸意图的情况下，是否有办法证明这种阐述方法的正当性？或者，我们是否应摈弃这种方法？

1-J. 社会学批评。提供一种关于某事物Y的解释，(大体上)就是发现：(1)先于Y而发生的某些条件X，以及(2)一种普遍规律，其形式为“每当条件X发生，Y也会发生”。要验证这样一种规律，你必须找到许多关于X和Y的例证，除非你能从某种更加普遍的规律中演绎出这一规律。现在，鉴于艺术作品与其先行条件的复杂性，以及好的艺术作品的独特性（它们可以说是一个类的唯一实例），我们能指望文学作品的历史学和社会学解释提供多大的或然性呢？参见勒内·韦勒克和奥斯汀·沃伦的前引书第 9 章和参考文献部分。另检查阿诺德·豪泽尔《艺术的社会史》（*The Social History of Art*, New York: Knopf, 1951）。例如，当谈到 16 世纪的弗拉芒画派，豪泽尔写道："在这里，恢复后的天主教允许艺术家拥有比其他地方更多的自由，正是由于这种民主的态度，弗拉芒艺术并不像法国宫廷艺术那么拘泥于形式主义，而是拥有更多的自发性，而它的总体氛围也比罗马的教会艺术轻松自然。"（第一部分第 457 页。）这只是一种看似有理的猜测，还是他提供了宗教环境和绘画特征之间的因果关系的充分证据？

1-K. 意义与意图。诗歌的意义只是诗人所表达的意义，还是可以将二者区分开来？是否有一些诗歌，它们所表达的意义多于或少于诗人所要表达的意义？卡尔·阿申布伦纳的论文对这一区分展开了较有技术性的讨论，参见其《意图与理解》（"Intention and Understanding," *University of California Publications in Philosophy*, XXV [1950]:
69 229–272）一文。

§ 2

2-A. 知觉性与物理性的区分。参见 C. I. 刘易斯《知识与价值的分析》（*Analysis of Knowledge and Valuation*, LaSalle, Ill.: Open Court, 1947），第 15 章，第 5—7 节（第 469—478 页）。比较保罗·齐夫《艺术与"艺术对象"》（"Art and the 'Object of Art,'" *Mind*, N.S. LX [1951]: 466–480）一文，收录于威廉·埃尔顿主编《美学与语言》

（*Aesthetics and Language*, New York: Philosophical Library, 1954），第170—186页。你想如何描述这两个作者在审美对象是否区别于其物理条件这一问题上的分歧？除了揭露塞缪尔·亚历山大的著作中所充斥的混乱，齐夫是否证明了一幅画"存在两种描述，而不是存在两个对象"，因此，应驱除"那一审美幽灵，那一神秘的审美对象"？他的结论能否延伸至音乐？齐夫对亚历山大的讨论，受到了弗朗西斯·斯帕肖特针锋相对的抨击，参见后者的《齐夫先生与"艺术幻象"》（"Mr. Ziff and the 'Artistic Illusion,'" *Mind*, LXI [1952]: 376–380）一文。另参见哈罗德·奥斯本的《美的理论》（*Theory of Beauty*, London: Routledge and Kegan Paul, 1952），第5章，尤其是第91—101页。

2-B. 双重意义的批评术语。在你阅读音乐或美术资料的时候，搜集一些这样的术语，它们同时具有一种物理意义和一种知觉意义——比方说，绘画中的"光"，也许是光波或可见的亮度的意思。这些术语是否会由于两种意义无法清晰地区分而导致混乱？曼努埃尔·比尔斯基指出，对"艺术对象"进行清晰"定位"是极为重要的，参见其《艺术对象定位的重要性》（"The Significance of Locating the Art Object," *Phil and Fhen Res*, XIII [June 1953]: 531–536）一文。

2-C. 技术信息的相关性。如果我们对一个审美对象的物理条件有所了解，这对我们体验审美对象有什么样的帮助，如果有的话？例如，我们能否说，一旦我们掌握了一般情况下在画布上运用油画颜料的各种方法，这就可能有助于我们在观看一幅成品画时进行更细微的鉴赏？讨论一幅绘画或一首乐曲的欣赏和拥有颜料、清漆、声学理论等方面的技术信息之间的关系。

2-D. 审美对象即"想象性的对象"。参见R. G. 科林伍德《艺术原理》（*The Principles of Art*, Oxford: Clarendon, 1938），第7章，第

125—153 页；W. B. 加利《论哲学美学的功用》（“The Function of Philosophical Aesthetics,” *Mind*, LVII [1948]: 302–321）一文，收录于威廉·埃尔顿前引书，第 13—35 页。科林伍德宣称，一件“艺术作品”不是感知到的某种东西，而是“想象到的某种东西”，它“存在于艺术
70 家的脑海里”。这是什么意思？他的观点是否明晰而令人信服？

§ 3

3-A. 现象客观性。关于现象客观性和现象主观性的区分，详见库尔特·考夫卡《艺术心理学中的问题》（“Problems in the Psychology of Art,” *Art: A Bryn Mawr Symposium*, Bryn Mawr, Pa.: Bryn Mawr College, 1940），特别参见第一部分第 3 节，第 190—209 页；沃尔夫冈·柯勒《格式塔心理学》（*Gestalt Psychology*, New York: Liveright, 1929），第 224—233 页。意识中是否存在一些要素，它们可能是无法归类的临界个案？这个区分是否会消弭于某些经验之中？比较詹姆斯·J. 吉布森在《视觉世界的感知》（*The Perception of the Visual World*, Boston: Houghton Mifflin, 1950）第 3 章中所描述的“看”的两种方式，但注意，他区分了“视觉世界”和“视觉场”，而本书中所使用的“视觉场”这一术语则涵盖了二者。参见戴维·W. 普劳尔在《审美分析》（*Aesthetic Analysis*, New York: Crowell, 1936）中的讨论，第 141—157 页：普劳尔的说明是如何与考夫卡达成一致的？普劳尔拒绝承认他这一章是在不止一种意义上使用了“感觉”一词（第 149 页）；他的论点是否混淆了“功能性的”主观性和“现象学的”主观性？参见艾薇·坎贝尔-费舍尔的《美学和感觉逻辑》（“Aesthetics and the Logic of Sense,” *Journal of General Psychology*, XLIII [1950]:

245–273）一文。

3-B. 感受性的批评术语。参见 W. K. 温姆萨特和门罗 · C. 比厄斯利的《感受谬见》（“The Affective Fallacy,” *Sewanee Review*, LVII [1949]: 458–488）一文；本文有部分相关内容收录于罗伯特 · W. 斯托尔曼《批判与批评论文集》（*Critiques and Essays in Criticism*, New York: Ronald, 1949），第 401—411 页；全文收录于 W. K. 温姆萨特的《语象》（*The Verbal Icon*, Lexington, Ky.: U. of Kentucky, 1954），第 21—39 页。如果有的话，搜集批评家所使用的一些感受性术语作为例子，根据上下文语境分析之，揭示其中客观性的描述内容。

3-C. 文学作品的世界。关于文学人物的现象客观性，详见卡尔 · 邓克尔《现象学与客体意识的认识论》（“Phenomenology and Epistemology of Consciousness of Objects,” *Phil and Phen Res*, VII [June 1947]: 505–542），第 1 节；邓克尔以浮士德的传说为例进行了讨论（第 516 页）。我们对于虚构事件的意识模式与我们对于真实事件的意识模式有何区别（另参见第 533 页）？按照你的想法，尽可能充分而客观地描述一些著名小说中的事件的现象学地位。参见理查德 · 拉德纳《非符号学的美学理论的某些问题》（“Some Problems of Nonsemiotic Aesthetic Theories,” *JAAC*, XV [March, 1957]）一文，尤其参见第 306—308 页。

§ 4

4-A. 作为抽象实体的审美对象。参见理查德 · 拉德纳在《审美对象的本体论地位》（“The Ontological Status of the Aesthetic Object,” *Phil and Phen Res*, X [1950]: 380–388）一文中对于 C. I. 刘易斯（《知

识与价值的分析》(*Analysis of Knowledge and Valuation*, LaSalle, Ill.:
71 Open Court, 1947)的批评，以及他提出的另一种观点，即审美对象的名称是"非范畴词"。注意，他使用了"演绎"一词，而不是"呈现"。拉德纳的观点也得到了唐纳德·F. 亨策的支持，参见亨策《论艺术作品》("The Work of Art," *J Phil*, LIV [1957]: 429–442)一文，特别参见第438—442页。

4-B. 作为一种建构物的审美对象。考察如下争论：斯蒂芬·C. 佩珀《再论审美的艺术作品》("Supplementary Essay on the Aesthetic Work of Art," *The Basis of Criticism in the Arts*, Cambridge, Mass.: Harvard U., 1949)一文；内森·伯罗尔《佩珀教授的审美对象评析》("A Note on Professor Pepper's Aesthetic Object," *J Phil*, XLVIII [November 22, 1951]: 750–754)；斯蒂芬·C. 佩珀《艺术审美作品的再思考》("Further Considerations of the Aesthetic Work of Art," *J Phil*, XLIX [April 10, 1952]: 274–279)一文；J. L. 杰瑞特《再论佩珀教授的理论》("More on Professor Pepper's Theory," *J Phil* XLIX [July 3, 1952]: 475–478)一文；斯蒂芬·C. 佩珀《论杰瑞特教授的问题》("On Professor Jarrett's Questions," *J Phil*, XLIX [1952]: 633–641)一文；斯蒂芬·C. 佩珀的专著《论艺术作品》(*The Work of Art*, Bloomington, Ind.: Indiana U., 1955)，第1章和第4章。唐纳德·F. 亨策对于佩珀观点的批评，最为透彻，参见其《艺术作品是否是一种建构物？》("Is the Work of Art a Construct?" *J Phil*, LII [1955]: 433–439)一文，以及《论艺术作品》("The Work of Art," *J. Phil*, LIV [1957]: 429–442)一文，特别参见第434—438页。佩珀把审美对象作为一种"建构物"和"意向对象"而予以说明，这与本章的说明是否相符？比较安德鲁·P. 尤申科《艺术动力学》(*Dynamics of Art*, Bloomington,

Ind.: Indiana U., 1953)，第18—25页，第42—51页。尤申科的观点，即审美对象是一种具有“潜在性之地位”的“实体”(essence)，与佩珀的观点有何区别？另参见斯蒂芬·C. 佩珀和卡尔·波特《美学中的相关性准则》(“The Criterion of Relevancy in Aesthetics: A Discussion,” *JAAC*, XVI [December 1957]: 202–216)一文。

4-C. 作为一个类的诗歌。参见瑞恰慈《文学批评原理》(*Principles of Literary Criticism*, London: Routledge and Kegan Paul, 1925)，第30章；勒内·韦勒克《文学艺术作品的存在模式》(“The Mode of Existence of the Literary Work of Art,” *Southern Review*, VII [Spring 1942]: 735–754)一文，此文有很多内容收录于勒内·韦勒克和奥斯汀·沃伦的《文学理论》(*Theory of Literature*, New York: Harcourt, Brace, 1942)，第12章，并收入罗伯特·W. 斯托尔曼主编《批判与批评论文集》(*Critiques and Essays in Criticism*, New York: Ronald, 1949)，第210—223页。韦勒克认为，一部文学作品就是一个“分层的规范性系统”，这种理论中存在哪些含糊其辞的地方？它能否帮助我们解释，该如何解决人们在文学作品的阐释问题上所产生的分歧？S. J. 卡恩对韦勒克的反对，似乎是基于对所有的有用区分的全盘抛弃，见其《批评家分析的是什么？》(“What Does a Critic Analyze?” *Phil and Phen Res*, XIII [December 1952]: 237–245)一文。

4-D. 对象与其呈现。(1)一首乐曲或一部戏剧、(2)指挥家或演员对它的“阐释”、(3)它的“翻译”(translations)和“改编”(transcriptions)以及(4)它的“演绎”或“表演”，这四者之间的关系能否通过本章的术语予以澄清？例如，翻译过来的诗歌还是原来的那首诗歌吗？改编后的乐曲还是原来的那首曲子吗？“表演艺术”和“非表演艺术” 72
之间的区分，是根本性的区分吗？参见斯蒂芬·C. 佩珀《艺术作品》

(*The Work of Art*)，第 4 章。

4-E. 变化的问题。一首诗或一幅画，在时间的长河中会发生改变吗？或者，我们是否理应说，它古今一辙，但有部分被我们遗忘了？按照第四小节（§4）结尾处所提出的那些思路，我们在这里如何可能通过"呈现"这一术语而阐述这一区分，从而澄清这一区分？

4-F. 现象学特征的易变性。参见沃尔夫冈·柯勒《一些人类学问题的心理学分析》("Psychological Remarks on Some Questions of Anthropology," *American Journal of Psychology*, L [Golden Jubilee vol., 1937]: 271–288）一文，特别参见第 275—282 页；另见卡尔·邓克尔《论过往经验对于知觉特征的影响》("The Influence of Past Experience upon Perceptual Properties," *ibid.*, LII [1939]: 255–265）一文。这些事实证实了感知者的信念对其知觉所产生的影响，它们是否蕴含人们不可能对审美对象的本性达成人际的共识？

§ 5

5-A. "审美对象"的定义。讨论不同类型的定义（意图主义的、感受性的、态度性的和客观主义的）的相对优势。留意其他作者是如何做出这一区分的（其中一些作者以"艺术作品"这一术语取代了"审美对象"）。例如，参见雅克·马里坦、贝内德托·克罗齐、德威特·H. 帕克、查尔斯·莫里斯等美学家的节选，它们收录于埃里西奥·维瓦斯和莫瑞·克里格主编《美学的问题》(*The Problems of Aesthetics*, New York: Rinehart, 1953)，第二部分，特别参见第 51—57 页，第 77—78 页，第 94—105 页，第 109—111 页（他们什么时候是在定义"艺术"？"艺术作品"？"艺术活动"？"审美经验"？"审美价值"？或者其他某个术语？）。

5-B. 艺术的意图主义定义。我们能否通过审美对象的制作过程中所涉及的活动和经验而对审美对象和其他对象做出清晰而合宜的区分？ C. 希利思 · 凯泽便使用了这种类型的定义，参见其《方法之论》（*An Essay on Method*, New Brunswick, N.J.: Rutgers U., 1952），第 3 章；T. M. 格林《艺术与批评艺术》（*The Arts and the Art of Criticism*, Princeton, N.J.: Princeton U., 1940），第 5—12 页；C.J. 杜卡塞《艺术哲学》（*The Philosophy of Art*, New York: Dial, 1929），第 8 章，以及《艺术、批评家与你》（*Art, the Critics, and You*, New York: Piest, 1944），第 2 章；L. A. 里德《美学研究》（*A Study in Aesthetics*, New York: Macmillan, 1931），第 52—53 页；德威特 · H. 帕克《美学原理》（*The Principles of Aesthetics*, Boston, New York: Silver, Burdett, 1920），第 2 章，以及《艺术的分析》（*The Analysis of Art*, New Haven: Yale U., 1926），第 1 章；托马斯 · 门罗《艺术及其相互关系》（*The Arts and Their Interrelations*, New York: Liberal Arts, 1949），第 3 章。另参见约翰 · 霍斯珀斯《克罗齐-科林伍德艺术理论》（"The Croce-Collingwood Theory of Art," *Philosophy*, XXXI [1956]: 3–20）一文。 73

5-C. 艺术的感受性定义。我们能否通过审美对象对感知者所产生的效果而对审美对象和其他对象做出清晰而合宜的区分？托马斯 · 门罗便采用了这种类型的定义，其有时与意图主义相结合。参见托马斯 · 门罗《艺术中的形式与价值》（"Form and Value in the Arts: A Functional Approach," *JAAC*, XIII [March 1955]: 316–341）一文；戴维 · W. 普劳尔《审美分析》（*Aesthetic Analysis*, New York: Crowell, 1936），第 1 章；哈罗德 · N. 李《知觉与审美价值》（*Perception and Aesthetic Value*, Englewood Cliffs, N.J.: Prentice-Hall, 1938），第 9 章；

E. M. 巴特利特《审美最低值的计算》（“The Determination of the Aesthetic Minimum,” *PAS*, XXXV [1935]: 113–136）一文。

5-D. 艺术的客观主义定义。我们能否通过所有审美对象——包括景观花园、插花、文身等临界对象——所具有的但其他对象所没有的共同特征而对审美对象和其他对象而做出清晰而合宜的区分？例如，能否将审美对象定义为“有机综合体”？参见莫里斯·韦兹《艺术哲学》（*Philosophy of the Arts*, Cambridge, Mass.: Harvard U., 1950, 第 44 页）。能否将审美对象定义为“表象”？参见苏珊·朗格《感受与形式》（*Feeling and Form*, New York: Scribner’s, 1953），第 4 章，以及阿瑟·波特撒《苏珊·朗格美学中的表象、符号与表现》（“Semblance, Symbol, and Expression in the Aesthetics of Susanne Langer,” *JAAC*, XIV [June 1956]: 489–502）一文。

5-E. 艺术的规范性定义。“审美对象”这个术语，或者它的一个同义词，能否予以非规范性的定义，或者，审美对象是否必须通过它们所拥有的审美价值而区别于其他对象？参见哈罗德·奥斯本《美学与批评》（*Aesthetics and Criticism*, London: Routledge and Kegan Paul, 1955），第 18 页，第 40—47 页，特别是他对引自 R. G. 科林伍德《艺术原理》（*Principles of Art*, 1938）的内容（第 28 页）的讨论。“任何一类给定的事物，其定义也是该类中一个好成员的定义：因为一个类的好成员无非是一个拥有该类的诸特性的事物”，这种论点有什么样的谬误？

5-F. “艺术作品”的可定义性。参见保罗·齐夫《为艺术作品下定义的任务》（“The Task of Defining a Work of Art,” *Phil R*, LXII [January 1953]: 58–78）一文。齐夫指出并强调了“艺术作品”这一术语的种种变幻不定的语义。齐夫能否为自己的观点做出令人信服的辩解，即我们不能将音乐和诗歌与绘画和雕塑相提并论，将其说成是“相同意义”上的艺术作品。莫里斯·韦兹也认为，“艺术”这一术语，以及其他批评术语，指谓一个“开放性的概念”，因此在其日常用法中，其使用的必要和充足条件是找不到的。参见韦兹《理论在美学中的作用》（“The Role of Theory in Aesthetics,” *JAAC*, XV [September 1956]: 27–35）一文。但当然，韦兹并不否认，人们可以出于技术性目的而规定一种可能与艺术的一些为人所熟知的用法相符合的定义。 74

第二章　批评分析的范畴

当批评家面对一个审美对象，其首要任务是弄清楚该对象是什么。他对它所做出的其他处理都取决于这一点，因为，虽然他并不期望能够发现它所有繁杂的特征和方面，但他若不能充分把握其主要特征和主要方面，他甚至无法充分欣赏之。批评家也许满足于观察和欣赏，但如果他打算阐释或评价作品，他就必须准备好对作品做出至少部分性的描述——清楚地指出作品的阐释性意义或其审美价值所依赖的那些特征。而要描述一个审美对象，绝非易事。

批评描述有不同层次的精确性和明确性，而它们在能够辨明和阐明细节，因而使得我们能够洞察对象的内在本性的时候，是最有帮助的。诸如此类的描述被称为分析，在本章中，我们将考察审美对象的分析过程中所出现的问题。但是，我们要先讨论一下分析本身，以及它所遭受的一些根深蒂固的误解。[1]

批评分析经常遭受两种异议：其一，审美对象的批评分析几乎是不可能的，它们抵制或者不会屈从于这样一种考察。其二，即使审美
75 对象的分析是可能的，人们也不愿意这么做，因为这种分析会阻碍我

1　参见大卫·W. 普劳尔和埃德蒙·盖尼对批评分析的辩解：普劳尔《审美分析》（*Aesthetic Analysis*, New York: Crowell, 1936），第 1 章第 12—31 页，第 2 章；埃德蒙·盖尼《声音的力量》（*The Power of Sound*, London: Smith, Elder, 1880），第 40—41 页。

们的情感，从而破坏我们从对象中获得的快感。第一种异议是基于某些关于审美对象的假设，第二种异议则是对现代的绘画和音乐批评家，特别是对所谓的文学“新批评派”所做出的一种回应，认为他们过于重智、过于复杂，只见树木不见森林。

对于第二种异议，回应很简单。分析不是享受，此二者无法兼得。但是，此时的分析，并不会妨碍彼时的享受；怎么可能妨碍呢？营养学家或化学家必须研究食物，而研究食物并不是享用食物，但为何这种研究就一定会破坏我们的食欲呢？这种类比法无须太深入，审美分析并不等同于化学分析。确切地说，分析一个审美对象，就是去熟悉它更丰富的细节和更隐微的性质，简言之，就是要发现其中有什么供人享受的东西——被予以情感反应的东西。分析以外的选择，是对对象明显的总体特征所做出的一种不假思索的、粗糙的情感反应。

第一种异议中的潜在质疑，则复杂得多。人们有时认为，分析会“毁坏”对象，或者抹除它的重要特征。如果一位色彩分析师宣称，绿色“实际上”只是黄蓝色，这会对绿色产生什么影响呢？但当然，这是一种极其荒谬的说法，无论如何，这不是我们在此处所说的“分析”的意思。化学意义上的分析是分解的意思，你的血液经化学家分析之后，就不再是有用的血液了。但是，批评意义上的分析，仅仅是为了更好地看、听或读，分析不会对对象造成任何破坏。一个化学家可能会分析一块蛋糕，并从中发现少量砒霜，但如果砒霜不可品尝，那么它就不是味道的感觉分析的一部分，这与一个蛋糕评论家报告“盐放多了”或者“香草放少了”的情况并不一样。如果你说，将蓝色的和黄色的颜料混合，就有了绿色的颜料，这并不是在分析“绿色”；你看不到绿色之中的黄色，除非它是一种黄绿色。这是一个关于绿色的物理原因的陈述，它不是批评分析的一部分。如果说数字“8”可以被理解为由两个正切的圆周形构成，则是在我们所说的意义上做出分析，但是，这分析并不蕴含“8”这个数字“实际上”并不是一个“8”，而它也未必让我们看不出这个数字。

有时，也有人说，分析必定会“歪曲”审美对象，并迫使我们对它做出错误的陈述。如果这一异议站得住脚的话，问题就严重了，因为分析将不攻自破，但是，这一异议是基于一种给人以误导的对于某些
76 关于知觉的重要事实的描述方式。这些事实表明，如果感觉场的一部分语境中发生了某种改变，那么在这部分相对应的物理刺激不变的情况下，它的性质也会有所改变。随便举一些例子：较之黑色的背景，一张纸上的一个灰色圆圈在白色背景的衬托下，会显得更暗深，尽管纸张流射出来的光波的振幅并未发生任何改变；如果一个灰色块被一片强烈色调所包围，它将渲染上一抹互补色；一个深色背景的浅色圆圈，会比一个淡色背景的深色圆圈显得更大，即使经直尺测量，它们的直径大小是相同的。当然，每个感觉场中，都存在不计其数的可供使用的类似例子。

因此，有人可能会说，如果我们在一幅画中注意到一个被红色包围的灰色块，然后只凝视这一灰色块本身，那么它将会失去它的那抹淡绿色，不再是原来看起来的样子。但同样，这是对分析的一种错误认识。如果我们把画布裁剪成不同的色块，并将它们放在不同地方，那么，它们大多看起来确实有所不同。但是，分析不是砍切。我们分析的是给定的东西——显现出来的东西。没有什么可以阻止我们指出，在画作的这一部分中，存在一种泛绿的灰色——即使这抹淡绿色部分是它与周围色彩的关系的一个函数变化，而不仅仅是颜料的事情。

最后，人们有时可能会说，分析注定会挂一漏万，因为“整体大于部分的总和”——在审美对象中，尤其如此。简单而言，这一普遍

性原则的意思是，适用于整体的，未必适用于部分——诚如你的体重。此话不假。但是，批评分析并不是要笃定地否认这一点。事实上，先发现各部分的真实情况，然后再发现各部分是如何促进整体的特有性质，这恰恰是分析的目的。[1]

因此，分析就是去区分，去辨别，去详细描述。而分析的深入，是基于批评家应注意什么细节的某些假设。分析学家会采用某些**范畴**，或基本区分。而这给我们带来了目前所要处理的主要问题：批评分析的正确范畴是什么？我们必须简单扼要地检查一些广泛使用的范畴，并表明它们有什么不妥之处。而且，我们必须提出一些更有用的不同范畴。为了在本章中阐明这些不同范畴，我们将几乎全部的讨论集中于绘画与音乐，将问题留给读者，让他们自行决定，这些范畴在多大程度上适用于雕塑和建筑。 77

§6　部分和整体

一个审美对象通常拥有某些明显和突出的特征，即其占主导地位的样式或性质，这些是我们可能第一时间就注意到的。这些特征也许不是审美对象的最优特征，因为我们经过更仔细的检查而发现的东西也许更值得关注，但是，它们一目了然，对它们的感知不太费劲，或者不要求很强的敏感力。通过一种轻松自如的，虽然舛误难免的思维转移，这些明显的特征有时被推断为艺术家最早发现的或者苦心经营的特征，由此，它们逐渐被认为是艺术家的主要意图。作品的其他特征，因而被认为是次要的，即仅仅作为实现这一意图的一种手段。因此，

1　比较查尔斯·L. 史蒂文森的《论艺术作品的“分析”》（“On the ‘Analysis’ of a Work of Art,” *Phil R*, LXVII [1958]: 33–51）一文。

一旦你询问某些批评家，他们在分析一个审美对象的时候是在寻找什么，他们会回答：首要的是要发现，审美对象中有什么是它的目的或目标，然后把目的和手段或技巧区分开来。

让我们细究这对令人困惑的术语。它们当然有着极其重要的用法；我们的问题是，它们能否作为批评分析的范畴？“目的”和“手段”原本适用于这样一些过程，在其中，我们能够区分出不同阶段，这些阶段在因果关系上相互依存。因此，“目的-手段”关系具有暂时性和非对称性：挥舞锤子是打钉子的一种手段，反之却不然。现在，假设我们拿起一个对象——威廉·勒姆布吕克的一尊雕塑、一盒香烟、一只旧鞋。我们如何决定该对象的哪一部分是目的，哪一部分是手段？

很明显，这个问题有点无聊。如果不是因为“目的-手段”的区分存在一种游离不定的本质，而这种本质使得漫不经心的人鼓捣出了各种稀奇古怪的用法，则永远都不会有人提出这一问题。在某些情况下，批评家所使用的“手段”一词，很明显是指艺术家在作品完成之前的活动——因此，作品本身当然纯属“目的”。在另外一些情况下，批评家所使用的“目的”一词，很明显是指作品对观者所产生的效果——因此，作品本身当然纯属“手段”。在这两种情况下，这些术语都没有在作品内部标示出目的部分和手段部分之间的区分。但是人们坚持认为，诸如此类的区分既是可能的，也是必要的。

试看一个典型的陈述：“在伦勃朗的素描画《熟睡的女孩》（插图2）中，目的通过极其经济的手段实现了。”作者并未继续指出，当时伦勃朗囊中羞涩，只能购置廉价的材料，或者为了节省体力，他是躺着作画的。他把这幅素描画作为证据向我们展示，并理所当然地认为，他的陈述可以通过检查这幅画作本身而予以证实。

在所有诸如此类的情况下，我们的方法是询问：首先，其中可能表达了什么合理的意义；其次，它的表述能否少一些误导性。对于目前的例子而言，意义是一目了然的：看似不经意的寥寥数笔，勾勒出 78
了女人的身体及其外衣的褶皱，而女人的体态惹人注目，带有一种令人称奇的柔软的凝固感，整个画面充满了纤柔。因此，手段就是那一条条的线条和诸多阴影区域，目的则是图画的总体特征；而批评家之所以赞美伦勃朗，就是因为图画具有这一总体特征，虽然笔画寥寥，简单随意。

如果我们简要回顾所谓的“目的-手段”这一区分的规范用法的另一个特征，这种言说方式的殊异性便昭然若揭。当你拥有另外一种手段来实现同一个目的（抽象意义上的），你就需要这个区分。例如，如果你的目的是要到达某个城市——而你暂时不考虑其他相关的目的，诸如节约开支或节省时间——那么，就这一抽象目的而言，你有不止一种手段：你可以乘坐火车、公共汽车或飞机，或者自驾，或者徒步。如果你现在开始考虑**第二个**目的，比方说，要节约开支，那么你可以根据第二个目的而将第一个目的的所有手段相比较：例如，你可以打听，到达该城市最经济的，也即最便宜的手段是什么。

现在，让我们把这点运用于伦勃朗的素描画。假如我们能够找到另外一幅《熟睡的女孩》，它具有如出一辙的柔软、凝固、温柔等性质，但是其中线条繁多，不像伦勃朗这幅素描画那样大片留白，那么我们就可以说，这幅素描画比另外一幅更加经济。但很明显，我们并没有同一个目的的另一种手段，因为，如果没有这些留白，如果没有这些节俭的笔画，画中的光线就不会如此强烈地折射到女人的身上，她的一些凝固感或纤柔感就不复存在。如果线条不同，如果它们更长或更短，更粗或更细，更多或更少，那整幅画的总体特征就会截然不同。如果**同一个**目的也能通过不那么经济的手段实现，说这一“手段”是极其经济的，则没有什么意义。[1]

“目的”和“手段”这对术语在批评描述中为人所熟知，因此，如果像这样寥寥数语就把它们打发掉，似乎操之过急：在此，我并不希望过于独断，若不予以更多的讨论，我们则无法拨开这些术语的迷雾。例如，你也许在一种意义上说，你有不同的手段来实现一幅画中的一个目的。有几种技法，可以把一个人画得比另一个人更深远：叠加、线性透视、空气透视，等等。人们会很自然地说，这些是再现距离的不同手段。也许，我们不必总对这些术语敬而远之，只要我们能够通
79 过语境表明我们的意思，并避免把它们视为真实的基本范畴——因为这样会导致一些不得当的问题，诸如：“艺术家选择的手段有多出色地实现了他的目的？”换言之，我们不应认为艺术家使用透视法是为了表现或多或少的空间深度，并且因其成败而赞美或责备他。深度，以及它自身的特殊性质，均取决于画作中各色域之间的某种关系。极有可能的是，在艺术家的匠心中，存在诸多目的和手段。也许，他想要空间深度，然后就找到了合适的知觉条件；也许，他想要这些知觉条件，并愿意接受随之产生的空间深度。但是，这对感知者来说是不重要的，也无须支配他的感知。“目的-手段”这对术语是意图主义的言说方式的残余，令人不敢苟同，因为它往往催生无法验证的关于意图的观念，而这让我们远离了作品本身。

给人以误导的其他术语

第二对术语在批评写作中也极其常见，而且是一对很棘手的术

1 门罗·比厄斯利更加充分地讨论了经济的概念以及它在音乐、绘画和文学中的运用，参见《艺术中的经济概念》（“The Concept of Economy in Art,” *JAAC*, XIV [March 1956]: 370–475）；另参见马丁·斯坦曼的来信和回复，XV (September 1956): 124–125。

语：“什么”（what）和“如何”（how）。[1] 在使用这些术语的人看来，批评分析家应首先从审美对象中发现做了“什么”，其次是发现“如何”。当然，“如何”这一术语具有两种截然不同的语义，它们必须先予以处理。我们可以询问：“他做了什么？”他把树砍了。“如何（通过什么手段）砍的？”用斧子。在这种意义上，“如何-什么”的区分与“手段-目的”的区分如出一辙，因而也就产生了后者所有令人困扰的问题。但是，我们也可以询问：“他做了什么？”他挥舞斧子。“如何（通过什么方式）挥舞？”优雅地，流畅地，有力地，娴熟地。

对于这第二个区分，要注意的第一点是，它是完全相对的和随意的。挥舞斧子和嚼口香糖是两个不同的行为。但是，他挥舞斧子时的优雅，并不是另一个行为，而是同一个行为，只不过是它的描述更加具体而已。当你先询问他做了什么，你得到的回答并不是一个充分的描述，而是一个很多行为都适用的抽象类别，例如，“他挥动他的手臂”，而当你询问“如何？”，你是在索要这个“什么”的更多细节：“他的手臂是砍柴般的挥动还是掷棒球般的挥动”——在日常语言中，我们会说“似乎他是……”。如果你仍然不满意，你可以追问：“他是如何（通过什么方式）砍柴的？”“优雅地”这一回复，则更加明确地描述了同一个行为。

因此，“如何”和“什么”之间的区分，基本上不会把一个行为，更不会把一个对象分成两部分，正如我们不能由此推断，如果一个人有三个名字，那么每一个名字都必须命名他的一个不同部分。这一区 80
分是相对于一个特定的寻求信息的语境来说的，因而它根本不能作为

1　在第五章，我们将讨论这些词语在文学作品中的运用；布拉德利（A. C. Bradley）在其讲演《为诗而诗》（“Poetry for Poetry’s Sake”）中，对它们进行了极其尖锐的分析，参见附注 14-A。

一个批评工具。经常作为“如何”的近义词而被使用的其他术语，诸如“处理”“处置”“技法”等，亦不能。

在这些为人所熟知的术语当中，每一个都具有如此之多的用法和语义，以至于不可能寥寥数语就能澄清它们的意思。在这里，我们所能做的，就是要注意一些举足轻重的要点，并通过例子来介绍一种处理棘手的术语的方法。

“处理”一词有时被用来描述审美对象和其他事物之间的某种关系。例如，当批评家提到德沃夏克对民间音乐的“使用”，或者提香对乔尔乔内的一幅作品的“使用”，他可能会说，“提香对作品的处理有所不同”。在这种意义上，“处理”一词没有任何功能，它的意思是：“提香的作品在某些方面有所不同。”但是，它暗含的意思是，你单独面对提香的画作时，就能够分辨出作品和提香对于作品的处理——你做不到这点。

试看这些例子：“在恩斯特·布洛赫《大协奏曲》的终曲中，主题是通过转位和扩展来处理的”；“矫饰主义绘画的空间处理不同于古典文艺复兴时期的空间处理”。这些是无伤大体的，因为它们能够轻松地转换成其他术语。布洛赫的转位旋律是一种独立自在的旋律；一个旋律并不比另一个旋律更是一个“如何”的问题，而如果是第二个旋律先出现，我们就会把另一个旋律称之为“处理”。我们无妨只谈论矫饰主义绘画中的空间，而舍弃“处理”一词。“如何”及其同义词的麻烦在于，它们同样都是意图主义的。它们暗示：艺术家从某东西入手，然后对它做出了某种处置，这也许是实情，但是它们接着邀请我们从作品本身中决定二者孰先孰后。除了特殊的情况——例如，我们可以看到一幅画中的一条线条几乎被擦掉了——这一任务是不可能完成的，而且也是徒劳无益的。

“技法”这个术语，习惯于在审美对象与其物理基础之间来回跳跃。在美术中，它经常指画家的手部动作、画家运用颜料的方法，或诸如此类的东西；从这种意义上看，并不存在作曲家的技法这样一种东西，虽然存在表演者的技法。而另一方面，如果“技法”指的是音乐本身中可以听见的东西，诸如某些类型的不协和音程，或者对位声部之间的关系，那么，在这种意义上，技法也可以指一幅画中可以看到的东西——诸如尺寸、方向，或笔画的宽窄，或颜料施涂的厚薄。一个批评家总能不厌其烦地让语境表明，他在使用“技法”一词时是在讨论什么。这个术语所遭受的主要异议是，它的用法表明存在一种事实上从未有人提出过的区分。假如你誊写一千份关于绘画和乐曲的描述性陈述；你可以根据什么准则决定，其中哪些陈述应被归类为技法 81
而不是关于其他东西的陈述？

还有另一个广泛使用的术语是我们理应在这里简短地考察的：“媒介”。[1]这个术语有着诸多不同的但容易混淆的意义，以至于它现在对于严肃而审慎的批评来说，几乎没有一点用处。即使我们搁置所有与审美对象无关的意义——新闻报纸乃大众媒介，空气乃声波传播的媒介，比彻姆夫人乃通灵媒介，美国邮政乃交流媒介——我们仍能发现各种繁杂的令人一头雾水的意义。油画颜料或蛋彩画颜料作为一种媒介的意义，并不同于语词作为一种媒介的意义；线雕作为一种媒介的意义，也不同于飞尘蚀刻作为另一种媒介的意义；一份新闻报纸——在一篇关于艾灵顿公爵的乐团和空中交响乐团的音乐会的评论之中——曾经把爵士乐团和交响乐团称为两种“音乐媒介”的意义，也仍然不同于一个喜剧演员在广播电台上曾经被描述为“一个在包括

1 T. M. 格林便重用这一词语，参见附注 6-B。

夜总会在内的每种喜剧媒介中都功成名就的人”，以及奥斯卡·王尔德认为勃朗宁“将诗歌作为散文写作的一种媒介”的意义。

我们无须尝试去澄清所有这些区分，并为“媒介”一词抢救出某种亟待保护的意义，然后我们一致同意在这种意义上使用它。赋予它某种用法是轻而易举的，但这不能使它免于混乱。这是因为，在任何可能的意义上，它依然会固守其根义的一种暗示，即“手段”或“途径”的概念。进而言之，无论是在什么可能的意义上，它都不会划出一个对批评分析有用的区分。

按我理解，“这是一幅水墨画”是一个关于媒介的陈述。因此，媒介要么不是作为审美对象的画作的一部分，而只是它的物理基础，要么只是一系列视觉性特征——薄、平、色彩的透明度等。似乎没有什么有用的方法能够将审美对象的描述划分为指涉媒介的陈述和不指涉媒介的陈述。

元素和综合体

因此，我们现在应该转向这个问题：什么会是审美分析的一套好范畴呢？很明显，只要我们刚刚讨论的那些有争议的术语确实指涉某种可验证的关于审美对象的东西，它们就指涉对象的诸部分以及诸部分之间的相互关系。而我们就是要将这种“部分—整体”的关系视为我们的基本分析范畴。在本节的剩余篇幅里，我将在较抽象的层面阐述与部分—整体的关系相关的一小组范畴，并在随后两个小节中证明
82 它们是可用的，亦是有用的。

我认为，当“……的部分”这一关系词被用于视觉场，它的意义可能没有什么争议性。在一种较清晰和明显的意义上，一个裸体像，或者一个粉色块，都是整幅画的一部分。如果说一个音符或一段旋律是

一首交响乐作品的一部分，这也许是一种人们不太熟悉的说法，虽然我们通常会说，一个完整的乐章，或者乐章中的一节，是交响乐作品的一部分。在这些情况下，只要对象中存在异质性，就能在其中做出粉色部分和蓝色部分之间的区分，或者是D小调中一部分和F调中一部分之间的区分；而我们在这样的区分点之间所发现的任何东西，都是整体严格意义上的一部分。

因此，一个感觉场的任何部分，只要其内部还能细分出更多部分，其本身则是一个“综合体”。感觉场的一个绝对同质的部分是无部分的，而这样一个无部分的部分，可称之为该感觉场的“元素”。分析止于元素。你可以区分月球表面的亮部和暗部，但是，一旦在一个暗色块中，你再也找不到任何差异，那么这一色块就是基本元素。

这样一种基本元素必须拥有某些性质，不然我们感知不到它：其暗黑、其形状，等等。让我们将诸如此类的特征称为“局部性质”(local qualities)。“Local”这一单词中“O”字母中的白色区域，是这一印刷页面的一个元素，因而它的白色是一个局部性质。但是，一些综合体具有一些这样的性质，它们并不是其元素的性质：“local”一词由五个字母组成，但其中每个字母却非如此。而一些综合体具有一些这样的性质，它们并不是其中任何一个复合部分的性质：上述语句由二十四个单词组成，但其中每个短语或分句并非如此。让我们将一个属于综合体而不属于其任何部分的属性或特征称为该综合体的“区域特征”(regional properties)。因此，要注意，你具有重量并不是这种意义上的区域特征，因为你的身体部位——诸如手臂和大腿——也有重量；但是，你重150磅这一特征，却是一个区域特征(如果你体重确实如此的话)，因为你身体各部分无一有此重量。

一些区域特征可以通过感官而感知，一些则不能。你体重150

磅，这是不能直接感知的——它只能在磅秤上测量，或者通过其他某种方法来推定——但是，你的胖瘦是可以感知的。在我们关于审美对象的描述中，我们感兴趣的是可感知的特征，我们将为这些特征保留“性质”一词。因此，当我提到一个综合体的区域性质(regional qualities)，我指的是综合体的知觉区域特征。

我们似乎应该进一步区分两种区域特征，它们有时被称为总括性(summative)(或累加性)特征和突生性(emergent)特征。例如，把两个一磅重量一起放在磅秤上，二者的结合就是两磅的重量，根据我们的定义，这两磅重量就是一个区域特征，因为它不是每一部分本身的特征。但是，整体的重量只是各部分重量的一个简单运算的总和。从

83 另一方面讲，食盐的咸味并不存在于其单独的元素之中，或者说，二氧化氢的湿度并不是因为氢或氧本身的湿度，此二者都不能描述为一个数学运算的总和；某种全新的和截然不同的东西，似乎从各部分的结合中突生而现。还有，我们可以说，两道白光组成的一束白光的亮度是总括性的，而两道不同颜色的光线组成的一束光的颜色则是突生性的。

直观上，这个区分似乎是站得住脚的。但遗憾的是，所有通过一般的方法来分析和界定它的尝试，都不太成功。例如，你不能说，第一个例子中的体重能够通过了解身体各部分的体重来预测，而食盐的咸味不能通过钠和氯的各自属性来预测。事实上，二者都不能仅仅通过各部分的某种知识来预测，但是，一旦你把各重量相加并得出总和，一旦你把钠和氯结合在一起，那么二者都是可以预测的。也许，这一差异仅仅在于意外感的程度高低，而不是一个根本性的差异。例如，如果你有九个相同的立方体，你可以把它们拼成一个更大的立方体；这并没有什么特别值得注意的地方。但是，虽然在以下这个无人不晓

的拼图中，有四个构件组合成了一个 T 形物，但如果这些部件单独向你展示，T 形则不明显。

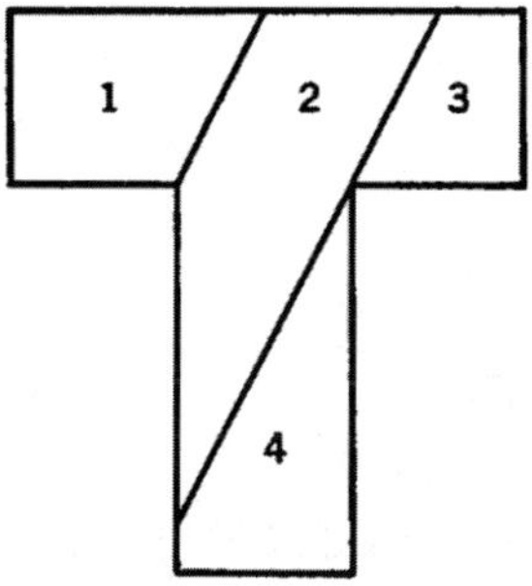

在某些科学领域，突生性的界定可以诉诸流行的解释学理论。假设存在一种公认的理论 *T*，以及一种特征 *P*；倘若 *P* 的存在不能通过 *T* 来解释，那么，对于 *T* 而言，*P* 就是突生性的特征。但是，这一区分似乎不是我们在分析审美对象的过程中所追求的区分。无论如何，很确定的一点是，如果总括性特征和突生性特征之间的区分存在令人满意的表述，那肯定是通过较为复杂的方法来完成的，并且是借助于某些技术性的符号模型。[1] 因此，如果我们可以说——我认为我们可以——这一区分对于我们的目的来说也许不是举足轻重的，那我们就省事了。就艺术评论而言，重要的是一个综合体的区域性质具有两个方面：它们具有新颖性，因为它们并不存在于分割开来的单独部分之 84
中，但是它们也依赖于诸部分与其关系。

我们可以用一个简单的图形来说明我们现在所能使用的诸范畴。

1　特别参见欧内斯特·内格尔，E. H. 梅登以及尼古拉斯·雷谢尔和 P. 奥本海默的论文，它们均在附注 6-C 中有所提及。

以下是四个小圆圈，为方便讨论，以字母标示：

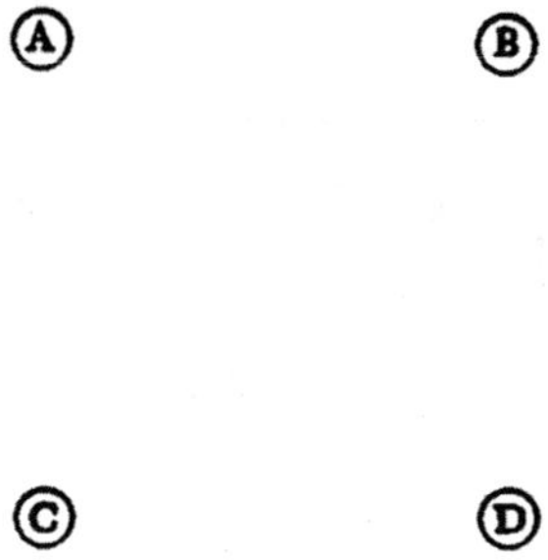

问题是：针对这个图案，我们可以**说出**什么样的基本上是不同类型的话？

首先，我们可以描述元素：A、B、C 和 D 都是圆形，背景是白色的。

其次，为方便起见，假设这是一个地理坐标系，我们可以描述各元素之间的关系：A 点位于 B 点 1 度的西边，C 点位于 D 点 1 度的西边，A 点位于 C 点 1 度的北边，B 点位于 D 点 1 度的北边。当然，还有其他我们可以描述的关系——例如，A 点位于 D 点的西北方向。然而，前四种关系已绰绰有余，因为一旦给定这四种关系，它们就能够决定图案的独特性，因而也能够决定其部分之间的其他关系。

其三，我们可以描述作为一个整体的图案的区域性质：这一图案是方形的。方形就是一个区域性质，因为它属于整体而不属于整体的任一部分，而对图案的完整描述，必须包含关于这种性质的陈述。

我们是否遗漏了什么？我们可以更精准地描述各元素：它们的轮廓线是黑色的细线条。我们可以列举更多的关系：圆形 B 位于圆形 C 东北方向 $\sqrt{4\frac{1}{2}}$ 度。我们可以指出这一整体更多的性质：图案具有一定的稳定性，但聚合力有所欠缺。但是，似乎不存在任何理应作为描述的一部分的全新**种类**的东西：无论我们把图案弄得多么复杂，描述它的真实陈述都属于相同的基本范畴。存在一些这样的陈述，它们关乎元素的数量和局部性质，关乎综合体及其区域性质，或关乎元素之间或综合体之间的关系。

区域性质和知觉条件

有几点是我们理应第一时间注意到的。一个区域性质可能具有或多或少的**广延性**，这就是说，它广泛存在于感觉场中一个更大或更 85
小的部分。例如，我们可以在保留原有比例的同时，增大或缩小图案及其圆圈。一个区域性质可能具有或多或少的**强度**。例如，我们可以在圆圈之间插入更多的圆圈，从而让图案的方形特点更加突出，或另一方面，我们可以拉开圆圈之间的距离，以模糊图案的方形特点，直至消失不见。一个区域性质在时间上可能具有或多或少的**持久性**。这就是说，如上所述，它可以用来描述一个事物，或一个事件，或在时间上被视为一个整体的一连串事件的特征。比如，它不是舞台上的一个单一事件，而是一连串具有戏剧性的事件。

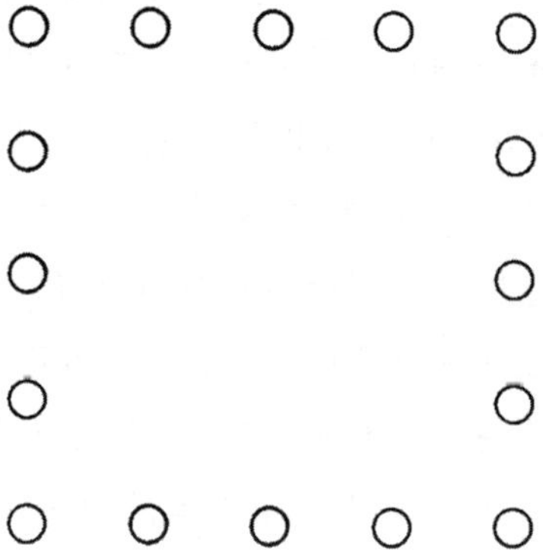

现在，我们可以引入另外两个术语，它们在本章剩余篇幅中，以

及在后面的章节中，是极有用处的。当 A 和 B 两个元素或综合体是一个具有某种较强烈的区域性质的更大综合体之组成部分，那么，A 和 B 似乎是以一种重要的方式而结合在一起。如果我们采用隐喻性的说法，那就是它们呈现出了一种相互意识，而不丧失各自的个性；在这种情况下，我们无妨说它们有着知觉上的联结。它们不仅相互伴随，而且相互**融合**。例如，上图中的四个圆圈，就呈现出了这种交融性，因为每个圆圈都不仅显现为一个圆圈，而且还显现为一个还有其他三个角的正方形的一个角，虽然其融合度，比方说，比不上第二个图案，在这第二个图案中，每个圆圈都是一排构成了还有其他三条边的正方形的一条边的圆圈中的一个元素，这点是更明显的和更确定的。

当综合体 A-B 具有自身的区域性质，它就可以说是一个**整体**。它把自身从环境中分离出来，以能够被感知；它拥有了个性。整体性是综合体的另一个区域性质，其程度上的区别，取决于把综合体各部分结合起来的其他区域性质的强度；例如，比起第一个图案，上面第二个图案具有更高程度的方形性和稳定性，因此，它可以说更像整体。“整体性”，正如所有区域性质的名称，只能通过例证的方法来界定，
86 也就是说，我们必须在实例中指出这一性质。

对于我们未来的目的来说，至关重要的一点（下文的讨论也将更加清晰地表明这点）是，一个综合体的区域性质，其存在取决于诸元素与其关系：它们是区域性质的**知觉条件**。在图中，这点一目了然：整体图案之所以具有它的方形性，正是由于四个圆圈按照它们所处的那种相对关系摆放。如果 *A* 点位于 *B* 点的西南方向，*B* 点位于 *C* 点的西北方向，而 *D* 点位于 *A* 点的东南方向，那么图案就不再是一个方形，而是一个菱形。但是，当我们**说**它是方形，我们并不是在讨论各

部分之间的关系；我们是在报告整体的作为结果的特性。换言之，如果说这个图案由于 *A*、*B*、*C* 和 *D* 之间的空间关系而是方形性的，这不是一个重言式，而是一个综合性的经验陈述。

一般说来，我们可以针对区域性质及其知觉条件指出两点。首先，如果知觉条件发生了改变，区域性质的总集合，或某一个性质，也可能会发生某种改变。但其次，在知觉条件发生根本性改变后，一个给定的区域性质可能会继续存在。同一个区域性质在截然不同的知觉条件下出现，这是可能的——正如皱眉的表情可以出现于人脸，也可以出现于汽车的散热器格栅。

因此，我们应避免两种兹事体大的混淆。首先，保持知觉条件和前一章中所说的物理基础之间的区分是很重要的。“正常的眼睛会把波长 600 纳米或以上的光线感知为红色”，这是一个关于感官性质与其物理基础之间关系的陈述。但是，“如果改变高度饱和的红色和绿色的波段，就会产生一种摇曳不定和躁动不安的性质”，这却是一个关于区域性质与其知觉条件之间关系的陈述。其次，关于区域性质的知觉条件的陈述，并不暗含目的和手段的任何关系。一个批评家可能会如此讨论伦勃朗的画作：“伦勃朗在素描画的左上方画了一个暗色区域，但在女孩一头乌黑秀发的旁边保留了一个浅色的边界，以从空间上突出头部。”这一陈述的客观内容，可以采取如下形式的表述：“随着上半部分的推进（一种区域性质），人物的空间定位，部分取决于素描画中左上方的明暗运用（一种知觉条件）。”

为方便阐述这些基本术语，我目前使用了最简单的图形。我将在下一节表明，如此使用的术语在多大程度上能够服务于更加复杂的视觉图案的讨论。同样，为了方便起见，我是从视觉场中的一个例子着手的；在同样的意义上，同样的区分能够在多大程度上适用于听觉场，却是另外一个问题。

人们习惯于区分两种类型的艺术：绘画、雕塑、建筑等“空间艺
87 术”，以及音乐、诗歌、戏剧、舞蹈等“时间艺术”。现在，我们一定要做好准备，以发现绘画中一些极其重要的东西是音乐中所没有的，反之亦然，而同时，我们要一直心存警惕，以免从一种艺术随意地滑移至另一种艺术。但是，我们也无须过度强调这一差异，因为存在两种普遍性的反思，它们让这一差异没有乍看起来那么绝对：一方面，正如我们需要时间来听一首乐曲，我们也需要时间来看一幅画作；虽然看画过程所受的管控，不像听音乐的过程那么充分，但它也具有一些相同的特征：对比性，以及基于更早阶段的回忆和综合之上的累积性的强度。另一方面，虽然与画作的一部分不同，乐曲更早前的小节，一去则不复返，但对于一位精通音乐的人而言，乐曲的所有部分都是可用来观照和比较的，而对它们的拥有，有助于赋意义于所听到的每一部分，后续部分赋意义于过往部分，正如过往部分赋意义于后续部分。

因此，有初步证据表明，我们的描述的基本范畴，对于音乐来说，就像对于视觉艺术一样，是颇有成效的。但是我们必须更加仔细地考察，是否存在音乐的元素、关系、综合体、区域性质、相互交融的综合体、整体等等。这一问题，我们将在第八小节（§8）重新探讨之。

§7 视觉设计的分析

吊诡的是，在学习美术的学生当中，并没有一个一般术语来指称油画、素描、蚀刻画、雕版画、石版画、照片、指画等所有诸如此类的东西——但雕塑和建筑除外。因此，要讨论这些东西之中的任何一个，

同时无须关注它的生产方式，我们就要创造一个名称，无妨称之为“视觉设计”（visual design）。而作为一种视觉设计，它与窗玻璃上的冻霜、一段人行道的地面裂缝、墙上的影子或斑马身上的条纹等属于同一类。视觉设计就是一类审美对象。

严格地说，并不是我们的视觉场的每一部分都是一个视觉设计。首先，它必须在某方面是有边界的或有边框的，从其背景中脱颖而出而被感知，由此使得其边界内的东西能够构成一个有限的画面。例如，如果我们随意想到一堵墙的中央有几平方英尺被烟熏黑的墙砖，我们就没有一个有界区域。其次，一个设计自身必须包含一定异质性，即色彩上的某种差异——正如约翰·詹森的《构图》（插图 1）——或者明暗运用上的某种差异。一张白纸，不是设计。

一些人会认为，“视觉设计”的这种定义是狭窄而不可欲的，他们更倾向于取消这一要求，即视觉设计必须包含某种程度上的异质性。 88
一片云淡风轻的蓝天、法国号吹出的一个音符，或者一股香水味，是否构成了一个审美对象？如果说是，这势必把审美对象的概念变得微不足道。当然，也有《白上之白》（大约创作于 1918 年，纽约现代艺术博物馆藏品）这样的绘画作品，它是马列维奇[1]对绘画的本质进行了漫长的探索后，最终于 1918 年完成的，而在这五年前，他曾宣告白底上的黑方块就是绘画的本质。但即使是这幅画，也是有异质性的，因为其中那个倾斜的白色四边形是轻描淡写地勾勒出来的，它比背景颜色更浅淡——这意味着背景一定会显现为一种浅灰色，由此使得标题具有双重的反讽意义。一个画家几乎不能展现比这更少的内容了——

1　卡西米尔·塞文洛维奇·马列维奇（Kasimier Severinovich Malevich, 1878–1935），俄国几何抽象画家，至上主义派（Suprematism）创始人。1927 年，他在德国出版了唯一的一本理论著作《非客观的世界》。——译注虽然他还能再少干点，如将一个空无一物的画框挂于墙上，因为这堵墙很可能会发生性质上的改变，从而使得画框里的设计比《白上之白》更加复杂。当然，这并不意味着墙上的这一区域是一幅同样出色的图画，因为它缺乏《白上之白》中那种饶有趣味的控制性和对比性。

另一些人则会认为我们的定义过于宽泛，因而倾向于加入另一个要求。一处随意的涂鸦，或者一袋散落地上的食品，从某种意义上讲，当然不是设计；这不仅是因为它实际上不是设计出来的——一片雪花同样如此——而且还因为它看起来似乎是无法设计、谋划或排布的。简言之，它缺乏秩序。秩序，是我们在第四章（§13）所要考察的一个概念；当我们讨论是什么构成了一个好设计，秩序，或者某种相关的概念，显然是重要的。但在目前的阶段，我们的目的仍然是单纯的描述，因此，也许我们最好避免提及这个概念。根据我们的定义，一张纸上涂鸦的线条就是一个设计，因为它们是有边界的——由纸张的四条边所形成——而且它们由于线条和背景之间的反衬而具有了异质性。

因此，一件视觉设计的组成部分是什么？[1] 它们不仅仅是你可以用刀子或剪刀把它裁剪成的碎片，而且是它被感知到的实际部分。从某种角度上考虑，一件视觉设计就是基本色块的铺开，这些基本色块可被称为“区域”，而它的表面，也就是其所有区域的集合，就是画面。这一描述完全符合各区域泾渭分明的绘画或版画——詹森的《构图》（插图 1），甚或丢勒的木版画《最后的晚餐》（插图 6），在其中，单独的线条清晰可见。然而，对于其中存在色调的持续渐变，从而使得各

1　鲁道夫·阿恩海姆提出并讨论了这一问题，参见其《艺术与视知觉》（*Art and Visual Perception*, Berkeley, Cal.; U. of California, 1954），第 53—64 页。

区域相融合的作品——卢奥的版画《悲惨与战争》(插图 5)，或戈雅的《巨人》(插图 7)——这一描述却失之自然。但即便是后一种情况，“区域”这个术语对分析来说仍然是极其方便的，只要我们谨记它的局限性。

两个区域在**形状**、**尺寸**、**位置**和**色调**或色质上可能有所区别。“尺寸”意味着比例，但这一比例不是界尺测量的比例，而是相对于边框 89
或整个画面的边界的比例。例如，马克斯·贝克曼《自画像》(插图 4)的力量和压迫感，不是来自于它的实际尺寸，而是更多来自于肖像以某种方式充塞其中，似乎胀破画框；卢奥的播种者图(插图 5)中的卑微和精神苦痛，有一些是来自于人物身体伛偻，紧挨画面左边和顶部。另一方面，凯绥·珂勒惠支的《市政寄宿所》(插图 3)中广阔空茫的背景，则有助于突出人群的孤立无援。位置也是相对于画面的边界而言：它既包括区域的**位置**——卢奥画的播种者在左边，戈雅画的巨人在右上方——也包括区域的**方位**或方向——伦勃朗画中熟睡的女孩(插图 2)的角度，或者丢勒木版画中的桌布的水平性。在保罗·克利的《走钢丝的人》(卷首插图)中，几乎所有线条都轻微地偏离了垂直面或水平面，而这是它们最重要的一点。[1]

形状、尺寸和位置不仅是让诸区域可能相异的方面；它们还包含了一些这样的内在关系，根据这些关系，诸区域可以获得连续性的秩序。位置彼此相关，因为一个位置在另一位置的左边、后边、上面或下面。一个尺寸比另一尺寸更大或更小。而一个形状比另一形状更有

1　将这幅石版画和克利本人对于走钢丝者和垂直距离的讨论做一番比较，会是有趣的。参见保罗·克利《教学素描》(*Pedagogical Sketch Book*, trans. by Sibyl Peech, New York: Nierendorf Gallery, 1944)一书，第 21—24 页。

规律性或更无规律性。但是，形状、尺寸和位置——当然还有色彩——是区域的独立属性：其中每个都可以在一定范围内发生改变，而其他属性恒常不变。尺寸只是稍微不同的两个同心圆，仍然可能拥有相同的位置，但如果更大的圆形逐渐扩大，它就会挤满画面，因而其位置不再与小圆的位置相同。

色彩的性质

现在，无妨考察形状相同、尺寸相同以及位置大致相同的两个区域，其色调仍然可能有所差别。这种差别是错综复杂的，因为两种色调可能在几个方面上存在差别：一种色调比另一种色调更浅或更深，更亮或更暗，更暖或更冷，更重或更轻，更前或更后（进或退），更喜或更悲，或者在音色上更生动或更无趣（一种丝绸红，而不是一种羊毛红）。一些研究者声称要甄别的其他性质——诸如狂野和温顺——也可添加到这一清单中来。

在一个特定区域的色调中，我们可以区分出各种各样的性质，虽然不是分离出它们：黄色的、浅淡的、明亮的、温暖的、前进的，等等。
90 但是，就色调的分门别类这一目的而言，人们习惯择出让诸色调相异的三个方面，并将这些方面当成基本的色调维度。人们发现，一旦明确了其中每个方面，色调以及它与其他色调的关系，就被独特地固定了下来，而它所有的其他性质也就确定了下来。这三个基本维度无人不晓。两个色调的**色度**也许有所不同，正如红色有别于绿色，或者石榴红有别于褐红、紫红或绯红。色度相同的两个色调，其**亮度**或暗度也许有所不同，正如墙壁的一部分有别于光线较少的另一部分；这有时叫“色值”，有时叫“强度”，有时叫“明暗度”。色调和亮度都相同的两个色调，其**饱和度**或着色力也许有所不同，正如轻妆淡抹有别于浓墨重彩；这有时叫“色强度”，有时叫“色品”。黑色、白色和深浅灰色都是色调，但它们是无色度的、“无色品的”；换言之，它们的色彩饱和度为零。

如果要通过某种方式命名一个色调，使得它不至于被误解为另一个色调，那么我们只需要参考这三个基本维度，因为一个具有某种色度、亮度和饱和度的色调，总会拥有同一具体的暖色度、前进色度和明暗度，等等。但是，要充分描述这一色调，你必须提及这些其他特征。这是因为，它们在色调之中的存在感，并不低于基本特征。色度、亮度和饱和度被遴选为基本特征是很方便的，这有两个原因。首先，对于大多数人而言，它们是最明显的色质——虽然画家可能先注意到冷、暖色的差异，从而更充分地意识到它们——而它们的辨识也因而是相对容易的，这样，通过它们而做出的比较就更可能是准确的。其次，它们与其生产的物理过程有着最直接的关联，因而最容易控制。由于种种原因，这种关联并不完全准确，但一般而言，比方说，如果同一个观察者在正常条件下看到同一个黑底上出现两个灰色的圆形，那么浅色的圆形将符合更大振幅的波长，这可诉诸物理测量。

清楚这一点很重要。因为一旦区分了基本性质和依存性质，我们就会自然而然地认为一种特定的色调仅仅是由其基本维度构成的，然后会接着问：“它是如何获得其依存性质的？”这样，人们会问：我们为什么会把橘色看成是一种暖色，或者，蓝色为什么具有一种后退的特性？诸如此类的问题似乎预设了曾经存在一个这样的时期，在其中，人们把橘色视为非暖色的，而蓝色也不是一种后退色，只是后来由于某种原因这些色彩才获得了这些性质，因而这一获得过程需要予以解释。然而，没有证据表明曾经存在这样一个时期，因此，这一问题并不会出现。

这同一个问题的第二种形式，似乎更有道理。“我们为什么把橘色看成一种暖色？”这一问题也许可以补充完整，如下：“当中国人不这样的时候”，或者“当街对面的人不这样的时候”。如果暖-冷维度的感知存在可变性，而色度-亮度-饱和度维度中并没有相应的可变
91 性，那么我们就有理由忖思，为什么有些人把橘色看成暖色，而另一些人则把它看成冷色。但同样，没有什么证据可以证明这一问题的正当性。诚然，较之其他色调，色调的暖色性，乍一看可能没有它的黄色性那么明显，但它的饱和度也可能不明显。匆匆一瞥，我们也许能够报告它是黄色的，但我们无法报告它是绿黄色还是橘黄色，因而也无法报告它是冷色还是暖色。但是，只要人们停下来凝神观照充分饱和的橘色，并知道在这种情况下该如何使用“暖”和“冷”等词语，我认为不会有人报告说，橘色乃一种冷色。

存在一些有趣的关于色彩特性的心理学问题。[1]但是，其中一些谜题仅仅反映了术语的误导性。为了描述色彩的一些依存性特征，我们并没有使用最新发明的技术性用语，而是使用了“温暖”“兴奋”“欢快”之类的词语，而这些词语并不是清晰的或准确的，因为依存性特征令人捉摸不定，难以辨识。因此，一些作者把这类特征称为“情感性特征”或者“感受性特征”。但是，一旦我们取消了现象中客观的特征和我们对它的情感反应之间的区分，其他的混乱便可能纷沓而至。从现象学的意义上讲，依存性质并不比基本性质更主观。例如，粉色虽然极大地促进了保罗·克利的《走钢丝的人》（卷首插图）所具有的生动性乃至于紧张的总体效果，但它并不能被分割成——虽然它能够被区分出——两套性质，即它的基本色调和它的活泼性或透明性。这

1 参见查尔斯·哈茨霍恩（Charles Hartshorne）等人的著述，见附注 7-A。

些性质中的任何一个，都像其他性质一样，是在完全相同的意义上存在于图画之中。

针对区域的六个基本特征，即形状、尺寸、位置、色度、亮度和饱和度，存在着一个语言学的问题。在日常语言中，我们的色彩名称和形状名称是从人们所熟知的对象那里借用的。因此，我们有了“肉粉色”“樱桃红”“草绿色”，以及“环形”“树形”“楔形”等。诸如此类的人为建构的术语，无论多么方便，都是前科学的，因为它们并不精确，至少在我们能够明确比较标准之前是如此：谁的肉？哪一棵树？既然色彩名称已有一种系统的命名法，[1]那么显而易见的是，如果我们为方便而将一幅画中的一个区域说成是“血红色的”，这并不意味着我们一定要谈及鲜红的血液，因为我们可以根据这一色彩在与鲜血无关的色卡上的位置而命名之。因此，当我们把一个区域辨识为血红色的，这一辨识并不要求我们做出一个这样的断定，即它必须以某种方式再现或象征鲜血。形状的名称并没有这样的命名系统，但它们也是明喻；我们将在第六章（§16）回到这一话题。 92

线条

既然我们已经检查了视觉设计的描述所需要的主要术语，那么，接着考察美术批评中另外两个举足轻重的术语的意义，将会给人以启发：“线条”和“团块”。虽然我们不能奢望这一说明囊括无遗，但这一讨论在两方面将是有助益的：它将会澄清人们为了描述视觉设计而

1　参见迈尔茨（A. Maerz）和 M. 雷 · 保罗《颜色辞典》（*A Dictionary of Color*, New York: McGraw, 1930），以及《色彩的科学》（*The Science of Color*, Optical Society of America, Committee on Colorimetry, New York: Crowell, 1953）第 9 章。另见附注 7-A。

试图建构一套意义明晰的词汇时所出现的问题，以及解决这些问题所需要的方法；它也会让我们想起绘画的一些重要特征，这些特征是我们在后面章节的论证中所要铭记的。

在视觉设计的分析中，“线条”一词可指一个位置和另一个位置之间可辨识的任一连接，这一连接在它们之间建立了一条路径，无论多么微小。视觉上的线条分为三类：(1)如果一个区域的一面扩大，或者另一面缩小，那么随着长度和宽度的不对称进一步加大，它会逐渐形成一种线条般的或线性的特质。当这一特质清晰可见，我们就拥有了通常被称为“线条”而我们称之为“线域”的东西，比如你用草书亲笔签名时所产生的线条。(2)当一个区域和另一个区域之间出现清晰的边缘，便有了“界线”，比如本页面的边缘。(3)而当很多断开的小区域在相互关系中被如此安排，以至于它们形成了一排，这时它们的全集合就呈现出一种线性的特质，它可被称为“虚线”：比方说，一个印刷页面上的字母排列。如果我们标出一个小圆点，接着在附近标出另一个小圆点，那么就不仅会出现两个成对的小圆点，而且它们之间还会出现某种微妙的联系。如果我们现在在它们的旁边标出更多的小圆点，排列成行，那么每个小圆点都会成为一个包含它们在内的整体的一部分，看起来会更加牢固坚实：换言之，这些小圆点相互融合而成为一条虚线，这条虚线可能拥有线域的很多特征。

线条类型之间的区分，是根据线条的路径中占据主导地位的局部条件而做出的。当然，这些局部条件决定了线条的力量，也就是线性的强度。一些线域稀薄或羸弱，一些线域则浓黑而果决；一些界限模糊而柔和，一些界线则尖锐而清晰；一些虚线勉强可以感知为线条，而一些虚线则明白无误，且如大多数线域般强劲有力。因此，线条的力量取决于线条中因位置不同而有所不同的各种特征，比如它的厚度

(在界线中除外),它与背景的反衬,虚线中可识别的区域之接近性和相似性,等等。

作为线条的线条,其特征繁杂多样,(不胜枚举),但再一次,如果我们将其中的一个小集合划分出来作为基本特征,仍是很方便的。要辨别一个视觉设计中的一条线条,只需要明确三点:它的长度(相对于图框而言),它相对于图框(不管是垂直的、水平的,还是处于某个角度的)的方向(或斜度,或相对位置),以及它从一个地方到另一 93
个地方的曲率。其他特征都是取决于这三个特征。这样的话,比方说,斜线具有某种不稳定性,水平线则是安静的和平和的。其他线条可能是锯齿状的,金属丝般的,波浪状的,低垂无力的,或者遒劲有力的。

我们从绘图大师和大画家的作品中所了解并推崇备至的,正是线条的这些引人注目的且明白无误的性质:它们存在于伦勃朗所蚀刻的或丢勒所雕刻的线条,毕加索或施恩告尔所勾勒的线条,卢奥或波提切利所描绘的线条。它们就是我们所说的线条的**意味**的一部分。一条线条之所以是有意味的,部分是由于它再现性地传达了关于其所勾勒的人物的特征的信息,诸如伦勃朗的素描画(插图 2)中亨德里克的柔润,如果画的是她的话,或者马克斯·贝克曼的《自画像》(插图 4)中的表象和深邃,或者杜米埃的《见证者》(插图 8)中人物的瘦骨伶仃。但是线条之所以是有意味的,也部分在于它拥有自身强烈的区域性质——伦勃朗的笔触温柔轻缓,贝克曼的刀法锋芒凌厉,杜米埃的线条弯曲而对称——而不是毫无特点,内容空泛,乏味无趣。当然,在任何语言中,我们都找不到能够恰如其分地概括一条好线条之性质的词语,但是,“钢铁般”“柔润”“流畅”之类的词语,我们张口就来。而诸如此类的词语提出了视觉设计的描述中所存在的一个明显的问题。

正如色彩，一些人似乎认为，不但是线条的躁动、迅猛、大胆或平静可区别于它的长度、方向和曲率，而且前者肯定是附加于其他性质之上的，或者是线条通过某种与获得后者不同的途径而获得的。因此，他们力图通过"联想"原则或"移情"理论[1]来解释线条如何可能是躁动的或平静的。但是，我们仍然不清楚是否存在这样一种亟待解释的获得过程。事实是：(1)我们是使用这些隐喻词来描述线条的某些特征；(2)这些描述是可理解的和恰当的；(3)这些词语从人类到线条的隐喻性引申，确实假定了二者之间存在某种相似性——第三章(§10)将更深入地讨论这点。但是这里并不存在什么匪夷所思的东西。一条频繁变向的线条，恰似一颗躁动的或不安分的心灵，在不同选择之间摇摆不定，或者因冲动相悖而纠结；把这一线条称为"躁动的"，就是附带地借用了这个词语。

一个从未经历惊涛骇浪的人，会对我描述为"波浪性"的总体性质做出截然不同的描述；或者，他会茫然失措，不知该如何描述它。但是，我们不能由此推断，仅仅由于他从未感知过海浪，他就无法感
94 知这一性质。

图形和团块

一根线条如果是自足自立的，以至于其端点相互融合，并因而是无限延长的，那么它就确定了一个图形，或者人们经常所说的形状。它可能是一个连续的，不中断的线域——一个轮廓图，或者是一环小圆点，或者是一组略图式的线域，这些线域相互融合成为一条折线并

1　参考附注 7-D。

构成一个三角形、一个陶罐的形状，或者一头大象的形状。这里，我们姑且考虑一个正方形，它的每条边都是一个线域。无论你是将这个轮廓图称为一条单一的线条，还是认为它是由四条线条组成，即每条线条构成一个边，这都是无碍大体的。如果采用后一种说法，我们想说的是，当两个边——正如任何两个边——如此这般地融合，从而成为一个单一的图形的组成部分，这时它们是“相互依存的”。当线条X和线条Y是同一个图形的组成部分，它们则是相互依存的。

为更深入探究这一概念，我们可以考察线条的多重相关性——一种在非再现性的现代绘画中被充分利用的现象，但它也有助于理解绘画中一直举足轻重的诸原则。假如我们画了一个大的高脚杯和一个小的饮料瓶，前者上部向外凸出，后者底部向外凸出，使得同一个线域成为高脚杯的右边和饮料瓶的左边。于是，这一线条便同时属于两个迥异的图形，或换言之，它同时融入两个迥异的线条集合。它持续地把我们的目光从一个图形的轮廓上任何一点引向另一个图形的轮廓上任何一点，由此将这两个图形特别密切地结合在一起。如果我们基于这两个图形的轮廓之间的关系而区分其关系中的疏密程度，这是有趣的。(1)这些图形也许是可以完全分离的，就像意大利原始绘画中的

那样。(2)也许存在一条从一个图形延伸至另一个图形的虚线，就像在鲁本斯或埃尔格·列柯的画作中的那样，在其中，一个人物的腿部或背部的线条，同样也是另一个人物的手臂或身侧的线条。(3)同样一根
95 线条也许同时属于两个图形，正如饮料瓶—高脚杯的例子，或者奥占芳、格里斯、布拉克的绘画，或者毕加索在某个时期的绘画——参见他的《坐着的女人》(创作于 1927 年，芝加哥艺术学院收藏)。(4)也许存在一些强线条，它们贯穿两个图形，将它们的实际轮廓隐没于背景之中，由此使得两个图形实际上被遮蔽，并倾向于失去它们作为图形的特质。这就是伪装原则。

画面中的每个区域，简单的或复杂的，都在一定程度上跃然而出，夺人眼目，或者，可以说，在和其他区域的比较中彰显了自己的存在。它具有某种程度上的**主导性**，或从属性。这一性质部分取决于它在画面中的位置——因为任何区域的框定都会自动建立一个场域，在这一场域中，中央或中央周围的某些位置，比其他位置更具主导性。但是，它也取决于人们所说的区域的**视觉密度**，即它的不透光性或不透明性。一个区域的视觉密度会高于另一个区域。视觉密度的高低，取决于区域的大小、色调的明暗度和饱和度、背景的对比度以及其他局部性质。目前，我们的讨论仍然停留在二维的画面之上，尚未进入三维对象的领域。但即使一个设计是扁平化的，或基本上是扁平化的——诸如詹森的《构图》(插图 1)——它的诸区域在视觉密度上也会有所区别。

但一个复杂的设计几乎不可能是完全扁平的：一些颜色比其他颜色更加抢眼；它的一些形状，由于其稳定性或匀称性，会将其他形状逼入背景之中；一个图形和另一个图形的叠加，会造成画面的差异化和景深效果；也许存在立体感，或者线性的或氛围的(俯视)透视。

在诸如此类局部条件下所浮现的，是一种新的区域性质——深度。图画的空间拥有了第三个维度，而不再仅仅是一个画面；它是一个图画空间。它也许显现为一个不确定的冲破视域而往纵深处后退的空间，或者它可能具有一个确定的界限，就像一个房间的后墙那样。不管是哪一种情况，这幅画现在可以说具有了视觉三维体，而这一视觉三维体部分是由填充空间——固态的或三维的团块——所构成，其余则是虚无空间——就视觉上而言，远处的高山面前空旷无物。团块，因而也是一种区域性质。

在我看来，我们未必已经进入再现的领域，虽然我刚刚谈及一个再现性的对象，也就是一座高山。即使是在通常被称为抽象或非客观的绘画之中，也可能存在固态的图形，这些图形通过它们在深度空间中的团块和位置而在设计中获得相关性。但当然，一旦有了透视法，就有了严格意义上的再现；深度是画出来的，而不仅仅是呈现为一种区域性质。这点很有道理，而且它牵扯到一个关于"再现"的最佳定义的好问题——一个我们将在第六章(§16)中重新讨论的问题。

当线条和图形具有了某些特征——某些形状和方向——它们就具有了一种受控的不稳定性。它们似乎在移动，或者即将开始移动，或 96
者正朝着它们所能移动的方向奋力前进。瞄准同一个方向的一排弩矢，在很高程度上拥有这一特征。草地上一群朝着同一个方向的奶牛，却不能在同样的程度上拥有这一特征，但这不是因为它们是奶牛，而奶牛的移动众所周知是缓慢的；其原因在于奶牛与弩矢相比之下的形状之迟钝。一个歪歪斜斜的形状，不管是莫迪利亚尼画中的女人还是一幅背负十字架的基督的一部分，都有一种下沉的趋势。

这种内隐运动——我们可以如此称呼之，以区别于汽车或火车的实际运动——并不是想象的问题，而是某种呈现于视觉场之中的东西。

一系列诸如此类的运动，一个接一个，可能会在图画空间中完成一个循环。或者，这些运动可能是相互抗衡的。在詹森的《构图》（插图 1）中，大幅度向左倾斜的白杆与两条右倾幅度较小的白杆分庭抗礼，而事实上，它们之间形成了一种极其微妙的平衡。在杜米埃的《见证者》（插图 8）中，人物的角度以及他们的膝盖所构成的尖劈，形成了一种强烈的右向运动，这一运动，即使没有那控诉的手指，也能把人们的注意力引向敞开的门口——但是这一右向运动受到了门口的垂线的阻挡。这种运动之间的对抗，或者运动与其障碍之间的对抗，形成了一个视觉设计中的张力。因此，张力是一个其中内隐运动受到制衡或对抗的设计所具有的一种区域性质。很多后塞尚绘画都是围绕设计的深度部分和画面之间的这样一种张力而经营谋划的。安德烈·德朗的画作《朝向公园的窗户》（创作于 1912 年，纽约现代艺术博物馆收藏）就是这方面的一个明显例子——窗外风景的色彩和光线，恰恰受到了房间的单调色彩和逆向视角的阻挡和压制，这使得这幅图画因受压抑的能量而颤动。

§8 乐曲的分析

从某种角度看，一首乐曲，或者一件听觉设计，是一个复杂事件，而其元素则是更小的事件，即同时或相继发生的微小变化——虽然有时是重大变化。对于批评分析而言，这些变化可以通过它们的终点来描述，因为一个变化总是**从**某物**到**某物的转变——从引吭高声到喃喃细语，由低到高，先甘后苦。音乐变化的终点就是声音，而在这里，我们将声音视为音乐的元素。

声音有很多属性，它们可能全都具有音乐的意味，但正如视觉域的属性，它们很方便地划分为两组：基本的和依存的。每种声音都具有：(1)时值，也就是说它持续一定长度的时间；(2)强度，或者声音 97
高低和柔硬的程度；(3)音色，或音品——诸如尖锐、圆润、粗糙、沙哑等。一些声音还具有(4)音高，即它们是高的或低的。这些声音称为乐音，其余则是噪音。静音可以定义为零强度的声音。音乐由声音组成，包括噪音和静音，因为静音不仅作为音乐发生的背景而存在于音乐之中，而且还存在于音乐意味深长的停顿之中，诸如海顿的停顿——比方说，其《C小调第九十五交响曲》的第一乐章和小步舞曲之间的停顿——以及旋律的对位线的空隙之中，就像威尔克斯的牧歌中的那样。

时值、强度、音色和音高是乐音的基本性质，而乐音也有依存性质：它们的清浊不同，正如在现象学空间中的位置中，沉闷的声响不同于尖细的声音——低音似乎是从底部传来；它们的音量也不同，因为它们可以被描述为纤弱的、雄浑的、厚重的、含混的、占据更多或更少的现象空间。

我们可以把所有可听的乐音的总和理解为一个四维阵列，其中包含所有音乐的所有元素。首先，它受限于生理学和心理学的条件：人类听力的范围和听觉辨别力的限阈。例如，阿洛伊斯·哈巴等一些作曲家把半音划分为三个不同的音高，并且使用八度音程的三十六音阶进行音乐创作，但是，对于我们大多数人而言，一个比中央C音低六度的乐音，听起来并不像一个不同的音高，而是像一个降C音。但这也许可以通过训练加以纠正。乐音的音域也受到社会和技术因素的限制：作曲家所能利用的音色的种类，取决于其年代之前所发明的乐器。当然，如果作曲家富于想象力，他可以创造出新的乐声，正如斯特拉文斯基的《春之祭》的开场曲以巴松管奏出匪夷所思的高音区，或者，正如亨利·考埃尔[1]通过在琴弦间塞入其他物件，然后直接拨动或摩擦琴弦而强行让钢琴发出新奇的声音——就像他在《女妖》中所做的那样。如果本已表现不俗的R.C.A电子音乐合成器发展到不用乐器或演奏家也能发出人们所能想象的任何声音的地步，那么乐声在技术上就具有了无限性。

乐音的四维阵列，正如前一节提到的视觉区域的六维阵列，是根据乐音自身之间的内在关系排序的。任何两个迥异的音高，肯定是一个高于另一个；同样，乐音可以按照响度或时值的次序来排列。就像色域的情况那样，正是这些内在关系使得人们有可能把诸乐音组合起来，成为我们所熟悉的更宏大的音乐结构。

在这一方面，视觉区域和乐音有别于气味和味道。气味和味道当
98 然可以通过某些方式归类，而它们的基本维度也类似于色彩和声音的基本维度。但是，我们不能按系列来排列它们，至少目前还不能，因而我们还不能建构有建设性的原则，以将它们构成更大的作品。范妮·法默[2]告诉我们，"烹饪和其他艺术一样，都是一种自我表现的手段"，但那只能表明，艺术不只是自我表现。

假如你尝试制作一个装有按键的扩香器，通过按键，你可以让空气中弥漫着香水或白兰地的香气，或者新割麦草的芳香或南瓜派的香味。你会根据什么原则来安排扩香器的按键呢，正如钢琴的按键是按照音调由低到高而排列的？你如何着手去寻找系统性的、反复性的、

1 亨利·考埃尔(1897—1965)，美国作曲家、钢琴家、先锋派作曲家，在音乐史上有十分重要的地位。美国当代作曲家乔治·格什温(George Gershwin)和约翰·凯奇(John Cage)都出自他的门下。在钢琴演奏方面，他率先使用了音簇(cluster)，以及多种多样的琴内技术，如在琴弦间塞入其他物件，用手直接拨动琴弦发音，用金属丝摩擦琴弦发音等。——译注

2 参见范妮·法默《波士顿烹饪学校食谱》(Fanny Farmer, *The Boston Cooking-School Cook Book*, Boston: Little, Brown, 1937)，第3页。

规律性的组合，这些组合作为综合体是和谐的和令人愉悦的？毫无疑问，珍馐美馔的烹饪存在着一些模糊的原则，诸如范妮·法默所提出的那些：将不同口味、质地、形状、色彩的食材混合在一起。但是，如果把奶油鱼蓉、土豆泥、花椰菜和香草布丁混合在一起，则可能会令一个饥肠辘辘的食客大倒胃口，无论烹饪技术有多出色。此外，一些气味肯定比另一些气味更令人愉悦。但是，在这些感觉场中，似乎没有足够的秩序来建构审美对象的平衡性、高潮、发展或样式。味道交响乐和气味协奏曲之所以不存在，似乎是因为这一点，而不是因为嗅觉和味觉与视觉和听觉相比，是“低端感官”，就像一些人所认为的那样。

音乐的运动

然而，不是任意一种声音组合都是音乐——甚至，不是任何一种乐音组合都是音乐。雨点敲打屋顶的叮咚声，煤炭落入斜槽的声音，办公室里噼里啪啦的打字声等，都可能成为一首乐曲的构成部分，但是它们并不能构成一首乐曲。这是因为它们缺乏音乐的本质特征，也就是一种特殊的听觉运动。[1] 这种运动或准运动，是难以言传的，但它对于凝神聆听的耳朵来说是一清二楚的。某些声音或声音综合体似乎呼唤，或者指向其他声音的到来——它们具有所谓的“矢量性”。这一点是用现象学意义上的客观术语来表述的；相对应的主观陈述如下：它们唤起我们对后续发展的期待或预料，并促使我们对这些发展予以充分的关注，使得我们为后面的声音而惊讶、愉快或失望。这一

1　在其重要著作《声音的力量》(*The Power of Sound*, London: Smith, Elder, 1880, pp. 165 ff)中，埃德蒙·盖尼称之为“理想运动”(Ideal Motion)。格罗夫纳·库珀对它做出了极其出色的描述，见附注 8-A。

连串的声音融合成一个单一的过程，并展现出方向感和动能。

某种程度上的音乐运动可产生于极其简单的知觉条件，而如果
99 我们愿意的话，我们可以采用一种极其广泛的“音乐”定义。例如，一首切列米斯人（Cheremis）的儿歌[1]，从头到尾是用一个音符来唱的，并且只使用了两种长度的音符，即八分音符和四分音符，但无论多么质朴，这首儿歌仍然不失为一首音乐作品。音乐运动的某种意义可以通过有规律或有节奏的鼓声而产生，而事实上，很多音乐家都愿意接受一种把鼓独奏当成乐曲的“音乐”定义：音乐是有节奏的声音。我们在什么地方划界都是无碍大体的，但依我之见，在这一定义中加入一项这样的要求是很方便的，即其中至少要有一些乐音。毋庸置疑，这种定义肯定会遭到一战期间和20世纪20年代早期意大利未来主义者的反对，这些未来主义者为“噪音主义者”或噪音制造者的纯粹打击乐队创作，并把自己的艺术称为“噪音艺术”。然而，它并不会将埃德加·瓦雷兹的《电离》这样的作品排除在外，这一作品虽然是打击乐器和汽笛的谱曲，但它确实拥有钢琴和编钟所发出的一些乐音。

无论如何，我认为，除非我们拥有**旋律**，否则我们不会拥有较高程度上的以及形式最纯粹的音乐运动。毫无疑问，一段旋律就是一连串乐音，但并不是任何一串乐音都是旋律。试看两个不同音高的音符；它们之间的音高距离，被称为它们的“**音程**”。现在，假设一个音符的后面紧跟着另一个音符。在某些条件下——也就是说，存在音符的某些局部性质以及它们之间的某些关系——它们就相互融合，成为

1 转引自布鲁诺·内特尔：《原始文化中的音乐》（*Music in Primitive Culture*, Cambridge, Mass.: Harvard U., 1956），即该书结尾处的第八个例子。

一个单向的运动。它们听起来不是相继发生的两个乐音，而是一个音高向另一个音高移动的某种东西——下沉、俯冲、攀爬、疾升等。我们提到一段旋律的升降，但升降的“它”是什么呢？除了乐音本身，还形成了某种东西，而后者则在一个持续过程中成为稳定点，或加速点，或变向点。《斯旺尼河》就是如此，它几秒钟便从E调急遽降至D调和C调，接着飙升一个大三度至E调，随后再次降调，迅速下落一个八度至C调，下降一个小三度至A调，紧接着再次上升至C调。如果音程过大，或者乐音之间的时间间隔过大，或者音色的反差过于强烈，就不会融合为一个单一的运动。一些当代作曲家，诸如韦伯恩，就创作出了一些这样的音串。它们并不是这种意义上的，或者不完全是这种意义上的旋律，然而它们仍然处于运动的状态。

当一串乐音成为一段旋律，它便获得另外一些区域性质，而这些性质在音乐中具有无与伦比的重要性。首先，它有了方向：它上下起伏或保持稳定，增强或减弱，并且移向一个不明确的目标，即使这一目标本身不断变化。其次，它自成一个**整体**，在其中，各个部分融为一体，同时保存了自身的特性。旋律的整体性似乎取决于另外两个区域性质，即终止（cadence）和轮廓（contour）。 100

自始至终，音乐运动总具有某种程度上的推进力。在一个极端，它奋力前行，坚持不懈，力图冲破**原速**的限制；它无须迅疾奔涌，尽管速度有助于加强其推动力。在另一极端，运动往往消失殆尽，音乐陷入停顿，至少在某一瞬间，音乐的能量似乎荡然无存，或者，即使音乐仍然在流动，也是走走停停，踌躇不前，似乎不清楚自己去往何处或者不明所以。让我们把这些称为**不同程度的音乐驱动力**。终止性是音乐驱动力的减弱。时而中断乐曲的终止和半终止，是明显的终止性之点位。旋律的轮廓，是其音高和力度变化的持续曲线。旋律中途是否存在休止符并不重要；轮廓越过它们，囊括了旋律中的所有乐音，把它们变成一个整体的组成部分。诚然，这一区域性质是一首旋律中最容易辨识的一个方面；有时，你不完全记得一首曲子是什么样子，但你可能记得它先升后降，或由快而慢，或从低转高。

当一首旋律由一连串旋律所构成，而其中每段旋律本身都是一个整体，或几乎是一个整体，因为它们在很大程度上是可分离的并且具有一种固定的令人难忘的轮廓，这时，这些子旋律就是它的分句或乐段。例如，《皎洁的月光》包含两个主分句，每个主分句有八小节，但第一个主分句本身是由两个完全相同的分句组成。一个分句本身可以包含两个或更多的组成部分，这些部分具有较低程度的但依旧明显的整体性：这些就是它的乐句。一个乐句中任何一个由两个或以上音符所构成的组合，如果它是一个具有自身某种特性的片段，而且即使孤立地听也能被辨识为旋律的一部分，那么它就是一个音型，或母题。这样，在《皎洁的月光》中，我们有了这样一种东西：

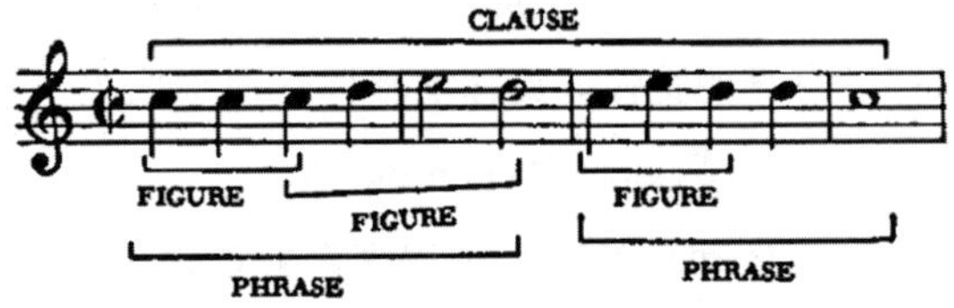

一个音型不是一段旋律，而只是一段旋律的抽象，而且它主要是从其语境中获得其特性的。例如，试看这段耳熟能详的旋律：

101

（我心苦涩！）

在这里，就其本身而言，它是一个小乐句，但同时也是众多不同调子的旋律[1]——类型迥异的旋律，这些旋律甚至不会让我们想起它们的相互关系——开始时所使用的一个音型。但是，当一个音型被抽离出一段旋律，并在同一首乐曲的进程中成为另一段旋律的一部分，就像在一个奏鸣曲式乐章的发展部中的那样，这时，它自身就蕴含一种记忆，让人们想起它的前语境，由此，它在新语境中就可能是出人意料的和富于戏剧性的。当我们在第四章（§12）讨论音乐形式，我们将更加充分地探讨旋律的这一方面，以及其他相关方面。

关于旋律运动的上述陈述，必然是简短的和粗线条的，但它们非常出色地描述了聆听音乐时我们的现象场中经常出现的情况。但是，我们的现象场之背后，却潜藏着一个问题。假设两个人听了同一串音符，一人认为它是旋律，另一人则认为不是。这不仅仅是一种理论上的可能性；它既发生于一个人的能力的发展过程之中，也发生于音乐史之中，甚至更加突出。当我们单独考察西方音乐，从格里高利圣咏到勋伯格音乐，我们不得不得出结论说：听出一串音符是融合成一条旋律线，这种能力不仅取决于乐音的局部性质以及它们的相互关系，而且还取决于听者的练习和经验。大多数原创性的作曲家，诸如贝多芬、勃拉姆斯、瓦格纳、德彪西、斯特拉文斯基等，都创作了一些这样的旋律，很多同代人初次都听不出来它们是旋律，觉得它们只是分

1　例如，巴赫《醒来吧！》（康塔塔第 140 号）；巴赫的咏叹调《我满怀喜悦地享用为数不多的面包》（康塔塔第 87 号）；巴赫《B 小调弥撒》中的《复活》；贝多芬《D 小调第二交响曲》，慢乐章；舒伯特《A 小调大提琴奏鸣曲》的慢乐章；莫扎特《弦乐小夜曲》中的小步舞曲；《卡门》中的赛奎第拉舞曲；斯特劳斯《死与净化》交响曲的主题；圣歌《慈光引导》；恩格尔伯特·洪佩尔丁克的儿童歌剧《汉塞尔与格丽泰尔》（“我知道绿色森林里有一座小屋”）；《风流寡妇圆舞曲》；莱库纳（Lecuona）的《安达卢西亚》；迪米特里·蒂奥姆金为电影《正午》创作的《弗兰克·米勒的民谣》；南非歌曲《布兰迪，别管我》。

离脱节的乐音。他们并不习惯诸如此类的大音程，或者诸如此类的悠长而持续的乐句。很明显，未来的人类能够将什么样的音串听成是旋律，对此我们无法做出可靠的预测：甚或是现在的科幻电影——诸如那部口碑极佳的《禁忌星球》——所配录的那些奇怪的电子哀鸣声、滑行声、尖啸声、打嗝声等。

旋律的感知中的这种可变性，对旋律的轮廓和终止性都有影响。对于前者而言，它是一个能够把旋律听成贯穿于某些音程的持续性运动的问题。上升一个增四度——电影《天罗地网》的主题曲；杰罗姆·科恩的歌曲《你就是一切》，在“冬季”一词的地方——或者下降一个七度——科恩同一首歌中的几个地方，诸如在“我将知道”这个地方——的旋律，都不会给我们造成困难。但是，对于那些被训练得只能理解二度、三度、四度和五度的人，这些音程听起来像是过程的
102 中断。至于音乐终止，差别同样巨大。对于习惯旋律在主音结束的人而言，一个在三度或四度结束的旋律——诸如某些民歌——似乎是未完成的，以及缺乏整体性的。和声模进的情况，亦如此。

因此，问题是，“旋律”是否是不用通过一种相对主义的方式来定义：一串音符在音乐史某一阶段，或者在某一文化中是旋律，只要它能够被其时其地受过训练且有经验的人听出来是融为一体的。这不是一个个体的事情，因为“能够”一词使得这一定义具有了人际性。当勃拉姆斯的同代人抱怨说他的一些音符串并不是旋律，他们的看法是错误的，因为其他人能够听出它们是旋律，即便是他们自己，也许后来也能听出这一点。当然，由此可以得出一个结论：我们不能独断地说，永远不会有人把某些音符串听成是旋律，虽然这确实也很有可能是真的。然而，旋律与非旋律之间的区分是客观的，可以从一个特定音乐时期的语境或者一种特定文化的音乐中发现。

节奏和调性

旋律也例示了音乐的另一个基本特征，即节奏。当然，也可能存在无旋律的节奏，但在音乐中，重要的节奏大多来自旋律。例如，在莫扎特的《G 小调第四十交响曲》第一乐章中，节奏音型 *a* 无处不在；在人们的记忆里，它是躁动而固执的开头主题中第一批音符的节奏。

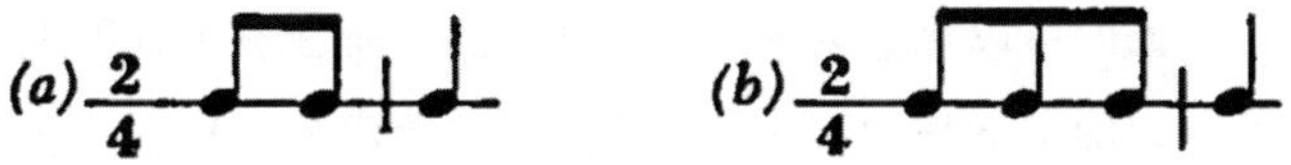

节奏音型 *b* 在莫扎特的《C 大调钢琴协奏曲》(作品 503 号)第一乐章，以及在更快速的贝多芬的《C 小调交响曲》第一乐章中，也发挥着相似的作用。这些节奏音型，是从旋律中抽象出来的东西。

音乐的节奏，部分涉及三个迥异而相关的特征。首先是**节拍**(pulse)。当任何一种声音有规律地反复出现，由此将时间之流分割为几乎等长的间隔，这时就产生了一种持续性的次序之印象。这，就是节拍：比方说，水龙头滴滴答答的滴水声。然而，如果声音具有明显不同的响度，那么即使它们有几种响度，也往往分为两大类：强重音和弱重音。当节拍是由有规律地反复出现的强拍和弱拍所组成，就有 103
了**拍子**(meter)：比方说，火车轮子发出的咔嗒咔嗒声。**节奏**不同于拍子和节拍。当一个或更多的弱拍组合与一个强拍形成某种关系，就有了一个节奏单位。它的迥异性也许较弱，也许较强；它也许发生一次，也许反复发生。它发生时，也许有节拍的背景，也许没有节拍的背景。莫扎特的节奏音型，便是例证。

当一段旋律的音高较为明确和稳定，而且是通过有规律的和可重复的音级从一个音高流动至另一个音高，这时，某些音程开始听起来像是原生于这段旋律；而如果它经常回到某个音，并给予它节奏上的强调，或者长时间流连于它，那么这个音便具有了一种“特性”，即它是旋律的中心所在，犹如一个大本营。它将成为一个主音。我们称为“音阶”的那种意义上的乐音系统也就出现了。一些旋律，诸如鸟儿的鸣唱和人类的哀号恸哭，是无音阶的，或者几乎是无音阶的，因为其音程并不是固定的。[1]但是，广义上讲，西方文明中的音乐旋律几乎都是标量的。我们可以化繁为简，宣称旋律的音阶在一定程度上是通过以下这种方式确定下来的：按照由低到高的顺序列举出它所包含的所有音符，其中排在最前的，是听起来最终极的，具有最大的终止性的音符。然而，不止于此，因为音阶既是单一的旋律，也是完整的旋律集合的一个区域性质，而且它可以抽象化，也可以独立存在于用该音阶所创作的任何一首特定的旋律。因此，比方说，一种教会调式，或者西方音乐中的大音阶，是不同旋律的一种无限的潜力。即使一段特定的旋律可能并没有使用该音阶的所有音符，但如果它使用足够多的音符，使得人们得以听出这一音阶，那么这个音阶的其他音符也能听得出，它们似乎存在于背景之中，作为该旋律的音阶的一部分。

某些类型的标量旋律具有另一种特征：它们听起来好像要求其他乐音与它们同时响起。换言之，它们暗含某种*和声*。对于心理学家和音乐理论家而言，和声的话题牵涉众多重要的技术性问题——其本性、其正确分析、其物理学和心理学基础等，但是我们目前的任务不是处理这些问题。一旦两个或两个以上的乐音同时响起，就有了和声；由此产生的和弦，则会融合成一个有着自身性质的整体。例如，增五度

1 但有人告诉我，鹈科鸣鸟的乐句和橙顶灶莺的求偶歌是否也如此，是有争议的。

给人一种不安分的和充满期盼的感觉，普契尼在《蝴蝶夫人》的著名主题中，便对它进行了令人印象深刻的使用：

Puccini, *Madame Butterfly*

104

减七和弦则有一种紧张和狂暴的感觉，巴赫在《马太受难曲》中，便是通过这种减七和弦而让人群叫嚷释放巴拉巴斯。但也许，从音乐的角度来看，和弦的诸性质本身并没有太大的重要性；毕竟，普契尼的和弦并未提供太多东西，除了旋律的乐句，而旋律乐句本身也具有一种不确定的、可疑的性质。

人们一度认为，和弦有协和与不协和之分，但是 19 世纪和 20 世纪的音乐发展终结了这一想法。不过，一个和弦是否比另一个和弦更协和或更不协和，这仍然是和弦的一个相对属性，而这似乎是一个较基本的音乐事实。每一个和弦都具有一定程度上的稳定性或不稳定性，从其中，和弦进行获得了一种纯粹作为和弦的方向性，除了旋律的方向性以外。这样，如果一首乐曲并不包含高度终止性的和弦，诸如大三和弦，它仍然要根据内部占据主导地位的不协和音的程度而实现一种相对终止性的和弦，如果它的终曲要听起来像是结局的话。

还有一个区域性质是我们必须提到的，因为它在很多音乐中发挥根本性的作用。假设某个音阶被用于很多旋律，使得它被认为区分和界定了这一类旋律；假设它的主调音或主音，在以这一音阶而创作的旋律中具有了一种高度的目的性，或终止性；再假设这一目的性由于这一主音所和奏的某个受青睐的高度稳定的和弦而得到了巩固加强，从而使得人们感觉其他和弦是在趋向或逼近这一和弦，那么，一段基于这样一种音阶和和声系统之上的旋律，将会拥有**调性**。它将会给人一种在某个调子上的感觉，而这种感觉则将会渗透其中并限制和控制它的流动，从而给予它一种强烈的内在持续性以及一种引力定向，由此，它的运动方向变得确定而清晰。

调性是一种性质，它犹如一种特定的天气，可以在不同程度上出现，而其程度取决于旋律的各种局部的、从属的区域性质。在《啪！鼬鼠跑走了》这首歌曲中，调性极强，部分是因为这首旋律的第一个强拍就奏响了主音或主调音，并最终又回到这个主音或主调音；部分是因为和声自始至终有着明显的暗示，而起始音和结束音都是主音大三和弦；还有部分是因为这首旋律的轮廓通过某种方式清晰地表明了主音的重要性：

105 

但是，比方说，在巴托克《第四弦乐四重奏》或埃内斯特·布洛赫《第三弦乐四重奏》的第一乐章中，调性几乎全无。但也不是说，它们完全没有调性——因为在一些乐段中，给人的感觉是它们使用了一组有限的调子中的一个。一段旋律的调性可能是模棱两可的，正如贝多芬《D 小调交响曲》中为人所熟知的起奏小节，在其中，一开始并不清楚它们是 A 大调、A 小调、D 大调，还是 D 小调。斯特拉文斯基的《彼得鲁什卡》中的“俄罗斯舞”主题曲记谱为 C 大调，但是它听起来给人一种 G 调的强烈感觉，尽管它确定无疑不是这个调子。如果该主题曲包含一个 F 自然调，而 F 自然调又移动至升 E 调，那它就是 C 调；如果它包含一个升 F 调，而升 F 调又移动至 G 调，那它就是 G 调；但这首主题曲，两种情况都不是。

阻止调性的出现，或至少阻止调性的自我确立，是可能的。用“十二音”体系创作的作曲家便对这种可能性进行了探索，其音乐被称为无调性的，意思是它缺的不是乐音而是调性——比方说，勋伯格的《第三弦乐四重奏》和阿尔班·贝尔格的《抒情组曲》就是如此。但是，古典音乐中也存在一些调性被临时破坏的著名乐段，诸如莫扎特《C大调（“不协和音”）四重奏》（作品465号）终曲前的慢乐段，或者《G小调交响曲》终曲中开启发展部的戏剧性乐段，在其中，旋律连续几个小节都是跳跃不定的，它使用了八度里的十二个音，仿佛它就是勋伯格的十二音列。如果这段旋律避免使用四度和五度这样一些高度协和的音程，如果各种旋律线在和声上是相互独立的，如果没有特定的乐音被允许作为调性中心而受到特殊的注意，那么，即使音乐在某些地方开始进入某个调子，这一调子也会迅速被完全相悖的发展所消融和分解。

转调是一个调性向另一个调性的转变。在转调的乐段中，存在着一个调性正在减弱的感觉，以及一个它似乎被悬搁的瞬间，但在古典转调中，这些悬搁的瞬间寥寥无几，而即使是调子的改变较为频繁，就像莫扎特的钢琴协奏曲中的那样，乐曲在每一个调子中的时长也足以让它得以确立，而转换则是流畅的、果决的。然而，一些现代作曲家已经发展出一种类型的旋律，这种旋律一边进行，一边自我转调。例如，试看欣德米特《第三弦乐四重奏》开头的赋格主题： 106

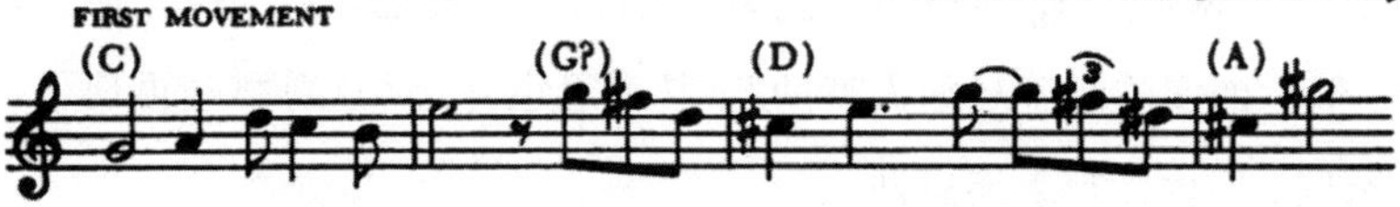

这段旋律并不坚持任何一个调子，而是从C调转为D调，再从D调转为A调。

对一些基本乐理予以这种选择性的简短检视，其目的不是要取代下面“附注与问题”中所提到的介绍性的或技术性的处理。正如前一节中对于美术批评中一些基本术语的检视，它有几个有限的目标：(1)回顾一些将有助于我们在第四章(§12)中讨论音乐形式的术语；(2)表明这些术语如何可能契合第六节(§6)中所提出的一般范畴系统，尤其是区域性质与其知觉条件之间的区分，以及(3)展现(但并不承诺解决)我们在试图描述音乐甚至最明显的和最确定无疑的特征时所遇到的一些困难——因为正如下文附注中所表明的那样，即使是在旋律、节奏、调性这样一些概念之中，仍然存在音乐家和音乐理论家所要面对的一些幽微的难解之谜，虽然单独对它们进行富有成效的讨论所需要的技术性，使得我无法在这里对它们进行很充分的探讨。

附注与问题

§6

6-A. 给人以误导的术语。找一些使用“目的”“手段”“如何”“方式”“处理”“技法”“处置”等诸如此类的术语对审美对象进行描述的例子。如有可能，从上下文，或者从给定的例子中查实每个例子讨论的是对象的什么部分或方面，并将该描述转换成误导性较低的术语。例如，“将一个完整的家庭融入一尊雕塑，是一种合理的观念，但它的实施是不尽如人意的”，其意思也许是“这尊雕塑再现了一个家庭，但设计缺乏连贯性”。

6-B. “媒介”。参见 T. M. 格林《艺术与批评艺术》(*The Arts and the Art of Criticism*, Princeton, N.J.: Princeton U., 1940),第一部分,特别是第 1 章、第 2 章和第 5 章。比较托马斯·门罗《艺术及其相互关系》(*The Arts and Their Interrelations*, New York: Liberal Arts, 1949),第 7 章。考察格林对“媒介”这一术语的定义:注意,他并不能在同一种意义上将该术语延伸至所有艺术门类。既然他对“主要原料”和“主要媒介”的区分并不是审美对象内部的区分,而是审美对象外部的区分,它对音乐或美术批评家是否有用?考察他对“主要原料”和“次要原料”的区分,以及他对“主要媒介”和“次要媒介”的相应区分:它们是否清晰明了?“次要原料”是否应归入对象之所为,而不是对象之所是? 107

6-C. 区域性质。关于这类性质的辨别、描述和归类等问题,参见库尔特·考夫卡《艺术心理学中的问题》(“Problems in the Psychology of Art,” *Art: A Bryn Mawr Symposium*, Bryn Mawr, Pa.: Bryn Mawr College, 1940)一文,第 209—212 页;考夫卡把这些性质称为“第三性”,而“面相学特征”则是其子类。海因茨·沃纳区分了“面相学特征”和“几何-技术性特征”,见其《心智发展的比较心理学》(*Comparative Psychology of Mental Development*, New York: Harper, 1940, pp. 67–103),第 69 页。沃尔夫冈·柯勒在《格式塔心理学》(*Gestalt Psychology*, New York: Liveright, 1929, 第 5 章、第 6 章)中使用了厄棱费尔质(*Ehrenfels*-quality)(第 190 页)、超局部性质(supralocal)(第 188 页)和“格式塔质”(*Gestaltqualität*)(第 192 页)等术语。关于“格式塔”的意义,参见哈里·赫尔森《格式塔心理学》(“The Psychology of Gestalt,” *American Journal of Psychology*, XXXVI [1925]),第 342—370 页,第 494—526 页,特别参见第

364—368 页；（XXXVII [1926]），第 25—62 页，第 189—223 页，特别参见第 201—214 页。C. D. 布洛德把“集体性属性”划分为“还原性属性”和“突生性属性”，见其《麦克塔格特哲学的检查》（*Examination of McTaggart's Philosophy*, Cambridge, Eng.: Cambridge U., 1933），第一册，第 268—269 页，收录于 H. 费格尔和 W. 塞拉斯《哲学分析读本》（*Readings in Philosophy Analysis*, New York: Appleton-Century-Crofts, 1949），第 474—475 页；在《心灵及其在自然中的位置》（*The Mind and Its Place in Nature*, London: Routledge and Kegan Paul, 1925）中，布洛德进一步扩展了“突生性属性”的意义，见第 59—67 页。更多的技术性讨论，请参见：E. H. 梅登《格式塔理论中的科学哲学》（“The Philosophy of Science in Gestalt Theory,” *Philosophy of Science*, XIX [1952]: 228–238）一文，收录于 H. 费格尔和 M. 布罗贝克《科学哲学读本》（*Readings in the Philosophy of Science*, New York: Appleton-Century-Crofts, 1953），第 559—570 页；欧内斯特 · 内格尔《整体、总和与有机统一》（“Wholes, Sums, and Organic Unities,” *Philosophical Studies*, III [1952]: 17–32）一文；尼古拉斯 · 雷谢尔和 P. 奥本海默《格式塔概念的逻辑分析》（“Logical Analysis of Gestalt Concepts,” *British Journal for the Philosophy of Science*, VI [August 1955]: 89–106）一文；保罗 · 亨勒《突生性的地位》（“The Status of Emergence,” *J Phil*, XXXIX [1942]: 486–493）一文。

6-D. 场与矢量。安德鲁 · P. 尤申科（《艺术动力学》[*Dynamics of Art*, Bloomington, Ind.: Indiana U., 1953], 第 2 章）把场与矢量的概念运用于审美对象的描述。这些概念与本章中的概念有何不同？注意尤申科的基本范畴：感觉场中任何不能直接感知，但要求关注的东西，被说成是“内隐的”，并且是存在于一种“力量”或“潜力”的状态之中，而不是现实性之中。因此，一排小圆点是一条"内隐的"线条；其线性特征是"潜在的"，不直接呈现于感官，而是通过"想象"来"重构"，因为如果画一条穿过这些小圆点的线条，会使线性特征更加明显。尤申科的术语在多大程度上反映了一种截然不同的关于知觉事实的假设？ 108

6-E. 描述。用你自己的语言详细描述一幅画或一首乐曲，但不用讨论它的原因或结果，也不用提及它可能"意味"或"再现"什么。这种练习会有助于澄清纯粹描述之困难，而且会帮助你想出理应被包括进来的信息类型。

§ 7

7-A. 色彩。关于色彩的维度和性质的讨论，参见如下著述：阿瑟·波普《绘图与绘画的语言》(*The Language of Drawing and Painting*, Cambridge: Harvard U., 1949)，第 1 章，第 2 章，以及附录 1—3；斯蒂芬·C. 佩珀《艺术欣赏的原则》(*Principles of Art Appreciation*, New York: Harcourt, Brace, 1949)，第 8 章；鲁道夫·阿恩海姆《艺术与视知觉》(*Art and Visual Perception*, Berkeley: U. of California, 1954)，第 7 章；戴维·卡茨《色彩的世界》(*The World of Color*, London: Routledge and Kegan Paul, 1935)，特别参见第一部分；乔治·H. 奥普代克《艺术和自然欣赏》(*Art and Nature Appreciation*, New York: Macmillan, 1933)，第 75—330 页；美国光学学会色度学委员会编写的《色彩的科学》(*The Science of Color*, New York: Crowell, 1953)，第 2 章；拉尔夫·M. 埃文斯《色彩导论》(*An Introduction to Color*, New York: Wiley, 1948)，第 8 章和第 10 章；查尔斯·哈茨霍

恩《哲学与感觉心理学》(*The Philosophy and Psychology of Sensation*, Chicago: U. of Chicago, 1934)，第 13 节(第 117—126 页)；罗伯特·M. 奥格登《艺术心理学》(*The Psychology of Art*, New York: Scribner's, 1938)，第 8 章；阿尔伯特·R. 钱德勒《美与人性》(*Beauty and Human Nature*, New York: Appleton-Century, 1934)，第 5 章和第 7 章(另见他的参考文献)。

在这里，一个主要的问题是关于色彩的基本性质和依存性质之间的关系。注意，比方说，《色彩的科学》是把依存性质视为物理客体的表象模式；埃文斯把冷暖的性质归于“对色彩的情感反应”(第 180 页)；哈茨霍恩宣称，“黄色的‘欢快性’就是它的黄色性”(第 123 页)。参见珍妮·瓦克的宏文《哈茨霍恩与艺术感受的内在性问题》(“Hartshorne and the Problem of the Immanence of Feeling in Art,” *J Phil*, LIV [1957]: 635–645)。

另参见艾薇·坎贝尔-费舍尔《美学与感觉逻辑》(“Aesthetics and the Logic of Sense,” *Journal of General Psychology*, XLIII [1950]: 245–273)一文，特别参见第 258—266 页。

7-B. 线条和形状。关于线条类型以及线条和形状的性质的讨论，参见佩珀前引书，第 9 章；阿恩海姆前引书，第 8 章，第 9 章；詹姆斯·J. 吉布森《视觉世界的感知》(*The Perception of the Visual World*, Boston: Houghton Mifflin, 1950)，第 10 章，第 11 章；罗伊斯·宾汉姆《如何看艺术：线条的探寻》(*How to Look at Art: The Search for Line*, Washington: National Gallery of Art, 1946)；钱德勒前引书，第 46—50 页；奥普代克前引书，第 382—417 页，第 467—477 页。考察佩珀对于线条的“主要特征”和“次要特征”的区分，以及这一区分的合法性和效用性。收集线条和形状的一些重要区域性质并加以归类：要了解一些有趣的例子，参见列奥·施坦伯格《每月评论》(“Month in Review,” *Arts*, June 1956)一文，第42—45页。 109

参见保罗·克利对三类线条的区分:《教学素描》(*Pedagogical Sketch Book*, trans. Sibyl Peech, New York: Nierendorf Gallery, 1944)，第1—5节。他的“被动型”线条相当于我的“界线”。他的“主动型”线条(变向的线条)与“中间型”线条(包围一个空间的线条，诸如一条圆形的圆周线)，既可能是线域(他自己的例子)，也可能是虚线。

7-C. 视觉团块和深度。关于这一话题的讨论，参见佩珀前引书，第10章，第11章;阿恩海姆前引书，第5章，第6章;埃文斯前引书，第9章。关于视觉运动，参见艾薇·坎贝尔-费舍尔《艺术中的静、动态原理》(“Static and Dynamic Principles in Art,” *Journal of General Psychology*, XLV [1951]: 25–55)一文。

7-D. 移情。关于移情理论的解释和辩解，详见赫伯特·S. 兰菲尔德《审美态度》(*The Aesthetic Attitude*, New York: Harcourt, Brace & Howe, 1920)，第5章，第6章，其中部分内容收入埃里西奥·维瓦斯和莫瑞·克里格主编《美学问题》(*The Problems of Aesthetics*, New York: Rinehart, 1953)，第315—325页；浮龙·李(原名维奥莱特·佩吉特)《论美》(*The Beautiful*, Cambridge, Eng.: Cambridge U., 1913)，第8—11章。比较库尔特·考夫卡在《艺术心理学中的问题》(“Problems in the Psychology of Art,” *Art: A Bryn Mawr Symposium*, Bryn Mawr, Pa.: Bryn Mawr College, 1940)一文中所提出的批评，第213—229页。“主体的感知活动与客体的性质相交融”是什么意思？移情理论家试图回答什么问题？在这些问题当中，有哪些做出了不合理的假设？

7-E. “虚幻空间”。在《感受与形式》(*Feeling and Form*, New York: Scribner’s, 1953)第5章和第6章，苏珊·朗格提出，一件视觉设计——她言及所有“造型艺术”——的真实本性，在于它是“虚幻空间”的建构和阐述。她认为图像空间与日常的现象空间有何不同？她的观点是否正确？注意她对“景象”这一术语的用法(第86页)；当她宣称一件视觉设计是一个“幻象”，她是否只是在说，视觉设计是一个内部复杂的有界空间？

§ 8

8-A. 音乐的定义。参见格罗夫纳·库珀《论音乐的本质》(“The Nature of Music,” *Journal of General Education*, VII [1953]: 176–182)一文。关于音乐运动，另参加艾薇·坎贝尔-费舍尔《艺术中的静、动态原理》(“Static and Dynamic Principles in Art,” *Journal of General Psychology*, XLV [1951]: 25–55)一文，特别参见第49—53页；乔治·S.迪金森《音乐中的审美散步》(“Aesthetic Pace in Music,” *JAAC*, XV [March 1957]: 311–321)一文。比较苏珊·朗格在《感受与形式》(*Feeling and Form*, New York: Scribner’s, 1953, 第7—9章)中所表达的观点，即音乐是“虚幻时间”。朗格是在讨论时间本身，还是在讨论时间内的过程？例如，考察她对于音乐时间和日常生
110 活时间之间区分的讨论。

8-B. 声音的诸性质。参见阿尔伯特·钱德勒《美与人性》(*Beauty and Human Nature*, New York: Appleton-Century, 1934)，第10章；詹姆斯·L.莫塞尔《音乐心理学》(*The Psychology of Music*, New York: Norton, 1937)，第49—80页；卡罗尔·C.普拉特《音乐的意义》

（*The Meaning of Music*, New York: McGraw-Hill, 1931），第 1—8 页，第 28—62 页，第 104—126 页；罗伯特·奥格登《听觉》（*Hearing*, New York: Harcourt, Brace, 1924），第 3 章，第 5 章，第 6 章；埃德蒙·盖尼《声音的力量》（*The Power of Sound*, London: Smith, Elder, 1880），第 12 页；查尔斯·哈茨霍恩《感觉哲学与心理学》（*The Philosophy and Psychology of Sensation*, Chicago: U. of Chicago, 1934），附录 B。

8-C. 嗅觉、味觉和触觉的美学。气味、味道和触感是否由于缺乏内在秩序而不能被视为审美对象的材料？你会认为一顿美食也可以是一件艺术作品吗？除了诉诸它们缺乏秩序的论点，另外两种论点也认为这些感觉并不具备审美的适当性：（1）低端感觉在功能上是功利性的，与自我保存密切相关，因此不像色彩和声音那样允许超脱性的观照。（2）对事实材料的反应——味道和气味上的偏好——因人而异，时过境迁，犹如天壤之别，因此，并不能根据它们来建构稳定的享受对象。这些论点是否切中肯綮？别忘了，大师级的品茶员能够鉴别多达 1500 种茶叶。参见戴维·W. 普劳尔《审美判断》（*Aesthetic Judgment*, New York: Crowell, 1929），第 57—75 页，其中部分内容收入埃里西奥·维瓦斯和莫瑞·克里格主编《美学问题》（*The Problems of Aesthetics*, New York: Rinehart, 1953），第 182—193 页；埃德蒙·盖尼前引书，第 1 章和第 2 章，以及第 48—49 页和第 243—244 页；托马斯·门罗《艺术及其相关关系》（*The Arts and Their Interrelations*, New York: Liberal Arts, 1949），第 136—139 页；哈茨霍恩前引书，第 36 节；弗兰克·A. 吉尔达德《人类的感官》（*The Human Senses*, New York: Wiley, 1953），第 14 章，第 15 章。

在《审美观照及其与感官快乐的区别》（“Esthetic Contemplation and Its Distinction from Sense Pleasure", *J Phil*, XXXIX [1942]: 701–711）一文中，西德尼·辛克认为，"审美快感"应被定义为从关系的观照中所获得的快感，因此，从单独的色彩、声音或气味等东西中所获得的快感并不是审美的。杜卡塞和卡尔·瑟斯顿对辛克的观点进行了讨论，详见 C. J. 杜卡塞《论审美观照与感官快乐：一种回应》（"Esthetic Contemplation and Sense Pleasure: A Reply," *J Phil*, XL [1943]: 156–159）一文，以及卡尔·瑟斯顿《我们对单色的快感是审美的吗？》（"Is Our Pleasure in Single Colors Esthetic?", *J Phil*, XL [1943]: 320–323）一文。

建构感觉性质乃至于色度的秩序，在其中，每一个迥异的性质由于与其他性质的关系而被赋予一个独特的位置，这是否可能？纳尔逊·古德曼和 W. C. 克莱蒙特对这一问题进行了讨论，详见：古德曼《表象的结构》（*The Structure of Appearance*, Cambridge: Harvard U., 1951），第三部分；克莱蒙特《论性质秩序》（"Quality Orders," *Mind*, N.S., LXV [1956]: 185–199）一文；另参见古德曼的注释，同上（*Mind*, N.S., LXVI [1957]: 78）。

8-D. 旋律。在伦纳德·B. 迈耶《音乐中的情感和意义》（*Emotion and Meaning in Music*, Chicago: Chicago U., 1956, pp. 92–102）中，有着对于旋律的极好讨论。我们将在第四章考察这部重要著作的
111 一般性理论。另参见罗伯特·埃里克森《音乐的结构》（*The Structure of Music*, New York: Noonday, 1955），第 3—69 页；唐纳德·托维在《不列颠百科全书》（第十四版）（Chicago: U. of Chicago, 1929）的"旋律"（"Melody"）词条，收录于《音乐的形式》（*The Forms of Music*, New York: Meridian, 1956）；亚伦·科普兰《音乐听什么》（*What to Listen For in Music*, New York: Mentor, 1953），第 5 章；盖尼前引

书，第 9 章；道格拉斯·摩尔《听乐》(修订版)(*Listening to Music*, New York: Norton, 1937)，第 5 章；埃比尼泽·普劳特《音乐形式》(第四版)(*Musical Form*, London: Augener, 1893)，第 1—8 章；钱德勒前引书，第 180—184 页；莫塞尔前引书，第 99—107 页。

8-E. 节奏。伦纳德·B. 迈耶对旋律的精彩讨论(前引书，第 102—127 页)，令我受益匪浅。另参见唐纳德·托维的“节奏”词条(前引书)；科普兰前引书，第 4 页；钱德勒前引书，第 193—196 页；罗伯特·奥格登《艺术心理学》(*The Psychology of Art*, New York: Scribner's, 1938)，第 4 章，第 19 节；莫塞尔前引书，第 4—5 章；盖尼前引书，第 127—139 页，以及附录 B；道格拉斯·摩尔前引书，第 4 章；玛蒂亚斯·塞伯《爵士乐中的节奏自由？》(“Rhythmic Freedom in Jazz?” *Music Review*, VI [1945])一文，第 30—41 页，第 89—94 页，第 160—171 页；库尔特·萨科斯《节奏与速度》(“Rhythm and Tempo,” *Musical Quarterly*, XXXVIII [July 1952]: 384–398)一文。

“复合节奏”(polyrhythm)这一术语，有时涵盖两个理应区分的概念。(1)在一个小节和下一个小节之间，或者在小节内部，存在拍子的改变。在莫扎特《降 E 大调弦乐三重奏嬉游曲》(作品 563 号)中的第一小步舞曲中，三种乐器是用二拍子来演奏前两个小节，虽然拍号是 3/4；第三小节确立了小步舞曲的速度。令人印象深刻的例子，还包括贝多芬《D 小调第九交响曲》的谐虐曲中四小节向三小节的节奏转换，以及《升 C 小调弦乐四重奏》(作品 131 号)的急板(第 109 小节)中的重音移位。在其《第五弦乐四重奏》(1934)的谐谑曲的三重奏中，巴托克使用了 10/8 的速度，有时把八分音符组合成 3 + 2 + 2 + 3，有时把它们组合成 2 + 3 + 3 + 2；同样，贝多芬在《升 C 小调四重奏》第四乐章的第六变奏曲中，也用 9/4 速度做了同样的事情。(2)在莫扎特《G 小调交响曲》中的小步舞曲中，虽然旋律部分是二拍子，但伴奏一直坚持用三拍子，而且和声在诸小节开头就开始改变，这使得共时拍子出现了一种明显的反差，其中一个拍子也许是更为根本的。这是切分音，它是我们在《第十二街雷格》和《我只能给你爱，宝贝》这样一些乐曲中百听不厌的声音。它也可以叫作“复合拍子”，虽然这一术语也许在两个拍子的加强音几乎同等的情况下才是最妥当的。

8-F. 音阶、和声、调性。参见如下著述：埃里克森前引书，第 71—107 页；唐纳德 · F. 托维的“和声”词条（前引书）；科普兰前引书，第 6 章；钱德勒前引书，第 184—193 页；奥格登《艺术心理学》，第 3 章，第 4 章，第 16—18 节，第 20 节；奥格登《听觉》，第 7 章，第 8 章，
112 第 10 章；莫塞尔前引书，第 81—148 页；普拉特前引书，第 62—71 页；盖尼前引书，第 139—149 页，第 11 章，附录 C；摩尔前引书，第 6 章，第 8 章；约翰 · 迈希尔《音乐理论与实践》（“Musical Theory and Musical Practice,” *JAAC*, XIV [December 1955]）一文，第 191—200 页；马克 · 布伦斯维克《调性与视角》（“Tonality and Perspective,” *Musical Quarterly*, XXIX [1943]）一文，第 426—437 页；唐纳德 · 托维《论（舒伯特的）调性》（“Tonality [in Schubert]”）一文，载于《音乐与书信》（舒伯特专刊）（*Music and Letters*, IX [1928]），第 341—363 页，收入《主流音乐》（*The Main Stream of Music*, New York: Oxford U., 1949），第 134—159 页；C. 赫伯特 · H. 帕里《音乐艺术的进化论》（*The Evolution of the Art of Music*, ed. by H. C. Colles, New York: Appleton, 1941），第 2 章，第 15 章；伊戈尔 · 斯特拉文斯基《音乐诗学》（*Poetics of Music*, Cambridge: Harvard U., 1947），纽约古典书局（Vintage）1956 年再版，第 2 章。

关于“无调性”音乐，详见：理查德 · S. 希尔《勋伯格的音列和

未来的调性系统》（"Schönberg's Tone-Rows and the Tonal System of the Future," *Musical Quarterly*, XXII [January 1936]: 14–37）一文；乔治·珀尔《音列的演化》（"Evolution of the Tone-Row: The Twelve-Tone Modal System," *Music Review*, II [1941]: 273–287）一文；威廉·海曼逊《勋伯格的弦乐三重奏》（"Schönberg's String Trio [1946]," *Music Review*, XI [1950]: 184–194）一文。

当下音乐的调性情况，以及未来发展的可能方向和可欲方向，在约瑟夫·亚瑟尔的《调性进化论》（*A Theory of Evolving Tonality*, New York: American Library of Musicology, 1932）这部卓越不凡的著作中被予以了深刻的讨论。亚瑟尔为音阶的最新进展，诸如全音音阶、十二音阶体系以及半音的各种细分，做出了最透彻、最详尽的说明，并且指出了这些最新进展的重要意义，以及它们所受到的误解。 113

第三章　文学作品

文学作品是什么？正如大多数“它是什么”形式的问题，这个问题也许折射出了几个相互交叉却又迥然不同的关注问题。

例如，我们也许想知道文学家所创造的是什么，其劳动的产物是什么样的实体。我们已注意到，画家创造视觉设计，作曲家创造听觉设计。作家创造的是什么样的设计？或者，我们也许想知道文学作品的基本构成是什么。如果我们说，视觉设计归根结底是由色域构成，乐曲是由声音或声音之间的流动构成，那么，文学是由什么要素构成？又或者，我们也许想知道文学作品是如何区别于世界上与它们有着某些相似性的东西：报纸广告、科学论文以及药瓶上的标签等。“文学作品”的一般性定义是什么？

假设我们在一部最新小说的评论中看到以下陈述：

(1) 它是悲惨的。

(2) 它是错综复杂的。

(3) 它包含许多清晰的自然意象。

(4) 它有三个主人公。

(5) 它共有十三章。

(6) 故事发生于特立尼达和多巴哥。

(7) 它是用葡萄牙语写作的。

这些陈述可能全是真的。此外，它们都是描述性的陈述；它们并不阐释。但是，虽然它们都是关于小说的陈述，它们却不都是同阶的；事实上，它们似乎是关于两种截然不同的东西。

针对“作家创造了什么”这一问题，我们可以回答如下：他创造了人物，也就是说，他想象出了一些倾向于以某些方式行动的人；他虚构了人物行动的背景；他构思了情节，或者一连串的行动。他创作或虚构了拉斯柯尔尼科夫、米考伯夫人、福尔赛家族、乌有之乡、天顶、喀耳刻的岛屿、费加罗的婚礼、厄舍古屋的倒塌、斑点带子案等。从这一角度看，文学作品就是想象或构思出来的一系列人类行动，而行动牵扯到行动者和背景；人物、地点和事件所构成的总体，我称之为“作品世界”。陈述(1)、(4)和(6)所适用的，正是这一方面，陈述(2)亦然。

但是，我们也可以针对这一问题给出另一种回答。作者以一种全新的次序将语词组合在一起，建构了短语、句子和段落，书写了章节。从这一角度看，文学作品是一种文字设计，或语篇——一连串可理解的词语。陈述(3)、(5)和(7)所适用的，正是这一方面，陈述(2)亦然。

针对作品世界，我们须在第五章(§15)中予以更多的讨论。既然作品世界是作为文字所表达或投射的意义而存在的，那么文字是我们首先要考察的。在本章中，我们将把文学作品视为一种语篇，或一种文字设计。

§9　文学的语言

既然一部文学作品就是一个语篇，那么它的组成部分就是语言片段：语句是段落的一部分，语词则是语句的一部分。但这不是说，语句与段落的关系，恰如语词之于语句，而是说，“是一部分”是这两种关系的共同点。

当我们询问文学最终的组成部分或要素是什么，我们可以给出各种站得住脚的回答，并且，我们必须根据我们目前所谨记的目的，也就是批评分析的目的，而在它们之间抉择取舍。我们可以说，语句是语篇最小的完整单位，而比语句更小的组成部分，应根据它们与实际语句或可能语句的关系而予以界定和理解。或者，我们可以说，语素是有意义的最小语言单位，也就是构成语词的词根和词缀："un-law-
115 ful"包含三个这样的语素。然而，更方便的做法，是将我们的要素视为某种介乎语句和语素之间的东西，也就是**语词**。粗略地说，一个语词是一个不可再分的语言单位，它的任何一次分割都会产生一个不能单独使用的部分，至少不可能不发生意义上的改变："law"一词可以单独使用，"un"和"ful"却不可以。[1]这种定义并非完美，但幸运的是，此处无须对其进一步完善。我们有一项更紧迫的任务亟待处理。

由于语词是有意义的语音，它们提出了两个需要研究的层面。在下文，也就是第五章（§14），我们将讨论语词的语音层面；我们现在所要考察的，是语词的意义层面。在意义问题上，近年来涌现出了大量有趣的和有助益的研究成果，但是，目前仍然存在许多悬而未决的问题。如果详细研究意义问题的现状，这势必让我们卷入一些若不几经周折则难以脱身的难题。我们将不得不满足于诸种区分的一个总体框架，而对于文学批评家来说，这些区分是根深蒂固和至关重要的。[2]

1 参见爱德华·萨丕尔：《语言论》（*Language*），纽约：哈考特·布雷斯出版公司 1921 年版，Harvest 出版公司 1956 年再版，第 1 章和第 2 章。

2 在这一意义说明中，我特别参考了查尔斯·L. 史蒂文森的《伦理学与语言》一书，虽然措辞上有一些不同；参见本章结尾处的附注 9-A。

意蕴和含义

在某些条件下，一个自发的人类行为——一种姿势、一声咕哝或叫嚷——获得了以某种较明确的方式而影响感知者的知觉的倾向性，这种能力可称之为该行为的意蕴。既然我们只关心语言行为——说出的声音，或表示这类声音的书面标记——我们可以限定我们定义的范围。对于某个群体的人而言，一个语言表达式是有意蕴的，也就是说，这一群体的先前经验已经使他们准备好对这个语言表达式的言说，口头上的或书面上的，做出反应。

意蕴有两种基本类型。一方面，语言表达式可能具有一种让人对说话人形成某些信念的倾向性；它也许与特定的心理状态有着某种关系，以至于它的言说使得受话人能够对说话人的内心世界进行推导。这种能力，我称之为语言表达式的“认知意蕴”——或简言之，它的含义。例如，当一个讲英语的人说：“哎哟！”我们推导他可能感觉到了一阵剧烈的疼痛。当然，我们的推导有时并不正确：说话人也许只是装疼。但一般而言，人们会做出推导，而且其推导是正确的。当说话人喊“哎哟！”，他未必有交流信息的意图，而只是在表达他的感受。但是，他的喊叫声确实传达了信息，因而具有某种含义。 116

另一方面，语言表达式可能具有一种唤起受话人的某种感受或情感的倾向性。这种能力，我称之为语言表达式的“情感意蕴”。例如，在某个群体之中，一个由四个字母组成的盎格鲁-撒克逊单词，可能倾向于唤起恐惧、震惊或厌恶的感觉，而某些关于家园、母亲或母校的语句，则倾向于唤起温暖的殷殷深情。

既然语言表达式的含义是它唤起受话人的某种信念的能力，我们可以进而做出另一个区分。语言表达式的言说，可能导致受话人对说话人的信念产生某种信念；或者，它可能导致受话人对说话人的感受或情感产生某种信念。因此，当甲者长叹一声："唉！"这具有一种让乙者觉得甲者内心伤感的倾向性。但是，当甲者说："天快黑了"，这倾向于让乙者认为甲者相信夜幕在降临。当一个语言表达式影响到了受话人对于说话人的信念所持的信念，我会说它具有认知含义，而在我看来，这与意义是同一回事。一个语句的意义，因而是其含义的一部分，但意义又无法穷尽含义。这是因为，首先它可能还影响到了受话人对于说话人的感受所持的信念——"哎呀，亲爱的，怎么回事？约翰尼去了集市这么久！"——我将这称为语句的情感含义。其次，它可能影响到受话人对于说话人的其他特征（民族、社会阶层、宗教归属、国家、地位或处境）所持的信念，而这个，我称之为一般含义。例如，如果你使用了航海学、洞穴学、爬虫学、马球运动、巫医或电子学等领域中的一个技术用语，那么，除了你所说的内容，你对这个用语的单纯使用，还将会透露关于你本人的信息。我们可放入同一标题之下的，还有上层阶级和下层阶级的说话习惯、国家的一个或另一个地区的本土口头表达方式乃至那些逐渐成为持某些社会或政治态度的群体的固化反应的老生常谈——"无底洞计划"[1]——的信息性，虽然这些大多也具有厚重的情感含义。

当然，当有人喊"下雨了"，我们并不认为这句话仅仅意味他相信下雨了。它意味天正在下雨，它或真或假地指涉在说话人的心灵以外的世界中所发生的事情。语句的这种指涉能力——它们的语义层——绝不是我们已经完全理解了的。然而，我认为我们可以说，它是基于

1 "无底洞计划"（Operation Rathole）这一短语可能出自世界投资大师沃伦·巴菲特的父亲，也就是当时的国会议员霍华德·巴菲特。"二战"后美国实施了马歇尔计划，对被战争破坏的西欧各国进行经济援助，协助重建欧洲，但对于这一援助计划，包括霍华德·巴菲特在内的很多美国人提出了批评，称之为"无底洞"。——译注

一个语句表述信念的能力，并且它最终是通过这种能力来解释。当我们听到言说的这个句子，我们可能并没有想到说话人，而仅仅是想到降雨；当然，即使我们碰巧知道说话人并不相信他自己所说的话，我们也能够充分理解这个语句。但理解语句，就是知道它可能表达什么信念。而这与知道我们自己相信它时可能出现的情况，是毫无二致的：我们若望出窗外，会期待看到什么，或者，我们若不戴帽子外出，会期待感觉到什么。因此，在我们了解了语句的意义之后，我们就可 117
以说它的意义是独立的，不依赖于任何个别说话人对它的处理。

我认为，在这里拟定一份关于这些区分的一览表，使得它们的关系一目了然，将是有帮助的：

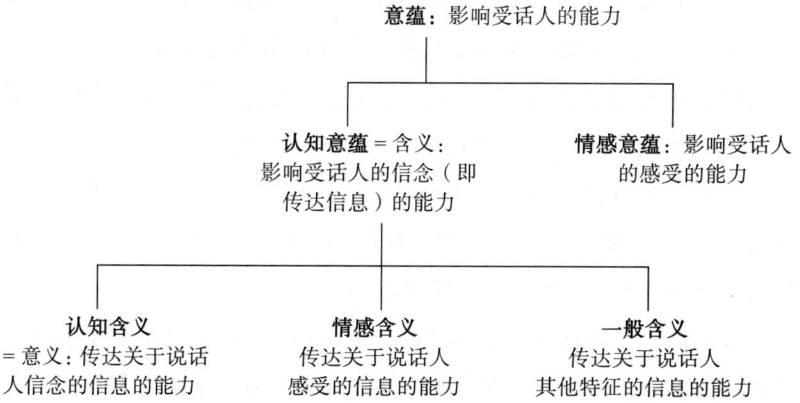

因此，一个语言表达式的意义，就是它表达信念和证明信念的能力。但是，为了让这一策略服务于我们的需求，我们仍要做出另一个区分。一般而言，表达信念的是陈述句；这是它们的主要功能，正如有人郑重其事地说：“股市基本上是健全的。”主要功能不同的其他类型句子，也可能具有信息性；当股票经纪人说：“买入股票之前，先要观望”，尽管这是一个祈使句，但它也让我们对股票经纪人可能持有的信念有所了解。

但是这两个例子都是语句，而具有意义的，不只是语句，还有语词和短语。也许，并不是所有的语词都有意义；例如，英语冠词“is”和“the”本身并无意义，但它们是那些真正具有意义的语言表达式——“God is”和“the man in the moon”——的必要组成部分。如果我冷不丁说出“moon”一词，而没有辅以其他语言表达式，我通常不能影响人们对于我的信念所持的信念，虽然我可能影响到他们对于我神志是否正常这一问题的信念。那么，我们在什么意义上可以说“moon”一词具有某种意义？只能在一种派生的意义上；说“moon”一词具有某种意义，就是指它可以作为那些真正具有意义的语言表达式——诸如“Jupiter has nine moons”——的功能部分而出现。说“lorph”[1]在英语中没有意义，是指没有任何英语句子包含这一单词。用人们更熟悉的话来说，“moon”之所以具有意义，是由于它倾向于在一个熟谙这门语言的人的内心中唤起一种“观念”。但是，这一观念无须是一个意象。即使“moon”这个单词不在一个语句中出现，你也可能理解它的意思，但是，除非你的信念能够受到某个包含这一单
118 词的句子的影响，否则你并不理解它。

我们既已了解这些关于意义的一般说明，现在就可以对文学的本质进行更加具体的探究。如果我们能够找到区分文学语篇和其他所有语篇的准则——进而能为我们提供“文学”定义的准则——那么我们的探究将会事半功倍。本节中的主要问题是：文学的识别，能否诉诸它的语言，即文学中的与非文学语篇相对立的语言使用方式？

人们并不普遍承认，这一尝试是可以取得成功的；也许，我们甚至不能定义“诗歌”。文学理论家确实经常提及“诗歌的语言”，暗示

---

1 作者生造的英语单词。——译注

“诗歌”可以被定义为使用某一种语言而写作的语篇。在英语诗歌的某些时期，这并不是很难；一首诗歌可以通过诗性的遣词用字来识别：它用“有鳍族”或“有鳞类”而不用“鱼”，用“多毛畜”而不用“羊”。但是，我们现在已经习惯了其中有“鱼”的诗歌，不管是活还是死，是普通品种还是珍奇品种，是珍馐美味还是象征符号——正如叶芝的《驶向拜占庭》这样的诗歌，在其中：

鱼的瀑布，青花鱼充盈的大海，
鱼、兽或鸟，整个夏天在赞扬
凡是诞生和死亡的一切存在。[1]

古老的准则不再够用。但是，我们日常的说话方式似乎表明，我们可以将诗歌和其他东西区分开来。

即使存在一个好的“诗歌”定义，但好的“文学”定义可能并不存在。也许，当我们将一首诗歌称为文学作品，我们心中所想到的意义与一部小说被称为文学作品所要求的意义是截然不同的，因为它们涉及不同的区分。即便如此，通过一个定义来确定我们能够在多大程度上接近“文学作品”这个术语的日常用法，这是可以澄清疑虑的，而对于某些目的而言，摈弃日常的用法转而寻求一个更好的用法，这也许是值得一试的。

文学和情感语言

根据其语言而定义“文学”的尝试，分为两类：一是诉诸语言的情

1　摘自威廉·巴特勒·叶芝：《诗集》(*Collected Poems*)，1951 年版权，经麦克米兰出版公司授权复制使用。（此处采用查良铮的译文。——译注）

感层面的定义，一是完全通过意义而表述的定义。

第一类定义极其工整——事实上，它过于工整而令人难以接受。但是它提出了一些基本问题，需要人们认真讨论之。在我看来，它经常会被视为“诗歌”，而不是一般“文学”的定义，因此，我们将在这种更狭窄的意义上对它予以考察。即便是这种形式，它也不太合理，但是我们必须考察它，因为它代表了一种为人所熟知的，往往是对诗歌略有思考但不求甚解的人所提出来的观点。

119 “诗歌”的情感性定义的一般表述是：“诗是情感性的语言。”情感性语言进而被解释为具有*独立的情感意义*的语言。“情感意义”是我在这次讨论中打算弃用的一个术语；我们恰恰是在刚做出的区分之中寻找这一术语的合适替代品时，发现了它时而助长和隐藏的混乱。如果将前文中关于倾向性的一览表做垂直分割，我们就可以区分语词的认知力（包括认知意蕴和认知含义）和语词的情感力（包括情感意蕴和情感含义）。这时，一个较为根本的、影响深远的问题就出现了，其关乎语词的情感力与认知力之间的关系，尤其关乎前者对于后者的依存程度。这种关系的独立性理论认为，存在因果上不依赖于认知力的情感力。

但当然，以这一宽泛形式而表述的独立性理论，几乎是无法讨论的；它需要根据意蕴和含义的一览表中可能存在的相关的交互关系而解析。存在着两种全然不同的独立性理论，而它们所导致的问题当然理应分别处理。但在我们处理这些问题之前，“独立”这一概念本身需要予以澄清。就目前而言，有两点应加以注意。假如有 X 和 Y 两个事物，如果（1）没有 Y，X 也可以发生，或者（2）Y 不改变，X 也可以改变，我们可以说 X 独立于 Y。这样，保加利亚驻联合国的代表则独立于苏联代表，如果（1）他们投票而苏联代表不投票，或苏联代表投票而他们不投票，或者(2)他们的投票不同于苏联代表的投票。

情感意蕴独立理论(我们无妨如此称呼之)，是二者之中更广义的，也是我们在这里不太感兴趣的，但是，它需要予以一定的考察。按照这种理论，存在独立于认知意蕴——即含义——的情感意蕴。这样，就出现了两个问题：(1)是否存在一些这样的语词或语句，其具有情感意蕴(即唤起受话人的感受)，却没有任何含义(即不传达说话人信念、感受或其他特征的任何信息)？这听起来好像天方夜谭。你可能使用了令人震惊的语词，它们具有强烈的情感意蕴，但是它们产生的效果确实在一定程度上取决于它们的意义，无论意义是多么模糊。位于情感谱系另一端的“宝贝”和“亲爱的”之类的昵称，同样如此。(2)情感意蕴的改变是否也独立于含义？要验证论题的这一部分，我们就要找一对术语，它们的含义完全相同，却有着不同的情感意蕴，也就是说，它们传达相同的信息，却能唤起不同的感受——比如，一个术语唤起了否定性的感受，而另一个术语则唤起了肯定性的感受或者根本不唤起任何感受。我认为，这样的一对术语肯定是不存在的。这不仅是因为在一门活的语言中，任何两个语词的历史都是不同的， 120
因而其总含义在某种程度上也是不同的。我们甚至找不到两个含义相近而情感意蕴明显相异的语词。我们常用的例子，诸如“住宅”和“家园”、“政客”和“政治家”等，都不是这样的语词。你所能找到的“姐妹”和“(同胞)姊妹”这样一对语词，也许是最接近的，因为它们的含义非常接近，虽然第一个词语具有第二个词语所缺乏的某种积极的情感意蕴。但是，它们的含义并非完全相同，因为我们可以想出一些这样的诗歌语境，在其中，如果用“姊妹”替代“姐妹”，它们就会失去含义：例如，斯宾塞《婚颂》第一行中的“你们这些博学的姐妹花”。

但当然，即使我们拿不出确凿无疑的例子，这也无法驳倒情感意蕴独立理论。人们所以偏爱这种理论，是有一些理论依据的。假设南方人和北方人对同一个语词做出了截然不同的情感反应。这时，总能找到一个合理的理由来支持这样一种观点，即这个语词具有某种意蕴范围，它在两个群体看来至少略有不同。但是，不能由此推断，情感反应的差异可以完全通过含义的差异加以解释。毕竟，两个人可能会对同一个东西产生不同的感觉，而即使他们觉得这个语词是意指同一个东西，他们对于这一类东西的感觉也可能有所不同。这样，这个语词就会具有一种不同的情感意蕴。此外，假设“老外”一词对于一位仇外者而言，有着某种否定性的情感意蕴；仇外者对外国人可能会产生不同的感受，因而对“老外”一词的反应也异于常人，即使他对这个语词的含义并没有什么不同的理解。

我认为，我们可以得出结论说，一个语篇的含义，虽然不是其情感意蕴所依赖的唯一因素，却是主导因素。我并不是说它们是不可分割的，因为在特殊情况下，一个特定的人也许习惯于对一个语词的发音，而不是对它的近义词，做出某种反应。但是，这种反应具有殊异性；它不能算作是这个语词的情感意蕴的一部分，也就是在某个群体中唤起某种特定感受的一种固定而较有规律的倾向性。就大众的反应而言，“母亲”一词在阿道司·赫胥黎的《美丽新世界》中成为贬义词，这表明语词的情感意蕴是可以改变的——但是这种改变并不是独立于信念的某些改变。

情感含义独立理论则认为，存在着独立于认知含义——意义——的情感含义。同样，我们面临两个问题。(1)是否存在一些这样的语词或语句，它们具有情感含义(即揭示说话人的感受)，却不具有任何意义(即不揭示说话人的信念)？有一小类这样的表达式，诸如“见鬼！”和“哎哟！”这样一些简单的感叹词，也许符合这一描述，虽然我

们甚至连它们的语境都不完全清楚。当你喊“哎哟！”，你确实表明了 121
你有什么感受，但是你也许并没有表明你有什么信念，虽然要在二者间划出一条清晰的分界线确实很难。(2)是否存在意义相同而情感含义相异的成对语词或语句？就像在情感意蕴独立的可变性问题中的那样，在这里也出现了类似的考虑，而吊诡的是，同样的例子也经常被引用，虽然它们即使在这里是相关的，却是与前一个问题无关。但是，如果“姐妹”和“姊妹”具有不同的情感含义，这部分是由于其意义上的幽微差别。“南部民主党人”和“迪克西民主党人”，“北方人”和“北方佬”等，同样如此。

我认为，即使是这种极其匆促的关于独立情感力的讨论，也足以表明，任何一个在这一领域寻找诗歌语言的定义性特征的人，都将有各种各样的具有微妙差异的版本可供选择，但如果在此处都对它们加以区分和讨论，则过于烦琐。在一个极端，存在着一种这样的观念，即诗歌是纯粹的情感语言，也就是有情感含义而无认知含义的语言。诸如此类的诗歌完全由感叹词构成：“该死！”“喂，亲爱的！”“啊！”“嗯！”，等等。大概不会有人坚持这样一种观念，因为一旦这些含糊其辞的感叹词被充实，从而能够表达具体而明确的感受，正如一首诗所表达的那样——“我累了，累了，我宁可我死了！”，这时它们不再仅仅是情感性的，而且它们所具有的情感含义，似乎是由其意义所决定和控制的。在另一个极端，存在着一种这样的诗歌观念，即它纯粹是蕴含丰富的情感含义，也许还蕴含丰富的情感意蕴的语言。这是无伤大雅的，但作为定义却是不足的，因为浩如烟海的非诗歌语篇——求救或警告的喊叫声、出生和死讯的宣告等——具有比诗歌更强烈的情感意义或含义。也许在这两个极端之间，存在着一种既有适用性又有迥异性的情感性的诗歌观念，但是我不这么认为。

因此，在情感性的定义以外，有另一种定义是从文学语言的意义中寻找文学的决定性特征。而最有前景的思路，是区分两个层面的意义，它们有时被称为**外显**意义和**内隐**意义。在这里，实际上存在两个区分，我们现在应尽可能简明扼要地阐述之。

主要意义和次要意义

先考察语句。除了第九章（§22）即将指出的一些例外情况，每个陈述句都因其语法形式而拥有主要意义：它呈现出一种如此这般的
122 意义综合体，因而可以说是真的或假的。简言之，它就是一个陈述。陈述句通常是信念的言述。如果有人说道："拿破仑是一名伟大的将军"，我们通常认为，他所说的是他相信为真的某种东西。祈使句不是陈述，因此在其主要意义的层面上，它并不言述一个信念，但是它也许间接地表明说话人具有某种信念，即使他不明说。因此，如果一个人说："请关上窗"，我们可以由此推断，他认为这扇窗理应关上，抑或他认为天气寒冷。他并不是**陈述**这些信念，而是，在这一术语的技术性意义上，**暗含**之。语句所暗含的，我称之为"次要的语句意义"。

一个陈述句可以陈述一件事，而暗含另一件事；它所陈述的，可能是真的或假的，而它所暗含的，也可能是真的或假的。试看以下句子："拿破仑意识到军队右翼的危险，于是亲自率兵攻击敌人的阵地。"[1] 这个复杂句所陈述的内容是：（1）拿破仑意识到军队右翼的危

1 这一例子引自戈特洛布·弗雷格《意义与指称》一文（"Sense and Reference," trans. by Max Black, *Phil R*, LVII [1948]: 227–228）；我也借鉴了弗雷格的分析。（这篇论文的另一个英译本《论意义与命名》["On Sense and Nomination"]，收录于费格尔和塞拉斯：《哲学分析读本》[*Readings in Philosophical Analysis*, New York: Appleton-Century-Crofts, 1949]一书，第 85—102 页。）

险，以及(2)拿破仑率兵攻击敌人的阵地。如果这些陈述有一个是假的，那么整个句子就是假的。但是，这个句子所言说的，多于它所陈述的，因为它暗示：(1)拿破仑的调兵遣将是在意识到危险之后发生的，以及(2)拿破仑所以调兵遣将，是由于他意识到危险，或换言之，意识到危险是拿破仑率兵攻打敌人阵地的原因。假设我们发现，拿破仑在意识到危险之前，竟然早已决定率兵攻打敌人的阵地；这时，我们仍然可以说，原句“严格来说”是真的，但同时也想补充说：它具有误导性，因为它暗含某种谬误。

因此，一个语句所暗含的，就是我们能够在其陈述之外推断出说话人可能会相信的东西。暗含义的一个检验标准是误导性。假设存在语句所表达的某种意义，这种意义，即使我们发现它是假的，也不会导致我们将这个语句称为假的，而只是认为它是给人以误导的，这样的话，这种意义就是被暗含的，而不是被陈述的。暗含义是这个语句的完整意义的一部分，但是，不同于它所依赖的主要意义，它的存在并不被认为是中心性的或根本性的。这就是我称之为次要意义的原因。它通常不像主要意义那般重要、明显、具体、精确和牢固，但是，即使是从一种实用的角度来看，它的重要性也许也不亚于主要意义。一个语句所暗含的东西，是它以影射、暗讽、暗指或暗喻等形式含蓄地——而不是明确地——言说的东西。“史密斯夫人比琼斯夫人美” 123
和“琼斯夫人比史密斯夫人丑”这两个语句之间的差异，就是暗含的差异。如果其中一个语句是准确无误的，另一个语句则是具有误导性的。但是，“在美的梯度上，史密斯夫人的排位比琼斯夫人高一些，但两人的排位都很高”这句话接近于科学语言。它也许是假的，但它不会有误导性，因此并不暗含什么。

在这里，我们不再继续考察次要的语句意义的各种类型和用法。

对于我们的目的而言，重要的一点是，文学中使用的很多修辞和写作手法都可以归于这个总标题之下。对被公认为规范性的语法顺序的任何偏离，都是一种次要的语句意义。任何观念并置，就像前文拿破仑的例子中的那样，都是如此，因为这种并置虽然暗示观念之间存在某种联系，却让读者自行去发现其中联系。当我们无法建立这样一种联系，我们所拥有的，要么是朦胧暧昧，要么是一种不知所云的呓语：“拿破仑身材矮小，生于十八世纪。”

因此，一首诗的意义的任何一部分，只要是依赖于句法，或者依赖于诗行、语句和诗节的次序，都是暗含义。这可能是其意义的重要组成部分。如果格雷的《墓园挽歌》中存在资产阶级宣传，那是因为它将怀才不遇的乡村天才喻为实际上不愿被采摘的沙漠之花，由此暗示了这点。如果《失乐园》隐含异教信仰[1]，那是因为“成荫的凉棚内部更加神圣，/深藏不露，虽然出于想象，但是，无论/西尔维纳斯或潘，绝没在此住过/无论宁芙还是福纳斯，绝没在此出没”[2]等诗句暗含异教徒的凉棚具有**某种**程度的神圣性，正如“杰克从不像乔这么有钱”这一语句暗含杰克**有些**钱。或者，试看豪斯曼诗歌的第一节：

茕茕穿过夜幕下的轮渡，
攥着那枚硬币来买船票。
忘川码头谁人在等候？

1 这两个例子摘自威廉·燕卜荪：《牧歌的几种变体》(*Some Versions of Pastoral*, London: Chatto and Windus, 1930)，第4页，第190页。

2 西尔维纳斯(Sylvanus)、潘(Pan)、宁芙(Nymph)和福纳斯(Faunus)是希腊和罗马神话中的神。此处采用刘捷的译文。——译注你数数有谁？不是我。[1]

其中提出的问题，其回答是“我”，不是“不是我”；“不是我”所回答的问题（“你将会发现谁”？），却没有问，但正如第二诗节所表明的那样，这一问题是隐含于其中的。 124

当我们从语句转向句子成分，我们就可以区分语词的标准意义或中心意义与其边缘意义或伴随意义。“大海”一词指谓某些特征，诸如“是一大片海域”；这是它的主要词义。同时，它也蕴含其他特征，诸如“有时是危险的”“喜怒无常，动而不止”“大道通途”“艰难险阻”，等等。这些是次要的词义。“姐妹”和“姊妹”指谓相同，但蕴含不同，因为两个没有真正血缘关系的女性，也可能是“知心姐妹”。

这两层词义的区分，并非泾渭分明，但它在我们所有的日常话语之中发挥着重要作用。一些最普遍和最重要的语言成就，特别是文学中那些达到高度的幽微性和力量性的语言成就，便是依赖于我们的一种感觉，即一个语词的总体意义是按照这种方式来划分的。例如，“狼”这个词指谓的是界定一个动物种类的某些特征；它也“指称”拥有这些共同的决定性特征的动物。但是，除了拥有这些使它们成其为狼的特征，很多狼还拥有某些其他特征，或者被普遍认为拥有它们：凶残、坚韧和群体掠食性等。这些特征在包含“狼”一词的语境中被归于“狼”，而在包含狼的学名“Canis lupus”的语境中，将诸如此类的特征归于它们的做法，却没有这么普遍。因此，如果现在有人在某

1　摘自《茕茕穿过夜幕下的轮渡》（“Crossing Alone the Nighted Ferry”），收入《A. E. 豪斯曼诗集》，亨利・霍尔特出版公司 1940 年版权，巴克莱银行有限公司 1936 年版权。本书引用内容得到出版商许可。加拿大境内版权许可来自《A.E. 豪斯曼诗集》的出版商乔纳森凯普出版公司，以及作为已故的 A.E. 豪斯曼的遗产托管人之版权经纪的作家协会。

些语境下使用“狼”一词，我们可以推断，他可能相信被指称的实体具有该语词所蕴含的某些特征。除非这些特征被上下文排除在外，否则它们就是我所说的该语词的完整意义的一部分，虽然不是其严格意义或词典意义——即它的指谓——的一部分。

因此，一个语词所蕴含的，是一些这样的特征，它们是该语词并不指谓的，而是属于，或者被广泛地认为或说成是属于它所指称的许多事物。这就是这个语词的内涵域。但是，这个语词在一个特定语境下所蕴含的意义——它的语境内涵——总是从其总义域中择取出来的一部分；诚然，总义域可能包含相悖的内涵——“大海”既蕴含“险阻”，也蕴含“通途”。在某些语境下，它所有的，或近乎所有的内涵，被其他语词排除在外；这些是意义充分外显、不可能给人以误导的语境，正如在最严谨的科技类著作中的那样。在其他语境之中，语词的内涵却得到了解放；这些是特别值得注意的语境，在其中，语言成为修辞性的，特别是成为隐喻性的。而这类语言，我们将在下一节中予以更充分的考察。几乎不言而喻，次要词义最为充分的实现，出现于诗歌语言之中。例如，在托马斯·卡鲁《歌谣》这首诗的第一节，“诸
125 因”一词承载着厚重的亚里士多德式形而上学：

> 六月悄然过去，玫瑰正凋零，
> 不要再问我朱庇特神赐福何处；
> 在你美丽的东方深处，
> 这些花如受诸因而沉睡。

一个兼具主要和次要两层面的意义的语篇，可以被认为拥有**多重意义**：比方说，它包含**双关语**、隐喻、反讽等。多重意义经常被称为“模

棱两可”，而模棱两可被说成是诗歌语言的一个特殊特征。我将保留“模棱两可”一词，专门用于一些这样的语言表达式：它们的意义是不确定的，因为它们不能同时拥有两种可能意义，而只能拥有其中之一，而且它们无法提供在两种意义之间进行抉择的依据。一旦存在暗含或内涵，则不存在抉择的要求；几种意义同在并存。

“文学”的语义学定义

从上文讨论中，我们可以得出一些一般性结论。粗略地说，语篇可以根据暗含和内涵整理归类，按照它们对次要意义的依赖程度，也就是隐而不显地呈现的意义的比例，而形成某种顺序。一端是意义极其充盈的语篇，它们可以说是将大量的意义凝缩在一个小空间。诚然，这一谱系具有很好的连续性，但如果我们愿意的话，我们可以选择一些标准语篇，以标出这一谱系中的某些位置点。此外，我们可以在次要意义充盈的语篇和次要意义匮乏的语篇之间划出一条分界线，即使是模糊难辨的。现在，我们可以尝试下一个定义：一部文学作品就是一个这样的语篇，在其中，很大部分的意义是隐而不显的。这是“文学”的一种语义学定义，因为它是通过意义而界定“文学”的。

所有文学作品可分为三大文类：诗歌、论说文和散文体小说。《旁观者》杂志的文章和邓恩的布道属于第二类。剧本和电影脚本可视为小说。一部上演的戏剧是由舞台上一系列人类的或仿人类的动作所构成；它也许包含台词的言说，但它不是文学作品，而是与文学相关的更复杂的东西。在本书中，我们没有足够的篇幅讨论这种戏剧。不过，朗诵出来的戏剧，也就是戏剧的剧本，却是文学作品，且符合我们的归类；它或是一首诗，如《哈姆雷特》，或是一部散文体小说，如《群鬼》。

三类文学作品中的每一类，都向我们提出了其本身的定义问题，也就是区分的问题，而这些问题难以厘清，除非我们已经探讨了第五
126 章和第九章中亟待处理的另外几个问题。但我们无妨看看，在目前这一阶段，我们可以说些什么。先说**论说文**。就论说文而言，问题是要将文学意义上的论说文区别于科技文章、《哲学杂志》中的论文、新闻故事等。这当然是一个程度的问题，但问题是，程度应根据什么量表来衡量？我认为是第二层面——也就是暗含和内涵——上的总体意义的比例。文学论说文对于次要意义的文体依存性，以及其依赖于次要意义的诙谐、幽默、反讽等诸如此类的性质，在程度上更高。这条分界线是较为随意的，当然，即使在画出这条分界线之后，我们仍然可以在非文学语篇中寻找并发现所谓的“文学性”。但至少，我们知道自己要什么。

小说的区分标志——将小说从非虚构叙事中划分出来的东西——基本上是它所缺乏的对于第一层意义上的字面真值的主张；但这种定义必须在第九章（§22）中予以补充和探讨。将所有如此界定的小说归于文学类或许是一劳永逸的，虽然我认为一些批评家有心为某种东西保留“文学”一词，这种东西比人们不会相信的单纯陈述更加真实。无论如何，较之历史和心理学的个案研究，小说不仅倾向于对人物进行抽象的描述，而且在一定程度上让读者基于行动而对人物进行推导，而它对事件的意义所做出的判断，是暗含其中的，而不是公开表达的。这，就是次要意义。

诗歌提出了一个更加复杂的问题。首先，毫无疑问，存在**音律**上的区分，而这点，我们将在第五章（§14）中予以较为细致的探究。诗歌至少是有结构的声音，而一个问题就是要分析这种用以界定“韵文”的结构。但不是所有韵文都是诗歌。现在，假设“韵文”已有定义；哪

些韵文可在更严格的意义上称为“诗歌”？一首诗歌是一篇这样的韵文，其意义的很大一部分都是第二层面的意义。通过修辞语言——隐喻、明喻、象征等——而定义“诗歌”，这几乎是可能的。但是，虽然这种定义能够囊括几乎所有诗歌，却不能囊括无遗。例如，试看一首脍炙人口的佚名民谣《爱德华》：它没有修辞格，除非我们把最后一个诗节中的“地狱的诅咒”视为修辞格，但是，使得它成其为一首诗歌的，是它对于谋杀的动机和后果，对于仇恨和罪恶的所有暗含。

因此，我们初步提出，“文学”可以被定义为“具有重要的隐含意义的语篇”。这一定义不仅通过将注意力引向文学作品的语言的突出特征而做出了一个有用的区分，而且也非常符合批评家对“文学”一词的反思和用法。

但是，“文学”的语义学定义也许被认为过于形式化，或者在某种意义上仅仅是唯名论的，正如“人”乃“无羽毛之两足动物”的定义。而事实上，确实存在另一种界定“文学”的方法，这种方法我们也许应予以简短的考察，以完成目前话题的讨论；我认为，它最终与语言学 127
定义几近殊途同归。

假设我们不是从文学的语言，而是从文学所映射的世界中寻找文学的定义性特征。如果诉诸可以轻易转换为客观主义术语的意图主义术语而表达这种观点，那就是：文学的创造者所做的本质性的事情，就是虚构或发现一个对象——它可以是一个物质客体，或一个人，或一种思想，或一个事态，或一个事件——围绕这一对象，他集合了一系列关系，这些关系通过它们在这个对象中的交集而可以被感知为相互关联的。例如，他也许看见或想象出一个小男孩在早春阳光明媚的一天丢弃在草地上的一件冬装。如果他能够赋予这件冬装我在一种特殊的和较为审慎的意义上所说的多重相关性，他就创造了文学的实质。他把这件外套看成，或者使得它成为一个符号一种暗示，由此暗示少年时代的永恒抗争，以摆脱束缚，在外面自由自由地奔跑，或者摆脱临近结束的寒冬，或者摆脱亲子之间关于受寒着凉的矛盾；他让这件外套在某种情节中发挥作用，或作为动机和性格的一种表征，或作为悲剧事件的一个根源；或者，他也许琢磨一件皱巴巴的红色风雪服被丢弃在松软草地上的那种随意和漫不经心，它的一只袖子也许搭挂在一个潮湿的排水沟上。

当然，我的意思不是说，文学的创造者仅仅是进行推导。如果他只对其中一两件事情感兴趣，并转而对相互关系和解释产生好奇——三月份感冒的美国儿童占多大比例？——那么他就走向了抽象、概括和科学。但是，如果他始终将个体对象作为目标，将其视为人类行为的某种模式的聚焦，反映人性的某种特征，那么他就有了一个可观照的文学对象。

我较为散漫的思辨，已涉及我们在第五章和第九章中必须更加系统地探讨的一些问题；我在这里只能是有所保留地冒险讨论之。但看看我们可以从中推导出什么。我们可以想象作者是从不同的方向去创作一首抒情诗，一部小说，或者一篇轻快的文学随笔。但所有这些作品的共性是，它们都关心多重相关性，即诸模式的合生，这不同于训练有素的植物学家把沼泽地视为某些蘑菇的一个可能生长地，或者不同于训练有素的政治科学家将参议院外交委员会的审议视为他们与国务院矛盾初现的征兆。

但是，这一说明中的关键词是“赋予”和“使得”之类的语词；一个语篇——现在切换回客观性的语言——如何把这些特征赋予它所指涉的对象？我理应认为，这只能通过第二层面的意义，也就是内涵和暗含。因此，我们即使是从文学作品的世界开始，最终也会回归它的

语言，而这就是语义学定义率先被提出的原因。 128

§10 阐述的逻辑

较之数学语篇和技术语篇，文学语篇具有一种语义**厚度**，因为它包含只有通过内涵和暗含才能予以暗示的深层意义。这不应等同于纯粹的含糊性、散漫性、薄弱性或失控性；语义厚度与精确性和受控性相容并存。但是，它使得语篇超越了人们乍读之下，甚或有时在更长时间的观照之后所获得的对于它的印象；似乎每次沉思谛观，它都会生成新的意义，仿佛总有东西取之不尽，用之不竭，虽然它慷慨大方，有求必应。因此，逐步理解一部文学语篇的经历，就是一种成长；正如面对一个简单的象征符号，这不是我们读懂或读不懂的问题，而是一个多或少、深或浅的问题。所有这些，尤其适用于诗歌。

此外，我们可以在别人的帮助下读懂一首诗；有一些意义是我们在没有他人帮助的情况下所无法领悟的，但一旦有人指出这些意义，我们就会承认它们的在场。指出一首诗中的某种意义，就是**阐述**这首诗。

在我们自己或他人不做出任何阐述的情况下，我们当然可以理解一些诗歌中的很多内容：诸如“我亲我爱，何处徘徊？”另外一些诗歌却要反复推敲方能形成意义：它们更为朦胧。但即使是那些初次阅读就很好理解的诗歌，也不会在这一次阅读中穷尽自身的意义；我们在下一次阅读时，会有更多发现。从一端的莎士比亚的诗歌、雪莱的抒情诗或者拜伦的《唐璜》到另一端的哈特·克莱恩、华莱士·史蒂文斯或迪伦·托马斯，二者之间只是一种程度上的差别。阐述只是在短时间内为我们做了我们在更长时间内所能为自己做的事情，如果我们接受适当训练的话。阐述者为我们提供了我们理解诗歌所需要的却未能获得的信息。不是说他宣称指出了一首诗的全部意义。他会说："除了别的以外，'液化'在这一首诗中还意味着……"，或者"除了别的以外，'缠结'在上下文中还意味着……"这些是部分性的阐述。在这一节中，摆在我们面前的基本问题是：何以知道这些陈述是真确的？

阐述一个语言表达式，就是宣告它的意义。然而，如果将它区别于另一种宣告意义的方式，即下定义，由此对"阐述"这个术语予以限定，这将是省心省事的。如果你询问一个语词在一个特定的语境中是什么意思，你是在询问阐述者所回答的那种意义问题。但是，你也可以询问一种不同类型的关于这个语词的**一般**意义的问题；这是辞典编纂者所回答的那种问题。他所研究的意义，是在大多数语境，或者在大多数的某种语境——比方说，法律文书，或棋谱——中相对恒
129 常的意义。语词的这种语境间意义——当然，也许存在几种语境间意义——是一种标准化的意义；它是前一节所说的"指谓"。

提供一个语词的同义词，由此明确该语词的一种标准意义，就是给它下定义：动物饲养员所使用的"骡"一词，与"雄马与雌驴所生者"是相同的意思，也就是指谓相同的特征。在很多语境下，这是"骡"所具有的意义，而在某些语境下，它是"骡"所具有的全部意义——"那头骡子在牛舍里"。定义显然是非常有用的，但是它们并不承担阐述被赋予的每项任务，因为它们本来就不是被用来报告语词在任何特定的语境下所具有的全部意义。

虽然阐述经常——往往——被称为"阐释"，但是我建议将后一个术语用于我们将在第九章(§22)讨论的某种不同的东西。这个区分并非泾渭分明，但是，当一个批评家讨论一首诗相对本地化的组成部分，

即一个隐喻的意义、一个语词的内涵、一个句法含混的破碎句的隐含意义等，这时他就是在阐述。既然从某种视角来看，一首诗就是一个意义综合体，那么阐述性陈述就可以算作这首诗的部分性描述。

毋庸置疑，文学批评家言说了很多陈述，这些陈述都是，或者都声称是诗歌的阐述；但是，他们能否拿出好的理由来证实这些陈述，这却是存疑的。假设两个批评家对一首诗做出了不相容的阐述——所谓“不相容”，指的是它们不仅仅是互补的，即指出了对方所忽略的某种东西，而且在逻辑上是相悖的。是否存在某种适当而客观的方法，使得我们能够，或至少在原则上能够通过它来解决这一分歧？简言之，是否不仅存在阐述，而且也存在一种阐述的**方法**？

姑且考虑“方法”一词。你所做的一些事情，是有方法而为之，而另一些事情，则无方法可言。“你是用什么方法将蛋白和蛋黄分开的？”或者“你用什么方法哄**你的**小孩上床睡觉？”，这些问题是有意义的。而“你打喷嚏的方法是什么？”这样的问题，则不知所云。一个行动只有符合以下条件下，才能方法化：（1）一个行动有不同的施行方式；（2）在施行这一行动时，可能存在一般性的原则或规则；以及（3）人们能够提供好的理由来解释为何要遵循这些规则而不是其他规则。当一个行动产生真值的诉求，就像思维行为，而不是像击球的行为那样，实施这一行动的方法则可以在广义上被称为一种“逻辑”。因此，存在着演绎推理这样一种东西，你甚至不用学就会；但是，也存在着一种演绎的逻辑，即一系列合乎理性的可证明的普遍规则，我们可以根据它们而声明演绎什么时候是正确的，什么时候是不正确的。此外，还存在着一种归纳的逻辑，也许还有更加具体的历史研究和道德推理的从属逻辑。现在摆在我们面前的问题是，是否存在着一种阐述逻辑。 130

当我们反思在理解诗歌的过程中给予我们极大帮助的当代批评家的做法，我认为我们可以勾勒出一种人们经常或多或少明确遵循的普遍性程序。如果它能够系统性地建构起来，并能证明其正当性，那么，它就是我们所寻求的逻辑。所以，让我们先考察之。

任何复杂的语言表达，诸如语句，其意义是一种区域性的意义。在许多语句中，这种意义是构成语句的诸语词的意义与其语法关系相加后所得到的一个特殊函项。你也许从未见过“鳄鱼在钢琴上”这个语句，但你可以轻松自如地分析它，也就是理解它。这是因为，如果你知道“鳄鱼”等语词的词典意义、句法以及英语的语法规则，你就能从诸部分的局部意义中读懂整体的区域性意义。当然，一个含混的语句，诸如“杰克欠约翰的钱比吉姆多”，就像是一件含混的视觉设计（如台阶的图形），因为从中可以读出两种截然不同的区域性意义。但是，不计其数的语句，具有十分确定的意义。

然而，还有另一大类语句，其中的区域意义和局部意义之间的关系更为错综复杂。如果我们在前一章中已经成功地为这一术语提供了一个好的定义，我们会不由想将其称为“突生性意义”。

> 在有形城市的形而上街道，
> 我们念念不忘犹大之狮。
> （华莱士·史蒂文斯《纽黑文的一个平常夜》[1]）

如果我们试图根据单独的语词及其语法关系而为这一语句建构一种区

1 摘自《纽黑文的一个平常夜》（“An Ordinary Evening in New Haven”）。收录于《华莱士·史蒂文斯诗集》（*The Collected Poems of Wallace Stevens*），阿尔弗雷德·克诺普夫公司（Alfred A. Knopf, Inc.）授权出版。华莱士·斯蒂文斯1950年、1954年版权所有。

域意义——仿佛它与“那只猫在垫子上”这个句子大同小异——那么我们就会寸步难行。在这里，“形而上”和“有形”的语境意义，无疑更加新颖，也更令人困惑，远远超出了词典的范围。如果存在一种适用于诸如此类的语句的阐述方法，那么它就不能仅仅是我们针对日常语句所使用的方法。

相对主义的阐述理论

当然，批评家确实还有另一种方法。它本质上包含两个部分，每一部分都可能要求反复深入的思考，以及敏锐的判断力。第一步是询问“形而上”和“有形”这类语词潜在的内涵域；这一点，我们已经在前一节讨论过了。第二步是通过筛选符合语境的内涵而确定潜在的内涵中有哪些是真实的。阐述所要满足的诸条件，是语词的标准语义所 131
设定的，其中包括“城市”这样一些具有较明显语义的单词，即使在这种语境之下，其语义也是局限于自己的指谓意义。因此，考虑到“街道”和“城市”的在场，“形而上”和“有形”有哪些可能的内涵可以有意义地运用于它们呢？当“形而上街道”和“有形城市”进一步组合成为一个更大的短语，它们各自又有哪些可能意义是相符的呢？大致而言，阐述者可以说就是以这样的方式工作的。当然，在进行阐述时，他的思想可能比我所描述的更加敏捷，更加幽深丰富。但是，我们可以说，阐述者之所为，就是试图发现整体的作为诸部分在其语法关系中的意义——包括次要意义——的一种语义函项的区域性意义。而他的工作牵涉两个不同程序：一是确定内涵域，二是从中选择实际的内涵。

然而，经过更深入的思考，我们可能会质疑这种方法的决定性。我们可以说，一个方法是决定性的，如果两个人将其正确地运用于同一个问题并且掌握所有相关信息时，会得出相同的结论。因此，用卷尺测量桌子的方法，在这种意义上便是决定性的。但是，假设方法的运用不仅依赖于掌握信息和遵循规则，而且还依赖于其他某种因人而异的，或者同一个人因时而异的东西——这样，该方法就不具备决定性。我们不能指望它产生人际有效的结果；它是一种相对主义的方法。例如，如果卷尺有弹性，必须把它拉伸开才可使用，这样一来，测量的结果就将部分地取决于个体的力气和一时意愿；如果两个个体分别给出了截然不同的测量结果，我们将无法判断孰对孰错。

存在一种相似的很有道理的阐述理论。[1] 如果它为真，则不复存在阐述的逻辑，而很多批评将变得毫无意义，除了作为一种聊以自娱的自由联想。这种怀疑论可建基于两个互补的论点，只要任何一个是结论性的，都是对阐述逻辑的致命一击。

第一个论点关乎阐述方法的第一个步骤，即确定诗歌中诸语词潜在的内涵域。这种论点提出，此问题不容许任何客观的回答。根据这一观点，我们可以询问，一个语词在一个特定的场合对于一个特定的读者来说有着什么样的内涵，这取决于读者的个人经验和个性特征；我们不能询问，它蕴含什么样的一般性意义。简言之，内涵与个人联想是不可分割的，因而是相对的。

很明显，这第一种论点与我在前一节中所下的一个论断相互抵
132 牾，而如果我的论断能站得住脚，它便不攻自破。我说过，“火”“荒漠”“月亮”“钢铁”“石头”等词语（为简单起见，举一些容易的例子），其内涵就是其意义的客观部分，因为它们跟这些语词的词典意义一样，都属于某一个语言共同体，尽管不是这么明显。它们的内涵来

1 参见查尔斯·L. 史蒂文森的论文，见附注 10-A。

源于这些对象在人类经验中的显现方式。“荒漠”蕴含贫瘠和死亡之意，无论读者是否意识到这点；他可以通过回想荒漠的实际影响而纠正和完善他的阅读。因此，在更抽象的层面上，“荒漠”的内涵就是“荒漠”的指谓的一个函项，而原则上，如果两个人都知道“荒漠”的指谓，并且都了解关于荒漠本性的相关事实和人们对于荒漠的当下信念，以及探险家、工程师、历史学家谈及荒漠的过往语境，那么，他们就能在较小范围内达成共识，认为哪一些特征是这个语词所蕴含或所不蕴含的。此外，标新立异的解读——“它让我想起了从小就知道的一个小沙丘”——也可视为这样。

但如果说第一种论点尚可回应的话，第二种论点就危险多了。假设两个批评家针对一首诗中诸语词潜在的内涵域达成共识；他们仍要决定，这些内涵中有哪些是符合实际的。正如我们所言，一些内涵会被语境排除出去。但是，怀疑论者可能会说，除了通常无法获得的作者之公开意图，语境既不承认，也不排除某个内涵；因此，内涵的承认或排除，需要读者方面做出决定。读者所能做的，就是对诗歌做出两种解读，即将其视为有这一特定内涵的和没有这一特定内涵的，然后再决定这两首诗中哪一首是他更喜爱的。如果他更喜爱那首包含这一特定内涵的诗歌，那么，这就是他所选择的读诗的方法，虽然另一个读者可能做出不同的选择。当然，他可能会宣称他选择了最“恰当的”或最“连贯的”意义，由此来掩盖其决定中的规范性要素，也就是偏好的要素，但是，根据我们现在正在讨论的论点，这些术语也是不能客观性地定义的。因此，“这首诗有如此这般的意思”，其意思就是“我更喜欢以这种方式（而不是其他方式）读出来的诗”。

按照这种观点，所有的阐述性陈述都隐而不显地指涉说话人自己，以及他的个人偏好。当燕卜荪断言“荒芜的唱诗坛”指修道院的毁灭，[1]而其批评者却予以否认时，他们虽然看似相互抵牾，但实际上并非如此，因为一方说的是他喜欢这首诗有这种意义，而另一方说的是他更喜欢这首诗没有这种意义。我把这种观点称为“相对主义的阐述理论”。

133 相对主义理论认为，没有阐述是错误的，因为正确理解的阐述并不要求客观有效性。这是因为，阐述在两个关键点上取决于个体读者的殊异性：一是他对语词的个人联想，二是他对诗歌的个人偏好。要批驳相对主义的理论，只要能够表明阐述是独立于这两组殊异反应之外，或换言之，能够提出一种非相对主义的阐述逻辑，就足够了。在我看来，相对主义理论的第一个论点，也就是为内涵的相对性而辩解的观点，是经不住批驳的。我们现在关心的是第二个论点。好了，这里的问题是：我们如何知道哪些潜在意义应归结于一首诗，哪些潜在的意义应排除在外？

要把这个宏大而穷纤入微的问题简约成可操作的部分，同时不遗漏其任何一个重要方面，我们必须挑选出阐述的一个样本问题，即一种可以作为测试用例的模型。阐述问题繁杂多样，但是我将要探讨的是隐喻的阐述问题。如果我们能够针对诗歌意义诸如此类的内核所牵扯到的东西而做出一种令人满意的说明，如果我们能够继而以一般的方式而表明，适用于这些内核的，也同样适用于更大的实体，诸如完整的诗歌，那么，我们就能针对相对主义的阐述理论做出合理的回应。

隐喻理论

什么是隐喻？我将提出的理论——它是初步的，而且是为了方便

1 William Empson, *Seven Types of Ambiguity*, New York: Meridian, 1955, p. 5.

讨论，因为我知道它的片面性，虽然我相信它已离主要真理很近——将会是不言自明的，如果我们先将它和其他三种不同的隐喻理论相比较的话。很难找到作者为其中一种或另一种观点辩护的明显例子，[1]这也许是无关紧要的。这些观点至少是可能的和可辩的，而且，它们是人们在这一时期或那一时期或多或少明确地坚持的。

第一种隐喻理论，我将称其为“情感论”。一个老生常谈的观点是，隐喻性的语词组合在某方面违背了我们对于英语单词的组合方式的正常期待。隐喻被理解为语言的错位或误用，虽然它由于具有一种特别有价值的、有趣的特性而区别于语言的其他误用方式，因而经常被称为语言的一种极致用法。情感论旨在解释的，正是这一特性。

要让这种理论具有最大的合理性，我们必须在比前一节更加狭窄的意义上理解一个语词的意义；根据情感论，一个语词，仅当其对于一个给定的情境的适用性存在确证的方法——大致而言，仅当其具有 134
一个明晰的指谓——才具有意义。例如，刀的锋利程度可以通过各种手段来检验，这使得“锋利的刀”这一短语是有意义的。我们也会认为，“锋利”具有某种否定性的情感意蕴，其来源于我们对于锋利之物的经验。现在，当我们谈及“锋利的剃刀”或者“锋利的钻头”，“锋利”的情感意蕴并不活跃，因为这些短语是有意义的。但是，当我们谈及“锋利的寒风”、“锋利的商人”或者“锋利的舌头”，“锋利度”的检验标准并不适用，因为，虽然单个语词是有意义的，它们的组合却是无意义的。通过这样的方式，这个形容词的情感意蕴得到了释放和加强。

因此，根据情感论，隐喻就是一个这样的例子，它关乎我们先前

1 附注 10-C 对主要的一些作者做了整理归类。

求而不得的东西：一种有情感意蕴而无意义的表达式。但很明显，隐喻并不是诸如此类的表达，因而情感论是错误的。事实上，它至少有两点错误。首先，它依赖于一种过于狭隘的意义概念，以及一种过于狭隘的可检验性的概念。“锋利”的内涵，有一些仍然能够用于舌头，即使它的指谓并不能。因此，如果说舌头的锋利没有检验标准，其实并不正确。任何人，只要经常责怪别人，对别人吹毛求疵，尖酸刻薄，都可以说有着一条利舌；这些就是检验标准。当然，锋利舌头的检验，不同于锋利剃刀的检验，而锋利剃刀的检验，也不同于锋利钻头的检验。第二，对隐喻进行如此这般的解释，以至于蕴涵所有隐喻都是情感性的，这是行不通的。它们可能是情感性的，而它们有很多确实是情感性的，但它们并不必然是情感性的。也许，一阵锋利如刀的寒风，并不是我们特别在意的，但正如“白痴”或“讨厌鬼”，“锋利的寒风”并不是高度情感性的。此外，如果“锋利的机智”中的“锋利”不是贬义词，而是褒义词，这肯定是因为它的意义在新的语境中发生了改变，因而它不可能是无意义的。最后，“锋利的不道德现象”和“锋利的惰性”都是无意义的，但在其中，“锋利”毫无情感意蕴可言。

情感论否认隐喻具有意义，因而区别于另外三种理论；其他隐喻理论都是认知理论。

第二种隐喻理论，我将称其为“随附论”。对于这一理论的辩护，始于一个这样的发现，即诗歌的语言，尤其是隐喻，能够传达字面语言所不能传达的意义。确实，除非隐喻能够提供一种不可替代的语言模式，否则我们有什么理由需要隐喻呢？在我看来，随附论的支持者一般会对“锋利的寒风”这样的例子不予理睬，认为它们不是“真正的”隐喻，或者不是重要类型的隐喻：但是，他们会说，在柏拉图的洞喻或者陀思妥耶夫斯基的地下室隐喻中，自然事物能够承载某种超自

然的意义。只有通过隐喻——以及它在神话和仪式中的延伸——语言才能够摆脱字面语言的束缚，随心所欲地游乎天地之间。 135

根据这种理论，一个隐喻的意义，并不产生于其构成部分的字面意义，而是呈现为某种外来的、独立于它们的东西。字面意义被推翻，继而消失；隐喻性的意义无法通过它们来阐述。

有一个为人所熟知的类比。一门语言中的一个短语，如果其本身具有一种独立的特殊意义，而这种意义不依赖于其语词的意义，那它就成其为一个**成语**；仅靠语法和词典，一个外国人无从知晓“*chez lui*”或“by the way”的意思。随附论将隐喻视为成语的一个类型。正如情感论，随附论否认隐喻是可以阐述的，虽然其理由有所不同。就此而言，这两种理论都区别于另外两种待考察的理论。

正是由于一个成语是成语，它的意义必须第一时间学会；它实际上是一个新词，并且作为新词被收入外语词典之中。但是，当我们读到一个隐喻，在没有隐喻词典的情况下，我们至少能够琢磨出它的部分意义。这点如何可能？在这里，随附论必须做出一个基本的区分：存在一种让我们能够理解“那只猫在垫子上”的方法；但这与我们理解威廉·布莱克的《老虎》的方法毫无关系：

老虎！老虎！光焰闪耀，
在黑夜的丛林中熊熊燃烧。
什么样的不朽之手和双眼，
才能造成你那可怕的匀称外貌？

隐喻不能根据其构成部分的相互关系来理解，它要求一种特殊的直觉。

这种理论产生的影响是：它预设了一种知识理论，并提出了一些我们尚未准备好处理的问题。我们将在第九章（§23）讨论它们。与此同时，我们可以公正地将随附论视为最后一着。换言之，如果我们能够提供一种合理的，能够对隐喻的独特性予以令人满意的说明的隐喻理论，如果这种理论意味着隐喻意义可予以分析和阐述，那么，即使随附论经得住批驳，也将是不必要的。

第三种隐喻理论，我将称其为“字面论”。“字面”一词有两种常见的意义。首先，它与比喻性相对，从而将隐喻、明喻及其他修辞格排除在外。其次，它与“隐喻性”相对——我在此处就是在这一意义上使用该词。一个简单的比较（“他的房屋像我的房屋”）就是一个字面表达，因为它的语词无一是隐喻性地使用的。有一类明喻也是如此：

他呼出的气息结着白霜
宛如古老香炉上袅袅的虔诚香气
136 （济慈《圣亚尼节前夜》）

字面论认为，隐喻是一种伪装的或叠缩的明喻。“我们的诞生无非是一次入睡和忘却，”[1] 应理解为“我们的诞生就像一次入睡和忘却”；而在乔治·梅瑞狄斯《爱的坟墓》中，有如下诗句：

上帝洞察一切，悲惨的生活
无须由坏人承受；激情编织阴谋；
我们被内心的虚情假意所背叛。

1 引自威廉·华兹华斯：《颂诗：忆童年而悟不朽》。——译注其中的"激情编织阴谋"这一隐喻，应理解为"激情就像某种编织工具，而阴谋则像某种被编织成的东西"，因为这是一个双重隐喻：激情只能在隐喻性的意义上编织，阴谋只能在隐喻性的意义上被编织。

字面论视为根本的概念是"省略"的概念。这是一个令现代语法学家深受困扰的概念；如果人们现在几乎总是说，"她是我爱慕的人"，那么，把它视为"她是我爱慕的那个人"的省略形式，似乎是不自然的——他们并未意识到省略了什么。但是，也有一些这样的语句，我们可以颇有信心地宣称，某些语词虽然不明言，却是隐含于其中的，这是因为，这些语句需要它们排除其他的可能性，从而完成语句的意义。要理解"他去，我不"这个句子，"不"后面需要另一个"去"字，而不是"留"字。因此，字面论认为，隐喻是省略式的明喻。由于它们并没有根本性的区别，隐喻可以像明喻那样通过日常语言的规则理解，这不会给阐述造成任何特殊问题。因为明喻的唯一问题是收集足够的事实信息，以决定它能达到什么程度：

> 就像翻滚的海浪拍打岸边的鹅卵石，
> 我们的分分秒秒也在匆匆奔向终点。
> （《莎士比亚十四行诗》第 60 首）

诚然，我们必须靠自己来理解这一比较，但严格来说，那并不是这个明喻的意义的一部分，这一明喻只是说，海浪和分秒在某方面是相似的。

这样，隐喻和明喻在某些方面并不是迥然而异的，而认为它们可以相互还原的观点，古已有之。然而，此观点谬矣。

首先，要注意有两种明喻：(1) 开放性明喻仅仅陈述甲者像乙者——分秒就像海浪。(2)**封闭性明喻**陈述甲者在这方面或那方面像乙者。试看：

> 风俗沉甸甸地压在你的身上，
> 如霜降般沉重，如生命般深广。
> (华兹华斯《颂诗：忆童年而悟不朽》)

在上述诗行中，风俗和霜降均以“重量”来比拟，风俗和生命均以“深广”来比拟。封闭性明喻的作用类似于隐喻，并且可以圆满地转述为
137 隐喻(“风俗是霜重的”)，但是，我并不认为所有隐喻都可以圆满地转述为封闭性明喻——比方说，在“皎洁的月亮静静地躺在海峡上”[1]中，躺着的月亮像什么呢？而隐喻也不能还原为开放性明喻，因为它们在诗歌语境中的作用截然不同。若语境不存在，开放性的明喻则是空洞的和不受约束的：甲者像乙者，但二者在哪些相关方面是相似的，这需要语境来告诉我们；隐喻是完整和完满的，不倚赖任何语境；实际上，与其说语境的功能是提供可能的意义，不如说是消除可能的意义。隐喻并不是一个隐含的比较。

逻辑谬逆

第四种隐喻理论，我将称其为“逆悖论”。这个奇怪的名字，是我为隐喻理论或者一般修辞策略(隐喻理论是其中一类)所能找到的最佳选择。先看某种话语，我们可称其为“自逆话语”。它的基本原则是：说话人或写作者明确地说出了一个陈述，但其言说方式表明，他

---

1 摘自英国诗人马修·阿诺德：《多佛海滩》(*Dover Beach*)。——译注

并不相信他所陈述的，或者他主要感兴趣的不是他所陈述的，由此将人们的注意力引向他并不明确陈述的其他内容——“如果他赢，我就吃掉我的帽子”。它取消主要意义而为次要意义腾空间，因此是言不尽意的话语。这一原则有着极其广泛的应用，因为它是各种策略的基础。反讽就是一个明显的例子：当你反讽地做出一个陈述，你通过语调或其他方式表明，你在陈述的行为中撤销了陈述，由此暗指陈述的相反意义。还有很多其他方法来做同样的事情：你可以给你的陈述贴上“玩笑”“故事”或“寓言”的标签；你可以将它们写成诗，这说明你的主要目的不是提供有用的信息。你可以使用并非任何东西之命名的名字，诸如“哈克贝利·费恩”或“约克纳帕塔法郡”[1]，或者你可以说，若与现实的人（无论在世与否）有任何雷同之处，则纯属巧合。你可以明显夸大其词，或者违反自然规律。你可以对细节闪烁其词，借此表明你并不是真的准备去证实你的陈述，或者交给别人去证实。

在所有这些情况下，策略是相似的：读者可以看出，你并非在断言你所做出的陈述（断言就是表明观点并要求别人相信之），但是，既然你已做出陈述，而且可能还断言了什么，读者便会四处寻找第二层面的意义，在这一层面上，有某种东西正在**被**言说。而在诗歌中，获得这一结果的主要策略，就是**逻辑谬逆**。换言之，正是诗歌中陈述的逻辑谬逆，赋予了诗歌第二层面的意义。

让我们用“归属式”这个术语来表示任何一个这样的语言表达式，其至少包括两个语词，一个语词指称一个类，并且对它做出某方 138
面的概括，而另一个语词则限定或修饰这一概括。我将把一个表达式

1　美国南方小说家威廉·福克纳在其小说中虚构的地方。——译注

称为归属式，不管它是单纯的短语（“大狗”），还是完整的语句（“这些狗真大”）。但是，当我需要区分时，我会谈及“短语型的归属式”和“语句型的归属式”。我将把两种归属式中被修饰的语词（“狗”）称为归属式的主语，另一个语词（“大”）则是修饰语。注意，我并不是说“狗”这种动物是主语，而是说，“狗”这个词是主语。

现在，考虑一些特殊的归属式，即逻辑上空洞的归属式。我不是说，它们是无意义的归属式；它们仅仅具有某种逻辑特质而已：它们不适用于世界，或者包括不适用于世界的组成部分。这些逻辑空洞的归属式，分为两种基本类型。

自我蕴含的归属式是一种这样的语言表达式，在其中，修饰语的意义已经包含于主语的意义之中，因此修饰语不能为整个表达增添任何意义。如果自我蕴含的归属式是一个短语（“两条腿的二足动物”，“年纪老迈的老恶妇”），它就是冗言的；整个归属式在逻辑上并不空洞，但修饰语一无用处。如果自我蕴含的归属式是语句（“二足动物长有两条腿”，“老恶妇年纪老迈”），那它就是重言的。

不管是出于无知，还是忙中出错，不经意间说出一个自我蕴含的归属式是可能的——有些人并不知道老恶妇从定义上讲就是年纪老迈的。但是，在提供清晰的证据表明你知道自己是在做什么的情况下，故意去言说自我蕴含的归属式也是可能的。这样的话，话语便是自逆性的。当敏锐的读者（或听者）发现你明显在郑重其事地对待你和他都知道是逻辑上荒谬的东西，他一定会四处寻找另一种可能的意义。如果他在修饰语的含义中发现这种意义，他就能够赋予整个表达式以某种意义。这样，这个表达式就不再是一个单纯的自我蕴含，而是一个有意义的自我蕴含式：也就是一个这样的归属式，它在修饰语指谓了什么这一层面，而不是在修饰语蕴含了什么这一层面是自我蕴含的，因而是逻辑上空洞的。

我将列举一些例子。首先是关于冗言的例子：

> 我们已经安静地生活了七年，
> 成功地远离了世人的目光。
> 生活着，部分地生活着。
> （艾略特《大教堂中的谋杀》[1]）

这是一个双重冗余的例子——从字面意义上理解这些语词——因为“安静地生活”蕴含“生活”，而“生活”蕴含“部分地生活”。当“生活”第二次和第三次出现，我们便理解它在一个层面上的冗余，但是我们马上转而思索这个语词的丰富内涵，以确定其中哪一个符合语境。另一种类型是一对同义词：“时间那不可听见的无声脚步”（《皆 139
大欢喜》第五幕第三场，第 40 页）；燕卜荪[2]举了这个例子，以及另外几个例子。与单独看每个语词相比，读者在试图绕开明显的重复性时，会将更多的注意力放在那些造成意义中的细微差异的微妙内涵之上。

作为重言式的一个例子，艾略特的诗节也许与“我无法与你一起生活 / 那将是生活”（艾米莉 · 狄金森[3]）相得益彰——也就是说，“如

1　摘自艾略特：《大教堂中的谋杀》（*Murder in the Cathedral*），哈考特 · 布雷斯出版公司 1935 年版权。经授权复制使用。

2　燕卜荪：前引书，第 108—111 页。

3　摘自《我无法与你一起生活》（“I Cannot Live with You”），托马斯 · H. 约翰森（Thomas H. Johnson）编：《艾米莉 · 狄金森诗集》（*The Poems of Emily Dickinson*），经哈佛大学贝尔纳普出版社（Belknap Press）授权复制使用。

果我和你一起生活，就是活着的”。同样，燕卜荪[1]详细地指出，“如果我不爱你，就让我别爱你”（乔治·赫伯特《折磨》）的意义是多么丰富。比较：

而这个寻常人，一个玩笑，可怜的碎陶片，补丁，火柴棒，不朽的

钻石，

正是不朽的钻石。

（霍普金斯《自然是赫拉克利特之火，复活之慰藉》[2]）

将形式逻辑的冰冷机器用于诗歌，这似乎是奇怪的。但是，就像所有陈述一样，诗歌的陈述具有一种逻辑形式，而我要指出的是，诗歌陈述的诗性力量所依赖的，正是其逻辑形式的独特性。由于篇幅有限，我们在这里无法详谈我所引用的所有诗句的全部意义——比方说，思考“不朽的钻石”以及它所隐含的灵魂概念在霍普金斯的诗句中获得某种重生的方式。它首先和一些卑微的物品一起在主语中出现，然后突然前景化，独自出现于谓词之中。这是罕见的，且意味深长。但是，我们目前所关心的，仅仅是一个这样的基本要点：这个分句，在字面意义的层面上，是一个重言式，而推动我们从中读出更高层面的意义的，正是我们对于其重言性的辨识。

1 燕卜荪：前引书，第 207 页。他称其为“重言式含混”（ambiguity by tautology）；参考燕卜荪在第七章关于含混的第七种类型的讨论。

2 《杰拉德·曼利·霍普金斯诗集》（*Poems of Gerard Manley Hopkins*）第三版，纽约 / 伦敦：牛津大学出版社，1948 年版，经出版社许可重印。

隐喻性的归属式

自相矛盾的归属式指一种这样的表达式，在其中，修饰语所指谓的某个特征与主语所指谓的特征不相符——“四条腿的二足动物”“圆形是方的”等等。一个简单的自相矛盾，便是如此；但是，一旦修饰语蕴含某个可以有意义地归属于主语的特征，读者就会跳过明显的自相矛盾，而对它进行间接的解读，而他所依据的原则是：作者知道自己 140
是自相矛盾的，而且，除非他胸中有丘壑，否则什么都不会说。这样，这种表达式就成为一种**有意味的自相矛盾**。

最简单类型的有意味的自相矛盾式是**矛盾修辞法**：“可恶的善良”、“活死人”（弥尔顿《力士参孙》）、“不友善的友善”（邓恩《歌》），或者“这些我的脚步缓慢而快速”（洛夫莱斯《蜗牛》）等。而更长的例子，也俯拾皆是：

> 你唯一知道的，是你的一无所知。
> 你拥有的，是你的一无所有。
> 你所在的地方，是你所不在的地方。
> （艾略特《东库克》[1]）

或者，华兹华斯对伦敦的芸芸大众的描述：

> 被各种差异融解并压降为

1　摘自《四个四重奏》（*Four Quartets*），纽约：哈考特·布雷斯世界出版公司，1943 年版。经授权复制使用。

一种身份，

没有法律，没有意义，没有终点

（《序曲》第7卷第2节，第726—728页）

我们甚至可以举出玛丽安·摩尔的“有真蟾蜍生活其中的想象花园”（《诗》）为例。

但是，存在另一种更加间接的自相矛盾式，在这种意义上，“阴阳人”是直接的自相矛盾，“女汉子”则是间接的自相矛盾。把一个人称为“狐狸”，是一种间接的自相矛盾，因为人按照定义是二足动物，狐狸则是四足动物，同时是二足动物和四足动物在逻辑上是不可能的。把“街道”称为“形而上的”，是间接的自相矛盾，因为按照定义，街道是有形的，不是形而上的。而这些是关于隐喻的两个例子。“那个人是一只狐狸”说的是此人具有“狐狸”所蕴含的特征，“形而上的街道”则是将“形而上”所蕴含的特征归属于街道。确定“狐狸”蕴含什么特征，要比确定“形而上”蕴含什么特征更加容易。诚然，形而上学在纽黑兰蔚然成风，即使是在一个“寻常的夜晚”，但比起在街道上，它在林斯利会厅更是如此。如果“形而上的街道”是有意义的，那肯定是因为“形而上”的某些内涵适用于街道：例如，它们可能——较之普鲁弗洛克的街道——如形而上学辩论那般神游宇内，或者如贝克莱的物理世界那般没有心灵以外的存在。无论如何，我认为，一旦一个归属式是间接地自相矛盾的，而修饰语又具有可以归属于主语的内涵，则此归属式是**隐喻性的归属式**，或者是隐喻。

但是，尽管我认为这一概括是真确的，它并不是双向的，因而尚未能提供一种完整的隐喻理论。如果我们宣称，在D. H. 劳伦斯的“你仿佛把月亮放在了漏杓中，/ 一片片地筛出她的雪花，铺展开她的意

义”（《海》[1]）这些诗句中，将某种意义铺展开来的这种说法是自相矛 141
盾的，那这未免太过强势。但是，这个表达式明显包含某种不同寻常的东西，它向我们表明，这是隐喻而不是字面表达。另举一个例子，“百老汇外，莫非桥港”[2]是戏剧界流行的一句话，它明显是将我那被恶意诋毁的家乡城市的名字的内涵运用于一般的边远地区。我们知道如何解读这一语句，虽然它不是自相矛盾的，而仅仅是荒诞的；也就是说，它明显是假的，而说话人也明显知道它是假的——因为只要他知道“桥港”指称什么，他就知道它有城界——由此，我们知道这个语句不只是一个字面陈述。

以下是这个问题的一种解决方法。大多数语词，除了它们的标准意义，还拥有某些*预设*。这些是我们认为语词被正确使用所需要的条件。例如，“芭芭拉”一词并不指谓性别——事实上，除了作为一个专名，它没有任何指谓对象——但它预设了“*是女孩*”，说它是一个女孩子的名字，就是这意思。“桥港”是一个城市的名字。“贷款”被用于金钱是正确的；这是其规则之一。故而，我们可以说，“铺展”要求被铺展开的东西必须是一种物质性的质料，而“*是物质性的*”则是它的预设，虽然不是其定义的一部分。因此，一旦它用于非物质性的东西，它就是被误用了，因而能够生成一个隐喻。

因此，我们可以对逆悖论重新表述如下：隐喻是一种有意义的归属式，它或是间接地自我矛盾的，或在其语境中明显是假的，而在其

1　摘自《海》（“The Sea”），收入《劳伦斯诗集》（*Collected Poems of D. H. Lawrence*），乔纳森·凯普和哈里森·史密斯出版公司 1929 年版权。复制使用前获得乔纳森·凯普公司、维京出版公司以及已故的弗丽达·劳伦斯夫人（Mrs. Frieda Lawrence）的遗产托管的授权。

2　桥港是美国康涅狄格州的工业城市，音译为“布里奇波特”。——译注

中，修饰语所蕴含的特征可以或真或假地归于主语。通过一张图表来展现我们所做出的各种区分，也许是有帮助的：

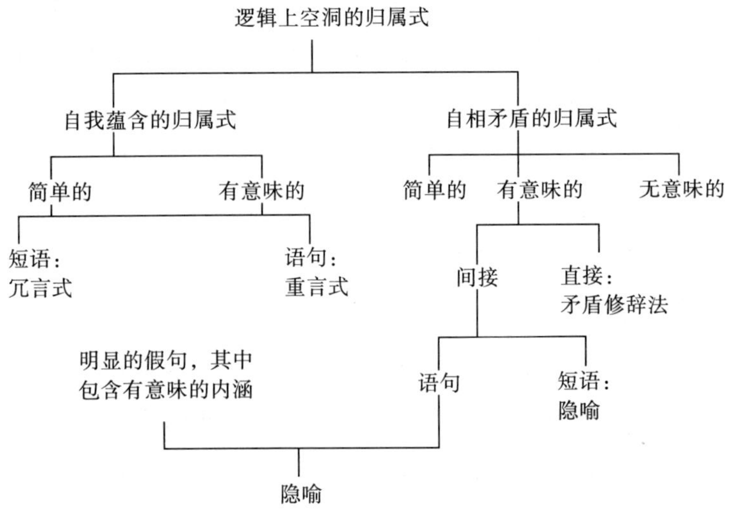

142 越难发现修饰语有什么内涵可以归入主语，隐喻就越朦胧，但这明显取决于读者的能力。只要存在诸如此类的内涵，它就还是一个隐喻，无论多么朦胧。但如果不存在诸如此类的内涵，我们就不会有隐喻，而只会有一种特殊的胡言乱语。真要找到胡言乱语性质的归属式的明显例子，并不像看起来那么容易；即使我们把英语中的所有形容词都放入一顶帽子，把所有名词放入另一顶，然后随意将它们抽取出来，我们也会发现，最古怪的组合，细思之下也产生种种可能的意义；这就是活语言的一个重要特征，这一特征与我稍后讨论的另一种观点息息相关。此外，必须承认，我们无法确知一个给定的归属式是否是胡言论语，因为某个人也许从中发现了我们所忽略的某种意义，他也许挥笔写下了一行诗句，而诗句中的归属式是有意义的。

例如，我曾经一时冲动，在课堂上杜撰了“叠层政府”这一表达，作为胡言论语的一个例证。后来，一个学生从一部关于政府的著作中给我指出了一个极其相似的表达，而这部著作在语境中赋予了它一种确定性意义。[1] 我认为，“分词的二足动物”和“一个降 A 调的男人”极有可能是不可阐述的，而“血亲饮用耽误”这类古老的哲学最爱，亦如此。[2]

逆悖论解释了隐喻最令人费解和最为重要的特征之一，即它创造新的语境意义的能力。有时，我们会萌生一种想法，并继而寻找一个隐喻来表达它——虽然即便是在这种情况下，我们也是找到隐喻之后，才能完全清楚我们想要表达什么意思。但是，我们有时会创造出，或偶然发现一个隐喻，并发现它让我们产生了一种全新的想法。这其中的缘由是，语词的内涵永远不会被完全预知，或者永远都是不可完全预知的，而当我们看到诸语词作为隐喻性的归属式中的修饰语是如何发挥作用的，我们就经常能够发现它们的新内涵。隐喻并不创造内涵，但是它让它们获得了生命。例如，假如我们把修饰语从“胶皮问题”（E. E. 卡明斯）这一隐喻中抽出，并将它与各种名词相搭配：

橡皮立方根
橡皮旋律
橡皮欢乐

1　“较之独块巨石般的整体式国家，美国政治、经济和社会组织的力量在于其叠层结构……在这种多元忠诚的叠层社会中，很明显，只要每个构成性组织只对其成员提出能够与他们对于其他组织的义务达成理性一致的要求，那么，国家就能够维系它的力量和统一，确切地说，它的完整性。”参见乔治 · A. 格雷厄姆《美国政治中的道德》（*Morality in American Politics*, New York: Random House, 1952），第 302 页。

2　伯特兰 · 罗素：《意义和真理的探究》（*An Inquiry Into Meaning and Truth*），纽约：诺顿出版社，1940 年版，第 209 页。

橡皮花园
橡皮悬崖
143 橡皮希望

其中一些搭配当然纯属胡言乱语；在另一些搭配中，语词的组合则产生了一种奇怪的新意义，因为主语单独挑选出了修饰语的一种至今未被发现的内涵，使其受到了人们的注意。

通过这种方式，一个隐喻能够表达某种意义，这种意义是存在于一个给定的时间的语词的字面组合都无法表达的。正如随附论所认为的那样，隐喻丰富了我们的语言资源。但字面论主张隐喻是可分析的，这却是正确的。

相合性与充盈性

必须承认，从简单的归属式到实际诗歌的复杂结构，是一个大飞跃。因此，此处所提出的逆悖论，仅仅是一个框架。然而，我们可以诉诸某种东西，以尝试解决我们在这一节中着手处理的问题：是否存在一种阐述逻辑？一个隐喻就是一首微型诗，而一个隐喻的阐述，则是所有阐述的一个范例。理解隐喻的问题，就是决定修饰语的哪一个内涵符合主语，而隐喻则意指所有相符的内涵——除了那些由于不符合而被更大的语境排除在外的内涵。试看“啊！太阳脆弱的钢铁组织”（G. H. 卢斯）。瑞恰慈在《实用批评》中提到的一些刻板作者，便对此深感棘手。这是一个多重隐喻，它的总体区域意义，是诸语词相互冲突和相互联结的结果。我们会思考，在什么蕴含意义上，太阳可以说具有组织，组织可以说是钢铁，而钢铁可以说是脆弱的。或者，按照正确的语序，“脆弱”帮助我们准备就绪，以各种可能的方式做出反应；“钢铁”只能接受“脆弱”的一些内涵；“组织”进一步摈弃和限制；而当隐喻在“太阳”这里成为整体的时候，单个语词原有的可能意义，只有某些得以保存了下来——此外，其中一些意义也可能被更大的语境排除在外。

在对隐喻进行阐述时，我们诉诸两条原则——整首诗的阐述，也同样如此。首先是相合原则。“层理”可能蕴含诸部分的分离，但在“层理性模态”中，却非如此，因为模态不能拥有分离的部分。在我看来，这就是“符合”所应具备的意义；当我们整理或推敲语词在诗歌中可被接受的内涵，我们会受到逻辑的和物质的可能性的引导。但其次，存在充盈性原则。所有可能符合的内涵，都应被归属于诗歌：可以说，诗歌的意义，就是它**能够**表达的所有意义。 144

这两条阐述原则构成了我们一直在寻找的方法或逻辑。但是，关于它们的两个基本问题，至今悬而未决。

其一，这种方法是否是决定性的？毫无疑问，这种方法在很多时候都产生了批评家之间的共识。当一首诗扑朔迷离，而不同的读者从不同角度走进作品，使得每个读者都发现了其他读者所忽略的东西，这时读者的阐述相辅相成，殊途同归——正如人们对济慈的《古瓮颂》的诸多解读。一种被提出的阐述，可以视为一个假设，这个假设的验证诉诸其解释诗歌的诸语词中最大数量的信息——包括这些语词的内涵——的能力，而在大多数可以有两种不同假设的诗歌中，一个假设最终会优于另一个。

但严格说来，即使是这样一种复杂如诗歌的语篇，在理论上也有可能是极其含混的。针对“他租房子”这个语句，可以给出两种不相容的阐述，若无语境的提示，则无法在它们之间抉择取舍。假设——一个牵强的类比——我们有六张奇形怪状的卡纸板，并被告知要把它们拼接成一个简单的几何图形。甲者可能拼成一个三角形，乙者则拼成一个菱形。两人都解决了问题。这一问题无非是有两种解决方法。两种解决方法都没错，虽然其他方法可能是错的。我们在“他租房子”中所发现的含混性，不太可能出现于复杂而受控的语篇。格雷的《墓园挽歌》包括一行这样的诗句，“四周的空气弥漫着一片寂静和庄严”。它在句法上是含混的，因为“空气”既可能是“弥漫”的主语，也可能是“弥漫”的宾语。但是，我们并不需要做出选择；这种含混性暗示，要将空气与寂静和庄严区分开来是很难的。因此，这一诗句不会让作为一个整体的诗歌模棱两可。而在“他租房子”中，我们确实不得不做出选择，因为一个人不可能同时支付和收取同一房屋的租金。

当一首诗作为一个整体具有严格意义上的含混性，它就没有任何单一的正确阐述，虽然它有着为数不多的同样正确的阐述。

针对阐述过程，还存在另一种看法。吟读一首诗——即诵读语词（未必要高声朗读），并理解它们——就是对它的表演，或者从我所提出的技术意义上讲，就是对它的生产。一次吟读，通常始于印刷的文本，这与小提琴家视谱是异曲同工的。在第一章（§4）中，我们发现，若不将音乐中的审美对象视为特定的生产，则会产生种种矛盾。但是如果我们把阐述性的陈述视为关于诗歌的个别解读的描述，我们就又
145 回到了相对主义，因为每一个阐述者都是在讨论自己的个人“生产”。但是，如果阐述性的陈述不是个别解读的描述，则又是什么？

我认为，它们是关于生产如何实现的陈述——或者，通俗地说，它们是关于诗歌应如何表演的陈述。阐述者有点像音乐教师或音乐导师。诸语词潜在的次要意义的一览表，表明有什么能够“生产”于其中。基于相合性和充盈性原则之上的阐述表明，是什么构成了一次正

确的表演。但对于音乐，我们怀疑不存在任何正确表演；那么，为何诗歌就存在一次单一的正确表演？

在某些情况下，正如我们一致认为的那样，诗歌也许并不存在一次单一的正确表演：一首含混的诗歌，可予以两种或以上同样相合且充盈的阐述。但是，如果阐述遵照这两种原则，它对诸语词的内涵及其句法关系的理解，通常是固定而集中的。阐述者不能像小提琴家那样随心所欲地在纸上留下自己的标记。因为阐述者的标记并不是代表专业行为的任意符号——这个音符要停止，琴弓要在这一刻变向——而是一种与许多人类的思想和经验息息相关的活语言的组成部分。

我们最后的两个问题，尚余第二个：将相合性与充盈性的原则作为一种一般性的阐述方法，其理由是什么？当然，根据我们在第十一章（§28）中必须加以考察的某些假设，人们也许会提供一种工具主义的理由。采用这些原则，往往会让我们对诗歌做出尽可能复杂和连贯的解读——尽管相合性原则并不能保证，通过它对诗歌做出的解读必然是统一的，因为它仅仅是排除了不可能性。如果一首诗的价值部分是取决于它的连贯性和复杂性，那么，从长远来看，采用这两条原则将会实现诗歌价值的最大化。这使得两条原则均依赖于一种价值理论，但除非价值是相对的，否则这些原则就不是相对的，而一旦采用这些原则，价值问题在阐述本身中就可以不予理会。

工具主义的理由也许是问题的答案，但我认为，我们的问题也许是一个更深层次的问题的一部分，这一问题至今尚未找到完全充分的解决方法。在所有的经验探究中，当我们在那些对众多资料加以解释的不同假设之间选择取舍，我们受到一个一般原则，也就是奥卡姆剃刀原则的引导，这一原则要求我们总是采用最简单的假设。最简单的假设，就是以最少解释最多的假设；它是一条关于知识经济性的原则。

但是，即使我们采用这个原则，并且确实使它几乎成为“理性”的定义的一部分，我们也不清楚该如何证明，我们对它的用法是正当的——或至少，今天有很多哲学家为这个问题困惑不已。然而，有些人会说，当我们对经验性解释这一概念本身予以考察，它必定是以少释多
146 的——一个假设至少比它的资料简单得多，否则它就不是解释。因此，我们用来解释事物的任何好理由，也是尽可能简单地解释事物的一个好理由。

相合性和充盈性两大原则在阐述中所起的作用，与朴素性原则在科学研究中的作用有着异曲同工之处；也许，从根本上而言，它们甚至都是某种更广泛的经济性原则的特例。批评阐述的概念似乎要求从诗歌中挖掘尽可能多的意义，其只受到某种宽松的控制，这种控制将保留“挖掘”和“曲解”之间的区别。在上一节中，我们发现文学似乎可以通过其第二层面的意义而被定义为意味隽永的语言，而诗歌当然是最大限度地展现这种多样性和共鸣性的文类。但如果是这样，诗歌最妥当的解读方法，似乎是以完全开放的态度来接受和感受它所有的语义丰富性，无论多么幽微或深奥。

附注与问题

§ 9

9-A. 意义。查尔斯 · L. 史蒂文森对意义的说明，见《伦理学与语言》（*Ethics and Language*, New Haven: Yale U., 1944），第 3 章。注意史蒂文森的术语与此处所采用的术语之间的区别：他的“情感意义”涵盖了“情感意蕴”和“情感含义”；他的“描述性意义”实则我的“指

谓”；他的“认知暗含”实则我的“含义”。

关于语词和语句的理解或解释，参见古斯塔夫·斯特恩《意义与意义之变》(*Meaning and Change of Meaning*, Göteborg: Elanders Boktryckeri Aktiebolag, 1931)，第6章，特别是第155—157页；C.H.怀特利《论理解力》(“On Understanding,” *Mind*, N.S., LVIII [1949]: 339–351)一文(他通过期待对理解力进行了分析)；伯特兰·罗素《心灵的分析》(*The Analysis of Mind*, London: Allen and Unwin, 1921)，第10章。

9-B. 情感力及其对于认知力的关系。一、在查尔斯·L.史蒂文森的前引书中，独立性理论得到了极其出色的阐述和辩护。在“情感意义”的两次专题研讨会中，史蒂文森的观点被予以了进一步的辩解、描述和批评，其中包括史蒂文森、马克斯·布莱克和瑞恰慈等人的论文(*Phil R*, LVII [1948]: 111–157)(布莱克在其论文中对其他文章做了评析，收录于他的《语言与哲学》[*Language and Philosophy*, Ithaca, N.Y.: Cornell U., 1949]，第203—220页，第254—257页；瑞恰慈的论文收录于其《思辨工具》[*Speculative Instruments*, London: Routledge and Kegan Paul, 1955])；以及查尔斯·L.史蒂文森《情感 147
性的伦理学概念及其认知意涵》(“The Emotive Conception of Ethics and Its Cognitive Implications”)一文；R. B.勃兰特《伦理学的情感理论》(“The Emotive Theory of Ethics”, *Phil R*, LIX [1950]: 291–318)一文，其受到的回应，见第528—540页。

独立性理论影响深远的早期版本，是C.K.奥格登和瑞恰慈在《意义的意义》(*The Meaning of Meaning*, London: Routledge and Kegan Paul, 1923)一书中提出来的。他们区分了“语词的情感性用法”，并将诗歌归于这种用法(第147—158页；另见第10章)。但是“语词的象征性用法”被过于狭隘地定义为“陈述”（第149页）。在《科学与诗歌》(*Science and Poetry*, 2nd ed., London: Routledge and Kegan Paul, 1935）（收录于马克·舍勒、约瑟芬·迈尔斯和戈登·麦肯齐合编的《论批评》[*Criticism*, New York: Harcourt, Brace, 1948]，第505—523页）中，瑞恰慈的论题也是基于一种类似的过度简化；这一重要章节的内容也见于雷·B. 韦斯特所编《现代文学批评论文集》(*Essays in Modern Literary Criticism*, New York: Rinehart, 1952)，第167—174页，以及罗伯特·W. 斯托尔曼所编《批判与批评论文集》(*Critiques and Essays in Criticism*, New York: Ronald, 1949)，第329—333页。诗歌不是“陈述”，而是“伪陈述”，一个伪陈述就是“语词的一种形式，其合理性在于它在释放或组织我们的冲动和态度时所产生的效果”（第65页）。处理这一论题所面临的困难，来自于它对若干迥异的问题的混淆，其中一些问题我们将在第九章（§22，§23）中予以探讨。例如，在讨论中，瑞恰慈有时似乎认为伪陈述——正如感叹句——不是陈述，有时似乎认为它们可分真假却又不是断言，有时似乎认为它们可分真假但其“科学真伪与眼前的目的毫不相干”；有时，他并不是讨论诗歌是什么，而是讨论“诗人的本职”，即诗人理应做什么。尽管如此，这篇论文是针对这个问题所做的一次经典而至关重要的讨论。瑞恰慈后来的观点，就是在他与布莱克和史蒂文森的上述专题论文集，以及在《再谈情感性语言》(“Emotive Language Still,” *Yale Review*, XXXIX [Autumn 1949]: 108–118）一文中提出来的。

另参见：古斯塔夫·斯特恩前引书，第54—60页，他所讨论的“意义的情感要素”，（大致）是指情感含义；塞缪尔·早川《思想和行为中的语言》(*Language in Thought and Action*, New York: Harcourt,

Brace, 1949),第 8 章;欧文·李《人类事务中的语言习惯》(*Language Habits in Human Affairs*, New York, London: Harper, 1941),第 8 章,第 132—133 页。

二、关于独立性理论所受到的批评,参见:W. K. 温姆萨特和门罗·比厄斯利《感受谬见》("The Affective Fallacy," *Sewanee Review*, LVII [1949]: 458–488),第 1 节,收录于 W. K. 温姆萨特《语象》(*The Verbal Icon*, Lexington, Ky.: U. of Kentucky, 1954),第 21—39 页;威廉·燕卜荪《复杂词的结构》(*The Structure of Complex Words*, New York: New Directions, 1951),第 1 章,以及第 56—64 页;门罗·C. 比厄斯利《直线思维》(*Thinking Straight*, 2d ed., rev., Englewood Cliffs, N.J.: Prentice-Hall, 1956),第 27 节,第 30 节,以及上述关于史蒂文森的专题研讨会。

三、语言的第三层面,常被称为"图像意义",由弗吉尔·奥尔德里奇予以了分析,见其《图像意义和图像思维》("Pictorial Meaning 148
and Picture Thinking," *Kenyon Review*, V [1943]: 403–412)一文,收录于 H. 费格尔和 W. 塞拉斯《哲学分析读本》(*Readings in Philosophical Analysis*, New York: Appleton Century-Crofts, 1949),第 175—181 页;一个语言表达式的倾向性是在受话人的心灵中唤起某种形象。这种倾向性是否具有足够的规律性和恒常性,从而被称为第三种意蕴,也就是"图像意蕴"(pictorial import),我对此表示怀疑;当效果发生时,它明显是依赖于意义,因此,"图像意义"这一术语是有误导性的。

9-C. 多重性意义。一、关于主要的和次要的语句意义(或陈述句中的陈述与暗含)之间的区分,参见门罗·C. 比厄斯利的前引书,第 28 节,其中区分了不同类型的暗含。奥托·叶斯柏森给出了一个有趣的定义："暗含是压抑后的印象"（《语法哲学》[*The Philosophy of Grammar*, New York: Holt, 1924]，第 309 页）。暗含有时又称为"隐含"（implication）（与"蕴涵"[entailment] 相对）；参见 P. F. 斯特劳森《逻辑理论导论》（*Introduction to Logical Theory*, New York: Wiley, 1952），第 48 页。

关于主要词义和次要词义（指谓和内涵）的区分，参见：门罗·C. 比厄斯利前引书，第 25 节，其中对内涵的来源进行了归类；约翰·斯帕罗《语义与诗歌》（*Sense and Poetry*, London: Constable, 1934），第 1 章（他对"语义"和"联想"的区分，对应于我对"指谓"和"内涵"的区分）；威廉·燕卜荪前引书，第 15—38 页（其"隐含"意味"潜在内涵域"；其"词义"意味"指谓"）；拉塞尔斯·阿伯克龙比《诗论》（*The Theory of Poetry*, London: Secker, 1924），第 4 章；理查德·D. 阿尔蒂克《批评阅读序言》（*Preface to Critical Reading*, rev. ed., New York: Holt, 1951），第 1 章；T. M. 格林《艺术与批评艺术》（*The Arts and the Art of Criticism*, Princeton, N.J.: Princeton U., 1947），第 6 章。我们还应根据声音的相似性而将语词与其他词语的交互指称意义归入内涵；参见瑞恰慈在《修辞哲学》（*Philosophy of Rhetoric*, New York: Oxford U., 1936）第 3 章中对"互动性"（internanimation）的讨论。

次要意义有时被称为"语用学意义"或"心理学意义"。但是，一个语词的内涵是否并不比其指谓更具"语用性"——即与行动有关，或倾向于产生行动——以及"心理性"——即与信念无关？这种区分有时诉诸规则：存在指谓的"规则"，却不存在内涵的"规则"。这同样是令人费解的，但"规则"也许只是指涉词典定义——在普通用法中，还有什么其他规则呢？如果是这样，这一区分是有误导性的。因为没有人会说，词典能够提供一个语词在任何特定的语境中所具有的所有意义，因此，意义不能被简化为一部词典所提供的内容。“间接性”（obliqueness）这一术语可能会被用于次要意义，正如 E. M. W. 蒂利亚德在《直接与间接之诗》（*Poetry Direct and Oblique*, rev. ed., London: Chatto and Windus, 1948）中所暗示的那样，因为蒂利亚德承认所有诗歌都或多或少是间接的，尽管在程度上有所差别（第 10 页）；但是，他对“陈述”这一关联词的用法甚为奇怪——“阿拉斯特”[1]似 149
乎是陈述，因为它告诉了人们雪莱“所见到的事物”，以及他所读过的书籍（第 29—30 页）——这使得他的术语过于松散，而无法胜任批评的目的。

语词的主要意义和次要意义之间的区分，建基于人们通常持有的一种观点，即对于大多数一般性术语（诸如“马”）而言，存在着某些特征，它们是术语的适用性所需要的必要条件（马必须是物质的，具有某种形状，等等），而这些也是术语的定义性特征，即其指谓。迈克尔·斯克里文对这种观点的批评卓有成效，他认为大多数一般性术语并没有必要条件，而只有几组充分条件，见其《定义、解释与理论》（“Definitions, Explanations, and Theories”）一文，载于赫伯特·费格尔和斯克里文主编《科学概念的逻辑和心身问题》（*The Logic of Scientific Concepts and the Mind-Body Problem*），《明尼苏达州科学哲学研究第二卷》（*Minnesota Studies in the Philosophy of Science*, Minneapolis: U. of Minnesota, 1958）。如果斯克里文是对的——这点是有争议的——那么，意义的中心性或边缘性至少在程度上存在某种差别：比方说，比起拥有一条尾巴，拥有某种形状更属于马之为马的

1 阿拉斯特（Alastor）是希腊神话中复仇女神的男性化身，英国诗人雪莱有诗诵之，题名即为“阿拉斯特”。——译注

充分条件。这种程度上的差异，也许符合此处在主要意义和次要意义之间所做出的区分所服务的主要目的：下文第 10 节（§10）中的隐喻分析。就我所知，除非某个与语词密不可分的中心特征被语境排除在外，隐喻则无从谈起。

燕卜荪针对他所说的“诸语词中的陈述”而做出的高度原创性的和有价值的分析——见前引书第 2 章；但整本书只是论证的一部分——揭示了一种重要类型的次要意义。语词中的隐藏陈述是：它的两种语义——指谓或内涵——通过某种方式而相互依存，因为它们都存在于这个语词之中。如果“设计”既可以指“某种具有秩序的东西”，也可以指“某种被计划的东西”，那么，它的用法，辅以某些语调或支撑性的语词的话，就能够隐而不显地主张，有秩序的东西一定是事先计划好的。燕卜荪的众多例子，比这更为微妙。燕卜荪的发现如何能够与本章的诸原则相结合，这点还不是十分清楚，但是有一个连接点是显而易见的。只有存在着一种明显交叉的指谓，隐含的主张才会是有效的——“邮寄”（post）一词不可能让人们相信，篱柱（fence post）通常是通过邮局邮寄的。一旦两种词义中有一个是内涵，这个内涵便预设了一点：存在着，或者一般被认为存在着很高比例的相关对象，其拥有这些被蕴含的特征。因此，仅仅通过一个语词的使用而做出一个陈述——至少是燕卜荪称之为“等式”的陈述——就是以某种方式将人们的注意力引向某个经验性的概括，这一概括或将该语词的诸指谓连接起来，或对其内涵之一予以支持。

二、在定义“内涵”时所出现的主要问题是：（1）公共内涵和个人的隐私联想的区分问题，后者产生于惧怕蜘蛛或对猫毛过敏等诸如此
150 类的个体经验；以及（2）内涵和指谓的区分问题，也就是决定一个语词在很多语境下所蕴含的特征在什么时候可以算作该语词的标准意义

的一部分的问题。这两种区分都没有绝对的精确性，但也许更深入的研究可以让它们更加清晰。遗憾的是，这些固有的困难，因术语的种种变化和某些混淆而更加错综复杂了：我所说的“指谓”，通常被文学批评家和文学教师称为“指称”，但是我们需要用后者来表示语词与其指涉对象之间的关系。我已经沿用现行的批评用法对“内涵”这一术语进行了定义，但是逻辑学家经常是在一种对等于我的“指谓”定义的意义上使用它。语词的内涵，即事物的诸特征，不能与语词的情感效果混为一谈；“情感内涵”这种普遍性的表达式，模糊了一个重要的区别。

伊迪丝·西特韦尔一首诗中的一个词语所引起的奇怪争论，使得个人联想和内涵的区分问题显得尤为突出。很明显，率先开火的是约翰·斯帕罗（前引书第81页），他援引“艾米丽有色的双手”，将其作为一种纯粹私人的指涉；后来，在一篇为詹姆斯·乔伊斯的晦涩做辩解的文章中，菲利普·汤因比承认，“艾米丽有色的双手”是“显然有欺骗性的”；1951年11月12日的《时代周刊》（第31页）对伦敦《旁观者》随后发表的一批书信进行了汇总。这种修辞受到了强烈批评，但也得到了另外一些人同样强烈的支持，这些人自称“非常清楚（它们）是什么样子：枯瘦、苍白、泛黄，还有淡淡的雀斑”。西特韦尔小姐本人解释如下：

> 我未曾写过“艾米丽有色的双手”，这是一个可怕的短语。我写的是“艾米丽有色的报春花”，它会让任何在诗歌阅读中进阶到读《多佛白崖》的人想起年轻的乡村女孩的粉红面颊。

（在《余诗札记》["Some Notes on My Own Poetry," *The Canticle of the*

Rose, Poems: 1917–1949, New York: Vanguard, 1949, pp. xii-xxxvIII]中，西特韦尔进一步讨论了这个例子，以及另外几个有趣的西特韦尔式隐喻，诸如“毛茸茸的天空”和“毛皮包裹的光”）。另参见杰弗里·诺克斯和金斯利·艾米斯的讨论，载于《批评论文集》(*Essays in Criticism*, II [1952])，第338—345页。

三、“含混”这个术语，作为各种次要词句意义的一般术语，最早是由燕卜荪添加到批评家词汇中（燕卜荪《含混七型》[*Seven Types of Ambiguity*, London: Chatto and Windus, 1930]——另参见1947年修订的第2版序言）。燕卜荪将含混定义为“任何一种措辞上的微妙差异，无论多么微乎其微，其为同一段语言的不同反应留出了空间”（第2版，第1页）。他试图将这些微妙差异分成七个类型的努力以失败告终——没有人能够真正遵照这些区分，或者身体力行地使用它们，但是，针对诗歌中的多重性意义，句法的和语义的，其细致入微的、成
151 果丰硕的发现，却影响深远，即使他声称自己所使用的方法是由罗伯特·格雷夫斯首创的。燕卜荪所关注的那种多重性意义，其与意义的不确定性之间的区分是极为重要的，因此我为后者保留了“含混”一词——更详尽的解释，参见比厄斯利前引书，第17节和第18节。然而，人们可以改用亚伯拉罕·卡普兰和欧内斯特·克里斯在《审美的含混性》(“Aesthetic Ambiguity,” *Phil and Phen Res*, VIII [March 1948]: 415–435)（收入欧内斯特·克里斯的《艺术中的心理分析研究》[*Psychoanalytic Explorations in Art*, New York: International Universities, 1952]）一文中所推荐的一套技术用语，他们用“析取式含混”这一术语表示严格意义上的含混，以“合取式含混”和“整合式含混”等术语表示两种区别不明显的多重性意义。这篇重要论文还探讨了很多关于诗歌的多重性意义的心理学问题。

W. B. 斯坦福使用的“含混”概念涵盖了各种类型的多重性意义，他对它们进行了生动有趣的讨论和阐释，并将它们区别于含糊（vague）和朦胧（obscurity），见其《希腊文学中的含混性》（*Ambiguity in Greek Literature*, Oxford: Blackwell, 1939），第一部分，特别参见第 5 章。

菲利普·韦尔赖特提出了“复义”这一术语，用以表示多重性意义，见其《燃烧的喷泉》（*The Burning Fountain*, Bloomington, Ind.: Indiana U., 1954），第 61 页。

9-D. 诗歌的语言。一、“诗歌”的语义学定义，显然从克林思·布鲁克斯的陈述，即“诗歌语言乃悖论的语言”中找到了支持。参见布鲁克斯《悖论的语言》（“The Language of Paradox”）一文，载于艾伦·泰特主编《诗歌的语言》（*The Language of Poetry*, Princeton, N.J.: Princeton U., 1942），以及马克·舍勒、约瑟芬·迈尔斯和戈登·麦肯齐前引书，第 358—366 页；此文后来成为《精制的瓮》（*The Well Wrought Urn*, New York: Reynal and Hitchcock, 1947）第一章，但在其中，已没有了那两个将隐喻和悖论联系起来的脚注（泰特前引书，第 45 页，第 57 页；在没有这些脚注的情况下，它还载于罗伯特·W. 斯托尔曼前引书，第 66—79 页）。另参见布鲁克斯《精制的瓮》，第 2 章，第 11 章，第 223 页：“诗歌的本质是隐喻”；参考瑞恰慈《语词的互动》（“The Interactions of Words,” 载于泰特前引书）。

另参见多萝西·沃尔什的一篇非常有启发性的文章，即《语言的诗性运用》（“The Poetic Use of Language,” *J Phil*, XXXV [1938]: 73–81）：诗歌是一种“意乃所言”的语言。此外，参见理查德·冯·米塞斯《实证论》（*Positivism*, Cambridge, Mass.: Harvard U., 1951），第 23 章。

燕卜荪（《含混七型》[*Seven Types of Ambiguity*, New York: Meridian,

1955]，第 30 页）的真知灼见，让“关于语言的诗性运用的基本事实”依赖于暗含：

> 缺少了韵脚、格律，以及比较之类的任何公开手法，这些语句是我们通常仅仅由于其短小精悍而称之为诗歌的东西；做出的两个陈述，似乎紧密相连，于是读者被迫自己去思索它们之间的
> 152 关系。为何会为一首诗选择这些事实，其中缘由留给读者自己去编造；读者会编造出各种理由，并在自己的心灵中赋予它们以秩序。

比较文本中来自弗雷格的例子；但也要注意，读者的编造受到外显语篇本身条件的控制。

柯勒律治对“诗歌”（poem）与“诗”（poetry）的著名区分[1]（《文学传记》[*Biographia Literaria*]，第 14 章，收录于舍勒、迈尔斯和麦肯齐的前引书，第 249—253 页），是意图主义的和心理主义的，但他所说的“对立或不和谐的性质的平衡或调和”，一旦转换成客观主义的术语，就离语义学定义不远了。针对这一问题的精彩讨论，参见迈耶·H. 艾布拉姆斯《镜与灯》（*The Mirror and the Lamp*, New York: Oxford U., 1953），第 114—124 页。此书包含很多有趣的关于“诗歌”的各种历史定义的材料，见第 1 章、第 4 章、第 5 章、第 6 章；比较他

1 在《文学传记》第十四章，柯勒律治从哲学的高度对一首“诗歌”和作为整体概念的“诗”进行了区分。在他看来，二者存在本质上的区分。当一首作品在形式上，也就是在韵律、节奏或两者之上区别于散文，并且是以愉悦为直接目标，它便是一首“诗歌”，不管其内容如何。这是最低意义上的诗歌。“诗”，则是指最优秀的诗歌，它可以不受格律约束，而且其直接目的是真理而不是愉悦，从这种意义讲，《以赛亚书》第一章是诗。而一首不以真理为目标的诗歌，无论长度如何，既不可能，也不应该称之为“诗”。——译注

针对华兹华斯在1800年《抒情民谣集》中所提出的令人费解的观点，即“散文体语言和格律诗之间的本质区别”并不存在，所做的评论。

D. G. 詹姆斯似乎是从语义学角度来定义诗歌，参见其《怀疑论与诗歌》(*Scepticism and Poetry*, London: Allen and Unwin, 1937)，第87—97页；另外，注意他所使用的例子(第260页)：“美的事物是永恒的欢乐”是诗，而“美的事物经常给人欢乐”非诗。

坎尼斯·伯克对“诗歌意义”和“语义学意义”做出了对比，令人好奇的是，他的“语义学意义”指科学语言，参见其《语义学意义与诗歌意义》(“Semantic and Poetic Meaning,” *Southern Review*, IV [1939]: 501–523)一文，收录于《文学形式的哲学》(*The Philosophy of Literary Form*, Baton Rouge, La.: Louisiana State U., 1941)，第138—167页；但是，伯克对于“语义理想”的描述，却容易招致批评(《文学形式的哲学》，第141页)。

参见埃兹拉·庞德《文学是意义充盈的语言》(“Literature Is Language Charged with Meaning,” *ABC of Reading*, London: Routledge and Kegan Paul, 1934)一文，第14页。

针对一个语篇成其为诗歌的最低要求，沃伦·贝克在《诗歌的边界》(“The Boundaries of Poetry,” *College English*, IV [1943]: 342–350)一文中给出了一些颇为有趣的意见。

在《论诗是什么》(“On ‘What Is a Poem?’ ” *Phil R*, LXVI [1957]: 329–362)一文中，查尔斯·L. 史蒂文森令人信服地指出，在文学批评家的实际用法中，并不存在任何一组让一个语篇成其为诗歌的必要条件和充分条件，而且他提出了一种有趣的通过图表来再现“诗歌”意义的游移变动的方法，这种图表衡量了各种特征相对的需要性。然而，在我看来，这未必能够打消我们要将用法予以巩固或稳定的念头，如果采用一种新定义有理可据的话。

二、在《诗歌的名与实》(*The Name and Nature of Poetry*, New York: Macmillan, 1933)中，A. E. 豪斯曼声称，明喻和隐喻是“诗歌可有可无的东西”（第 11 页），而“诗歌的特殊功能”，是“在读者的感觉中唤起一种与作者的感受相符合的共鸣”（第 8 页）；他给出的
153 第一个例子，即一首具有某种“情感色彩”的诗歌，却是隐喻性的(第 8 页)。而当他宣称，“拿开，拿开那些唇瓣”既是“胡言乱语”，也是“令人销魂的诗歌”（第 40 页），很明显，“胡言乱语”是夸张修辞，而不是准确的语言。在《艺术中的意义与真理》([*Meaning and Truth in the Arts*, Chapel Hill, N.C.: U. of North Carolina, 1946]，第 117—138 页)中，约翰 · 霍斯珀斯在支持同一种论点时，援引了以下诗节，作为非修辞语言的例子：(1)华兹华斯《她住在人迹罕至的地方》中的最后一个诗节——但将第一个诗节和最后一个诗节拔高至诗歌的维度的，却是中间的诗节；(2)马修 · 阿诺德《多佛滩》中的第一诗节——但在其中，拟人化的手法比比皆是，诸如“月色中苍白的大地与海相遇”、“巨浪一次次拉回，一次次抛出”等，这些诗句，据我判断，是隐喻性的，尽管不像奥斯卡 · 威廉斯的“海水吻湿海滩”那么明显。

然而，霍斯珀斯和豪斯曼所言甚是，有一些诗歌并不使用修辞格，但他们一再强调这点，却谬矣，因为这些诗歌寥如晨星。也许我们可尝试分类如下：(1)作为一个整体没有次要意义，因而不是诗歌的格律性语篇：《九月有三十天》；中世纪三段论的有效格的列举，诸如“Barbara, Celarent, Darii, Ferioque prioris”等[1]；也许还包括边沁所列

1 这些术语乃直言三段论的有效式的拉丁文名称，源自于中世纪逻辑学家所编写的帮助记忆三段论各有效式的拉丁文歌诀。由于歌诀本身无意义，这些术语亦不可译。——译注

举的快乐计算法之要素，其开头如下：

> 强烈、长久、确定、迅速、丰硕、纯粹——
> 苦与乐诸如此类的印记永恒留存。[1]

(2_1)使用修辞格的，但通过内涵或暗含而承载着重要的次要意义的诗歌："西风啊，你何时开始吹刮"；罗伯特·弗罗斯特的《无以深远》；华兹华斯的《我们七个》；哈代的《他杀死的人》；罗伯特·路易斯·史蒂文森的《安魂曲》。介乎(1)和(2_1)之间的诗歌，也许是罗伯特·弗罗斯特的《牧场》；威廉·卡洛斯·威廉斯的《沉默》；梅斯菲尔德的《货物》。一些诗歌，诸如弗罗斯特的《两位女巫》，其某些部分并不偏离日常语言，但即便是这些部分，也被诗歌的其他部分赋予了某种次要意义。(2_2)包含修辞格的诗歌；这些占绝大多数。在(2_1)和(2_2)的交界线上，有一些意象派诗歌，诸如很多日本俳句，以及阿瑟·韦利翻译的中国古诗词(参见白居易的《鹤》)；阿德莱德·克雷浦西的五行诗，确实大多是隐喻性的或者象征性的，尽管较为模糊。

三、在《指号、语言与行为》([*Signs, Language, and Behavior*, Englewood Cliffs, N.J.: Prentice-Hall, 1946]，第136—138页)中，查尔斯·莫里斯提出了一种"诗歌语篇"的定义，将其视为"主要是评估-评价性的"，而莫里斯就是在他自己所说的意义上使用这些术语：诗歌语篇包含很大比例的"评估指号"，它们是出于"唤起评价态度"的目的而使用的。如果我们忽略第二个准则，认为它必然指涉大多数

1　杰里米·边沁：《道德与立法原则导论》(*An Introduction to the Principles of Morals and Legislation*)，纽约：哈夫纳出版公司，1948年版，第29页注。

154 诗歌中无法证实的意图，那么我们只剩下了第一个准则，而这似乎远远不足以区分诗歌和其他语篇。“那是一部好电影”是评估-评价性的；它不是诗歌。

菲利普·韦尔赖特（前引书第2—4章）系统地阐述的“诗歌语篇”的定义，即它是一种“表现性的语篇”，与知识的直觉论密切相关，因而将是我们在第九章中关注的问题。

另参见马克斯·里瑟《诗性思维与科学思维的语言》（“Language of Poetic and of Scientific Thought,” *J. Phil*, XL [1943]: 421–435）一文，在其中，诗歌被定义为赋予事物以“生命意义”的价值语言。在《诗歌的语言》（“The Language of Poetry,” *Phil R*, LIII [1944]: 484–492）一文中，威特科姆-赫斯点评了里瑟的论文，但他本人的观点不甚明朗。

在《诗歌的遣词》（[*Poetic Diction*, 2nd ed., London: Faber and Faber, 1952]，第1章，第2章）中，欧文·巴菲尔德提出了一种感受性的定义，并往直觉主义的方向发展（参见下文第九章§23）。

在《诗歌与情感意义》（“Poetry and Emotive Meaning,” *J Phil*, XLVII [1950]: 657–660）一文中，玛格丽特·H. 福斯特宣称诗歌并不“传达”信息，但它既不是“无意义的”，也不是“纯粹情感性的”。

在《诗歌中的意义与结构》（“Meaning and Structure in Poetry,” *JAAC*, XIV [June 1956]: 453–461）一文中，所罗门·菲什曼反对诗歌的语义学定义——他称为诗歌的“结构主义”定义，但对于本章中所提供的定义而言，他的批驳犹如隔靴搔痒。

在《诗歌、语言与交流》（“Poetry, Language and Communication,” *Philosophy*, XXIX [1954]: 131–145）一文中，伯纳德·梅奥做出了一些颇为有趣的反思，尽管不是决定性的。

9-E. “文学”的定义。勒内·韦勒克和奥斯汀·沃伦在《文学理论》(*Theory of Literature*, New York: Harcourt, Brace, 1949)第2章和第12章中讨论了"文学"的定义问题;他们的区分,部分依赖于我们尚未界定的"审美功能"的概念。在《文学的本性》(*The Nature of Literature*, Princeton, N.J.: Princeton U., 1942)中,托马斯·C.波洛克以"唤起性的象征主义"对"文学"进行了定义(第96—97页,第141页),这种象征主义能够在读者的心灵中唤起一种"受控的经验",类似于作者的经验(另参见第8章和第9章)。在我看来,这种定义,以及"文学"和"伪文学"之间的区分(第180页),是意图主义的。波洛克也不能针对唤起性象征主义的具体特征而给出一种充分的说明(第6章,第7章);但据我判断,诸如此类的说明与本章所给出的说明是相符合的。

在《语言的科学用法与文学用法》("The Scientific and Literary Uses of Language")(载于《符号与社会》[*Symbols and Society*],第十四届科学、哲学与宗教专题研讨会论文集,纽约:哈珀出版公司1955年版,第10章)一文中,阿尔伯特·霍夫施塔特通过诗歌的"功能"将诗歌区别于科学:诗歌旨在生产一种"本质上有趣的"效果(第307页)。

拉塞尔斯·阿伯克龙比(前引书第3章及第6章)提出,诗歌—— 155
一般意义上的文学?——是一种这样的东西,它不仅描述,而且模仿作者的所思所想。

在我们所追求的意义上对"文学"下定义的另一种尝试,来自德·昆西:他称之为"力量文学"——因为它的功能是"感动人心"——以区别于"知识文学";参见德·昆西对蒲柏的评论,部分内容收录于舍勒、迈尔斯和麦肯齐前引书,第473—476页。

9-F. 文学作品的存在。既然一部文学作品,可以说是存在于某一个语言共同体的成员的习惯模式之中，它可能会随其词语的意义的嬗变而改变。如果我们询问莎士比亚的一首十四行诗有何意义，我们可以询问它在1650年、1750年、1950年有何意义；这并没有牵涉意图的诉求，而只是牵涉某一特定时期的语言用法（参见下文§10）。一些语篇可能会因时代变迁而获得全新而丰富的意义，因为其词语被其他作家用于特别的语境：《圣经》的詹姆士国王钦定版就是一个例子。另外一些语篇则毁于沧海桑田，其原初性质几乎无法还原：譬如在丁尼生《埃德温·莫里斯》这首诗中，便有如下诗句：

这很好，
有个女人在室内，修我们的边幅，
让我们紧紧相依
（参见韦勒克和沃伦前引书，第180页）

一个现代美国读者几乎不可能排除此处的俚语意义。然而，一般情况下，有人可能会说，更紧凑的意义结构，诸如最出色的莎士比亚十四行诗，明显不受语言变迁的影响；最易受时间摆布的，是松散的意义结构，尽管确实没有什么先见之明可以保护丁尼生的诗句免受命运的影响。即使没人告知，一个读者在读到哈姆雷特的“谁要是拉住我，我要叫他变成一个鬼”这句话时，也许能够猜到，在莎士比亚的时代，“lets”有一个与现在完全相反的含义[1]——只有在网球运动中，以及在“通畅无阻”这一短语中，这一词义才得以保存下来。

---

1 在莎士比亚的年代，“let”一词有“阻住”“拉住”之意，但后来逐渐表示“允许”“让”等意思。——译注

§ 10

10-A. 阐述的原则。一、关于相对主义的阐述原则，参见查尔斯·L. 史蒂文森《美学中的阐述与评价》（"Interpretation and Evaluation in Aesthetics,"）一文，载于马克斯·布莱克主编《哲学分析》（*Philosophical Analysis*, Ithaca, N.Y.: Cornell U., 1950），第 341—383 页。史蒂文森的论点用于阐述问题时，可以表述如下："诗歌表达了意义 M" 可以解释为 "当诗歌被正确阐述，它被理解为表达了意义 M"；但在这里，"正确" 具有不可简约的规范性，因而不能根据阐述的方法而予以纯粹非规范性的说明。史蒂文森承认，在 "X 是红色的" —— 156
它的意思是 "X 在正确的条件下显现为红色" ——之中，"正确" 可以从光线明暗等角度予以非规范性的具体说明（第 353 页）。也许，史蒂文森也会承认语词的标准意义如出一辙："'大叔' 指谓男性"，其意思是 "一旦正确地领会，'大叔' 将会被理解为仅限男人"，但在此处，"正确" 可以通过语言学研究的方法而予以非规范性的具体说明。但是，当史蒂文森谈及语词的语境意义，正如在他所引用的邓恩的例子中的那样（第 358 页），他却否认 "正确" 阐述的准则是存在的；"正确" 包含一种 "指令性"（"诗歌应如此阐释"），因此，"正确" 阐述的 "正当性"，只能通过证明指令的正当性的方式来证明——即诉诸可欲的结果。

在《阐述即批评》（"Explication as Criticism," *English Institute Essays,* 1951, New York: Columbia U., 1952）（收录于《语象》[*The Verbal Icon*, Lexington, Ky.: U. of Kentucky, 1954]，第 235—251 页）一文中，W. K. 温姆萨特认为，很多有用的阐述性术语在本质上既是

描述性的，也是规范性的；他提出，阐述者在试图确定一首诗的正确阐述时，会在一定程度上受到自己关于何为一首好诗的观念的牵引。但是，与史蒂文森不同，温姆萨特的规范性理论并不是相对主义的。

在《诗歌的阐释》（"The Interpretation of Poetry," *JAAC*, XII [March 1955]: 351–359）一文中，伊萨贝尔·亨格兰德将阐述（她称之为"阐释"）的目标理解为"个别的阐释者从作品中获得最大限度的审美满足的目标"（第 356 页），这是一个相对主义标准；她将意图和"符合性"作为可接受的阐述的准则，但同时认为，"一般的连贯性概念几乎无内容可言"（第 359 页）。

关于一般性的阐述原则，参见克林思·布鲁克斯《作为有机体的诗歌》（"The Poem as Organism," *English Institute Essays*, New York: Columbia U., 1941）一文；布鲁克斯的总体观点是，阐述是可人际验证的。比较 R. S. 克莱恩《瑞恰慈论阐释的艺术》（"I. A. Richards on the Art of Interpretation"）一文，收入克莱恩等人的《批评家与批评》（*Critics and Criticism*, Chicago: Chicago U., 1952，第 27—44 页。

另参见 F. W. 贝特森、约翰·韦恩、W. W. 罗布森在《"意图"与布莱克的耶路撒冷》（"'Intention' and Blake's Jerusalem," *Essays in Criticism*, II [1952]: 105–114）一文中的讨论。

10-B. 阐述的问题。为进一步探究文学批评家实际使用的方法，以及他们或明或暗地假定的原则，我在下文列举了一些例子，它们关乎阐述，以及人们针对诗歌的正确阐述而产生的分歧。

在哈特·克莱恩《献给浮士德与海伦的婚姻》的诸诗句中，"麻雀的翅膀拂过心灵"之前的那些"数字"是什么意思？在受到攻击后，伊沃·温特斯撤销了《美国诗歌中的实验派》（"The Experimental School in American Poetry," in *Defense of Reason*, New York: Swal-

low, 1947）一文中的阐述，第 41—43 页；参见第 153—155 页；这篇 157
论文在补充了一个解释性的脚注后，收录于马克·舍勒、约瑟芬·迈尔斯和戈登·麦肯齐主编《批评》（*Criticism*, New York: Harcourt, Brace, 1948），第 294 页。比较克莱恩对其本人的诗歌《在梅尔维尔墓前》所做的阐述，载于罗伯特·W. 斯托尔曼主编《批评家札记》（*The Critic's Notebook*, Minneapolis: U. of Minnesota, 1950），第 242—247 页；另参见第 4 章。

谁被“生殖蜜”所“泄露”，是母亲还是小孩？叶芝《学童之间》第五节中提出的这个问题，该如何回答？参见约翰·韦恩主编《论阐释》（*Interpretations*, London: Routledge and Kegan Paul, 1955），第 198—200 页。

威廉·燕卜荪《马维尔的花园》（“Marvell's Garden”）一文非常有启发性，其收入《牧歌的几种变体》（*Some Versions of Pastoral*, London: Chatto and Windus, 1935）第 4 章，收录于舍勒、迈尔斯和麦肯齐前引书，第 342—352 页，以及雷·B. 韦斯特主编《现代文学批评论文集》（*Essays in Modern Literary Criticism*, New York: Rinehart, 1952），第 335—353 页。罗莎蒙德·图夫那篇博识多通的关于赫伯特诗歌《牺牲》（“The Sacrifice”）的研究论文，以及她针对威廉·燕卜荪（《含混七型》[*Seven Types of Ambiguity*, New York: Meridian, 1955]，第 7 章）对这首诗所做的阐述做出的批评（参见《解读乔治·赫伯特》[*A Reading of George Herbert*, London: Faber and Faber, 1952]，第一部分），提出了一些关于阐述逻辑，特别是关于文学史的相关性的棘手问题。另参见第一章中的附注 1-H。

很难找到什么合理的原则来支持埃尔德·奥尔森在《迪伦·托马斯的诗歌》（*The Poetry of Dylan Thomas*, Chicago: U. of Chicago,

1954）中所使用的阐述方法；例如，奥尔森宣称，“双枪加百利从多风的西方而来”指的是英仙座[1]，因为珀尔修斯有两件武器，也就是他的剑和美杜莎的头；双枪让人想起狂野的西部，西部让人想起扑克，扑克是一种纸牌游戏，纸牌暗示王牌，王牌暗示最后一张王牌，因而暗示加百利（第 74 页）。这种阐述方法，是否受到任何限制？参见西奥多·斯宾塞《如何评诗》（“How to Criticize a Poem,” *New Republic*, CIX [December 6, 1943]: 816–817）一文；但是，他的批评在哪一点上是不公允的？这是一个棘手的问题。

一个有趣的阐述问题的出现，与一个特定的作者在很多作品中使用的关键词相关：比方说，叶芝的“玫瑰”和“仪式”，或者布莱克的“羔羊”。这些语词在不同的语境有着不同的内涵，但问题是，不同的诗歌是否相互支持，或者在什么程度上相互支持。阐述的两个一般原则可以表述如下：（1）在每首诗中，一个语词表达了同一个作者在其他诗作中表达的所有意义，除了那些被语境排除在外的意义。（2）该语词沿用了同一个作者在更早前的诗作中所表达的特殊词义，只要这些词义受到当前语境的支持。一些批评家会站队第一条原则，或者说，广泛意义上原则，其理由是：如果我们赋予一些语词以它们在更宏大的诗歌中所具有的全部丰富性，那么布莱克或者叶芝的抒情短诗就会更有意蕴。其他批评家则争辩说，这使得诗歌过度相互依赖，从而造成诗歌的断章取义。

158 一些关于诗歌的其他讨论的例子，见戴维·戴希斯《文学的批评方法》（*Critical Approaches to Literature*, Englewood Cliffs, N.J.:

1 英仙座（Perseus）象征希腊神话中杀死魔女美杜莎的英雄珀尔修斯，传说他是天神宙斯之子。——译注

Prentice-Hall, 1956)，第 300 页。另参见乔治·阿姆斯和约瑟夫·孔茨《诗歌的阐述》(*Poetry Explication*, New York: Swallow, 1950)中所提供的令人受益的参考文献。

10-C. 隐喻。在亚里士多德之后(见下文)，瑞恰慈《修辞哲学》([*Philosophy of Rhetoric*, New York: Oxford U., 1936]，第 5、6 章)是对隐喻理论的两个根基性贡献之一；另一贡献是古斯塔夫·斯特恩的隐喻理论。遗憾的是，瑞恰慈选择在广义上使用“隐喻”这个术语，而且他的用法模糊了活隐喻和“死隐喻”之间的重要区分，但死隐喻确切地说并不是隐喻，而是一种归属式，它已经从隐喻的状态变成一种字面意义的状态，因为它以前的内涵有一些已经作为它当前的指谓意义的一部分被固定了下来。(另参见瑞恰慈《教学中的阐释》[*Interpretation in Teaching*, New York: Harcourt, Brace, 1938]，第 2 章)。同样不幸的是，在引入“本体”和“喻体”这两个术语，用以表示隐喻性归属式的诸部分时，瑞恰慈并没有进行更深入的讨论。这种区分是必要的，但是瑞恰慈对它们的定义并不是完全明确的，而且，瑞恰慈也好，其他人也好，都不能始终如一地和坚定不移地使用这些术语(即便是指出其含混性的人，也是如此)：例如，瑞恰慈本人将本体和喻体说成是两种可能相似的“事物”(第 118 页)，而且还宣称：“我们可以析取出本体，并认为那就是一个陈述。”(第 135 页)换言之，在“尘封的回答”这一隐喻[1]中，被说成是喻体的，有时是“尘灰”，即物理质料，有时则是“尘封”一词；被说成是本体的，有时是回答，有时是“回答”一词，有时则是“尘封”所蕴含的特征(多余、不孚众望、不可接受等)——“喻体所意指的基本观念”(第 97 页)。明确将这些术语

1　“尘封的回答”有“粗暴无礼的拒绝”“轻率的回绝”之意。——译注

作为隐喻的语言构成部分（“回答”是主语，“尘封”是修饰语），这似乎更令人满意。瑞恰慈并未提出逆悖论，但逆悖论可以吸收其说明中有成效的内容。

C.S. 刘易斯针对隐喻如何转换为字面意义的表达式提出了一种有趣的理论，见其《布拉斯佩尔与弗拉兰斯菲尔》（“Bluspels and Flalansferes: A Semantic Nightmare”）一文，收入《改邪归正暨论文集》（*Rehabilitations and Other Essays*, New York: Oxford U., 1939）。比较欧文·巴菲尔德《诗歌遣词与法律拟制》（“Poetic Diction and Legal Fiction”）一文，收入《写给查尔斯·威廉的文章》（*Essays Presented to Charles Williams*, New York: Oxford U. 1947）。

关于一般意义的隐喻，参见：勒内·韦勒克和奥斯汀·沃伦《文学理论》（*Theory of Literature*, New York: Harcourt, Brace, 1949），第15章及其参考文献（第373—374页）；D. G. 詹姆斯《怀疑论与诗歌》（*Scepticism and Poetry*, London: Allen and Unwin, 1937），第94—108页；F. W. 利基《隐喻中的意图》（“Intention in Metaphor,” *Essays in Criticism*, IV [1954]: 191–198）一文。

一、情感论。在《诗歌明喻的分析》（“Analysis of the Poetic Simile,” *J. Phil*, XXXVII [1940]: 209–217）和《艺术认识论概要》（“Brief Introduction to an Epistemology of Art,” *J Phil*, XLVII [1950]:
159 695–704）等文章中，马克斯·里瑟坚持一种半情感性的理论：在明喻（隐喻是明喻的一种“变相”）中，“关系不是事实性的，而是情感性的”（《诗歌明喻的分析》第210页）；“诗歌的比较，根本不是一个命题”（《艺术认识论概要》第701页）。确切地说，马克斯·伊斯门的理论并不是一种情感论——如果它确实是理论的话——不过它近乎成为一种情感论（《文学的心灵》[*The Literary Mind*, New York: Scrib-

ners, 1931] 第四部分，第 1 章第 5 节和第 6 节）（比较《诗歌欣赏》[*The Enjoyment of Poetry*, New York: Scribner's, 1913]）。隐喻是一种“不切实际的等同”（第 187 页），它通过使用一个不符合“习惯”用法的形容词而“增强了意识”（第 164 页）。但是，隐喻性的陈述并不是等同，而习惯亦不能区分隐喻性的和非隐喻性的归属式；伊斯门未能真正解释隐喻，而只是描述了它常见的或偶然的效果。

二、随附论。我将援引马丁·福斯《人类经验中的符号与隐喻》（[*Symbol and Metaphor in Human Experience*, Princeton, N.J.: Princeton U., 1949]，第 53—69 页，尤其参见第 61—62 页），作为这种理论的一个例证；他似乎认为，在一个隐喻性的归属式中，单独的语词已失去其原有指谓的所有意义，并且，“隐喻体……实现了一种简单而不可分割的统一性”（第 61 页）。我并不认为这种观点实际上是可以辩解的；参见 W.K. 温姆萨特对福斯的精彩讨论，见其《象征与隐喻》（“Symbol and Metaphor,” *Review of Metaphysics*, IV [December 1950]: 279–290）一文，收录于温姆萨特《语象》，第 119—130 页。在我看来，不幸的是，在试图对两种知识方法进行广泛对比时，福斯极大地扩展了“隐喻”一词，使得所有动词（第 64 页）、“是”一词（第 65 页）乃至因果性（第 67 页）都是“隐喻性的”。菲利普·韦尔赖特的观点（《燃烧的喷泉》[*The Burning Fountain*, Bloomington, Ind.: Indiana U., 1954]，第 5 章和第 6 章），不像福斯的观点那么极端。韦尔赖特坚持“根隐喻的本体论地位”（第 97 页），认为它体现了一种“超逻辑的”（paralogical）独特认知，因而是一种诗性话语。韦尔赖特的观点，也见于他对几部著作（包括福斯的著作）的评析（“Symbol, Metaphor, and Myth,” *Sewanee Review*, LVIII [1950]: 678–698）。

三、字面论。斯科特·布坎南提出了一种较完整的字面论，见

《诗歌与数学》(*Poetry and Mathematics*, New York: Day, 1929)，第 4 章。在《修辞学》第三卷第 2 章至第 10 章(莱恩·库珀译，纽约阿普尔顿出版公司 1932 年版)，亚里士多德宣称，隐喻和明喻之间的差异"甚为幽微"(1406b)；他认为，隐喻表达了一种比较，而其"依据"是一种"比例类推"(参见《诗学》，第 21 章)。但是，亚里士多德的观点，即隐喻是"异物名称的使用"，可以发展成为一种逆悖论，虽然亚里士多德并未真正解释名称的异物性源自何处。在《论隐喻》("Metaphor," *Thought*, XXX [1955]: 421–439)一文中，安德鲁·P. 尤申科紧随亚里士多德的步伐，但同时补充了"关系"的概念(第 428—429 页)，或者语境控制的概念。在我看来，如此这般地定义"隐喻"，使得它根据定义必须具有一种更宏大的语境(尤申科将孤立的隐喻称为
160 "伪隐喻"，第 424 页)，这会引起人们的异议。

四、本章中提出的逆悖论，除了门罗·C. 比厄斯利《实践逻辑》([*Practical Logic*, Englewood Cliffs, N.J.: Prentice-Hall, 1950]，第 94—105 页)中的简单勾勒，并未出现于其他地方。但是，一些关于隐喻的其他讨论，却趋近于它，或者与它不谋而合。例如，马克斯·布莱克的优秀论文《论隐喻》("Metaphor," *PAS* [1955]: 273–294)提出了"隐喻的交互论"，以此与"替代论"和"比较论"分庭抗礼。布莱克的"相关常识系统"(第 287 页)是一套信念，它们决定了隐喻性修饰语的内涵域。他提出了一些有价值的观点，但是我觉得他的理论并不完整，因为他没有解释隐喻性归属式是如何告诉我们修饰语是隐喻性的，而不是字面意义上的。亚伯拉罕·卡普兰接受了瑞恰慈的观点，见《艺术中的指涉意义》("Referential Meaning in the Arts," *JAAC*, XII [June 1954]: 457–474)一文，尤其参见第 469—473 页；在我看来，卡普兰的立场与逆悖论是相容的。另参见：威廉·燕卜荪在《复杂词的结构》

([*The Structure of Complex Words*, New York: New Directions, 1951],第 17—19 页)中细致入微的、令人受益无穷的讨论;斯科特·乔治《十八世纪的隐喻哲学》(*The Eighteenth Century Philosophy of Metaphor*)(纳什维尔:1945 年私人印制)——不过,斯科特是在极其宽泛的意义上使用“隐喻”一词的。

说一个隐喻在于“将一个通常意指一个对象或概念的语词用于某种语境,使得它必须指涉另一个对象或概念”,这是什么意思?我认为逆悖论为此提供了一种说明;W. B. 斯坦福的这一表述(《希腊人的隐喻》[*Greek Metaphor*, Oxford: Blackwell, 1936],第 101 页),比以往更加小心谨慎(参见第 1 章和第 5 章中对于隐喻的崇论闳议),但需要加以分析的关键词,是“必须”。为什么这个术语“必须”指涉另一个对象?因为它在语境中和其他语词的组合创造出了一个意义层面上的不可能性。另一种关于隐喻的说明(我认为最终是对等的)是这样的:隐喻是“从一个论域到另一个论域的语言迁移”(参见威尔伯·M. 厄本《语言与现实》[*Language and Reality*, London: Allen and Unwin, 1939],第 433 页);一个语词的“论域”,要么是将该语词所指称的事物包括在内的一个总类,要么是限定该语词使用范围的一个类;而“迁移”是通过主语和修饰语的论域之间的不相容性而实现的。针对隐喻所做出的最细致和最彻底的讨论之一,是古斯塔夫·斯特恩在《意义与意义的改变》([*Meaning and Change of Meaning*, Göteborg-Elanders Boktryckeri Akticbolag, 1931],第 11 章,第 390—393 页)中的讨论,虽然有一些讹误,但成果丰硕。斯特恩把一个名称从一个指涉对象向另一个指涉对象的有意图的转移称为“命名”(第 167—168 页),命名的一个子类是修辞格:它们是包含“情感因素”的命名(第 296 页)。隐喻则是修辞格的一个子类;斯特恩重视和强调隐喻中“异类因素的融合”（第 300 页），以及修饰语的“现实语境和主要意义之间的张力”（第 307 页），这与逆悖论别无二致。

161 一个进一步细化隐喻的逆悖论的方法，是检查一些这样的隐喻：它们处于隐喻和必须加以区分的其他类型的归属式之间的边界之上或边界附近。例如：(1) 艾略特的“无形之态”处于简单的自相矛盾式和有意味的自相矛盾之间的边界附近；然而，它并不能完全简约为“无态之态”。(2) 某些归属式在不同语境下可能要么是字面意义上的，要么是隐喻性的。将狮子称为猫，或者将心脏称为泵，或者言及“慢慢地腐烂，无烟地燃烧”（罗伯特 · 弗罗斯特），就是做出这一种归属：存在“猫”、“泵”和“燃烧”（化学家所说的有氧燃烧）的技术性意义，在这些意义上，它们从字面上讲都是真的，但是，比方说，如果语境中有某种东西将“猫”局限于家畜，那么，这一归属式便成为一个隐喻。参见弥尔顿的“可见之黑暗”，以及这个模棱两可的问题：“黑是一种颜色吗？”

10-D. 明喻。虽然明喻不是隐喻，但是我认为它们可以归于自相矛盾式话语的总标题之下。首先，考虑开放性明喻。“甲者像乙者”的意思是，“至少有一个特征是甲者和乙者所共有的”；这在逻辑上是正确的，因为无论甲者和乙者是什么，它们都是单元类的成员，由此，这种明喻是重言式的。即使是伊迪丝 · 西特韦尔的“星星像梅子”，虽然很遥远，却是真确的：星星和梅子都是物质。E. E. 卡明斯的“春天像一只也许的手”，亦如此。其次，考虑封闭性明喻。“风像刀一样锋利”表明风是锋利的，而这就是一种隐喻；封闭性明喻，换言之，暗含隐喻。华兹华斯所写的“你的身心要承载习俗……像生活一样深沉”暗示生活是深沉的，而这就是一种隐喻。这也是隐喻为什么不能还原为封闭性明喻的另一个原因；这种还原将是循环反复的，因为赋予封闭性明喻以修辞力量的——“简像牛一样乐观”相对于作为直接比较的“简像琼一样乐观”，是它暗含一个隐喻。

10-E. 意象。在《意象的问题》(“The Problem of Imagery,” *Sewanee Review*, LVIII [1950]: 522–526)一文，也就是关于 R. H. 福格尔《济慈和雪莱的意象》(*The Imagery of Keats and Shelley*)的书评中，约瑟芬·迈尔斯清晰地区分了“意象”这一术语的两种经常被混淆的主要意义：(1)如果它是一个指称可被感官感知的对象的一般性术语，那么就存在非隐喻性的意象；(2)如果它与“修辞格”同义，那么，一些意象就是抽象的而不是具象的，这是一种奇怪的用法。将“意象”一词拘囿于第一种意义，似乎再好不过，但即便如此，这一术语仍然存在诸多问题，迈尔斯教授便指出了这些问题。在《莎士比亚的意象》(*Shakespeare's Imagery*, Cambridge, Eng.: Cambridge U., 1952)中，卡罗琳·斯珀吉翁在第二种意义上使用了这个术语(第 5 页)。

伊迪丝·里克特《文学研究新方法》(*New Methods for the Study of Literature*, Chicago: U. of Chicago, 1927)极大地促进了文学意象的定量研究；参见她对“修辞意象”的分类(第 47—49 页)。另参见： 162
C. 戴·刘易斯《诗歌意象》(*The Poetic Image*, New York: Oxford U., 1947)，第 1 章和第 2 章；路易斯·麦克尼斯《现代诗歌》(*Modern Poetry*, New York: Oxford U., 1938)，第 6 章(注意他在剧场意义上对一首诗的意象与其“特征”所做的有趣区分，第 91 页)；拉塞尔斯·阿伯克龙比《诗论》(*The Theory of Poetry*, London: Secker, 1924)，第 4 页；J. M. 默里《论隐喻》(“Metaphor,” *Countries of the Mind*, 2nd Series, London: Oxford U., 1931)；埃尔德·奥尔森《威廉·燕卜荪、当代批评与诗语》(“William Empson, Contemporary Criticism, and Poetic Diction”)一文，收入 R. S. 克莱恩等人《批评家与批评》(*Critics*

and Criticism, Chicago: U. of Chicago, 1952)，第 79—82 页；尤娜·埃利斯-弗莫尔《戏剧的疆界》(*The Frontiers of Drama*, 3d ed., London: Methuen, 1948)，第 5 章。

10-F. 文学的朦胧性。当代诗人经常因其朦胧性而备受指责，这种朦胧性被视为一种“沟通失败”，而这一指控被当成了谴责诗歌和诗人的依据。但是，在穿透朦胧之前，我们并不知道这首诗是什么，或者是否有一首诗存在。要有助于处理这些问题，并且澄清朦胧性在其中沦为晦涩难懂的那个领域，我们就要对文学中导致朦胧性的诸因素，进而对朦胧性的不同类型进行分类——比方说，当“阿育王”这个名字在诗歌中出现，不知此人是何人，这迥异于不清楚一个省略式的完整形式，正如在奥登的十四行诗《请求》中的那样：

先生，你宽恕一切，不与人为敌，
只不过意愿他倒转，请别吝惜[1]

参见前文附注 9-C 中的“艾米丽”。以下著述都对朦胧性予以了探讨：约翰·斯帕罗《意义与诗歌》(*Sense and Poetry*, London: Constable, 1934)，第 4 章和第 5 章；路易斯·麦克尼斯前引书，第 9 章；朱利安·西蒙斯《朦胧与迪伦·托马斯》(“Obscurity and Dylan Thomas,” *Kenyon Review*, II [1940])，第 61—71 页；马克斯·伊斯门《文学的心灵》(*The Literary Mind*, New York: Scribner's, 1931)，第三部分，第 1 章和第 3 章；兰德尔·贾雷尔《诗人的朦胧》(“The Obscurity of

1 摘自《请求》(“Petition”)，收入《奥登诗集》(*The Collected Poetry of W. H. Auden*)，1945 年版，经兰登书屋和费伯出版公司授权复制使用。(此处采用查良铮的译文。——译注)

the Poet," *Poetry and the Age*, New York: Knopf, 1953)，等等。

10-G. 胡言乱语。胡言乱语，或不知所云的言语，是各式各样的，但在可能吸引文学批评家注意的语篇之中，作为构成部分的表达式可能都是语词；或至少是可辨识的有内涵的词类，即使它们是被编造的——诸如“咯咯笑”“笨拙地行走”“斑攫兽”，等等。混乱无序的，因而读者无法重构的句法关系，则产生一种胡言乱语——“巧克力千瓦努力，/ 老化中的气压计。”这是省略式的渐近极限。句法正确却是胡言乱语的表达式——“巧克力千瓦努力使不可思议的气压计老化”——则是纵逸的隐喻之极限。

对于这些类型的胡言乱语的哲学讨论，参见：A. C. 尤因《论无 163
意义》(“Meaninglessness,” *Mind*, N. S. XLVI [1937]: 347–364）一文，特别是第 359—364 页（他认为“美德是一把火铲”和“紫色的二次方程式参加赛马会”必定是有意义的，因为我们知其为假）；马克斯·布莱克《哲学分析》(“Philosophical Analysis,” *PAS*, XXXIII [1932–1933]: 237–258）一文（他认为“汁多味美的实词”和“形容词喜爱分析”是无意义的）；威尔伯·马歇尔·厄本前引书，第 197—203 页，以及第 221 页（他认为“恺撒是一个质数”是无意义的）；另参见 J. D. 马博特、吉尔伯特·赖尔、H. H. 普赖斯关于“否定性”的专题论文，载于《亚里士多德学会学报》，1929 年第 9 卷增刊。一个胡言乱语的表达式是否应被称为“无意义的”，这是一个有趣的问题；它的构成部分都是有意义的，这个事实并不能确保作为一个整体的表
达式是有意义的。无论如何，它是不可阐述的。 164

第四章　艺术形式

批评家们非常关注的审美对象的一个特征，是它们的形式。诚然，人们经常说，审美对象所拥有的某些形式，或者某种高度的形式，正是将它们区别于其他对象，并赋予它们特殊价值的东西。如果这是真的，那么知道这一点很重要；但遗憾的是，诸如此类的肯定性陈述，极少被辅以一种关于“形式”在这一语境下有何意义的充分解释。

举例而言，如果一个雕像的“形式”是其形状，那么一个雕像如何能够比另一个雕像具有更多的形式，而一件雕像如何能够比其他任何对象，诸如一个篮球或一株芜菁，具有更多的形状？另一方面，如果我们想说，比起芜菁，雕像拥有一种更好的形式——它的形状更胜一筹，可食性则次之——这是否仅仅意味着雕像的形状更受人喜爱，或者其中还牵涉某种东西，这种东西，比方说，让我们能够宣称，海顿的《F 大调弦乐四重奏》(作品 3 号，第 5 首)以及丁尼生的《夏洛特夫人》也有着比芜菁更好的形式？

讨论审美对象的形式，至少是暗示其形式与其他方面之间存在某种区分。而给美学提出种种谜题的，正是这一区分。它产生了一些最具争议性的问题。形式能否和内容分离？审美对象的形式是否比其内容，或者比其意义更重要，或更不重要？是什么使得一个对象的形式在审美上胜过另一个对象？人们有时宣称，伟大的艺术之所以区别于蹩脚的艺术，是由于在前者(而不是后者)之中，形式与内容是同一的，

是不可分割的；但这样的话，“形式”和“内容”这两个语词意谓什 165
么？只要“形式”一词的相关意义不是固定的，而是允许游移和偏离，那么每一个这样的问题实际上就是一堆捆绑在一起的问题，其中一些是严肃的和深钻细研的，另一些则是文字上的琐碎事务。

对于这些谜题，存在着一种相当中立的，也就是非丐题式的处理方法。在批评家用以描述审美对象的术语中，是否有一些应该贴上“形式术语”的标签？或者，从同等意义上讲，将一类关于审美对象的陈述划分为“形式陈述”是否可能，是否有用？例如，我们可以说，“这幅画有着螺旋式的结构”和“这首音乐作品是回旋曲”都是形式陈述，但“这幅画是忧郁的”和“这首乐曲是欢愉的”却不是形式陈述，而是其他类型的陈述。

每当我们面临这样的问题，可采用一个好方法。此方法分两步。首先，我们会问：一般性的用法是什么，如果有的话？我想，大多数批评家会对“回旋曲”和“欢愉”这两个语词达成共识；前者指形式，后者不然。如果我们能够拟定两份描述性术语的列表，并就哪一个术语应属于哪一份列表而达成一致意见，那么我们就有可能做出一个区分，并得到“形式”的一种定义，这种定义能够恰如其分地反映占主导地位的用法。但遗憾的是，当我们环顾周遭，我们发现，我们的希望由于该语词的千变万化而破灭了。一些艺术批评家对“形式”一词的使用，大致是指一幅画的构图——根据这种用法，“这是一幅点彩画”不是一个形式陈述。另外一些批评家则指整体设计，与画作所再现的内容相对——根据这种用法，“它包含一个红色块”就是一个形式陈述。还有一些批评家，他们用“形式”一词来表示对象在画面上是“如何”排布的——根据这种用法，“浓重”和“优雅”都是形式术语。此外，还有其他不同用法。

如果我们至少要求我们自己对这个术语的用法是清楚的、明晰的，我们就不能指望去建构一种符合所有惯用法的定义。因此，我们必须考虑第二个步骤。我们无妨筛选出似乎最值得保护的用法，即使它并不准确。例如，我们已经有了“设计”这个术语，用以表示有边界的视觉画面本身：所有关于其元素、关系和区域性质的陈述，都是关于设计的陈述。因此，将“形式”一词归结于同一个东西，将是语词的一种无谓重复；更有趣的事情是探讨是否存在某种关于设计的子类陈述，如果能将这种子类陈述区别于其他陈述，将是有用的。而通过我们所引入的范畴，我们可以做出一个清晰的区分：(1)对一件视觉设计或一首乐曲中诸元素的局部性质，以及诸综合体的区域性质加以描述的陈述，以及(2)对这一对象内部诸元素之间，以及诸综合体之间
166 的内在**关系**加以描述的陈述。我们可以将后者称为“形式陈述”。

我认为，这个区分足够准确；事实上，在某种逻辑工具的帮助下，这一区分的准确性会超过它可能需要的准确性。如果我说，在某一首乐曲中，一个音符比另一个音符更高或更响亮，或者某个乐章的一段的调子更轻快，或者一个乐章比另一个乐章更长，这些都是关系陈述。也就是说，它们都是以下这种类型的陈述：“X 与 Y 有着如此这般的关系”。因此，根据上述定义，它们是形式陈述。同样，如果我说，在一件视觉设计中，一条边与另一条边形成反差，或者一个区域比另一个区域更暗，或者图画空间的一部分比另一部分更有深度，那我就是在讨论形式。

如果我们将所有形式陈述从批评描述的类中抽离出来，还剩下什么？首先，存在关于作品中诸元素和复杂部分的陈述：乐曲从音符 A 开始，有四个乐章；绘画包含一些珊瑚红的色块，或者包含两个主要物体。其次，存在关于作品或其构成部分的区域性质的陈述：乐曲

是F调，或者是猛烈的，或者其开头是安宁的；绘画是明亮而生动的。如果这些不是形式描述的描述有一个名称，将是省事的，但是令人完全满意的名称并不存在。“形式”自然是将“内容”视为它的补充，而我们也许会接受这一惯例。“内容陈述”在某方面是一个糟糕的术语，因为音乐作品和视觉设计所包含的东西，从一种极好的意义上讲，就包括了诸部分之间，以及诸部分与其性质之间的关系。在大多时候，我将不使用“内容”一词，而我一旦使用它，则是以下这种意义：一个内容陈述，就是一个不是形式陈述的描述。

那么，一旦我们得出这样一种区分，不为其精确性的纯粹美所迷惑，也是很重要的；我们必须再次环视周遭，看它是否是有用的。很多精确的区分令人枉费心力，因为它们毫无用处。如果我们挑选出审美对象的某些方面，并赋予这些方面一个特殊的名称，那么，这种做法的正当性只能来自一个这样的事实，即它们具有一种特殊的功能或重要性，这种功能或重要性是某种东西在某方面所依赖的。因此，这就是本章的任务。我们必须想办法证明，批评家想要说的重要事情，最好是以我们所采用的术语，即“形式”这一术语以及通过这一术语而定义的其他术语来表达。我们必须证明，挑选出这种意义上的形式并对它予以特别注意是很重要的，因为它在艺术中发挥着举足轻重的作用。

同时，很明显，如果我们采用所提出的定义，一些为人所熟知的关于形式的难解之谜就不复存在。形式和内容能否区分？当然能。也就是说，我们可以言此不言彼。形式和内容是否有关联？当然有，因 167
为，两个音符之间所存在的一些关系，取决于它们的诸性质，而在一件特定的设计之中，一个特定色域的性质，则取决于它与周围色域的关系。形式和内容能否分离？当然不能！将可区分性与可分离性混为一谈，谬矣。正如第二章（§6）中所指出的那样，一个综合体的性质是诸元素及其关系的一个函项，或者，我们可以说，是其形式和内容的一个函项，而如果其中之一发生了改变——如果换成不同的音符或色彩，或者，如果音乐加速或色域重新安排了——那么这种特定的性质就会改变或消失。

那么，根据这一用法，形式是否比内容更重要？这一问题钩深极奥，它实际上指出了不止一条探索途径。从表面看，我们似乎对审美对象的区域性质推崇备至：例如，莫扎特的《G 小调弦乐五重奏》（作品 516 号）前两个乐章的诸性质，可谓音乐中弥足珍贵的东西。人们也许想说，这是主要的或唯一的价值；形式之所以重要，仅仅是由于那些性质的实现离不开它。或者，人们想说，形式是我们在音乐中最应该珍惜的东西，而且，即使它并没有诸如此类的深沉苦痛，它也是有价值的。这是我们在后面的讨论中必须准备好面对的一个问题；但是，我们还没有为它做好准备，而部分的准备工作，是先处理一些更易操作的关于形式的问题。

§11 视觉设计中的结构与肌质

如果我们一致同意，审美对象的形式就是其构成部分的整个关系网络，那么我们就能够做出另一个区分，这一区分对批评家来说有着一定的重要性。

一个审美对象可能包含某些主要部分，或主要片段，诸如一首交响乐的乐章，或者一幅画被一条清晰的轴线一分为二的两半部分。这些部分会存在某些方面的关联——第二乐章的调子可能是第一乐章调子的下属调；画作的两半部分在视觉密度上可能大致相等。而审美对象也会包含更小的构成部分——其元素及较小的整体——譬如交响乐中的旋律或绘画中的色块。而这些更小的构成部分也会存在某些方面的关联——一个旋律可能比另一旋律更有活力，一个色块可能比另一个色块具有更深的空间层次。主要部分和次要部分的区分，有时是模糊的，甚至是随意的，但它通常是眼睛或耳朵所能感知到的。在这两种情况下，它们都是有用的。

因此，既存在主要部分之间相对的大比例关系，也存在次要部分
之间相对的小比例关系——或换言之，既存在对象宏大的、也许遥远 168
的区域之间的关系，也存在对象的邻近区域之间的关系。因此，我们将区分两种审美形式：结构与肌质。在本章中，我们将把这个区分运用于视觉设计。

美术批评家对“肌质”（texture）一词的使用，经常不完全符合我所主张的意思。例如，当他们宣称丝绸和粗麻布，或者松树和枫树，在肌质上有所不同，他们有时表达的意思是，如果你把手放在它们上面并抚摩它们的话，这些东西看似有不同的感觉：存在着一种触觉性上的差异。确实如此。但是，如果我们分析我们所看到的是什么，其外观上的差异，就是其性质的逐点变化中的差异：一种木材纹理细密，另一种木材则不然；一块布料由细小的交叉方格组成，另一块布料却紧凑结实，其光泽或者从光线中吸收的色彩均匀而极细微地变化。这就是我所说的肌质：视觉设计在内部任何位置的肌质，都是由该位置的较小部分之间的关系所构成。我们也可以对整体的肌质，也就是在不同位置所出现的某些小比例关系予以概括。

一件视觉设计有结构而无肌质，或者有肌质而无结构，是可能的。在第一种情况下，我们可以想象有一个大矩形，其白底上有两个硕大的红色圆形区域。这个设计显然拥有一些主要的构成部分，而且这些

部分是相互关联的：圆圈从背景中脱颖而出，并通过一种简单的对称方式而达到相互平衡。在这种情况下，“脱颖而出”和“平衡”的关系，就是结构性的关系，因为它们与主要部分相关联。然而，假设在主要的构成部分之中，并不存在视觉上的差异，因而没有更小的构成部分可供区分和比较。这样，就只有结构而没有肌质。然而，事实上，视觉设计的区域总是具有某种异质性——诸如詹森的《构图》（插图1）——否则它就是一个无肌质的结构。

现在，让我们想象一片白色，上面布满了间距相等的红色小圆点——微小的波尔卡圆点，就像你可能会在朴素的裙子或厨房窗帘的布料上看到的那种。如果整片区域是由诸如此类的圆点组成，那么其中就不存在主要的分割部分；这件设计并不属于眼睛可见的任何大断面，因此是无结构的。但是，它有肌质，事实上，它自始至终都拥有同样一种肌质，因为每个圆点与其白色背景，以及与其邻居之间的关系殊无二致。在鲁奥的石版画（插图5）的右上角、丢勒的木版画（插图6）的地板和后墙、戈雅的铜版画（插图7）的左上方等处的背景之中，均可看出不同的肌质。当然，结构和肌质之间的区分是相对的；如果我们放大某种肌质，或者缩小整片区域，我们将能让诸元素成为设计的
169 主要部分，而不是次要部分。但是，那将是一件截然不同的设计。

很明显，当你凝视一幅画，它几乎总是拥有某些大分区，而当你目视浴室的瓷砖或一堵砖墙，大分区则不存在，尽管存在着小分区。

构图和风格

现在，考虑“构图”（composition）这一术语。假设我们认为珂勒惠支的《市政寄宿所》（插图3）拥有一种三角形或金字塔形的构图。这可以从两个方面来理解，而即使总体上的区别不容忽视，我觉得我

们在这种语境下可以将这些定义视为不相上下的。在某种意义上，说构图是三角形的，就是描绘图画中一些最突出的区域之间的大比例关系：比方说，母亲的头部处于孩子双脚的某个方向。这就是把关于构图的陈述分析成大比例的关系。另一种方法是引入“主导模式”这一术语，用以表示图画中任何凸显的大图形，这种图形从从属模式中浮现，因为它们之间存在某些强有力的线条——母亲的背部或孩子的背部。一件设计作品的主导模式并不是一组关系，而是一种依赖于这些关系的区域性质。无论我们认为构图是这些关系本身，还是这些关系所决定的模式，都无关大体。不管怎样，只要这些关系存在，这一模式就会存在。我们想说的是，在视觉设计中，构图至少是结构的一部分。这就是说，任何关于一件设计的构图的陈述，都是一个关于其结构的陈述。

通过另一页上的简单图形来检查这些要点，也许是有帮助的。

首先，要注意，*D* 的很多元素区别于其他三个图形：它主要是由十字形，而不是由小圆圈所组成。其次，*B* 的**主导模式**区别于其他三个图形，它是三角形的而不是方形的，因为在 *B* 中，诸元素之间的大比例关系——各排元素的主要方向，以及大圆圈之间的相互关系——是截然不同的。因此，*B* 在**结构**上不同于其他所有的图形。第三，尽管 *A* 和 *B* 由于小圆圈之间的相邻关系——它们形成了直角的锯齿状——而在**肌质**上是相似的，*C* 的肌质却不同于 *A* 和 *B*，因为其小圆圈之间的关系让它们形成了近半圆形的波浪状。

因此，“构图”这个术语是可以通过我们的分析范畴来定义的。当它像一些作者所认为的那样指谓设计中所有区域的“安排”——即它们之间的关系——它便与“形式”同义。如果它局限于大比例关系和/或主导模式，则与“结构”同义。

在“结构”和“肌质”这两个术语的帮助下，我们就能澄清批评词
170 汇中另一个举足轻重的术语：“风格”。这是诸多术语之一，这些术语，如果我们仅仅关心批评家对它们的用法——即他们针对特定的审美对象所说的话——它们的意义就洞若观火，但如果我们追问批评家会如何对它们下定义，它们则会导致异常的混乱。通常而言，诸如此类的定义——多半是从流行的词典中照搬而来——指涉艺术家的“表现方式”或其“对于作品的个人贡献”，但这些是没有帮助的。这是因为，无论我们如何使用“风格”这一术语，我们都必须如此这般地使用它，使得我们能够通过经验观察而判定一件作品的风格是什么。

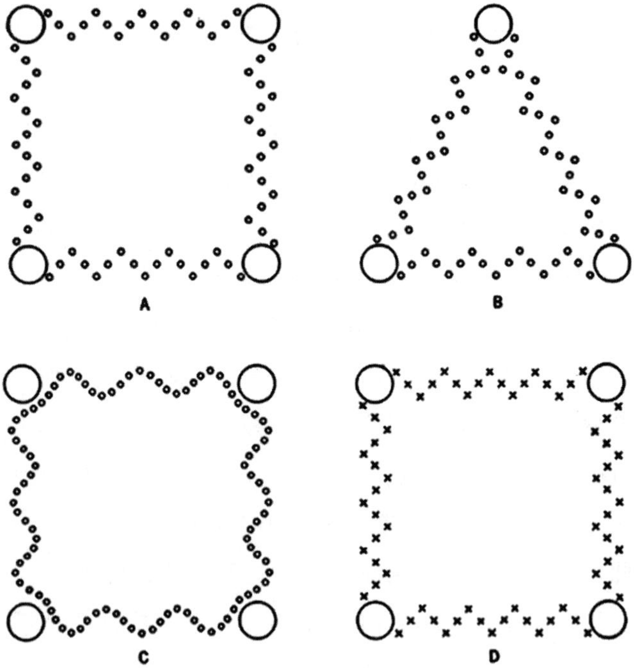

“风格”这个术语的用法千变万化，起伏不定，这是一目了然的。

斯蒂文·特雷福尼德斯是一名摄影师，也是一名画家，他说过，他的照片展现了一些与其画作相同的风格特征。但是，一部关于绘画的名著[1]断然宣称，照片没有任何风格，这明显是因为照片之中并没有什么 171
可以回溯至艺术家的直接技艺的东西。在这一点上，有必要加以一定的分析，而且，像往常一样，我们最终将不得不针对这个术语做出我们自己的决定：选择对我们最有用的和最没有误导性的定义，尽可能清晰地完善这一定义，并将它推荐给其他人。

姑且不论艺术家及其活动的问题，批评家在谈论风格时所指的是什么？首先，他们谈及一幅特定画作的风格：笔触短而密，或者使用了厚涂的颜料，或者作品是一幅点彩画。这些都是关于画作肌质的重复性特征的陈述。换言之，如果某些肌质特征在作品中反复出现，它们就会被挑选出来，作为风格的特征。这可以在不诉诸艺术家的情况下完成。例如，伦勃朗《熟睡的女孩》（插图 2）的风格的一个特点是：其墨色块往往是广宽的、透明的、边线柔和的、逐渐变细的，而且是相分离的——除了背景中的墨色块。而贝克曼《自画像》（插图 4）的风格的一个特点是：其墨色块往往是深暗色的、边线坚硬的、尖锐的，而且与白色形成了鲜明的反衬。

在这种情况下，我们能针对照片说些什么？我们首先要注意，如果我们认为"风格"指的是"肌质的重复性特征"，那么，可以想象，无风格的视觉设计是可能存在的，或者说，视觉设计的风格是无法详述的。毫无疑问，它们具有肌质。但是，假设肌质因地而异；例如，假设笔触并没有体现出一些恒常的特征，正如一件是由鲁本斯、凡·高、

1　H. 鲁赫曼和K. M. 肯普：《艺术家的创作》（*The Artist at Work*），巴尔的摩：企鹅出版社，1951 年版，第 10 页。

提香、修拉、格里斯、克利和拉斐尔的作品片段拼凑而成的设计中的那样。在这种情况下，我们也许会说，虽然这幅设计作品的肌质丰富多样，但**作为一个整体**，它没有任何风格。有时，我们宁可认为它是各种风格的杂糅，但这是因为我们已从其他作品中熟悉了那些画家的不同风格。然而，这并不意味着一张照片可能没有风格，事实上，这种情况不太可能发生。因为，如果某些对象的照片是在某种特定的光线条件下拍摄，并以某种特定的方式而完成，那么其鲜明的光暗对比、画面的明亮或暗淡、线条的清晰或朦胧，就是这张照片的许多部分在一定程度上所共有的。而这些就是这张照片的风格。

针对一幅特定的视觉设计，我们也可以这么说，即使世界上没有其他视觉设计拥有相同的风格，或者拥有一种极其类似的风格。当然，艺术史家更感兴趣的，是将这一术语扩展至视觉设计的**组群**。这样，他会试图区分伦勃朗风格的各个发展阶段，并宣称最后一个阶段的特征是更强烈和更丰富的明暗处理或者明暗对比、色域中的几抹黑
172 色、多样化的笔触——其中一些笔触是用画笔的手柄画出来的。或者，他会试图谈论时代风格：哥特风格或国际风格，佛罗伦萨风格或威尼斯风格，佛兰德斯风格或巴洛克风格。同样，风格是重复性特征的集合。但在这些情况下，艺术史家通常在一定程度上扩展了这一术语，而且也许没有混淆的重大风险，如果我们知道他们是在做什么的话。假设一位历史学家宣称，巴洛克“风格”的特点是开放的而不是封闭的形式、明暗的极端对比、基于一条逐渐消失于空间之中的对角线之上的构图等。其中一些是肌质的重复性特征，一些是结构的重复性特征。当一个画家对螺旋式的构图情有独钟，这时，如果说这是其风格的一个特征，是有点古怪的，但也许也不是太古怪，因为在艺术史中，这个习惯根深蒂固。

我们对视觉设计中风格的讨论，可以总结如下：首先，当“风格”这一术语被用于个别对象，它最好是指涉肌质的重复性特征，而这种用法与艺术批评家的用法是严丝合缝的，如果我们不考虑批评家在界定这一术语时所出现的意图主义倾向的话。其次，当这个术语被用于对象的组群，也就是一个特定的年代，或者一个特定画家的全部作品，它通常指涉肌质和结构的重复性特征。

也许应该增加一个条件。一些美术史学家会坚持一种在某方面更加强势的“风格”定义。当他们有时谈到一种风格，他们所指的，不仅仅是任何一组重复性的特征，而且是一种特征体系。例如，立体主义被认为是一种“强烈的”风格，因为它的定义特征不仅相互关联，而且相互依存；在下文第十三节（§13）即将讨论的意义上，它们就是一个连贯性的集合。巴洛克鼎盛时期的风格，以及程度略低的矫饰主义，都是极其强烈的，而“综合的”立体主义和超现实主义则不然。然而，我认为，我们最好在更广泛的意义上使用“风格”一词，当然，要允许人们进一步区分或多或少连贯的，因而或多或少迥异的但囊括无遗的风格。

分类词

批评家针对视觉设计所不得不说的很多话，以及艺术史家所不得不说的更多话——只要艺术史家讨论的是审美对象，而不是艺术家的传记——在于对它们进行比较和分类。有时，在缺乏外部证据的情况下，这是一个通过风格分析而确定一幅不署名画作的正确归属或追溯一幅署名画作的年代的问题。有时，这是一个将画家及其作品分组分类从而形成学派或运动，因而能够对它们与社会和政治变迁之间的联系进行推导的问题。有时，这是一个通过几近直接借用的相似性而证

明一位画家对另一位画家产生影响的问题。事实上，正如我们将在下
173 文所看到的那样，一些批评家认为，除非你已经对一个审美对象进行了正确分类，否则你无法评价之。

但是，审美对象、音乐作品以及绘画被认为特别抵触比较和分类。它们经常被说成是高度个性化的对象，每个自成一类，因而不可能进行一劳永逸的概括。这种观点具有初步的合理性。即使指出审美对象与其他对象的相似性有时有助于促进人们对它们的欣赏，但在一些批评家看来，更重要的是要强调它们不可还原的差异性。

说一个对象比另一个对象具有更高程度的个性，这是什么意思？我们并不清楚，但是——我们无须在此处停下来思考这个问题——我认为我们可以理所当然地认为，审美对象并不比人类具有更高程度的个性。如果怀疑一般性的分类原则适用于金属、蝴蝶、经济体系或精神疾病，而不适用于审美对象，这并没有什么好的理由，虽然这些原则在艺术中的运用所面临的困难是巨大的。然而，显而易见的是，在审美对象的分类中所使用的一些最受欢迎的术语都是处于定义不妥的状态。这样，我们所得到的只是一些没有希望的语言争论，比如某个20世纪的作曲家（如勋伯格）是“浪漫主义者”还是“反浪漫主义者”，或者某个画家（如马奈）是“写实主义者”还是“印象主义者”。这些不是无病呻吟的问题，因为它们可能是源于一种想要清晰地感知作品本身，并澄清这些作品与其他作品之间的细微差别的真正兴趣。因此，虽然关于这类问题的争论可能会遗憾地成为作品本身的细读研究的一种替代品，但如果将所有诸如此类的一般术语从批评家的词汇中剔除出去，却是一种过于严苛和激进的对策。语词，纵然有诸多不足之处，却是我们所能拥有的最好工具，用以向自己和他人明确指出审美对象有何不同，以及它们有什么值得注意的地方；只不过，一旦我

们决定使用语词，我们理应尽可能清晰地使用它们。

美术中的一些分类词，显然是可以通过再现题材——“风景”“静物”等——而定义的，我们现在姑且不谈它们。另外存在一些只指形式而不牵涉其他的术语，以及一些这样的术语，它们相互混淆，或者在某些方面迷雾缭绕，令人茫然，如“超现实主义”。让我们先考察一些纯粹形式上的区分，然后再简要处理一些明显需要分析和澄清的示例术语。

视觉设计诸部分之间会有什么可能的关系？我们可以方便地将主要的关系划分成两组。首先，存在**二元**关系，也就是设计的两个部分之间所存在的关系。它们在逻辑意义上是对称性的，也就是说，如果它们从 A 到 B 成立，则从 B 到 A 也成立。这些关系之所以重要，主 174
要是由于它们构成了结构，也就是说，它们是对象较大的组成部分之间所存在的关系。

二元关系还可进一步细分。假设我们挑出视觉设计中同时可见的两个部分——诸如背景上的两个图形——然后比较它们的各种特征的相似性或差异性；如果我们考察一个特定的特征——诸如形状、颜色、方向或尺寸——那么就要区分三种可能性。它们在这一方面可能是**相似的**，虽然不是如出一辙；或者它们在这方面可能是**反衬性的**，诸如深色与浅色、大与小、或光滑与粗糙，或者它们可能具有**无偏向性的差异性**，也就是说，它们既不是极其相似的，也不是截然相反的。就形状而言，大写字母 P 与大写字母 R 相似，因为 R 包含 P；大写字母 X 与大写字母 O 形成反衬，因为一个是全开放的，一个是全封闭的；大写字母 P 和大写字母 M 既不是很相似，也不会形成鲜明的对比。

在这些二元关系中，尤其有三种关系在视觉设计中具有重要的结构性意义。当我们比较视觉设计两部分的视觉密度，第一种关系就会出现。这两部分的密度可能是相似的，即近乎相等的，在这种情况下，它们被认为是平衡的；它们可能是反衬性的，或者二者都不是。平衡性暗含一个参照点，或者一条参照的垂直线，也就是一条将两个有可比性的区域分隔开的轴线。例如，在丢勒的《最后的晚餐》（插图 6）中，顶部的圆窗和底部的空盘形成了一条强有力的垂直轴线，即一条虚线，而虽然左边有七个人物，右边只有五个人物，但这些人物的大小和空间布局使得他们在轴线的两侧处于完全平衡的状态。一个更微妙的例子，是伦勃朗的《熟睡的女孩》（插图 2），在其中，女孩上臂上缘左侧表现阴影的浓重的垂直笔触勾勒出一条轴线，围绕着这条轴线，身体的上、下两部分处于微妙的平衡状态。

当我们比较视觉设计两部分的色彩，或者色调，就会出现第二种关系。它们可能是和谐的——诸色彩相得益彰。它们可能是相对立的或相冲突的——诸色彩互相干扰。或者，它们可能只是无偏向性的。正如形状和谐或大小和谐，色彩和谐也是一种相似性。

当我们比较视觉设计两部分的运动，不仅包括运动中的推力大小，而且还包括运动的方向，第三种二元关系就会出现。举例而言，白色背景上的两个黑色图形，可能看起来是在朝同一个方向移动，比如朝左上角。或者，它们似乎在内部力量的牵引下齐驱并进，或者分道扬镳，所有这些取决于它们的形状、大小、位置，等等。又或者，可能有另外一些图形与这些趋势相对抗，由此产生一种稳定的张力，而
175 这些图形看起来各得其所。这样，两个诸如此类的图形或处于平衡的状态，或处于失衡的状态。詹森的《构图》（插图 1）就是这种平衡状态的一个简单明了的例子，在其中，两个右倾的白色区域与左倾的白色区域分庭抗礼。卢奥那幅耕种男人的画作（插图 5）更为复杂。在这幅画中，倾斜的头部和前臂，以及远处的道路，形成了一个强烈的

顺时针运动，但这是受控的，并且通过右大腿的角度达成了极重要的平衡，因为右大腿在画面的底部形成了一个逆时针运动。卢奥和贝克曼这样的构图，被认为处于不稳定的平衡状态，因为它们的平衡来自强大的反向力量的紧张对立；而珂勒惠支和丢勒这样的构图，则被认为处于稳定的平衡状态。

除了二元关系，视觉设计中还可能存在系列关系。考察任意三个或以上的图形（无论是复杂的还是简单的）的相互关系。暂时搁置其中任何两个图形之间可能存在的二元关系。仍然存在着三种可能性。首先，这些图形可能拥有一些共同的特征，即其色彩、形状、尺寸、方向、位置，等等。在这种情况下，我们会说，这些图形通过重复性形成了一个系列，因为每个图形都是在同一个方面与其他所有图形是相似的。其次，这些图形在色彩、形状、大小、方向或位置上的差异可能是规律性的：比方说，*A* 比 *B* 更暗、更大或位于 *B* 的左边，而 *B* 比 *C* 更暗、更大或位于 *C* 的左边。如此，*A* 和 *B* 的关系与 *B* 和 *C* 的关系是相似的，因此我们会说，它们通过方向性的改变而形成了一个系列。第三，也许不存在将所有图形联系起来的系列关系。贝克曼《自画像》（插图4）中一些小的线条组合，就是这种系列的实例。贝克曼避免任何简单的方向变化，但在每一组线条中，都有长度和厚度的变化，有时还会有一个主导的方向——比方说，在右上方，在人物的左额上。

当然，这些纯粹形式上的区分，要么是结构性的，要么是肌质性的，当然，这要取决于我们是在考察设计的主要部分还是次要部分。例如，一座埃及神庙墙壁上的图案可能会构成一个系列，这是结构性的；彩饰书稿页边的交织线条可能会形成一个系列，这是肌质性的。

诸如“立体主义”和“印象派”这样一些被用来命名绘画中整个运动的术语，给它们下定义，远比学习以一种博闻强记的方式来使用它们更加困难。它们所导致的困难之一是，它们往往要同时服务于两个目的，而这两个目的未必是和谐融洽的。它们提供了将一种类型的绘画与另一种类型的绘画区分开来的准则——由此判断一幅画是否是立体主义，或者，更灵活一点说，它在哪些方面是立体主义，以及在哪些方面不是立体主义。这实际上是第一项任务，也是更重要的任务。但是，它们也依附于某些画家的美学理论，有时包括一些最精妙的谈
176 论，它们关乎某种绘画模式被认为传达的形而上学或神秘主义观念。

我们将把这些概念留至第八章（§21）讨论，并考察诸如此类的术语在其描述性用法中是如何使用的。可以说，印象派画家“试图记录事物变幻不定的表象，也就是事物给其感官所造成的印象”，或者说，立体主义画家“从立体物中提取某些本质性的形状，诸如立方体、球体、圆柱体、金字塔、圆锥体等，并通过各种画面来描绘这些立体物”。但是，我们可以提炼出意图主义的习语。如果将一件视觉设计归类为印象派尤其意味着它包含几个相邻的纯色调的——即色调高度饱和的——小块区域，以及清晰可辨的笔触有着丰富多样的形状、方向和大小，那么印象派就是一种类型的肌质。如果将一幅画归类为立体主义意味着它包含许多简单而界限分明的团块，而这些团块在深度空间中相互联系，那么“立体主义”既指结构，也指肌质。

另有一个令人困惑的术语，我们可以在这里略微探讨一下，尽管不可能寥寥数语便澄清之。批评家有时言及“装饰艺术”，未必是作为溢美之词，而是作为“表现性的”或其他艺术的对比。例如，人们可能会说，墙纸、布料、书稿彩饰图案以及马蒂斯的一些画作都是装饰性的设计，而乔托、鲁本斯和塞尚的画作不然。在最明晰的意义上，我们可以把“装饰设计”定义为“有肌质而无结构的设计”，这实际上很符合流行的用法。但也不是完全符合，因为当批评家给一件设计贴

上“装饰性”的标签，他有时不是指它没有结构，而是指它令人感兴趣的或者在审美上有价值的东西是它的肌质。结构和肌质之间的区分，对这一概念来说当然是根本性的。

在一则关于某个当代画家的新闻报道中，有一句话便指出了这点：

> 立体主义是一种决不妥协的风格，因而不能装饰性地使用。它要么是建筑性的，要么什么都不是。

我认为这句话——注意，立体主义被称为一种“风格”，虽然它与“装饰”相对立——是指立体主义绘画所诉诸的空间关系和团块关系能够造就一幅好画，如果它们作为较大团块之间的结构性（“建筑性”）关系而使用的话，但是如果团块较小，导致它们的关系是肌质性的（“装饰性的”），那么这幅画便不是一幅好画。当然，我们在这里已触及我们还没准备好处理的价值问题；但是，即使不讨论这位作者所言是真或是假，我们也心知其意。而这一丁点语言分析，也许有助于例示你如何能够通过我们所使用的范畴而对批评陈述加以分析，由此 177
澄清之。

§12　音乐中的结构和肌质

我们在描述审美对象结构的陈述和描述审美对象肌质的陈述之间所做出的区分，在音乐中就像在视觉艺术中一样重要，甚或更为明显，尽管它同样是相对于大小而言。如果乐曲是一段短旋律，那么把其主要分句之间的关系称为它的结构是妥当的；如果这段旋律是在一首钢琴协奏曲的终曲的过程中发生的，那么相对于整首乐章而言，其分句之间的关系就是肌质的一部分。

很明显，“奏鸣曲”一词是一个结构词，尽管最初确实不是如此。当你宣称一首乐章是奏鸣曲-快板式，你是在暗示它的主部——呈示部、展开部、再现部——存在某些重要的关系：在展开部，呈示部旋律的一些音型就出现了；而再现部的所有部分，或者很大部分加上最后部分，都是呈示部第一部分的调子。这些都是大比例关系的陈述。另一方面，当你宣称一首乐曲或其中一个乐段是卡农曲，这意味着一个声部重复或模仿了另一个声部的同一旋律，但是这是在一定的时间间隔之后发生的，而且未必有相同的音高。一首轮唱曲，诸如《雅克兄弟》[1]或《划船啊划船》，其所有声部的音高都是一样的。以下是若斯坎·德·普雷两段质朴而富于表现力的卡农声部的乐曲：

Josquin des Près, *Ave Maria*

在第一乐段，男高音对女高音的模仿低一个八度，而且是在两个小节之后；而在第二乐段，这一模仿低一个五度，仅在一个四分音符之后。

这些例子表明，按照此处所提出的定义，结构和肌质之间的区分，

1 这首法国儿歌的汉语普通话版本被译为《两只老虎》。——译注

不同于音乐的横向维度和纵向维度之间的区分。音乐肌质通常被划分为单声部的、主调的和复调的，这取决于它的构成部分是单一的旋律 178
线，还是和弦或琶音，即音型和弦所伴奏的旋律线，抑或是两段或以上的旋律，也就是对位旋律。当然，这些都是肌质的区分，但“肌质”这一术语比这更宽泛。当我们说乐段是卡农曲，我们不仅是在谈论音乐的纵向维度，而且我们也可以说是在谈论音乐的对角性特征。而当我们说，存在某种和声进行，或者存在某些旋律音程的重复，我们是在横向地谈论，但我们依然是在谈论肌质，而在这种更加方便的意义上，也就是在一种与一些最优秀的批评家的用法相一致的意义上，肌质是指在某时刻所发生的可以通过相邻部分之间的关系而描述的任何东西。低级酒吧爵士乐和迪克西兰爵士乐的区别，就是肌质的区别。

音乐结构的分类，经常诉诸其主要部分，或主要乐段的数量。例如，普通的三十二小节流行歌曲是一种二段式的，或二部式的结构，在其中，前十六小节构成第一部，后十六小节构成另一部；而古典小步舞三重奏乐章是一种三段式或三部式结构。但是，这种描述提出了一个问题：是什么构成了一首乐曲中的一段或一个主要部分？一段和另一段之间的分界线是什么？

对于流行歌曲和小步舞曲而言，几乎没有争议的可能性。但是，一旦原则不明不显，便可能出现分歧，而事实上，即使是古典奏鸣曲-快板乐章这样一种耳熟能详的东西，也始终存在分歧：它是一种二段式的结构，还是一种三段式的结构？[1]这一分歧似乎源于这样一个事实，即针对什么东西可以被称为**音乐标点**这一问题，批评家们使用了

1　唐纳德 · F. 托维在《音乐分析论文集》（*Essays in Musical Analysis*, London: Oxford U., 1935–1939, Vol. I, pp. 10–12）对这一问题进行了粗略但切中肯綮的讨论。

两个截然不同的准则，而这些准则，虽然它们经常得出相同的结果，有时也会得出不同的结果。

第一个准则是根据中止位置来划分。当我们询问一首乐章是否是二段式结构，我们可能是在询问，其中是否有一个点位比终曲前任何一个其他点位都具有更强烈的终止性。古典奏鸣曲-快板乐章就有一个这样的点位，在此处，乐曲戛然而止，却没有被中断的感觉——也就是说，呈示部在展开部刚要开始时结束。展开部的结束，或者再现部的开始，却不是这样的点位；事实上，这一点位很可能是最强烈的点位之一，乐曲急切地向前奔流，并且在最后一段不可避免地再次进入主音键。因此，经过这第一次检验，莫扎特和海顿的古典奏鸣曲-快板乐章在结构上是二段式的。

但是，当后来的作曲家，诸如贝多芬和勃拉姆，对奏鸣曲-快板结构予以扩充和进一步的发展，他们意在更大的连续性，而他们确实得窥门径，使得呈示部能够毫无阻滞地进入展开部，没有停顿，音乐之
179 流中的空隙也更少。在这样一种情况下，要在乐章中挑出任何一个突出的终止点是不可能的，因此，按照第一个准则，乐章并不分段，它是一段式的。然而，乐章可以通过第二个准则分段。让我们选择**变化最大的点位**，也就是前后乐段之间的对比被认为是最突出和最明显的点位。一般说来，确实经常存在两个这样的点位：在一个点位，乐曲在展开部的开端迅速进入一种相对遥远和迥异的调子，而在另一个点位，乐曲在再现部开始时倏忽回归主调。所以，只要你愿意，你可以说奏鸣曲-快板乐章是由三个主部组成，并且在结构上是三段式的。但是，如果我们在不带偏见或者不持先入为主的理论立场的情况下将这种方法用于某些奏鸣曲-快板结构的大型乐章——诸如贝多芬的《降 E 大调交响曲》(《英雄》)和《D 小调交响曲》的第一乐章——它

就会导致出乎意料的结果，因为可能存在两个以上诸如此类的明显转折点，其中一些实际上恰好是在展开部本身的中间出现。

对于音乐中结构和肌质之间的关系，我们可以提出我们之前针对视觉设计所提出的同一个问题：它们能否离开对方而存在？很明显，不可能存在无肌质的结构，因为除非存在主要乐段，否则不会存在结构，而要乐章形成一定力势，就必须存在局部的变化，也就是旋律的升降、和声的厚薄、节奏或速度中的变动，等等，这些就是它的肌质。另一方面，有肌质而无结构的音乐，理论上是可以存在的。纯粹的实例是一首无伴奏的旋律，就像儿童自哼自唱的一首曲子，它没完没了，总是变来变去，从不重复，或者曲终方停。但是，无结构肌质的可能性，可以通过另一种方式而实现。试看帕莱斯特里纳的一首弥撒曲中的《光荣颂》或《信经》，或者前文引用的德普雷的经文歌，也就是《圣母颂》中一首很美的曲子。诸如此类的音乐具有一种异常稳定的流动性，总随着歌词而发生微妙的变化，但由于其形式旋律与和声，它从不走向紧迫性或终结性的极端。它分为半终止性的部分，尽管经常不是泾渭分明，因为一个声部在其他声部即将完成旧主题的时候，会开始呈现一个新的主题，但是诸乐段*作为乐段*并没有明确而清晰的相互关系。也许存在主题回声：例如，在帕莱斯特里纳的《马切洛斯教皇弥撒曲》中，《羔羊颂》的开头与第一首《垂怜曲》相仿——他在《赋格弥撒》和《仰望主经》等其他弥撒曲中也是这样做的。而德普雷经文歌中的第二段，可以被认为是第一段的变奏。此外，在这首经文歌中，存在一些重要的对比，比方说，当第二段从二拍子变成三拍子，或者当“万福，最荣耀的人”这几个字出现，突然给人一种痛切心扉的感 180
觉。但从整体上而言，如果说诸如此类的音乐虽然拥有许多重要的肌质，但也没有太多你可以讨论的结构，这似乎是正确的。

因此，如果我们是在比较帕莱斯特里纳的弥撒曲和德普雷的经文歌，最让我们感兴趣的是肌质的重复性特征；比方说，弥撒曲一般拥有一种更加复杂的肌质，经文歌则拥有反差更加强烈的肌质。简而言之，我们所关注的是风格。事实上，我们在上一节中对“风格”这一术语所做的分析，更加符合音乐批评家的用法，而不是美术批评家的用法。

因此，批评家会谈论德彪西的钢琴曲或艾灵顿公爵的爵士乐风格。或者，批评家会宣称，贝多芬后期的四重奏风格在某些方面有别于他的早期风格：其中有很多卡农曲的模仿，有速度和响度的突兀对比，诸声部，特别是在慢乐章中，经常在调性空间上变化多端，夹杂着第一小提琴和大提琴之间的几个八度音。这些明显是肌质的重复性特征。同样，当音乐史家对巴洛克音乐——诸如亨德尔、巴赫、斯卡拉蒂或塔尔蒂尼——和后瓦格纳时代的19世纪音乐加以比较，他们指出了许多不同之处，但一般而言，他们将“风格”一词拘囿于肌质性的差异。巴洛克作曲家之创作大协奏曲，并不是巴洛克风格的一部分。但是，一些音乐史学家会宣称，大协奏曲一般建基于利都奈罗原则[1]之上，这则是巴洛克风格的一部分，在其中，某一乐段按有序的间隔回旋往复，这就是一种结构。在这种用法中，“风格”并不限于肌质。

音乐的结构类型

我们现在必须考察一些这样的基本关系，音乐结构是通过它们来

1 利都奈罗原则（ritornello principle）指大协奏曲的首乐章和末乐章通常以反复曲式（ritornello form）出现，即合奏和独奏乐段交互演奏。在反复曲式的开始，首先由合奏呈现主题，称为反复乐节（ritornello; refrain），整个乐章中，主题由合奏以不同调式反复出现，但通常是片段，只有在乐章结束前，反复音乐才完整地以原来的调式再现。——译注

建构，并且可以根据它们来分类。其中一些是调性关系——相似性、接近性、对比性——一些是旋律或主题关系；此二者都牵扯到音乐结构诸类型的技术性用语的意义。在讨论音乐结构时，至关重要的一点是要记住，在对音乐进行分类时，我们正在为特殊目的而提炼它的*一些*形式关系，同时忽略它的另一些形式关系。因此，说一部音乐作品具有某种奏鸣曲-快板的形式，这仅仅是描述其结构的一部分，因为总体结构是由所有大比例的内部关系，而不仅仅是由“奏鸣曲-快板式结构”的定义所包括的那些关系所组成。奏鸣曲-快板式结构实际上是一种*结构类型*。而为人所熟知的其他术语，也都表示结构类型：“回旋曲”“主题和变奏”等。有时，它们被称为“程式”。

对于结构术语的这种看法，具有重要意义，且能杜绝某些谬误。首先，这些类型不应被认为是特定作曲家所填充的*先验*形式或模型。181
有时，奏鸣曲-快板式结构确实对作曲家产生了一种艺术强制性，并且能够决定他们对于旋律与和声进行的想法。但是，从批评家的角度来看，这种结构是从许多具体的个别作品中抽象出来的东西，其中每一首作品都是其所是，即使其余作品全被摧毁；它只是这些作品的共同特征。它的存在并不先于或独立于那些例示它的作品，正如事物的形状并不独立于事物而存在。

正是诸如此类的结构类型的这种衍生性，解释了它们的名称在意义上游移不定的强烈倾向性。这是因为音乐从不会停滞不前，一旦一个术语被用来指称许多作品所共有的一种结构类型，总会有人写下另一首与之略微不同的作品。这样，人们往往想要扩展旧词的意义，使它也接纳新的音乐。这样一来，比方说，“奏鸣曲-快板”在海顿和莫扎特的作品中具有一种极其有限的意义，而这种意义的很大部分在舒伯特和勃拉姆斯的作品之中仍然具有适用性，从而使得意义的延伸是令人信服的。有些东西必须被视为“不规则者”，正如舒伯特有时以一个与主调相异的调子开始他的再现部，而这一调子与主调则存在如此这般的关系，以至于同一个转调在呈示部中将他带出主调，又在再现部将他带回主调。但是，还存在许多共同的特征：呈示部中调子或主题的对比，回归之前进入远调的中心乐段，等等。然而，一旦当代批评家将任何一个包含再现部的乐章——例如巴托克的《第四弦乐四重奏》、布洛赫的《第二弦乐四重奏》或者勋伯格的《第三弦乐四重奏》等乐曲的第一乐章——描述为“自由的奏鸣曲式”或者“改良的奏鸣曲式”，即使它们不存在强烈的调性（如果有的话），那么，这个术语可能就变得过于混乱了。

其次，一首音乐作品，即使不属于迄今被公认的和被命名的结构类型，也可能具有结构。忽视这一点，则是一个根本性的，但并非闻所未闻的错误。在当代音乐中，存在着音乐结构上的一些极其有趣的偏离——例如，塞缪尔·巴伯的《第一交响曲》只有一个乐章，但有几个主要乐段，其中每一乐段都演绎了开头所引入的主题之一——这些偏离尚未被命名，当然，也存在着一些著名的古典乐章，它们无法通过古典类型而予以令人信服的分析，诸如莫扎特《小提琴与中提琴降E大调交响协奏曲》（第297b号）的慢乐章、贝多芬《降B调弦乐四重奏》（第130号）的第三乐章[1]、海顿《D大调弦乐四重奏》的第一乐
182 章（作品76号第5首），等等。但是，这些最高阶的乐章不能说是无结构的。

从古典创作实践中筛选出并作为基本类型而流传于世的结构类型，虽然其中存在着某种偶然性的和任意性的东西，但它们也不是完

1 参见唐纳德·麦卡道尔在《贝多芬降B调四重奏赏析》（“Beethoven’s Quartet in B Flat: An Analysis,” *The Music Review*, VIII [1947]: 15–24）一文中饶有兴味的分析。

全任意性的，因为它们体现了音乐结构的某些基本原理。据我所知，这些原理尚未被予以充分的建构和阐述，以及恰当的命名，但此处所涉及的探究，可以简要地提示一下。假设你有一段旋律，不管是否是和声，在你演奏一次之后，你会对它做出哪些可能的处理呢？你可以重复演奏它，也许可以重复几次；这将是最质朴的一段式结构。显然，通过这种方式，不可能生产非常复杂的音乐乐章。或者，为了在重复旋律到来之前加强人们对它的兴趣，由此提高它的可欲性，你可以通过对比而在中间加入第二段旋律。如果对比乐段本身是一段完整的旋律，你将拥有一个三段式结构，即 A/B/A 结构。但如果对比段的要点是，尽管它是奔往一个新的方向，但是它不可避免地，而且毫不停歇地回到第一段，正如一首流行歌曲中第三个八小节乐句所做的那样，那么，你就拥有了一个二段式结构，即 A/BA 结构。流行歌曲很可能在 B 之前重复 A，因此你就有了 AA/BA 结构；这赋予两个乐段更多的平衡，但它不是一个基本的结构性差异。或者，你可以在旋律后面加上第二段旋律，这段旋律与前面的旋律有着可辨识的相似性，并且在某个方面，也就是在它的节奏、音程、和声或者总轮廓上，听起来好像是从前面的旋律衍生出来的——它听起来就像是前面旋律的延伸或转向，或者像是对它的评论；而这第二段旋律就是第一段旋律的**变奏**。或者，你可以按卡农曲的方式将第一段旋律与其自身，或者将它与另一段旋律或第一段旋律的某种变奏结合起来：这是各种复调曲式，例如**赋格曲**的基本原理。或者，你可以把旋律，或其节奏与和声，分解成音型，然后把这些音型与其他音型重新组合，形成新的旋律或者无旋律的乐段：这就是**发展**。

注意，我们在这里是在谈论音乐的一个部分与另一个部分之间的关系——一部分是另一部分的一种重复，一种变奏，或者一种发展——

而一旦提到“你能如何处理”一段旋律，这只是一个口头语。此外，我们不是在谈论乐章的类型，诸如“变奏乐章”，而是在检查某些基本的音乐关系。因此，一组变奏曲也许牵扯到赋格乐段，甚或包含赋格曲——诸如贝多芬的《大赋格曲》（作品 133 号）——而它可能还包含其他各种间奏，包括对比和发展，正如在贝多芬第 127 号和第 131 号作品慢乐章中的变奏曲中那样。而一部交响曲中的一个较大的发展乐段，诸如莫扎特最后三部交响曲以及海顿的《伦敦交响曲》，也许包含
183 不同调子的重复、赋格乐段、主题变奏，以及严格意义上的发展。

运动模式

这些基本的音乐关系固然重要，但是通过一种机械的方式来解释它们是相对容易的，这从某方面来说是音乐批评的一大不幸。“谐谑曲”和“回旋曲”的惯常定义，很快就能记住。但是音乐结构有另一个层面也是同样重要的，在我们处理下一节所要讨论的那类问题的时候，尤其如此。由于致力于澄清这一层面的尝试不过寥寥，我即将提出的观点，势必在很大程度上是初步的。我要提出，除了已经描述过的形式关系之外，一首乐曲还具有一种我所称之为“动力学模式”的东西：它是乐曲推进的变化模式，或者运动强度。我们在第一章（§8）中看到，音乐作为一种时间过程，具有不同的区域性特征，这些特征可以通过从物理运动中借用的术语而隐喻性地描述：音乐奔腾汹涌，踌躇不前，时走时停，一泻千里，风平浪静，长驱直入，逆流而上，懒散拖沓，劈波斩浪，沸反盈天，横拖倒拽，天崩地裂，退如山移，匍匐而行，趋于式微，等等。这些只是关于一个瞬间到另一个瞬间的变化的大致描述，尽管有时极为恰当。在某些乐曲中，主要的节奏和强度是稳定的，并没有明显的变化，虽然只要旋律是婉转流动的，运动模

式中就会产生微妙的发展。在其他乐曲中，则有突兀的深奥变化。在这两种情况下，运动模式都是音乐形式最基本的层面。

动力学性质，以及它所依赖的一些知觉条件，可以在最质朴的旋律中予以说明。例如，试看以下这首古老的民间小调，其形式是AA/BA，每个分句有八个小节。让我们描述其动力学特征的一些显著增强和减弱。

首先，注意这段旋律几乎全部是由四个音型或主题组成，其中的

两个，a和b，是三音符的上升音型，而其中另两个是下降音型，即四音符的c和三音符的d——d在第18小节的对比分句才出现。第一分句的运动，是先从G升至E，即其最高音，然后往下降至第七小节中的B。它包含四个音型，有时交叉重叠，其次序如下：abbcbc，最后是一个双音休止——前四小节以上升音型为主，后四小节则以下降音型为主。这一旋律具有一种极其牢固的、清晰的轮廓，后面对于这一轮廓的任何偏离，听起来都将是特别强烈和凝重的。此外，它是在一个有限的音域，即一个六度的间隔内流动，而这通过第一分句的重复得到了进一步强化，以至它听起来宛如一段清静淡泊的旋律，满足于自 184

己的边界，而后来，一旦它突破了这些边界，就会形成强烈的张力，以及一种扫除障碍的感觉，即使这些障碍是自我设置的。

在其前八小节，这段旋律从绝对的静止开始主音，继而在紧迫性和推进力（但不是速度）中上升至第三小节，尔后，它再次偃旗息鼓。但是它的第一次终止，只是在B音的半终止，因此它的能量仍未耗尽；它承诺自我的一次重复，而这就是后面所发生的事情。再次，旋律以最初的G音回归，而在这一点上，我们可以看到，旋律一定要么永远停止，要么转往一个新的方向。它遵循后一条路径。新的分句部分是以相同的音型构成，只不过是按不同的次序，而它虽然也奋力向上，但更细致审慎，并为出击而积蓄更多力量。其音型是"b, a, d, a, d"，但它们在第21—24小节中形成了一个新的运动模式。在第19小节，我们首次在歌曲中听到了四个四分音的小节节奏，在这种情况下，这些四分音具有很大的决断性，它们向上行进，似乎要努力攀爬至更高的音符。这一努力先是受到第20小节D音的一个附点二分音符——歌曲中的第一个附点音符——然后再受到第21小节E音上的另一个附点二分音符的制衡和加强。最后，它们跃至G音，也就是歌曲中的最高音符，并迎来了旋律的高潮，在此处进行了抒情的咏唱。其中有着些许停顿，一种生机暂停的感觉，尔后，第一分句从沉睡中苏醒。还要注意的是，虽然较之偶数小节，奇数小节通常是加强音，但高潮音符却是出现于第22小节，一个本应是非强音的小节，而这种节奏上的微妙性加强了这一瞬间的张力。

如果我们能够通过图表呈现这段旋律中强度的波动，我们就是在描绘它的动力学模式，而我们针对这段旋律所能描述的话，也同样适用于贝多芬、莫扎特和舒伯特的伟大旋律，尽管可能更加微妙和复杂。当我们转向更宏大的音乐形式，我们发现了同样一种运动，虽然其规模更大。这是因为一部大型作品分为若干阶段或段落，而虽然存在各种各样无穷尽的动力学性质，我认为我们能够听出四大类运动，或者四种程度的运动，其中每一类运动都能决定一个整体乐段的性质。我 185
所要提出的计划，听起来可能太过简单化，而它无疑是简单化的。但是，我认为，其中蕴含一个重要而有用的真理。

有时，音乐听起来似乎具有强烈的引入性或诺言性：它有一种宣告的氛围，仿佛有什么重要的事情即将发生；而在某种程度上，它持续的时间越长，它让我们期待和要求的东西也就越多。这种性质，是一种等待和期待的性质。例如，它可能是几小节的琶音伴奏，比方说，就像舒伯特《A 小调弦乐四重奏》第一个主题之前的那样。它可能是一个漫长而深沉的乐段，诸如古典作曲家有时在其主要交响乐作品之前所加入的那种乐段：见莫扎特的《降 E 大调交响曲》（作品 543 号）和贝多芬的《A 大调交响曲》（第 7 号）。但是，我所指的引入性，不仅仅出现于实际的引子之中：在再现部之前，古典作曲家在其展开部的最后部分就加入了这种性质的重要乐段——贝多芬《降 E 大调弦乐四重奏（竖琴）》（作品 74 号）的第一乐章，也就是第 109—138 小节，就是一个很好的例子。事实上，浪漫主义作曲家的“交响诗”和其他标题作品中的大段曲子，也具有同样一种性质，有时会经久不息，令人难以忍受——因为一个迟迟不兑现的承诺，逐渐让我们意兴阑珊。

其他乐段具有一种**终结性**，或者一种临近结尾的感觉；它们似乎收锣罢鼓，仿佛一切即将尘埃落定。古典交响乐的尾声，便在很大程度上具有这种性质，虽然有时——就像贝多芬的《F 大调交响曲》（第 8 号）中那样——它们会重新焕发活力，并尽可能地推迟其终结性。但是，具有较低程度的终结性的乐段，可能会在一首古典乐章的各个策略点上出现。或者，一首乐章，诸如莫扎特《降 E 大调交响曲》的终曲，在曲终时也许只有微乎其微的关于终结性的暗示，从而让我们因其突兀而愕然不已。

但是，正如一首歌曲或者一部古典交响曲呈示部的很多部分，一段旋律本身既没有引入性，也没有终结性：它只是在场而已。在一首海顿的后期交响曲——诸如《G 大调交响曲（军事）》（第 100 号）——一个缓慢的引子之后，快板旋律似乎在说："这就是它了，这就是你一直在期待的东西，我来了。"但是，有些主题并不需要引言；通过伴奏的方式轻抚下弦几次，然后，在莫扎特《G 小调交响乐》开头主题的两个音符之后，我们扬帆起航了：这显然是日程表上的主要事项。任何真正的旋律，即一个富有表现力的主题，都具有这种性质；让我们称之为"展示性"，因为诸如此类的乐段听起来并不像有事情刚刚发生或者即将发生，而是好像目前就有重要的事情正在发生。

最后，有一些乐段具有一种**过渡性**。这些乐段——其内在旋律通
186 常不会让人产生很大的兴趣——一般被称为"桥段"，其作用，比方说，是完成海顿弦乐四重奏的奏鸣曲-快板乐章中从主音调到第二音调之间的变调。它们的声音听起来似乎是从一个展示部行进至另一个展示部。它们停止了行进，并且引入一种具有临时的不确定性或者非终结性的音符，只有在我们再次看到一个具有展示性的新乐段时，这种不确定性或者非终结性才得以消解。

因此，我们可以根据这四种性质粗略地勾勒出一首乐章的**主导动力学模式**——只要我们注意到它们是在不同程度上出现，有时是迫不及待，有时则如涓埃之微。一个展示性乐段之后，紧跟着一个过渡性乐段，而过渡性乐段之后，又紧跟着一个展示性乐段；乐音戛然而止，随后的短暂寂静，听起来也多少是过渡性的。尔后，我们听到一段可能是引子的极其朦胧的乐曲；其引言性愈加明朗，于是它进入了另一

个展示性乐段。这逐步加强，然后开始松弛；渐渐地，我们发现自己明显进入了一个终结性的乐段，它圆满完成了自身，乐章就此结束。如此，便是一部甚或几部音乐作品的主导动力学模式的全景。[1]

在描述音乐的动力学性质时，我使用了现象客观性的语言。也就是说，我使用了“紧张”和“放松”、“倾向”和“奋力”“踌躇”“松弛”和“结束”这样一些语词；而这些语词，是指音乐过程的区域性质。不过，还存在一种现象主观性的语言，它是可以言说的，而实际上，对于某些目的而言，它是极其有用的。在这种语言中，我们会谈到“期待的唤起”和期待的“落空”，以及“预料”和“实现”，也就是听众被音乐唤起的态度的相应阶段。这是因为，在音乐的体验中，听众的情感一直处于被引导和被操纵的过程。如果他听到音符而没有形成任何关于下一步即将发生什么的期待，他就不是在将它们作为音乐来欣赏，因为对他来说，它们是没有方向的。当人们宣称无法“理解”某一首音乐，他们的意思通常是，他们在聆听时无法形成任何可能落空或实现的期待。音乐中发生的一切，都是不痛不痒的，既不出乎意料，也不在意料之内。他们无法代入音乐过程，亦不得其中要领。 187

音乐期待

因此，这里产生的一个问题是：是什么唤起了我们对音乐的期

1　我认为，我所说的“运动模式”，与阿诺德·埃尔斯顿在《当代音乐中的某些节奏惯例》（“Some Rhythmic Practices in Contemporary Music,” *Musical Quarterly*, XLII [1956]: 329）这篇有趣的论文中随意提及的“能量曲线”（energy curve），有着异曲同工之处。据我所知，最接近从动力学模式对音乐进行详尽描述的内容，详见芝加哥大学本科学院的人文学院所使用的《音乐手册（第五版）》（*Handbook for Music*, Chicago: U. of Chicago, 1955）第 2 章，格罗夫纳·库珀近期在《学习聆听》（*Learning to Listen*, Chicago: U. of Chicago, 1957）中对其进行了修订。

待？我们可以在两种期待之间做出一个重要的区分。首先，存在我们刚才所注意到的那类期待，它们与音乐本身的性质密不可分。我们期待一个主导的七和弦得到解决，因为这一和弦似乎要求这种解决。我们期待一段以半终止结束的旋律再次重复。我们期待一段在第一分句之中就限定了一个六度的调性空间的旋律继续留在这个空间，因为它似乎划出了自己的范围；当然，从理智上讲，我们意识到它可能不会继续留在那个空间，但是当它确实没有在其中停留时，我们一定会感觉到，有某种特殊的、意料之外的事情正在发生，这就是音乐本身所给予我们的感觉。正如我们在分析那首民谣时所看到的那样，形成这些期待，无非就是欣赏音乐。

但其次，在我们的音乐体验中发生作用的，还有其他期待，而这些是一种更有智识性的期待。例如，如果我们知道即将演奏的音乐是一首莫扎特弦乐四重奏的第二乐章或第三乐章，而且是以三拍子开始，速度不快，那么我们就可以预测它是一首三部式结构的小步舞曲。或者，如果它是一首古典交响乐的终曲，我们听了开头的主题，便会对自己说，它表现得更像是一个回旋曲主题，而不是一个奏鸣曲-快板主题，于是这促使我们期待后续乐章的某些一般性特征：比方说，该主题将以相对完整的形式重复两到三次，中间穿插一些乐段。这些期待是基于某些类型音乐的以往经验中所得出的一般概括。

当然，即使是第二种期待，通常也不仅仅是统计学意义上的预测，正如当有人说他要演奏巴赫的三声部赋格曲，甚至在他开始演奏之前，我们就已经知道，第二个声部进入主声部的可能性极大。如果一个主题被辨识为一个回旋曲主题，这部分是由于这个主题本身的特性。它具有一种方形性、一种整体性和自足性，以及某种跳跃性，而且它没有转入另一个调子的危险；这些性质使之适合回旋曲，却不太适合奏鸣曲-快板式乐章。因此，同样，如果主题有一个稳定的、显著的轮廓，以及即使在厚重的对位肌质中也会形成的节奏，而且主题的第二半部分是由比第一半部分更短的音符组成，那么，我们就准备好去聆听一首赋格曲，即使我们还没有看到曲目。

然而，这个问题之所以出现，不是由于期待的内部条件和外部条件之间的这一区分，而是由于一种似乎要抹除这一区分的强推理过程。我们一直假定，在构成音乐形式的一次经验的诸期待之中，一些是个别乐曲本身的动力学性质的一个函项，因而独立于其他乐曲的统 188
计学信息。但是这些动力学性质的感知，也就是它们在某人现象场中的呈现，如果其本身依赖于他对于其他类似乐曲的先前经验，则又如何？这样，音乐的动力学模式是相对于这一经验，以及拥有这一经验的个人而言的。我将称之为**音乐形式的相对主义理论**。[1]

根据这种观点，一种在包括结构性特征和肌质性特征的广泛意义上的音乐风格，就是一种概率系统，而通过聆听相同风格的音乐去熟悉一种风格，就是意识到某些发展的相对概率——比方说，某些和弦将在其他和弦后接踵而至，某些旋律音型可能是结尾或开头，某些音程属于特定的音阶，等等。对这些概率的认识，未必是自觉性的；它们包含于听者的习惯模式之中，并成为一系列潜在的期待。理解一首乐曲，就是将与乐曲风格相关的习惯模式运用于乐曲。因此，根据这种观点，音乐的动力学性质可以分析为某些概率，或者取决于这些概率。例如，我们不能说某个乐段具有很强的终结性，我们只能说，此时此地，考虑到相似乐段在各种乐曲的结尾而不是在开头的发生频

1　在《音乐中的情感和意义》（*Emotion and Meaning in Music*）这部极其重要的著作中，伦纳德·B. 迈耶对此进行了无比充分的阐述和论证。参见附注 12-B。

率，这一乐段是结尾的概率较高。

当然，相对主义者无须过为已甚。他可能会承认，在一定范围内，音乐的动力学性质是内在的，即为局部性质的一个函项，而不是习得性的。但是他也会坚持，在构成了音乐欣赏的一个必要部分的诸期待当中，有一些是对动力学性质的反应，这些反应不仅取决于音乐中的局部条件，而且取决于音乐遵循或偏离先前作品所建立的某些范式的方式。

在这里，囿于篇幅，这一观点不再赘述，但是我想提出几点意见。首先，对音乐的概率进行估计，这一问题是错综复杂的，而且，仅仅通过频率来计算是行不通的。[1] 主音三和弦仍然是《特里斯坦》的七度音所要努力实现的和弦，即使瓦格纳并没有让它们实现这一目标；它仍然是最“可能”接踵而至的和弦，即使它极少如此。当然，这可能是因为瓦格纳的和声风格是以其他音乐的背景作为衬托的，在后一种音乐中，主音三和弦是一种常见的结尾。尽管如此，我认为我们仍然没
189 有其他音乐体系的例子，在其中，通过不断重复，人们开始期待主音三和弦分解成主导的七度，因为后者似乎更加稳定，更有节奏。其次，存在一个对“理解”一种风格的概念予以澄清的问题。这并不是说，一旦你形成与莫扎特相符合的习惯模式，你就再也不能在聆听帕莱斯特里纳的音乐时产生那种常见而令人烦恼的期待，即和声将会变得浊重，或者，一旦你领会瓦格纳的音调，你就再也听不懂莫扎特。很明显，一个人可以生活于各种不同的风格体系之中，而这似乎表明，这一问题不仅关乎习惯模式。

也许，我们应如此言曰：一首乐曲的动力学性质，乃至其形式，应通过乐曲在音乐发展中的地位来定义，正如一首诗歌应根据其书写

1 迈耶在后续论文《音乐意义与信息理论》（“Meaning in Music and Information Theory”）中，提出了这一点。参见附注 13-C。

语言来定义。可以想象，音乐可能会改变，或者丧失它的形式。音乐在一个既定时间所具有的动力学性质，是一个听众从中听到的那些性质，这个听众不仅关心乐曲内部的所有局部事件，以及凝神聆听乐曲的进程，而且已经听过当时所能接触的所有乐曲。这当然是一个理想化的定义，现实中没有任何听众与之相符。但是，为认识一种风格，人们无须聆听这种风格的所有乐曲。我们有充分理由认为，一些听众完全有资格谈论他们所熟知的音乐的动力学性质，乃至其形式，虽然他们的观点并非无懈可击。

§13　统一性与相关概念

“形式”一词有一种重要的语义，它与我们目前所考察的诸语义截然不同，尽管人们并非一直都在小心翼翼地维系其间的区别。批评家经常把一件视觉设计或一首乐曲说成是“无形式的”或“缺乏形式的”。此外，还有其他大致相当的短语：据说杰克逊·波洛克或威廉·巴齐奥蒂的画作“结构全无”或“布局不佳”；布鲁克纳或西贝柳斯的交响乐“缺乏浑然之气”或“支离破碎”。姑且不论这些判断是否正确，首要的一个问题是：它们可能表达了什么意思，以及如何知道它们是否正确？

从这种意义上看，形式是审美对象可以在不同程度上拥有的东西；也许，它必须拥有些许形式，但也可能几乎没有形式。本章前文所定义的那种意义上的形式，是一种截然不同的特征。在这种意义上，你可以询问一个审美对象拥有什么形式，而不是**多少形式**。然而，在这种新的意义上，你确实可询问它拥有多少形式，或换言之，它的结构有多出色。而这个问题的重要性，来自一个这样的事实，即几乎

190 所有批评家都认为，人们的回答与审美对象的价值存在某种关联。如果审美对象拥有好的形式，或者“结构紧凑”，这几乎总是被视为它的一个优点。这是否是一个优点，将是我们在第十章（§24）中讨论的一个问题；但首先，我们理应考察“好形式”这一概念本身。

此处所牵扯到的“形式”的两种语义，可以通过比较“秩序”的两种相互关联的语义[1]而更加清晰明了。假设有人把一袋弹珠撒在地板上，让它们随意滚动，直至散乱地停在四处。我们也许会要求对它们在地上所呈现的秩序做出某种描述，因为从某种意义上说，它们具有一种秩序，无论是否出于偶然：在笛卡尔坐标系上，存在着明确的距离关系和方向关系，将每个弹珠和其他弹珠联系起来，而这些关系可进行测量和阐述。但是，我们也会说，这些关系并不是“秩序良好的”，或者“井然有序的”，或者“整齐有序的”，而这是该术语的另一种迥然不同的语义。它们处于一种秩序之中，却又不是有秩序的。“设计”一词经历了同样的变异：在一些神学家看来，世界不仅*是*一个设计，而且是被*设计*的。

通过选择不同的术语集合来划分这两个概念，从而保持它们之间的区别，这显然是一种优势。一旦它们界限分明，一个防范讹误的进一步举措，就是坚持使用极其有限的词汇，这样就足以做出我们所需要的所有区分，同时不会陷入滥用近乎同义的术语——这类术语在英语中比比皆是，备受艺术评论家的青睐——而造成的复杂的意义变异之中。我们需要某种术语“禁欲主义”，不管它看起来与我们所谈论的主题丰富的感性本质是多么不协调。

1 这两种意义并不完全符合伯格森在“无序”概念的透辟分析中所区分的两种意义，而是与其相关联。参见伯格森的《创造演化论》（*Creative Evolution*, trans. by Arthur Mitchell, New York: Holt, 1911），第 220—236 页。

我们已经为“形式”一词找到一种用法，并很好地将这种用法固定了下来：从现在开始，我将不再在“拥有更多或更少的形式”这一意义上使用它。但是，有一个完美无缺的语词可以表达后一种意义，它几乎不会有混淆的危险。当我们谈到审美对象的**统一性**，或者宣称一个对象的统一性胜过或不及另一个对象，我们指的是不同对象在不同程度上拥有的一种性质。我们无妨看看，我们能否对诸如此类的陈述做出经验性的解读。

一些美学专业的学生不愿讨论上述提到的“统一性”，而是更愿意讨论“有机统一性”，将其作为一种特殊的尤其适用于审美对象的统一性。但是，这个形容词增添了什么内容并不清楚。我们可以说，当且仅当一个对象是综合体，它才拥有有机统一性——换句话说，我们保留了“有机统一性”，用于表示一种区域性质的统一性。这是清晰的，但又是不必要的。在批评话语中，我们所关心的，不是审美对象的诸要素所具有的统一性，而仅仅是综合体的统一性；在这种情况下，统一性永远是一种区域性质，如果它是一种性质的话。根据其他人对这一术语的用法，说一个对象是有机统一的，就是指去除任何一 191
部分都会导致它发生改变。当然，这是它的一种过于散漫的定义；从一种琐碎的意义上说，一个综合体中的任何变化都会导致该综合体的改变。因此，我们也许可以尝试把它变成更加明确的定义，我们可以声称，如果整体诸部分或者诸部分之间的关系中所发生的任何改变都会降低它的统一性，那么，这个整体就是有机统一的。这样的话，有机统一性的检验标准至少是清晰的；你可以试着改变一幅画的色彩，或者转移色块，看看每一次改变是否会降低统一性。当然，可能的变化是不计其数的，你永远都无法确定；然而，世上是否有一幅画能够经受如此检验是令人生疑的，无论它是多么统一。

视觉的完整性与连贯性

分析“统一性”最安全的方法，是先考察它在视觉设计中的用法，继而考察它在音乐中的用法；而后，我们可以比较这些用法，以确定它们是否相同，或者在哪些方面相同。

在统一性的概念中，存在两个可区分的构件。虽然它们倾向于熔于一炉，二者却是不相同的，而在一定程度上，它们也可以独立于对方而发生改变，但是，“统一性”一词对二者似乎都是适用的。这未必会造成混乱，只要我们意识到这点。另外，我们比较两个对象，会发现它们的统一性似乎存在某种微妙的差异，尽管我们不能说哪一个对象在更高程度上拥有它。我们也许无须为之困扰，除非我们意识到一个对象比另一个对象在更高程度上拥有统一性的一个构件，而另一个对象比第一个对象在更高程度上拥有第二个构件。在这种情况下，我们就不能说，其中一个对象拥有更高程度上的统一性；我们可以要么转而谈论这些构件，要么宣称这些对象大致是平分秋色的。

我将把一个构件称为“完整性”，而把另一个构件称为“连贯性”。

正如我们所见，顾名思义，视觉设计是从视觉场的其他部分中划分出去的，它具有框架。因此，它看起来像是视觉场的一个明确而有限的部分，其图画空间与画面浑然一体。说它具有完整性，也就是指它似乎不需要或依赖于任何外在的东西，它自给自足，它即一切。这并不是一个定义，因为完整性是一种必须指出的简单性质。我们在这里所能做的，就是迂回地讨论它，援引实例，并试图借助同义表达式来表明该看什么地方。原则上，没有什么原因能够解释我们为何不能小心翼翼地确保这个术语是用来表示同一种意义——事实上，我们也许已经表达了同一种意义。但是，完整性不能被当作更简单的性质进行分析。

当然，我们可以讨论一些让一件视觉设计具有高度完整性的条件：换言之，设计诸部分及其关系的一些特征，这些特征倾向于加强 192
完整性。例如，在其他条件相同的情况下，边框越鲜明，它就越倾向于将框内空间与墙壁的其余空间分隔开来，而图画空间也就更有自我驱动力。另一方面，如果这幅画悬挂于用各种鲜艳的色彩刷成的墙上，其中一些色彩与画中的色彩有着相同的色调，那么，这些色彩的和谐将不可避免地将绘画的内部与外部联系起来，从而降低了它的自足性和独立性。如果设计中没有强大的主导图案，就像一些当代绘画作品或者现代艺术博物馆中硕大的莫奈画作（《睡莲》，约创作于1925年）中的一样，那么它们看起来似乎可以向任何方向延伸，而且，即使它们被切成两半，也不会严重稀缺什么。或者，如果一幅画中的小丑迈步走出画面，使得他看起来仿佛正在进入悬挂着画的房屋空间之内，那么完整性就会被削弱。但是，如果图画空间中的所有色块具有明显而确定的相互关系，它们就不会把人们的视线引向画框之外，或者需要任何东西来弥补自己的视觉完整性。

我们在这里所谈论的，基本上是设计，虽然再现性的元素确实会让它更加复杂，正如小丑的例子所表明的那样。但是，目前所讨论的完整性独立于再现性之外。一尊单纯的躯干雕塑，甚或一尊缺胳膊少腿的古典雕像，作为设计可能是相当完整的，尽管从生理角度来看显然有所残缺。因此，当罗丹宣称手臂意味着行动，行动乃冥想之敌，并因而舍弃手臂，这时他并没有破坏其雕像《内心的声音》（后来用于维克多·雨果纪念碑）的完整性。但是，如果一幅画具有一条延伸至图画边缘的显著对角线，却没有任何东西将人们的视线拉回至图画空间，亦没有平衡的线条来削弱其离经叛道的运动，那么它看起来就是不完整的，无论这条对角线是手臂、绳索还是路径。

在珂勒惠支的《市政寄宿所》（插图3）和戈雅的《巨人》（插图7）中，高度的完整性通过让人们所关注的人物远离画框而得以实现。伦勃朗《熟睡的女孩》（插图2）中的脚部，以及贝克曼《自画像》（插图4）中的头发和耳朵，都溢出画面之外，而这带来了一种轻微的不完整性，不过这种不完整性是微乎其微的。在杜米埃的《见证者》（插图8）中，存在着一种强烈的暗示，即我们所见的人群是所不见的更大人群的先锋，这极大地降低了这幅画的完整性，尽管它确实在另一个方面加强了力量。

伟大而未完成的艺术作品——诸如塞尚后期作品、巴赫的《赋格艺术》及卡夫卡的《城堡》——拥有一种强烈的不完整性，以至有一些人摩拳擦掌，欲将其补充完整。

“连贯性”这个术语有着一些大致同义的表达式，我们可以使用它们，以将人们的注意力直接引向他们所能发现的这一性质：连贯的
193 设计，不包含任何不属于它的东西；它浑然一体。但这一性质本身是简单的，因此，我们不能对这个术语予以那种将概念分析为部分的定义。然而，我们可以针对连续性的现象学条件说些什么，并通过这种间接方式在合理的范围内确保我们是在谈论同一件事情。

这并不是说我们可以拟定一份详尽的条件清单，使其可能让设计变得连贯或不连贯。这首先是因为美术的进步并不在于创造更伟大的作品，而是在于伟大的画家发现了全新的、深刻的和有价值的方法来让设计变得连贯。我们可以提出一些广义的范畴，并且也许可以通过某种方式给所有可能的连贯性条件预留空间，但是，我们必须记住，这只是为了方便批评家，而不是反思画家的原创性，或者限制绘画的未来发展。

我们可以在此处谈论连贯性的“原则”；诸如此类的原则就是一个陈述，即在其他条件相同的情况下，如此这般的一组元素或关系可能产生或加强连贯性。这些原则可以分为三大类。

连贯性通过**聚焦**而加强。聚焦即主导的图案或构图方案，如果它从整个画面脱颖而出的话，或者它也许是画作的这一部分，其具有最大的知觉显著性，或者是通过强线条的会合将观者的视线从各方面引向它。一幅伦勃朗后期画作——实际上还有很多巴洛克绘画——的统一性，部分是依赖于拥有这样一种中心性的聚焦。但是，并不是所有统一性的绘画都是通过这种方式而具有统一性的。聚焦原则可见于珂勒惠支《市政寄宿所》（插图 3）和戈雅《巨人》（插图 7）中的主导图案；杜米埃《见证者》（插图 8）中反复回到视线之内的那只指向前方的手臂；丢勒《最后的晚餐》（插图 6）中处于很多线条交会处的耶稣画像，每个门徒都在凝视着耶稣，除了身前的那个门徒，以及另一个手指着他的门徒。

连贯性也通过平衡性和均衡性而加强，对于这一点，前一节中已给出了一些实例。绘画史上有一个难题是：如何将两个站立的人物联系起来？从西方绘画的最早时期开始，亚当和夏娃的画家就面临这个问题，直至今日，画家依旧为之痴迷。在某种程度上，它们可以通过相互间的平衡而具有统一性，如果能够提供一条足够坚实的轴线的话——幸运的是，《创世记》中的故事，为这一目的提供了一棵近在咫尺的树。倘若画家像毕加索画他的一些丑角那样，不想把树画进来，那么他必须另辟蹊径，如果他的设计不想被割裂为两个近乎完整的整体的话。

平衡性的概念可以延伸至图画空间内的深层关系。如果有一些强烈运动的线条将人们带回至深度空间，那么，也可能有一些线条将

194 人们带回画面，从而让它们趋于平衡——就像塞尚的很多风景画一样。否则，图画的后景和前景就会截然分离，互不相干，图画的连贯性因而就会不复存在。

再者，连贯性通过设计各部分之间的相似性而加强。这个原则通常被称为和谐原则，我想这也是很多人在这一语境下所说的“秩序”的意思。因此，一般说来，如果两个区域在色调、方位或形状上是相似的，那么它们看起来似乎就是相关联的；在它们作为其中一部分的设计中，就存在交互参照性，以及一种通往连贯性的趋势——当然，这一趋势可能会被一些强烈对比所抵消。简单概括之，我们可以说，在其他条件相同的情况下，设计各部分之间的相似性越多，设计往往就越连贯。

贯穿整个设计的肌质相似性，或换言之，风格的一致性，是连贯性最强大的知觉条件之一。本书所复制的设计，都是极好的实例；每一件设计的线条和局部形状都有着突出而难忘的特征，它们的色调或灰或黑，贯穿整个设计之中。

这些关于视觉设计的完整性和连贯性的简要说明，仅仅是对众多复杂而微妙的问题的总结概括。然而，我们在这里的问题不是探讨绘画中有哪些条件倾向于促进统一性，哪些条件不然。这是批评家的任务。只要我们力所能及，我们想要看看批评家是在做什么，并告诉自己（如果不是告诉批评家）这是可行的。我们正在处理的是一个经验性的问题。从简单的案例可以看出，我们言之有理。如果有一张黄纸、一个蓝色三角形、一颗绿星，以及一个红色正方形，我们也许会提出一个问题：如何将各个色调迥异的图形安排于黄纸之上，使得整体尽可能统一？也许，这个问题并没有一个理想的解决方法，但是方法肯定有好坏之分，即使你不是一个富于创造力的艺术家，也能想出一些极其糟糕的解决方法，比如将这些图形放在黄纸的三个角落。似乎很清楚，当我们比较两种这样的解决方法，我们有时可以清楚地看出，一件设计比另一设计更加统一，要么是因为它更加完整和连贯，要么是因为它在一个方面更胜一筹，而另一方面旗鼓相当。我们可以做出如下表述："甲者更加连贯，因为三角形和星形的位置更为紧凑。"或者，"甲者更加连贯，因为这三个图形按照大致的三角形图案摆放。"这不会让它们成为伟大的艺术作品，但在这里，我们并不关心它们的价值：我们只关心我们的发现，即一件视觉设计是否比另一件视觉设计更加统一，这是一个经验性问题。当我们从这种虚拟实践转向保罗·委罗内塞或丁托列托所创作的一幅巨作，事情就变得无比错综复杂了；但是，在寻找统一性时，我们所寻找的，显然是同一种东西。委 195
拉斯凯兹的《宫娥》(1656 年，普拉多博物馆)展现了上文所探讨的统一性的许多特征：画像中小公主玛格丽特的聚焦、其他人物的次序、平衡性、界限分明的空间平面、全图中受控的价值-强度关系而产生的和谐色调，等等。

音乐的完整性与连贯性

在音乐中，完整性的概念更是显而易见，尤为突出。我们知道，一段旋律在结尾部分具有某种终止性，因而其本身是较为完整的，这就是"旋律"定义的一部分，正如"视觉设计"定义的一部分是视觉设计在一定程度上是有界的。但是，比起用剪刀将视觉设计一分为二，在中途中断旋律的做法，就像玩《音乐椅子》游戏那样，产生了一种更加明显的不完整性的观念。未完的旋律听起来是不完整的，但是无法完成的旋律亦如此：如果有人在从事单调乏味的工作时漫不经心地吹响一支曲子，并不断返回至半终止，导致同一段旋律一而再再而三地循环反复，而没有完成最后的终止，这就是音乐中不完整性的一个有力而又可气的例子。

当我们考察具有自身的乐句和分句的更宏大的旋律，其完整性则依赖于动态模式更微妙的诸方面。例如，《斯旺尼河》属于 $A_1/A_2/B/A$ 式，但 A_1 的结尾不同于 A_2。如果我们想象它是用 C 调演奏，那么 A 分句是从 E 音开始，伴以主音和弦；A_2 分句（“我心之所向……这是亲人所处的地方”）以主音 C 和主和弦结束，使得 A_1/A_2 两个分句共同构成了一个具有高度完整性的双重分句或乐句，尽管 A_1 本身（直至“多么遥远”）是以 D 音和主导七和弦结束，因而是不完整的。《皎洁的月光》也属于 $A_1/A_2/B/A$ 式，只有这样，所有 A 分句才会以主音和主和弦结束，使得 A_2 和 A_1 如出一辙。因此，在这首歌曲中，A_1 虽然短，但其本身是高度完整的，但是一旦我们重复它（A_2），我们就略微削弱了这种完整性，因为重复引起了某种对比的更多要求，并产成了一个这样的期待，即接踵而至的是某种不同的东西（B）。

更大规模的音乐作品，诸如交响曲的诸乐章，其完整性乃其动力模式的一个函项。例如，如果一首乐曲在某一点进入一个具有引言性或者过渡性的乐段，继而休止，那么就会出现反高潮，以及对完整性的破坏。托维对李斯特的交响诗《山间所闻》的主导动力模式予以了精
196 彩的描述：

> 该作品包括一个引子，这一引子是另一引子的引子，另一引子则又是一首狂想插曲的引子的连接环节的引子，这导致了第三个引子的自由发展，导致了前一引子一系列更有引言性的发展，导致了一个庄严肃穆的慢主题的出现（在这 20 分钟之后，将没有任何凡俗力量能够说服听众将这个慢主题视为真正的开场），因

此最终以终止的方式回归原初的神秘开场。[1]

这是一种不完整性：它预示一个有展示性的乐段，但从未真正起步，而当它停止之时，它仍然在预示某种永不到来的东西。

动力模式的概念，提供了一种详细的探索大型作品中的完整性，亦即统一性的组成部分的方法。例如，试比较肖斯塔科维奇《第五交响曲》第一乐章与贝多芬《降B大调交响曲》(第4首)第一乐章——一个与前者截然相反的乐章。贝多芬的交响曲中恢宏而缓慢的引子，其开头小节中的悬念预示某种不同凡响的事情将会发生，而引子逐步加快，倏忽间切入快板；从这里开始，每一次停顿，都只是一种加强张力的途径，以及对于更多乐段的需求，而这些需求最终也都得到了满足：发展部的高潮，伴以那些引入呈示部的上升旋律的回音——一种渐弱(第265小节)，一种安静的期待气氛，经久不息的鼓声(第311—335小节)，以及弦音丝丝入扣的感觉——为再现部的到来做好了令人满意的准备，而这整个乐章是贝多芬所有音乐中结构最紧凑、最自成一体和最完整的乐章之一。

另一方面，肖斯塔科维奇的交响曲是从一个相当决断的四小节乐句开始的，但它马上让步于一种下弦音演奏的即席伴奏(引言)乐段，以及一段具有展示性的慢旋律，尽管不太强烈。这迅速隐没于一个犹豫不决的过渡乐段，而慢旋律的诸片段虽然交织成为一个新的主题，整个旋律却没能加强任何动力和张力；它总让人感觉有逐渐消失的危险。号曲(总谱#7)听起来像是终曲，但是我们又突然回到了引子，其中有着更多的即席伴奏，以及一个新的慢旋律——一个迟缓沉闷的

1　唐纳德·F. 托维：《音乐分析论文集》(*Essays in Musical Analysis*, London: Oxford U., 1935–1939)，第一卷，第7页。

主题，这一主题虽然有着种种局限性，但听起来确实是前四小节之后最明确和最有展示性的。这就是这一乐章的演变方式。最有朝气的极强高潮（总谱 #38），听起来像是结尾部分，而紧随其后的却是苟延一息的终结、衰竭以及进一步的反高潮。大体上，各种加强被摈弃，因为不存在它们所通往的强烈的展示性旋律乐段，而在结尾部之后，则是反高潮式的犹豫不决的段落。这一乐章具有一种松散的、不确定的
197 和不完整的性质。

在贝多芬《A 大调小提琴与钢琴奏鸣曲》（“克罗采”）的诸乐章和巴托克《第二小提琴奏鸣曲》（1920 年）的第二乐章（包括其停顿和开始、加速和减速、小调与活泼的拨奏乐段）之间，也可以做出一种相似的对比。

音乐的连贯性，在与对立面相对比时，是最容易看出的。如果你想象在贝多芬的《A 小调弦乐四重奏》（作品 132 号）的慢乐章中插入《暴风雨天气》或《老虎拉格泰姆》的几小节，你就有了一个关于狂乱的不协调性的例子。即使我们对连贯性的边界不持武断专横的态度——允许未来的作曲家享有探索的最大自由，使得事物可以通过我们前所未闻的方式而成为连贯性的——这些东西能否在同一首曲子中予以整合，并且作为同一首乐曲的组成部分而被感知为浑然天成的，则是极其可疑的。另一方面，在德沃夏克《B 小调大提琴协奏曲》第一乐章中，一个活泼的小主题在开场合奏的末尾昙花一现，尔后便销声匿迹。但是，出于几点原因，它听起来并不是全然无关的：例如，这一性质的某方面在这点上需要被用来划分乐章的乐段；它在风格上与作品其余部分的特征保持一致。门德尔松《A 大调交响曲》（“意大利”）的展开部中首次出现的小主题也是如此：它与背景完全一致。诚然，德沃夏克和门德尔松的音乐，尽管有着另外一些局限性，却通常

有一个这样的特征：在其动力模式的清晰性和连续性上，它具有高度的连贯性；他们懂得如何把握起始部分和高潮部分。

有什么条件能够促进音乐的连贯性？就像在视觉设计中那样，我们永远也不能指望能够列举出所有的一旦结合便可能让音乐具有连贯性的条件：这是作曲家所探索的和评论家所关心的事情。我们知道，一段旋律的连贯性由于某些因素而加强：如果它自始至终只是一个调子，往往会比变调时更连贯；如果大多数音程是小音程，往往会具有高度的连贯性；如果它的旋律和节奏音型中存在相似性、平行性和呼应性，它们可能会让它变得连贯。无旋律的音乐，或者旋律缺乏高度连贯性的音乐，在其他方面仍有可能是连贯的：比方说，它在节奏上，或者在总体区域性质上是连贯的。

一些音乐在很大程度上是由于其结构而是连贯的：诸如一首海顿交响乐中的一个乐章，它是基于牢固的调性关系与旋律的重复和发展所融合的某些主要的动态对比。另一些音乐在很大程度上是由于其肌质而是连贯的：诸如一首巴洛克大协奏曲中的一个乐章，它可能形成一种具有较强连续性和恒定性的驱动力，使它能够奔向结尾。巴赫《G大调第三勃兰登堡协奏曲》的第一乐章拥有一种结构——它的反复曲式，它进入相关调子的转调，尔后它的回归。但是，更值得注 198
意的是其肌质的恒定性，部分是因为它自始至终都是使用相同的乐器法，因而音色始终相同，部分是因为旋律线是基于相同的重复性音型。其中每一段听起来都似乎属于同一首乐曲。较之基于奏鸣曲-快板的结构类型的作品，诸如此类的作品可能具有更高程度的连贯性，但是它们通常达不到如此高度的完整性。即使它们在倒数第二个终止乐句上停下来，其完整性听起来也相差无几。

在关于音乐统一性的诸多谜题中，其中之一与复合或多乐章的音乐相关。每个乐章的统一性在于何处是较为清楚的。但是，正如在一首奏鸣曲或组曲中的那样，是什么让一组乐章构成了一个连贯的整体？这些乐章具有速度和调子的对比，也许还形成了一种有趣的次序模式，但是音乐会曲目单上的各种数字也同样如此，而一场音乐会也不只有一首曲子。但是，贝多芬的《C 小调交响曲》就是一首曲子，亨德尔的《水上音乐》，以及勃拉姆斯的《单簧管五重奏》，亦如此。

最近有人指出，复合乐曲的统一性，主要是通过一种特殊的主题类同性而实现的，这种主题类同性超越了主题发展和主题变奏，以及转位等经典手法。[1]根据这一观点，两首乐章的主题可能会由于某些音型而紧密相连，即使它们的特质全然不同，甚至差别悬殊。举一个简单的例子，试看莫扎特《弦乐小夜曲》第一、第二和第四乐章的开头。这些旋律是截然不同的，因而不会相互混淆，但是它们拥有一种共同的音符模式，这种模式，在坚持我们目前正在考察的理论的人看来，是意味深长的：

Mozart, *Serenade: Eine Kleine Nachtmusik*, K. 525

199

1　鲁道夫·雷蒂在其《音乐中的主题过程》（*The Thematic Process in Music*）中提出此观点；参见附注 13-B。

在巴赫的《马太受难曲》中，可以发现同一种关系在更大音阶上出现，因为在其中至少 15 音级中，旋律包含一个升二度音型，紧跟着是一个降二度，或者是该音型的细微变化。

这种“主题转换”理论为进一步探究提供了一些卓有成效的可能性，特别是由于它的心理学假设。在我看来，《弦乐小夜曲》诸乐章的浑然之气是毋庸置疑的；问题是，这能否通过这种理论来解释，它提出，即使在我们没有注意到主题类同性的地方，我们也会受其影响，以至于我们将两个由主题转换联系在一起的乐章视为脉脉相通的，虽然我们不会把它们的旋律听成是以任何方式相互派生的。这一论题当然是可以检验的。一方面，我们可以询问，第三乐章——这一乐章与乐曲的结合同样是相得益彰的，虽然也许不如其他三个乐章那么紧密——能否予以分析，以揭示主题的类同性？另一方面，我们可以换一首合适的在其中发现主题类同性的弦乐四重奏小步舞曲——精挑细选的一首，因为《弦乐小夜曲》无论是在记谱上还是在风格上都不是一首弦乐四重奏——看看它听起来是否比目前这首更为合适。

艺术的共同形式

至此，我已经谈论了视觉设计与音乐的统一性。二者都是使用同一个语词，但是也许有人会认为，这规避了一个关键的问题：我实际上是在讨论同一种东西吗？它真的是同一个性质吗？事实上，一个人不用搜索枯肠，就能对这一点提出一个怀疑的理由。当你宣称某东西是统一的，而且希望在一种同时适用于听觉场和视觉场——更遑论诗歌和戏剧——的意义上使用这个术语，这时，这个概念似乎只能减弱，乃至于言之无物。视觉是一回事，而听觉是另一回事；红色和方形属于一类，而慢速和高音属于另一类；怎么会有性质同时属于二者呢？

是否存在一种共性，其检验是轻而易举的和决定性的：如果你所使用的“统一性”在两种情况下都是同一种意义，那么你理应能够对一首乐曲和一幅画作的这种性质进行比较，就像比较两首乐曲或者两幅画作那样。最后，如果你确实允许统一性成为一种共性，那么有什么是你不允许的？可能的荒谬，数之不尽。

在我看来，这些怀疑是可以予以回应的，虽然我并不想暗示问题得到了解决。如果我们对作为一种复合性区域性质的统一性与其知觉条件之间的区分了然于心，那么，认为一种相似的性质可能会在两
200 组截然不同的条件下出现，就不存在任何本质上不合理的地方。事实上，这种情况并不少见。

我们也无须拒绝比较的挑战。很明显，在所有比较中，都存在一个所谓的不确定性的范围。一旦被比较的性质是可测量的，不确定性的范围则会极小。如果我们在精确的天平上称量两块石头的重量，重量的差别可以精确到毫厘。另一方面，如果我们尝试通过举起两块石头来掂量它们的重量是否相当，我们则无法发觉重量上的微小差异；即使它们的重量相差几盎司，我们也可能发现它们在重量上是无法分别的。现在看来，视觉设计中统一性的程度并不是一个量值；也就是说，我们不知道该如何制定一个用以测量它的量表。因此，我们理应接受它的含糊性。[1]

为表明统一性在音乐和绘画中是同一个性质，我们不必能够对**任何一首**音乐与**任何一幅**绘画进行胸有成竹的比较，只要有一些较为清晰的且存在比较的可能性的案例即可。极端的案例是清晰明了的。给

1 有人提出，如果统一性能够通过从传播理论中借来的冗余性（redundancy）概念来定义，它则是可测量的；参见附注 13-D。

我们一幅具有一定统一性的画作，我们就能找到比这幅画更统一的乐曲或乐章，同样，我们也能找到或创作一首不那么统一的乐曲。

对于一般化的统一性概念，还有另一个异议，也就是前文所提到的最后一个，尽管只是轻描淡写地提了一下。如果我们承认音乐和视觉设计可以拥有共同的统一性，那么，这是否是它们所拥有的唯一共同特征，抑或它们还拥有一些其他特征？我们可以在什么地方划界？

当然，如果在这里要求某种一般原则，则过于贪心：我们所能做的，就是考察批评家已经或可能做出的各种比较，看看其中哪一些是合理的，哪一些是不合理的。我认为，这些比较可分为三大组。首先，一些批评家一直在寻找包括文学在内的各个艺术门类所共有的基本结构类型。其次，批评家们一直在寻找共同的区域性质——“心境”“感受”或“精神”的相似性。再者，批评家们一直在寻找结构和风格中的基本相似性，这些相似性可界定时代类型，并且揭示一个特定历史时期中所出现的各种人类作品，尤其是艺术作品之间的潜在联系。

从较抽象的层面上看，音乐设计和视觉设计展现了一些共同的结构特征，这些特征可以成为某种一般性的设计理论的主题，而这种设计理论则是视觉设计理论和音乐设计理论的基础。例如，正如我们所见，在视觉设计的一个部分和另一个部分之间，以及在乐曲的一个部分和另一个部分之间，确实存在一些重要的相似之处。因此，我们难 201
道不能说此二者都展现了**重复性**或反复性——尽管它们各有各的展现方式？如果不仅仅存在相似的部分，而且存在诸部分之间的相似关系，我们难道不能说它们都具有**节奏**？音乐节拍的有序反复是节奏性的；那雕带上的图案或者立体主义绘画中的团块排布为何就不是呢？

这种思路提出了分析的一些难题，它们至今都找不到圆满的解决方法。这是我主张提出问题而不是解决问题的地方之一。每当人们从一种特定艺术中清晰地辨识出某种东西，诸如音乐的节奏，都不由想知道它是否是这种艺术和其他艺术所共有的一种更普遍和更根本的特征，并接着想将同一个语词运用于二者。胡安·格里斯的早期绘画（如《吉他与花》[1912 年，收藏于纽约现代艺术博物馆]）有时被说成是“复调的”，因为某些形状按“节奏性的”间隔反复出现，并且有着明显的“轴线”，这有点像赋格曲的声部。“节奏”一词来自听觉场，而将它用于视觉场中的重复图案和波浪线等诸如此类的东西，似乎至少有着一个初步的理由。另一方面，“平衡”一词的本义可以说来自视觉场，但是它经常也被用于音乐。一个在半休止音结束的乐句，被认为需要另一个乐句来达到平衡。这似乎是一种全然不同的意义。这个术语如何能够适用于更大的音乐片段，就不是那么清楚了。如果一首交响乐章既有引子又有结尾，它们之间就可能存在重要的关系，但是它们似乎没有任何方面听起来是同样的，这使得人们可以说，它们是相互平衡的。

有人雄心勃勃，尝试辨识某些贯穿于所有艺术门类的基本设计类型。例如，正如我们所见，“主题和变奏”结构是音乐中的一种重要结构。因此，可以说，在一幅画中，当某条曲线或某种色度出现在不同地方，略有改变，但相似性依稀可辨，我们就有了一种基本相同的结构类型。现在，如果我们足够抽象地考虑音乐和绘画，我们当然能够找到相似性，但差异性也许更为重要，这些差异性只有在被混为一谈时才会被遮蔽。在一组变奏曲中，存在着视觉设计所完全缺乏的两个基本特征：一是一种作为中心参照点的原始氛围或主题，所有的变奏，无论多么遥远，都与之相关；二是一种戏剧秩序，所有变奏都在其中展开，因此，如果秩序发生改变，乐曲的特质将有天渊之别，而在视觉
202 设计中，视线不完全受控，几乎可以随心所欲地游移于各部分之间。

艺术的共性

对于音乐和视觉设计的性质的比较，引出了另一个有趣的问题。我们所有人都熟悉性质术语从一个场域到另一个场域的轻松游移：音乐中的“音色”和视觉设计中的“色调”，蓝色区域和蓝色音符，欢快的墙纸图案和欢快的曲调，等等。音乐的创作表面上是为了从声音上捕捉视觉设计——诸如穆索尔斯基的《图画展览会》——突出的区域性质。而惠斯勒这样的画家，则创作了《夜曲》和《谐谑曲》，它们明显体现了音乐的区域性质。

问题的要点可以用通俗的语言表述如下：音乐听起来、设计看起来是一样的吗？音乐元素并不是视觉设计的元素，它们之间的关系并不相同。它们可能在某方面是类似的，正如嘈杂的噪音之于绚烂的色彩，但是类似性并不意味着拥有共同的特征。那么，相同的区域性质是否有可能在不同的知觉条件下出现？

存在两种关于区域性质与其知觉条件之间关系的陈述，它们应予以清晰的区分。首先，一个视觉或听觉综合体的所有区域性质的总和，是由其知觉条件——即可区分的部分和关系——所确定的，因此这些部分或其关系中所发生的任何显著变化，都会引起一些区域性质至少在强度上的变化。但其次，各部分或其关系的变化，也可能让其他区域性质保持不变，这使得一个特定的区域性质可以同时存在于两个综合体，这两个综合体的诸部分或/和诸关系有所不同。这在视觉设计中是一目了然的：例如，参见前文第171页上的图表。与此相仿，切换至一个不同调子或者在一件不同乐器上演奏的一段旋律，可能还是以前的那段旋律，尽管其元素已发生改变；而如果旋律的演奏速度稍微加快，或者时长增加到原来的两倍，甚或有些走调，它仍然是可辨识的，尽管诸元素之间的关系略有变化。

因此，我们没有理论依据去怀疑这一可能性，即同一个区域性质可以依附于不同的知觉条件，尽管知觉条件的差异越大，区域性质中就越可能存在某种差异。一些性质实际上真的会同时出现于音乐和视觉设计之中，这似乎是显而易见的。当我们在一首乐曲中听到了我们也在视觉设计中看到的奔放、温和、狂暴或安宁等性质，我们并不是上当受骗了。这并不意味着音乐所能展示的所有性质，视觉设计也能够展示，反之亦然。而是，我认为我们必须承认，存在着一些共有的
203 性质，无论它们多么难以描述，或者多么难以通过语言而唤起人们对它们的注意。

音乐和视觉设计的第三种比较，是历史学家经常尝试的。它们首先按照每个艺术门类内部的某些风格范畴或时期范畴而进行整理归类，然后一并归入涵盖各艺术门类的分组之中。“巴洛克”“浪漫主义”“哥特”“现代主义”等术语，就是为了诸如此类的目的而使用的。

既然这些术语被用于两个截然不同的目的，那么在考察它们的用法是否妥当时，这两个目的理应区分开来。试看“巴洛克”这个术语。首先，我们可能注意到某些风格或结构特征频繁出现于某一时期的绘画中：譬如出现于鲁本斯、伦勃朗、埃尔·格列柯、弗美尔、普桑的绘画之中，尽管它们天差地别。将它们集中在一起，认为它们在这些方面构成一个相似的组群，并给它们全部贴上标签，这是事捷功倍的。

但在这里，一个问题油然而现。一个一般性的术语，诸如“桌子”“蜈蚣”或“质子”，其日常的定义方式是列举出一组特征，使其构成使用该术语的必要条件和充分条件：换言之，当且仅当一个对象具有列表中的所有特征，称其为“桌子”才是恰当的。但对于“巴洛克”这样一些术语而言，这是行不通的。因为，如果我们将定义拘囿

于这些画家（甚或其中一个画家）的**所有**画作——或者1615年至1620年期间问世的所有画作——中所发现的特征，那么，“巴洛克”一词就没有任何意义，因为这样将不存在绝对的普遍性特征。另一方面，比方说，如果我们挑选出我们感兴趣的十个特征，并用它们界定“巴洛克”，那么我们几乎找不到几幅巴洛克风格的画作。这个术语因而没有多大用处。

有一种逻辑方法可以摆脱这种困境，它可能是大多数艺术史家实际上在做的事情，尽管他们自己对此不甚清楚，而且不总是尊重它的后果。我们可以明确规定这十个特征，并声称，如果一幅画具有其中五个或更多的特征，我们就可以称之为巴洛克绘画。这样，我们就得到了一类画，其中的任何两幅画都可能拥有这十个共同特征中的若干特征，尽管没有一幅画能将它们囊括无遗。只要我们不犯错，忘了我们是如何定义这一术语的，我们将能够事半功倍地使用它。

但是，一些文化史家希望迈出第二步，而这一步与我们此处的问题有着最直接的关系：音乐和绘画的可比性。他们想要确定，他们用来定义“巴洛克”的一些特征，或至少是它们相近的类似特征，是否也出现于文化的其他方面：音乐、文学，以及雕塑和建筑。事实上，一些拥有更多想象力和思辨力的文化史家并不满足于“巴洛克音乐”和“巴洛克戏剧”，而是讨论了“巴洛克政治”“巴洛克军事策略”（诸如 204
三十年战争中的策略，据说与弥尔顿散文相类似）、“巴洛克数学”与“巴洛克哲学”（也许是霍布斯或莱布尼茨的哲学）。

当然，要证实诸如此类的泛论，确实困难，而当“巴洛克”和“浪漫主义”这样一些术语通过这种含糊的方式而使用的，人们就很容易被实际上浮于表面的类似性所蛊惑。在这种情况下，我想我们应该保持充分清醒，这对大家都有好处。巴洛克音乐与巴洛克绘画到底有什么共性？鲁本斯的绘画充满了明显的、戏剧化的对比，它们是围绕一种强聚焦的强烈主导模式而安排的；至少在这些方面，它更像贝多芬的交响乐，而不是海因里希·许茨的《受难曲》或者亨德尔的大协奏曲。

这并不是说，我们必须排除发现有趣的和给人以启发的相似性的可能性；我们只需坚持，这些相似性应予以验证。强调艺术的普遍精神或风格，以及艺术与文化其他方面的相似性的文化史家[1]，大多是这样做的。他们致力于探寻某些关于历史或文化的本性的宏大论题：诸如一个这样的论题，即每一时代都存在一种时代精神，它是各种活动的基础，并且在活动之中自我显现；或者一个这样的论题，即在任何年代，一个文化中所发生的事件都是由该文化的内魂的发展状况所决定的。这些理论，若根据其本身的是非曲直而考察之，则会让我们误入歧途；然而，我们都会同意，一旦这些理论被予以充分的阐述，它们的建构势必需要大量证据，而这些证据理应是清晰而明确的。

复杂性

在我们搁置这些关于各艺术门类可比性的问题之前，还有一个概念是我们必须探讨的，虽然兹不赘述，但是它在这里恰得其所，因为它作为“统一性”的关联词，经常在视觉设计和音乐作品的描述和比较中发挥重要作用。这个概念就是“复杂性”。这两个概念需要仔细区分，因为，虽然“统一性”的反义词是“不统一性”，而“复杂性”的反义词是“简单性”，但是我们偶尔会发现，当批评家们意指我所说的“统一性”，他们所使用的却是“简单性”一词。一页白纸上的黑色

1　例如，刘易斯·芒福德、埃贡·弗里德尔、奥斯瓦尔德·斯宾格勒；参见附注 13-H。

轮圈既简单又统一，但它的简单性（也就是说，它缺乏复杂性），并不同于它的统一性（也就是说，它缺乏不完整性和不连贯性）。大致而言，复杂性指的是审美对象之中诸部分的数量，以及这些部分之间的关系。

在这里，如果有一个更加一般的概念，也许是有用的，其可称为
审美对象的量值，也可以说是审美对象的知觉尺寸。一个内含一个小 205
圆点的圆形，在量值上要大于一个大小相同但没有小圆点的圆形，而一个正方形在量值上要大于一个圆形，因为它在方向改变上有更多的变化。但是，（就像这两个比较中的那样）量值似乎被简化成了复杂性。也许不完全如此。伦勃朗的蚀刻作品《金色的原野》（创作于1651 年，欣德目录第 249 项[1]）印在一张小尺寸的纸上，但是它包含和统筹的空间是巨大的；就此而言，它是一件大型作品。

我们可以尝试以这样的方式来区分量值和复杂性。假设我们将白底圆圈拍摄出来，并将其放大至原始尺寸的两倍。我们可以说，圆形的量值有所增加，虽然其复杂性不然——因为它并不比以前拥有更多可辨识的组成部分。当然，当你放大一张普通的照片，以前看不到的细微之处就变得清晰可见了，这样你就加强了它的复杂性。也许，某些美术作品的绝对尺寸——或者毋宁说整个设计相对于现实世界的尺寸，正如其部分之于整体——是我们必须予以考虑的一个要素。诚然，在建筑中尤其如此；如前文所述，一英寸高的金字塔没有任何意义。而在绘画中，如果面积可以增加很多倍，而其他方面保持不变，那么作为审美对象，它势必发生某种变化，无论是好是坏；文艺

1　此处指英国艺术史家阿瑟・欣德（Arthur Hind）1912 年编写出版的《伦勃朗蚀刻作品目录》（*A Catalogue of Rembrandt's Etchings*）。——译注

复兴时期壁画的一个本质特征，就是大而宽。然而，就目前而言，让我们专注于复杂性，将其作为量值的衡量尺度。这也带来了足够多的问题。

在音乐中，量值或许更微妙，但也同样重要。正如一幅画的边框，一首交响乐章或者一首协奏曲的第一乐章一开始所开启的音阶，设定了该乐章的内在比例，而它如果不想听起来不完整，就必须坚持这个音阶。比起快乐章，一首慢乐章的音符也许更少，或者其音高或音量的变化不如前者丰富，但是它更为绵久，宛如一座更宏伟和更高贵的琼楼玉宇。不过，让我们只谈论音乐中的复杂性，并用它来表达我们在绘画中用它表达的意思：一首乐曲或一段乐曲比另一首或另一段更加复杂，如果它具有更多可辨识的元素、综合体和差异——也就是变化。不过，只是大致如此。

在这里，“大致如此”这一告诫让人们注意到第一个问题，也就是“统一性”所面临的同一个问题。听起来好像是这样的：如果甲者是否比乙者更复杂是一个争议问题，我们似乎可以统计增进复杂性的诸因素，并继而归结出一个数值测量单位。在视觉设计中——甚至在米开朗琪罗的《最后的审判》（创作于 1541 年，梵蒂冈西斯廷教堂）这样一幅巨大的设计之中——我们或许可以计算诸区域的数量，尽管当它们难以分辨，我们将不得不划出较为任意的区域来表明最难辨识的差异，而且我们可以计算由它们所构成的复杂部分的数量。在音乐作品
206 中，我们可以计算乐谱中的音符，并且可以计算旋律、旋律句、分句、乐句和可能音型的数量。但是，当我们谈到各部分之间的关系，我们就超出了数值估算的范围，即使我们尚未穷尽所有可能性。这是因为，我们永远无法确定是否已经考虑到了任何两个部分之间的**所有**关系，甚或所有的可能重要的关系，即使我们忽略各部分对于外部世界

的所有关系，而仅仅看对象本身。

幸运的是，要针对视觉对象和音乐作品的复杂性而展开经验性的、可验证的讨论，即使有时含糊其词，我们并不需要诸如此类的数值测量单位。毋庸置疑，马萨乔的《献金》（1428 年，佛罗伦萨布兰卡奇教堂）比白底圆圈更复杂，巴赫的《B 小调弥撒曲》比《嗖！鼬鼠跑走了！》更复杂——这足以表明我们使用“复杂性”一词时是有所指的，即使我们很难决定，比方说，马萨乔的《献金》是否比皮耶罗·德拉·弗朗西斯卡的《示巴女王驾到》（约 1460 年，阿雷佐圣方济各教堂）更加复杂，以及巴赫的《B 小调弥撒曲》是否比他的《马太受难曲》更加复杂。在这些情况下，由于复杂性的层次如此之高，我们对自己的粗略估算并不太有把握，尽管这已是我们所能给出的最好估算——这与我们在估算一个罐子里的豆子与一个劳动节周末经过某个地点的车流量孰多孰少时遇到的问题是一样的。

但是，当我们在描述一部特定作品的量值时对复杂性加以考虑，它们必须是真实意义上的复杂性。例如，音乐肌质的真正复杂性是由耳朵，而不是由它在乐谱中的显现所决定的。斯特拉文斯基《彼得鲁什卡》的总谱有几页具有最高程度上的视觉复杂性，但是它总体上是相当质朴的音乐，尽管它是由一个庞大的管弦乐队千辛万苦生产出来的；因为在很多地方，当诸乐器在快速琶音中都按照自己的方式演奏，单独的声部听起来却非如此。一首质朴的民间小调，一般只有一个渲染背景。在莫扎特的《C 大调交响曲（朱庇特）》终曲的尾声中，有几页乐谱只需要一些五线谱，但是它们的肌质更加复杂，因为它们有五个独立声部的对位，每一声部在与其他声部结合时都保持了自身的个性。

视觉设计也是如此；极其细微的差异就像点画法或斑驳画法中的

差异一样，能够增加设计的复杂性，却无须作为迥异的区域：比方说，卢奥的石版画（插图 5）中的背景，以及丢勒的木版画（插图 6）中的阴影。然而，丢勒画中的图形是举足轻重的，而伦勃朗的素描画（插图 2）和贝克曼的木刻版画（插图 4）中线条的细微变化，也是如此。我们当然可以说，丢勒的设计比贝克曼的设计更复杂，而贝克曼的设计比詹森的《构图》（插图 1）更复杂。如果要区分伦勃朗的画和贝克曼的画，
207 这是一项更加细致的工作，因为其中一幅要微妙得多，也具有更多的统一性。在我看来，伦勃朗的画更为复杂，但是贝克曼的复杂性可能会飙举电至，一开始就打动我们，而伦勃朗的复杂性则更加缓慢地显示自己。

虽然我们不能将“审美复杂性”界定为量值，从而使得我们可以声称，一首乐曲或一件视觉设计作为综合体是另一首乐曲或另一件视觉设计的两倍，或 2.3 倍，但是我们在一定程度上知道自己在说什么。现在，我们应该清楚：统一性和复杂性乃迥异之物，并且可以在一定范围内独立地发生改变。之所以说在一定范围之内，首先是因为最简单的事物只能拥有较高程度上的统一性；其次是因为最复杂的事物难以统一，也许无法像不那么复杂的事物那样达到完全的统一。统一性和复杂性是相互对立的：从极其宽泛的意义上说，前者因各部分的相似性而加强，后者因各部分的差异性而加强。这样，比方说，如果我们拿到一件特定种类的设计，其中包含几个可分辨的区域，那么我们总能从两个方向去改变它。如果我们减少色调的种类，在其他条件不变的情况下，我们就会加强其统一性，而降低其复杂性；如果我们把每一个区域都弄成一种不同的色调，我们就会加强其复杂性而降低其统一性。如果我们想要加强其复杂性，而保持其统一性，我们就必然要引入新的差异性以及更多的相似性——譬如增加形状的相似性，或

者使诸色调的亮度或饱和度协调一致，虽然它们是迥异的。这种实验性的设计游戏，与绘画的实际过程相去甚远；可以说，其要点只是为了从操作上说明统一性和复杂性这两个特征之间的区别，以及它们的独立性。

伦勃朗的名画《库克队长的民兵队》（1642 年，阿姆斯特丹的荷兰国立博物馆）——所谓的《夜巡》——是一幅高度复杂而又高度统一的油画；提埃坡罗所创作的一幅洛可可风格天顶画是高度复杂的，但不太统一。塞尚的静物画和凡·高的风景画，可能都拥有很高程度的统一性，但作为设计，塞尚的静物画可能是更复杂的。再如，贝多芬的《庄严弥撒曲》，比方说，要比福雷的《安魂弥撒曲》复杂得多，但是其统一性可能并不比后者低很多。另一方面，比起贝多芬《F 大调交响曲》（作品 8 号）的第一乐章，李斯特的《前奏曲》虽然简单很多，但是其统一性却有所不逮。

最后，我们可能会同意，复杂性的比较，至少在原则上可以跨越艺术门类的界限。贝多芬的《庄严弥撒曲》是否比《夜巡》复杂，我们对此也许不敢贸然断言，不过，其复杂性肯定高于塞尚的静物画或者凡·高的风景画。而《夜巡》要比《前奏曲》复杂。这些听起来像是奇怪的比较，我在此就不继续讨论它们了；但是，我们有必要在这一点上提出问题，并驻足思考之。这是因为，在我们下文所提出的批评 208
评价这一概念中，我们是否坚持如下两点想法，结果是大不同的：首先，当“统一性”和“复杂性”这样一些术语被用于审美对象，它们已经具有了足够明确的意义；其次，这些术语可以在这些意义上被用于各领域中的审美对象，而且其意义不会被淡化，以至于是微不足道的。

附注与问题

§ 11

11-A. “形式”的定义。莫里斯·韦兹(《艺术哲学》[*Philosophy of the Arts*, Cambridge, Mass.: Harvard U., 1950]，第 3 章)讨论了“形式”的意义中所发生的一些变化，并给出了自己的定义，这一定义使得形式和内容难以区分(第 47—48 页)。他宣称，这一定义“不是纯粹的规定”(第 49 页)，因为它“更加符合(艺术)实际的有机特质”，因而是用于讨论艺术的“一种更恰当的语言”。如果拒绝区分，或者拒绝用一个特殊的术语来予以区分，这如何可能使得人们能够谈论原本无法谈论或者清晰地谈论的审美对象呢？

参见：D. W. 戈查尔克《艺术与社会秩序》(*Art and the Social Order*, Chicago: U. of Chicago, 1947)，第 117—318 页，收录于维瓦斯和克里格《美学问题》(*The Problems of Aesthetics*, New York: Rinehart, 1953)，第 201—203 页；T. M. 格林《艺术与批评艺术》(*The Arts and the Art of Criticism*, Princeton: Princeton U., 1947)，第 7 章和第 8 章(注意格林定义的循环性，第 32 页)；杜卡塞《艺术哲学》(*The Philosophy of Art*, New York: Dial, 1929)，第 202—206 页；约翰·杜威《艺术即经验》(*Art as Experience*, New York: Minton, Balch, 1934)，第 6 章。认为形式与内容“合一”的观点，受到了弥尔顿·纳姆的批驳，见其《审美经验及其预设》(*Aesthetic Experience and Its Presuppositions*, New York: Harper, 1946)，第 8 章。杜威表明，在这种宽泛的阐述中，本应区分却被混为一谈的问题，何其之多。

11-B. 视觉设计中结构和肌质的区分。阿尔伯特・C. 巴恩斯区分了“形式”（与内容相对）和“技巧”（见其《绘画中的艺术》[*The Art in Painting*, 3rd ed., New York: Harcourt, Brace, 1937]，第 25—31 页，第 38—42 页），而这一区分，只要是清晰的，似乎与结构-肌质的区分相符合。然而，巴恩斯并不始终坚持这种意义，因为“形式”有时成为“结构设计”（第 27 页），因而很容易发生意义的滑移，从而有“意图”之意（第 29—30 页；参见对于克劳德和马奈的谈论，以及这一陈述：“除非我们已经看到艺术家想要展示的东西 [即他的形式]，否则我们无法判断手段 [即技巧] 是合适的还是不合适的。”）。另参见他对于构图的讨论，第 102—108 页。

罗杰・弗莱（《最后讲演录》[*Last Lectures*, New York: Macmillan, 209
1939]，第 2 章）对于一幅画的结构和“感性”（他又称其为“肌质”）的区分，是否与本章所做出的区分相一致？注意，他的区分——他认为这种区分至关重要——被予以了意图主义的阐述，但同时又有足够的线索表明它能够转化为非意图主义的术语。

参见 T.M. 格林前引书，第 9 章和第 10 章。批判性地检查他对于“处理方式”和“构图模式”的区分。这一区分在哪些方面与肌质-结构之分相符合？注意，这种区分并不是始终如一的，而且它与意图主义的概念（如“处置”）混杂在一起。“主要媒介”在什么意义上可被予以“处置”？

11-C. 视觉设计“风格”的定义。收集一些关于美术批评家对这一术语的使用的例子，并在这些例子的语境下分析它们，以确定它们在哪些方面符合，以及在哪些方面不符合《风格分析》（“Stylistic Analysis,” *JAAC*, V [December 1946]: 128–158）这篇论文对于该术语的分析，其中通过“意味深长的特征综合体”而下的定义，与之较为接近。

另参见：亨利·福西永《艺术形式的生命》(*The Life of Forms in Art*, trans. by C. B. Hogan and George Kubler, New Haven, Conn.: Yale U., 1942)，第 1 章；迈耶·夏皮罗《论风格》("Style," in A. K. Kroeber, ed., *Anthropology Today*, Chicago: U. of Chicago, 1953) 一文，特别是第 1—4 节。

11-D. 视觉设计中的结构。关于一般性的风格，参见：鲁道夫·阿恩海姆《艺术与视知觉》(*Art and Visual Perception*, Berkeley, Cal.: U. of California, 1954)，第 1 章；乔治·凯普斯《视觉的语言》(*Language of Vision*, Chicago: Theobald, 1944)，第 1 章和第 2 章。希莱尔·希勒在《结构设计的起源和发展》("The Origin and Development of Structural Design," *JAAC*, XV [September 1956]: 106–116) 一文中做出了一些有趣的区分，可对它们进行更深入的分析。

关于构图，参见埃里·洛兰《塞尚的构图》(*Céanne's Composition*, Berkeley, Cal.: U. of California, 1946)，以及 J. M. 卡朋特的述评《塞尚与传统》("Cezanne and Tradition," *Art Bulletin*, III [1951]: 174–186)。

关于色彩协调，参见：阿恩海姆前引书，第 283—303 页；阿瑟·波普《绘图和绘画的语言》(*The Language of Drawing and Painting*, Cambridge, Mass.: Harvard U., 1949)，附录一；拉尔夫·埃文斯《色彩导论》(*An Introduction to Color*, New York: Wiley, 1948)，第 20 章和第 21 章。

关于平衡，参见阿尔伯特·钱德勒《美与人性》(*Beauty and Human Nature*, New York: Appleton-Century, 1934)，第 51—54 页。

11-E. 视觉艺术的分类词。收集人们在区分美术流派时所使用的一些术语（如“现实主义”“表现主义”“达达主义”等）的例子。哪些术语是结构性的？哪些是肌质性的？哪些兼而有之？哪些既不是结构性的，也不是肌质性的？

关于“装饰性”这个术语，参见：阿尔伯特·巴恩斯和瓦奥 210
莱·特·梅奇亚《亨利·马蒂斯的艺术》（*The Art of Henri Matisse*, New York, London: Scribner's, 1933），第5章；查尔斯·福尔摩斯爵士《艺术的语法》（*A Grammar of the Arts*, London: Bell, 1931），第3章；沃尔特·阿贝尔《再现与形式》（*Representation and Form*, New York: Scribner's, 1936），第152—158页。

11-F. 绘画的描述。阅读以下引文，它们摘自海因里希·沃尔夫林《艺术史的原则》（*Principles of Art History*, trans. by M. D. Hottinger, London: Bell, 1932 [reprinted New York: Dover, 1950]）：

(1)“开放性形式的风格，在任何地方都指向自身之外，有目的而看似无限”（第124页）。

(2)在开放性的（非构造性的）风格之中，整体“旨在看起来像是从视觉世界中随意切割出来的一块”（第126页）。

(3)“最后的问题，不是正面和侧面、垂直和水平、构造和非构造的问题，而是图形，也就是作为一种视觉形式的总体图像看起来是否有意图的问题”（第126页）。

(4)“即便是一种色彩在图画各处的重复，也体现了试图削弱色彩的客观功能的意图”（第203页）。

(5)“真实的意图，预设了一种与客观内容迥然不同的总体印象”（第220页）。

所有这些陈述都是意图论，但是它们都具有某种可以外显的客观意义；如有可能，可在第二章和第四章中所介绍的术语的帮助下对这些陈述的意义进行转译，由此揭示它们对于作品本身的言述。

§ 12

12-A. 音乐的肌质和“风格”。参见：唐纳德 · F. 托维的“对位形式”“对位”“赋格”等词条(《不列颠百科全书》第14版，芝加哥大学出版社 1929 年版，收录于《音乐的形式》[*The Forms of Music*, New York: Meridian, 1956])。亚伦 · 科普兰将“肌质”一词局限于音乐的垂直维度(《音乐中听什么》[*What to Listen For in Music*, New York: Mentor, 1953]，第 8 章，第 9 章)，但是威利 · 阿佩尔对他的观点不予支持，见阿佩尔在《哈佛音乐词典》中的“肌质”词条(“Texture,” *Harvard Dictionary of Music*, Cambridge, Mass.: Harvard U., 1950)。在 W.S. 纽曼《作为生产过程的音乐形式》(“Musical Form as a Generative Process,” *JAAC*, XII [March 1954]: 301–309)一文中，存在两种“行进风格”的有趣区分。赫伯特 · H. 帕里在《音乐艺术中的风格》([*Style in Musical Art*, Oxford: Clarendon, 1900]，第 1 章，第 6 章，第 10 章，第 11 章)中的发散性考察，则例示了一些有趣的混淆，诸如“风格主要是一种外部属性——实现目的的一种手段”，见第 1—2 页。

罗伯特 · 埃里克森对“对位法”予以了精彩的讨论，见其《音乐的结构》(*The Structure of Music*, New York: Noonday, 1955)，第 116—201 页。

据我看，“重复”“展开”和“变奏”等词语是结构类型词，因为它们指出了音乐各段之间的基本关系。但是，“赋格”一词并非如此。211
当我们说一段音乐“进入赋格”，这是一个关于它的主导肌质的陈述：存在一种持续性的模仿。当我们说一首乐曲是“一首赋格曲”，我们至少是在说，它全部进入了赋格。也许，我们所说的不止于此。根据18世纪一些理论家的告诫，赋格是受规则限制的。这些规则明确规定，比方说，赋格必须至少贯穿多个属调，必须有两次主题出现，并且在返回主键时必须以紧接段——即各声部蜂拥而至的一段——而告终。如果所有赋格都遵循诸如此类的规则——巴赫《十二平均律钢琴曲集》两个专辑中的所有赋格是否拥有共同的结构特征，这是一个有趣的问题——那么“赋格”就部分是一个结构术语。但在我看来，我们通常会把一首乐曲称为赋格，而不针对其主要乐段或曲调关系予以任何暗示。当然，每首赋格都具有某种结构，但我认为，这不是其定义的一部分。

12-B. 音乐中的结构类型。参见：科普兰前引书，第10至14章，附录1—3；唐纳德·F. 托维“奏鸣曲形式”（“Sonata Forms”）、“变奏”（“Variations”）、“回旋曲”（“Rondo”）、“谐谑曲”（“Scherzo”）等词条，前引书；阿尔伯特·格瑞《音乐快感的基础》（*The Basis of Musical Pleasure*, New York, London: Putnam, 1910），第2章；卡罗尔·C. 普拉特《音乐的意义》（*The Meaning of Music*, New York: McGraw-Hill, 1931），第77—114页；道格拉斯·摩尔《听乐》（*Listening to Music*, rev. ed., New York: Norton, 1937），第10章和第11章；阿尔伯特·钱德勒《美与人性》（*Beauty and Human Nature*, New York: Appleton-Century, 1934），第11章，第196—209页；埃比尼泽·普劳特《音乐形式》（*Musical Form*, 4th ed., London: Augener, 1893），第9章和第10章；爱德华·J. 登特《二部曲式和三部曲式》

（"Binary and Ternary Form," *Music and Letters*, XVII [1936]: 309–321）；科林·麦卡尔平《论音乐中的形式》（"Concerning Form in Music," *Musical Quarterly*, XV [1929]: 55–71）；M. D.卡伏考来西《音乐批评的原理和方法》（*Principles and Methods of Musical Criticism*, London: Milford, 1923），第132—138页。在《音乐形式》（*Musical Form*, Cambridge, Mass.: Harvard U., 1951）中，胡戈·莱希滕特里特对这些结构类型予以了全面而中规中矩的检查。

另比较D.J.格劳特为"形式"所下的定义，见其《巴赫赏析》（"Johann Sebastian Bach: An Appreciation," *The Music Review*, VI [1945]: 132）一文。

参见赫尔曼·赖欣巴哈《音乐中的格式塔心理学与形式》（"Gestalt Psychology and Form in Music," *Journal of Musicology*, II（1940）: 63–71）一文。

音乐形式研究最有成效的方法之一，是伦纳德·B.迈耶所用的方法，见其《音乐中的情感与意义》（*Emotion and Meaning in Music*, Chicago: U. of Chicago, 1956）；另参见下文附注13-C。遗憾的是，迈耶用"涉身意义"这个术语来表示音乐形式的基本构件：一个音乐事件意指（或"指向"）即将发生的其他音乐事件（第35页）。他的研究主要关乎音乐形式，而他的理论建构一毫不苟，富有卓识，其中包含许多分析透彻的关于听众的期待如何被旋律、和声与节奏所操纵的
212 范例；特别参考第2章。

12-C. 音乐的分类词。查询一些被普遍用于乐曲分类的术语的定义，诸如"恰空舞曲""进行曲""吉格舞曲""加沃特舞曲"等。哪些术语是根据风格、结构、性质或者它们的某种综合来界定的？另参见：唐纳德·F.托维的"交响曲"（"Symphony"）、"协奏曲"（"Concerto”)、“组曲”(“Suite”)、“序曲”(“Overture”)、“小夜曲”(“Serenade”)等词条，前引书；道格拉斯·摩尔前引书，第12—14章。

一个有趣的问题是描述交响乐中一个奏鸣曲–快板乐章的呈示部和一首协奏曲的管弦乐呈示部在形式上的差异；参见：托维前引书及其《古典协奏曲》一文，此文收入他的《音乐分析论文集》(*Essays in Musical Analysis*, London: Oxford U., 1935–1939)，第三卷；阿瑟·哈钦斯《键盘乐器协奏曲》(“The Keyboard Concerto,” *Music and Letters*, XXIII [1942]: 298–311)一文；亚伯拉罕·维纳斯《协奏曲》(*The Concerto*, Garden City, N.Y.: Doubleday, Doran, 1944)。

“交响曲”这个术语有时不仅指结构，而且指区域性质。适用于古典作曲家的定义较为简单，清晰明了：交响乐就是管弦乐队演奏的奏鸣曲，正如弦乐四重奏是四件弦乐器演奏的奏鸣曲。但是，一旦我们像现代作曲家那样决定将这一术语运用于不再遵循乐章的任一特定模式或者包含任何奏鸣曲–快板式乐章的作品，这只是为了弄清楚我们是否不再能够将交响曲和其他乐曲区分开来。所以，无论它们相差多大，古典交响曲——甚至是海顿和莫扎特的许多早期交响曲——通过其乐章之间的对比而发展出了一种广度，使得它们似乎展现了一系列特性；即使有些乐章轻盈而放松，其中至少有一两个乐章产生了某种力量，也就是较高程度上的张力和戏剧力。因此，一首莫扎特的小夜曲，诸如《降B调十三管乐器小夜曲》(作品361号)，其整体性质一般不同于其交响曲的性质，即使二者都具有奏鸣曲–快板乐章、小步舞曲、慢乐章和回旋曲末乐章。那么，如果欧文·柏林把他删掉歌词的四首歌曲放在一起，将它们分别标示为快板、行板、急板和快板，并称其为“第一交响曲”，我想我们都会意识到，这是这一术语的恶作剧式用法。如果他管它们叫“组歌”，则是可以容忍的。这一区别，乃性质的区别：至少一个乐章要具有某种足够牢固的结构，其中有着某种强大的动态模式，以及某种足够丰富而复杂的肌质，使得整个乐章呈现出一种“交响乐”性质，即一种厚重性、一种驱动力、一种事关重要和影响深远的感觉，否则，至少在一种有用的意义上，它就不是一首交响曲。这种交响乐性质难以描述，但是它就在那里；有时，它被描述成“深奥性”。我认为，塞缪尔·巴伯的《第一交响曲》、罗伊·哈里斯的《第三交响曲》、沃尔特·辟斯顿的《第二交响曲》和沃恩·威廉斯的《第六交响曲》，都可以听出这种性质；但是，也许除了开头几个小节，兰德尔·汤普森的《第二交响曲》、米约的《第一交响曲》或
213 者道格拉斯·摩尔的《第二交响曲》并听不出这种性质。普罗科菲耶夫《第五交响曲》的第一乐章倒是拥有这种性质，但在末章之中，它却明显缺乏。末章听起来更像是组曲的一个乐章，或者像是芭蕾舞曲。卡尔·马利亚·冯·韦伯《C 大调交响曲》（第 1 首）的第一乐章，在这方面自成佳趣；正如他的序曲，这一乐章是一系列具有展示性的乐段，它从一段过渡到另一段；其中没有长时间的加强或发展，诸如给交响乐章带来张力和高潮的那种。要确定这些区别是极其困难的，因为很容易主观臆断，但是，差异似乎是存在的。

§ 13

13-A. 视觉设计的统一性。关于视觉统一性的更多描述，以及关于视觉统一性的促进因素的讨论，详见：登曼·W. 罗斯《纯粹设计的理论》（*A Theory of Pure Design*, New York: Smith, 1933）（注意：罗斯通过“秩序”来定义“设计”[第 1 页]，这使得他整本书关心的不是一般意义上的形式，而是统一性）；斯蒂芬·C. 佩珀《艺术欣赏的原则》

(*Principles of Art Appreciation*, New York: Harcourt, Brace, 1949), 第3章, 第4章, 第249—258页; 马特奥·马兰戈尼《欣赏艺术的艺术》(*The Art of Seeing Art*, London: Castle, 1951, 第59—87页, 第122—179页; R. W. 丘奇《论批评欣赏》(*An Essay on Critical Appreciation*, London: Allen and Unwin, 1938), 第4章; 沃尔特·D. 提格《今日设计》(*Design This Day*, New York: Harcourt, Brace, 1940), 第7章, 第8章; E. A. 巴切尔德《设计理论与实践》(*Design in Theory and Practice*, New York: Macmillan, 1910), 第3章; 乔治·奥普代克《艺术与自然欣赏》(*Art and Nature Appreciation*, New York: Macmillan, 1933), 第487—547页; 赫尔曼·外尔的《论对称》(*Symmetry*, Princeton: Princeton U., 1952); 赫伯特·兰菲尔德《论审美态度》(*The Aesthetic Attitude*, New York: Harcourt, Brace and Howe, 1920), 第9章, 第10章; W. R. 西克尔斯和 G. W. 哈特曼《论秩序理论》("The Theory of Order," *Psychological Review*, XLIX [1942]: 403–420) 一文; W. R. 西克尔斯的《秩序的心理几何学》("Psycho-geometry of Order," *Psychological Review*, LI [1944]: 189–199) 一文; 艾薇·坎贝尔的《视觉设计中促成统一性或连贯性的诸要素》("Factors Which Work Toward Unity or Coherence in a Visual Design," *Journal of Experimental Psychology*, XXVIII [1941]: 145–162) 一文。比较鲁道夫·阿恩海姆《艺术与视知觉》(*Art and Visual Perception*, Berkeley, Cal.: U. of California, 1954), 第2章, 第37—51页。在这一章中, 阿恩海姆大多时候似乎是用"简单性"来表达"统一性"的意思, 但是, 也许不是每处都是如此——比如他说, "一条直线是简单的, 因为它使用了一个无法改变的方向"(第39页)。

关于一般意义上的统一性, 参见: T. M. 格林《艺术与批评艺术》(*The Arts and the Art of Criticism*, Princeton, N.J.: Princeton U., 1947), 第 11 章; L. A. 里德《美学研究》(*A Study of Aesthetics*, New York: Macmillan, 1931), 第 187—195 页; 若泽 · I. 拉萨格《结构主义视角下描述性美学之纲要》("Outline of a Descriptive Aesthetics from a Structuralist Point of View," *Psychological Review*, LIV [1947]: 9–23)一文。

13-B. 音乐的统一性。关于音乐统一性的促进因素的更多讨论，参见：埃德蒙 · 盖尼《声音的力量》(*The Power of Sound*, London:
214 Smith, Elder, 1880), 第 9 章, 第 10 章; W. H. 哈多《现代音乐研究》(*Studies in Modern Music*)节选, 收入埃里西奥 · 维瓦斯和莫瑞 · 克里格主编《美学问题》(*The Problems of Aesthetics*, New York: Rinehart, 1953), 第 262—276 页; 道格拉斯 · 摩尔前引书, 第 7 至 9 章; 赫伯特 · H. 帕里《音乐艺术进化论》(*The Evolution of the Art of Music*, ed. by H. C. Colies, New York: Appleton, 1941), 第 3 章。

关于布鲁克纳和西贝柳斯交响曲中统一性问题的讨论，参见：罗伯特 · 辛普森《布鲁克纳和交响乐》("Bruckner and the Symphony," *The Music Review*, VII [1946] : 35–40)一文; W. G. 希尔《西贝柳斯交响曲中形式的某些方面》("Some Aspects of Form in the Symphonies Of Sibelius," *The Music Review*, X [1949]: 165–182)一文。

参见鲁道夫 · 雷蒂《音乐中的主题过程》(*The Thematic Process in Music*, New York: Macmillan, 1951), 特别参见绪论、第 1 章、第 5 章、第 9 章、第 12 章。他的"间接类同性"概念(第 240 页)是否过于宽泛，以至于几乎任何两个主题都存在这种关系，抑或我们能否从蕾蒂的例证和分析中归纳出这个术语的一种受到合理限制的定义？另参见伦纳德 · B. 迈耶《音乐中的情感与意义》(*Emotion and Meaning in*

Music, Chicago: U. of Chicago, 1956)，特别是该书第 4 章和第 5 章。

约瑟夫・科尔曼对贝多芬《A 小调四重奏》(作品 132 号)的分析，同样令人兴趣盎然，见其《贝多芬的一次旅程》(“Beethoven: The Single Journey,” *Hudson Review*, V [Spring 1952] : 32–55)一文。

13-C. 统一性和复杂性。这两个概念是否相互独立？查找一些比较视觉设计或音乐作品这两个特征的批评陈述；尽量找到一些清晰明了的例子，它们在其中一个特征上的差异是确定的，而另一个特征的差异却不太明显。关于这些术语的分析，你的例子引起了哪些更深入的问题(本章尚未讨论的问题)？

在《审美度量》([*Aesthetic Measure*, Cambridge, Mass.: Harvard U., 1933]，特别是第 1—11 页)中，乔治・D. 伯克霍夫尝试给出“秩序”和“复杂性”这两个术语的数值定义，并且为计算审美价值而将它们组合成一个公式。他把这种计算称为“审美度量”：$M=O/C$。将 C(复杂性)作为分母，这似乎令人费解，因为这将使得最缺乏复杂性的设计可能成为最好的设计，但是，特别从他在第 211 页的讨论来看，伯克霍夫体系中的“O”(秩序)，似乎就是我所说的“复杂性”(他有时将它等同于“多样性”)，而“C”实际上指不统一，也就是统一性的反面，因此，如果用本书中的术语来表达，他的公式将是如下样子：M(审美量)$=C$(复杂性)$\times U$(统一性)。但是，伯克霍夫生动有趣的方法是否只能用于不太复杂的设计，这并不清楚。

关于音乐的复杂性，参见卡罗尔・C. 普拉特《音乐的意义》(*The Meaning of Music*, New York: McGraw-Hill, 1931)，第 77—87 页。关于“有机统一性”，参见哈罗德・奥斯本《美学与批评》(*Aesthetics and Criticism*, London: Routledge and Kegan Paul, 1955)，第 238—248 页。

13-D. 冗余性。《纽约时报》(1955 年 12 月 31 日，第 7 页）报道了新泽西州普林斯顿市普林斯顿大学研究生院第五届校友会上一些关
215 于通过冗余性来界定统一性的可能性的讨论，而加利福尼亚大学的本博·里奇和斯沃斯莫尔学院的亨利·格莱特曼都提出了这一可能性。伦纳德·B. 迈耶在《音乐意义与信息理论》(“Meaning in Music and Information Theory,” *JAAC*, XV [June 1957]: 412–424）一文中对其中一些问题予以了精辟的讨论。这一提议的实质内容可以概括如下：信息理论处理的是信息——广义上的“信息”——的传输问题，而“冗余性”这个术语同样也有广义上的用法。在撰写本书过程中，我使用了罗马字母表中的字母。而在一定程度上而言，当我开始写一个单词，我还没写完你就能猜到我下面要写什么。这可能部分取决于语句的意义：如果我写了“communicate wi”，你就能猜到“wi”后面将是“th”，因为在“communicate”一词之后，只有少数“wi”开头的英语单词是有意义的。

但是，为了让我们的例子更简单一点，我们无妨暂时搁置意义，而只考虑字母在英语单词中的出现方式。如果我在一个单词的开头写了“th”，那么就存在“th”后面出现其他字母的一种确切概率，这取决于英语中这些字母组合的出现频率。“th”后面出现“z”或“k”的概率为零；其后出现“a”或“i”的概率很高，而出现“e”的概率则更高。这样，后面出现某个特定字母的概率越高，就越没有必要写下这个字母——事实上，如果我从不写“the”，而总是在“th”后面留出空格，你也将对我的意思了然于心。既然“q”后面总是“u”，那么“u”就完全是不必要的，也就是说，它是百分百冗余的。信息越是不冗余，它就越简短，越有效，但是它遭受误解的可能性就越大，特别是书籍包含印刷错误的时候。

注意，如果我用一连串字母写信息，任意敲击打字机的键盘，使得敲下的文字根本不是英文，而是一连串随机的字母，那么冗余性是完全缺席的，因为你永远无法预知下一个字母。而在你看到它之前，你无从知道它是什么。这样，在某种意义上，冗余性与随机性是相对立的。但是，视觉或听觉设计中的连贯性，也是如此。

这暗含以下的可能性：如果一串音符是偶然间弹出来的，将不存在冗余性，亦不存在连贯性；连贯性的程度是音程、旋律和调子的反复以及其他元素和关系的一个函项：这样，我们难道不能说音乐中连贯性的衡量标准就是冗余性的程度？而在视觉设计中，连贯性取决于各种相似点：诸如此类的相似点的数量——我们可以数之——难道不能作为其连贯性的一个精确衡量标准？这一思路，尽管迄今鲜有人问津，但它仍然有一些颇有发展前景的方面，但即使这种思路难有作为，我认为我们也无须为之困扰。所有与视觉设计的连贯性相关的因素——比方说，聚焦——是否都可以通过相似性，进而通过这一广泛意义上的冗余性来定义，这并不清楚；即使连贯性可以，完整性能否 216
也通过同样的方式来处理，这就更不清楚了。

更详细的论述，参见 R. C. 平克顿《信息理论与旋律》（“Information Theory and Melody,” *Scientific American*, February 1956）一文，第 77—86 页。

13-E. 好的比例。一个经常被用于视觉设计的概念——其较少用于音乐——是比例的概念，特别是好比例的概念。这个术语是什么意思？它与统一性的概念有何关系，如果有的话？参见杰伊·汉比奇的《动态对称：希腊花瓶》（*Dynamic Symmetry: The Greek Vase*, New Haven: Yale U., 1920）；他谈到希腊花瓶中的“完美比例”（第 44 页），这一比例似乎在于花瓶是通过一个总体的数学方案而是统一的，但是这点并没有展开，在第 59 页和第 89 页也有一些令人费解的段落。另参见：欧文·帕诺夫斯基《人类比例理论史即风格史的反映》（“The History of the Theory of Human Proportions as a Reflection of the History of Styles”）一文，收入《视觉艺术中的意义》（*Meaning in the Visual Arts*, Garden City, N.Y.: Anchor, 1955）之中；鲁道夫·阿恩海姆《比例述评》（“A Review of Proportion,” *JAAC*, XIV [September 1955]: 44–57）一文；阿尔伯特·钱德勒前引书，第 54—56 页。

13-F. 音乐和视觉设计中的比较形式与性质。关于辨识各类艺术中的基本结构类型的可能性，参见：德威特·H. 帕克《艺术的分析》（*The Analysis of Art*, New Haven, Conn.: Yale U., 1926），第 2 章，部分内容收录于雷德的前引书，第 357—370 页；戈查尔克前引书，第 5 章，收录于维瓦斯和克里格前引书，第 194—208 页。

关于美术中的“节奏”，参见：罗斯前引书，第 2—3 页，第 25—36 页，第 56—89 页，第 120—129 页；W. D. 提格前引书，第 9 章。

欲了解基本的分类法，参见 C. A. 哈里斯《自然与艺术中的重复元素》（“The Element of Repetition in Nature and the Arts,” *Musical Quarterly*, XVII [1931]: 302–318）一文。比较约瑟夫·亚瑟尔《艺术的变体形式与合题》（“The Variation Form and Synthesis of Arts,” *JAAC*, XIV [March 1956]: 318–323）一文。参见多丽丝·西尔伯特《论海顿弦乐四重奏中的含混性》（“Ambiguity in the String Quartets of Joseph Haydn,” *Musical Quarterly*, XXXVI [1950]: 562–573）一文；视觉设计中是否有什么与她所说的音乐肌质中的“含混性”相类似？

参见：迈耶·夏皮罗《论风格》（“Style,” in A. L. Kroeber, ed., *Anthropology Today*, Chicago: U. of Chicago, 1943）一文，特别是第 5—8 节；沃尔夫冈·斯特乔《视觉艺术与音乐间一些关系中的结构

问题》(“Problems of Structure in Some Relations Between the Visual Arts and Music,” *JAAC*, XI [June 1953]: 324–333)一文。

关于通感性质，参见 E. M. 冯·霍恩博斯特尔《论感觉的统一性》(“The Unity of the Senses”)一文，收入 W. D. 埃利斯《格式塔心理学资料汇编》(*A Source Book of Gestalt Psychology*, London: Routledge and Kegan Paul, 1938)，第 210—216 页。如果我们研究作曲家试图通过声音而再现视象的区域性质的努力在多大程度上是成功的，或不成功的，这是有启发性的：比方说，阿瑟·布利斯的《颜色交响乐》，以及亨利·勒内的各种音乐素描画(参见 RCA Victor 公司的黑胶唱片《画中激情》)。 217

13-G. 风格时期的概念。参见：勒内·韦勒克《文学研究中的巴洛克概念》(“The Concept of Baroque in Literary Scholarship,” *JAAC*, V [September 1946]: 77–108)一文；韦勒克《文学与艺术平行论》(“The Parallelism Between Literature and the Arts,” *English Institute Annual 1941*, New York: Columbia U., 1942)一文，第 29—63 页；保罗·L. 弗兰克《历史时期抑或风格时期？》(“Historical or Stylistic Periods?” *JAAC*, XIII [June 1955]: 451–457)一文。检查弗兰克基于韦勒克对漏洞百出的平行论的批评而展开的论证：例如，弗兰克声称，“线描型”文艺复兴绘画向“涂绘型”巴洛克绘画的过渡(见沃尔夫林前引书)，可以与 1600—1750 年间音乐“从强调节奏向强调和声与调色的转向相提并论”；这些真的有可比性吗？比较《美学与艺术批评杂志》第十五期(1955 年 12 月刊)刊登的关于巴洛克风格的诸多论文(第 143—174 页)，尤其比较 M. F. 布克霍夫策《音乐史中的巴洛克》(“The Baroque in Music History”)一文(第 152—156 页)，以及沃尔夫冈·斯特乔的述评(第 171—174 页)。另参见：J. H. 米勒《巴洛克——事实、假设或重言式?》(“Baroque—Is It Datum, Hypothesis, or Tautology?” *JAAC*, XII [June 1954]: 421–437)；奥斯汀·沃伦《理查德·克拉肖：巴洛克感性的研究》(*Richard Crashaw, A Study in Baroque Sensibility*, Baton Rouge, La.: Louisiana State U., 1939)，第3章。

怀利·赛弗(《文艺复兴风格的四阶段》[*Four Stages of Renaissance Style*, Garden City, N.Y.: Anchor, 1955]，特别参见第1—35页)最关心的是文学与美术之间的比较。我们讨论完文学之后，可以回来重新考察他的论点。不过，若考察他的风格范畴——文艺复兴、矫饰主义、巴洛克以及巴洛克后期——在多大程度上适用于音乐，却是有趣的。例如，赛弗声称(第11页)，一首小步舞曲、一块洛可可镶板、一幅华托的画作、《夺发记》这首诗歌以及法尔科内的一尊雕塑，都具有“类似的”速度；这可能是什么意思？虽然赛弗认为，各种艺术的“主题”的比较，远不如风格的比较有意义(第12页)，但我认为，如果认真检查他的书，则会表明主题的比较往往更令人信服。另外，试比较赛弗的矫饰主义和布克霍夫策在《巴洛克时代音乐》([*Music in the Baroque Era*, New York: Norton, 1947]，第1章，第2章，第10章)中所提到的“早期巴洛克”的诸特征。

查找其他可以同时适用于绘画和音乐时期的术语，诸如“浪漫主义”和“新古典主义”的定义；它们有哪些共同要素？

13-H. 文化的统一性。关于试图找到审美对象与文化的其他显象或人工制品之间所存在的“风格”或区域性质上的符合性的努力，参见：刘易斯·芒福德《技术与文明》(*Technics and Civilization*, New York: Harcourt, Brace, 1934)，特别是第2章、第6章和第7章；芒福德《城市文化》(*The Culture of Cities*, New York: Harcourt, Brace,

1938)，特别是第 2 章；埃贡 · 弗里德尔《摩登时代的文化史》(*A Cultural History of the Modern Age*, trans. by C. F. Atkinson, 3 vols., NewYork: Knopf, 1930–1933)，特别参见绪论部分和第 2 章；奥斯瓦尔德 · 斯宾格勒《西方的没落》(*The Decline of the West*, trans. by C. F. Atkinson, 1 vol. ed., New York: Knopf, 1932)，特别参见第一卷第 7 章和第 8 章。 218

有一种风格研究颇有启发性，且充满了关于艺术作品本身的重要见解，尽管它是通过“哥特式的形式意志”这样的字词而表述的，请参见威廉 · 沃林格尔《哥特形式论》(*Form in Gothic*, trans. by Herbert Read, New York: Putnam, 1927)，特别是第 18—21 章，在其中，哥特式建筑被拿来与经院哲学做比较。 219

第五章　文学中的形式

当“形式”一词用于文学作品，它势必是难以捉摸的。有时，作品的世界被称为作品的“内容”，语言设计则被称为“形式”。有时，在作品世界里，人物和事件被称为“内容”，情节或事件顺序则被称为“形式”。我们将沿用上一章所采用的基本用法，将“形式”一词局限于作品内部的种种关系，要么是作品的语言中的，要么是作品的活动世界中的。例如，评论家通常谈及小说家的“方法”——小说家所选择的视角，或者场景之间的过渡方式，或者描写与对话的比例。虽然“方法”一词一旦被用来指涉作品的创作过程就可能给人以误导，但在这里它显然指涉作品本身中可发现的特征，而这些特征就是形式的诸层面。

然而，文学中存在一种额外的复杂性，因为它既是声音，也是意义，或换言之，它既有**语音**层，也有**语义**层。声音和意义的区分跨越结构和肌质之分，在理论上给我们提供了四种需要“处理”的形式范畴。

但是，这些范畴可以在一定程度上简约化。正如在音乐之中，我
220 们应将什么归于文学的声音肌质范畴之下，我认为是足够清楚的：声音变化的细节，相邻声音之间的关系，等等。但是，由于文学中没有东西对应于调性或大乐段的重复，因而也就没有东西完全对应于音乐结构。然而，当某些类型的肌质结合在一起，并且贯穿于全诗，我们

就拥有了可称之为声音结构的宏大模式：斯宾塞式诗节、田园诗、谣曲等等。“十四行诗”这个术语完全可以通过声音来定义：大致的音节数量（140）和诗行数量（14）、格律（抑扬格），以及尾韵；这个术语并不涉及意义。在本章第一节中，我们将讨论关于文学的声音肌质的问题。不过，这些问题的处理，若与意义问题联系起来，则是最有成效的。

在一部文学作品中，意义肌质和意义结构之间的区别不是那么明显，事实上，人们可能会质疑这些术语用于意义是否合法。但在我看来，它们不仅是合法的，而且是有启发性的。在一个具有一定长度的语篇之中，会存在一些这样的意义，它们依赖于整个语篇或语篇中的一大部分，或者是它们的一个函项。“拉斯柯尔尼科夫杀了人，也认罪了”是一个长篇叙事的概括，而要知道这一概括是否正确，你必须读完整篇叙事，或者其大部分内容。这样，如果评论家认为《罪与罚》是一个讲述原罪通往犯罪、犯罪通往赦罪的故事，他则是在讨论这部小说的意义结构。但是，如果他讨论某些段落、句子、短语或单词的意义，则是在讨论这部小说的意义肌质。

随着我们讨论的进一步深入，这一区别将更加明了。我们将首先在第一节中考察文学的意义肌质，以及它的分析所引起的主要问题。然后，我们将考察声音肌质，以及声音与意义的关系。在本章第二节，我们将转而讨论文学的结构，以及它所特有的问题。

§14　风格：语义学和语音学视角

虽然文学语篇的肌质有着无限的变化，但是肌质的某些特征往往会反复出现，而修辞学的传统目标之一，就是研究这些复现的特征，或者“手法”。一些前辈修辞学家热衷于对它们进行命名和分门别类，但也许他们从未完全忽略那个更重要的目标：深挖诸如此类的手法对于其所在章节的意义的贡献。

这些修辞手法并没有适当的且无歧义的名称。“修辞语言”和“修辞手段”等术语似乎经常局限于隐喻和明喻，以及转喻和提喻之类
221 的修辞格——这些也经常被归入“意象”。但是，更一般意义上的“修辞手段”可以包括倒装（将“玫瑰是如此红”改成“如此红是玫瑰”）、抽象（把树叫作“植物”）和俗语（用“整”代替“修理”）——简而言之，包括遣词规范和句法结构上的任何偏离。从这第二种意义上说，修辞手段的研究，乃语篇所有可识别的肌质特征的研究。

很明显，我已经在谈论语篇通常被称为其“风格”的那些方面了，尽管我一直在回避这个字眼。而我们在本节中的第一个大问题，是要决定该如何处理这个举足轻重的批评术语。假设有一些关于某首诗或某部小说的陈述，其中有哪些是关于其风格的陈述，哪些是关于其他方面的陈述？

我们想要拥有的，是“风格”的定义；但是，我们首先要心里清楚，我们期望从这样一种定义中得到什么。一方面，如果知道执业的批评家是如何使用这个字眼，这将是有趣的。去问他们并没有多大帮助，因为他们给出的明确定义五花八门，花里胡哨，与实际的文学作品没有直接关系。如果我们收集批评家在他们声称是在讨论文学的风格时对文学所做出的各种陈述，这将有用得多。其中一些陈述经过分析，证明是不太合理的；诸如“贝克莱主教的风格充分表现了他的思想”这一陈述便是如此——因为，除了诉诸其所言，我们如何得知其所思？当诸如此类的言说方式被排除后，我们得到一些重要的、可验证的陈述，因而我们就能够建构一个定义来涵盖之。这一定义将大致

符合实际用法，而不是完全符合，因为它是基于一个筛选过程。因此，它也具有某种推荐性的地位：在提出这一定义时，我们部分是在说，有些东西是批评家可能和想要谈论的，而这些东西被极其方便地称为“风格”。

在文学作品中，我们只能讨论声音和意义，以及它们之间的关系。嗯，就像人们说某个作家习惯于使用长句或短句时的那样，风格经常被认为包括声音的某些特征。从这个意义上看，风格似乎是由声音肌质的重复性特征所组成。但是，让我们暂时搁置这种意义。因为人们也会说，某个作家习惯于使用复合句而不是简单句，而且这是其风格的一个特征。我们的当务之急，是弄清楚“风格”在诸如此类的语境下有着什么样的意思。

风格即意义

“风格”可以通过某种方式而予以初步的界定，如下：一部文学作品的风格，由其意义肌质的重复性特征所构成。要让这一定义站得住脚，我们必须让它更加清晰一点，但这不是我们面临的第一项任务。222
这个定义似乎一开始就有悖于一种惯常的言说方式。例如，批评家们经常宣称，在诗歌中，你说*什么*——他们称之为“意义”——并不如你*如何*说它重要：同一件事情可以有两种言说方式，或换言之，两个语句也许具有相同的意义，但风格却截然不同。风格与意义因而形成了对比。批评家们宣称，一些文学作品之所以生动有趣，主要是它们的风格使然，而一个作家，诸如伯特兰·罗素，其风格可因其清晰性和明晰性而得到人们的认可与推崇，无论他是写逻辑悖论，还是写感觉材料的本质，抑或是写丈夫和另一个女人鬼混时妻子该怎么办——就像他曾经为《魅力》（*Charm*）杂志所做的那样。风格似乎可以单独讨论，事实上，人们经常提出好风格的规则和避免坏风格的规则，其独立于风格与其他事物的关系：要具体、生动、经济等等。故，风格似乎是一部文学作品一个可以分离的方面。然而，经分析，我们越仔细地分析一种风格或者讨论它的好坏优劣，我们似乎就越容易被带回到意义上来。这，就是风格分析的悖论。

因此，假设我们通过意义来认真考察"风格"的定义：风格即意义的细节或小规模的意义。我将称其为风格的语义学定义。[1] 为确保这一定义的明晰性和可信性，让我们考察一些简单的例子：

> 那个婴儿是男孩。
> 那个婴儿是女孩。

这两句存在意义上的差异，但这是根本的差异；我们不会将它们的差异描述为风格的差异。在另一个极端，则有：

> 她卖蛋糕和馅饼。
> 她卖馅饼和蛋糕。

这两句虽然不同，但是它们的意义似乎没有差异——或者说，即使它们存在意义的差异，也是微乎其微的；但是它们并没有风格上的差异。介乎上述两端之间的例子：

> 我在这里。

1 W. K. 温姆萨特对这种定义予以了辩护；关于温姆萨特的论证，以及相对立的风格观，参见本章结尾的附注 14-A。

我就在这里！

这两句确实存在风格上的差异，而这一差异也是意义上的差异——即它们对于情境以及说话人与情境之间关系的暗示上的差异："我就在这里！"暗示别人对我久候不至，或久觅不得。同样：

回家去。

返回你的居所。

这两句存在风格上的差异，但这一差异仍是意义上的差异：因为"居 223
所"的内涵不同于"家"的内涵。

当然，仅凭这些零碎的例子，我们无法深挖更大的风格差异之丰富性；伯特兰·罗素和威廉·福克纳之间，托马斯·布朗爵士和乔治·桑塔亚纳之间，或者卡尔·马克思和卡莱尔之间。但是我们也许可以阐明诸要点，即使是使用量表模型。一旦意义要么没有任何差异，要么相差极大，我们就不会说，存在风格上的差异；一旦意义上的差异相对幽微，并且是与主要层面上的某种基本的相似性一起出现，我们就会把意义上的差异称为风格上的差异。

但是，这是否令人完全满意呢？我们必须接受一个资格条件。我们在第三章（§9）中看到，某些语词，以及某些句法结构，表明说话人来自国内某个特定的地区、行业或社会阶层。从说话人言称"汝"而非"你"，"首日"而非"星期日"这一事实，我们可以推断，他可能是公谊会的成员。这是这些语词所提供的信息的一部分。我们是否应该把它计入这些语词的内涵——我们是否应该认为，"首日"蕴含"是一个公谊会教徒"之意？这令人难以定夺。但如果我们不应如此，我们可以说，虽然以下语句确实存在风格上的差异，但是它们并不存在意义上的差异：

> 我星期日去教堂找你。
>
> 我首日于聚会所见汝。

然而，风格的差异，是我在第三章（§9）中所说的**一般含义**的差异。这种差异的辨识——知道公谊会教徒使用某些表达式——当然是理解一首包含这些表达式的诗歌，诸如沃尔特·惠特曼的诗歌的一部分；除非你知道它是一种含义上的差异，否则你无从知道它**是**一种风格上的差异。

这样的话，我们无妨修订一下语义学定义，以将这种情况考虑在内：风格即次要意义的细节或肌质加上一般含义。或者，换一种表述：当两个语篇要么在意义的细节上，要么在一般含义上存在差异，它们的风格则也存在差异。因此，“知道说什么”和“知道如何说”这两种东西是不存在的；但是，通过暗含、内涵和一般含义而一般或大体上知道说什么，而不知道除此之外还说了些什么，这情况却是存在的。如果你想邀约某人共进午餐，却为寻找合适的措辞——即选择一种风格——而索尽枯肠，那么这是一个关于意义的问题；因为，比方说，你在“你是否愿意和我共进午餐?”和“我们去便利店吃个三明治如何?”这两句话之间做出明智选择的唯一依据，就是它们针对你，针对你的
224 信念，针对你对他人的态度所隐含的意义上的差别。

风格的性质

构成风格的语篇特征很方便地分为两部分：遣词和句法。例如，

试看塞缪尔·约翰逊风格的一些定义性特征。首先，约翰逊倾向于使用拉丁语的派生词，而不是它们在盎格鲁-撒克逊语中的同义词：用"crepitation"而不用"crackling"，用"concinnity"而不用"fitness"，用"deglutition"而不用"swallowing"。这些语词往往具有某些类型的内涵，或者更确切地说，它们的内涵少于其同义词；这就是意义的差异。但是，这些语词也具有一种截然不同的含义，即一种科学或技术的灵韵。事实上，这些语词一般是在科学或医学书籍中使用，并且为它们出现于其中的语句增添了一种肃穆而极为自负的性质。

这种性质由约翰逊风格的第二个倾向，即平行和对偶的频繁使用而进一步加强。

> 由于这种惯例对生性开朗者是一个适合插诨打趣的话题，对不苟言笑者却是一个适合慷慨陈词的话题，它受尽嬉笑怒骂，被哗众取宠的修辞抬高。[1]

此处有四个分句，第一分句与第二分句形成对比，第三分句与第四分句也形成对比；第一分句与第三分句相对应，第二分句与第四分句相对应；第一对分句是第二对分句的条件。无论语篇的主题是什么，诸如此类的语句给人一种一个观念与另一观念达成平衡的感觉，以及一种明断性的印象，即两边兼顾。这种印象也许是错觉。但是，正如声称要推荐两个极端之间的某种中庸之道，或者某种中间路线政策的演

1　摘自《漫步者》（*The Rambler*）第 2 期，引自温姆萨特：《塞缪尔·约翰逊的散文风格》（*The Prose Style of Samuel Johnson*, New Haven, Conn.: Yale U., 1941），我在此处讨论中转引了这部分内容。

说家，约翰森的句法，无论他推荐什么，宣告了说话人的某种态度和能力，因此它既有意义，也有自身的一般含义。

因此，我们在不同作家中发现的风格的性质——博学、简朴、精练、古朴、简约、婉约、流畅、机智、讽刺——就是风格的细微意义和一般含义。而这就是作家们受邀给“风格”下定义时通常做出的含糊不清的陈述中的核心含意——其中大多数陈述都是毫无用处的，除非通过分析而明确界定之。“风格即其人”这一陈述让我们一无所获，除了它可能会将我们带到一个错误的方向，以传记的方式对作者进行浪漫化的处理。无论欧内斯特·海明威、乔伊特的柏拉图、《詹姆斯王钦定版圣经》、特罗洛普、普鲁斯特或海涅的风格实际上是否是其人，我们对此并不关心；但是，作品的**说话人**（我们将在下一节讨论之）的自我揭示、宣告或暴露，部分是诉诸我们称之为“风格”的含义和意义的诸特征。大多如此，而且这很重要。

225 如果“风格”的语义学定义是正确的，那么似乎可以由此推断，风格的好坏优劣，正如作品的意义和一般含义的任何其他方面，不能独立于作品之外而下判断。这一结果似乎与实际批评相抵牾。现在，我们尚未准备好直接处理价值问题，但即使如此，对于这个问题与风格的关系，我们理应说点什么。我们无妨简要考察一下这个问题中可以中立地表述的那一部分。

在《星期六评论》[1] 刊登的一篇关于一部文学随笔集的评论中，霍华德·芒福德·琼斯曾经从他评论的一本书中援引了两段话，我在这里从中转引一个句子：

1 1956 年 5 月 26 日刊，第 33 页。

> 在所有这些场合，这一字词被予以污名化的用法，或者被迫进入一种意味深长的同义性，即与德·斯塔埃尔夫人在宫廷上的仪式、范德比尔特夫人在茶会上的伪善或者艾略特先生“令人愉快的考古重建”同义，现在我们必须将这些视为不得体的场合，这些作品不是出自无功利的头脑，而是出自一些这样的人，行为举止的暗示会在他们的心里引起阶级差别和少数族群、大屠杀和隔离区的噩梦，而他们对其意义的刻意错解，对于当代生活的一种持续性的理性介入而言，对于我们倾向于当成自由平等主义或现实的“整体”观的东西的保护而言，在政治上是不可或缺的。[1]

“当然，”评论者说，“这样一些短语乃低劣散文的狂欢。”这段话的风格该受苛责，似乎是很明显的。

但是，它的风格有什么问题呢？这一苛责有什么依据呢？我认为风格的批评家会如此言曰：“willed”一词——被用于对“行为举止”的意义的错解——并不是“有意图的”或“刻意的”妥当措辞；无论如何，它暗示这一意愿是在错解之前发生的，这是一种干扰。“意味深长的同义性”令人困惑，但很明显，作者的意思无非是人们认为“行为举止”这个字词指称社会耻辱。然而，“同义性”一词纯属误用，因为一个语词不是与它的指称对象，而是与其他语词构成同义关系的。“意味深长”也是多余的，因为它不过是“被予以污名化的用法”这一部分的重复，但既然它就在那里，它就会让我们在已有的言述之外徒劳地寻找它可能会表达的意思。“当代生活的介入”完全是散漫随意的，但

1　J. W. 奥尔德里奇：《寻找异端邪说：一致性时代的美国文学》（*In Search of Heresy: American Literature in the Age of Conformity*, New York: McGraw-Hill, 1956），第70—71页。

它的使用似乎是要告诉我们，那一错解对于什么来说是不可或缺的。“政治上”一词似乎源于“审慎的”，而不是“政治的”，但是要发现这一点，需要对上下文语境反复推敲。

简而言之，其中很多单词的内涵和特殊指谓是如此这般的，以至于它们与意义的主线背道而驰，或者分庭抗礼。这导致的结果，首先
226 是意义的不连贯，其次是严格的和贬抑的意义上的含混性。正如批评家所讨论的那样，坏风格可以通过这些术语予以初步的描述：一个语篇的措辞和句法是如此这般的，以至于产生了意义的主要层面和次要层面之间的不连贯性，或者产生了含混性或朦胧性。也许不止于此：我主要是想指出，风格的评价理应是一种什么样的客观分析。只要文学作品的瑕疵可能会被称为*风格*的瑕疵，那么它们势必是一些这样的瑕疵，它们的出现是由于不能很好地处理意义的细节、内涵、一般含义和句法暗示与意义更大也更突出的部分之间的关系。另一方面，可以这么说，如果一种风格掀起的意义漩涡与主流此呼彼应，它可以说与作品的其余意义严丝合缝，或者连贯一致。

这简短的讨论，远非这一复杂问题的充分处理；但是，一种注定会出现的异议，理应得到回应，如果可以的话。一些批评家注意到，制定风格具体的一般规则是不可能的，于是退回至另一极端的立场。他们提出，诗歌中的好风格可能是散文中的坏风格，反之亦然；因此人们无法给出任何关于一般风格的建议，因为正确的风格取决于“意图”。现在，除了意图——当然，我姑且搁置之——这个观点似乎是建立在真理和谬误相混杂的基础之上。例如，这种观点的辩解有时诉诸这样一种说法，即含混性在诗歌中是一件好事，而在论说文中是一件坏事。但我认为，“含混性”在这里是在两种意义上使用的。我们在散文中所反对的不确定和不稳定的意义，在诗歌中也同样令人反感；

这是严格意义的含混性。但是，如果我们在多重含义的意义上使用“含混性”这个术语，我们就不能说它在论说文中是一件坏事——我们甚至不能说它在诗歌中是一件好事，因为它本是诗歌的一个定义性特征，因而是诗歌不可或缺的：我们不会说，作为女性在姊妹中是一件好事。或再一次，批评家有时会说，朦胧性在论说文中是一件坏事，但在诗歌中是可以接受的。但是，如果朦胧性是晦涩难懂之意，那么散文和诗歌肯定都只有一个标准，而这并不是一个严格意义上的文学标准：如果我们对一个语篇百思不得其解，最后却发现，它所言述的内容并不值得我们冥思苦想，那么无论是散文还是诗歌，我们都会反对它。另一方面，如果我们的努力得到足够的回报，我们有什么权利去抱怨呢？“被迫进入一种意味深长的同义性”之所以比“被认为是指”这样的表述更令人反感，不仅是因为它更难理解，而且还因为额外的付出未能换来相关意义的额外收获。 227

诗歌的声音

现在让我们转向文学的听觉肌质。如果把一部文学作品仅仅视为一系列声音，则要付出较多的抽象化的努力。但是，这一努力是我们力所能及的，因为一个语词的意义和声音之间并不存在必要的关联，而为了理解文学的作用方式，这一努力也是我们义不容辞的。这是因为，在文学中的音义之间，存在着重要的，即使不是必要的关联，而要弄清楚这一层关系，我们必须先区分相关联的诸方面。

有三个要素是我们所关注的。首先是**音质**，或称音色。我们说语词有柔和、流畅、粗糙、铿锵、刺耳、低沉、暴躁之分。对于个别的语词——即便是“地窖门”（cellar-door）一词，它被普遍认为是我们的语言中声音最美的语词之一——可谈的地方并不多。但是，一旦有了语词的次序，尤其是有了将自身变成一个有意义的句子或诗行的次序，声音就有了更多的确定性和可控性。“沉寂的人间悲曲”（华兹华斯《廷腾寺》），这一诗行自然需要一种肃穆而安静的阅读。这样，一个语篇的音质就是一种区域性质，这一性质部分取决于其语词的性质，以及声音的另外两个我们尚未提到的要素。

其次是音似，我们可以称之为“谐音”。它包括尾韵、谐辅韵（“wind,” “wound”）、谐元韵（“m*u*sic,” “h*u*manity”）、头韵（“still,” “sad”）等。我们在此没必要赘述谐音的问题；我们将在下文回来讨论它参与一首诗歌的意义的诸方式。

三是音型，也就是韵律和节奏。此处，我们触及诗歌最有问题的层面之一，即一个仍然充斥着误解和分歧的领域。因此我们将不得不简明扼要，谨言慎行。让我们看看主要问题是什么，以及它们涉及哪些具有方法论的或者一般的审美兴趣的原则。

一个语篇的韵律就是它的一种区域性质，而且，就像人们普遍认为的那样，其本质上在于某种意义上的规律性或者重复模式——不是绝对的，而是普遍的和常态的，尽管存在各种偏差。当我们探究这一性质的知觉条件，即这种规律性所依赖的声音的局部性质，困难就出现了。音节，即语音的单位，除了其独特的音色或音质以及音响轮廓之外，还拥有另外两种在韵律上举足轻重的性质：一是相对长度——一般而言，读完“canebrake”一词中的音节所需要的时间，要多于“very”中的音节；二是相对重音——取决于音节在单词或短语中是处
228 于重读还是非重读的位置。长度、重音和音高当然存在程度之分，但是，当两个音节并排放在一起，比较的程度可能会被耳朵听成是一个绝对值，而一串音节可能会被或多或少清晰地听成是分为两类。其中哪种性质可以作为这种分类的基础要取决于是何种语言，而我们将只

关注英语。

在英语中，韵律的最终决定因素是重音。并不是所有的重读音节都会有同样的重音，但是如果一个音节强于其前或其后的另一个音节，那么它就会重读。通过这种方式，一连串英语音节通常很明显地分为强音和弱音，或者重音和非重音。在“在我的身上你或许会看到秋天”（That time of year thou mayst in me behold）[1]这一诗行中，“或许”（mayst）和“看到”（hold）的重音强于“我”（me）的重音，但是与其相邻音节相反，它们全都在强音组，而作为一个整体的诗行被理解为五个弱音和五个强音的交替更迭。

一个重读音节将一种语音标点引入语流，并且将这一语流分解为组合，或音步。弱音节受强音节主导，并依附于强音节。通过这样的方式，我们就拥有了英语诗行的两种主要类型。第一种类型称为重音诗行，在其中，音节的每个单位组合都包含一个强音节和几个弱音节，而弱音节的数量因音步的不同而不同。这种诗歌包括《贝奥武甫》《农夫皮尔斯》、霍普金斯和艾略特的诸多作品，以及柯勒律治的《克丽斯特贝尔》[2]：

Fróm | her kén- | nel beneáth | the róck
She mák- | eth áns- | wer tó | the clóck,
Fóur | for the quárt- | ers, and twélve | for the hóur.

1　摘自莎士比亚十四行诗之七十三《在我身上你或许会看到秋天》（“That time of year thou mayst in me behold”）。——译注

2　下列诗句来自这首由柯勒律治在1816年创作的《克丽斯特贝尔》（Christabel）：在她岩石下面的洞穴中 / 她按照时钟行事，/ 一刻四番，一时十二次。由于英语诗歌的韵律是以音节为基本单位，为了准确呈现作者的韵律分析，本节下文将保留原有英文单词和例句。如有必要，会通过夹注和译注的形式提供原文的翻译。——译注

第二种主要类型称为音节诗行，在其中，每一个强音节都搭配固定数量的弱音节。在这里，我们就有了韵律，即一种规律性的重读模式。

音节韵律首先根据音步类型，也就是非重读音节的数量进行分类。它是双音步，三音步，有时是四音步。但是，在纯粹韵律性的分类中，还需要做出进一步区分——节奏上的区分。例如，根据重音音节在音步中的位置，存在两种二拍韵律和三种三拍韵律。“protest too much”和“final protest”的区别在于：在前者，两个音步具有一种上升的节奏性；而在后者，两个音步具有一种下降的节奏性；前者是抑扬格，后者是扬抑格。

这一区别在诗歌中可能是重要的，但是它并不总是明显的和确定的，因为它是一种依赖于诸多局部要素的区域性质。例如，英语语言中一个单词和另一个单词之间的划分，比同一个单词中一个音节和另一个音节之间的划分要更加清晰一些。因此，如果一行二拍韵律的诗
229 句包含多个在第二个音节上重读的双音节单词，这将倾向于让这行诗句具有一种上升的或抑扬格的性质，而如果它包含多个在第一个音节上重读的单词，那么，这将倾向于让这行诗句具有一种下降的或扬抑格的性质。但是，如果最后一个音节重读，或者第一个音节不重读，那么，这行诗句无论如何都可能是抑扬格。比较以下两行诗句：[1]

Withóut | a gráve, | unknélled, | uncóf- | fined, ánd | unknówn
To fól- | low knów- | ledge líke | a sínk- | ing stár

（分别摘自拜伦《恰尔德·哈罗尔德游记》和丁尼生《尤利西斯》）

1　这两行诗句的译文分别为：“没有坟墓——不闻丧钟、不见棺椁，无人知晓”（拜伦《恰尔德·哈罗尔德游记》）；“即使生命快结束，也要追求新事物”（丁尼生《尤利西斯》）。——译注。

第二行诗句包含更多降调词，而前者包含更多升调词，因此，前者更明确是抑扬格；但是，二者作为一个整体都是抑扬格，而这不仅是因为它们处于主要是抑扬格的语境。

在诗歌音步和音乐小节之间，存在某种类比性，而人们常常认为，采用音乐记谱法可以极大地促进诗歌韵律学研究的清晰化。例如，假设我们将诗行谱曲如下：

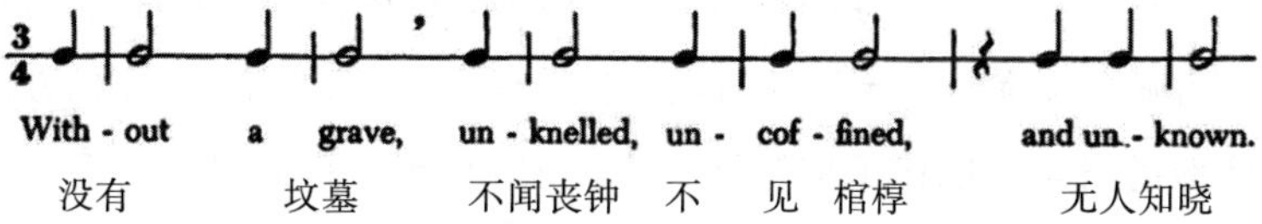

这一记谱法确实与诗歌节奏有着某种重要关系。但问题是：什么关系？因为，音乐记谱法在两个重要方面超出了诗歌韵律。

首先，音乐记谱法给音步分配了相等或大致相等的时间间隔，而这种分配是基于这样一种假设，即诗歌的韵律在于，或者要求诸音步占用相等或大致相等的时间。但在我看来，这一假设是错误的。[1] 我们在第二章（§8）中看到，音乐的拍子取决于一种有规律的被感受到的节拍，它构成了音高和加强音的变化的基础。但是，音节性诗行的韵律根本不依赖于音步的时间安排；它所依赖的是重读音节和非重读音节组合之间有规律的交替。这种规律性被认为是韵律，尽管在实际诵读中存在着速率和速度的重大变化。当然，当诗行配上音乐，甚或仅仅是被诵读，它就可能形成一种韵律性的节拍。拜伦的那行诗句可以按记谱法的规定来诵读。但是，节拍并不是其语言节奏的一部分。

1　我对于这点以及音步和节奏其他方面的澄清，同样深受 W. K. 温姆萨特的影响。

其次，音乐记谱法为每个音节分配了特定的时长；比方说，它规定，“-out”这一音节的时长应为“with-”的两倍。当然，这是可以的。
230 但是，当我们以这种方式对音节进行量化，我们就不再仅仅是在分析它的韵律，也就是确定诗歌的节奏是什么；我们是在报告或规定它的某种表演方式。什么属于作为诗歌的诗歌和表演诗歌时增加了什么，此二者之间的区分在这里是至关重要的，即使这一区分做不到完全精确。当我们分析一行诗句的韵律，我们想要做的是什么？或许，我们试图明确这首诗的主导节奏，以及对于这一韵律的明显偏离，比方说，用抑抑扬格音步取代了抑扬格音步，或者出现了行间停顿。换言之，韵律分析指出了声音的一些这样的特征，它们在任何一次诵读中都理应保留，并且是务必保留的，如果诵读要算作是正确或充分的话。

但是，要表明诗歌的韵律——诗歌的各次生产所共有的东西——是一回事；要描述一次具体生产，则又是一回事。结果表明，对于记录诗人对其本人作品的读法，以及对于推荐读法而言，音乐记谱法是极其有用的。但这么做，便超出了诗歌本身的节奏。“privately”一词要成为扬抑抑格诗行的一部分，只需要第一个音节重读就行了——它一贯如此。它可以读作：

这些读法也许有优劣之分。但是，通过所有这些读法，语言节奏，而不是音乐节奏，是如出一辙的。

还有很多关于音步的复杂性，甚至是一些悬而未决的问题，是这一简要说明所忽略的。但讨论至此，也许足可表明，关于诗歌正确的韵律分析的问题，经常是有办法解答的客观性问题。因此，假设两位韵律学家对一行诗句的韵律分析的正确方法产生分歧：诸如伊沃·温特斯和罗伯特·布里奇斯对于弥尔顿《力士参孙》的韵律分析的分歧。一般说来，诸如此类的分歧是有办法解决的，虽然有时经过分析而发现，它们并不是真正意义上的分歧。举例而言，典型的莎士比亚式或弥尔顿式诗句通常被认为是抑扬格五音步，也就是说，它们是五个弱重音和五个强重音交替出现的诗歌。然而，一些韵律学家认为这种看法是错误的，许多这样的诗句实则是四重音诗句：

Whéther 'tis nóbler in the mínd to súffer.

这一观点强调无韵诗和古英语史诗重音诗歌之间的连续性。

第二种观点所依据的观察结果是，“in”的重读弱于“mind”和“nob-”，因此，如果说该诗句中存在一种依赖于其主导重音的二阶节奏模式，这是正确的。但是，这不是该诗句的一阶诗歌韵律，因为一阶诗歌韵律并不依赖于绝对重音，而是仅仅依赖于相对重音。事实上，这两种节奏分庭抗礼，相互竞争；只要“in”比“-ler”和“the”多了些许重音，它就是其中一个强音节，因而抑扬格的节奏就贯穿整行诗句——尽管它在诗句中确实比两端更弱一些。这样，这个问题一旦厘清，“这是五重音诗行还是四重音诗行？”这一问题便瞬间瓦解，烟消云散。 231

但是，还有一个更微妙的也更棘手的问题。到目前为止，我们一直在谈论主导性的节奏特征，而需要注意的是，这些特征并不依赖于语词的意义，而只依赖于最简单的句法考察，诸如语词和短语的划分。这样，只要英语的发音规则能够指导我们去重读合适的音节，我们就能轻而易举地分析由无意义的音节组成的诗行的韵律。

Descouching hort froomiscious humfle-bun

这行诗句也是抑扬格五音步。但是，当我们考虑到一首诗中词语的意义，特别是重音或非重音对这种意义所产生的微妙影响，我们有时可能会对诗歌的读法感到迷惘。如果书面字词成为生产所需要的指导，那么，当指导似乎是不完整的或暧昧不清的，我们何去何从？

试看以下诗句，摘自邓恩《悼亡诗之十》：

So if I dreame I have you, I have you. [1]

如果我们严格按照主导节奏重读“I”和“you”，我们则是暗示，重要的是我（而不是别人）拥有你（而不是别人）。如果我们按照一种不规则的韵律重读“have”，我们就把诗行变成这样的意思：重要的是我确实真正拥有你（而不是好像如此或者希望如此）。或者，在读诗的过程中，我们也许应该尝试对“have”和“you”予以相同程度的重读，由此使得诗行的内含具有了不确定性。

我们关心的问题是，是否有一个通用的方法来回答诸如此类的问题。想必是有的，虽然我们不打算在这里提出这一方法。这个流程像是，或者部分像是阐述，正如我们在第三章中讨论的那样，我们考察不同选项，并选择其中之一，这个被选中的选项，当其仍然可言说之时，以最少的相悖性而确立了最复杂的意义，同时兼顾了诗歌所有其

1　这一例子引自《凯尼恩评论》(*Kenyon Review*) 关于韵律的专题论丛中阿诺德 · 斯坦和西摩 · 查特曼之间的论争；参考本章末的附注 14-E。

余方面。在当前这个例子中，对“you”的重读似乎引入了一个无法与诗歌其他部分相结合的音高；而“have”的重读是最易理解的，或者 232
是最合理的。无论如何，第二种读法是最有可能的，而为了摈弃这第二种读法，我们必须要发现只有通过第一种读法才能实现的某种突出而相关的意义。这是因为我们是从一种关于某些种类的短语的正常重音模式的知识开始的。每当我们把思想、希望、梦境或言说与现实相比，这种比较在英语中必须通过重读动词来传达：“我认为你能做到此事，而你做到此事了”——不是“你做到此事了”或者“你做到此事了”——而在此诗中，之所以要重读“have”，正是由于指涉的是梦境。在这里，就是一个关于英语重音的一般原则；[1] 在诗歌的诵读——即诗歌的发声——中指引我们的，正是诸如此类的原则。

诗体

我们现在已准备好给一个重要的术语下定义，这一术语在“诗歌”的定义中已经用过。“诗体”是什么意思，或者应该是什么意思？一个语篇的韵律性是一种具有不同强度的区域性质，而我们在韵文和无韵文之间划分的界限，势必是模糊的。但是这并不是出人意料的，或者是棘手的。如果我们将“诗体”定义为“韵文”，这将是最简单的，而且极有可能，这个术语经常是被人以这样的方式来使用的。然而，这是完全行不通的——也就是说，我们可以找到一种近似的用法，其优于批评家普遍使用的用法，而且会提供一些更深入的区分。具有韵律，这既不是诗体的必要条件，也不是诗体的充分条件。韵律之所以不是必要的，是因为批评家普遍将毫无韵律可言的自由诗说成是一种

1　这一原则为西摩·查特曼所提出，参见前引书。

诗体——虽然在最出色的自由诗中，对韵律结构的依赖会超过人们有时所观察到的。韵律之所以不是充分的，是因为狄更斯小说中有一些韵律性的段落契合抑扬格，而在《白鲸》第三十八章中，星巴克的冥想也存在韵律，但是我们并不把这些段落称为诗体。它们可以被轻而易举地转化为诗体，但是这一创作过程另有乾坤。托马斯·沃尔夫作品中有些段落被“排列”成诗体。叶芝也对沃尔特·佩特关于《蒙娜丽莎》的描述如法炮制，将它变成其《牛津现代诗选》(*Oxford Book of Modern Verse*)中的第一首诗。或者，以斯宾诺莎《伦理学》的第一条界说为例：

> 自因，我将其理解为这样的东西，它的本质必然包含存在；或者它的本性只能设想为存在着。

上面的，是散文体，而下面的，虽然也许还不是诗歌，却是诗体：

> 自因，
> 我将其理解为这样的东西
> 它的本质
> 233 必然包含存在；
> 或者它的本性
> 只能设想为
> 存在着。

这甚至是相当工整的诗体；但是莱布尼茨《单子论》的第一个句子是更加自由的诗体：

我们这里要
　　说的
　　单子
　　不是别的
　　只是一种组成复合物的
单纯实体;
单纯,
　　就是
　　没有部分的意思。

假定这勉强算作诗体;就其读音而言,它也许并不比玛丽安·摩尔的一些诗句、埃兹拉·庞德《诗章》中所插入的来自官方文件的引文,或者艾略特《东河村》中关于遣词之难的段落更边缘。

我们做这些划分时,我们是在做什么?或许,我们是在把散文之流分割成有节奏的诸部分——当然也由此引入了新的、有时至关重要的重点和暗含——让它分成较小的单位而缓慢下来。我们将更多的规律性和可控性,或者声音的起伏,引入正常的节奏之中。这足以生成诗体,虽然未必能生成诗歌。但当然,不是所有的散文都能够如此。

因此,诗体是一种这样的语篇,其声音模式比散文具有更高的组织性。而且,似乎存在两种独立的结构类型。第一种类型的结构可有可无,它就是韵律,或者是形成合乎节奏的音步。第二种类型的结构不可或缺,即诗句,或者更古老意义上的诗行的结构框架。因此,认为诗歌可以通过它在印刷页面上的排列而辨识这一天真的观点,俨然有一定道理。但是,只是俨然有道理而已,因为印刷页面上的划分不是诗歌中的真正划分,除非它们在某个方面与可以表演和聆听的差异相对应。当然，当代的自由诗作者已经摸索出众多方法，由此使得分行和标点符号（或无标点）能够为一首诗歌的音韵，并进而间接地对诗歌的意义做出重大的贡献。但是，我们不能由此推断，所有诸如此类的划分实际上都是意义重大的。E.E. 卡明斯稀奇古怪的排印，便往往不是如此。

语音的资源较为重要，但较之音乐资源——旋律、节拍节奏与和声——它们却非常有限。因此，讨论“诗歌的音乐”是极具误导性的。因为，诗歌中语言的声音层面，其复杂性、多样性和趣味性远远不如
234 音乐。

诚然，我们尚未充分理解诗歌可能对我们产生的影响，而种种相互冲突的诗歌理论，也确实很难验证。有些人说，当他们聆听用陌生语言朗诵的诗歌，他们会从中体验到一种感人肺腑的或者令人昏昏欲睡的效果。但这种效果，如果它发生的话，在一定程度上是由于人们或对或错地归属于诸语词的模糊意义，正如你一旦对一两门罗曼语言有一定熟识，你就算从来没学过国际语也读得懂一段国际语，因为词根是可以辨识的。这种效果也在一定程度上归因于朗诵者以某种语调发出的声音的情感含义和一般含义。证据是可商榷的，但就我而言，我认为诗歌声音所产生的几乎所有显著效果，都源于它与意义或含义的关联。

声音与语义

批评家们经常宣称，尤其在某些诗中，也许在一定程度上在所有的好诗中，声音会“加强”语义，或与之“同合”。为完成我们对于文学中声音的讨论，我们现在必须尝试明确这一关联的本性。我们在拟声词中找到了一种最简单的关联，在其中，语词所指谓的声音，也是该语词的发音。我们可以说，在“嗷呜”“哧溜”“呼噜”“咔嚓”“噼

啪”和“砰砰”中，语词的声音就是其意义的一种呈现性对等物。声音即其指谓。

但是，我们可以把这个概念从声音延伸至其他事物，并提出：一个语词乃其声音的一个呈现性对等物，只要其声音的性质或运动相似于其所指谓的物体或事件的性质或运动。“swinging”（摆荡）有一种摆荡的运动（“winging”[飞翔]同样如此）；“hollow”（空洞）有一种空洞的声音；“disgusted”（恶心）有一种稍微恶心的性质；以此类推。很明显，凭借一点想象力，我们就能够迅速地将这点推至远远超出可验证性的边界的地方，同时使其看起来仍然具有宽泛的合理性。少点为单个语词下断言，也许是最好的；但是我们仍然可以在合理的范围内为词组断言。例如：

> 野蛮的地方，既神圣而又着了魔——
> 好像有女人在衰落的月色里出没，
> 为她的魔鬼情郎凄声嚎哭！
> （柯勒律治《忽必烈汗》）

这些诗句的声音也给人一种幽灵般出没、着魔、怪诞、神秘的感觉。而在“长久的劳作会使翻地的犁铧闪光”（sheér plód makes plough 235
down sillion Shine）（霍普金斯《风鹰》[1]）这行诗句中，重音、声音之凝重、运动之徐缓，均具有一种推进和奋力的性质。举一个更简单的例子。在阿尔弗雷德·诺伊斯的《强盗》一诗中，节奏急促而猛烈，一如

1　摘自《风鹰》（“The Windhover”），收入《杰拉德·曼利·霍普金斯诗集》（*Poems of Gerard Manley Hopkins*），牛津大学出版社 1918 年版权，经许可重印。（此处采用曹明伦的译文。——译注）

它所讲述的音乐剧故事的步调。

因此，呈现性的对等物就是一种音义关系。当它缺位或微弱时，我们可能不会想起它，而当它强势在场，我们就会注意到它，并感觉到它促进了诗歌的连贯性。但是，还存在另一种关系，它也许是这种关系的延伸，有时起着重要的作用：它取决于我所说的“谐音”。在一首诗所引发的强烈意识的状态中，或者至少是在它理应处于的状态中，关于字词的一切都是有意味的；读者心生感触，对每一个言语提示都做出反应。两个字词听起来有所相似，这一事实本身就是一种微妙的却从不缺位的暗示，即它们的意义存在某方面的关联；在某个原始层面上，它们似乎相辅相成。这一观念可见于小孩子们在对唱中编造不友好言语的方式：“Phil is a pill”（菲尔是讨厌鬼）和“Josey is nosey”（乔西是好事鬼）似乎有一定道理；用词听似妥帖这一事实，在这种亚理性层面上，就是一种“论点”：此归属式是正确的。

在我看来，过于强调这点也不行，但是诗歌似乎在玩弄一种意义上的理想的可能性，仿佛正确的言说方式是一种这样的方式，通过它，声音总能戏剧化和扮演诸意义关系。“enchanted”（着了魔的）和“haunted”（鬼魂缠身的）相辅相成，“seek”（寻找）和“shun”（回避）押头韵，很容易暗示它们是同一种态度或同一个行为的一部分。但是这些都是一目了然的；华兹华斯能够将“音乐”和“人性”结合在一起，更多是对于语言的一种探索或者利用；声音的相似性，加强巩固了这样一种声明，即人性内蕴一种幽寂而哀伤的音乐。而头韵和行中韵尤其在诗歌中建立起了一个诸语词与其所指谓的概念与物体之间的交互关系的网络；通过增加的暗含，它们有助于产生诗歌肌质的厚重度，并且提高诗歌肌质的连贯性。试看：

海伦栖居于往日残垣断壁的伊利昂，
Past ruined Ilion Helen lives,
　　阿尔刻提斯从阴暗的冥府苏醒；
　　Alcestis rises from the shades;
诗歌让她们重获生命；诗歌赋予了
Verse calls them forth;'tis verse that gives
　　凡尘少女不老的青春
　　Immortal youth to mortal maids

在沃尔特·萨维奇·兰多的《往日残垣断壁的伊利昂》这首诗中，"ruined Ilion Helen"（海伦、残垣断壁、伊利昂）中的"n"音，让它们在一次大灾难中紧密相连。"verse"中的"v"音与"forth"中的"f"音将它们联系在一起，由此暗示"诗歌让她们重获生命"这一陈述是自然而真实的。"maids"（少女）一词有反讽之意，因为它的意义与它所关联的两个词语的意义形成鲜明对比："shades"（冥府）和"mortal"（凡尘）分别通过尾韵和头韵而与"maids"发生关联。"Immortal"（永生不老）和"mortal"的声音平行，则加强了这一声明的轻度悖论，即 236
少女的青春比少女的生命更加长久。

既然诗歌的声音可以在某方面契合诗歌的意义，它是否也可以不相契合？原则上似乎如此，但是要找到令人信服的例子并不容易。布鲁克斯和沃伦援引了"死神在这里，死神在那里，/ 死神无处不在，死神行色匆匆"（雪莱《致死神》，原文为：Death is here, and death is there, Death is busy everywhere），将其作为一首这样的诗歌，在其中，"吉格舞曲式的节奏"具有一种与肃穆主题不相符的性质，因而淡化和背离了它的意义。[1]这是一个很好的例子。即使在这里，也可以说，只要对意义足够重视，人们就可以通过读诗而最大限度地降低韵律过度的规律性，不过这颇费工夫。因为强重音全是长音节（“death”，“there”，“-where”），而弱重音全是短音节（“is”和“-y”）；因此，形成了极端的规律性和重节拍。这点并不适用于其他所有关于死亡的诗歌，譬如邓恩的十四行诗：

死神，你莫骄狂，虽然人们把你说成
Death be not proud, though some have callèd thee
如何强大，如何可惧……
Mighty and dreadful...

当然，我们不能规定所有关于死亡的诗歌都必须是哀怨的，抑或是肃穆的。但是，如果语词所蕴含的气氛是凝重庄严的，那么，欢愉轻快的声音就会给诗歌带来一种不连贯性——或至少，仅凭句法就能形成一种反讽的语气。在威廉·卡洛斯·威廉斯的《致词》中，便存在类似的情况。

我们可以得出结论说，一部文学作品的统一性，部分取决于其声音和意义的肌质——也就是说，取决于其诗行的人为排序（当它是诗体时），以及其意义中的一种恒定性或连续性。此外，当其语音风格的某些区域性质相似于其语义风格的某些区域性质，它的统一性就会得到加强。但是，其统一性有另一个层面尚待考察，而这取决于其投射世界中的情境、事件和人际关系的结构。下面，我们将讨论这个结构。

---

1 参见克林思·布鲁克斯和罗伯特·佩恩·沃伦的《理解诗歌》（*Understanding Poetry*, rev. ed New York: Holt, 1950），第 112 页。

§15　文学的结构

在一部文学作品所投射的世界里，我们可以做出某些主要区分，它们在文学中似乎是普遍的和基本的。首要的区分是语篇的本质中所固有的，因为，无论它还可能是别的什么东西，它都是一篇关联性的话语，在其中，某人针对某事说了某些话述。即使这些字词碰巧是黑 237
猩猩敲打出来的，或者是风雨蚀刻于悬崖之上的，它们都具有这三方面的要素。

因此，在每部文学作品中，首先存在一个隐含的**说话人**，或者声音：其人其言便是作品的主旨。就像在艾略特《三贤士之旅》、勃朗宁《卡西什……书信》[1]或者威廉·邓巴《诗人哀歌》中那样，隐含的说话人可能会主动站出来，并揭露自身的诸多信息：

土地上没有国度安然而立，
如狂风肆虐垂柳凌乱，
动摇了世界的虚荣；
死亡的恐惧让我独坐愁城。[2]

或者，他可能会后退至背景更深处，虽然在场，却不过多透露自己的信息：

1　此诗全名为《一封包含阿拉伯医生卡西什奇异的医学经历的书信》（“An Epistle Containing the Strange Medical Experience of Karshish”），是罗伯特·勃朗宁于1855年发表的一首长诗，诗中的写信人卡西什和收信人艾比布都是勃朗宁虚构的人物。——译注

2　摘自威廉·邓巴（1459或1460—1530）的《诗人哀歌》（“Lament for the Makaris”）。——译注

国王坐在邓弗林城，
喝着血红的酒……
（《帕特里克·斯彭斯爵士》[1]）

但即使在这里，也有人在给我们讲故事，而我们从故事的讲述中对讲述者有所了解。

说话人和情境

说话人并不能等同于作品的作者，我们也不能，比方说，通过作者生平的研究让我们对说话人的了解多于他在诗中所透露的。内心“载满忧伤”之人，并不是豪斯曼；“安寝之前还有数里行程”之人，也不是弗罗斯特。正如埃兹拉·庞德曾经写道：

（当然，我不是莫伯利，正如艾略特不是普鲁佛洛克。但是我们姑且这样吧。）

莫伯利是一个单纯的表象。[2]

我们没有理由将作者等同于说话人，正如我们没有理由将作者等同于作品中其他任一人物——将托马斯·沃尔夫等同于尤金·甘特，约瑟夫·康拉德等同于《秘密分享者》中的莱格特船长，凯瑟琳·曼斯菲尔德等同于《已故上校的女儿们》中的康斯坦西亚或者约瑟芬。一旦我们从作品本身中了解了说话人的个性，只要我们愿意，我们可以询问，他与作者在多大程度上是相似的。当我们询问：“《斯蒂芬英雄》

1 15世纪苏格兰民谣，佚名。——译注

2 1922年7月写给费里克斯·施林的信；收入《1907—1941年书信集》(*Letters 1907–1941*, ed. by D. D. Paige, New York: Harcourt, Brace, 1950)。

是自传体作品吗？”，我们就是在提出这种比较。但是，将斯蒂芬·迪达勒斯和乔伊斯相比较，实则是将两个迥异的人加以比较——不是在严格的哲学意义上把他们当成同一个人。

在几乎百分百包含人称代词的抒情诗之中，将说话人和作者混为一谈的诱惑是最大的。然而，我们通常没有理由把诗中的“我”当成作者，正如我们没有理由把“你”当作读者，如果有“你”的话。正如 238
“你”一样，“我”在某种意义上无非是作品的人物之一，也许是唯一的人物。当然，说话人是一个相当特殊的或享有特权的人物，因为一切都是从他的视角来观察的，而在一些抒情诗中，所发生的一切，均是在其心灵中发生的。在一些著述，诸如自传中，我们必须用人称代词来指称作者。那么，难道不存在任何好理由，让我们可以在相同意义上将一首诗视为自传性的？

先考察诗歌中一些其他的指涉对象。假设一首诗包含一个专名——“被埋葬的恺撒流血之地”“三界臣服她的伟大的安娜”“海伦栖居于往日残垣断壁的伊利昂”，或者，为避免被指控诽谤：“不朽的S—k 和一本正经的 De—re”，或者蒲柏的别名，即巴维乌斯、“布福”和“布波”。要理解一首诗，我们当然要知道它是谁的名字，有时我们还必须知道这个名字的主人的详细情况。现在，假设这首诗的说话人是用作者的名字来称呼自己；在这种情况下，我们也许可以称二者是合一的。但是这肯定极为罕见：存在沃尔特·惠特曼的《致一个普通妓女》(《自我之歌》不算在内)，以及约翰·西阿弟的《以防万一的挽歌》：“这里躺着西阿弟珍珠般的白骨，/一簇成熟待用的有机之物”[1]（比较《吾名风景》）；也许还可以加上邓恩和莎士比亚关于自己名字

1　摘自《以防万一的挽歌》(“Elegy Just in Case”)，收入约翰·西阿弟：《好像》(*As If*)，新泽西州罗格斯大学受托人 1955 年版权，经约翰·西阿弟授权复制使用。

的双关语。在我看来，马塞尔·普鲁斯特《追忆似水年华》中的说话人自称“马塞尔”这一事实，牵扯到了某种更为复杂的情况。虽然这一称呼可能暗指这部作品的自传性来源，但是这并不能让这部作品成其为自传；仍然存在一个重要差别。但是，一部第一人称的叙事作品，如果其中的说话人与作者同名，并且已知在某些重要方面与作者相似——特别是，一锤定音的是，如果它被冠以“自传”或“回忆录”的副标题——那么它就是一部作者为自己言的作品。

但假设我们没有专名，只有人称代词；则是什么让我们有权利断定它是指涉作者？“我”“你”“这里”“现在”之类的字词根本不能归结出任何指涉意义，除非我们在一定程度上了解它们被言说的背景——可称之为言说的语用学语境。一个陈述，诸如“系统发生学是个体发生学的总括”，或者“犯错是人之常情，宽恕则超凡入圣”，可以脱离语用语境来理解。当我们关心一条包含代词的信息的实际后果，在发现这些代词的指涉对象之前，我们会无所适从，而且，除非存在一个赋予它们指涉对象的语用学语境，否则我们根本无所适从。这样，很明显，柯南·道尔在夏洛克·福尔摩斯系列故事中使用“我”一
239 词，并不能使这个代词指涉现实中的任何人（当然，也不能指涉他本人）：“华生医生”并不存在。那么，为什么我们一定认为济慈或雪莱在使用代词时总在自我指涉呢？如果你写了一首《生日快乐》诗，在某人生日时送给他，或者署上你自己的名字寄给他，那么你就为这一信息提供了一个语用语境。如果你写了一首情诗，并作为一首诗而发表了，那么你并没有为这一信息提供一个语用语境；它不是某某写给某某的，也不是写给读者的，而是被读者无意听到的；尽管你是作者，但你不是说话者。

这一观点虽貌似过于雅致，但人们在这点上的混淆，却有足够的

证据。一般而言，正确的原则似乎是：一部文学作品的说话人不能等同于作者——因而说话人的个性和状况只能通过内部证据来了解——除非作者提供了一个将说话人与作者本人相关联的语用学语境，或者提供了这一语境的声明。但是，我们必须承认，语用学语境的构成并不总是确定的。

在每一部文学作品中，除了说话人之外，还存在说话人所遭遇的一系列事物或事件，我们可以称其为说话人所处的情境。他面对着，或者有所思地观照着一只老鼠、一只云雀、一个希腊古瓮、洛登河、教堂墓园、心爱之人的亡故、被劫的一缕头发、特洛伊的围困，或者人类的堕落：所有这些，我用“情境”一词囊括之。在这种宽泛意义上，情境就是作品的主题——在作品中发现了什么，遇到了什么，发生了什么，或者出现了什么。从某种意义上说，这就是作品所关于的东西。当情境是一连串事件，作品就是一篇叙事，而说话者可被称为叙述者。

情境可能是琐细的或宏大的，正如勃朗宁的《西班牙修道院里的独白》或但丁的宇宙之旅。情境的投射可能细致入微，也可能轻描淡写，恍惚其中：在一些短小精悍的浪漫抒情诗中，我们对正在发生的事件仅仅有着某种模糊的观念——他心爱的人离他而去，或者世事变迁引起了一种难以言喻的忧伤——而在一些现代诗歌中，虽然似乎发生了很多事情，但是它们的聚焦转换倏忽不定，给人一种如梦似幻的感觉，因此，其情境是混乱而不确定的。然而，如果说话人有所言说，即使他的言说大多关乎自身，其中也隐含某种对于环境、事业、牵挂对象的观念：他所哀悼的某个人、恼怒或绝望的某个根源、想象或希冀中的某条可能出路或某个逃遁之所。

同样，必须保持作品的情境与其写作背景的区别。作者生命中的某个人或某件事可能激发了他写诗的灵感，或者促使他着手创作这首诗。但同样，诗中所发生的，是别的事情；我们所知道的，只是诗本身直接或间接地透露给我们的。诗中的人不是华兹华斯，而是一个可能像也可能不像华兹华斯的说话人，在廷腾寺附近静思冥想；华兹华斯本人是否到过这个地方，这与诗歌的理解全然无关——尽管与诗歌
240 创作的前因后果有关。同样，作家笔下的人物是受其友人还是敌人启发——小说是否是报仇雪耻的影射小说（*roman à clef*）——还是不请自来的入幕之宾，就像塞缪尔·巴特勒和亨利·詹姆斯针对其人物所说的那样，知道这点也是颇为有趣的。但再一次，这与作品本身中所揭示的人物本性的问题毫不相干。

文学的实质是人。即使作品中的主角在外形上是动物——蛤蟆先生、黑骏马、小鸡利卡、小鼠波戈，或者大象巴巴和赛斯——它们在本性上也是人，有着人的特征，无论这些特征多么夸张或弱化。

假如给定一个说话人和一种情境，一般都存在说话人对情境的某种**态度**；从这种态度中，我们可以将情感和信念区分开来。在一类作品——本·琼森的《请你用眼神与我干杯》，或者拜伦的《好吧，我们不再游逛了》——之中，我们不能宣称说话人揭示了对于一般世界的明确信念，但是他揭示了生动而迥异的感受。在另一类作品——塞缪尔·约翰逊的《浮华人心》，或者奥登的《1939 年 9 月 1 日》——之中，存在着对于普遍主题的沉思默想，而我们可以对说话人的所思所想大加阐释。有时，说话人几乎完全隐遁，而保持冷眼旁观、超然物外的态度；从该术语的一种意义，也许是最有用的意义上来说，诸如此类的作品可被称为“现实主义”。但是，这并不排除一些冰冷的反讽。

> 早上 6 点半，他们在一家医院的围墙边枪毙了这六名内阁大臣。院子里有几摊水。院子的地面上有湿漉漉的枯叶。雨下得

很大。医院所有的百叶窗都用钉子钉死了。其中一位大臣患了伤寒……[1]

说话人引人注意的一点，恰恰是他对此事件并没有表现出任何感情，也没有做出任何道德评判。伟大的法国现实主义者，诸如巴尔扎克和福楼拜，就像剧院经理那样，把他们的人物和事件摆在我们面前，让我们自行定夺。相比之下，《汤姆·琼斯》的叙述者有时会走到舞台中央，与读者分享他对生活和人性的反思。

有些文学作品瞄准某个特殊的读者群，并通过它们的风格或主题而在一定程度上表明这个读者群的性质：琉柯诺[2]、卢卡斯塔[3]、西丽娅[4]、W.H. 先生[5]、革命无产阶级、英国议会、马萨诸塞州康科德城的公民，或史诗诗人。我们可以略微别扭地说，这些作品有一个隐含受众。再一次，这个受众也许不是一个真实的人或人群：也许仅仅是一群围在篝火周围或在酒吧聚集的人，或者是敞篷船或豪华车厢里的一个同 241
伴。不是所有文学作品都有受众——除非你认为《红与黑》是暗地里写给懂法语的读者，或者《芬尼根守灵》是写给已读过《金枝》《卡勒瓦拉》以及其他各种作品的读者。

当作品有一个隐含的受众，我们也许能够从中察知说话人对受众

1　欧内斯特·海明威：《我们的时代》(*In Our Time*, New York: Viking Portable Library, 1949)，第五章引言，第 399—400 页。

2　古罗马诗人贺拉斯写过一首著名的抒情诗《致琉柯诺》(*To Leuconoë*)，献给一名叫琉柯诺的女子。——译注

3　英国诗人理查德·洛夫莱斯(1618—1658)著有抒情诗《致卢卡斯塔》(*To Lucasta*)。——译注

4　本·琼森著有抒情诗《西丽娅之歌》(*Song to Celia*)。——译注

5　莎士比亚著有十四行诗《致 W.H 先生》。——译注

的态度，这态度不同于他对自己所面对的问题的态度。这经常被称为作品的基调，但是"基调"一词可能有更一般的用法，而且没有特殊的理由可以限制它如此使用。我们发现一首诗或一部小说的基调是苦涩的、温柔的、平静的、怨恨的、恶毒的、活泼的，并且仿佛是在意指说话人的态度的总体性质，只要它不是依赖于内省性的描述，而是依赖于措辞和句法的情感含义。基调是一种可以清晰感知的区域性质，一如海明威的上述段落之基调，但它无法详细描述。

一部文学作品中的情境，或其事件链条（如果它是叙事作品的话），总会超出作品所明确表达的。某些行为被报告；从这些行为中，我们可推测出其他事件和事态，包括性格和动机。黛西·米勒在旅馆现身；因此她一定已经出生了。她和素未谋面的男人一起外出；因此她对自己的名誉毫不在意。理解一部文学作品必然涉及的一个环节，就是这个超越作品公开呈现的内容而充实我们对于正在发生的事情的知识的过程。我较为随意地把这个过程称为作品的阐析。它与处理字词意义的阐述截然不同；正如阐述一样，阐析经常被称为"阐释"，但我将会把这个术语保留至第九章讨论。

文学的阐析

批评家试图通过阐析而回答的那类问题，可以由以下例子指出：哈姆雷特疯了吗？拉斯柯尔尼科夫杀害老妇人的真正动机是什么？说话人在哪里？他在《小老头》或《驶向拜占庭》中处于什么情境？安提戈涅的性格有什么基本特征？欧里庇得斯《酒神的女伴》——一部包含阐析，以及阐述和阐释的若干难题的戏剧——中的"吕底亚陌生人"，是否是伪装的酒神狄俄尼索斯？简而言之，阐析问题的本质可以用一部著名的批评著作的标题简要概括，如下：《〈哈姆雷特〉中发生了什么?》[1]。

阐析是我们在日常阅读中凭直觉而无须刻意为之的事情；事实上，如果我们不能持续地提供人物与动机在言行之间的关联，那么几乎没有小说——也许除了一年级读本中那种最简单的故事——是可以理解的。但是，复杂的小说作品却出现了争议，在这里，我们被迫考虑我们阐析时是在做什么，以及我们所做的事情是否基于理性的原则。亨利·詹姆斯的《螺丝在拧紧》就是一个很好的例子。在这里，我们有两种互悖的阐析，其中每种阐析都得到了充分有力的辩护：它们是一对一错，还是二者皆错，抑或是二者皆没错，因为不存在能够客观地解决这个问题的阐析方法? 242

这些问题过于复杂，以至于无法在这里公正处理之，但是对它们进行足够深入的概述，以带出其中牵扯到的方法论的基本问题，却是值得的。[2]诸多事情所依赖的一个中心问题是，孩子们是否看到了彼得·琨特和泽茜小姐的鬼魂。如果孩子们看到了，那么他们就对家庭女教师隐瞒了一些重要事情，而且，就像女教师所认为的那样，他们实际上受到了恶魂的控制和腐蚀。如果他们没有看到这些鬼魂，那么

1　本书作者为 J. 多佛·威尔逊，剑桥大学出版社 1956 年出版，第三版；该书是一座关于阐析问题的宝矿，其中提出了许多有新意的解决方法，虽然不总是无可争议的。

2　埃德蒙·威尔逊予以的弗洛伊德式的阐释，见其《亨利·詹姆斯的含混》(“The Ambiguity of Henry James,” *The Triple Thinkers*, New York: Harcourt, Brace, 1938)一文第一节；该文收入马克·舍勒、约瑟芬·迈尔斯和戈登·麦肯齐的《论批评》(*Criticism*, New York: Harcourt, Brace, 1948)，第 147—162 页。这篇论文被罗伯特·B. 海尔曼予以了详尽的批评：见《〈螺丝在拧紧〉的弗洛伊德式解读》(“The Freudian Reading of *The Turn of the Screw*,” *Modern Language Notes*, LXII [1947]: 433–445)一文，以及《作为诗歌的〈螺丝在拧紧〉》(“The Turn of the Screw as Poem,” *Forms of Modern Fiction*, ed. by W. V. O'Connor, Minneapolis, Minn.: U. of Minnesota, 1948)一文，第 211—228 页；另参见 A. J. A. 沃尔多克的《埃德蒙·威尔逊先生与〈螺丝在拧紧〉》(“Mr. Edmund Wilson and *The Turn of the Screw*,” *Modern Language Notes*, LXII (1947): 331–334)一文。

这些就是女教师的主观投射，因此她基本上是神经质的；这样一来，毁掉孩子的恶魂，则来自女教师本人的幻想。现在，这个问题只允许两种回答；我们似乎必须做出一个真实的、决定性的抉择，而这个故事在你心目中的样子，即其性质、要点和结构，所有这些都取决于你如何回答这个问题。

我们如何阐析一个故事？我们如何证实我们的阐析？先考察最简单的那类故事。假设我们读知霍默滔滔不绝地对贝茜讲了两个小时，贝茜已哈欠连天；我们无须被告知贝茜感到兴味索然。在第三章中所提出的这一术语的技术性意义上，我们可以说“霍默滔滔不绝地对贝茜讲了两个小时，贝茜打起哈欠”，暗含贝茜感到兴味索然。

显然，这种暗含取决于我们对于某些因果关系的认识。听人滔滔不绝地在自己面前讲了两个小时，人们可能会感到兴味索然，而感到兴味索然的人可能会哈欠连天；这些都是自然的心理学规律。以另一种不同的，但最终殊途同归的方式表达之，假定贝茜有如此遭遇，“她感到兴味索然”这一假设就是对她哈欠连天的最好解释，或者是最可能出现的解释。

243 对这些一目了然的要点和这一琐碎例子加以详论，是无趣的。但是，在着手处理更复杂的例子之前，我们有必要先弄清楚，在最简单的例子中发生了什么。因此，我宣称：一个阐析型陈述就是一个假设，或者是这一假设的一个组成部分，而这一假设的可接受性，源于它对明确报告的诸事件予以解释的能力。就此而言，这在原则上无异于我们在日常生活中试图从行动中推断动机时所使用的推理模式。然而，二者存在一个重要的区别，因为，在现实生活中，总存在获得更多用以验证我们的假设的证据这一逻辑可能性，而在小说中，我们试图解释的一系列事实永远是完整的和闭合的。（这使得人们有可能编造出荒诞不经的阐析，这些阐析荒唐可笑，过于复杂，但我们又无法一锤定音地驳倒它们：比方说，“华生是女人”。）我们将很快回到这一点。但是，我们首先要注意这个方法是如何运用于亨利·詹姆斯的作品。《螺丝在拧紧》的一个突出而有价值的特点是，最后一幕之前的大多数事件都可以根据以下两条假设之一来解释：（1）鬼魂是真实的，孩子们都看到了；（2）鬼魂只存在于家庭女教师的心中。这甚至在她的心里留下了一个挥之不去的疑窦，而这疑窦有助于继续推进故事，并赋予其复杂性。但是，最后一个场景不能用第二条假设来解释，因为在其中，迈尔斯表明，他以前见过彼得·琨特的鬼魂，再次看到它也不会让他吃惊；他被自己再也看不到鬼魂的事实所击垮。而更早前的场景中所出现的，但迄今尚未渲染的几个事件，开始作为更深入的线索而浮现于读者的脑海之中，它们只能通过第一条假设来解释，或者通过第一条假设而予以更简单、更直接的解释：家庭女教师从未听闻关于彼得·琨特的鬼魂的只言片语，却能看到他的鬼魂，并对之进行了准确的描述；迈尔斯由于某种神秘的原因被学校开除；孩子们从不谈论他们的过去；小女孩划着一叶小舟穿过湖面，等等。归根结底，一个假设的或然性，远大于另一个假设，因此在这个故事中，“亨利·詹姆斯的含混”并不存在。

显然，阐析无非是因果推论，但是我们不应忽视小说和生活之间的区别。在任何一部小说作品中，总有可能提出作品本身不会回答的关于人物的问题。哈姆雷特在威登堡大学学什么？在霍桑的短篇小说《教长的黑面纱》中，牧师不为人知的罪恶是什么？在《玩偶之家》中，娜拉的真名是什么？（易卜生实际上准备了这个问题的答案，但没有把它放进剧本里。）达洛维夫人的曾祖父是谁？故事结束后，汤姆·琼斯还活了多少年？约翰·贾斯珀在黑夜里暗杀的人是巴扎德先生，而不是埃德温·德鲁德？或者，麦克白夫人生了几个孩子？——现在这已成为所有诸如此类问题的原型。[1]麦克白夫人显然生育了一些孩子，因为她提到了他们，而如果她生育了一些孩子，那么她孩子的数量是一个、两个、三个，抑或是另外一个确定的数字；人们很容易好奇她生了多少个孩子，而从这部戏中寻找线索，无论多么隐微，当然是合法的，这些线索会赋予某个假设以某种或然性，无论多么微乎其微。但是，汗牛充栋的莎士比亚研究，特别是以前的研究，已经超出了这一点；在无据可考的情况下，批评家们无所顾忌地进行推测。“我认为麦克白夫人有两个健硕的儿子，他们的长相酷似母亲，但是……”；这不再是阐析，它是臆造。 244

举例而言，当斯坦尼斯拉夫斯基为《奥赛罗》准备他的《导演计划》（*Regiebuch*），[2]他提供了一份翔实的关于伊阿古、洛特利哥、凯西奥和奥赛罗之间关系的既往史，而且，有证据表明，这种不同凡响的、极富想象力的结构与实际的戏剧完全契合，因此它有助于他执导这部戏剧，并且有助于他的演员们发展三维的人物角色。无论如何，一部戏剧的生产是部分的创造，或者是对剧本的补充，但是，戏剧的公演与它作为一部小说作品的阐析是截然不同的。小说作品不予以回答的问题，是不可问的问题。这也不是含混性；它只是作品的时空畛域之一。在我们读完大卫·科波菲尔、奥德修斯或斯万之前，我们可能已

1 起因是 L. C. 奈茨那篇为人所熟知的文章《麦克白夫人有几个子女？》（“How Many Children Had Lady Macbeth?” *Explorations*, London: Chatto and Windus, 1951, pp. 1–39），它对文学与生活相混淆的现象发起了全面的抨击。

2 参见康斯坦丁·斯坦尼拉夫斯基的《斯坦尼拉夫斯基执导〈奥赛罗〉》（*Stanislavsky Produces Othello*, trans. by Helen Nowak, London: Bles, 1948），特别是第 1 幕第 1 场（这一部分也出现于托比·科尔所编的《论表演》（*Acting*, New York: Lear, 1947，第 131—138 页）。

了解颇多，但是作品的主题只是他们的生活和个性中被明确报告的，或者可从报告中推断而知的那一部分，而在作品之外，这些人物是不存在的。

因此，我们必须构想出阐析所不能逾越的一条界线。人们很容易认为，这就是证据走到尽头的地方。然而，一个给定的事实 F 是否是一条假设 H 的证据，这并不仅仅取决于 F；简言之，它还取决于将 F 与 H 相关联的法则或原理 G。基于行为的动机推导依赖于心理学法则。因此，就像新法则为世人所接受的那样，新的推论成为可能，而新的阐析，或者阐析的新方向，则被开辟了出来。《哈姆雷特》众所共知的弗洛伊德式阐析，[1] 为阐析的方法提供了一个测试用例。问题是：哈姆雷特为何一再拖延他的复仇计划？欧内斯特·琼斯遵照弗洛伊德的建议，清晰地展现了无论是通过外部障碍，还是通过某种性格弱点来解释这一拖延所面临的困难，而他的解决方法，简而言之，如下：哈姆雷特由于潜意识中的一种矛盾心理而不甚积极，这种矛盾心理源于他对弑父娶母的克劳狄斯的部分认同。这种"过度阐释"，把哈姆雷特变成了一名"癔病患者"。 245

令人感兴趣的问题是，这种阐析方法是否可取。让我们先考察它有什么可取之处。随着我们对世界的了解有增无已，我们可以基于我们的发现而推导出更多东西；因此，一部小说作品中的事件和行动的蕴涵势必进一步扩充，而戏剧势必变得更深沉，亦更复杂。假设小说中的某个人物有着某些在小说创作时期无法诊断的症状，并假设我们现在有能力诊断，比方说，把它们诊断为病毒性肺炎。即使小说中的

1　参见弗洛伊德《梦的解析》（*Interpretation of Dreams*, in *Basic Writings*, ed. by A. A. Brill, New York: Modern Library, 1938），第 309—311 页。欧内斯特·琼斯进一步发展了这一论点，见其《哈姆雷特与俄狄浦斯》（*Hamlet and Oedipus*, New York: Norton, 1949）。

这一人物和其他人物，以及作者都不知道，难道他就不患有病毒性肺炎了吗？这似乎只是一个逻辑演绎推理：X有这些症状；任何有这些症状的人都可能患有病毒性肺炎；因此，X可能患有病毒性肺炎。那么，同样，哈姆雷特、克劳狄斯、乔特鲁德和莎士比亚都不会知道，所有人都有潜意识，其中压抑着他们想杀死父母一方而与另一方交配的深度欲望；然而，如果所有人都有潜意识，而哈姆雷特是人，那么哈姆雷特也有潜意识。

但针对这种论点，人们可以提出一些强有力的反对意见。这难道不是把哈姆雷特当成这个世界中一个真实的人，因而造成文学与生活的严重混淆，而这种混淆进而引起关于麦克白夫人的孩子以及莎士比亚笔下的女主人公的少女情怀的可笑问题吗？如果小说中的人物和说话人都不懂病毒，那么，他们的世界就不存在病毒，即使这些症状存在。弗洛伊德式的潜意识，诚如洗衣机、比例代表制、边际效用或者原子裂变，并不属于哈姆雷特的世界。把莎士比亚时代不可能出现的概念放进剧中，是一种时代错置，因此，弗洛伊德式的“阐析”根本不是阐析，而是一种标新立异的阐发，或引申。

在我看来，如果将这部戏剧与其情境视为莎士比亚本人的潜意识冲突的症状——弗洛伊德就是通过引入传记资料而这么做的：比方说，这部戏剧是莎士比亚在其父亲1601年去世后不久写成的——这会使得弗洛伊德式阐析的理由更加复杂，而不是更充分。有人可能会争辩说，莎士比亚不经意间赋予了哈姆雷特某种潜意识心理——即使莎士比亚的意识没有觉察到，其潜意识也觉察到，哈姆雷特能杀别人却杀不了克劳狄斯，这是由他的潜意识中的罪恶感所造成的。但是，既然无法对哈姆雷特施以精神分析，而且他也没有可供观察的未来行为，这个假设似乎超出了可验证的范围。

我认为，更中肯的观点是：当莎士比亚创造了哈姆雷特和他的行为，他已经隐隐约约地把握到并揭示了潜意识抑制的概念——这部戏剧蕴含了某种洞见，预示了弗洛伊德的研究发现。至少，这一观点是可辩护的。 246

然而，这是一个错综复杂的问题，答案可能并不简单。但是，有两点似乎是一目了然的。如果阐析是根据法则而做出的推导，那么弗洛伊德对哈姆雷特的解读就是一种阐析；但这样的话，我们当然要根据各种阐析所假定的法则来区分它们。一种阐析是根据戏剧本身中的人物所假定的，或者该戏剧首次公演时所假定的心理学原理来解读哈姆雷特；这当然是一种可取的阐析。但是，我们也可以根据我们现在所假定的，或者知道的原理而要求对哈姆雷特进行一种 20 世纪的解读。当然，这两种阐析将会产生两部戏剧。

视角性结构

一部文学作品的**结构**，可以像前一章中的那样予以界定：它是由作品中的大比例关系，也就是主要关系所组成。可能的结构种类繁多，关于它们的著述汗牛充栋。我们的问题是弄清楚，借助于我们正在做出的诸区分，我们可以通过一般的分类方式而做些什么。主要分类一览了然。首先，说话人与其情境之间存在各种可能关系，让我们称之为**视角结构**。其次，当情境或说话人的态度发生某种变化，这一变化的主要阶段之间存在着各种可能关系，让我们称之为**发展结构**。

视角结构分两类，**空间的**和**时间的**。让我们先考察空间结构。

对某个事件做出一种简要而客观的报告，却不对说话人与该事件的空间关系做出任何暗示是可能的，诸如“琼斯家的房子被烧掉了。”然而，“我们眼睁睁地看着琼斯家的房子被烧掉”却表明，说话人是火灾的目击者，也是一群目击者中的一员。“琼斯家燃烧着的房子的火焰照亮了午夜的天空”根本没有提及说话人，但是它似乎隐含一个说话人，其观察位置与着火的房子有着一定距离——以及一个此时此刻将更多的注意力放在视觉意象，而不是放在危险或经济后果之上说话人。

当被描述的东西不仅仅是事件，而且是人的行为，让描述展现描述者对于行为的空间关系，要自然得多；如果描述充分展开而成为一篇更长的叙事，那么几乎不可能排除这种关系。叙述者要么直接知道，要么不直接知道行为者的所思所想；他要么能够，要么不能够观察行为者的外在表象。由此，就出现了所谓的文学**视点**：说话人观察
247 其所描述事件的空间视角。当然，存在许多可能的视点，或者视点的转换，而作品的某些总体性质在很大程度上取决于这个视角。

日常语言自身还包含另一种关系，其由**时态**所指示。“琼斯家的房子被烧掉了”报告了一个发生在过去的事件，并且在报告的时刻和被报告的时刻之间建立起了一种时间关系。时态可以更加复杂：在“明天我将已离开”中，存在言说的（现在）时间，以及回忆一个离开时间（仍然是将来时，但继而是过去时）的（将来）时间。有人可能会说，一部文学作品拥有一种主导时态，而事实上，某些作品的一些主要性质就是取决于这一特征。例如，散文体小说作品一般是用过去时态；它读起来宛若对现已结束的行动和苦难的记录，因为叙述者将自己置于一个他总是回忆往事的时间点。当然，如果将书中最后一个事件放在现在，甚或放在未来，这也许会发生改变：“我在最后一晚写下这最后一页，明天我将被绞死。”抒情诗，包括戏剧诗，一般是用现在时态——我们在描述一部戏剧或宣布一场棒球比赛时自然而然地使用的时态。某种事情正在发生，其结果尚未确知；我们活在当下，说

话人现在感受到了他描述自己所感受到的东西。作者也许在平静地回忆往事，而说话人不然。该如何看待静思冥想的——宗教的或哲学的——诗歌或散文，这就不是那么清楚了。它颇似**无时态**的数学或科学著作。试看牛顿的第三定律，即作用力和反作用力相等，或者费马仍未被证明的最后定理，即当整数 $n > 2$ 时，关于 x, y, z 的方程 $x^n + y^n = z^n$ 没有正整数解。严格地说，这些理论并不是使用“are”和“is”的现在时态，而是不使用它们的任何时态；它们所陈述的真理，不是过去、现在或将来的事件，而是永恒不变的事件。因此，在诸如此类的句子中，说话人将自己置于时间流之外，或之上。也许，蒲柏的《人论》或者罗伯特·布里奇斯的《美的见证》中的说话人同样是如此，但是这可能给人以误导；因为在诸如此类的作品中，存在着一个思想和情感的历程，一个动态的发展过程，因此说话人就在时间之流中。

发展性结构

发展性结构可分为三大类：**逻辑的**，**叙事的**，以及**戏剧的**（姑且这样称之）。

如果我们从一个语篇中随机挑出两个语句或分句，并询问它们之间有何关联使得它们皆属于同一个语篇，我们也许能够以某种方式做出回答，如下：前者为后者提供证据，后者是包括前者在内的一组前提所推导出的逻辑结果之一；前者为后者中某个术语提供了一种定义，等等。这些都是逻辑关系。连续说出两个语句，诸如“校园设施 248
需要维修。秋千坏了”，这之所以是合理的，是由于第二句话被理解为提供了第一句话所提到的一类事物的一个实例。因此，当一个宏大的语篇包含许多通过某种系统性的逻辑方式而相关联的陈述——比方说，一个陈述可以从其他陈述中演绎而出，或者其中一些陈述一旦为真，则成为其他陈述的证据——那么，该语篇可以说具有一种**逻辑结构**。例如，莎士比亚第 94 首十四行诗的最后六行诗节：

夏天的花对夏天是多么芳馥，
对自己而言它仅自开又自落。
但是那花若染上卑劣的病毒，
最卑贱的野草也比它更高贵：
　　极香的东西一变质就成极臭；
　　腐烂的百合花比野草更可恨。

其中，第 11 行和第 12 行据称是基于第 13 行的前提而推导出来的结论。

然而，把这描述为一个论证过程可能是不正确的，因为，既然这些陈述实际上并不是断言，它就不是完全意义上的论证——我们将在第九章（§23）处理这一区别。就像一个人扮演西哈诺或内莉·福布什那样，这首诗“扮演”了一个论证。它具有一个论证的推进性与抽象关系，也就是融贯性。而这就是一些诗歌的重要特征，如《人论》《论事物的本性》、邓恩的《封圣》、马维尔的《致羞涩的情人》、W. H. 奥登的《1939 年 9 月 1 日》。

我认为，“叙事”的定义，无须比我们迄今所给出的定义更加精确，[1] 尽管什么是**叙事结构**并不是那么明显。一个叙事和另一个叙事之间的哪一种差异应算作是结构的差异？首先，我们可以区分**情节**和**故**

1　格特鲁德·斯坦写道：“叙述是任何人以任何方式对可能发生、已经发生或将要发生的任何事情的言述。”桑顿·怀尔德对其语言“近乎恐怖的精确性”称赞不已，见格特鲁德·斯坦《叙事》（*Narration*, Chicago: U. of Chicago, 1935）导言部分，第 vi 页。

事。情节是按照发生的先后顺序加以考虑的一连串事件；故事是按照叙述的先后顺序加以考虑的同一连串事件。说白了，以下两个语句具有相同的情节，但它们是不同的故事：

(1)约翰吻了一下妻子，然后脱下了帽子。

(2)约翰脱下了帽子，在这之前他吻了一下妻子。

但是，以下两个句子具有不同的情节：

(3)约翰吻了一下妻子，然后脱下了帽子。

(4)约翰脱下了帽子，然后吻了一下妻子。

一个故事不仅是一连串事件，而且是具有一定连续性的一连串事 249
件，因为每一个阶段都萌芽于前一个阶段，并水到渠成地通向未来。但是连续性不是完整性，不然就不会有结构；在事件之流中，我们可以区分出各个片段，构成叙事结构的正是这些片段之间的异同。例如，有些片段是场景，它们将注意力集中于对话和行动细节上，另一些片段则是事件的总括，在一个段落中，数载光阴转瞬即逝；这两种类型混合在一起的比例，就是从形式上将一部小说和另一部小说区分开来的一个依据：《福赛特世家》区别于《永别了，武器》。作品的行动所涉及的人数不尽相同；一篇短篇小说本质上也许是一个关于两个人（舍伍德·安德森的《成熟》[1]）或一家人（阿尔丰斯·都德的《阿尔勒的女孩》）

1　舍伍德·安德森(1876—1941)《小镇畸人》(*Winesburg, Ohio*)这部小说中的第20章。——译注

之间关系的故事。一部作品与另一部作品相比，可能具有不同的片段数量或者片段次序——故事线或者情节和“次情节”——它们彼此平行或相反，正如波洛涅斯–雷欧提斯–奥菲莉娅家族与克劳狄斯–乔特鲁德–哈姆雷特之间的关系。一篇叙事可能拥有阿道司·赫胥黎小说中的那种复杂而零碎的推进，也可能拥有冗长故事中的那种直接反复的运动。

因此，打个比方说，如果我们要描述《三只小猪》的一个为人所熟知的版本的叙事结构，我们可以说它是由两串线性的片段和一个最终的片段组成，前者大多是有对话的场景。在第一部分，存在三个相互平行的事件——狼去到每一间房子——但是它们都朝着某个方向发展：稻草、树枝、砖头；吹气和呼气的力度一次比一次大，但最后皆以失败告终。在第二部分，狼的战术从武力改成诡计，不再企图强闯，而是开始引诱第三只小猪走出房子；同样，这部分有三个平行的片段——萝卜、苹果树和搅拌器——它们都朝着某个方向发展，因为狼的下场一次比一次狼狈。在第七个片段，也就是大结局中，狼重新诉诸武力，努力从烟囱爬进屋，而后面发生了什么我们也都知道了。通过这种抽象的考察，情节似乎几乎可以用图解法来呈现，但是我们无须坚持这一点。例如，即使是要考察这个简单故事中的叙事结构的其他重要特征，我们也应该注意到，存在着一种先是获得两次初步成功——我想到的是狼如愿吃到两只小猪的版本——随后遭到沉重打击的模式。存在着一种剧中角色从四个（猪妈妈不算在内）减至两个，从而使人聚焦于冲突的模式。在第一部分，存在着从其他小猪的屋子向第三只小猪的屋子转移的空间运动，而在第二部分，同样存在着从屋外向屋子本身，以及在最后一个场景向壁炉移动的同向运动。

作为一个整体的，或作为整体一个特定部分的一部文学作品，其不能同时拥有逻辑结构和叙事结构，因为其运动是截然不同的。而它也无须拥有这两种结构。但是，它不能没有第三种结构，因为如果它 250
有所运动，其运动的某些区域性质就会发生改变。这些性质牵涉张力的加强和松弛。我们可用戏剧术语来描述它们，因而我将这第三种发展模式称为作品的**戏剧结构**。

戏剧结构由作品的进行性，即其节奏和动力中的变化所构成，而在我看来，如果将戏剧结构与我所说的音乐的“动态模式”相比较，可能会收获颇丰。我们甚至有可能从中发现相似的动态模式。例如，一个语篇的某些片段或者某些部分可能会具有一种引言性：设定背景、人物出场、预热的描述段落、引出迷案（发现死尸）、唤起神秘感。《纽约客》“本周最引人入胜的新闻故事”栏目所刊登的删减版新闻段落，乃摘自“人情味”故事，而不是直接的新闻故事。这些新闻故事的开篇段落读起来并不像开头，而是像总结。一般而言，短篇故事几乎没有引言的空间；它大多是由展示性的片段组成，而许多长篇小说亦如此：追捕、收网、情节厚实化或复杂化、海上旅程、冲突场面。当这种性质极强烈，沧桑巨变的感觉极清晰，场面就会达到高潮，而一部文学作品的运动曲线在很大程度上可以描绘为更大或更小高潮的场景之间的来回发展：反转、对抗、揭秘、决战、死亡。诸如此类的场景可能会迅速变成具有结局之终极性或终结性的片段。

因此，《三只小猪》有一个非常简短的引言部分：小猪们被妈妈打发到外面的世界自谋生路，它们讨要了一些建材，修建了自己的房子。这点很快就总结完毕。接着狼来了。狼没能吹倒第三个房子，这形成了第一个高潮；他从房顶上发出“我要下来吃掉你们”的威胁，形成了第二个更大的高潮。狼的死亡解决了最初由它的出现所带来的紧张，由此使行动走向终结，尽管它当然不会使事情复旧如初。

一个逻辑论证具有或者可能具有某种戏剧结构：在这种结构中，诸前提（引言）通往一个结论。这一结论在一定程度上是人们所预期的，或至少是人们所期盼的，无论它多么匪夷所思。当然，一篇叙事缺乏某种戏剧结构是几乎不可能的，尽管它可能是松散的、乏味的、操之过急的或者反高潮的。但是，即便是一首抒情诗，哪怕它既不符合逻辑，也不具有叙事性，也经常具有一连串的情感或情绪，一种上下起伏的张力。曲线通常是简单的；我们在“啊，让我们坦怀相待 /
251 白头相守！”这些诗句中读出了阿诺德《多佛海滩》的高潮，而在“而神秘 / 还在 / 在水中在啼鸟中欢唱”[1]这些诗句，我们读出了迪伦·托马斯《十月的诗》的高潮。此处感人至深。在雪莱的《西风颂》中，我们密切关注一个高潮的蓄势过程，它理应是这一诗句：“我跌在生活底荆棘上！我流血了！”——但是，当高潮到达时，还是不够：基调出了差错，感受是直陈的，而不是真正呈现出来的，动态模式也有间断。

统一性与复杂性

结构的分类是一回事；文类——小说、田园诗、挽歌、悲剧等——的界定是另一回事，其取决于前者。我们不会停下来讨论它的问题，但是第三个问题要求予以短暂的注意。我们在讨论音乐和绘画时使用了两个重要的术语，即“统一性”与“复杂性”；问题是，这两个术语是否在同样的意义上适用于文学作品。

我们能够轻而易举地证明，它们在某种意义上适用于文学作品。

1 摘自《十月的诗》（“Poem in October”），收入《迪伦·托马斯诗集》（*Collected Poems of Dylan Thomas*），迪伦·托马斯 1952、1953 年版权，经新方向出版公司（New Directions）许可重印。

无妨先考察统一性的诸方面。

我们可以足够容易地判断简单作品中的完整性。如果《三只小猪》没有狼掉进锅里这一最后场景，它就会虎头蛇尾；故事完了，却没有完满性或决断性。德莱塞的一些小说，诸如《天才》和《金融家》，就多少有点这种性质：行动停止了，但让人觉得增加或删减一些场景并不会对整体造成多大影响；人物并没有到达看起来像是发展的一个最后阶段的任何东西；事实上，他们几乎没有发展。文学作品中的完整性主要取决于动力学性质；开头听起来必须像是开头，结局听起来必须像是结尾。如果文学中完整性的知觉条件与音乐和绘画中的知觉条件相似——虽然它们当然不会完全相同——那么，这在一定程度上印证了我们心中直接而天真的印象，即完整性这一性质是相同的。

文学中的连贯性，也似乎与音乐和视觉设计中的连贯性是同一种性质。《三只小猪》是一个相当连贯的故事，因为行动模式清晰明了，动机简单直接而又一成不变，角色的形象前后一致，高潮明显而充分。如果我们在某一点引入一位猪伯伯来提供良策，或者交代狼先生和狼夫人之间的一个家庭场景，则会失之连贯，因为这些情节会打断叙事 252
的连续性，抑或唤起无法满足的对于其他方向的进一步发展的期待。陀思妥耶夫斯基《中邪》的情节就不太连贯——其之不连贯，比方说，比《罪与罚》或《卡拉马佐夫兄弟》尤甚。

什么样的特征倾向于让一部文学作品具有浑然之气？我们知道这个问题的许多回答，但毫无疑问，还存在我们所不知道的其他回答。一种明晰的逻辑结构或叙事结构，一种具有高潮而非反高潮的决定性的戏剧结构，一种单一的时空视角，凡此种种，皆能加强连贯性。《俄狄浦斯王》是统一性最高的戏剧之一，因为行动是连续的，动机是清晰的，场景是不变的，主要角色是极少的；而且，男主人公与其对手是同一个人，而“发现”和“命运的反转”是同一个事件。在一定程度上，一个语篇若通篇只讲述同一件事，它就是统一的；这是一篇关于朝鲜半岛的百科全书文章的统一性。更微妙但也更重要的是，我们目前尚未详细讨论的，但将在第九章(§22)开始处理的两个因素，即符号趋同性和主题统一性，也能够加强连贯性，尽管后者更多时候可能是一个结果，而不是一个条件。

但是我们也说一部文学作品比另一部更复杂，在这里，我们肯定知道我们所说的是什么意思。《三只小猪》是一个相当简单的故事，但是它比《小红帽》或《姜饼人》更加复杂。《战争与和平》比《安娜·卡列尼娜》更加复杂。在做出诸如此类的判断时，我们似乎既考虑到了一种外延式的复杂性(人物和事件的数量、小说所包括的人类经验的范围、行动的时空范围)，也考虑到了一种内在的复杂性(判别的微妙性、细节的清晰性、意义的精确性)。莎士比亚最好的十四行诗比雪莱的诗更加复杂，怀特的诗比梅里尔·摩尔的诗更加复杂；福克纳最好的小说比海明威的小说更加复杂。但是，这些都是较为明显和较为容易的判断。不能由此推断，我们可以对任何两首诗歌或者两部小说进行盖棺定论式的比较，因为其差异可能是微乎其微的，或者其构成元素的种类是根本上不同的，以至于我们无法确定任何关于复杂性的判断。就像在绘画或音乐中那样，我们不能指望文学的复杂性有一个数值测量标准，而幸运的是，我们似乎不需要这种东西。但是，当我们讨论文学作品的复杂性，这一术语是在与我们讨论其他种类的审美对象时相同的意义上使用的，对于这点，我认为是有着充分的初
253 步证据，它们不会因更深入的思考而受破坏。

附注与问题

§ 14

14-A. “风格”的定义。(一)“风格”的语义学定义——风格乃“表层意义，即最细致的结构的表面”——被予以的最好辩解，见 W. K. 温姆萨特《导论：风格即意义》(“Introduction: Style as Meaning,” *The Prose Style of Samuel Johnson*, New Haven, Conn.: Yale U., 1941)一文；在温姆萨特的用法中，“意义”包括我所说的“一般含义”。温姆萨特在两篇学术论文中进一步发展了这一观点：(1)《论语言风格：逻辑的和反逻辑的》(“Verbal Style: Logical and Counterlogical,” *PMLA*, LXV [1950]: 5–20)，收录于《语象》(*The Verbal Icon*, Lexington, Ky.: U. of Kentucky, 1954)，第 201—217 页；在此文中，他澄清和强调了意义的“实质层”与“更似随影、回声或姿态”的风格之间的区分。(2)《论实质层》(“The Substantive Level,” *Sewanee Review*, LIX [1951]: 1–23)(《语象》，第 133—151 页)一文；在此文中，他试图划出语篇的一个抽象性或一般性层面。这一层面被视为一种规范(“灌木和树”)，抽象的“生长中的事物”和具体的“微红的 / 淡紫的，分叉的，竖直的，细枝的，/ 灌木丛和小树丛”(威廉斯《通往传染病医院的路上》[1])则被认为是对这一规范的偏离。他指出了他的实质层概念

1　摘自《通往传染病医院的路上》(“By the Road to the Contagious Hospital”)，收入威廉·卡洛斯·威廉斯的《春天及一切》(*Spring and All*)，1938 年和 1951 年版权，经新方向出版公司许可重印。

与绘画中的再现概念之间的类同性（参见第六章）。在我看来，如果认为实质层的概念依存于约翰·洛克所否认的“真实本质”理论（第八章 §21 将讨论本质），则是一个错误。另参见《修辞与诗歌》（“Rhetoric and Poems,” *English Institute Essays*, 1948, New York: Columbia U., 1949）（《语象》，第 169—185 页）一文。

A. C. 布拉德利有效地抨击了诗歌所谓的“何是”（what）和“如何”（how）之间的区分，见其经典讲演《为诗而诗》（“Poetry for Poetry's Sake,” *Oxford Lectures on Poetry*, New York: Macmillan, 1909），其中许多内容收录于埃里西奥·维瓦斯和莫瑞·克里格主编的《美学问题》（*Problems of Aesthetics*, New York: Rinehart, 1953），第 562—577 页，以及麦尔文·雷德《现代美学文选》（*Modern Book of Esthetics,* rev. ed., New York: Holt, 1952），第 335—356 页。布拉德利的论点也被运用于风格：“在真正意义的诗歌中，改变字词而不改变意义是不可能的”（维瓦斯和克里格前引书，第 572 页）。后文的一个注释（第 576 页）纠正了此处一个给人以误导的暗示，即在蹩脚的诗歌中，风格和意义的分离是可能的。在《珀加索斯的马勒》（“The Bridle of Pegasus,” *Coleridge on Imagination*, London: Routledge and Kegan Paul, 1934）（收入罗伯特·W. 斯托尔曼《批判与批评论文集》[*Critiques and Essays in Criticism*, New York: Ronald, 1949]，第 289—
254 314 页）一文中，瑞恰慈也考察并摈弃了“何是—如何”这一用语，以及它的几种变体；他的论点在几个方面与布拉德利相辅相成。关于这些作者的一个脚注，见门罗·比厄斯利《艺术中的经济概念》（“The Concept of Economy in Art,” *JAAC*, XIV [March 1956]: 370–375）一文，以及比厄斯利与马丁·斯坦曼的争论（*JAAC*, XV [September 1956]: 124–125）。

“风格”的语义学定义得到了另外几个作者的支持，但他们的立场并不是始终如一的：J. 米德尔顿·默里在《风格的问题》（*The Problem of Style*, New York: Milford, Oxford U., 1922）中给出了一个毫无用处的定义（第71页），但是他补充说：“风格不是写作的一个可分离的性质；风格即写作本身。”（第77页）而他的讨论（尤其是第1章、第4章、第5章）可谓庸中佼佼者也。另参见两部关于风格的论文集：莱恩·库珀《风格理论》（*Theories of Style*, New York: Macmillan, 1907）；W. T. 布鲁斯特《关于风格理论的代表性论文》（*Representative Essays on the Theory of Style*, New York: Macmillan, 1905）。其中一些作者从意义上对风格进行了或多或少清晰的思考：瓦克内格尔（库珀，第10页），他认为风格是“语言表达式的表层”；布丰（第171页）；柯勒律治（第206页）；叔本华（第255—257页），他认为风格是“思想的剪影”；刘易斯（第320页），他认为风格是“思想的活体”；佩特（第399页）；布吕内蒂埃（第422页）；纽曼（布鲁斯特，第9—12页）。R. L. 史蒂文森使用了“肌质”（第268页）一词，但是他所说的“肌质”和“风格”似乎是指语篇的声音。在坚持其“直觉等于表现”这一总公式时，贝内代托·克罗齐对所有修辞范畴的“哲学无效性”发起了总攻，见其《美学》（*Aesthetic*, trans. by Douglas Ainslie, 2d ed., NewYork: Macmillan, 1922），第一部分，第9章；他对风格的一些分析入木三分，但是他否定一切区分，却是缺乏事实依据的，因而是自身理论中一个不合逻辑的推论。

语义学定义也许可以通过各种例子来检验。试考察主动语态与被动语态（“约翰吻了简”和“简被约翰吻了”）、书面表达与口语表达（“永无人知”和“你永远都不会知道”）、逗号与句号（“他来了，我走了”和“他来了。我走了”）之间的对比。风格中所有诸如此类的差异能否分析为意义的差异？

（二）最近几年关于风格的大多数初步讨论，以及一些经典的讨论，都或多或少清楚地揭示了一种“装饰性的”或“可分离的”风格观。参见蒲柏《论批评》：“是常常想到，却从未表达得那么适合”（第二部分，第 298 行），以及“表达就是思想的衣裳”（第二部分，第 318 行）。亚里士多德的表述（《修辞学》第三卷，第 1 章；库珀前引书，第 53 页），即“知欲何言未足矣，尚须知，如何言之”，似乎是将风格和意义割裂开来；另参见伏尔泰（库珀前引书，第 184 页）和德昆西（第 222 页；布鲁斯特前引书，第 143 页）对“内容”和“方式”的区分；在斯宾塞关于好风格的“经济性”的分析中，也存在这一方向的倾向
255 性（其《风格的哲学》被收入库珀和布鲁斯特的两本书之中）。在《新批评》（[*The New Criticism*, Norfolk, Conn.: New Directions, 1941]，第 260—281 页）中，约翰·克罗·兰色姆区分了一首诗的“逻辑论证”和“意义肌质”或风格（比较《世界的躯体》[*The World's Body*, New York: Scribner's, 1938]，第 348 页）；他还使用了“声音肌质”这个术语。其时，兰色姆倾向于认为，就某方面而言，意义的这两个方面在诗歌中必然是互不相干的。这一观点后来稍微温和了一些；参见《人造缪斯》（“Inorganic Muses,” *Kenyon Review*, V [1943]）一文：第 228—254 页，第 446—447 页，特别参见第 285 页及之后。关于遣词的更多讨论，详见路易斯·麦克尼斯《现代诗歌》（*Modern Poetry*, New York: Oxford U., 1938），第 8 章。

14-B. 好风格和坏风格。一个明晰而有适用性的风格概念，其真正检验标准在于你讨论坏风格的方式；因为此处的诱惑是要将风格视为某种凌驾于意义和一般含义之上的东西。温姆萨特的观点（《塞缪尔·约翰逊的散文风格》[*Prose Style of Samuel Johnson*]，第 10 页），

即“坏风格不是语词对意义的偏离，而是意义对意义的偏离”，展示了正确的讨论方式，而他几乎是唯一一个始终避免产生误导的作者。他在这部早期著作中对“意图”的偶尔谈论，可以很容易转述为客观主义的术语。温姆萨特的另外两篇重要论文所关心的，主要是好风格和坏风格的判断；在《语言风格》中，他表明了三段论中的求雅替换词是如何造成意义细节和总体结构之间的紧张，或者不连贯；（部分基于 H. W. 福勒《牛津现代英语用法词典》[*A Dictionary of Modern English Usage*, Oxford: Clarendon, 1937]）他还率先系统地解释了风格中几个经常被谴责为先天不好的瑕疵——诸如“他实际上真的被杀了”这样的打油诗，而不是“结束了，迅速而利索”。在后者中，平行的结尾加强了意义的平行性。另一篇论文《替换词何时是“高雅的”？》（“When Is Variation ‘Elegant’?” *College English*, III [1942]: 368–383）（《语象》，第 187—199 页），则以令人服膺的细节探讨了其中一种瑕疵（另参见前文附注 14-A 中所提到的克罗齐的观点）。

14-C. 反讽。风格有一个很难充分界定的重要性质，那就是反讽。这个术语显然有两种主要用法，即结构用法与肌质用法，但是很难确切地指出它们有什么共性。我们把这个术语应用于事件，或者一连串事件：禁酒协会竟然靠酿酒厂资助，这是反讽；一个剧中人物为了实现某个目标，却偏偏做了观众知道会破坏他实现该目标的所有机会的事情，这也是反讽。此乃“戏剧反讽”。反讽性的事实是一个这样的事实，它一旦被充分揭露，则将以某种方式反转或重构整个场域。我们也把这个术语用于语篇。一个反讽性的陈述是一个这样的陈述，它所暗含的与它所陈述的并不相容，或者截然相反；但也许，这需要进一步引申。蒲柏的“当丈夫，或当巴儿狗，吐出最后一口气”是反讽，因为平行结构暗含价值平等，这种价值平等与这些语词的规范性用法 256

中隐而不显的相对评价是背道而驰的。因此，反讽不是与意义截然不同的东西，它就是一种意义：以反讽的方式说“我会永远爱你”，就是在暗示：我知道我在心神激荡的状态下可能夸大其词，而且，诚如大多数人间事，即便这种汹涌澎湃的爱意可能不会长久，但我现在就是一个感觉它会地老天荒的凡夫俗子——或者多少是这样子。

这些注释也许指出了某些更全面、更系统的研究思路。

14-D. 混合隐喻。风格的一些特殊问题是由所谓的“混合隐喻”引起的。第一个问题关乎混合隐喻和非混合隐喻之间的区别。通常，“混合”是从规范性的角度进行界定的，这使得混合隐喻按照定义来说是不好的；但是，“混合”的定义有时是中立的，这样就可以提出第二个问题：混合隐喻是否必然是坏风格？如果是，为何？例如，丹尼尔·韦伯斯特对汉密尔顿的评论（1831 年 3 月 10 日；《作品》[*Works*, Boston: Little, Brown, 1857] 第一卷，第 200 页），即“他砸烂了国家资源的磐石，财源滚滚而来。他摸了摸公共信用的死尸，它一跃而起”，也许不应称为混合隐喻，因其只是从一个隐喻迅速转向另一个隐喻。同样，弥尔顿《利西达斯》中的“向这里抛洒你所有奇趣的珐琅之眼”这一诗句——正如《哈姆雷特》和《麦克白》中脍炙人口的例子——会仅仅由于它在字面意义上描述了一种物理上不可能的动作而被一些人称为混合隐喻，但这样的话——就像在“把你的眼神投向这里”中的那样——所有隐喻都是混合的，因为它们都牵涉某个层面上的不可能性。从一种对象或事物范畴向另一种对象或事物范畴的转移，其疾徐快慢当然有程度之分；因此，异质性和突兀性，以及意义的含混性和浓缩性，也有程度之分。但是，在混合隐喻和非混合隐喻之间划出一条令人满意的界线，似乎是不可能的；问题实际上是：它们表达了什么意义，如果有的话？还有，它们为自己作为其中一部分的诗歌贡献了多少意义，以及多少相关的意义？

关于混合隐喻的讨论，参见瑞恰慈《实用批评》（*Practical Criticism*, London: Routledge and Kegan Paul, 1929），第三部分，第 2 章。但是他用以区分好隐喻和坏隐喻的初步标准（第 196 页），不过是一个重言式。斯蒂芬·J. 布朗提供了很多范例，它们的分析令人茅塞顿开，见其《意象的世界》（*The World of Imagery*, London: Routledge and Kegan Paul, 1927），第 198—202 页。在约翰·普雷斯《火与泉》（*The Fire and the Fountain*, New York: Oxford U., 1955）第 5 章，除了试图通过对物体或事件进行视觉化的不可能性——当然是一个不可行的标准——而对混合隐喻下定义的努力，还有着一些更加稀奇古怪的范例。257

14-E. 诗律学。卡尔·夏皮罗评注的《现代诗律学文献》（*Bibliography of Modern Prosody*, Baltimore: Johns Hopkins U., 1948），令人受益良多。另参见：拉塞尔斯·阿伯克龙比《英语诗律学原理》（*Principles of English Prosody*, London: Secker, 1923）；勒内·韦勒克和奥斯汀·沃伦《文学理论》（*Theory of Literature*, New York: Harcourt, Brace, 1949），第 13 章。阿尔伯特·钱德勒（《美与人性》[*Beauty and Human Nature*, New York: Appleton-Century, 1934]，第 13 章）考察了许多心理学研究，并对它们进行了审慎的讨论，除了一点：音乐记谱的分析（第 266—271 页）不应称为“韵律分析”。比较罗伯特·奥格登《艺术心理学》（*The Psychology of Art*, New York: Scribner’s, 1938），第 6 章；瑞恰慈《实用批评》（*Practical Criticism*, London: Routledge and Kegan Paul, 1929），第三部分，第 4 章。在《论诗歌的音乐》（“The Music of Poetry,” *JAAC*, XV [December 1956]: 232–244）一文中，约翰·霍兰德强调了保持诗律分析的“描述性”系

统与规定性或"述行性"系统之间迥异性的重要性，并厘清了音乐与诗歌之间的一些异同。

关于韵律的分析：西德尼·拉尼尔在《英语诗歌的科学》(*The Science of English Verse*, New York: Scribner's, 1880)中把音乐记谱法引入诗歌节拍的分析，是基于一个这样的想法，即诗歌韵律(他称之为"节奏")与音乐节拍毫无二致："时间是节奏的实质基础"(第65页)，而"只有在节奏确定之后"(第103页)，重音或重读才会具备一种节奏功能；参见第2章和第3章(尤其是第65页注释中的论点)。在《英语诗歌》(*English Verse*, New York: Holt, 1903)中，雷蒙德·M. 奥尔登抛弃了拉尼尔的极端观点(第391—409页)，但是他仍然坚持诗歌韵律的节拍概念，"重音在有规律的时间间隔出现"，虽然诗人享有"偏离这种规律的极大自由"(第11页)。在《英语诗律学原理》(*The Principles of English Versification*, Cambridge, Mass.: Harvard U., 1922)中，保罗·F. 鲍姆将时间和重读视为韵律的协同要素(第3章)，但是，他并未澄清自己对于这两者之间关系的看法。卡里·F. 雅各布对拉尼尔体系予以了批驳，见其《诗体的基础与本性》(*The Foundations and Nature of Verse*, New York: Columbia U., 1918)。另参见戴维·W. 普劳尔的《审美分析》(*Aesthetic Analysis*, New York: Crowell, 1936)，第4章。在一部关于"英语诗歌及其声音"的专题论文集(*Kenyon Review*, XVIII [1956]: 411–477)中，语言学对于韵律分析的贡献，被予以了有趣的讨论，论文作者包括哈罗德·怀特霍尔、西摩·查特曼、阿诺德·斯坦和约翰·克罗·兰色姆。

关于"诗体"的定义：保罗·F. 鲍姆通过韵律给诗体下了定义；自由诗"充其量是一种讲究节奏的、以某种新形态落在纸面上的散文"(前引书，第42页；另见第150—158页)。伊沃·温特斯对自由诗的分析和辩解是有趣的，也是有争议的，见其《原始与颓废》（*Primitivism and Decadence*）中《韵律对诗歌传统的影响》（"The Influence of Meter on Poetic Convention"）一文，收入《为理性辩护》（*In Defense of Reason*, New York: Swallow, 1947），第 103—150 页。比较罗伯特·布里奇斯关于重读诗行的规则的讨论：《弥尔顿的诗律学》（*Milton's Prosody*, rev. ed., Oxford: Oxford U., 1921），第四部分。 258

14-F. 诗歌中的音义关系。克林思·布鲁克斯和罗伯特·佩恩·沃伦在《理解诗歌》（[*Understanding Poetry* rev. ed., New York: Holt, 1950]，第 3 章）中的讨论，值得一读。约翰·普雷斯前引书第 4 章，以及保罗·F. 鲍姆前引书第 5 章中都有一些很好的范例。伊丽莎白·德鲁（《发现诗歌》[*Discovering Poetry*, New York: Norton, 1933]，第 93—144 页）援引了考珀的《料应为亚历山大·塞尔科克所作的诗行》，视其为不合韵律的例证（第 121—122 页）。在《押韵与理性的一种关系》（"One Relation of Rhyme to Reason," *Modern Language Quarterly*, V [1944]: 323–338；收入《语象》第 153—166 页）一文中，温姆萨特探讨了押韵对于诗歌的暗含意义的贡献。另参见：W. S. 约翰逊《诗歌形式的一些功能》（"Some Functions of Poetic Form," *JAAC*, XIII [June 1955]: 496–506）一文；保罗·古德曼《文学的结构》（*The Structure of Literature*, Chicago: U. of Chicago, 1954），第 192—224 页，但他的韵律分析并不都是可靠的；劳拉·赖丁和罗伯特·格雷夫斯《现代主义诗歌鸟瞰》（*A Survey of Modernist Poetry*, London: Heinemann, 1928），第 1 章和第 2 章；诺思罗普·弗莱《批评的剖析》（*Anatomy of Criticism*, Princeton, N.J.: Princeton U., 1957），第 251—281 页；拉塞尔斯·阿伯克龙比的《诗论》（*The Theory of Poetry*, London: Secker, 1924），第 5 章；路易斯·麦克尼斯的前引书，

第 7 章；吉尔伯特 · 莫瑞《诗歌中的古典传统》(*The Classical Tradition in Poetry*, Cambridge: Harvard U., 1927)，第 4 章；肯尼斯 · 伯克《论诗的音乐性》("On Musicality in Verse")一文，见《文学形式的哲学》(*The Philosophy of Literary Form*, Baton Rouge, La.: Louisiana State U., 1941)，第 369—378 页；T. S. 艾略特《论诗歌的音乐》("The Music of Poetry")一文，见《论诗歌与诗人》(*On Poetry and Poets*, New York: Farrar, Straus and Cudahy, 1957)，第 17—33 页；阿尔伯特 · 钱德勒前引书，第 14 章；罗伯特 · 奥格登前引书，第 5 章。埃德蒙 · 盖尼对诗歌的声音进行了很好的讨论，见其《声音的力量》(*The Power of Sound*, London: Smith, Elder, 1880)，第 19 章；特别参见他对于语音的纯粹"旋律"的怀疑，第 440—441 页。参见蒲柏众所周知的简单呈现性对等物的例子：《论批评》(*An Essay on Criticism*)，第二部分，第 337—357 行。

14-G. 版式与诗歌。音与义的关系，可以与诗歌的视觉表象和意义之间的关系相比，后者提出了类似的问题。例如，参见：乔治 · 赫伯特《祭坛》《复活之翼》等；迪伦 · 托马斯在《异象与祷告》中的形体诗；E. E. 卡明斯的排版实验；弗朗西斯 · 夸尔斯《哀今世之殇》；或者，举个小例子，刘易斯 · 卡罗尔《爱丽丝梦游仙境》中的"一只老鼠的故事"。这些字体的排列能否被视为意义的呈现性对等物，并与意义相吻合，或者这种关系纯属巧合，仅仅是稀奇古怪的？当一首诗是用大字号的斜体字母或小型大写字母，或者是用一种特殊字体（如哥特体、卡斯隆旧体或加拉蒙体）印刷的，它会发生什么情况？

诗歌的视觉层与语义层之间交互关系的一个特征，是依赖于被书写的相关语：如莎士比亚十四行诗第 135 首和第 136 首中小写的

"will" 和大写的 "Will"[1]。这些取决于诗歌作为书写文字,而不是口头文字的存在。 259

14-H. 文学中的视觉辅助。当一部文学作品配有图画,作品和图画之间有着什么样的可能关系?它们能融合为一个整体经验吗?它们的目的是否会背道而驰?例如,试考察 19 世纪小说和儿童读物中的插图,《凯尔经》[2] 中的装饰画,整合文字和图画的实验,阿奇博尔德·麦克利什《自由之地》,威廉·布莱克《天真之歌》和《经验之歌》,赖特·莫里斯《故乡》,詹姆斯·艾吉和沃克·埃文斯《现在让我们赞美名人》。

§ 15

15-A. 说话人与情境。(一)戏剧说话人的概念——"人格面具""人物面具"——在批评中被广泛使用,但很少被分析。关于这个概念的简短讨论,参见 R. P. 帕金《亚历山大·蒲柏对隐含戏剧说话人的使用》("Alexander Pope's Use of the Implied Dramatic Speaker," *College English*, XI [December 1949]: 137–141)一文。在《作者、说话人、读者、冒牌读者》("Authors, Speakers, Readers, Mock Readers," *ibid.*, XI [February 1950]: 265–269)一文中,沃克·吉布森建

1 据统计,小写的 "will" 一词在莎士比亚第 135 首十四行诗中出现了 13 次,在第 136 首中出现了 6 次,因此有学者认为,这个词在莎士比亚十四行诗中是一个举足轻重的双关语。比方说,作为名词,小写的 "will" 可以作 "意愿" "心愿" 讲,而大写的 "Will",也许代表诗人的名字 William,表明自己追求爱情的痛苦和无畏。实际上,"Will" 中还包含另一个单词 "ill"(生病了),这可以说是诗人的自我诊断。——译注

2 《凯尔经》(*Book of Kells*)是一部由苏格兰西部爱奥那岛上的僧侣凯尔特修士绘制的手抄本。约在公元 800 年完成,由《圣经·新约》的四福音书组成。此书以其华丽的装饰文字和精美的插图著称。——译注

议区分读者和隐含读者或假设读者，他将后者称为“冒牌读者”。另参见：阿尔伯特·霍夫施塔特《语言的科学用法和文学用法》（“The Scientific and Literary Uses of Language,” *Symbols and Society*, 14th Symposium of the Conference on Science, Philosophy, and Religion, New York: Harper, 1955）一文，第327—333页；苏珊·朗格《感受与形式》（*Feeling and Form*, New York: Scribner, 1953），第254页和第292—301页；E. M. 福斯特《匿名性的考察》（“Anonymity: An Enquiry,” *Two Cheers for Democracy*, London: Arnold, 1951）一文，第77—88页。

决定说话人在什么情况下可以或者不可以等同于作者的问题（另见第一章附注1-G），由于临界案例，也就是半自传性质的作品，而变得更加突出。例如，在克里斯托弗·伊舍伍德的《狮子与影子》（[*Lions and Shadows*, New York：New Directions, 1947]，第45页和第60页）中，虽然他在“致读者”中说道：“这不是日常新闻意义上的自传”，但是他给叙述者起了自己的名字，给其他人物起了虚构的名字，并建议读者“把它当作小说来读”。

有两个或两个以上说话人的文学作品，诸如《兰德尔王》、豪斯曼《我的马儿在耕田吗？》、奥登《歌谣》（《那如此刺耳的是什么声音》）等对话体诗歌，以及不只有一个讲述者的叙事（勃朗宁《指环与书》，福克纳《我弥留之际》），则引起了另一个问题：我们能否认为，另一个说话人正站在这些声音的背后，并在引述它们？

（二）苏珊·朗格（前引书第13章和第14章）对文学作品所投射的世界进行了很好的描述，虽然我认为她的描述有着部分的误导性。她声称，诗人创造了一个“幻象，也就是一个纯粹的表象”（第221页），“一段虚拟的生活”（第212页），或者一个“虚拟的经验”（第

215 页）。注意她归属于“语篇”这一术语的限定性意义，根据这种意义，一首诗并不是一个语篇（第 252 页）；它是指“关于现实性的陈述”（第 253 页）。 260

查尔斯・毛隆将文学作品的世界描述为“心理容量”或者“心理现实”的总和，见其《文艺之美的本质》（*The Nature of Beauty in Art and Literature*, London: L. and Virginia Woolf, 1927），第 61—88 页。参见：埃里西奥・维瓦斯《诗之对象》（“The Object of the Poem,” *Creation and Discovery*, New York: Noonday, 1955）一文，第 129—143 页；《何为诗歌？》（“What Is a Poem?” *ibid.*, 73–92）一文；埃尔德・奥尔森《诗论概要》（“An Outline of Poetic Theory”）一文，收入罗伯特・W. 斯托尔曼所编《批判与批评论文集》（*Critiques and Essays in Criticism*, New York: Ronald, 1949），特别参见第 277—278 页。关于关注和描述“书本身”的困难，参见波西・卢伯克《小说的技巧》（*The Craft of Fiction*, New York: Scribner, 1955），第 1 章；他所说的“书本身”是什么意思？另见第一章附注 3-C。

15-B. 作品中的情感与作品的情感。考察第二章（§8）所谈到的霍普金斯《春天与秋天》的各种感伤之情。当我们提及一首感伤的诗或者一个感伤的故事，我们是指其中哪一种感伤，这是一个问题。T. S. 艾略特脍炙人口而晦涩难懂的“客观对应物”之说，便触及这一问题；参见《哈姆雷特及其问题》（“Hamlet and His Problems”）一文，收入《艾略特文选》（*Selected Essays*, new ed., New York: Harcourt, Brace, 1950），第 121—126 页，此文收入罗伯特・W. 斯托尔曼前引书，第 384—388 页、韦斯特《现代文学批评论文集》（*Essays in Modern Literary Criticism*, New York: Rinehart, 1952），第 527—531 页，以及马克・舍勒、约瑟芬・迈尔斯和戈登・麦肯齐合编《论批评》（*Criticism*,

New York: Harcourt, Brace, 1948)，第 266—268 页。更重要的是，参见埃里西奥·维瓦斯在《艾略特的客观对应物》(“The Objective Correlative of T. S. Eliot,” *American Bookman*, I [Winter 1944]: 7–18)一文中的精辟批评；收入于斯托尔曼前引书，第 389—400 页，以及维瓦斯《创造与发现》(*Creation and Discovery*)，第 175—189 页。比较伊沃·温特斯《为理性辩护》(*In Defense of Reason*, New York: Swallow, 1947)，第 469—474 页，第 523—527 页；保罗·古德曼《文学的结构》(*The Structure of Literature*, New York: Noonday, 1954)，第 3—6 页。另见第一章附注 3-B。

15-C. 阐析。埃尔默·E. 斯托尔那篇探讨夏洛克的性格的著名论文(《莎士比亚研究》[*Shakespeare Studies*, New York: Macmillan, 1927]，第 6 章)，揭示了阐析的方法论中所存在的一些问题。斯托尔的方法明显是意图主义的(第 257 页，第 332 页)：“除了莎士比亚的观点，哪有什么夏洛克?”(第 332 页)事实上，他似乎认为，意图主义以外的唯一选择是完全意义上的印象主义(第 259 页)。他的论证将内部证据，即戏剧本身中的资料，与伊丽莎白时代的戏剧习俗和文学史中的外部证据掺杂在一起；但是这些并不是同一个事物的两种证据，因为实际上存在两个迥异的问题：(1)夏洛克有什么样的性格？(2)伊丽莎白时代的观众可能对夏洛克产生什么样的情感？斯托尔的原则，即性格阐析是一个“侧重点”的问题(第 303 页)，是极为重要的；当斯托尔去解读夏洛克那段关键的和甚是耐人寻味的以“难道犹太人没有眼睛吗?”开头的台词(第 324—329 页)，他是否继续坚持这
261 一原则，是要打一个问号的。

A.C. 布拉德利《莎士比亚悲剧》(*Shakespearean Tragedy*, 2d ed., New York: Macmillan, 1905)所加的那些为人所熟知的注释，提供了

另外一些关于阐析问题的范例。例如，参见第 486—492 页关于《麦克白》中麦克白的子女问题的注释 EE。注意，麦克达夫所说的“他没有孩子”中的“他”是指麦克白还是马尔科姆，这个问题需要的，是阐析，而不是阐述，因为这个问题是麦克达夫心中的所思所想。同样，理解卡夫卡《审判》中神父的法律寓言，也是一个阐析问题，虽然它是荒诞不经的。

针对欧内斯特·琼斯对于哈姆雷特的解读，有着一些有趣的评论，参见莱昂内尔·特里林《弗洛伊德与文学》(“Freud and Literature,” *Kenyon Review*, II [1940]: 152–173) 一文和《自由的想象》(*The Liberal Imagination*, New York: Viking, 1950)，第 34—57 页，以及舍勒、迈尔斯和麦肯齐前引书(第 172—182 页)。

民谣《三只乌鸦》提出了一个颇有启发性的关于阐析的问题；参见：克林思·布鲁克斯和罗伯特·佩恩·沃伦《理解诗歌》(*Understanding Poetry*, rev. ed., New York: Holt, 1950)，第 44—47 页；厄尔·丹尼尔斯《读诗的艺术》(*The Art of Reading Poetry*, New York: Farrar and Rinehart, 1941)，第 133—137 页；《阐述者》(*The Explicator*)，第四辑(1946 年 6 月)，第 54 页；第五辑(1947 年 3 月)，第 36 页。

问题是：埋葬骑士的“母鹿”，是真的母鹿还是女人？这个问题能否诉诸经验概括加上一种内在一致的原则来解决，或者我们必须诉诸民谣的传统，或必须仅仅选择我们所偏爱的解读？

更多的例子，参见乔治·阿姆斯和约瑟夫·孔茨《诗歌阐述》(*Poetry Explication*, New York: Swallow, 1950)。

15-D. 视点。叙述者的视点之重要性，在卢伯克前引书中得到了重视，这部书的一些重要章节收录于 J. W. 奥尔德里奇主编《现代小说批判和论文集》(*Critiques and Essays on Modern Fiction*, New

York: Ronald, 1952），第9—30页。另参见：E. M. 福斯特《小说面面观》（*Aspects of the Novel*, New York: Harcourt, Brace, 1927），第4章，第118—125页；苏珊·朗格前引书，第292—301页。重新检查对于可能的小说视点的传统分类法所基于的诸原则，并且重新考察一篇小故事或者一部长篇小说的视点转换在多大程度上，以及在哪个方面倾向于削弱它的统一性这个问题，这是值得一试的。

15-E. 时态。一些作者在自己的著述中对时态在文学中的作用予以了评述：约翰·克罗·兰色姆《诗的时态》（"The Tense of Poetry," *The World's Body*, New York: Scribner, 1938）；桑顿·怀尔德《关于戏剧创作的一些思考》（"Some Thoughts on Play-wrighting," *The Intent of the Artist*, ed. by Augusto Centeno, Princeton: Princeton U., 1941）一文，第96页及以后；T. M. 格林《艺术与批评艺术》（*The Arts and the Art of Criticism*, Princeton: Princeton U., 1940），第9章，第6节。苏珊·朗格（前引书，第15至17章）在区分基本文类时充分利用了时态的概念。一般意义上的"诗歌"，其"主要幻象"被认为是创造出来的"虚拟历史"；"严格意义上的文学"以"记忆模式"呈现了这一
262 历史（第264页，第266页）；戏剧则以命运模式呈现了一种虚拟未来（第307页）。这些区分值得详细考察。汉斯·赖欣巴哈对动词的时态进行了一种逻辑分析，见其《符号逻辑的元素》（*Elements of Symbolic Logic*, New York: Macmillan, 1947），第51节。

如下例子可以表明时态在文学中的重要性：（1）当阿瑟·米勒出版（但不是再版）他的戏剧《萨勒姆的女巫》（1953）时，他补充了一段过去时态的散文体文字，由此提供了更多关于人物的历史原型的信息；这似乎与戏剧本身毫不相干；（2）诚如苏珊·朗格（前引书第269—273页）所言，许多民谣，诸如《帕特里克·斯彭斯爵士》和《夏

洛特女郎》，都存在着时态的混用；一个问题是：时态中的这些切换与诗歌的其余部分是存在着一种有机的联系，还是仅仅造成了时间感的总体弱化？

15-F. 发展结构。勒内·韦勒克和奥斯汀·沃伦对关于一般结构的大多数问题予以了简单扼要的检查，见《文学理论》（*Theory of Literature*, New York: Harcourt, Brace, 1949），第16章。关于故事和情节的讨论，参见E. M. 福斯特前引书，第2章，第5章；关于叙事结构的讨论，参见第8章；另参见埃德温·缪尔《小说结构》（*The Structure of the Novel*, New York: Harcourt, Brace, 1928），第1章和第2章；关于叙事节奏的讨论，参见第3章和第4章。亚里士多德的《诗学》，尤其是第7至12章，仍然是人们思考结构的一个很好的起点；他的一些主要术语，如"突转""复杂""解开"和"转折点"，都是指谓根本性的和较一般性的叙事特征，如果不是绝对普遍性的特征。保罗·古德曼在《文学的结构》（*The Structure of Literature*, Chicago: Chicago U., 1954）中提出了一组分析范畴，它们较难把握，但至少在他的手里结出了累累硕果：例如，参见他对诗歌中的发展结构的精彩说明（第199—206页）。

关于悬念的本质：在他极其有趣的《论故事》（"On Stories," in *Essays Presented to Charles Williams*, London: Oxford U., 1947）一文中，C.S. 刘易斯写道："从唯一重要的意义上讲，惊奇在第二十次出现，与它第一次出现时的效果是同样出色的。让我们感到愉悦的，是意外性这一特质，而不是事实。"（第103页）

坎尼斯·伯克根据他所谓的"观众心理学"给出了"文学形式"的一个定义；参见：《对抗性陈述》（*Counter-Statement*, New York: Harcourt, Brace, 1931），第38—56页，第157—189页，收录于罗伯特·斯托尔曼前引书，第224—249页；《文学形式的哲学》(*The Philosophy of Literary Form*, Baton Rouge, La.: Louisiana State U., 1941)，尤其是第73—90页。伯克的分析与他的“符号行为”概念密切相关(见第九章附注22-A)。但注意：他在第一篇论文《心理学与形式》(“Psychology and Form”)中对“形式心理学”和“信息心理学”所做的对比，以及他对文学形式和“细致入微地表现欲望的受挫和实现”的音乐所做的妥切比较，表明他是在讨论作品本身的现象中
263 客观的趋势和张力，以及作品本身的行动，或换言之，作品本身的戏剧结构。伯克在第二篇论文《论修辞语》(“Lexicon Rhetoricae”)中对于“性质进程”的说明，接近于戏剧结构的定义。伊沃·温特斯沿用了这个术语(见《美国诗歌中的实验派》[“The Experimental School in American Poetry,” in *Defense of Reason*, New York: Swallow, 1947]一文，第30—74页，收录于舍勒、迈尔斯和麦肯齐前引书，第288—309页)，并将它重新定义为一种自由联想，虽然这可能也是伯克的意思。无论如何，这不失为诗歌中的一种进程的好名字，在这种进程中，*A*与*B*有联系，*B*与*C*有另一种联系，而*A*与*C*则没有结构性联系——爱丽丝掉进洞时的所思所想，或者尼克比夫人的谈话，皆是例证。温特斯这篇有重要价值的论文，是在伯克对文学结构的分类的基础之上进一步发展和扩展的。

戏剧结构的概念，可以通过对林肯《葛底斯堡演说》的推移过程的部分分析而予以说明。其中有从遥远的过去(87年前)向近期(南北战争)的推移，有从近期向今朝的推移，有从今朝向未来的推移；在空间上，则有从大陆到国家，从国家到我们所站立的战场，再从战场到国家、到全世界的推移；此时和此地在中间部分结合在一起，成为一个焦点，而之后的过渡，也是一个从外在表象到内心决断的心理推

移过程，一个从圣化到被圣化（“这是对我们这些活着之人的要求”）的转折。这是整篇演说的最高情感点，或曰高潮。

结构分析的其他某些问题是我们在正文中没有讨论过的，在此无妨提一下：（1）我们如何知道小说的主要人物是哪些？主人公的隐含标准是什么？我们能否说，一些小说并没有主人公？（2）语篇的哪些特征是叙事进程的动力学性质之知觉条件？例如，假设我们从一篇故事的开头挑选出一小段 *A*，再从后文挑选出另一小段 *B*；即使没有上下文语境，*A* 读起来也可能像是引言，因为它对各个人物做了更多解释，而不是假设你已经知道他们是谁，或者它涉及的事件通常是开启而不是终结一连串行动（离家而不是回家，进入房间而不是离开房间，收到一封书信或者接到一个电话，等等）。“很久以前……”是故事的开篇；“……从此他们过上了幸福的生活”，则是叙述的结束。（3）叙事进程的诸性质在多大程度上依赖于对可能发生什么事情（不是在生活中，而是在小说或戏剧中）的既定期待？这与音乐期待的问题（见第四章附注 13-B）是相类似的；如果一部戏剧是在多年后生产的，其时有影响力的是不同的戏剧惯例，而观众心目所想的是不同的戏剧行动规范，那么，这部戏剧的结构是否会因之而改变？

15-G. 文类或文学体裁。勒内·韦勒克和奥斯汀·沃伦（前引书，第 17 章）检查了主要的问题。另参见苏珊·朗格前引书，第 16 章。贝内德托·克罗齐抨击了文类的整个概念，甚至抨击了一种艺术和另 264
一种艺术之间的种种区分，见其《美学》（*Aesthetic*, trans. by Douglas Ainslie, 2d ed., New York: Macmillan, 1922）一书，第 12 章与第 15 章；尽管克罗齐的依据似乎并不充分，但是他的批评却指出了这些区分所面临的困难，以及一些误用范畴的倾向。毋庸置疑，一些批评理论家严重混淆了描述性的分类和规范性的规定，而一些分类性的概念，往往要么陷入毫无用处的精致性，要么陷入含糊其词的笼统性。不过，威廉·燕卜荪对牧歌概念的阐发，却是文类分析收获极丰的一个例子，见《牧歌的几种变体》(*Some Versions of Pastoral*, London: Chatto and Windus, 1930)。

关于诸文类概念的本质，以及它们的形成方法，存在着诸多问题。例如，“讽刺作品”能否予以非意图主义的界定，或者，在没有它所指向的某个人或某种情境的外部证据的情况下，它能否被识别为讽刺作品？

关于文学和其他艺术门类之间的类比（形式的和性质的）的参考文献，参见第四章附注 13-E 和附注 13-F。

第四章附注 22-I 和附注 22-J 提供了关于悲剧和戏剧的参考文献，因为这些概念不只是结构性的，而且是主题性的。

克里斯托弗·考德威尔针对诗歌与小说之间的差异给出了一些有趣的看法，见其《幻象与现实》(*Illusion and Reality*, New York: Macmillan, 1937)，第 10 章，第 11 章。参见诺思罗普·弗莱《批评的解剖》(*Anatomy of Criticism*, Princeton, N.J.: Princeton U., 1957)，第 203—214 页。

15-H. 文学中的统一性和复杂性。要检验这些术语在文学作品中的适用性，一个很好的方法是弄清楚这点：一旦一首诗或者一篇故事删减某个部分或增加其他内容，其总体特征会发生什么改变？至少在很多作品之中，连贯性和完整性可能存在一种密切的交互关系：在一首诗中，如果某一诗行的缺失不会削弱这首诗的完整性，那么这一诗行的在场，是否一定会降低这首诗的连贯性？对于小说中的人物和故事片段，也可以提出这同一个问题。

保罗·古德曼对统一性的处理（前引书，第 12—18 页，第 2 章，

第 4 章，第 6 章），值得参详；注意，他通过比较波德莱尔的《恶之花》与乔治·狄龙的英译本而促进了人们对抒情诗中统一性的条件的理解。另参见 W. K. 温姆萨特《文学中“具体共相”的结构》（“The Structure of the ‘Concrete Universal’ in Literature,” *PMLA*, LXII [1947]: 262–280；《语象》第 69—83 页），以及舍勒、迈尔斯和麦肯齐前引书，第 393—403 页，特别参见第 4—5 节。

艾伦·泰特对诗歌中的统一性有一些精彩的评述，虽然他使用的术语令人困惑；参见其《诗中张力》（“Tension in Poetry,” *Kenyon Review*, V [1943]：228–254）一文；收录于斯托尔曼前引书，第 55—65 页；以及韦斯特前引书，第 267—278 页。戴·刘易斯对霍普金斯《农夫哈里》（“Harry Ploughman”）和《费利克斯·兰德尔》（“Felix Randall”）这两首诗做了富于启发性的比较，指出后者的统一性远胜于前者，见其《诗歌意象》（*The Poetic Image*, New York: Oxford U., 1947），第 5 章。另参见：拉塞尔斯·阿伯克龙比《诗论》（*The Theory* 265
of Poetry, London: Secker, 1924），第二部分，第 2 章；约翰·斯帕罗《意义与诗歌》（*Sense and Poetry*, London: Constable, 1934），第 2 章和第 3 章。

关于叙事，尤其是戏剧中的统一性，参见吉尔伯特·莫瑞《诗歌中的古典传统》（*The Classical Tradition in Poetry*, Cambridge, Mass.: Harvard U., 1927），第 6 章。关于小说中的统一性，参见：C. H. 里克沃德《小说探赜》（“A Note on Fiction,” in W. V. O'Connor, ed., *Forms of Modern Fiction*, Minneapolis, Minn.: U. of Minnesota, 1948）一文，第 294—305 页；埃德温·缪尔前引书，第 5 章；卢伯克前引书，第 2 至 4 章；E. K. 布朗《小说的节律》（*Rhythm in the Novel*, Toronto: U. of Toronto, 1950）。

统一性和复杂性的概念，也用于小说人物的分析。(1)批评家区分了“前后一致的”和“前后矛盾的”人物；或许，前后一致的人物更为统一，并且促进了作品总体上的统一性。一致性应如何分析呢？根据已知的心理学规律，它也许部分符合行为的或然性，如果给定某些先前行为的话，但是这种分析过于简单化。一些完全一致的小说人物，如卡拉马佐夫兄弟，却行为各异；既然我们从一个人物的行为中形成了我们对于他的看法，也许我们总能形成某种看法，无论多么复杂，由此解释和说明任何行为，无论多么反复无常。另一方面，如果冉阿让突然对孩子们变得残酷无情，我们可以说，这种行为偏离了他的性格，并且将会模糊或干扰我们对他的印象。这个问题需要探讨。(2)批评家区分了“扁平的”和“圆形的”人物(见福斯特前引书，第103—118页，以及温姆萨特《具体共相》一文)；或许，圆形人物比扁平人物更为复杂，但是，应如何分析这一点呢？人物的复杂性，也许部分是指拥有更多的特征，从这些特征之中，可以推导出或然性的行动——不仅仅是无关痛痒的癖好和与众不同的外表——但是，你能否计算人们的特征，这却是一个棘手的问题，而无论如何，这都是过于简单的。也许，除了复杂性，真正的“圆形性”包含了统一性，或某种
266 程度上的整合性。

美 学

批评哲学中的问题

下 卷

〔美〕门罗 · C. 比厄斯利 著
邓文华 译

商务印书馆
创于1897 The Commercial Press

下　　卷

第六章　视觉艺术中的再现

对于我们大多数人而言，一幅画就是一个"图像"。视觉设计首先让我们注意到的，可能是它展示了一辆最新款的雪佛兰、一件格子衬衫、一瓶威士忌，或者一个青春靓丽的女孩。事实上，要把一个设计作为一个设计——作为线条、形状和色彩的有界集合——来看待，是要费点周折的，即使构成图像的就是线条、形状和色彩。可以说，它们在我们的眼里是透明的。但是，一幅图像同时是两种东西：它既是一个设计，也是一幅关于某物的图像。换言之，它呈现了某种供眼睛直接察看的东西，而且，它再现了某种存在于，或者可能存在于图框之外的东西。

我们所探究的，正是设计的这第二个方面。对此，我们提出如下问题：它描绘了什么？它关乎什么？它是什么意思？或简言之，它是什么？当然，这些问题常常不成其为问题，因为我们可以马上看出答案。但是，当我们第一次看到保罗·克利画的《走钢丝的人》（卷首插图），我们可能会迷惑不解：这张画中正发生着什么事情？我们该如何理解它？而各种截然不同的作品，也可能会产生类似的问题。凯绥·珂勒惠支《市政寄宿所》（插图3）的标题中的反讽是什么？卢奥石版画（插图5）中的那个男人正在做什么？丢勒《最后的晚餐》（插图6）中的地板上那个空空的大浅盘有什么含义？最神秘的是，戈雅的细点腐蚀铜版画（插图7）中的那个巨人是谁？或者是什么？要回答诸如此类的问题，就是要对设计进行阐释。而很大一部分阐释，就在于指出设计再现了什么，或者用我们视为同义的术语来表达，在于指出它的主题是什么。

正是视觉设计的这种双重性，让我们遭遇了下一组难题。被再现者和被呈现者有何关联？如果二选一，它们哪一个更重要？画家们在这些问题上分歧极大，批评家也大致如此。同时，想知道自己可以从视觉艺术中期待什么、寻找什么、满足于什么的普通公民，是最茫然的。这很遗憾。因为在渴求得不到的东西时，人们可能会错过真正最有价值的东西。

20 世纪对艺术产生误解的众所周知的例子之一，是公众对 1913 年纽约军械库艺术展的反应。这场展览率先将各种现代思潮带到了美国。在其中，最令人费解的图画是马塞尔·杜尚的《下楼梯的裸女》（1912 年，阿伦斯堡收藏品，现收藏于美国费城艺术博物馆），这幅画具有重叠的立体主义形式的一种下降性的移动：它被称为“瓦片厂里的飓风”“一堆鞍袋”，以及其他一些不友好的称呼。我们不应认为这幅画的恶意批评者未能领会画家意图表达的东西；他们只是看不到画家做了什么，因为他们是带着错误的假定和期待来看待这幅画的。

但是我们无须追溯那么远；每年都会带来轰动一时的新事件，导致人们对“现代”艺术产生激烈的意见分歧。“现代”一词本身在许多地方被赋予了负面的含义，以至于波士顿艺术学院在 1948 年将其校名中的“现代”改为“当代”。1955 年初，内布拉斯加州议会预算委员会爆发了抗议活动，反对肯尼斯·埃维特几个月前在林肯市州府大厦圆形大厅装置的一幅壁画。这是一个结实而简单的设计，有四个人物，分别是一个工匠，一个与大公牛在一起的牧人，一个矿工和一个建筑工人。

"那头方形的公牛让我摸不着头脑，"一位州议员说。"这些图形看起来是用丁字尺绘制的。"两年前，针对旧金山林孔邮局大堂里由安东·雷弗里吉尔所创作的壁画——退伍军人组织对其进行了攻击，华盛顿众议院也投票表决应予以拆除——人们提出的众多反对理由之一是："我们的祖先不是方脑袋"。

我们该如何判断这些理由呢？首先，它们是否与一个这样的问题相关，即一幅壁画是好艺术还是坏艺术，或者壁画的好坏优劣是否完全独立于它对牛和人的歪曲？如果它们是相关的，它们在哪个方面是相关的——换句话说，如果认为这些壁画包含对自然的一种错误再现，这是对它们的一种终结性的反对意见，还是仅仅是对它们进行判断时所应考虑的诸因素之一？当然，普通公民无须关心最后的判断是什么；但是，他们有兴趣知道：他们是应该前往参观它们，还们是应 268
该对它们敬而远之；他们是否应该去尝试理解它们，即使它们的奇形怪状令人反感；特别是，普通纳税人的钱是否应该花在它们身上。诚然，在这个地方，对美学问题予以仔细而透彻的思考，势必是有实用价值的。

§16　再现和抽象

我们的第一步，是尽可能清楚我们用"再现"一词来表达什么意思，或者，在大体相同的意义上，我们所说的"视觉设计的主题"是什么意思。再现，乃一件设计和其他事物之间的一种关系。在"*X* 再现 *Y*"这个表达式中，*X* 是视觉设计本身——绘画、蚀刻画、照片——而 *Y* 是被再现的主题。现在，我们知道 *X* 是哪一类事物——它可能是一尊雕像或者一座建筑，但在这里我们仅将注意力集中于二维设计。*Y* 是哪一类事物呢？

试看鲁本斯的《帕里斯的评判》(1635—1637 年，伦敦国家美术馆)这幅画，画中那位居中的女性画像是以鲁本斯的第二任妻子海伦·福尔曼特为原型的。对于这幅画的主题或者诸主题，我们可以提出很多观点。例如：

(1)这幅画再现了三个女人和两个男人。

(2)这幅画再现了三个希腊女神，一个希腊男神，以及一个牧人。

(3)这幅画再现了海伦·福尔曼特。

(4)这幅画再现了密涅瓦、朱诺、维纳斯、墨丘利和帕里斯。

(5)这幅画再现了一个牧人把一个苹果递给三个女神之一的故事。

(6)这幅画再现了帕里斯的评判，也就是说，帕里斯从三个女神当中选出了最美的女神。

问题是：“再现”一词在此处有多少种不同的意义？并不是说，我们应该天马行空地想象出尽可能多的意义，而是说，如果存在一些重要区分，我们不应失之交臂。

我们之所以对区分感兴趣，并不是由于区分本身的缘故，而只是由于它们与我们的主要问题相关，即弄清楚有什么好理由来接受任何关于再现的陈述。为了发现我们需要什么样的区分，我们将对我们列表里的每个陈述提出询问：我们如何知其为真？如果结果证明其中两个陈述是通过相同方式而确证的，那么我们可以将这两个陈述归于同
269 一类。

描绘和摹绘

但凡见过女人和男人，任何人都能辨认出画中某些复杂区域的形状和色彩与现实中男女的形状和色彩相似，而一旦他熟悉很多其他生物物种的样本，他就可以推导说，画中的那些图形可能更像人类，而不是像世界上的其他对象。他无须熟悉世界上任何一个特定的人，而只需要熟悉这个类的一些成员。因此，在“再现”一词的第一种用法中，被再现者总是一类物质对象（包括人类）中的某个成员——不确定和不具体的。我们会说某画作是一幅关于一匹马、一个婴儿、一个十字架、一只眼睛的图像。这无关乎画家的意图：正如窗玻璃上的霜冻或干枯扭曲的树根可以再现一个人，在完全相同的意义上，人面巨石[1]也再现了一个人。

为方便起见，让我们引入“描绘”这个术语来表示这一类再现，而为了确保其定义是清晰的和可接受的，对之予以小心谨慎的表述，是值得的：

> “设计 *X* 描绘了一个对象 *Y*”意味着“*X* 包含某个区域，这一区域与 *Y* 的视觉表象的相似性，胜过它与其他任何一类对象的相似性”。

这点如何理解？

我们必须考虑到接受这一定义所带来的一些后果，并决定我们

1　在纳撒尼尔·霍桑晚年撰写的一篇短篇小说《人面巨石》(*The Great Stone Face*)中，主人公欧内斯特从他的母亲那里听到一个传说：一个注定要成为当代最伟大人物的孩子将会降生，而那位伟大人物的长相将会跟山崖上岩石形成的“人面巨石”一模一样。因此，可以说，山崖上的人面巨石再现了一个理想的人。——译注

是否已做好准备来接受和坚持这些后果。当然，在我们力所能及的范围，我们想要表明，美术批评家在讨论再现与主题时，他们所表达的是什么意思，而我想要声明的一件事是，他们讨论的往往是描绘。但是，如果有时发现他们是在讨论其他东西，也不足为奇，这不是他们总能清晰区分的，因为，对于这两者，他们使用的是同一个术语。因此，我们必须做好准备引入一些新术语，并用法上的一些细化。对于我们而言，最重要的是确定：当我们在此处讨论这些问题，我们是什么意思？

为了辨识一个视觉设计描绘了什么，我们当然要有相关的经验。我们也许会看着一张照片说："这到底是什么东西？"答案可能是"一头角马"，或者"一只瓣蹼鹬"；重点是，如果我们能够辨识这样的生物，并将它们与设计相比较，那么我们就能看到该生物和设计有着许多共同的特征。但当然，即使我们未能认出这个设计是描绘了一头角马，我们也能看出，它描绘了一个四足动物，而不是一只鸟。再举一个例子，并从另一个方向来端详之。假设我们在一张白纸上画上一个圆圈
270 的轮廓，我们不能说它描绘了一个圆圈：它本来就是一个圆圈。那是它的形状名称。而这一形状特征是它与世界上形形色色的对象所共有的：餐盘、月亮、太阳、气泡、橙子、桃子、苹果、人造卫星，等等。但是，它不像餐盘，同样也不像月亮，因此，根据我们的定义，确实不能断言它描绘了这些东西中的任何一个。如果它是按照原型所画，而且背景发生了改变，以至于添加上色彩和茎梗的话，它便具有了三维的外观，那么，它就与苹果有足够多的共同特征，从而与桃子、李子和橙子区分开来。这样，我们会认为它描绘了一个苹果，虽然未必是鲍德温苹果或者醇露苹果。要将苹果与其他水果区分开来，这需要一些特征，但是，一个形状独特的对象，如哑铃或人的侧面，则可以通过单一

的线条再现之。

因此，“再现”的一个重要语义，似乎就是“描绘”。不过，我相信，有些美术评论家会觉得“描绘”的定义在某方面有点过于宽泛，以至无法准确地捕捉到“再现”的必要语义；他们宁可通过补充一项附加条件而加强定义。但要做到这一点，我们必须做出一个区分，这个区分极为棘手，而且可能自始至终都是不尽如人意的。

我们可以先考察我们经常使用“主题”一词的方式，由此来处理这个问题。对于一幅画，人们会自然而然地说，它的主题是花朵、云彩或者马匹；但是我们可能不会说它的主题是立方体、圆锥体或者固体状。换言之，我们可能会说一幅画再现了花朵、云彩或群马，但不会说它再现了立方体、圆锥体或者方块状。“它是一座屋子的图像”是人们习以为常的；“它是一个物质对象的图像”则是不同寻常的。看起来，我们似乎心照不宣地将某种进一步的限制，施加于可以说是被再现者的事物类别——施加于“*X* 再现 *Y*”中的 *Y*。但是，该如何明确这一限制？

假设我们按抽象性递减的次序列出若干类别的事物：圆柱体、灰色的圆柱体、灰色的细长圆柱体、灰色的空心圆柱体、灰色的金属圆柱体、钢管。我们当然可以说，一幅画再现了一根钢管，但如果我们说它再现了一个圆柱体则是不正确的。那么在这个系列中，我们可以在哪个地方划界，以及如何划界呢？有一种方法是我们可以尝试的。某些类别的事物在我们经验中的显现方式，是与实际目的和需求息息相关的，或者将会是息息相关的，如果它们可以被发明或发现的话：刀子、膝盖、房子、马匹、云彩、管道和李子。让我们将这些类别称为**实质类**。其他类别是偶发性的，或者仅仅是概念性的；它们在逻辑上是同样好的，但是它们没有相同的意义：环面、球体、红色小三角形、大而光滑的波尔卡圆点橡胶圆锥体。让我们将这些类别称为**形式类**。然后，如果我们愿意的话，我们可以修改我们对“描绘”的定义：

> “设计 *X* 描绘一个对象 *Y*”意味着“*Y* 的类是一个实质类，而 *X* 包含了某个区域，这一区域与 *Y* 的视觉表象的相似性，胜过
> 271 它与其他任何实质类的对象的相似性”。

当一些坚持我们在下一节所说的分离论的人宣称，要欣赏一幅画，我们无须回忆生活中的任何内容，并且可以忽略它所再现的对象，这时他们显然是在这种意义上使用“再现”一词。

我并不确定这一区分能否得以维系；其界限确实不甚分明。但是我将试探性地假设它的有效性，采用新的定义，并接受其后果——比方说，并不是每幅关于深度空间中的固体物的绘画都是再现性的。当我们将这一区分运用于伊夫·唐吉的画作或类似作品——比方说，《无法限定的分裂》(1942 年，水牛城奥尔布赖特美术馆)——我们就会面临重重困难。这是一个典型的临界个案。即使此处描绘了某种东西，它也并不是我们在陆地或海洋上遇见过的，或可能有幸遇见的东西。画中有杆状物，有盛满液体般的东西的碗状物；你无法辨别其中一些东西是有机物还是无机物，尽管它们明显都是物质对象。这幅画提出了一些关于主题的有趣问题，这些问题稍后将予以考察，但就目前的观点而言，我认为，我们可以断定它在一定程度上是再现性的，尽管只是勉强算得上：其中有风景，有光滑的岩石或鹅卵石。但是，其中还有一些不再现任何东西的其他区域。

我希望，对“描绘”的定义予以如此这般的表述，能够使得我们可以将对象说成是被描绘的，即使诸如此类的对象实际上并不存在。

当我们说一幅画是一名亚马逊族女斗士、一头狮鹫、一个吐火兽或者一座未来城市的图像，我们的意思是，如果这些对象确实存在，设计上的各个区域与它们的相似性，将胜过与其他对象的相似性，因此，但凡有人熟知这些对象，势必会认出其中的相似性。非实存性同样不能阻止吐火兽成为一个实质类；因为这个概念是具体生动的，血肉丰盈的。我们能够想象，诸如此类的生物一旦出现，会对我们的生活造成哪些影响，导致哪些特殊问题，即使我们不能确切知道该如何应对它们。

这样，我们就厘清了关于鲁本斯画作的前两个陈述，并且发现，“再现”在这两个陈述中有着相同的意义。陈述（1）之所以为真，是因为任何能看到人类的人，都能辨识图形与人类的相似性。陈述（2）之所以为真，是因为根据所有描述，任何见过希腊女神和牧羊人的人，都能从她们的总体外貌特征（包括她们的衣着）看出，这幅画很像她们，或者至少是更像她们，而不是更像埃及的女神和牧羊人。陈述（2）比陈述（1）更具体，但是它的验证方式是相似的。在这两种情况下，如果两个人对描绘的内容产生分歧，他们的分歧至少在原则上是可以解决的，而且，他们无须咨询描绘者。

然而，在（3）和（4）这样的陈述中，字母 *Y* 代表不同种类的事物。在此处，“再现”后面不是不定冠词“a”或“an”，而是定冠词“the”或专有名词。我们会说，一件视觉设计再现了两个月大的乔伊、拿破 272
仑、圣维克多山、摩纳哥王子——或者它再现了帝国大厦、美惠三女神、大卫和歌利亚。其中每个主题都是一个特定的对象，或者一组特定的对象，它们都是由一种独特的描述而命名或指涉。我们可以将一个已被使用的术语略微扩展之，把这种再现称为摹绘。

描绘与摹绘的区别，可以通过比较而一目了然。试看伦勃朗的两幅自画像（你有大约 60 幅画可选，还有 20 多幅蚀刻画和大约 10 幅素描画），譬如纽约弗里克收藏馆里的那一幅（1658 年）和华盛顿国家美术馆梅隆收藏馆里的那一幅（1659 年）。有一部关于伦勃朗的名著，其作者就讨论了这两幅画。对于第一幅，他说："此处再现了一种做事冲动、性烈如火的个性，在平静的外表下暗流涌动。"而对于第二幅，他说："在这里，伦勃朗把自己表现为一个脆弱多愁之人。"[1] 注意，在一种情况下，被再现的是一种"个性"（比较前文的陈述 [1]），而在另一种情况下，伦勃朗所再现的，却是他"自己"（比较前文的陈述 [3]）。

在许多情况下，这种双重的言说方式是没有危险的，但是它也可能会造成不必要的困惑，因为我们会询问，这两幅画的主题是否相同。这可能会导致一场纯粹言语上的争执。如果我们将伦勃朗称为主题，那么这两幅画具有同一个主题。我们姑且承认它们摹绘了同一个人。如果我们将一幅画的主题描述为"一个性烈如火的人"，而将另一幅画的主题描述为"一个脆弱多愁的人"，那么它们就有不同的主题。它们描绘了不同的人。

摹绘的两种类型

认为这些画摹绘了伦勃朗的陈述，与认为鲁本斯的画摹绘了海伦·福尔曼特的陈述，是大同小异的。也就是说，我们会以同样的方式来验证这些陈述。但是，比起描绘陈述，摹绘陈述的验证更为复杂。例如，假设我们想对"摹绘"定义如下：

"设计 *X* 摹绘了对象 *Y*"意味着"*X* 包含某个区域，这个区

1 雅各布·罗森伯格：《伦勃朗》（*Rembrandt*, Cambridge, Mass.: Harvard U., 1948），第 30 页。

> 域与 Y 的视觉表象的相似性，胜过它与其他任何对象的相似性”。

这就是说，我们可以像定义描绘那样，对摹绘进行定义，除了摹绘的主题是一个只有一个成员（伦勃朗）的类，而不是一个总类（老人）。也许，这个定义有时是行得通的。至少，它提醒我们注意一个要点：要确定画作是否摹绘了伦勃朗，将他和画作进行一番比较，将是明智 273
之举，如果可行的话；或者，如果伦勃朗不在场，可以从其他信息来源中去寻找关于伦勃朗外表的描述，用它们对该自画像予以验证。

这种做法挺好，除了有一种这样的可能性，它迫使我们修订刚才所提出的定义。因为，当一位画家感兴趣的是其他东西，而不是精确的摹绘，他的自画像——或者他对其他模特儿的画像——将不会是惟妙惟肖的相似物。因此，从理论上而言，这幅肖像画有可能更像其他人，而不像它的表面主题。假设今天突然冒出了一个人，他比伦勃朗更像他的一幅自画像；那么，正如我们的初步定义迫使我们承认的那样，我们是否应该认为，这幅画现在并**不是**摹绘伦勃朗，而是摹绘了另一个人？简而言之，这将使一幅画的摹绘主题（尽管不是描绘主题）仅仅由于新人碰巧诞生而发生改变——一个奇怪的后果。

我们也许不想这么认为，但是，如果我们不想这么认为，我们就必须在我们的“摹绘”定义中规定，X 是否摹绘 Y 并不仅仅取决于它们之间的相似性，而且还取决于将 X 和 Y 联系起来的某个附加的外部条件。而这要求做出一些区分。

当一幅图像是在模特在场的情况下完成的，并且这幅图像与该模特在一定程度上是相似的，这时，该模特就被称为“坐模”（sitter）。让我们从两个方面对这个术语进行扩展。首先，我们无妨说，一个人即坐模，即使画家从未见过其人，而只是从另一幅画或一张照片上临摹的——只要这一系列的临摹品可以追溯至原作。其次，我们无妨将这个术语延伸至人类以外的其他对象，尽管，比方说，将圣维克多山说成是一个坐模是稀奇古怪的。我将用“模特”一词来表示作为画作的原始模特的对象。

现在，一幅特定的画，无论画的是一个人还是一座山，它是否有一个坐模，这不能仅仅从画作本身来判断。它也不能仅仅通过在世界上找到与画中意象如出一辙的一个人或一座山而做出终结性的决定；我们还需要一些证据，证明画家见过此人此山或其图像。如果相似性是一目了然的，而我们没有确凿的证据来证明画家不可能见过这一对象——因为他英年早逝，或者一生中不可能到过那个必要的地点——那么我们就有理由认为，这一对象可能就是坐模。另一方面，如果我们能从画家或其友人留下的记录中找到证据，证明其人其山确实为画家摆过造型，而画作就是这一造型的结果，那么我们就会把这幅画称为其人其山的肖像画，即使实际上只有几分相似。我们对伦勃朗《熟睡的女孩》（插图 2）的特征不是很清楚，但很可能，亨德里克就是它的坐模。

到目前为止，这些考察完全独立于另一个要素：标题。在我看
274 来，如果一幅画没有标题，而我们想回答它摹绘了什么这个问题，我们就会寻找证据去证明坐模的存在，而如果我们能够找到诸如此类的证据，我们就会把那个坐模称为主题。如果我们找不到诸如此类的证据，我们就不能交代它摹绘了什么，或者，我们可以猜测，它根本就没有摹绘特定的人或山，而只是描绘了一个人或一座山。但是，如果这幅画叫“自画像”，我们就称之为画家的一幅肖像画，只要它描绘的是一个人。如果它被加上“装扮成悲剧女神的西顿夫人像”或者“厄尔巴岛上的拿破仑”等标题，我们同样会将其称为一幅肖像画，只要它

的描绘不是完全不相符的。当然，如果一幅画描绘了一头牛，并被命名为“德比马赛冠军”（1936 年），我们可能会一头雾水，寻思这个标题是如何张冠李戴的；不过，这种情况并不常见。

但是，标题有时会佚失，因此我们会探询图画的可能标题，也就是艺术家实际上给它所取的标题。确切地说，这不是求诸画家的意图，尽管它可能接近于此；问题不是画家打算摹绘什么，而是他把自己的画叫作什么。存在一些这种类型的经典问题。伦勃朗那幅在 19 世纪被命名为“犹太新娘”的油画（约 1668 年，阿姆斯特丹国立博物馆），展现了一对身着圣经人物的服装的夫妇——这是它的描绘主题——但它摹绘的是路得和波阿斯，还是以撒和利百加，抑或是伦勃朗的两位同龄人米格尔·德·巴里奥斯和他的第二任妻子？显然，回答这个问题的方法，是找到关于其原始标题的证据，如果它有标题的话。事实上，一份早期的销售目录对这幅油画确凿无疑的编号——即按标题编号，加上一份完整的描述——会让艺术史家心满意足。伦勃朗的另一幅油画《威胁岳父的参孙》（1635 年？纽约沃尔特·P. 克莱斯勒收藏馆存有两幅现存摹本中的一幅），就是人们以前所熟悉的《盖尔登的阿道弗斯威胁狱中老父》。再一次，我们可以肯定，再现的精确性并不是这一变化的决定性原因：我们无法确定，画中的人看起来更像大力士参孙，还是更像阿道弗斯，而且我们可以认为，其衣着是中性的。如果可能的话，艺术史家想知道伦勃朗把它叫作什么，或者他默许同龄人把它叫作什么。[1]

---

1 一个极好的关于摹绘问题的例子，出自于帕诺夫斯基《视觉艺术中的意义》（*Meaning in the Visual Arts*），第 36—38 页（参见附注 12-A）；很明显，在这个例子里，我觉得争议的问题是那位（不知名的）艺术家可能会给画作起什么名字。它并不是意图的问题，除非意图蕴含于言辞规定之中。

因此，关于鲁本斯画作的陈述(3)和陈述(4)，都是摹绘陈述，但是它们有一个不同之处，其牵涉我们希望为每个陈述找到的那一种证据。既然海伦·福尔曼特是一个真实的人，我们就有可能发现她长什么样子；我们知道画中的人物长得像她。我们也许能够证明她为这幅画作摆过造型，正如我们知道她为其他画作摆过造型。所以，在完全
275 抛开标题的情况下，我们会断定这幅画摹绘了她。但与此同时，我们也会断定它摹绘了维纳斯，而这不是自相矛盾的。但是，我们之所以这么说，并不是因为维纳斯可能摆过造型，也不是因为我们知道她长什么样子；我们之所以这么说，是由于标题，以及一个这样的事实：这幅画所描绘的内容，包括陪伴一旁的丘比特，与它摹绘维纳斯这一点并不相悖。也许，标题不是不可或缺的，因为，如果在古罗马的废墟中出土了一件描绘三位女神和一个牧羊人的无标题浮雕，我们也可能猜到它摹绘了谁。但是，我们得出的推论是，这幅浮雕很可能被认为摹绘了这些人物——不仅是雕塑家如此认为——因为它酷似我们已知的被如此认为的其他浮雕。

许多绘画作品所画的，都是实际上不存在的，或者不可能存在的人——神话人物、小说人物、或真实或虚构的民间英雄：摩西、哈姆雷特、汤姆·索亚、保罗·班扬等。在这种情况下，如果说画和人存在某种相似性，或者说，如果这个人存在，我们就能看出这幅画和他最为相似，这将是荒诞不经的。当然，我们对维纳斯有所了解，但是她的肖像画不可胜数，大相径庭，原则上没有一幅画像能够证明，它比其他画像更加准确。事实上，今天有许多人倾向于认为，维纳斯远比海伦·福尔曼特苗条婀娜。

比起实存的和已知的人，对非实存的，或外貌体征至今不明的人的摹绘，是更加含糊和任意的。然而，这里存在着一种类比性。在一

种情况下，我们将图像与原始模特联系了起来；在另一种情况下，我们则将图像与绘画之前早已存在的某种概念——一部小说、一则神话、人们心中铭记的一种传统——联系起来。然而，一个虚构人物的摹绘，不能“自立门户”；它需要被正名。必须有某种文字提示将它与其对象联系起来。因此，要承认鲁本斯的画摹绘了维纳斯，我们必须知道如此之人在绘画开始前就已存在于人们的想象之中，而画中所讲的关于她的故事，以前也有人讲过，而且我们必须注意到，画中没有任何内容不符合人们对她的想法。但是又不止于此，我们还必须有鲁本斯或其他人将画中之人命名为维纳斯的证据。

我们将同一准则使用于一些这样的画作，在其中，被摹绘的人虽然是真实的，但是由于年代久远，所知不详，我们并不奢望找到任何关于其外貌体征的更多证据。至少，这似乎是《纽伦堡编年史》这部家喻户晓的中世纪历史的出版商的原则，因为他们为了节约木版画而把 645 幅不同的木版画变成了 1809 幅不同的图片、肖像画和地图。例如，他们用 28 幅不同的木版画“再现”了 198 名教皇，用 54 幅不同的木版画“再现”了 224 名国王和皇帝，用 22 幅不同的木版画“再现”了 69 个城市。如果人们对阿方斯一世国王和阿方斯二世国王的 276
外表的全部认识是他们都是留着黑胡子的男人，那么用同样是描绘黑胡子男人的木版画来摹绘这两位国王，似乎是合情合理的。

也许，同样笼统的一些考虑，可以为委罗内塞为摆脱宗教事务所的麻烦而使用的一个手段找到开脱的理由。当他为威尼斯圣乔瓦尼保罗教堂的多明我会餐厅画了《最后的晚餐》，它包含一只大狗，以及“弄臣、酒鬼、德国人、侏儒和类似的形象猥琐者”，正如宗教事务所所言，因此他们要求他重画。委罗内塞不画，相反，他将标题改为《利未家的宴会》，在我看来，在没有更多关于最后的晚餐或利未家的宴会周围的装饰和动物的信息的情况下，我们必须承认，当委罗内塞更改了标题，他也就改变了摹绘主题，虽然他确实没有更改描绘主题。并不是说他彻底摆脱了麻烦；他不得不把一个黑人的头从耶稣的头旁边拿掉；宗教当局拒绝接受他的请求，即那个位置需要一个黑色块。

然而，一旦摹绘的对象是一个尚在人世的人，或者是一个我们所熟知的历史人物——换句话说，一旦关于对象的体貌特征的独立证据是实际上存在的，或者即将浮出水面——我们就会要求绘画和对象之间存在较高程度的相似性，以便称之为肖像画。要规定它必须在多大程度上是相似的，这不太可能，因为人们无疑会在不同的位置划界。溺爱孩子的母亲，动辄会对过度偏离逼真性的摄影师说："这根本不是我的苏茜"，而任何有幸成为莫迪利亚尼、卢奥或者毕加索的肖像画的主题的人，却能够忍受众多违背自然的行为——即使艺术家给他装上两颗头颅。只要某些重要特征还在，我们就可以在现代绘画中极其自由地使用"肖像画"这一术语。

因此，当我们断言一幅图像摹绘了海伦·福尔曼特，而不是苏珊娜·瓦拉东、萨斯基亚或加布丽尔[1]，这与断言它摹绘了维纳斯，而不是芙蕾雅[2]、斯嘉丽·奥哈拉或埃及王后奈费尔提蒂，似乎是截然不同的。这幅画不能同时摹绘海伦和加布丽尔，或同时摹绘维纳斯和芙蕾雅，但是它可以同时摹绘海伦和维纳斯。这样的话，"摹绘"这一术语必须有两种语义，因为让海伦和维纳斯并不是同一个人。因此，让我们姑且采用以下一组定义，以取代前文所提供的那个定义：

1　加布丽尔是法国画家皮埃尔·雷诺阿的远房表妹，雷诺阿的第二个孩子出生后，加布丽尔到雷诺阿的家里帮忙照顾孩子，在此期间，年轻丰满的加布丽尔成为雷诺阿的创作对象。最著名的作品是《加布丽尔与玫瑰》(*Gabrielle with a Rose*, 1911)。——译注

2　芙蕾雅(Freya)，是北欧神话中爱与美的女神、生育之神，也是女战神和魔法之神。——译注

“设计 X 在物理上摹绘了对象 Y” 意味着 “X 与 Y 的视象极其相似，而 Y 是 X 的坐模”。

“设计 X 在名义上摹绘了对象 Y” 意味着 “X 没有任何显著特征与归于 Y 的特征相悖，而且存在着一个以标题、口头评论或者附加文本的形式而出现的语言规定，即 X 应被称为 Y 的肖像画”。

马克斯·贝克曼的木版画(插图 4)，就是在物理上摹绘了其本人。而 277
丢勒的木版画(插图 6)，则是在名义上摹绘了耶稣及其十一门徒。

看起来，这似乎过于精确和谨小慎微，但是其中一些区分从来没有得到充分的澄清，因而引起了不必要的关于再现陈述的困惑。要证实一幅画是某某人的物理摹绘(陈述 3)，你要有证据表明，你无须证实它是名义摹绘(陈述 4)；要证实它是名义摹绘，你要有证据证明，你无须证实它是描绘(陈述 1 和陈述 2)。

摹绘和描绘之间的区分，有助于澄清一种为人所熟知，但颇有误导性的言说方式。有时，评论家谈到艺术家的“主题处理”。既然他们一般不是指艺术家对坐模的处理——尽管有些坐模受到了不公正的处理——他们只能是指艺术家对被摹绘者的描绘。但是，在单独一幅画中，要在被描绘者之中将“主题”和“处理”区分开来，是不可能的；其之所有，非此即彼。如果同一个摹绘主题有两种不同的描绘，我们当然可以对它们进行比较，以确定其描绘主题在哪些方面是相似的，在哪些方面是不同的。但是，如果将二者的差异描述为“处理”上的差异，这只会导致混乱。

主题的阐析

关于鲁本斯画作的陈述(5)和(6)，确立了一个新的层面。一些短语，诸如“一个牧羊人递苹果”或“帕里斯的选择”——或者“最后的晚餐”“竖起十字架”“强抢萨宾妇女”——其要旨是：它们不仅代表“苹果”和“女人”之类的事物，而且还代表事件。然而，描绘和摹绘之间的区分，不仅适用于实物，也同样适用于事件：描绘了一顿晚餐，摹绘了那顿最后的晚餐；描绘了一个牧羊人递苹果（陈述5），从名义上摹绘了帕里斯递苹果（陈述6）。简言之，我们希望在“描绘”和“摹绘”的定义中补充以下内容：在每个定义中，Y因子既可以是一个事件，也可以是一个实物，即一个运动的实物，以及一个静止的实物。

对定义的这一修订并不难——姑且算它完成了——但是仍然存在着一个问题。一幅画的主题，如何可能不仅是处于如此这般的位置上的如此这般的人，而且是正在做事的人——听到耶稣宣布他们当中有人背叛他时猛然后缩的众门徒，或者踏波而行的耶稣？一件静止的设计如何可能再现一种运动？

显然，我们把静态解读为具有因果上的前因后果，由此把它视为一个动作的横截面：飞近窗户的棒球已经被球棒击中，它将会打碎窗玻璃。在我看来，此处的问题与我们在第五章（§15）中讨论过的文学
278 作品的阐析问题如出一辙，因此我们在这里使用同一个术语是有正当理由的。一件设计能讲故事，是因为我们可以阐析它，也就是填充其中被描述的对象之间的关系所属于的事件模式。有一幅广告画，画上是一个外套敞开的男子站在小镇火车站的售票窗口旁。广告告诉我们，该男子穿着“得体的”达克龙牌服装，但是它无须告诉我们他是在干什么。凸腹式炉子旁边的地板上，放着一个手提箱，手提箱上面有一个包装精美的礼品盒；他腋下夹着另一个礼品盒，窗边有一个冬青花环。很明显，他是在返家过圣诞假期的途中。让我们把这组动机和

行为称为此图的戏剧主题。

了解画中正在发生什么，是对一幅画的理解的一部分，而且可能是最重要的一部分。试看丢勒的木版画（插图 6）。它显然描绘了“最后的晚餐”，但它令人感兴趣的是，它所描绘的最后晚餐的确切时刻——在这方面，它在艺术史上或是独一无二的。它所描绘的，不是耶稣宣告他即将被出卖的那一刻，而是他即将颁布爱之“新命令”的那一刻。用欧文·帕诺夫斯基的话说，就是：

> 于是，犹大离开了房间，只有忠诚的十一门徒留了下来，象征他们团结的圣典符号，在桌面璀璨生辉……正是这条“新命令”的颁布，构成了丢勒木版画的主要内容，并决定它应该以此命名。它以福音派的制度，取代了一场人类悲剧和一个圣礼的确立。”[1]

正如文学的阐析，我们在绘画的阐析中依赖于我们所把握的关于人类行为和物理过程的因果律的知识。当然，含混性也许是存在的，就像本杰明·富兰克林的戏言中那样，即太阳要么在上升，要么在下降。我们也许不知道一个人是要来还是要走。在希罗尼穆斯·博斯的讽刺油画《愚人船》（约 1500 年，巴黎卢浮宫）中，一个女人挥舞着一个陶罐，仿佛是在敲打一个男人的头部，或者是在要求男人从他在凉水中泡着的另一个陶罐里给她倒一杯喝的。这点并没有交代。卢奥的石版画（插图 5）是个有趣的例子。它有时被称为《乞讨者》，当然，它描绘的，可能是一个乞讨的人。但是，卢奥给它取的标题，即一个来自友人安德烈·苏亚雷斯的短语，却是：“在贫瘠土地上播种的高尚职业

---

1 *Albrecht Dürer*, Princeton, N.J.: Princeton U., 1948, I. 223.

的诸多。”我们必须根据这两个假设来分析这幅石版画，以决定它描绘了什么。例如，手掌朝上的手势，虽然符合乞讨的行为，但是它的角度更符合播撒种子的行为；谦卑的姿势，与两种行为都相符合，但是，
279 确实也存在着一片穷山恶水。简而言之，这幅描绘并不含混，尽管它确实需要某种阐析。

诚如这个例子所表明，图像阐析的可证性之界限，通常比文学阐析更严格，因为，除非作品摹绘了一个已知的历史事件，否则它不能提供足够的细节，使得我们能够将阐析往后或向前延伸至时间长河中极遥远的过去或未来。至于那个携带圣诞礼品盒的男人，有很多事情是我们无法交代的——他从哪里来？到哪里去？诚然，卢奥的画甚至没有引起诸如此类的问题。但是，比方说，针对乔尔乔内的一些神秘画作，特别是《暴风雨》，亦称《士兵和吉普赛女郎》（约 1500 年，威尼斯学院画廊），以及《乡村音乐会》，亦称《田园合奏》（约 1505 年，巴黎卢浮宫），人们已经书写了很多胡言乱语。这些画的氛围往内延伸，触手可及，而且有着一种不同寻常的或重大的事件即将发生的压迫感，这强烈诱导我们去将这些场景视为一部戏剧的截面图。人们对其内容展开了一些美好的想象，虽然不清楚这么做是对是错，但显而易见，这些画并不在任何意义上再现这些故事。

非再现性的设计

现在，我们可以澄清另一个区分，它在当代美术批评中起着尤为重要的作用。首先注意，一幅画要摹绘某东西，须先描绘之。如果它画的只是一座山峰，而不是任何一座特定的山峰，它则可以描绘而不摹绘。但是如果它不描绘某东西，它就不能摹绘之，这是因为，除非它画的是一座山，否则它不可能是一幅关于圣维克多山的图画。但

是，也存在一些这样的视觉设计，它们并不描绘任何东西，更遑论摹绘任何东西；这些非描绘性的设计，形成了一个特殊的类。

非描绘性设计，被冠以很多名称："抽象的"（以及康定斯基所说的"具体的"）、"绝对的"、"纯粹的"、"非客观的"、"非具象的"（以及嘉博和阿尔普所说的"现实主义的"）、"表现的"和"非再现的"。在所有这些名称当中，我认为最后一个是最不可能给人以误导的。[1]那么，现在的问题是：我们能否将视觉设计分成两组，即再现性的设计和非再现性的设计，在其中，一幅再现性设计就是一幅描绘了某东西的设计，不管它是否摹绘了什么？

乍一看，这一区分似乎不仅易如反掌，而且不可避免。这一书页是一件设计，但在严格意义上说，它的确没有再现什么——文字符号 280
具有意义，但是"奶牛"这个词并不像奶牛的图像那样再现了奶牛。一段满是裂缝的人行道，或者从飞机上鸟瞰到的犁过的和未犁过的田地纵横交错的图案，都是非再现性设计。我们在现当代艺术馆中看到的许多作品，亦属于同一类东西。

这一区别是毋庸置疑的；但是，这一区分有多清晰，以及有多大用处，却令人心生疑虑。第二个疑虑，我们将在下一节讨论之；简而言之，这一区分的有用性来自这一事实，即再现性艺术所出现的某些问题，并不是非再现性艺术的问题。然而，我们现在必须直面第一个疑虑。并不是说，一旦这一区分被证明是含糊不清的，我们便会嗒然若丧；对于我们在这一领域中的大多数区分而言，这只是意料中事而已，而它不会使它们毫无用处。

1　关于这些术语的评论，参见弗朗西斯·布兰夏德《"相似性"在绘画理论中的隐遁》（*Retreat from Likeness in the Theory of Painting*, 2d ed., New York: Columbia U., 1949），第6章，第117—122页；但布兰夏德女士反对"非再现"一词，认为宁可弃用之。

这一区分的一部分麻烦，来自于一些当代美学作者对“再现”一词的一种刻意而系统的滥用。我们尤其不应把再现与纯粹的性质混为一谈。例如，绿色是一种冷色调的颜色；但是在我看来，我们不应说绿色“再现了冷色调”。这不是再现；它是纯粹的描述。一条之字形的线条是锯齿状的；如果说它“再现了锯齿状”，这只会令人一头雾水。冷色调和锯齿状都是性质，不是物体或事件，而如果我们对“再现”一词予以限定，使得只有物体和事件可以再现，那么，这将极大地加强交流的通达性。

再现也应该与设计的情感唤起区分开来。我读过一件这样的事情：追求“灵魂状态在一个特定瞬间的共时呈现”这一未来主义目标的一位意大利未来主义者波丘尼，画了一幅苦艾酒上瘾者对酒醺酣的图画。据说这幅图画本身也令人目酣神醉：其中有餐厅和淑女画卷，而观画者自己有时会产生不胜杯杓的感觉。现在，这种说法部分关乎画作的性质，部分关乎被再现的对象，还部分关乎画作对观画者所产生的效果；而断言这幅画再现了一种“灵魂状态”的陈述，也许可以视为另一个陈述的省略式，即画作再现了一个正经受某种体验的人。梅雷特·奥本海姆为人们所熟知的毛皮茶杯，会令人产生毛骨悚然的不适感，但是它并不再现这些感觉。

语义混乱还有另一个根源，其造成了一种这样的观念，即*所有的*艺术“在某种意义上”都是再现性的，正如人们偶尔宣称的那样。在我们的语言中，其主要功能是对形状进行分类的词语寥若晨星，而它们大多数都是用于几何学所研究的简单形状：圆形、正方形、三角形、菱形、椭圆、平行四边形等。它们远远不能满足自然界和美的艺术中数不胜数的形状的要求。但是，对于我们来说，这通常不是一个严重
281 障碍，因为我们总可以通过添加后缀而将对象名称转换为形状名称：

比方说，“叶状”（或者“白橡树叶状”）、“蜘蛛状”“蛇形”“波浪形”等，便是为了某些目的而创造出来的。

现在，试看以下简单图形：

1.  是圆形
2.  是沙漏状
3.  是菱形
4.  是风筝状

对于形状 2 和形状 4，我们一时词穷墨尽，找不到熟悉而可用的名称，所以我们只能通过借用而引入新的名称。陈述 2 和陈述 4 不是关于再现的。沙漏状未必再现一个沙漏；它只是形状相似而已。当然，要看出形状 2，你也不是非得想到一个沙漏才行。要想到该形状的这种命名法，你非得想到一个沙漏；但是，一个从未听说过沙漏的人，照样可以看出它是什么形状。如果我们尝试描述某种斗折蛇行的图形，如下：

我们则能找到一些常见的语词来表示它的某些部分：其中有环形，有急转。但是它的某些殊异性会让我们难以捉摸，为了找到一种描述，我们会搜肠刮肚，试图想出形状相似的对象，如蘑菇、坐垫，等等。然而，迫使我们去想象这些其他事物的，不是该设计，而是对它进行描述
282 的任务。[1]

暗含

然而，人们的疑虑也许挥之不去。这是因为，即使斗折蛇行的图形按照我们的定义不是一个再现性的设计，但是，在某种意义上，许多批评家会宣称这种图形“接近于它”，或者“在广义上是再现性的”。如果一朵云彩“酷似鲸”，或者一处墨迹在两个不同之人的眼里宛若女巫或天使，那么它根本不是再现性的。罗杰·普赖斯所发明的那些稀奇古怪的小设计，即所谓的“谜图”[2]，也属于同一范畴：你猜不出它们是什么，但是，当有人给你指出相似之处——看电视的人、携狗经过一堵墙的士兵，或者从空中鸟瞰到的墨西哥宽边草帽——你会发现它们在某方面看起来确实与谜图相似，尽管也与其他东西相似。同样，一些形状，譬如汉斯·阿尔普的设计中的那些形状——《山、桌、锚、脐》(1925 年，现代艺术博物馆)，也类似于谜图。其中有锚的形状，这没错，但严格地说，它们并不是锚的再现；实际上，“肚脐”看

1 在《论艺术的知觉、意义与题材》(“Perception, Meaning, and the Subject-Matter of Art”)这篇切中肯綮的论文(见附注 12-C 中的参考)中，阿诺德·伊森伯格表明，用形状名称来表示设计的诸部分，并不强求人们指涉作品以外的东西。

2 从词源上看，“谜图”(droodle)一词是“riddle”(谜语)和“doodle”(涂鸦)合并而成，因此，可译为“谜图”或“涂鸦谜语”。谜图是美国作家罗杰·普赖斯在纸上或卡片上绘制的一系列抽象的线条素描画，在 20 世纪五六十年代美国风靡一时的电视喜剧节目《谜图》中，普赖斯的作品备受欢迎，观众被邀请参加竞猜游戏，看谜图所画的是什么。——译注

起来更像一个甜甜圈。

如果不把这些情况归于再现之下会让我们觉得更加清楚，我们应如何对它们进行归类呢？在许多非再现性的设计中——也许不包括阿尔普的那件设计，它是极其初步的——形状和外部世界的事物之间存在着一种联系，而这种联系可能在设计的效果中发挥一定作用。也就是说，在某些情况下，对设计的诸性质的充分理解，可能要求我们辨识，比方说，波浪形状和海洋，或者蛇形线和蛇类之间的这种联系，这不仅仅是为了给形状命名（我们很少有机会这样做），而且是为了享受作为一个整体的设计。如果波浪形并不再现波浪，那么它们之间的联系是什么呢？

按照一种观点，这一联系就是联想。据说波浪线会让人联想到波浪，蓝色让人联想到天空；要把握画中的全部内容，我们必须把波浪与线条，天空与一片蓝色联系起来。这样，这种联想的基础，大概是设计中的区域和自然对象的表象之间在形状或颜色上的某种显著的相似性。作为一种心理学事实的联想是否发生，这取决于个体，但是，联想是否应该发生，是否有发生的理由，则可以说是取决于设计本身和自然。因此，更好的做法，可能是使用另一个术语，即"暗含"。詹森的《构图》（插图 1）不是再现性的，但是它暗含探照灯划过夜空的光束。在伦勃朗《熟睡的女孩》（插图 2）中，从女孩前臂正下方开始的呈倒 C 形的粗黑色线条，暗含椅子或沙发的扶臂。如果一件设计与一个自然对象拥有某种显著的、迥异的共同特征——形状或颜色——但是与该对象的共性又不足以达到对它的再现，那么这一设计就暗含了这一对象。 283

在这里，"显著"和"迥异"颇为含糊。我们都会同意，毕加索画中那些看似吉他的线条，确实暗含一把吉他，尽管它们并不完全是一把吉他的再现。不过，尽管这个短语含糊不清，我们必须竭力保留之，否则定义会因过于宽泛而无法驾驭。一个椭圆形可能暗含西瓜、茄子、头部、马戏团帐篷或者行星的轨道，但是，我们能否断言它在一幅特定的画作中暗含所有这些东西呢？如果为了欣赏这幅画，我们必须想到明确是椭圆形或卵形的所有类别的东西，那么我们必须承认失败，而要联想到这些东西的任务，也会单调乏味。很明显，另一个原则必须在这个地方的某处介入：暗含相合原则。它类似于文学阐述中的相合性原则（第三章 §10）。

假设我们试图确定椭圆形、波浪线或蓝色块在一幅特定的画作中具有它的哪一个潜在暗含。这将取决于我们能够在多大程度上将它们阐释为暗含世界上一组类聚的，或者具有某种自然联系的对象。如果椭圆形没有什么地方使得它不能是池塘，或者波浪线不能是水波，或者蓝色块不能是天空，我们就能把它们整合为户外风景的一般性暗含，而批评家很可能会说，这个设计“唤醒了自然世界”，或者“有着一种户外的感觉，以及自然景观的微妙暗示”。另一方面，如果椭圆形没有什么地方使得它不能是凸轮，或者波浪线不能是波纹铁，或者蓝色块不能是工作服的料子，那么我们有什么理由不把它们整合为一个普通的机器加工车间的环境呢？可以想象，这两种阐释都是行得通的；在这种情况下，没有一种阐释比另一种更接近于正确，因为暗含是多义性的。

我们能正确地、轻易地解读视觉设计中的很多暗含，因为它们与明确的再现相依相随。就其本身而言，伦勃朗素描画中的线条并不暗示一张沙发或椅子，或者，如果它确实暗示一张沙发或椅子，那它也会同样强烈地暗示许多其他东西；但是，女孩的姿态限定了相关的暗含意义。在这里，我们再次启用了相合性原则。同样，卢奥石版画（插

图5）中的房屋和道路或乡间小径，以及戈雅《巨人》（插图7）中的村庄，都是由背景所决定的：房屋和道路相得益彰，村庄和平原亦如此。

我们必须谨记：在发表关于绘画的这些言论之时，我们仅仅是处于可证性的临界线；真正看到暗含对象和纯乎耽于自由联想之间的界限并不分明，而这一界限很容易由于无知、粗心或自负而遭到忽视。也许，这条界限可以划分得更清楚一些，不过，这绝非易事，而我认为，任何勇往直前的措施，都会与它们可能实现的改革效果不成比例。因此，在 284
这里设置这几个路标，让人们知道在附近某处**存在着**一条边界，足矣。

因此，对于一幅完全非再现性的画作，如果断言“它传达了人类在白云苍狗的尘世中面对命运的一种感觉”，这是过犹不及；很难知道有什么东西能够暗含这么丰富的意义。但是，如果断言“这些仿佛来自地狱的绿蓝色的形状传达了一架飞机飞入黑夜的感觉”，或者“这幅画暗含某处随时会被不详的、邪恶的形式所淹没的荒凉之地”，则是有一定道理的，人们可以合法地将它们视为对作品本身之中的暗含的报告。

现在，如果存在这种意义上的暗含，按理我们也许应该进一步区分两类非再现性艺术。在第一类中，存在着一些这样的区域，无论多么模糊，它们暗含昆虫、女人的身体、树木、机器和岩石，等等，尽管不是再现它们，而这些不同区域的暗含，在某种程度上是连贯一致的。这种艺术有时被称为“抽象表现派”，但在这里，其中的两个词，最好都避免使用之；我将称之为“暗含性的非再现艺术”。

另一方面，存在非暗含性的非再现设计，至少看起来是如此。它们是一些这样的设计，其大多局限于直线、几种原色，以及一些极有规律而没有深度的简单形状——这些形状经常被称为“几何图形”：瓷砖、花边和地毯，黑白正方形或六边形相间的，或者各种螺旋形和椭圆形相交织的设计。我觉得，有人可能会说，浴室地板上的正方形，暗含一个盒子、一间小屋或一座谷仓，但这是一种古怪的、不必要的言说方式。如果您不能将这些暗含与图案中其他形状的暗含联系起来，那么，与其说你看到了设计中有什么东西，不如说你在穿凿附会。但是，将明显的树叶形状与花卉图案相结合的设计，无论多么简单，都可以说是暗含性的。

抽象与失实

非暗含性设计有时被称为“装饰性设计”，特别是在它们由于其肌质而非其结构达成统一性的时候。它们有时也被称为“抽象设计”，尽管这只是这个万能词的诸多用法之一。总而言之，我们似乎最好避免以这样的方式使用“抽象”一词，因为，至少从其根源上而言，抽象的东西是被抽离出来的东西。把暗含性的设计说成是抽象设计，反而更有道理一些，因为，打个比方说，当我们看到瓶子的形状，并且看出它暗含一个瓶子，我们就可以补充说，它很可能是从瓶子中抽离出来的，正如蓝色可能是从天空中抽离出来的。但是，用另一个术语来表
285 示“暗含性”，真的没有任何必要；事实上，不必要的术语重复，正是这个领域的“万恶之源”。此外，还有另一个概念需要用一个语词来表达，而“抽象”无疑是最好的候选项：出于某些目的，我们希望能够将再现性的设计说成是**或多或少抽象的**。

请注意，这一术语的这种用法，并未将抽象设计和非抽象设计区分开来。抽象性是一个程度问题。假设我们有苹果的两幅再现（描绘）。为成其为再现，它们每一幅都必须与苹果拥有许多共同特征——在这种情况下，一个共同特征是不够的。但是其中一幅设计与苹果拥有的共同特征可能会多于另一幅；换言之，它可能更像苹果。例如，

假设它们都有一个粗线条的苹果形状，有茎，且略有造型，但一个是红色的，另一个是无色的；那么，比起无色的设计，红色的设计与苹果有着更多的共性。于是，从一种恰当而有用的意义上讲，无色的设计更为**抽象**。

因此，塞尚的桃子比夏尔丹的桃子更抽象；马蒂斯的浴女比雷诺的浴女更抽象，而雷诺的浴女，又比布歇或布格罗的浴女更抽象。伦勃朗《熟睡的女孩》（插图 2）中的脸部，比卢奥的（插图 5）播撒者的脸部更抽象，后者则比贝克曼的《自画像》（插图 4）更抽象，而贝克曼的《自画像》反过来又比丢勒《最后的晚餐》（插图 6）中众门徒的脸更抽象。从它的一种语义上说，“抽象”乃“写实”的反面：如果说甲者是比乙者更抽象的再现，就等于说，乙者比甲者更写实。所谓的“视错觉”（*trompe l'oeil*）艺术——如亚伦·博罗德的画作——是最不抽象的。如果我们愿意的话，我们可以说所有暗含性设计都比再现性设计更抽象，但是，“抽象”这一术语有一种主要用法，是用于再现之间的相互比较。主要的困难是，它可能不巧暗含了多角性或直线性。诚然，根据我们的定义，假定有两幅美国边境地图，其中省略了一些小港湾而让线条变得更平直的那一幅，会比另一幅更抽象。但是，抽象性也适用于色彩。假设两个画家都在画一个有着许多不同色调的对象。他们都将不得不限制自己所生产的色调的多样性，并且舍弃一些色调，但是，将不同色调的数量降至更低的那幅画，在色彩上也将更加抽象——比较塞尚的《圣维克多山》和雷诺的画，或者比较马奈与弗美尔的画。

除了“抽象”，“失实”这一术语也可以轻易地进入我们的术语库。在这种背景下，失实是一种**有误**再现，但是，除非你再现了某东西，否则你无法对它进行有误再现（一个椭圆形并不是失实的圆形）。

插图 1　约翰·詹森 /《构图》，石版画

插图 2　伦勃朗·凡·莱因 /《熟睡的女孩》, 毛笔画

插图 3　凯绥·珂勒惠支/《市政寄宿所》，石版画

插图 4　马克斯·贝克曼 /《自画像》, 木版画

插图 5　乔治 · 卢奥 /《悲悯与战争》(第 22 号版画)，石版画

插图 6　阿尔布雷希特·丢勒 /《最后的晚餐》, 木版画

插图 7　弗朗西斯科·戈雅 /《巨人》，细点腐蚀铜版画

插图 8　奥诺雷・杜米埃 /《见证者》, 石版画

再一次考虑苹果的两幅描绘。它们与苹果所共有的诸多特征，足可被人们识别为再现性的。然而，一幅将苹果的形状呈现为黄瓜般的东
286 西，或者赋予了苹果从未有过的粉红色：这些都是失实。拜占庭式圣徒、波提切利式女人以及凡·高的柏树中对自然的背离，埃尔·格列柯和莫迪利亚尼那拉长的手和脸，矫饰主义绘画中人物的比例——如帕米贾尼诺的《长颈圣母》（佛罗伦萨皮蒂宫）——以及在极端情况下，达利软绵绵地垂搭着的时钟，这些都是失实。在凯绥·珂勒惠支的《市政寄宿所》（插图 3）和奥诺雷·杜米埃的《见证者》（插图 8）中，腿部和躯干的正常比例被逆向扭曲。一处失实有助于突出母亲的呵护和痛苦，另一处失实则有助于突出无头骷髅的枯瘦和愤怒。

注意，我们在这里触及"现实主义"的另一种意义，因为，如果我们询问达利的时钟是否是现实主义，则有两种可能的答案：如果现实主义是指"非失实"，那么答案是否定的，因为它们并不是在呈现世界上所存在的事物的意义上是"真实的"；如果现实主义是指"非抽象"，那么答案是肯定的，因为这些时钟是按照模型精心绘制的。附带地说，"现实主义"的这两种意义，均不同于库尔贝这样一些画家被称为"现实主义者"的那种意义，因为他们描绘了下层社会的生活或者普通人的活动——或者不同于这样一种意义，即卡拉瓦乔在刻画双脚脏污的圣马太之时，他是现实主义的。

存在着一些特殊种类的抽象和失实，它们的讨论有时会与人的画像和描绘相关联。例如，有人说，如其被描述的那样，一些人比其他人缺乏个性。拜占庭式的马赛克图案和一些哥特式绘画中的人物，往往缺乏两种类型的个性：其面部表情并不透露任何特定的态度，而其脸部的描绘也缺乏足够的细节，以至于它们无法暗示特定的性格特征——你在人群中认不出他们。在这里，存在着一些谜题，但是我们

的部分意思不言而喻。个性化与一般化是相对立的，而一般化是抽象化的一个结果：如果我们画的一个苹果仅仅具有所有熟透的红苹果都具有的那些特征，那么它所描绘的对象的类，要大于乔纳森或麦金塔的类。从这个意义上说，这幅图像是更加一般的，因为它更加抽象。

当一个个体被摹绘，他被赋予的特征越多，其个性就越丰富和饱满，如其被描绘那样，而他也就越像一个个体，正如我们所要说的那样。不是说，我们可以用语言来描述他：要描述伦勃朗画里的一些面部表情，几乎难于登天——比方说，参见《倾听的基督》(1656 年，费城艺术博物馆)，或者《彼得不认基督》(1660 年，阿姆斯特丹国立博物馆)。

也有人说，不管好坏，有些画家对其主题进行了“理想化”。理想化显然是失实的一种类型，但在这里，可能牵涉两个概念。当我们有独立的证据表明，画家通过某种方式使得坐模看起来比真人更好，我们就可以说，他对坐模进行了理想化，正如提香在他的各幅肖像画中，通过淡化查尔斯五世突出的下巴，并给予他更多的存在感而对其 287
进行理想化一样。此乃摹绘理想化。我们也可以说，画家把人给理想化了，正如普桑偶尔为之，或者，正如古典时期和文艺复兴时期的雕塑家通过某种方式而使人类呈现出空前的美好；此乃描绘理想化。我们如何区分高贵的理想化和经常被归于穆里罗等人的“感伤”的理想化，这另当别论。它们大概是失实的不同方向，但是前者也有可能比后者更抽象。无论如何，我们恐怕在不经意间发现了“现实主义”这一术语的**第四种**意义：它有时是“非理想化”的意思。

象征主义

在这一节中，还有一个术语应予以讨论，尽管我们可能并不愿意谈论它。在任何一种艺术中，很少有批评术语比“象征符号”更难驾驭，但是在某些视觉艺术作品中，需要阐释的一部分内容，就是它们的象征意义。我无法为“象征符号”提供一个简明而充分的定义，但是，如果说要尽可能简单扼要地澄清它的意思，却值得一试。

我认为，我们所追求的，是“象征符号”的一种语义，它比它为人所熟知的诸多语义更加严格，也更加有用。在文艺复兴时期的绘画中，圣徒和其他圣经人物的那些有助于识别其身份的标志，通常被称为“象征符号”：指称圣灵的鸽子、《启示录》中指称四部福音书的四只天启异兽、密涅瓦的猫头鹰、圣凯瑟琳的插刀轮子，以及圣路济亚的眼睛，通常在画板上跃然而出。但是，尽管这些例子中存在着某种指涉意义，它却是一种较受限的一对一的对应关系，这与让圣徒们像参会人员那样别着翻领名片并没有太大区别。当然，这些东西旨在让我们铭记圣徒们的各种殉道形式，但是，它们终究只是形符。如果你愿意的话，它们就是象征符号，但不是主要意义和完全意义上的象征符号。

要找到一个更接近于我们正在探究的意义的象征主义的例子，我们可以考察美国大纹章上的眼睛和金字塔（见一元美钞的背面）。据说，它们象征物质力量和永恒，以及高于物质的精神幸福，因为这只眼睛位于金字塔上方；白头海雕右爪紧抓着的树枝上的 13 片橄榄叶，以及其左爪紧抓着的 13 支箭矢，象征和平时期和战争时期的国家力量。或者，打一个比方，偶尔有人说，在描绘一个人被关押在集中营倒刺铁丝网后面的一幅画作中，存在着极权主义的野蛮，或者人与人之间的残暴的象征。

288 一个初步的区分将让事情化繁为简。在一幅关于一个十字架——或者一个骷髅、一面镜子或一杆秤——的画作中，可能存在着象征意义。但是，当我们断言这幅画是象征性的，这可以视为一种简略式的陈述，它可以扩展为两个陈述：(1)这幅画再现了一个十字架；(2)这个十字架象征着基督教。换言之，象征某东西的是物体(白头鹰、十字架、国旗)或者图案(红十字、红星、百合花、万字符)；当一幅画再现或暗含诸如此类的物体，或者包含诸如此类的图案，它就是象征性的。这一区分是有帮助的。打个比方，当我们说圣杯是基督教的一个象征符号，我们的意思是晦涩难懂的，但是，如果我们确实知道我们这么说是什么意思，那么，当我们说丢勒的《最后的晚餐》(插图 6)是象征性的，我们就会知道自己是什么意思，因为这番话的意思，无非是它画了圣杯，以及其他东西。

虽然为了方便起见，我们理应把注意力集中于象征性的物体，但也许，我们也应注意到，行动也可以是象征性的。不仅是宗教仪式的行动——屈膝、膜拜圣餐——而且还有某些普通的动作，诸如卢奥的石版画(插图 5)中播种谷物的行为。无论我们对象征性的物体做出什么样的描述，我们的描述理应予以框定，以使它能够轻易延伸至象征行为。

因此，如果象征者是一个物体、图案或行为，那么被象征的总是一组属性或特征：信仰、希望、仁慈、勇气、智慧、贞洁、堕落。一个象征性的物体可以指称一个特定的东西，但是指称并不是象征。大纹章指称美国，但它所象征的，却是美国拥有，或者被认为拥有，或者理应拥有的某些特征。

但是，是什么使得一个物体成为象征性的？它是如何获得象征意义的？这些问题至今没有得到令人满意的回答，但是我们可以颇有信心地表达一些观点，而这些观点是至关重要的。以白头鹰为例。它之所以成其为一个象征符号，似乎至少牵涉三方面。首先，在白头鹰、国家和白头鹰所代表的国家品质之间，至少在某些方面存在着一种天然的相似性。白头鹰矫健、勇猛和独立，体型和长相颇有威势，而这个国家也希望自己有这些品质，这至少是可能的。让我们把这些相似性称为象征主义的自然性基础，不管它们是真实的，还是人们相信它们是真实的。其次，白头鹰并非偶然间获得其象征功能；要让它代表美国，必须存在某个时间点（即 1872 年）的决策。换言之，存在一种约定或规定：让我们称其为象征主义的规约性基础。第三，白头鹰的地位可能已经日落西山，或者沦为了这个国家的一种纯粹符号或标识。支票是现金的替代品，代表现金的可获得性，但是，哪怕是从最微弱的意义上讲，它都不是现金的象征。白头鹰要成为完全意义上的
289 象征，需要一些历史的积淀：它必须用于大纹章和美元钞票，它的出现必须与政治集会有关，它必须获得唤起爱国心、自豪感和喜悦情的能力。它进入某些活动之中，而它的再生产本身，可以说逐渐获得了一定的神圣性。让我们称其为象征主义的实质性基础。

现在，许多象征都具有这三个基础，但第三个基础，也就是实质性基础，似乎是本质性的或定义性的。一个物体或图案，只有能进入人类的活动之中，使得自己不是被感知为某种东西的一种纯粹标志，而是被感知为由于其象征功能而自身具有一些有价值的性质，才能成为一个完全意义上的象征符号。国旗虽然是一个象征符号，但是它受到规则的保护：它不能被丢弃于地板上，而一旦看到自己国家的国旗被人践踏，人们会产生国旗受辱的感觉：他们对国家的一些情感，已转移到了国旗本身。

我想要提出供大家思考的一般原则，虽然我没有用足够多的具体例子来支持它，是这样的：要获得一个实质性基础，从而成为象征性的，一个物体必须具有一个规约性的基础，如果它的自然基础较单薄

或完全缺失的话。但是，如果它的自然基础厚重而显著，它就可以在没有规约性基础的情况下，获得一个实质性的基础。我想简要说明一下这个原则。

作为国家的一个象征符号，美国国旗的象征意义有一定的自然基础：红色通过鲜血的颜色与英勇相关联，白色与纯洁和天真相关联，蓝色与天网疏而不漏的正义相关联，这并不是任意的——星条与诸州和诸殖民地的数值对应，就更不用提了。这面国旗也有它的规约性基础：它是被刻意选用的。而其实质基础就是美国人民所参与的人类活动的总和，在这些活动中，这面国旗发挥了一种功能性的作用：战争、游行、集会、会议、总统就职典礼。十字架作为基督教的一个象征符号，有着一个规约性的基础，但是它几乎没有自然基础：十字架的形状和它所代表的东西，并没有相似性。它的实质基础是基督教与其仪式的历史，在其中，十字架本身是神圣的，是崇拜的对象。

这些例子中的象征符号，几乎没有或完全没有自然基础，而只有规约性的基础：红星和红十字则是另类例子。但是，存在另一类象征符号，它们没有规约性基础，也不需要规约性基础。这些符号包括作为人类生活的一个重要组成部分的各种自然对象，它们的动静由于与人类的安全、保障和幸福密切相关而常常受到人们的关注：日、月、山、河、火，等等。没有必要让人们一致同意，当阳光照射着一片玉米地，它是生命的象征，或者，当阳光照射着一片荒漠，它是死亡的象征；其温暖乃生命的温暖，其炽热乃死亡的炽热，而其对于人类生命的重要 290
性，确保了这些方面不会为人所忽视。

在印第安人部落所使用的象征图案——寓托满足的蜥蜴图案，或者寓托和平的断箭——之中，存在着一种规约性的元素，但它是在不同的地方介入的。这些设计是规约性的；它们是蜥蜴、太阳或蜘蛛的极简图像，而要把这些图像理解为这些对象的标志，需要一种心照不宣的共识——它们虽然是暗含性的，但绝不是再现性的。然而，一旦人们同意让图案代表太阳，太阳的象征意义就具有了自然基础。对于倒刺铁丝网，我也是同样的观点。倒刺的铁丝网不会因任何人的意愿而代表极权主义；象征主义有着自然性的基础，即一个极权国家在某些方面宛若倒刺的铁丝网。当然，也存在一个极重要的实质性基础。

那么，我们如何知道一幅画中象征了什么？一旦产生分歧，它们通过什么方法来解决？这些是我们一直为之铺垫的主要问题。正如我们所注意到的那样，人们动辄回答说，我们必须找到画家打算象征什么的证据。即便像我们这样对象征主义所做的如此简短的分析，也能表明，一个画家所能象征的东西，并不取决于他的意志：无论他说什么，他都不能画一个胡萝卜，让它来象征群众的反抗，或者画一个拔塞钻，让它来象征童年的纯真；而如果他告诉我们，他在白色背景上所画的一个黑圆圈，象征着神界对人类的追求精神的永恒警告，我们将不得不改述爱丽丝对汉普提·当普提的怀疑言辞，以此对他做出回应。

我认为，我们在阐释一幅画的象征主义时所做的事情，首先是看它是否包含任何具有一种主要是规约性的基础的象征符号，其次是看它是否包含任何具有一种主要是自然性的基础的象征符号。第一个是图像学的研究。要了解十字架或者倒刺铁丝网象征了什么，我们要研究的不是画家的意图，而是基督教和现代政府的历史。要了解提香那幅通常被称为《神圣与世俗之爱》的油画[1]（约1510年，罗马博盖塞博

---

1 帕诺夫斯基的《图像学研究》（*Studies in Iconology*, New York: Oxford U., 1939, p. 152）讨论了新柏拉图主义的象征主义。在帕诺夫斯基看来，这幅画的正确标题应是《孪生维纳斯》（*The Twin Venuses*），她们分别作为美的理念和现世转瞬即逝的美的创造力量而彼此对立。

物馆）中的裸体女人是神圣的，而着装的女人是世俗的——而不是反过来，正如我们一开始可能认为的那样——我们当然必须考虑到这幅画是在清教主义崛起之前，以及在新柏拉图主义的背景下画的。正是新柏拉图主义为我们提供了这些象征符号正确的规约性基础。当然，这些象征符号也具有自然基础，但是，如果不了解这些规约，我们会发现，这幅画几乎和贝里尼的《人间天堂》（约1490年？，佛罗伦萨乌菲齐画廊）或者伦勃朗的蚀刻画《长生鸟》（1658年，欣德目录中第295项）一样晦涩难懂。 291

当我们解释那些没有规约性基础的象征符号时，要达成一致，并确保我们知道自己在做什么，这总是更加困难的，因为我们没有符号辞典，也没有一套解码符号的规则。在这里，我认为将两个问题区分开来，是至关重要的：我们如何知道画作所描绘的一个对象是否是一个象征符号？以及我们如何知道它象征了什么？

第一个问题的答案似乎是，我们经常心照不宣地使用一种极为特殊的方法论原则。如果画中诸对象相互依存，即在事件的正常进程中，我们会期待在临近区域找到它们，那么我们就不会被迫从它们身上寻找任何象征意义。但是，如果一个对象在某方面脱颖而出，与背景形成了鲜明对比，或者被设计所聚焦，那么我们就会不由自主地端详它，并将其视为一个象征符号。在意大利文艺复兴时期的绘画（如贝里尼的画作）中，你有时会看到树木的枝条被砍掉，从而显得光秃秃的。枯枝败叶的树木，乃死亡和衰败的自然象征；它们也可以象征天谴，就像老彼得·勃鲁盖尔《尼德兰箴言》（1559年，柏林凯撒·弗里德里希博物馆）中的那棵树一样。但是，贝里尼的诸树是象征性的吗？通常被认为与这个问题的回答相关联的是，我们要指出，意大利农民砍掉树枝，是用作牲畜的饲料。换言之，它们在这一景观中出现，并没有什么特别不恰当的地方，也不是不可能的，所以没有必要把它们阐释为象征性的。

让我们将这称为**突显性原则**：一个仍未是公认的规约性符号的对象，仅当它的在场在某方面是不同寻常的或引人注目的，才能成其为一幅画中的自然性符号。戈雅的《巨人》(插图 7)，就是一个很好的例子。他坐在世界的边缘，体型硕大，高高耸立于平原之上；他的来龙去脉，无从得知，他只是一个不合时宜的巨人。我们不由自主地把他当成一个强大的象征符号来解读。在卢奥的石版画(插图 5)中，渐隐的背景、奇异的光线、播种的相应迹象(诸如其他播种者，或拖拉机，或工具)的缺席，以及设计对手部的聚焦——所有这些结合在一起，赋予了手势一种象征关系。

第二个问题的答案似乎是，我们首先考虑对象在人类生活中出现时所具有的潜在象征意义的范围。月亮幽冷如水，阴晴圆缺，远在天边；而播种的行为结实累累，成败由天，甘贫苦节，充满希望，始终保持对自然和上帝的谦卑。但是，我们随后可看到，其中哪一个潜在的象征意义，可以与画中的其他对象，包括它们的潜在意义，如果有的话，一起构成一个连贯的整体。这就是**符号相合原则**(Principle of Symbol-Congruence)。例如，在卢奥的画中，除了播种者、房子和道路之外，别无所有，因此我们可以将播种的大部分潜在意义融入图案中。在戈雅的画中，则存在一个更为微妙的问题，因为，巨人的象征
292 意义之清晰性和确定性，远不如前者。这个高高耸立，俯视着脚下房屋的生物，其身上有着某种可怕而又吸引人的地方；当他转身以阴郁的眼神凝视着我们，他实际上并不威胁我们，但是他明显是一种潜在的破坏性力量。他就像我们自己的潜意识里所潜伏的某种东西，一种具身性的本我。但是，至今没有人能够充分理解他的意思，即便是戈

雅，亦是如此。

我们有理由认为，戈雅的画是有象征主义的，即使我们无法阐释之。但是，诚如我们所探究的各个方面，我们会遇到一些临界个案。这是因为，象征主义很容易走向虚无化，而一旦背景对对象的暗示若有若无，或者对象的象征潜力散漫而不受背景管控，那么通过自由联想而提供漫无边际的象征意义，这总是可能的。但是它们在很大程度上将是主观的和个人的，我们的时间用来关注其他方面，可能会更好一些。试看《走钢丝的人》（卷首插图）。由于这幅作品在其设计中在一定程度上出色地捕捉到了走钢丝者的体验，以及我们观看走钢丝者时所形成的体验所具有的那种令人悬心吊胆的特性，它凝结了这一特性，使得我们专注于它。而我们认为，在没有严重风险的情况下，这件作品将走钢丝者的行为，变成了人类勇气或者人类险境的一种象征符号——尽管不明显，难以觉察。但是，如果说它象征现代生活特定的诸多不确定性——或者，就像有人向我暗示的那样，象征一个人试图解决美学问题时所面临的困境——这就可能过犹不及了。这幅画中有一个人，或至少暗含一个人，但是没有任何迹象表明他是一个现代人，或者是一个美学家——或者是尼采《查拉图斯特拉如是说》中的走钢丝者。

§17　设计和主题的关系

我们现在准备处理再现性设计的一个最令人困惑的问题，一个在本章开头就提出的问题：设计和主题有什么关系？

这个问题的表述，通常诉诸规范性术语：人们问的是，比起设计，主题是更重要的，还是次要的，或者，要成为一件杰作，一幅画除了是一件设计之外，是否还应有主题；或者，一件纯粹的设计有时能否真的可以成其为“艺术”——在这一术语的这种意义上，“艺术”被等同于“好艺术”。我们还没有准备好回答这些问题，因为其中隐藏着的某些非规范性问题是无法回答的，除非将它们公之于众，并对它们本身进行检查。批评家有时宣称，在一幅特定的画作中，设计和主题彼此“适合”或“适应”；但是也有批评家否认，设计和主题之间存在互适性的可能性。这，就是我们现在所要处理的问题：是否存在适合性
293 这样一种东西？换言之，设计和主题之间是否存在一种将它们统一起来的关系，如果存在，应如何分析之？

显然，这个问题建基于一个极其重要的前提之上，这一前提是我们前文中的区分所致力于澄清的。询问甲者是否适合乙者，这并没有多大意义，除非甲者和乙者在一定范围内可以独立于对方而发生改变，而甲者是受我们控制。因此，如果询问一个人的体重是否适合其身高，这是合乎情理的，因为他可以在身高保持不变的情况下自愿增重或减重。然而，询问一个人的体重是否适合其体积或体型是没有意义的，除非我们能够规定一种方法，通过这一方法，他可以改变其体重并保持其体积不变，或者，至少能让其中一个发生较大变化，而另一个的变化微不足道。在美学问题上，人们并不总记得这一区分。举一个明显可笑却不算牵强的例子：假设有人评论说，一条特定的波浪线的形状，对于其汹涌性来说是适当的：“在这种情况下，艺术家为实现其目的而选择了适当的手段。”实际情况也许是，这种形状是唯一具有那种汹涌性，或者那一程度上的汹涌性的形状，在这种情况下，适当性的问题并不会出现。

然而，在设计与主题的关系中，这个问题确实会出现。首先，试考察摹绘主题。正如我们所见，两幅截然不同的画作，可以摹绘同一

个人或物，但作为设计，它们可能大相径庭——可能有不同的颜色、不同的形状、不同的主导图案，或者不同的肌质。因此，丁托列托对“最后的晚餐”的摹绘，不同于莱昂纳多·达·芬奇的摹绘，而丢勒对它的几幅摹绘，也存在同样多的区别；卡拉瓦乔对“以马忤斯的晚餐”的摹绘，不同于皮亚泽塔、德拉克洛瓦或委拉斯凯兹的摹绘，而伦勃朗的版画对它的摹绘，不同于其油画对它的摹绘。

现在，有一个我们可以针对这些画作而提出的问题，而我提到它的目的，只是为了指出，它不是我们在本节将要讨论的问题。我们可以询问：描绘是否适合摹绘主题。要注意这是什么类型的问题，以及它是如何出现的。宗教当局可能会反对丁托列托或卡拉瓦乔，因为他们在图像中加入了缺乏圣经依据的人物，或者他们以令人反感的方式呈现了耶稣——例如，让耶稣看起来不宽容，或者没有把耶稣放在场景的中心。这些是与摹绘相对的描绘所遭受的异议，但是它们是道德的、宗教的或历史的异议。人们的异议可能是，画中有错误——不忠实于福音的叙事或者基督教的教义——或者这幅画是有害的，会削弱基督教信仰或者败坏道德。这些，也许是对一幅画的严重抗议，其严 294
肃性和相关性是我们在后文必须谨慎处理的——前者在第八章处理，后者在第十二章处理。但是，这些问题并不是目前所要处理的问题。

如果两幅画描绘了不同的事物，那它们的设计一定有所不同；因为两幅如出一辙的设计——比如一张照片的两张复印件——必然是同一事物的图像。而这是双向的过程：如果两幅再现性的设计作为设计是有差别的，无论多么细微，那么它们所描绘的内容肯定也是有差别的，即使只是微不足道的差别。试看，比方说，一幅远处村庄的图像，并想象对设计做出极轻微的改变，比如用绿色取代一小块区域中的红色，这样，描绘的内容将会有所改变：一座绿色的房子取代了红色的房子，或者一块草地取代了屋顶。

而当然，即使两幅画作为设计判若天渊，它们所描绘的内容也可能极其相似，尽管不是完全相同。在两张从不同位置拍摄同一座桥的照片中，一张可能会凸显缆索的曲线，另一张则不然。试比较普拉多博物馆中提香的《亚当和夏娃》（约1565—1570年）和旁边悬挂的那幅鲁本斯的仿作（1628—1629年）。这些画作所摹绘的内容是相同的，而它们所描绘的内容也大同小异——鲁本斯增加了一只热带鸟——因为它们所表达的人物的行为、意图或态度并没有很大不同。（鲁本斯加大了亚当前倾的角度，赋予了夏娃一种充满更强烈的渴望的表情，并且让娃娃脸的蟒蛇凝视着不同的方向。）但是，这两幅画在其设计的性质上却是截然不同：角度和方向的差异，使得鲁本斯的画作有着一种更灵动的性质，空间更充实，肌质更活跃，尽管它缺乏提香的画作所拥有的曲线的完美平衡性，以及空间关系的稳定性 。

当批评家讨论设计与主题的关系，他们所关注的，有两点。首先是设计作为一件设计所具有的统一性，以及促成这种统一性的诸要素。很明显，对于这一特征而言，描述内容近乎相同的两件设计——比如在附近地点拍摄的两张桥照片，或者色调有着微妙差别的两幅苹果油画——其统一性的程度可能相差悬殊：一张照片的平衡感可能远胜于另一张，一个苹果的融合感可能远胜画中其余部分。而描绘内容截然不同的两件设计——分别描绘一对妇孺和一盆水果——其作为设计的统一性，却可能相差无几：二者的构图和色彩关系可能无比接近，尽管主题明显不同。

其次是设计的区域性特征。假设我们拍摄了一匹赛马疾驰如飞的多张照片，这些照片所再现的内容大体相同，即一匹奔跑的赛马；它们都是通过呈现赛马四蹄翻腾的雄姿而实现对它的再现的。但是，

在其中一些照片中，设计，若纯粹作为一个设计而考虑的话，则是动 295
感十足的、紧张的和生动的；而在另一些照片中，设计是静止不动的、安静的和平衡的。在这种情况下，我们可以说，区域性特征是截然不同的，虽然描绘主题并非如此。同样，再回到妇孺和果盆的设计，尽管主题上差别较大，但作为设计，它们也许具有相似的优美、静谧或欢快等特征。

分离论

因此，我们可以说，在描述主题相差不大的情况下，一件设计的形式统一性，或者区域性特征，可以在一定的范围内发生较大改变，反之亦然。因此，对于两幅不同的描绘耶稣受难或者一次茶话会的设计，询问其中哪一幅更适合主题，这并不是无意义的。这是一个关于设计和主题之间的融贯性的问题：在一幅画中，设计和主题之间的关系使得它们可以被理解为构成了一种整体，这是否属实？

对于这个问题，显然有两种可能的回答。让我们先考察否定的回答，它来自我所说的关于设计与主题之间关系的*分离论*。

分离论的要点是：虽然一幅画可以既是一件设计，又具有一个主题，但是其主题和设计要么总是互不相干，要么总是相互冲突。[1] 要想了解这种观点如何可能找到一个合理的理由，其实并不难。存在非再现性的绘画这一事实，表明了将纯粹设计从题材中抽象出来的心理学意义上的可能性，而即使画家不这么做，观画者也能做到这点。对于一幅历史画而言，如果要将设计本身的诸性质，即其巨大的螺旋形、流畅的线条、强大的力量以及绚烂的色彩，与主题可能唤起的爱国情

1　克莱夫·贝尔和罗杰·弗莱对这一理论予以了辩护；参见附注 17-A 中的参考文献。

感或者怜悯和喜悦等感受区分开来，这是轻而易举的。而我们在考察这些性质之时，会忽略主题——它是华盛顿横渡特拉华河，还是一些桃子、一块培根，抑或是一只旧鞋子，这是无关大局的。如果艺术家把一只旧鞋画进去，这并不是因为他想缅怀这件物品，而是因为他的设计需要那种特定的形状。当然，当他使用诸如此类的形状，他会不由自主地再现，或者至少暗示了这些对象。是否忽略它们，这取决于我们的决定。

事实上，可以说，设计和主题之间存在两个不可避免的冲突点，分别在于艺术家的作品和观赏者的头脑之中。艺术家在创作再现性绘画时所遇到的问题，是要满足两个可能互不相容的要求。如果问题
296 是，应将手臂、圣婴基督或马儿放置于何处，那么准确可靠的再现的目标会偏向于一种选择，而设计的需要则偏向于另一种选择。就再现而言，手臂最好与肩膀连在一起，圣婴最好依偎在圣母马利亚的臂弯里，马儿最好昂首挺立于骑手的正下方；但是，如果设计要求画作的另一边有一条手臂的曲线或者一个儿童的形状，或者要求马儿头脚颠倒，画家则不得不牺牲他的主题，或者牺牲他的设计。普桑无奈之下只能把骆驼排除在他的《井旁的利百加和以利以谢》(1648 年，卢浮宫)之外，因为在设计中，没有足够空间可以容纳诸如此类的形状。分离论的捍卫者承认，在一些情况下，画家能够同时满足主题和设计的要求，但是他们认为这些都是鬼斧神工，非常人所能企及。

无妨想象一个人在空中耍花盘，同时用口哨吹着“扬基小调”。尽管他同时在做两件事，但是这两件事互不相干；它们仍然是两个行为，而不是一个行为。然而，如果你一边跳着华尔兹舞，一边哼着华尔兹舞曲，这两个行为就存在一种节律关系，这种关系把它们结合在一起，使得它们不至于全然无关，而仅仅是共时的关系。分离论暗示，

再现型画家的任务，更像是杂耍和吹口哨。

分离论还认为，观众的体验也是如此。如果设计和主题这两样东西没有通过任何方式而结合在一起，观众的注意力就会总是游移不定。它们看起来并不相互依存，相反，它们或许方枘圆凿，令人生厌。当然，如果我们对设计并不敏感，就像喜欢杂志封面上的幽默情景或者购买廉价的宗教物品的许多人一样，那么它就不会对我们造成困扰，因为我们不会注意到它。或者，经过视觉抽象化的训练之后，我们也许能够前往画廊享受那些设计，而无须真正注意到或回忆起它们的主题——至少，有一些批评家宣称自己就是这样做的。

把一条线条看成锯齿状的，领略其运动的不均匀以及尖端的锋利，这是一回事；把它看成一块岩石、一棵云杉树、一道闪电，则是另一回事。分离论的一些支持者似乎认为，二者并举是不可能的。

至此，我选择将分离论视为对一个明确问题的一种回答，而我将在这一局限性下对它和另一种理论展开讨论。但是，在我们讨论另一种理论之前，进行一些更广泛的观察，是最好不过的。这是因为，我所说的关于题材与设计之间的关系的分离论，最初是在特殊的条件下提出的，那时，它不仅是解决一个美学问题的一种尝试，而且是试图获得对于所谓的“现代”（此处尤指印象派和后印象派）绘画的同情性理解的战争中的一种武器。某些批评家意识到，阻碍这种理解的，是一种广为流传的、根深蒂固的、不加批判地接受的假设，即一幅画的 297
主题，是人们理应从画中注意到的东西，是理应研究、铭记，以及在需要展示文化能力之时所讨论的东西。他们想说：“别再对主题分门别类了，把绘画当成一件设计来欣赏吧。”既然艺术和其他领域一样，其实际改革所需要的是重整旗鼓的积极呐喊声，而不仅仅是对反对者的攻击，他们需要一个术语来甄选人们理应从艺术中探求的东西。他们创造了“有意味的形式”。

这一术语获得了巨大的成功，并且能够较好地服务于它的目的。这不是因为它的使用者给它下了定义。它的第一个也是经典的定义，[1]完全是循环反复的，而且，经常有必要指出以下两点：(1)“有意味的”不应被理解为隐含画作有任何指称意义，它无非是有意味而已；(2)“形式”不应局限于形状和形状关系，它还包括色彩，事实上包括整个设计。因此，这个术语有很大的误导性。但是，如果我们不去检查最初的使用者针对该术语说了什么，而是检查他们在谈论绘画时对它的用法，那么，我认为我们可以提供一个称心如意的定义。如果一幅画是一个具有强烈性和高度统一性的设计，也就是说，如果它具有统一性以及一些非常生动的区域性质，那么，它就可以说拥有“有意味的形式”。这似乎就是他们所看重的东西；这就是他们想要人们从绘画中寻找和享受的东西，也是他们想要划分出的与绘画主题泾渭分明的东西。我认为，他们并不想对心里所想到的诸性质施加任何限制：他们称赞作品的优美、稳固、力量、光辉、精致、强大以及其他许多性质。他们在塞尚所画的酒瓶和玩纸牌的人中，发现了与其山峦如出一辙的稳固性；他们看重埃尔·格列柯的托莱多风景中的莫名不安，马蒂斯的河畔浴者每一线条所表现的生活情趣，凡·高的树木和花卉的勃勃生机。要点是，作品必须拥有某种突显的性质，而不是枯燥乏味，毫无特色，一无是处。

然而，这个术语对美学家们产生了不好的影响。它使得他们能够给分离论的支持者贴上“形式主义者”的标签，并诱导他们去扩展这

---

1 这一定义是创造该术语的克莱夫·贝尔所提出的。后来出现的同义词包括“塑造形式”(plastic form)（阿尔伯特·巴恩斯语）和“表现形式”(expressive form)（谢尔登·切尼[Sheldon Cheney]语）；参见附注17-B中的讨论。

一理论，将其打造为一种一般性的“形式主义艺术理论”，而它原本不该如此。这样的理论会是什么呢？如果它意味着形式是审美对象最重要的东西，或者说是唯一重要的东西，那么在“形式”任何可以延伸至所有艺术的意义上，它显然都是错误的。要想站得住脚，这种理论必须包含每种艺术中“形式”和“内容”的某种区分，但是，不同艺术的“内容”，其含义不尽相同，因此这一理论实际上并不是一种理论。唯一稳妥的做法是暂时忘掉其他艺术门类——比方说，是否有人认为诗歌的声音比意义更重要，在这里是无关紧要的，如果这是文学理论中的“形式主义”的话——并一如既往地探讨我们目前所面临的一个界 298
限分明而可操作的问题。这个问题是：在一件视觉设计作品中，设计和主题之间能否存在一种统一的关系？

融合论

我们所说的融合论[1]所给出的回答是：设计和题材之间可能存在一种极其密切的联系，使得主题的辨识和设计的感知成为统一的，并且相互融合，成为一个单一的经验。

融合论所基于的一般原则可以表述如下：当一个主题被再现（描绘）的诸性质是由一个设计所呈现，该设计和该主题则是连贯一致的。这一原则的表述也许过于绝对；比方说，我们也许想要稍微扩展之，并补充如下：如果设计呈现了一些性质，而这些性质通常与主题被再现的诸性质相关联（它们无须是相同的性质），那么就可能存在统一性。但是，在将这一原则应用于实际的视觉艺术作品之前，让我们先

1 对这一理论最充分的说明和辩护，是沃尔特·阿贝尔在《再现与形式》中提出的。它也得到了 D. F. 鲍尔斯、海伦·奈特、阿尔伯特·巴恩斯、里斯·卡朋特、赫伯特·兰菲尔德、L. A. 里德以及德威特·帕克等人的辩护；参见附注 17-C 中的参考文献。

通过一些极其简单的例子来考察它的一些推论。

在一幅岩石的素描画中，岩石可能会被再现为脆性的和锯齿状的，同时线条本身也可能具有脆性和锯齿状等区域性质。这些未必是相辅相成的，但是一旦如此，主题和设计之间便具有了某种相似性，因而也就具有了统一性的基础。用第五章（§14）中所提出的一个术语来说，该设计包含了其主题的**呈现性对等物**。在一幅关于舞会或聚会上的人群的绘画中，人们可能会被再现为面露微笑和开怀大笑，总体上是在享受一段欢乐时光，而与此同时，设计本身也可能具有一种欢快活泼的特性。呈现性对等物不是一对一的关系；一件具有某种性质的设计，可能适用于多个主题。

设计与主题之间的另一种关系，是构图支持原则。如果一幅画通过再现而告知我们画中哪个人物是最重要的人物，或者从主题的视角来看，哪个人物是关键人物，那么，在这幅画中，再现这一人物的区域也可能是设计的一个聚焦点——卢奥所画的播种者的手（插图5），或者杜米埃《见证者》中那只指向前方的手（插图8）。在这里，设计同样适合于主题。

我认为，对于融合的可能性的怀疑，在很大程度上源于人们对设计和主题之间的区分缺乏足够清晰的认识。很多时候，我们接受融
299 合而不自知。毫无疑问，只要存在再现，就一定会存在某种程度的融合。但是，在天赋较低的艺术家的作品中，以及在杂志上的素描画和照片之中，我们经常发现，某种东西虽然被再现，却没有很丰富的或者很强烈的呈现性对等物。对象倒是描绘出来了，但是它的性质无处可寻。

为澄清融合的概念，让我们先从一种简单的融合开始。假设我们想要再现一个体形庞大、四肢粗壮的男人，我们可以在远处画一个

小小的人物，并对视点及其附近的其他对象的空间关系予以如此这般的设定，使得我们可以把他理解为一个巨人，尽管用以再现他的形状很小。但是，如果我们像肖像画家那样把他拉近至画面，让他塞满画面空间，那么再现他的区域本身就会很庞大，也会很粗壮，如果我们想的话；在这里，人物的庞大是通过设计区域的庞大来再现的。比如，我们可参考戈雅的《巨人》(插图 7)。通俗地说，我们“感受”到了他的庞大，而这不仅仅是我们的推断。这是一种极其简单的融合，但是它悄无声息地发挥着自己的作用——一些肖像画例外，比如委拉斯凯兹的《步兵统帅亚历山德罗·德尔博罗》(创作日期不详，柏林凯撒·弗里德里希博物馆)这一幅不讨好的肖像画(它也许被错误地认为是委拉斯凯兹的作品)。这幅画将统帅置于柱子之间，并且将观众的视线的高度设定在统帅双脚的水平面，由此进一步加强了他体形庞大的印象。

融合的一般原则可以通过很多方式来说明，而如果有丰富的范例，则再好不过。我并不强求你同意我针对每一幅画所表达的具体观点，只要其中一些画作的呈现性对等物是显而易见的，这就足够了。我的意思是，这一概念本身必须具有合理的清晰性。

首先，试看埃尔·格列柯的《橄榄园里的痛苦》，(亦称为《客西马尼园》，约 1604—1614 年，伦敦国家美术馆)。耶稣提前承受着即将到来的苦难，并要求将他嘴唇上的杯子取下。但是，耶稣在描绘中所拥有的情感性质，也是设计本身的性质：岩石的轮廓线以一种痛苦的方式扭曲，空中云彩的形状黑暗而危险。针对这幅画中设计和主题的统一性，还有更多的话可说，实际上，在这幅画中，这种关系是一目了然的。它作为一件设计而具有的区域性质之活力和强度，以及它们对于主题的表现性和适切性，暗含一些有趣的比较。在穆里罗的《耶稣受难》中，我们会发现一个类似的主题，但是它没有呈现性的对等物。在阿希尔·戈尔基所画的一幅名为《痛苦》的油画（1947年，纽约现代艺术博物馆）中，其红色形状和不规则的黑色线条中存在着一些呈现性的对等物，但是它没有主题，因为这幅画是非再现性的。在埃尔·格列柯的画中，则存在一种综合性。

在霍贝玛和雷斯达尔的一些风景画中，被再现出来的人类居所的
300 安宁以及大自然的温柔，也都体现于设计流畅的水平线条之中。在布龙齐诺的《一位青年男子的肖像》（约1535年，纽约大都会博物馆）中，青年男子被描绘成一个安富尊荣、着装高雅、孤芳自赏、傲慢不恭的形象；而微妙的设计，由于其在一条严格的垂直轴上保持着小心翼翼的平衡，而自身具有一种威严和超然无情的感觉，以及一种紧张和自控的感觉。在乔治·卢奥的《被士兵嘲笑的基督》（1932年，纽约现代艺术博物馆）中，画面空间狭窄逼仄，其中一个士兵的脸挤在耶稣的头部，让人觉得他对耶稣造成了压迫；肌质的紧张感，以及它的诸多色调和黑色线条，赋予了设计一种非同寻常的强烈性；而耶稣的身体在顺从和平静中前倾，牢牢地、明显地占据着它在空间中的位置，似乎没有什么东西可以阻挡他去完成先知们所记述的使命。卢奥的耶稣，不是丁托列托在其《彼拉多面前的耶稣》（1566—1567年，威尼斯圣罗科教堂）中所呈现的耶稣，但是丁托列托的耶稣画像有着自己内在的设计性质，这些性质对故事来说是适当的：尤其是一种静默而不容抗拒的威严。在伟大的《天使报喜》（如西蒙·马丁尼的作品，创作于1333年，佛罗伦萨乌菲齐画廊）中，圣母对于自己的荣耀和苦难的畏缩，凝聚于她的身体的线条，以及她与天使的空间关系之中。

在帕维尔·切利乔夫的《疯人院》（1935年，纽约现代艺术博物馆）中，主体部分（人群和家具）的歪曲视角和安置，使得设计映射出

病人的心理状态。在德·基里科的神秘油画中，诸如《无尽的乡愁》(1911 年)和《诗人的快乐》(1913 年，二者均收藏于纽约现代艺术博物馆)，风景的荒凉和苦寒，是通过单调而令人感觉寒冷的色彩模式描绘出来的。

最后，考虑一些近在咫尺的例子。在《市政寄宿所》(插图 3)中，凯绥·珂勒惠支将情境的诸性质嵌入设计本身之中。母亲的呵护不仅是被描绘出来的；用以描绘她的图形，本身就是一种依稀可辨的、环抱式的形状，这一形状把孩子的图形包裹其中。正如人物为了温暖和舒适而依偎在一起，设计中的所有动作都是向心性的，而黑灰色的宽幅地带中的暖色调，让白色背景看起来寒气袭人，由此使得这群人陷入了不利的境地。通过同样复杂的方式，卢奥的石版画(插图 5)中安静、明亮和神秘的天鹅绒般的色调，伦勃朗的素描画(插图 2)中柔软、细腻、轻盈的触感，都与描绘的主题完美地一致。

在我看来，诸如此类的例子表明，设计和主题的融合实际上是存在的，但当然，我所表述的一般原则——一旦存在呈现性的对等物，融合就会发生——是粗略而含糊的。通过各类对等物的系统研究，可 301
以提高这一原则的清晰性；对于心理学研究而言，这是一个卓有成效的问题。

值得注意的是，设计和主题的关系是双向的。视点、知觉体和构图交线是通过对重要人物的聚焦而支持主题的；而在某些情况下，对主题的辨识，也有助于强化和稳定设计本身的诸性质。例如，这是一幅画中的一个三角形，它的颜色和背景都具有坚固性；当我们认为它再现了远处的一座金字塔，而不是身边的一把镇尺，这一图形本身就会呈现出更大的坚固性、重量和硬度，除非它被画中的其他元素所抵消，这些元素可能赋予设计一种轻飘飘的、游离不定的性质。表面尺寸是再现的一个函项，而被再现对象的尺寸，会对再现该对象的画域的外观产生微妙的影响。有时，它与颜色性质相同：如果一种颜色被感知为某种东西——长毛绒、丝绸、灯芯绒——的颜色，那么，这种颜色会略微区别于它只是一个色块的颜色时所显现的样子。对于仅仅作为一件设计的设计之构图平衡和连贯来说，这一细微差别可能是兹事体大的。

形式的三维度

当一幅画有一个主题，它存在于两个层面，而在这两个层面之间，以及在每一个层面之内，都存在着一些关系。因此，从融合论可以推知，在一幅再现性绘画中，存在着形式的三个维度。因此，当我们考察这样一幅画的形式，我们可以对它提出三组截然不同的问题。

首先，我们可以提出关于设计本身的问题：它是否拥有完整性和连贯性？它包含多少复杂性？它有何区域性质，其强度如何？这些问题，我们已经在第四章（§13）中予以了考察。

其次，我们可以提出关于主题的问题。当主题是涉及不同人之间的心理关系的一个事件或一种情境，它就可以看作是一部戏剧的片段。一幅《基督被解下十字架》，一幅《攻占巴士底狱》，抑或一幅《威廉·佩恩与印第安人的协定》，都具有这种意义上的戏剧主题，而人们所提出的关于文学作品的问题——我们在第五章（§15）中所讨论的问题——也有一些适用于它。被再现出的人物，是否在心理上是连贯的？他所从事的行动，是否符合其性格的描绘？背景对行动是否有心理学意义上的适切性——举个粗略的例子，正如狂风暴雨的黑夜或者肃杀的荒郊旷野之于谋杀？针对画中的心理洞察力之深度和穿透性，我们还可以提出其他问题，但是这些问题会把我们带入另一组与真理

有关的问题之中，而它们必须留待第八章（§20）讨论。 302

在绘画中，很容易找到令人满意的戏剧统一性的例子。17世纪荷兰画派（特博尔赫、扬·斯丁、皮特·德·霍赫）的作品便拥有充分的戏剧统一性。它们所描绘的情境，富于反讽而诙谐的个性对比和穿插动作。老彼得·勃鲁盖尔的油画《背负十字架的基督》（1563年，维也纳国家美术馆）讲述了一个不可思议的、错综复杂的和充满戏剧性的故事，画中远处山顶上围观着一群人，怀着病态的好奇心在等待着壮观场面的开始。

另一方面，也存在着较低程度的戏剧统一性，或者说，戏剧统一性的破坏。在希罗尼穆斯·博斯《三博士朝拜》（约1490年，纽约大都会博物馆）中，各个对象和事件并不都是密切相关的，画中牧人们在离母子很远的地方烤火取暖。在大卫《苏格拉底之死》（1787年，纽约大都会博物馆）中，那些不真实的、感情浮夸的手势和姿势，其本身就缺乏戏剧统一性，因为它们的动机并不充分——除了对柏拉图《斐多篇》的精神的背叛，但这是另一个问题。同样，我们可能会反感卡拉瓦乔《基督下葬》（1602—1604年，罗马梵蒂冈）中一个女信徒高举的双手的浮夸性——正如鲁本斯在一幅对此画的自由临摹（1611—1614年，维也纳列支敦士登美术馆）中略去它们时所感觉的那样。

我们在两种绘画中发现了高度的戏剧复杂性，这两种绘画都可以从伦勃朗那里找到例证。伦勃朗的《扬·希克斯肖像画》（1654年，阿姆斯特丹希克斯收藏馆）描绘了肖像画史上一个最复杂和最微妙的人物；他的蚀刻作品《基督治愈病人》（亦称《一百荷兰盾版画》；欣德目录第236项）包括了各种各样的个性、态度和人类状况，但是它们全部融为一体，形成了一个图像整体。

第三个问题关乎主题和设计之间的关系：设计在多大程度上是通

过提供主题的呈现对等物而与主题是融贯的？从前面的讨论中，我们大致可以看出，批评家是如何回答这个问题的。

当我们试图回忆哪些画作的设计和主题既是水乳交融的，又都各自拥有自身的统一性和强烈性，我们会立刻想到乔托和伦勃朗的作品。我们可以从任何一幅伟大的乔托壁画中发现一些这样的设计，它们由极大的连贯性和完整性所构成，而且，作为设计，它们都具有着强烈的区域性质；我们发现了深度的心理刻画；我们发现设计的性质与所描绘的事件的性质严丝合缝。例如，乔托《哀悼基督》（约 1305 年，帕多瓦阿雷那小礼拜堂）中的悲伤事件，以及观众的悲伤之情，都体现于服装下垂的褶皱、弯背的曲线、构图的倾斜角度等。而伦勃朗
303 于四五十年代创作的伟大肖像画，诸如国家美术馆的威德纳和梅隆收藏馆以及大都会博物馆所收藏的那些，其中不同凡响的光线汇聚，使得画中面孔具有了它们的强烈性；这些设计既具有静谧、肃穆、沉思、永恒、庄严和专注等特性，也具有一种内在的光彩，折射出肖像画主题的活力和深度心理；而笼罩着人物的黑暗，就是一个封套，将人物从世界隔离开来，茕茕孑立，唯有灵魂相伴。

对于第三个问题，我们可能得到三种回答中的任何一种。正如我们所见，在许多设计中，设计和主题存在着明显的统一性。而在其他一些设计中，二者却毫无关联。通常而言，杂志插图和广告中的设计和主题，几乎没有关联，它们是相互分离的。**某种**关联几乎总是存在着的，因为一个成功的插图画家必须知道，该如何给他的设计注入一些活力和力量，但是，与美术作品相比，诸如此类的插图，其区域性质相弱，因而提供的呈现对等物也就较少。在其他一些设计中，则存在着一种积极的不连贯。在普桑的许多画作中，设计的庄严、典雅及静穆的威严，非常适合其中所描绘和理想化的人物的皇族气质、古典神

性或者高贵的单纯；例如，参见他的《里纳尔多和阿米达》(1633年，托莱多艺术博物馆)。但是，在他的《屠杀无辜者》(1627—1629年，尚蒂伊孔德博物馆)中，画作所描绘的行为的暴虐，与设计的相对稳定性显得格格不入，令人奇怪。当我们把这幅画与它的漫画习作相比较，这一点尤为明显，因为后者作为一种设计，更有活力，也生动得多。

这种不协调，可能会产生一种新的性质，无论画家是否有意为之：如果主题是微不足道的，或者为人所熟悉的，那么这种不协调也许显得荒谬，因而是滑稽的；如果主题是严肃的，那么这种不协调看起来也许具有反讽意义。但也许，反讽也是一种连贯性；至少，在从这一视角来分析一幅画之时，妄下结论是不可取的。例如，试看一幅令人费解的油画，即高更的《黄色基督》(1889年，水牛城奥尔布赖特美术馆)。如果我们直截了当地说，画面弥漫的黄色，并不适合主题，即大型的十字架，那就大错特错了。这样会让我们远离图画。问题不是什么样的感受适合耶稣受难像，而是什么样的设计性质适合画中所描绘的场景，即跪着的农妇们。可以说，就主题而言，画中被描绘的东西，并没有什么是与色彩性质真正构成冲突的：事实上，色彩，以及立体感的缺乏和形状的简单，都有助于定义一种简单的，或许有点冷漠的信仰。

关于连贯性的所有三个问题，都是在对再现性绘画进行价值判断时出现的，但是这并不意味着它们自动解决了价值问题。视觉艺术的批评家对此处诸问题产生了严重分歧。一些批评家认为，较之非再现 304
性绘画，再现性绘画属于更高阶梯的价值，而一幅包含某种重要而连贯的戏剧主题的绘画，可能就是一幅伟大的绘画，无论它是否包含许多呈现对等物。另一些批评家则宣称，绘画的表现层面是根本，再现层面是枝节。因此，他们会说，即使一幅画并不再现什么，它也可能是伟大的；而如果一幅画虽然是再现的，却缺乏呈现性的对等物以及统一性的设计，那它只是“插图”，根本不是美术。

这些都是可能性；当我们在第十章谈到评价问题时，必须牢记它们。但是，在这一阶段，我们可以避免任何一刀切的先验判断，因其很难予以理性的辩解：诸如这样的先验判断，即再现性的绘画都很糟糕，或者非再现性的绘画都很糟糕。不言而喻，一幅设计和主题毫不相干的再现性绘画，缺乏连贯性的一个重要维度；一幅非再现性绘画，则缺乏复杂性的一个重要维度。

设计与功能

为谨慎处理再现的问题，我们至今只能局限于更早前所定义的视觉设计，而不考虑将我们的结论延伸至雕塑和建筑。其中一些延伸相当明显；另一些则令人费解。不过，在离开这个话题之前，我们会短暂涉足一系列相关的问题，看看这些问题与我们所处理的问题在多大程度上是相似的，以及它们能否通过类似的方式处理。这些问题与设计和主题无关，而是与设计和用途有关，或者，正如人们经常所言，与形式和功能有关。

当一个对象的设计除了它作为一个观照对象的用途，作为一个设计还具有另一种用途，这时，这个对象的设计和它的用途之间是什么关系？如果对象是为了实用目的而设计的——诸如炉子、水槽、勺匙、刀剑或炼油厂——那么它就可能展示一些暗指其用途的特征。当有人向我们展示一个佛教转经轮或者断路器，如果我们没有相关知识，当然会对其用途一窍不通；还有人可能会对耙子和雪犁一头雾水。但是，对于一个有足够知识储备的人来说，许多有用的物品在其设计中就已表明了它们的用途。或者，正如我们所言，匙子看起来就像是用来搅拌和舀取液体的；帐篷看起来就像是一种让人免受天气影响的保护装置。

也不是必然如此，因为有时设计会隐藏对象的目的。床可能会折叠成沙发，老式的胜家牌缝纫机可能会做得非常精细，看起来像一件铸铁家具；或者，举个极端的例子，军用坦克可能会披上迷彩的伪装。人们并不总能做到这点：让一座大桥看起来不像是桥是很难的。305
但是，在较低的程度上，除了促进设计服务于其目的的能力的诸要素，设计的所有改变，或者补充——汽车上的镀铬、夹克袖子上的纽扣（曾经是功能性的，但现在不是了）、勺柄上的雕饰——都是部分的隐蔽物：它们影响了事物的外观，但是并不影响它的实用性。

形成一种关于设计和用途之间关系的分离论，这是可能的：设计和用途仅仅是对象的不同方面，它们可能没有内在的关联。但是，人们也可能支持一种融合论：在一些对象中，设计和用途存在着某种关联。问题是：什么关联？

为了阐述融合论在这里可能提供的原理，我们必须区分“看起来”（look）一词的两种含义。当我们见到一个对象，我们或许能够推断它的目的，或至少能够推断它的一种用途：它可以用来挖掘，用来打球，用来荡秋千，用来游泳。这是一个逻辑推理的问题，它建基于我们对这类对象的过往经验。这是一种实践推论。例如，假设您在检查一辆汽车：您可以打开引擎盖，说：“它看起来跑得很快。”这是一个预测：如果你坐进汽车，启动汽车，松开离合，踩下油门，那么汽车就会跑得很快。

但是，假设汽车停在路边，你只考察它的颜色、线条和形状——它又低又长，曲线向后延伸，而两种颜色之间的镀铬条的线条，作为一个纯粹的设计向前流动。它具有“快”的外观。这既不是推论，也不是预测。因为大家都知道，它可能根本没有马达，或者它的马达可能状况不佳。你只是描述了设计本身的区域性质：它有一个清晰、快速、流畅、有力、平顺的外观。

如果说“这辆车跑得快（或会跑得快）”，这是在描述对象的一个**性能**特征。如果说“这辆车有快的外观”，这是在描述一种**设计**性质。当设计包含的某种性质，也是对象值得拥有的性能特征，则该设计与对象的功能是相符合的。

因此，假设某个品牌的汽车被设计成速度很快的车。如果它也**看起来**跑得快，那么它的外观就宣示了它的理念，将其直接带入人们的意识之中。可以说，它似乎体现了我们从其身上所期待的诸性质；它表明了其所是——或者其所应是。通用汽车的一则广告是：“新的格栅不容忽视；它让人直接感到一种统领三军的气势。”换言之，格栅作为一种设计而具有的威猛外观——在这款车中，这是一种令人生畏的和凌厉无比的格栅——其本身就是它在道路上领跑于其他汽车的预期能力的呈现性对等物。“你所看到的每一处都是平顺的运动轨迹……充满活力的线条是新的发动机功率的表现”；设计具有平顺的运动，
306 而汽车的行驶也同样平顺。或者，它就是这么宣称的。另一则广告说：“这里，是美而不艳，风格盛而不华，修长飘逸的线条蕴含合乎目的的意义。”即使静止不动，它看起来也有一飞冲天的态势。

按照我们的表述，融合论并不是一种价值判断：它只是指出了一种偶尔实现的可能性。但是还有另一种理论，有人认为它与融合论相关，在这里，我们至少应对其予以简短的考察。这叫作功能主义。[1]处理这一理论的主要困难，在于它通常把几个截然不同的且逻辑上独立的命题混为一谈，而这些命题首先是要予以区分的。在这些命题之

1　霍雷肖·格里诺和 W. D. 提格为这一理论予以了辩护；参见附注 17-F。

中，有一些并没有很大的争议性。当功能主义者宣称，建筑理应是“功能性的”，即服务于建造它们的目的，他是难以驳倒的。另一方面，当他宣称，这一功能永远都不应沦为审美价值的牺牲品，要为这种一概而论的陈述进行辩解，却是不可能的；用女性服装就可以驳倒它。但是，功能主义者有时似乎想到的两个命题，是至关重要的，也是可以讨论的。

首先，功能主义者有时断言，在一个实用的对象中，设计理应迎合用途。因此，银行大楼的主要目的是保证金钱和文件的安全：它必须坚固、安全、不易被盗。现代材料就有可能使它在没有安全外观的情况下拥有安全的现实性：它实际上可能是坚固防盗的，虽然它可能是用玻璃建造而成，有着一种柔软的和流动的性质。或者，它可以看起来很安全，有着一个正方形的、霸气十足的正面，厚重的大理石块，以及看似坚不可摧的大门——即使这栋大楼的安全性事实上可能比不上玻璃大楼。

每个人——或者几乎每个人——都同意，银行理应是安全的；功能主义者声称，银行理应看起来是安全的：它的设计性质理应符合其理想的，或者最令人满意的性能。目前还不完全清楚，人们可以诉诸什么样的论据来支持这种观点：无论如何，它都会把我们带入一些超出我们预期的价值问题之中。有人可能认为，如果设计和目的能够更紧密地结合在一起，我们的日常经验就具有了一种和谐性或者统一性；这种思路可能会引起我们即将在第十二章中谈到的关于艺术的社会影响的问题。或者，有人可能会说，如果建筑师、工厂设备的设计师以及家具的制造商不遗余力地在设计中体现出他们的产品的性质，我们身边就会出现更多的好设计。这一观点，将把我们带至功能主义的第二个论题。

有时，功能主义者似乎是说，一个物品的设计，越适合它的用途，
307 就越出色。当然，这只适用于实用的物品；他们通常会同意，不实用的东西，如绘画，可能有好的设计。但是他们可能会从两个方面予以论证：(1)如果我们观察某一类对象的发展历程——从布鲁克林大桥到乔治·华盛顿大桥，从最早的汽车、缝纫机和吸尘器到它们的最新型号——我们就会观察到，随着产品逐渐完善而能够更好地服务于其目的，其设计往往会被予以相应的简化和统一。不必要的附加物被砍掉，形状是事物自身的本性的有机生长，而不是从其他地方借用的，正如第一辆汽车上的马车车厢。只要设计的价值取决于它的统一程度，那么在其他条件相同的情况下，对象越是能够实现它的目的，它的设计就越出色。

(2)还存在另一种倾向，它与第一种倾向相吻合。可以说，对象越是别无他涉地专注于它的目的，且越是出色地服务于它的目的，它就越有可能看起来是正确的：桥梁越好，就越高耸入云，似乎能够驾驭和克服它所跨越的空间；如果它更安全，它看起来就更安全。罐壶越适合斟茶倒水，椅子越适合斜靠，厨房越适合备餐，它们的区域性质就会越强烈和突出。而只要设计的价值取决于其区域性质的强烈性，对象的功能性越强，它的设计就越出色。

也许不是所有的功能主义者都认为，统一性和强烈性是好设计的充分条件，尽管我认为有些人会如此认为，而他们甚至会更加青睐看起来更像这类简化的实用物品的绘画。但是，针对第二个论题的论证，我们想要提出两个问题。首先，随着对象实用性的加强，其设计的简化，也许并不是**不可避免**的；今天的炼油厂，其复杂性并不亚于以前的炼油厂。但是作为一种通论，它还是颇有深意的。其次，也许我们不应允许这一论证推导出一个经常被归结于它的结论，即认为所

有的纯粹装饰都应该被消除的想法。这是因为，有一个同样重要的非功能主义真理是我们必须谨记的。对于你所喜欢的任何东西，不管它多么出色地实现了它的功能，一个好的设计师完全可以为它添加一些适度的装饰性点缀，使它成为一个更受认可的设计，同时对它的性质予以强化。也许，不是所有的东西都可以通过这种方式而得以改进：子弹，或某些罐壶，抑或成熟的西红柿。诚然，装饰性的点缀经常破坏了实用物品的设计；但是，无论你的跑车在速度方面设计得多么出色，一些线条和色彩的点缀，可以让它看起来更拉风，虽然这些点缀绝对是不实用的，对提高车的性能也没有任何帮助。它涂红色漆比涂棕色漆看起来更拉风，它喷上一缕对比色调看起来更拉风，但是它的颜色不会影响到它的速度。

无论如何，正如在我们对美术作品的经验中一样，相同的或相似的融合原则，似乎也在我们对实用物品的经验中发挥着作用。这些物 308
品的审美性质——统一性、复杂性以及其他区域性质——可能独立于它们的用途，这样的话，一旦这些物品与其用途相脱离，它们就有了最充分的显现，就像人们从其文化背景中将它们拿出来放进博物馆时那样。或者，审美性质也许是其用途的视觉表象，这样的话，只有当我们理解了它们在其所服务的人类生活方式中的意义，我们对它们的感知才是最充分的。

附注与问题

§ 16

16-A. “再现”的定义。关于“题材”（subject matter），参见约

翰·霍斯珀斯《艺术中的意义和真理》(*Meaning and Truth in the Arts*, Chapel Hill, N.C.: U. of North Carolina, 1946)，第 15—25 页：注意，霍斯珀斯选择在广义上使用“再现”一词(第 29 页)：正如人们经常所言，文学是一种“再现性的艺术”(第 23 页)。但是，即使一首诗是“关于”某东西，这种“关于性”(aboutness)若使用与再现性设计相同的术语，似乎也是令人困惑的。此外，注意，他所说的“题材”的两种意义(第 23 页)，有别于我所区分的描绘主题和摹绘主题。比较阿尔伯特·巴恩斯《绘画中的艺术》(*The Art in Painting*, 3d ed., New York: Harcourt, Brace, 1937)，第 20—21 页；他对“主题”(subject)和“题材”的区分，在一定程度上对应于摹绘内容和描绘内容的区分。

莫里斯·韦兹在《艺术哲学》(*Philosophy of the Arts*, Cambridge, Mass.: Harvard U., 1950)中为“有机论”做了辩解(第 56—60 页)，他的方法是在广义上使用“再现”一词——以及他认为同义的其他术语——从而使得“艺术的每一个构件都具有表现意义上的再现性”(第 60 页)。由此，他就声称，与其说黄色是温暖的、晴朗的，不如说它“再现”了温暖和晴朗；与其说一条线条是有力量的，不如说它“意指”力量，或者是力量的“指号”。这似乎是一种毫无依据的、散漫得令人难以容忍的言说方式；我们将在第七章(§18)中讨论它所面临的与音乐意义理论相关的具体困难。

16-B. 描绘与摹绘。海伦·奈特在《绘画艺术中的审美经验》(“Aesthetic Experience in Pictorial Art,” *Monist*, XL [1930]: 74–83)一文中区分了绘画中的“抽象”(abstract)和“具象”(concrete)，这似乎与描绘和摹绘的区分相对应；吊诡的是，她的建议并不被人们所采纳。

肖像画的概念在近期绘画中的扩展(参见门罗·惠勒《二十世纪肖像画》[*20th Century Portraits*, New York: Museum of Modern Art, 1942] 中的绪论,以及书中的复制作品),是否会让本章所提出的“摹绘”定义面临困境?例如,达利的《柔软的自画像》(1941 年,艺术家本人收藏)是否是一幅肖像画? 309

关于给摹绘造成更多难题的资料,参见玛丽安娜·詹金斯《国家肖像的起源和演变》(*The State Portrait: Its Origin and Evolution*),美国考古研究所与大学艺术协会考古学与美术专著系列,1947 年第 3 部。

在《图像志与图像学》(["Iconography and Iconology: An Introduction to the Study of Renaissance Art," *Studies in Iconology: Humanistic Themes in the Art of the Renaissance*, New York: Oxford U., 1939],第 3—31 页;收入《视觉艺术中的意义》[*Meaning in the Visual Arts*, Garden City, N.Y.: Anchor, 1955],第 26—54 页)一文中,欧文·帕诺夫斯基似乎将描绘归结为作品的“前图像志描述”,而“图像志”一词则指“第二性或者常规性的题材”的阐释(第 30—31 页),这种题材明显是摹绘;他将象征主义的阐释,以及关于作品的其他陈述,都归于“图像学”之下(第 30—31 页)。

16-C. 再现性设计与非再现性设计的区分。在《为再现而辩》(["In Defense of Representation," *Art: A Bryn Maivr Symposium*, Bryn Mawr, Pa.: Bryn Mawr College, 1940],特别参见第 23—30 页)一文中,理查德·伯恩海默反对这一区分,其理由是:“艺术中的再现,最终是不可避免的”。然而,他是否是在比本章更广泛的意义上使用这一术语?在《艺术哲学》([*The Philosophy of Art*, New York: Dial, 1929],第 206—213 页)中,C. J. 杜卡塞提出,设计本身就是“被再现出来的”；但在此处，“被再现”是否是前文所说的意思，这却是一个问题。在沃尔夫冈·帕伦《形式与意义》(*Form and Sense*, New York: Wittenborn, 1945)中，也有一些有趣的讨论。

参见阿诺德·伊森伯格《艺术的知觉、意义和题材》(“Perception, Meaning, and the Subject-Matter of Art,” *J Phil*, XLI [1944]: 561–575)一文，收录于埃里西奥·维瓦斯和莫瑞·克里格主编《美学问题》(*Problems of Aesthetics*, New York: Rinehart, 1953)，第211—225页。当我们仰望皎皎明月，我们所得到的是一种月亮呈现物(感觉资料或者感觉印象)，而伊森伯格认为，在同样的意义上，月亮的图像也是一种月亮呈现物(moon-presentation)；因此，我们为什么非要认为这张图像比另一个月亮呈现物更能“再现”月亮呢？但是，可以说，图像月亮(picture-moon)并不是月亮再现物之家族中的成员，这些月亮再现物属于，或者构成了自然月亮；当我们看到月亮的图像，我们看到的并不是月亮，而比起看月是月，要看出图像是一幅月亮图像，确实会牵涉更多的东西。伊森伯格想要做的，是“展现我们通过艺术题材而理解的东西，有多少是可以划定在感官知觉的范围之内”(维瓦斯和克里格前引书，第224页)；但是他也承认，并不是所有在美术经验之
310 中生效的东西都可以简约为呈现物的理解。

立体主义为再现性设计和非再现性设计的区分提出了一个有趣的问题。在《美国的抽象艺术与超现实主义艺术》(*Abstract and Surrealist Art in America*, New York: Reynal and Hitchcock, 1944)(另见书中很多有用的插图)中，西德尼·詹尼斯写道：“所有的立体主义绘画都是对象源于自然的抽象再现；它们是具象艺术，与非具象艺术相反。”(第4页)然而，纵使一些立体主义绘画按照任何定义来说都是具象的，也有许多立体主义绘画，显然不能被理解为任何可能实存的

物质对象的图像。

为了澄清这一区别，我将列举20世纪绘画中一些可接触到的例子——为方便起见，我将以现代艺术博物馆的一组油画为例。复制品能很好地服务于我们的目的，而我提到的复制品，全都出现于A. H. 巴尔所主编的《现代艺术博物馆的绘画和雕塑》(*Painting and Sculpture in the Museum of Modern Art*, ed. by A. H. Barr, Jr., New York: Simon and Schuster, 1948)一书。我理应把毕加索的《镜子前的女孩》(1932年)和莱热的《三个女人》(1921年)归入再现性作品之列，虽然二者都是高度抽象的。马林的一些画作，诸如《曼哈顿下城》——亦叫《从伍尔沃斯之巅构图》(1922年)——以及《海湾对面的肯顿山》(1922年)，处于临界点，但是我倾向于认为它们不是再现性的，而是暗含性的；而且，我会把布拉克的《弹吉他的人》(1911年)、毕加索的《打牌者》(1913—1914年)、康定斯基的《即兴创作》(1915年)和《构图七号：碎片之一》(1913年)、米罗的《向鸟投掷石头的人》(1926年)、巴齐奥蒂的《侏儒》(1947年)等画作都归于同一个范畴。我会把蒙德里安的《百老汇爵士乐》(1942—1943年)(它严格说来并不暗含音乐，而是与音乐有着某种共同的张力)、佩雷拉的《白线》(1942)，以及马列维奇的"至上主义作品"，都归于非暗含性作品的范畴。你可能会对我列举的一些例子持有异议；也许，我忽略了最后一组一些画作中的某种重要暗含。或者，你可能会说，毕加索的镜子前的女孩和米罗的鸟儿之间的界限，是极为随意的。然而，在这里，存在着三种截然不同的绘画类型。

我们可以设计一个哲学难题，以阻止人们狭隘地通过实质类来定义"再现"。"这幅画再现了橙子，橙子是一个球体，因此这幅画再现了一个球体"，这个推论有效吗？

16-D．暗含及暗含的连贯性。关于暗含，参见沃尔特·阿贝尔《再现与形式》(*Representation and Form*, New York: Scribner's, 1936)，第26—35页(但注意，阿贝尔有时认为“再现”就是暗含)。比较皮特·蒙德里安《造型艺术和纯粹造型艺术》(“Plastic Art and Pure Plastic Art”)一文，见《造型艺术与纯粹造型艺术论文集》(*Plastic Art and Pure Plastic Art and Other Essays*, New York: Wittenborn, 1945)，第50—63页，以及《艺术圈：构成艺术国际纵览》(*Circle: International Survey of Constructive Art*, London: Faber and Faber, 1937)，第41—56页。蒙德里安对于“真正的非具象艺术”的诉求(第44页)，似乎意指非暗含性的设计，而非“具象性的碎片”(第52页)；
311 但是蒙德里安似乎也认为，一个平衡匀称的构图在某种程度上是“真实生活”的“造型表现”，这种表现乃“动态平衡”(第46页)，而对于非暗含性的设计而言，这几乎是不可能的。

例如，从《纽约时报》某个周日的评论专栏，即《艺术通报》或《艺术》中，查询一些对于暗含性的非再现绘画的阐释。这些阐释是否符合一个这样的原则，即除非一个设计潜在的暗含意义是连贯一致的，否则它不是暗含性的？你能否根据你找到的例子进一步澄清这一原则的表述？

16-E．标题。视觉设计与其标题之间存在着哪些可能关系？例如，在一些情况下，标题是一个纯粹的标签：《构图六号》和《灰色与金色中的和谐》——后者是惠斯勒在有人建议他以狄更斯小说中的“快腿维克”对画作重新命名时极力坚持保留下来的。在另一些情况下，二者似乎存在着更内在的关联。你能通过每种情况中的明确例子而对关系的类型进行分类吗？标题可以说是在画的旁边(with the painting)，还是像米开朗琪罗的西斯廷小教堂天顶画中的先知的名字那样，是在画的里面(in the painting)，这其中是否有什么不同？依靠标题的帮助来阐释一幅画，这是否是意图主义的一种形式？参见阿贝尔前引书，第 106—110 页。

保罗·克利的作品提出了一些关于标题的必要性的难题。参见沃纳·哈夫特曼《保罗·克利的思想和作品》(*The Mind and Work of Paul Klee*, London: Faber and Faber, 1954)，第 8 章。

16-F. 抽象。本章所提出的这一术语以及相关术语(“失实”“普遍化”“理想化”“现实主义”)，其定义或有助于澄清安德鲁·C. 里奇在《美国的抽象绘画与雕塑》(*Abstract Painting and Sculpture in America*, New York: Museum of Modern Art, 1951)中所做的区分。

阿瑟·波普在《素描与油画的语言》([*The Language of Drawing and Painting*, Cambridge, Mass.: Harvard U., 1949]，第 5 章和第 6 章)中所区分的素描与油画的诸“模式”，是再现的诸类型吗？另见斯蒂芬·C. 佩珀《艺术欣赏的原则》(*Principles of Art Appreciation*, New York: Harcourt, Brace, 1949)，第 238—249 页。

杰罗姆·阿什莫尔在《抽象绘画和非客观绘画的若干差异》(“Some Differences Between Abstract and Nonobjective Painting,” *JAAC*, XIII [June 1955]: 486–495)一文中所做的区分，明显是意图主义的，因为在他的用法(第 486 页)中，“原始题材”只能指艺术家最初看到的或想象到的，然后通过某种“变形”而表现出来的对象。当我们悬搁意图以及被认为存在的形而上学含义，要确切地决定这一区分对设计和再现有何意义，并不容易。

16-G. 失实。收集一些再现失实的例子，并讨论失实在每一个例子中对作品有什么贡献；考察这一贡献在多大程度上取决于人们能够 312
辨识它是失实再现。例如，如果一个火星人凝视着帕米贾尼诺所画的长颈圣母，以为人类都是长这个样子，那么，圣母画像的诸性质是否必然是不同的？参见马特奥·马兰戈尼《观看艺术的艺术》（*The Art of Seeing Art*, London: Shelley Castle, 1951），第 115—140 页。

漫画应如何定义？参见波罕·林奇《漫画的历史》（*A History of Caricature*, Boston: Little, Brown, 1927）。滑稽和夸张是定义项的一部分吗？对一类人，或者仅仅对一个个体予以漫画化，这在严格意义上是否可能？换言之，能否既存在描绘漫画（depiction-caricature），又存在摹绘漫画（portrayal-caricature）？

16-H．象征主义。根据本章的分析，比较理查德·伯恩海默所得出的类似结论，见其《论象征符号》（"Concerning Symbols," *Art: A Bryn Mawr Symposium*, Bryn Mawr, Pa.: Bryn Mawr College, 1940），第 31—74 页；伯恩海默同样是将鹰作为一个例子。E. H. 贡布里希《艺术价值的视觉隐喻》（"Visual Metaphors of Value in Art"）一文，颇有启发性，见其《符号与价值》（*Symbols and Values*, 13th Symposium of the Conference on Science, Philosophy and Religion, New York: Harper, 1954），第 18 章；贡布里希更倾向于使用"视觉隐喻"一词，而不是人们通常所说的"象征符号"。W. G. 康斯塔伯在《符号与价值》同一卷第 14 章的《视觉艺术的象征层面》（"Symbolic Aspects of the Visual Arts"）一文，帮助却不大；他试图证明，所有绘画在某种意义上都是象征性的，但在此过程中，他所做的区分少之又少。而道格拉斯·摩根在对研究进展的概括和总结中，则做出了很多区分，见其《视觉艺术中的肖似符号、指示符号和象征符号》（"Icon, Index, and Symbol in the Visual Arts," *Philosophical Studies*, VI [1955]: 49–54）一文。

"象征符号"的分析，需要通过各种例子来检验。例如，参见：乔治·W. 弗格森《基督教艺术中的指号和符号》（*Signs and Symbols in*

Christian Art, New York: Oxford U., 1954)(注意他对“指号”和“符号”的区分,第xii页);欧文·帕诺夫斯基前引书;弗朗兹·波阿斯《原始艺术》(*Primitive Art*, Cambridge, Mass.: Harvard U., 1927),第4章,第88—143页;埃米尔·马勒《从十二世纪到十八世纪的宗教艺术》(*Religious Art from the Twelfth to the Eighteenth Centuries*, New York: Pantheon, 1949),第61—98页;J. 赫伊津哈《中世纪的衰落》(*The Waning of the Middle Ages*, London: Arnold, 1924),第15章。参见乔治·凯普斯关于现代艺术中的象征主义的讨论:《视觉语言》(*Language of Vision*, Chicago: Theobald, 1944),第3章。K. C. 林赛和伯纳德·赫普在《勃鲁盖尔绘画中的意义和方法》(“Meaning and Method in Brueghel's Painting,” *JAAC*, XIV [March 1956]: 376–386)一文中,针对勃鲁盖尔绘画的阐释,提出了一些极其有趣的,却又令人费解的问题,并对它们予以了讨论。他们的阐释方法及这种阐释方法的预设,他们所诉求的那种外部证据,以及他们所使用的象征连贯性原则,都值得仔细探讨。

有关弗洛伊德象征主义理论的例子,参见雅克·施尼尔在《艺术象征主义与无意识》(“Art Symbolism and the Unconscious,” *JAAC*, XII [September 1953]: 67–75)一文中对船这个象征符号的分析。施尼尔认为,对潜意识欲望的诉求,乃“真正的艺术语言”(第75页);他的观点是取代本章所做的分析,还是补充之?如果对象和性含义之间的这种无意识关联确实存在于人的心灵,那么,要解释人们对这 313
些对象或者它们产生情感效果的能力的兴趣,这些无意识关联是必要的,还是充分的?

16-I. 不可答的问题。批判性地考察一些关于某个特定画家的权威著作,找出各种可能出现的关于其画作的阐释的例子。有哪些问题原则上无法通过一种可确证的方式而予以回答？弗美尔就是一个恰当的例子（参见 P. T. A. 斯维伦斯《约翰内斯·弗美尔：代尔夫特的画家》[*Johannes Vermeer, Painter of Delft*, Utrecht-Spectrum, 1950]；劳伦斯·高英《弗美尔》[*Vermeer*, London: Faber and Faber, 1952]）。(1) 假设弗美尔的房间图像是描绘作品，人们可以询问他画了多少间不同的房间（斯维伦斯回答是五间，第 69—70 页）；对于其画作的阐释而言，这一信息在哪个方面是重要的？(2) 艺术家及其模特儿的画像——通常被称为《工作室里的艺术家》（约 1665 年，维也纳）——是一个寓言吗？如果我们遵照凯撒·里帕 1644 年在阿姆斯特丹出版的权威著作《图像学》（*Iconology*），小号会自动成为声望的象征符号，但是如果我们遵照象征连贯性的原则，并且注意到，比方说，模特看起来并不是要吹小号的样子，而让画家为了声望而画声望，也是相当混乱的（见斯维伦斯，第 99—102 页），那么我们就可以得出结论说，在这种情况下，小号并不是一个象征符号。(3)《站在维吉那琴前面的年轻女人》（约 1670 年，伦敦国家美术馆）是否是一幅肖像画？我们能否确定她“与画家相熟”（斯维伦斯，第 103 页）？(4)《熟睡的女孩》——亦称《悲戚的年轻女人》（约 1656 年，纽约大都会博物馆）——中的女人，是熟睡的还是悲戚的？我们是否有办法做出客观的判断？或者，《士兵与微笑的女孩》（约 1657 年，纽约弗里克收藏馆）中的女孩是否在伸手要钱？是否有办法来检验人们所讲述的关于这两个场景的故事的正确性（比较斯维伦斯 [第 1 页，第 105 页] 和高英 [第 50—51 页]）？

§ 17

17-A．设计与主题关系的分离论。关于这一理论的阐发和辩护，参见以下著作：(1) 克莱夫·贝尔《艺术》(*Art*, London: Chatto and Windus, 1914)，第一部分，第1章，以及第63—68页；第四部分，第2章)，部分内容收录于M.雷德《现代美学文选》(*A Modern Book of Esthetics*, rev. ed., New York: Holt, 1952)，第317—334页；《塞尚之后》(*Since Cezanne*, London: Chatto and Windus, 1922)，第2章和第8章；特别要注意这一陈述(第94页)："这尊被视为一件艺术作品的雕像(爱泼斯坦的《基督》,1919年),再现的是耶稣基督还是约翰·史密斯，是无关紧要的。"

(2)罗杰·弗莱《视觉与设计》(*Vision and Design*, London: Chatto and Windus, 1920)(纽约Meridian出版公司，1956年再版)，第16—38页("论美感")，第284—302页("后记")；关于乔托的论文 314 (第131—177页)，是对其绘画中的戏剧题材的极好讨论，但它不完全符合弗莱的观点(见其第131页注释)；事实上，在某些地方(诸如第168—169页)，它接近于融合论；参见《变形》(*Transformations*, London: Chatto and Windus, 1926)(纽约铁锚图书出版社，1956年再版),第1—43页;注意他对主题和设计与歌曲中歌词和乐曲的比较(第27—34页)。

(3)希莱尔·希勒等人《为何抽象?》(*Why Abstract?*, New York: Laughlin, 1945)，第19—29页；N.加博《艺术中的建构观念》("The Constructive Idea in Art," *Circle: International Survey of Constructive Art*, London: Faber and Faber, 1937)一文，第1—10页。

关于人们对分离论的批评，参见：莫里斯·韦兹《艺术哲学》(*Philosophy of the Arts*, Cambridge, Mass.: Harvard U., 1950)，第1章和第2章；C. J. 杜卡塞《艺术哲学》(*The Philosophy of Art*, New York: Dial, 1929)，第213—222页；约翰·霍斯珀斯《艺术中的意

义和真理》(*Meaning and Truth in the Arts*, Chapel Hill, N.C.: U. of North Carolina, 1946), 第98—117页; L. A. 里德《美学研究》(*A Study in Aesthetics*, New York: Macmillan, 1931), 第12章, 第311—327页。这些批评在哪些方面是不得要领的，或者是误读了贝尔和弗莱的观点？

17-B. 有意味的形式。关于这个概念，参见：贝尔《论艺术》，第一部分，第1章至第3章；第四部分，第2章；《塞尚之后》，第2章；弗莱《后记》，第284—302页。比较弗莱的"生动"(vitality)这一术语(《最后的演讲录》[*Last Lectures*, 1939]，第3章)；阿尔伯特·巴恩斯《绘画中的艺术》(*The Art in Painting*, 3rd ed., New York: Harcourt, Brace, 1937)，第二册，第1章，第55—71页；谢尔登·切尼《艺术中的表现主义》(*Expressionism in Art*, New York: Liveright, 1934)，第5页；苏珊·朗格《感受与形式》(*Feeling and Form*, New York: Scribner, 1953)，第14—15页，以及第3章。C. J. 杜卡塞的尖锐批评，则提出了一些切中肯綮的观点，见其前引书中的附录。

17-C. 设计与主题关系的融合论。关于这一理论的阐发和辩护，请参见以下著作：(1)沃尔特·阿贝尔《再现与形式》(*Representation and Form*, New York: Scribner's, 1936)，第7—10章。阿贝尔谨小慎微地阐述了他的立场，但是，当他争辩说，较之埃尔·格列柯的《橄榄园里的痛苦》，佩鲁吉诺画作中的色调和构图并不符合主题(第130—131页)，这时他是否在一定程度上混淆了主题和"出发点"(point of departure)，或者混淆了描绘主题和摹绘主题？一个有趣的练习是，看看在廖内洛·文杜里针对阿贝尔的比较所做的批评(见《当代艺术批评》[*Art Criticism Now*, Baltimore: Johns Hopkins, 1941]，第42—46页)中可以找到多少混淆的情况。伯纳德·C. 海尔在《美学与艺术批评》([*Esthetics and Art Criticism*, New Haven, Conn.: Yale U., 1943],第 129—130 页)中对于文杜里的进一步评论,似乎是无的放矢:阿贝尔和文杜里之间的问题,如果有的话,并不是他们“基于不同标准而下判断”,而是他们并不清楚佩鲁吉诺的设计所适合的主题是什么:它是历史事件的摹绘,还是佩鲁吉诺本人对历史事件的描绘?

(2)阿尔伯特·C. 巴恩斯前引书,第一册,第 4 章,第 4 节;第二册,第 2 章;更多例子,参见第 92 页(波提切利的宗教绘画)、第 392 页(乔托)、第 422 页(焦尔焦内)、第 477 页(毕加索),以及其他各处 315
的分析。巴恩斯始终坚持融合论,虽然他的一些表述与其相悖;阿贝尔便指出了他的一些自我矛盾(第 1 章)。巴恩斯使用的术语是“造型对等物”(plastic equivalents),而不是“呈现对等物”。

(3)里斯·卡朋特《希腊艺术的审美基础》(*The Esthetic Basis of Greek Art*, Bryn Mawr, Pa.: Bryn Mawr College, 1921),第 2 章,收录于 M. 雷德《现代美学文选》(*A Modern Book of Esthetics*, 1st ed., New York: Holt, 1935),第 272—284 页;注意他的论点:如果线条和形状不能被辨识为再现性的,则不可能具有较强烈的或者较明确的区域性质。

(4)戴维·F. 鲍尔斯《艺术题材的作用》(“The Role of Subject Matter in Art,” *J Phil*, XXVI [1939]: 617–630)一文,在这篇出色的论文中,鲍尔斯对诸问题予以了谨小慎微的阐述,并为一种明确形式的融合论做了辩解。

另见:海伦·奈特《图像艺术中的审美经验》(“Aesthetic Experience in Pictorial Art,” *Monist*, XL [1930]: 74–83)一文;德威特·H. 帕克《艺术的分析》(*The Analysis of Art*, New Haven, Conn.: Yale U., 1926),第 89—100 页;L. A. 里德前引书,第 12 章,特别参见第

323—326 页。

关于设计与主题关系的更多例子，参见：兰菲尔德《审美态度》（*The Aesthetic Attitude*, New York: Harcourt, Brace and Howe, 1920），第 169—178 页，以及第 8 章；戈查尔克《艺术与社会秩序》（*Art and the Social Order*, Chicago: U. of Chicago, 1947），第 97—102 页，第 126—130 页；马特奥 · 马兰戈尼《观看艺术的艺术》（*The Art of Seeing Art*, London: Shelley Castle, 1951），第 150—236 页。

17-D. 戏剧统一性。一幅画的戏剧主题本身获得戏剧连贯性或不连贯性的不同途径是什么？找一些例子来分析。与戏剧相关的准则，有哪些可以有意义地运用于此处？参见阿贝尔前引书，第 73—74 页，以及第 6 章；他的“联想形式”（associative form）大致是“戏剧统一性”的意思。罗杰 · 弗莱(《变形》第 14 页)使用了“心理结构”一词。在查尔斯 · 毛隆对绘画和文学的简短比较(见《文学艺术中美的本性》[*The Nature of Beauty in Art and Literature*, London: L. and Virginia Woolf, 1927]，第 65 页及后面数页)中，他似乎并没有使用弗莱归于他的“心理容量”这个术语，但是他确实谈到了文学作品中的，而不是绘画中的“精神容量”。

17-E. 合适的主题。从艺术史上可以清楚地看出，某些主题是画家们反复再三筛选出来的，其中一些无疑是出于宗教和社会动机。它们的频繁出现，还可能存在其他哪些可以通过这些主题所提供的设计的种类而表述的原因？讨论一些为人所熟知的主题对于可建基于它们之上的设计的关系，以及它们对于设计的统一性和性质的关系。人们还经常争论，是否有一些主题完全不适合绘画（比如参见莱辛的《拉奥孔》，第 2 章，第 3 章，第 24 章，第 25 章）。但是，除了在某些时代
316 对某些主题提出政治、宗教和道德意义上的异议之外，你能想出任何

一个一旦被选用，就不可能拥有一个统一性的设计的主题吗？

17-F. 设计与功能。对于功能主义的辩护，参见霍雷肖·格里诺在《形式与功能》（*Form and Function*, ed. by H. A. Small, Berkeley, Cal.: U. of California, 1947）中的诸篇文章（第 24 页，第 51—86 页，第 113—129 页）；特别参见《美国建筑》（“American Architecture”）一文，收入《主题与形式》（*Theme and Form*, ed. By Monroe C. Beardsley, Robert W. Daniel, and Glenn H. Leggett, Englewood Cliffs, N.J.: Prentice-Hall, 1956），第 349—354 页。格里诺的基本观点是：建筑物知难而上地适应于其位置和用途，这种适应的必然结果是获得了性格和表现力（第 62 页）。但是，这个陈述中的每一个核心术语都要予以仔细分析。沃尔特·提格也持同样的观点，见其《今日设计》（*Design This Day*, New York: Harcourt, Brace, 1940），第 4 章，特别参见第 53 页。

关于功能主义所受到的批评，参见赫伯特·里德《艺术与工业》（*Art and Industry*, London: Faber and Faber, 1934），包括他对启蒙性插图的评论；里德否认“美与功能之间存在必要的关联”（第 2 页，第 45 页）。

要找一些可供讨论的关于功能性对象的例子，参见埃德加·考夫曼《何为现代设计？》（*What Is Modern Design?*, New York: Museum of Modern Art, 1950），以及尤金·拉斯金《墙与壁垒》（“Walls and Barriers,” *Columbia University Forum*, I [Winter 1957]: 22–23）一文。如果比较刘易斯·芒福德在《纽约客》上发表的那篇关于纽约曼纽法彻信托大厦的《水晶华灯》（“Crystal Lantern”）一文，这会很有意思，此文收入于比厄斯利、丹尼尔和莱格特前引书，第 354—358 页。 317

第七章　音乐的意义

即使我们对一首乐曲予以了较为透彻的分析，找出了它的重要音程、旋律和音型、转调和发展——简而言之，揭示了其结构和肌质的诸细节——我们的描述当然也遗漏了一些重要的东西。这是因为，我们并没有提到乐曲的那些弥漫性的区域性特征，它们是乐曲所独有的，在乐曲中别有滋味。当我们列出这些特征——它是戏剧性的，它是鼓吹喧阗的，它是缠绵蕴藉的和感心动耳的，它是活泼天真的——我们意识到，我们永远都不可能给出完整的描述。但是我们隐隐觉得，即使是这样，对于音乐还有更多可说的东西。

在音乐中，似乎不只存在它呈现在我们专注的耳朵之中的东西，其中还有更多——一种超越音乐本身的暗示，一种对于世界或人类生活的指涉，无论多么间接。这种感觉是可以理解的。音乐的经验，有时宛若天启经验：我们感觉自己是第一次发现了某种东西。当然，我们所发现的，也许只是音乐本身，而不是音乐将人们的注意力所引向的，或者是为我们所斡旋的其他东西。发现了一个新词，诸如“朔望”(syzygy)，未必是发现了一个新概念。

人们经常观察到，音乐的流动与有意义的人类话语的流动，有着
318 惊人的相似性。因此，人们忍不住把音乐说成是一种“语言”，并且借用语言学的术语来分析之，诸如“分句”“乐句”“乐段”等。在他最后一首弦乐四重奏(F大调，作品135号)的终曲的乐谱上，贝多芬援

引了该乐章的三个短音型，在它们下方写下了几句话，将它们称为“艰难的抉择”：

“非如此不可吗？非如此不可！”在这些话的引导下，一些人从这首四重奏中读出了哲学意义上的安于天命。但是，如果我们寻找符合我们对音乐和贝多芬的理解的极简假设，那么贝多芬很可能是有感于一个众所共知的事实：第一个分句，由于其上扬的音调和肃穆的神秘性，在动力学上类似于疑问句；而其他分句，由于其短促的决断性和下沉的重音，在动力学上类似于陈述句，这使人觉得是对它们所转位的第一个分句的回答。现在，出于很好的音乐理由，这些分句在乐章本身中并不完全是按照这个顺序出现的，所以贝多芬可能是觉得，指出这种有趣而耐人寻味的关系是好玩的。

无论如何，可以说，其中肯定存在问答性(question-answer quality)，至少，如果你考虑德语和英语的问题和回答的话。在更大的范围内，我们发现了批评家经常提及的其他话语性(discourse-qualities)。在赋格曲中，不同的声部之间可能存在某种“会话”，虽然纯粹作为会话，它是相当单调的；其中存在“讨论”“争论”“辩论”，等，有时还存在一种“共识的达成”。在协奏曲中，独奏的声音可能会“劝诫”合奏的其他演奏者。此外，批评家还宣称，音乐有时是“深刻的”，而不是肤浅的；或者说，它有“意味”，因为在其中，“作曲家确实要表达一些东西。”

由此，产生了这样一种观点，即音乐不仅具有其部分和整体的诸性质，而且还具有某种意义——一种语义学的维度，就像文字和手势一样。这样，音乐批评家的部分任务，就是在适当的情况下宣告这一意义是什么，并帮助那些有理解障碍或者经验匮乏的听众发现这一意义。这样做，就是对音乐进行**阐释**——这与音乐的描述是两码事。而随之而来的美学问题，则关乎这一阐释过程：从某种明显的意义上说，
319 音乐是否具有意义？如果是，我们如何知道这一意义是什么？

这些问题的提出，经常伴随着一系列对于伟大的作曲家的顶礼膜拜，这些作曲家在他们的鲍斯韦尔[1]——比如贝多芬的朋友辛德勒——的影响下，时不时在不经意间抛出各种令人困惑的关于音乐这一方面的言论。例如，柴可夫斯基在给塔尼耶夫的书信中写道：“如果我笔下流淌出的交响曲没有任何意义，而只是由和声、节奏和转调的进程所组成，那么我会很难受。”[2]这句引文揭示了问题的诸多危险之一。“你的交响曲有意义吗？”这是作曲家们无法轻描淡写地回答“不”的问题之一，因为这无异于说，它们是无意义的，它们听起来仿佛缺乏交响乐所应具备的东西。因此，现存规模最宏大的关于标题音乐的著作的作者，满腔热忱地对贝多芬做了如下评价：“事实上，他崇高的心灵，

---

1 詹姆斯·鲍斯韦尔（James Boswell, 1740—1795），英国传记作家，1763年结识英国文坛领袖塞缪尔·约翰逊后，立志为约翰逊作传。他的作品《约翰逊传》，使得约翰逊成为英国家喻户晓的人物，而鲍斯韦尔本人也因此成为世界文坛上最著名的传记作家之一。时至今日，“鲍斯韦尔”已成为忠实的传记作家的代名词。——译注

2 在其关于柴可夫斯基交响曲的论文（见杰拉尔德·亚伯拉罕主编《柴可夫斯基的音乐》[*The Music of Tchaikovsky*, London: Duckworth, 1946]，第27页）中，马文·库珀就是这样援引柴可夫斯基的。按照罗莎·纽马奇的翻译，这封书信（1878年3月27日⇌4月8日）是这样写的：“我不希望任何这样的交响乐来自于我，它们无所表现，而只是由和声和毫无目的的节奏和转调的设计所构成。”（《生平与书信》[*Life and Letters*, New York: Dodd, Mead, 1905]，第294页；比较柴可夫斯基写给冯·梅克夫人的书信，1878年2月17日⇌3月1日）。

必然鄙夷无意义的音调组合所巧妙构成的纯粹结构，无论它们的感官体验多么美妙。”[1] 在这里，“无意义”一词，暗含音乐没有明确的区域性质，正如“音调组合”暗含音乐甚至没有旋律。如果作者写道，贝多芬鄙夷“巧妙构成的和具有强烈性的音调结构，这些结构有着最美的旋律，却不指涉自身以外的任何东西”，那么我们只能得出结论说，贝多芬的心灵过于崇高了，而根本不关心音乐。但是，除了一种泛化的反对意见，如果要断言“无意义”一词还给这句引文添加了什么，这绝非易事。

柴可夫斯基的言论，在其语境中至少是更明确的：他坚持认为，他的《F 小调交响曲》（作品第 4 号）“毫无疑问”是有一个标题的：它不是**纯粹**的音乐，它还配了文字。这就引起了一些关于歌曲和标题音乐中音乐和文字之间关系（如果有的话）的复杂问题。我们将在本章第二节中讨论这些问题。而在此之前，我们必须在第一节中考察音乐本身，而不是任何文字。我们必须询问，音乐作品是否具有一种语义学的维度，它也许类似于美术的再现维度：亦即一种**意指**（mean）和**存在**（be）的能力。 320

§18　表现和意指

音乐可以通过三种为人所熟知的但相对次要的方式而让我们回想起其他事情。这些方式对于我们目前所关注的问题而言是次要的，因为它们明显是音乐的偶然层面和外部层面。因此，最好一并概括

1　参见弗雷德里克·尼克斯：《四个世纪以来的标题音乐》（*Programme Music in the Last Four Centuries*, London: Novello, 1906），第 132 页。

之，然后把它们搁置起来。

首先，如果我们熟悉一首歌，它的乐曲确实会让我们想起歌词。例如，如果旋律乐句与“我好渴！”这一感叹密不可分，那么它所产生的喜剧效果，与电影配乐在剧中人挤进烤肉酒吧时所播放的歌词本身殊无二致。你可以说，在这种情况下，音符“意指”歌词，意思是音符是歌词的一个可识别的替代品，以及是对歌词的一种嘲讽式的评论，但是这种特殊的音乐意义并不是至关重要的，尽管它也存在于巴赫的音乐之中。巴赫频繁引用赞美诗曲调的片段，以让人回忆起它们的歌词。

其次，在某些场合经常播放的音乐，可能会与这些场合紧密联系在一起。其中有舞曲、丧乐、军乐、宗教音乐——并不是把这些术语理解为音乐性质的描述语，虽然它们也许就是，而是理解为通常在它们的伴奏下完成的事情的指示语。如果唱片公司如愿实现了为所有可能的场合提供实用音乐（*Gebrauchsmusik*）的明显目标，那么，这第二种音乐联系能够达到什么专业化程度，就不得而知了：我们已经有了学习音乐、烹饪音乐、爱情音乐。很快，我们就会有吃法国菜的音乐和喝马提尼酒的音乐。有大学歌曲、乡村歌曲、黑人灵歌、理发店民谣，以及其他诸如此类的歌曲——作曲家有时会利用这种情况来实现主题目的，例如勃拉姆斯在他的《学院庆典序曲》中借用《何不纵情欢乐！》的旋律。也存在一些历史联想，诸如柴可夫斯基《1812 年序曲》中的法国国歌和俄罗斯国歌，或者贝多芬《C 小调交响曲》的前四个音符。这些音符由于具有摩尔斯电码“V”的节奏（・・・—）而被当成“二战”胜利的象征。最后，还有一种更个人化的联系：这首歌总让你泪流满面，因为你曾经在中学舞会上或者在船上听到它。

不可否认，所有这些都是音乐的用途，但这些用途与音乐意义的核心问题毫无关联。如果存在我所怀疑的学习音乐这样一种东西，那么它实现这一功能的能力，大概取决于它是否具有人们所期待的某些性质。它是否也取决于音乐具有某种意义，这并不清楚；无论如何，人们可以通过音乐来学习这一事实，并不足以证明音乐具有某种意 321
义，更不能证明它"意指"学习。

最后，音乐存在模仿的层面。任何发出声音的事件——战争、溪流、纺车、铸铁厂、火车、雷暴、羊咩、蛙噪——都可以为另一种声音所模仿。在音乐文献中，声音模仿声音的例子，当然俯拾皆是。既然一幅再现性的绘画是通过一个视觉设计来模仿一种景象，一个听觉设计对声音的模仿——无论断头台的下降是像柏辽兹的《幻想交响曲》那样用弦乐拨奏来模仿，还是用一位现实主义作曲家在乐谱中明确要求的真正的断头台来模仿——都可以称为音乐的"再现"层面。这个类比很接近；要听辨出贝多芬在《F大调第六交响曲"田园"》慢乐章的尾声中对鹌鹑和杜鹃(或黄鹀，如辛德勒所坚持的那样)的模仿，唯一的要求是要熟悉相关的鸟鸣，正如要辨认一个视觉再现，所需要的就是熟悉相关对象的视觉表象。然而，对于我们的目的而言，继续比较下去是不必要的；我们可以谈论"声音模仿"，或者声音对声音的模仿。

意象唤起理论

音乐可让我们想起音乐本身以外事物的这第三种初步的、相对次要的方式，指出了另一种似乎能带来更丰硕的成果的思路。这是因为，即使声音可以模仿声音，我们也可能会询问，声音能否模仿声音以外的东西。音乐有时也被说成是模仿景象：大海、云彩、水流中穿梭游弋的鳟鱼、云雾缭绕的山峰、仙女或者皎洁的月光等等。奥涅格声称，在他的《太平洋 231 号》中，他不仅“描绘”了火车头的声音，而且还“描绘”了火车头的“视觉印象”。如果他成功做到了这点，那么我们就可以基于他的成功而建构一种也许值得考虑的音乐意义理论。比方说，试看德彪西《大海》中的一段乐曲，据说它模仿了大海——不单单是模仿了大海的声音，而且还模仿了大海的视觉外观。假设作曲家首先在脑海中形成了大海的意象，然后创作了这样一种性质的音乐，使得一个合格的听众在听到音乐时会形成相同的或者相似的意象。在这种情况下，我们就可以说，音乐“意指”大海。

是否有潜心钻研音乐的学生坚持这一理论——我称其为音乐意义的意象唤起理论（the Image-Evocation Theory）——这令人怀疑。但可以肯定的是，只有这一理论或者类似的理论是正确的，许多关于音乐的写作评论，特别是评论文章和音乐会节目单中的内容，才能站得住脚。事实上，当人们说自己无法“理解”一首音乐，并且询问它
322 是什么意思，他们的困境有时恰恰在于，他们感觉自己理应形成一些与音乐相符合的事物或者历史事件的意象，但就是不知道该形成什么意象。在这里，“意象”无须意指栩栩如生的形象，它只是一个可见之物的概念。如果这种理论似乎只有在模糊不清和半隐半显时才是合理的，那么就更有理由使之纤悉毕陈，看看它是什么样子的。即使它明显是错的，它的谬误也可能具有启发性。

人们经常报告说，音乐唤起了意象，也就是说，向他们暗示了某些事物或事件；事实上，听众就是根据他们如此反应的倾向性而予以分类。但是，意象所唤起的概念需要严格的资格条件。如果一个人泡了热水澡，然后开始进入白日梦的状态，那么，认为是热水澡唤起了白日梦，这则是有误导性的。确实，热水澡为白日梦提供了有利的条件，我们抑或可以说，是热水澡激发了幻想。但是，就其本身而言，热

水澡对白日梦的内容的控制，几近于无，它没有充足的指引性。同样，当一个听者实际上只是利用一般的音乐氛围来放松他的精神控制，从而浮想联翩，这时，如果说音乐在他心中唤起了某个意象，也是会给人以误导的。

如此一来，对音乐是否唤起意象这一问题的回答，就取决于音乐对于意象的控制。如果它能够对意象施加高度的控制，那么这个描述是恰当的。如果不能，则是不恰当的——尽管与热水澡相比，它无疑有着更强的控制力。

关于这个问题，听众的反馈和实验研究所提供的直接证据，为我们的共同经验予以了支持。六个认真严肃的人被邀请聆听一首他们从未听过的音乐选段，他们不知道作品的名称，也不知道作曲家是谁，在此过程中，他们被要求想象一些适当的事物和事件。结果表明，两个人得出相同答案的情况，几乎是没有的。一个人看见了龙卷风，另一个人则会看见野狼和野猪（长着獠牙）相撕咬；一个人看见了一个白衣少女和未婚夫依依惜别，另一个人则会看见一位禅宗大师在打坐冥想。

对我们在前几段所提出并暂时搁置的问题的仔细考察，为这一直接证据予以了支持，并且解释了它的意义。音乐能够模仿事物的视觉表象吗？我们无妨认为，只有音乐能够极其准确地模仿白衣少女，使得细心的听众不会把她误认为佛教僧侣，意象唤起理论才会有可信之处。

据第四章（§13），我们已有理由相信，相似的性质可以出现于不同的感觉场，而我们在下一节对乐曲和歌词的讨论，将会进一步加强这一观点。但是，这种对应存在较大局限性。首先，考察与事件相对的物理对象或事态。音乐的声音与大海的外观是否足够相似，使得我

们特别挑出大海，将其作为音乐的特殊对象？柴可夫斯基《胡桃夹子
323 组曲》中的“糖梅仙子”，显然有别于门德尔松《仲夏夜之梦》序曲中翩翩起舞的仙子，也有别于《艾俄兰斯》开场中那些“飞来飞去”的仙子。然而，我敢说没有人能够画出一个适合柴可夫斯基，却不适合门德尔松或沙利文的仙子——一个站立不动的仙子。单纯通过音乐手段来区分薄雾和小雪，或者月光和灯光，也会出现同样的困难。

如果我们搁置物理对象，而只考察物理事件——物理对象的所为或所受，那么音乐的模仿力就会更加明显。音乐至少是一个过程，而包括物理变化在内的一切过程，无论是移动（位置的变化）还是质变，都有着某些共同点。一切过程都具有速度、张力、动量、高潮、增强、消亡等动力学特征。而一个过程，比方说，一个音乐过程，其动力学模式可能与另一个过程是相似的。因此，在一定程度上，音乐无疑可以模仿物理运动的动力学层面：奔涌、蹒跚、弹跳、爬行、摇摆、奔跑、驱车、翱翔、滑行、翻腾、飞翔、坠落、爆炸和倒塌。

正是音乐的这种能力，使得配乐舞蹈有可能成为一种审美对象，这似乎是不言而喻的。在此处，我们没有足够篇幅来讨论舞蹈艺术，虽然下一节所考察的一些要点与之相关。但是，这样一种艺术的存在，依赖于一种可能性，即人们能够感知音乐的模式和身体运动的模式之间的。

然而，不能由此推断，音乐可以**意指**这些过程。音乐对任一过程的模仿，永远都无法精确到足以单独指称这一过程的地步。例如，当人们认为音乐模仿鳟鱼的穿梭游弋，这需要谨慎的限定：音乐可以表现鳟鱼的穿梭游弋，这是没有问题的，但是，它不能表现鳟鱼——除非鳟鱼是唯一能在水流中穿梭游弋的东西。音乐可以表现水的浑浊，就像在舒伯特的《鳟鱼》第 59 小节，和弦开始变得浊重，但是，在不

诉诸文字的情况下，音乐无法告诉我们，渔夫是在用一根棍子搅动水流，以迷惑那些可怜的鱼儿。因此，在对音乐过程和物理过程进行比较时，在大多数情况下，肯定有几种比较是同样适当的。以贝多芬《A大调交响曲》（作品第 7 号）中的谐谑曲为例，简要说明如下：

我们绝对不需要将这首曲子与任何物理运动做比较。但是，为了验证意象唤起理论，我们无妨看看，有什么样的物理过程在动力学模 324
式上是与其相似的。

有人经两次腾跃，落在一个斜坡之上，尔后一跃而下；有人在屋顶洒水，水珠从屋檐滴答而下；有东西爆炸了，空气劈啪作响。也许，其中一些故事，比起其他故事，能给人更加愉悦的观照；没有一个故事是发人深省的。如果这就是音乐的意义，你可能都懒得去想它。我们无法确定，贝多芬的心灵是否曾经产生这些意象，或者，是否产生过任何意象。鼓励人们耗时费力去思索音乐的物理类比物，而不是鼓励他们去聆听音乐，这是愚昧的，而如果说，除非听众能够领悟到正确的类比物，否则对音乐是不得要领的这则是更愚昧的。

意象唤起理论的捍卫者，当然无须宣称，所有音乐都具有他所说的意义。但是，我认为我们有理由宣称，没有文字的音乐，无一具有这种意义上的意义。因此，把音乐说成是“描述性的”“叙述性的”或者“描绘性的”，有着极大的误导性。这种说法纯属子虚乌有。沃恩·威廉斯的《伦敦交响曲》并不描述伦敦，同样，拉威尔《夜之幽灵》中的“绞刑架”，亦不描述任何绞刑架。

表现论

意象唤起理论的处理，是为另外两种更有价值的，也更加基本的音乐意义理论的考察铺垫道路。严格地说，存在多种理论，因为没有任何两位作者的意见是完全一致的，但基于**表现**和**意指**这两个概念，所有理论都可以轻而易举地分为两大类。

音乐意义的表现论[1]将“X 表现 Y”这一公式作为其核心概念，其中 X 是音乐作品，或者作品的某个部分，而 Y 是一种心理状态或者心理特征：英勇刚毅、郁郁寡欢、兴高采烈，等等。例如：

> 贝多芬《A 大调交响曲》中的谐谑曲表现了欢愉。

这似乎是一个无害的陈述——它当然是一个常见的陈述。但是，我们如何知道谐谑曲表现了什么——表现的是欢愉而不是恐惧或烦恼？我们做出决定的时候，要找寻什么证据？在这一点上，我们发现，那些
325 公开支持表现论的人，实际上有三种迥然不同的想法。

有时，当人们讨论音乐的表现，我们会发现，他们实际上是在讨论作曲家的心境；对于他们而言，

> “贝多芬《A 大调交响曲》中的谐谑曲表现了欢愉”，意味着“贝多芬在创作这首谐谑曲时感受到了欢愉，并在这一情感的驱动下创作了这首曲子”。

1 乔治·桑塔耶纳、约翰·杜威、R.G. 科林伍德、L. A. 里德、C. J. 杜卡塞、T. M. 格林、约翰·霍斯珀斯、D. W. 戈查尔克、亨利·艾肯都持此理论；参考本章结尾的附注 18-A。

“表现”一词的这种用法，在其他方面也是为人所熟知的。举例而言，我们说一个人的面容表现了困惑或迷惘；他看起来是困惑的或迷惘的，也就是说，他的面容拥有那种通常伴有这种感觉的表情，因而我们在一定程度上能够从其表情中推断他有这种感觉。这个推断依赖于一个泛论：“面带那种表情的人，一般都是感到困惑的。”而我们之所以能够得出诸如此类关于面部表情的泛论，是因为我们能够学会将它们与困惑的言语症状（“我一点也不明白”）和其他行为症状（迟疑或挠头）关联起来。

然而，很明显，“创作贝多芬的谐谑曲之类乐曲的人，一般都是欢愉的”这样的泛论，我们前所未闻。这是因为，首先，与这首谐谑曲如出一辙的其他乐曲，并不存在；泛论不应建基于单一的实例之上。其次，即使是在这个实例之中，我们也没有可以证明贝多芬的心境的独立证据。诚然，伟大音乐家的传记之作者，经常会做出这种推断，而且为了证明这些推断，他们有时还提供了零散的、不太详尽的资料。例如，最近有一本精神分析研究的著作，详细讨论了勃拉姆斯在爱情生活中的心理压抑，以及他对爱情的徒然渴望。“若听出贯穿其音乐的渴望和悲伤，我们是不会感到惊讶的。”[1] 如果这意味着我们只要知道任何一个作曲家渴望爱情却求而不得，就可以预测他的渴望和悲伤贯穿其音乐，那么精神分析比我想象的简单得多。这是一个似是而非的主观臆断，但是它并没有足够的支持证据。

“表现”的第一种概念，因其将表现等同于情感的宣泄，对我们没有任何用处。从这个意义上说，极少有批评家能够证实一首如此这

1　参见爱德华·希施曼：《伟人的精神分析》（*Great Men: Psychoanalytic Studies*, New York: International Universities, 1956），第 224 页。

般的乐曲表现了欢愉，因为要证实这一点，他要么必须知道作曲家当时有何感受，以及作曲家在创作乐曲时是在宣泄自己的感受，要么必须掌握一个将那一类音乐与那一种情感关联起来的一般规律。如果音乐所表现的是某种可以通过聆听音乐本身而发现的东西，那么表现就有别于情感的宣泄。

其他一些讨论音乐表现的批评家，实则是在讨论他们本人听音乐
326 时的心境。对于他们而言，

> “贝多芬《A 大调交响曲》的谐谑曲表现了欢愉”意味着“当我听到这首谐谑曲，它让我感受到了欢愉”。

这与认为音乐让我不由自主地用脚打拍子或左右摇摆是不同的：这些音乐效果可在生理层面上发生。在这第二种意义上，“表现”是“唤起”的同义词：音乐使听者体验到了欢愉或悲伤，平静或不安。

除了文字之外，音乐能否在严格意义上唤起情感是一个有趣的问题。举例而言，愤怒和恐惧、好奇和道德上的愤慨等，势必包含一个概念要素，即一个情感所指向的对象，而音乐并不能表达任何概念。这样的话，音乐就不能唤起愤怒或恐惧，尽管它可以是愤怒的或者恐惧的。但也许，音乐可以说是唤起**感受**，如果我们认为这个术语意指某种比情感更笼统的东西：兴奋、安宁、疲倦、放松和紧张。这些都是对于音乐本身的感受，而不是表现论者通常所谈论的那种东西，譬如欢快、人的尊严，或者英雄主义。但是，如果没有观念的介入，很难看出诸如此类的情感是如何可能被唤起的。英勇无畏的音乐，能让我觉得自己是英雄吗？丝毫不会。

不管怎样，“表现”一词在这里是冗余的。我们已经有了一个表

示情感唤起的术语，那就是“唤起”一词；如果这就是我们在宣称音乐表现情感时所表达的意思，那这么说是更好的。因为我们可以谈论音乐对听众产生的效果，而完全不用提及作曲家，以及*他的*感受。

有时，当人们讨论音乐的表现，我们可以发现，他们实则是在讨论音乐本身的区域性质；对于他们而言，

> “贝多芬《A大调交响曲》的谐谑曲表现了欢愉”意味着“这首谐谑曲是欢愉的”。

在这种转述中，我们似乎更加接近于表现论的一些支持者的所思所想。虽然其理论有些部分有失清晰，但一般而言，他们确实颇费苦心地将艺术意义上的表现行为区别于简单的情感宣泄，如哭泣或欢笑，以及区别于效果的计算，如广告或政治竞选。有人说，在艺术表现中，艺术家“把自己投射进作品之中”；他对自己的感受予以了“具体化”或者“客体化”。这就是艺术与做梦、呐喊、冥想、烘焙蛋糕或者做毛线活以获得内心安宁的不同之处。

当我们要求表现论者为其客体化或具体化的概念——他们时而将这两个概念当成表现的同义词——提供一个更充分的说明，我们得到了很多略微不同的回答。而以下这点，似乎是关键所在：

> “作曲家在其谐谑曲中客体化（具体化、表现）了欢愉”意味着（1）“他在一种欢愉之情的感动下创作了这首谐谑曲”；（2）他 327
> 赋予了这首谐谑曲一种欢愉的性质；以及（3）当他再次聆听这首谐谑曲时，它有能力让他感受到同样的欢愉，因而也能让其他人感受到同样的欢愉。

我所说的严格意义上的音乐意义的表现论，正是这种复合型理论。它包含一个关于音乐的陈述，以及一个关于音乐与作曲家和听众之间关系的陈述。

很明显，这个定义的第二部分在逻辑上独立于第一部分和第三部分，因为音乐也许具有某种性质，即使这种性质既不是情感的起因，也不是情感的结果。如果我们前文的讨论是正确的，我们已经有理由摈弃这种复合型的表现论，因为第一部分是无法验证的，而第三部分是不确定的。但是，第二部分也许仍然值得考虑，我们现在无妨转向这一点。假设我们从“这首乐曲表现了欢愉”中提炼出“这首乐曲是欢愉的”这样一个陈述，它则是对于音乐的描述。当然，这是一种隐喻性的描述，不过它也同样是隐喻性所要求的一种描述。然而，它提出了几个问题。

正如它最常见的用法，“表现”这个术语并不适用于所有的区域性质，而只是适用于其中一些。如果音乐要被称为“极有表现力的”，它仅仅具有一个明确的调式，或者一种鲜明的节奏是不够的。一些区域性质类似于人类行为的性质，特别是心理状态和过程，如忧伤、安详、嬉戏、决断、平静、恣情纵欲、举棋不定等。让我们把这些性质称为*人类学性质*。这样，表现论的论断就是，音乐的一些区域性质乃*人类区域性质*。[1] 问题是，这是否属实？

音乐的人类学性质

你可能会认为，任何承认音乐具有区域性质的人，都没有特殊理由来规避人类学性质。但事实上，人们经常对它们提出两点质疑，即

1 这些性质有时被称为“面相学性质”“情感性质”或“感受性质”；参见第二章附注 6-C。

便是不会对调性或节奏这样一些区域性质提出同样质疑的人，也是如此。第一点质疑是：诸如此类的性质是否真的被听成了音乐的现象中客观的特征？在这一点上，可以说，我们对“欢愉”这样一些术语的使用，表明我们无法区分诸如此类的性质，而实际上只是在谈论主观感受。第二点质疑是：诸如此类的性质，即使它们出现时真的是听觉场中的现象中客观的性质，其是否具有充分的人际的恒常性，以使得它们作为一个知觉对象而被归属于音乐本身？在这一点上，可以说，一个人在音乐的刺激下所听到的东西，会因训练、年龄、知觉敏感力、文化条件以及其他因素的不同而有所不同。328

从心理学研究和外行内省中，存在足够的证据来消除第一点质疑，但是第二点质疑的情况是更为复杂的。要证明将人类学性质归属于音乐的合理性，我们必须表明，诸如此类的性质是音乐的局部性质和亚区域性质的一个函项——也就是说，在因果关系上依赖于它们。换言之，我们必须表明，只要一个人听出和辨识音乐的某些局部性质和亚区域性质——比方说，旋律的跳跃、自然音程，或者一种快节奏——他将也能听出人类学区域性质，如欢愉。而要表明，或反驳这点，自然是一件棘手的事情。如果仅仅指出，我们在初次听到中国音乐时，分不清中国人是把它听成欢愉的还是悲伤的，抑或是无悲无欢的，这是行不通的。因为，如果没有经过适当的训练，我们甚至不会把它听成为音乐；我们事实上并没有在充分的意义上听出其局部性质和亚区域性质之间的真实关系。

尽管如此，心理学家在这个问题上已经做了一定的研究，[1] 这些研究在严谨性和全面性上当然相差极大，但总体上都取得了令人瞩目的

1　关于这些研究及进一步评论，参见附注 18-E 和附注 18-F。

成果。主要的难题在一定程度上都解决了。一个难题是，除了受试者关于人类学性质的报告，我们无法确定两个受试者是否真的听出了相同的局部性质。其他文化的音乐在这方面的实验有限，而我们需要更多关于这方面的证据。但是，要确定受试者不是音盲，并给他提供一种他并非一窍不懂的风格的音乐，这则是可能的。另一个难题是，受试者必须得到正确的指示才知道自己应该报告什么，而在这一点上，许多实验者都增加了自己的障碍。当实验者要求其受试者描述音乐，他往往会得到趋同的反应。当然，不是每个人都会选用同一个语词来描述音乐，但是，其描述往往是非常接近的，特别是，如果他不要求受试者选择单一的形容词来描述可能具有混合性质或者不同性质的长乐段的话。另一方面，当他要求受试者报告他们认为作曲家有什么感受，或者音乐让他们产生了什么感受，或者音乐让他们想起了什么画面，他们的反应就开始出现分歧。这不足为奇，因为这些指示分散了他们对于音乐本身的性质的注意。

另一个难题是，实验者与受试者之间的交流受到某种语言障碍的影响，有时是致命的影响。这是因为，如果没有用以描述音乐的语言而只有隐喻，那么，即使所有的受试者事实上都听到了同样的人类学性质，他们对隐喻的理解也势必存在某种偏差。一个人描述为“反复无常”的性质，可能就是另一个语言天赋较低的受试者所说的“神经质”或者“狂放不羁”。或者，尽管其本意是“幼稚”，他脱口而出的
329 可能是“单纯”。

然而，这并不意味着诸如此类的隐喻性描述没有客观的指涉意义。正如我们在第三章（§10）中所理解的那样，将一个在字面意义上适用于A的语词隐喻性地用于B的最低条件是：B必须在A词所蕴含的某个方面上与A相似。如果不存在一些这样的语词，其指谓A

和 B 的相似面中的诸特征，那么我们除了隐喻词，就别无其他。当然，它可能极具误导性，除非语境对它的意义构成某方面的限制，但是它也可能是极其恰当和准确的。一般来说，我们不能奢望对一部大型作品的总体性质大发议论。在一篇关于莫扎特的钢琴协奏曲的论文中，[1]我们被告知，第 414 号作品（A 大调）具有一种“清新的、如沐春风的性质”，第 450 号作品（降 B 大调）是“欢快而亲密的”，第 453 号作品（G 大调）是“模棱两可的……总体上是庄严肃穆的”，第 456 号作品（降 B 大调）带有一种“奇怪的模棱两可的情绪和性格”，第 459 号作品（F 大调）是“欢快的”，第 466 号作品（D 小调）展现了“狂暴的、时而凶险的力量”。我理应认为，在它们所能企及的范围内，这些描述是不失合理的，但是，它们并不充分。

当我们把我们的描述局限于特定的乐章或乐段，它们就可能更加准确，但是，我们总觉得，音乐的个性特征是某种只能通过“欢快”之类的词语来模糊表示的东西，而这些语词的构建，是为了囊括各种可区分的性质。对隐喻本身进行扩容和拓展，作用也不大。假如我们说某一乐章是悲伤的，而有人问它有着哪一种悲伤，那么如果这时你回答说这是失去亲人——近亲而非至亲，譬如你在童年时期经常一起玩耍但已有几年没见的堂亲或表亲——所会感受到的那种悲伤，这是没有多大帮助的。如果你回答说这种悲伤源于小提琴以三度音和 G、D 弦演奏包括许多下降的小二度和缓慢的三拍子的旋律，这反而更有帮助。这有助于我们对音乐本身展开更具体的想象。但归根结底，当我们的描述能够通过指向音乐本身并专注于它的诸性质而予以说明，它

1　论文作者为 A. H. 金，收入拉尔夫·希尔主编《协奏曲》（*The Concerto*, Baltimore: Penguin, 1952）。比较赫尔曼·舍尔兴对巴赫《赋格的艺术》中每种对位法的不同性质的描述，见《音乐的本质》（*The Nature of Music*, trans. by William Mann, London: Dobson, 1950）。

们则是最好的。

因此，在没有音乐的情况下，我们通过分析其人类学性质的知觉条件而使得这一性质的描述更加准确。这样一种分析的预设是，存在人类学性质所依赖的知觉条件，而且这些条件原则上是可被发现的。一首乐曲中倾向于悲或欢的局部条件，可称为“为欢”（joy-making）或者“为悲”（sad-making）的性质。这一陈述，即具有如此这般特征——慢节奏、低音、降半音的音程、小调——的音乐倾向于是悲伤的，
330 若属实，则是一条经验法则或者泛论。

验证这种法则的困难在于：在我们的知识不完备的状态下，它们在形式上只能是准统计学的。我们不能说，所有的小调乐曲都是悲伤的。《傻瓜米勒》这首歌与柏辽兹《浮士德的诅咒》中的拉科奇进行曲都是小调，但它们都足够欢快；另一方面，《夏日的最后一朵玫瑰》和门德尔松《扫罗》中的死亡进行曲，虽然是大调，却绝不是欢快的。然而，我们仍然可以说，小调是一种倾向于让乐曲变得悲伤的东西，尽管其效果可能会被其他特征所消解。而对于某些速度、节奏、音程和音高，也可以这么说。认为一首乐曲由于其慢速、小调或下沉而悲伤，这样的陈述不是重言式的，而是综合的和可检验的。缓慢的欢快和快速的肃穆并非逻辑矛盾，它们不过是较罕见的，或者在经验上是不可能的。

在证实诸如此类的关于知觉条件和人类学区域性质的一般法则的工程中，不存在方法论的错误。在我们详尽地分析一首作品之前，我们就能够辨识，也就是听出它的区域性质，虽然我们对作品进行了一定分析之后，这一性质听起来可能会更加强烈，或者更加微妙。假设我们搜集到一组听起来无比喜悦或欢愉的乐章——不仅包括贝多芬的谐谑曲，而且包括这同一首交响曲和《降 E 大调钢琴协奏曲“皇帝”》的终曲，以及莫扎特《降 E 大调交响协奏曲》（作品 9 号）的终

曲、巴赫《意大利协奏曲》的终曲、门德尔松《A 大调第四交响曲》的序曲——我们还可以加上柴可夫斯基《胡桃夹子组曲》中的“花之圆舞曲”，以及韦伯《奥伯龙序曲》中的舞蹈主题——除了这些乐曲用“轻快”一词来形容，更为恰当。因此，当我们分析这些乐曲，以确定它们有何共性，我们会发现它们在速度、旋律进行、和声进行、音程等方面有着许多这样的特征，这些特征的发生超出了偶然频率，而很有可能是它们促成了欢愉这一性质的出现。

表现论把我们的注意力引向了音乐的一个重要事实——即音乐具有人类学区域性质。但在执行这一服务的过程中，表现论却把自己变成了明日黄花。我们现在不再需要它了。事实上，没有它，我们自在得多。“音乐是欢愉的”是浅显易懂的，也是可辩护的。“音乐表现了欢愉”，并不补充任何东西，除了平添一些不必要的和无法回答的问题。

确切地说，“表现”是一个关系术语；它要求有一个表现的 X 和一个被表现的 Y，并且 X 和 Y 必须是截然不同的。当我们说一朵玫瑰是红色的，我们只有一样东西，那就是玫瑰，而且我们是在描述它的性质；在完全相同的意义上，当我们说音乐是欢愉的，我们只有一 331
样东西，那就是音乐，而我们是在描述它的性质。“表现”一词，是多余的。

同样的结论，也可延伸至其他使用“表现”一词的艺术门类。至今，我把表现论看作一种关于音乐的理论，并且将其作为这样的理论而加以检查，因为我相信它在这一领域中能提供最充分的辩解。但是，这种理论的许多支持者，当然是把它作为一般性的艺术理论而提出来的。他们会说，美术除了是设计和再现，也是表现性的。但是，与音乐陈述如出一辙，关于美术作品的表现性的陈述，一旦经过正确的分析，就可以转化成关于设计或主题的人类学区域性质的陈述。举例而言，当刘易斯·芒福德写纽约市的曼纽法彻信托大楼“表现了尊严、安宁和秩序等古典性质”时，[1] 他是本可以使用“拥有”一词的，而不是“表现”一词。正如我们所见，虽然这并不能解决所有问题，但是它至少会提出正确的问题，而不是把我们引入歧途。

意指论

现在让我们谈谈第二种主要理论，我将称其为音乐意义的意指论（Signification Theory）。[2] 拥护这一理论的人认为它是表现论的一个更好的替代理论——它是他们试图从表现论中分离出来的理论——但是，我们针对表现论的一些观点，在这里也适用。

意指论者抛开了情感的宣泄和唤起，认为这根本不是一个严格的意义问题，但是他们并不认为，关于音乐意义的陈述可以简约为描述。在他们看来，音乐确实与自身以外的事物存在一种指涉关系，因此他们建议用符号学的术语，也就是用指号（sign）的概念来分析这种关系。他们中的一些人更青睐“符号”（symbol）一词，不过，对于我们当前的目的来说，这是无关紧要的；我将考察我心目中这种理论最有信服力的形式，并且公开讨论我的结论如何转化成个别作家的术语。

在其适用于字词、姿势和指示灯信号以及将我们指引至出口和洗手间的标志的最广泛的意义上，“指号”一词所指称的，是任何一个这样的事物或事件，它们指代其他东西，或者引导我们在某方面考虑到
332 其本身之外的其他东西。事实上，意指或指号（being-a-sign-of）要建

1 参见第六章附注 17-F。

2 阿尔伯特·格瑞、查尔斯·莫里斯、苏珊·朗格、L. A. 里德等人都持这一理论；参见附注 18-I。

构一个充分的一般性定义，是极其棘手的。但幸运的是，我们无须在这里下定义。因为要表明音乐是否是一个指代某东西的指号，我们只需考察指号的一些公认的定义特征。

如果我们像我所建议的那样，在这一广义上使用“指号”一词，我们当然想要补充一点：交通灯与字词之间，或者字词与旗帜之间，存在着至关重要的区别。但是，音乐的意指理论所感兴趣的，只是指号的一个子类，即一些这样的指号，它们在某个方面与其意指项(significata)，也就是它们所指代的事物极为相似。诸如此类的指号，可以说是肖似指号(iconic signs)。

拟声词乃肖似指号的实例；在更大的范围内，语序也可以是肖似性的。例如，在“电闪雷鸣”中，“电闪”一词的后面是“雷鸣”一词；而“雷鸣电闪”虽然描述了一串相同的事件，但是它不是肖似性的，除非“雷鸣”一词是拟声词。拟声词的视觉类比物是一种设计，这种设计所展现的模态与它所意指的东西是相同的。一幅地图是一个指号，因为它绘制了某个地区的图形，但是地图的绘制是诉诸地图与其所绘制的地区之间的一种结构上的相似性而实现的：例如，美国地图上的小圆点之间的方向关系和距离远近，系统地对应于它们所指代的城市之间的关系。最小的地图也许是路标：

正如司机们所知，这个路标意味着前方有 S 形弯道；这一设计是一条曲线，它引起人们对弯道的注意。

那么，是否有可能建构一种音乐的地图理论？如果存在音乐可以映射的东西，这似乎是可能的。而这就是意指理论所下的论断：音乐，乃心理过程的一个肖似指号。音乐“阐发”或“诠释”人类的精神生活，而它是通过呈现人类精神生活的某些结构性的或动力学的层面之听觉对等物而做到这一点的。这种理论有时被称为**符号学理论**(Semiotic Theory)，因为它试图将音乐归入一种一般性的意符理论
333 (semiosis)，或者指号功能理论。正如表现论一样，它也是作为一种关于所有艺术，包括文学和绘画在内的一般性理论而提出来的。文学当然是一种意符，因为文字是有意指对象的。美术中的再现，则具有更大的不确定性；例如，一幅裸体画确切地说并不是一个裸体者的指号；至少，与路标或地图不同，它并不是对手段–目的型行为的一种指引，虽然解剖学教材中的图画可能是这样。但是，我们的主要问题是：除了我们前面说过的模仿和超音乐的联想，音乐是否意指什么？意指论者，正如表现论者一样，似乎想要推翻沃尔特·佩特的名言，即“所有艺术都渴望达到音乐的状态”，他们的方法是用一个同样令人困惑的建议取而代之，即音乐渴望达到文学的状态。为什么任何艺术都要觊觎邻居的财产？这令人完全摸不着头脑。

因此，意指论由两个命题构成：(1)一首乐曲可能与某种心理过程存在肖似性，也就是说，它可能在某个重要方面与这样一种心理过程相类似。(2)**由于其肖似性**，这首乐曲因而是这一心理过程的一个指号。正如加着重号的语词所表明，第二个命题取决于第一个命题，但是，即使第二个命题是假的，第一个命题也可能是真的。因此，我们必须逐一考察每个命题。

对于第一个命题而言，它完全符合我所说的。但尽管如此，意指论者及其批评者仍然提醒我们，要注意前文未曾强调的音乐的一个方面。一个乐段就是一个过程，因而也是一个人的心灵所产生的一连串观念和感受。从性质上讲，这些过程在许多方面都天差地别：在音乐中，并没有任何东西对应于三角形的观念和圆形的观念之间的区别，或者对应于恶心感和不悦感之间的区别。而音乐和精神生活都具有属于诸如此类的过程的诸特征：速度、强度变化、冲动、放松和紧张、高潮和渐弱，等等。我已经把这些特征归于音乐的“动力学特征”之下；它们有时也被称为“动态性特征”。不管怎么说，心理过程中，也发现相同的性质。

例如，贝多芬谐谑曲的开场乐节，可予以大致如此的动力学描述：有两次越来越响亮的爆裂音，先是音高的上扬跳跃，尔后是轻快的逐级下降。这种动力学模式也可发现于人们突然看到可笑一幕的过程：先是突如其来的逗乐瞬间，继而慢慢消失。当我们说，这一乐段是欢愉的，我们的隐喻所依赖的，部分是这种动力学意义上的平行性。我不会固执地认为，这种特定的平行性是完全恰当的，或者除此之外没有更好的选择；我只是说，某种音乐与某些心理过程，抑或任何音乐与某些可能的心理过程的所谓肖似性，是可以接受的。334

但是，即使我们赞同意指论的第一个命题，我们也无须赞同第二个命题。这是因为，根据这一理论，如果我们认识到谐谑曲的肖似性，我们就可以继续说，音乐是欢愉的 个指号。阐释 首乐曲，就是可以做出一些这样的表述，如：“这首慢板意味平静而无忧无虑的沉思”，“这首快板意指自我控制的一番努力与这一目标的最终实现”，以及“这种对比调式和速度之间的交替变化，暗示了一种犹豫不决和矛盾的心理，一种希望和绝望之间的博弈”。

指号的本质

那么，音乐是否由于其肖似性而有所意指？首先，一般来说，单纯的相似性，无论是性质上的还是结构上的，显然不足以使一个对象成其为一个指号。不然的话，我们就只能宣称，领土意指地图，而心理过程则是音乐的一个指号，因为相似性总是双向的。一把椅子也许和另一把椅子一模一样，但是这并不意味着它意指另一把椅子。其中需要更多的东西。

当我们考察一个对象成其为一个指号的诸条件，我们会遭遇许多微妙的问题。但在我看来，我们通常可以说，对象不会成其为指号，除非存在着一种语言规定（规约性指号），或者日常的人类行为中所遇到的一种因果关系（自然性指号）。

因此，一个路标，诸如S形弯道，之所以是一个指号，无非是因为，在美国机动车管理局出版的驾驶手册之中，存在着其意义的一种答案，即一种指号词典。如果没有这种语言解释，当我们第一次看到指号，就不可能知道，它是代表一个弯道，而不是一条河流。这是一种规约性指号。当然，我们可以一边周游全国，一边做笔记，发现每次经过这样一个指号，前方都会出现一个弯道；这样，对我们而言，那就是一个自然性指号，因为我们已经建立了一条将它们联系起来的自然规律。同样，虽然我们即使没有一个标题也能识别一幅地图，如果我们熟悉领土的话，但归根结底，使得地图成其为地图的，是它的标题：没有标题，我们或许无法区分一幅高质量的北达科他州地图和一幅粗制滥造的南达科他州地图。这是意指和视觉描绘的关键区别之一：我们可以发现一幅画描绘了一个女人，即使绝对不存在任何辅助性的文字，但是我们无从知道一件设计——比方说，一幅海盗宝藏的草图——

意指了什么，除非至少存在一个专名或描述，如“金银岛”。地图是一种摹绘，而不仅仅是描绘。

当然，虽然我们可以将一些音乐片段从语境中分离出来，并将其作为主题曲、私奔信号或者桥牌搭档之间的非法交流而赋予它们一种意指意义，但一般意义上的音乐，肯定不是任何东西的规约性指号。335
一般而言，它也不是一个自然性指号。

烟雾可以说是火的自然性指号，温度计读数是温度的自然性指号，而麻点是麻疹的自然性指号，因为它们之间存在某种因果关系。同样，指纹是某人一度在场的指号。也许，金丝雀的歌声是其身体或精神健康的症状，或者是其交配本能的表现；但对于莫扎特而言，诸如此类的简单对应，却是不存在的。为了证明音乐是一种自然性指号，我们所要做的，是我们在前文关于“表现”这个术语的第一种意义的讨论中所确定的不可为之事，即确立音乐片段或段落与作曲家特定的心境之间的关联。

因此，虽然音乐是肖似性的，我们能否找到充分的理由来证明音乐是一个肖似**指号**，无论是规约性的还是自然性的，却值得怀疑。而事实上，如果这个理论能够证明什么，那它证明的东西就太多了。因为，如果我们允许音乐意指它所肖似的每一种心理过程，那么，由于许多性质上不同的心理过程可能具有相同的动力学模式，音乐的意指，势必具有无法解决的含混性。一段漫长的渐强乐曲，就像在拉威尔的《波莱罗舞曲》中那样，可能会意指心花怒放的或者暴跳如雷的心理状态。意指论者经常承认这一结果，他们完全不会把它视为一个致命的难题。也许，它只表明了音乐意指的局限性，但是，这些局限性却很要命。

另一方面，你可以说，音乐的意指并不是含混不清的，而是高度笼统的：《波莱罗舞曲》指称所有的具有渐强力度这一特征的心理过程。然而，这揭示了肖似意指的概念中所存在的一个难题，在前文“肖似指号”的定义中，“重要”一词就暗示了这一难题。如果《波莱罗舞曲》——我在这里把它作为例子，是因为它的主导运动模式相对简单——是那些具有它的**全部**性质的心理过程的肖似指号，那么，它当然只是自身的指号。如果它被认为是那些在渐强力度这一特征上与它相似的心理过程的指号，那么我们就不能仅仅通过聆听音乐而断定，它意指的是这些过程，而非其他过程。音乐必须补充一条语言规则，规定它的哪些性质是肖似性上重要的性质。如果没有诸如此类的规则，我们则无法在不计其数的可能性质中做出决定，因而使得音乐是含混不清的，即使它是一个指号。

此外，如果单纯的相似性是意指的一个充分基础，就像意指论所宣称的那样，那么，我们也应该说，音乐过程不仅意指心理过程，而且还意指物理过程。这是因为，正如我们所看到的那样，它们之间存在着同样一种肖似性。事实上，在这种比较中，心理性和物理性并不是截然分离的，因为音乐与心理过程的相似性，在一定程度上是基于它与这些心理过程的外显行为的相似性：郁郁寡欢之人步履蹒跚，内心
336 快乐之人，举手投足间充满活力、热情洋溢。但是，要让音乐来意指物理过程，则似乎矫枉过正。

这些考察并不能决定性地驳倒意指论，但是，就像我认为的那样，它们确实表明，要坚持这一理论是缺乏充分理由的，而摈弃之，却有着一些充分的理由。然而，意指论是有诱惑力的，因为它提供了一种有趣的可能性，即在某种意义上将音乐理解为一种特殊的“情感语言”，也就是一种关于心灵的紧张和苦痛的语篇，其处于一个不同于日常语言语篇的位阶。然而，诸如此类的语言，只有在它能够表达某

种真实而重要的内容时，才是有价值的。这就是本章和下一章的衔接点，在这一点上，我们将考察音乐是真是假，或者音乐是否包含了某种知识。

当我们说，我们并不“理解”一首乐曲，就像有时我们大多数人会说的那样，这时我们是什么意思？对此，意指论提供了一种有趣的、值得注意的解释：我们尚未发现它意指什么。但是，我依然认为，还有另一种解释，其之自荐，不仅诉诸其简单性，而且诉诸其与日常经验的一致性。理解一首乐曲，无非是听到——在这一语词最充分的意义上——这首乐曲工，也就是说，把它的声音组织成整体，将它的音符顺序作为旋律和节奏模式而加以领悟，感知它的动力学性质，并最终感知那些幽微而弥漫全曲的依赖于其他所有部分的人类学性质。也许在一次较早的接触中，当我们觉得音乐难以理解，这并不是因为我们实际上听出了它的全部——怎么可能？——并殷切地寻找音乐之外的东西，以建立起乐曲与它的关联，或者将乐曲与它相比较；乐曲的诸元素或诸方面，虽然在我们面前初步形成听觉场，但仍缺浑然之气，而这是我们在后面的聆听中希望它们所拥有的。

音乐的阐释

我们似乎必须暂时得出结论：音乐无所表现或意指。因此，关于音乐的阐释性陈述是假的，即使很大一部分关于音乐的语篇都是由这样的陈述组成。并不是所有的交响乐，比方说，都像肖斯塔科维奇那首令苏联批评家一筹莫展的《第十交响曲》那样，被予以广泛的阐释和反阐释。一位批评家写道：“这首交响乐拥有一种清晰表达的悲剧性。”但其结尾是否乐观，批评家们对此却莫衷一是；同样，它是否是一个孤独的人在威压之下产生软弱无力之感的悲剧，也难以达成共识，正如其他一些批评家对此予以肯定，而肖斯塔科维奇本人却予以否认一样。但是，其他交响乐，特别是莫扎特的《G小调交响曲》、贝多芬的《C小调第五交响曲》和《A大调第七交响曲》，也被予以了类似的阐释。由此产生的争执，是永远无法解决的，因为它们建基于一
337 个错误的理论之上。

如果我们同意，诸如此类的陈述至少可以被认为是对音乐做出描述尝试，那么，我们是否允许音乐批评家引入"意指"或"表现"等术语，或者它们的同义词，而不是建议他坚持使用"有"和"是"等词，这对音乐批评家是否是举足轻重的，也许值得怀疑。它可能是举足轻重的。因为，接触过这类"阐释"的听众，有时会对他们无法通过这种方式谈论的，或者没有人替他们谈论的音乐感到不满：他们会觉得(完全没有必要这样)，自己错过了一些重要的东西，但事实上，其时他们可能正在聆听——如果独处的话，可能是在欣赏——这类陈述如此笨拙地报告的音乐的诸性质。或者，更糟糕的是，他们可能会觉得，当他们学会做出这样的言语反应，他们便把握了音乐的精髓，即使他们还没开始聆听。当描述以描述的形式出现，它们是通过音乐本身来支持其主张的，并且将人们的注意力引向音乐。而当它们是以关于意指的陈述的形式而出现，它们往往会远离音乐，要么陷入伪装成专业的音乐学的传记式意图主义，要么陷入伪装成深奥的符号学的感受性自由联想主义。

我们现在所讲到的音乐观点，[1] 经常被称为音乐的"形式主义"理

1　这实质上是爱德华·汉斯立克在其经典著作《音乐之美》(*The Beautiful in Music*)(见附注18-I))中提出的理论，以及埃德蒙·盖尼(附注18-A)和卡罗尔·普拉特(附注18-E)所提出的理论。

论。但是，由于在这种背景下它完全是否定性的——因为它否认音乐具有某种意义这一命题——它不应拥有一个特殊的名称；而且，由于它合情合理，它也不应拥有一个误导人的名称。虽然“形式主义”是一般艺术理论的一个广泛使用的名称，但要找到任何一种由它命名的理论，则是不可能的。否认音乐具有意义，这也许让我们想起绘画中关于主题和设计之间关系的分离理论，但是目前的观点与那种理论似乎没有任何逻辑关联。人们当然可以坚持其中一方，而不受另一方约束。我也找不到任何关于审美对象的一般命题——至少是一个清晰、可靠和明确的命题——从中可以推导出绘画的分离理论和音乐的“形式主义”理论。

因此，音乐不是时间或过程的符号，无论是心理的还是物理的，牛顿的还是柏格森的；它就是过程。也许，我们可以说，音乐是一种这样的东西，它最接近纯粹的过程、纯粹的事件，以及从任何变化的事物中抽象出来的变化，因而它也是一种这样的东西，我们能够最准确、最细致、最专注地跟进它的进程和结局，而不会因我们日常的喜怒哀乐之回忆，或者因与我们的安全或成功有关的线索和暗示而心有旁骛。与其说音乐可能仅此而已，我们不如说，音乐可能是这一切，
这是其他所有东西都无法做到的。这如何使得音乐是有价值的，以及 338
音乐有什么价值，我们将在下文探究之。

§19　乐曲和歌词的关系

艺术专业的学生，有时会把艺术划分成两个分支：“纯粹艺术”与“混合艺术”。但是，划分原则一直是不清晰的或者不一致的。例如，音乐可被称为“纯粹的”，理由是它只存在于单一的感官领域之中，但

如果这样的话，雕塑也许理应是“混合”的，因为它可观可触。也许，人们更多时候是将乐曲、绘画、雕塑和文学说成是“纯粹”的，而歌曲是“混合”的，因为歌曲是文字和乐曲的结合体。无论这种区分是怎样做出的，它通常被用来提出两个问题。首先，“纯粹”艺术是否“高”于“混合”艺术？这个问题，我无从回答，除非我是在某种要求说“不”的意义上理解它：比方说，所有纯粹的审美对象，是否都优于所有混合的审美对象？其次，“混合的”艺术是否可能？

这个关于可能性的问题，必须有着某种意义的解读，在这种意义上，它不应通过日常的方式来回答：为了表明歌曲是可能的，你要证明一首歌曲的存在——通过把它唱出来。此处暗藏一种更深层的怀疑论，即一种这样的观念：即使歌词和乐曲是同时生产的，它们仍然是截然分离和迥然有别的。一边听里姆斯基-科萨柯夫，一边喷洒异国情调的香水，或者一边听帕莱斯特里纳或维多利亚，一边翻阅一部文艺复兴绘画的书籍，这未必会形成一个单一的、统一性的整体，其可被称为气味音乐艺术或者音乐画艺术。

然而，歌词与乐曲的关系，似乎是一种较特殊的关系，而如果要解构这样一个近乎普遍的假设，即某些歌词和乐曲可以融为一体，从而形成一个本身就是一个迥异的审美对象的整体，那么就需要提供比这种一般性的怀疑论更有力的论据。如果这个整体被称为“混合的”对象，也无关紧要，只要其混合是正确的。事实上，在前一章中，我们就遇到了一种“混合”艺术，也就是再现性绘画，这种绘画也确实是同时做两件截然不同的事情。这一比较并非完美，因为你可以发现无词的乐曲，以及无曲的歌词，而在美术中，你找不到无设计的描绘。然而，我们在处理这个问题时所遵循的方法，在这里也许对我们有所帮助。

那么，一个特定的语篇是否可以说适合于某一特定的乐曲或乐段，或者与之水乳交融，而如果可以，又是在什么意义上如此，这就是问题。有两个主要领域会出现这一问题。首先，正如我所言，在歌曲或歌剧中，存在一种歌词和乐曲的结合体，其混合性更甚。其次，在标题音乐、“交响诗”以及诸如此类的音乐作品中，存在一种更为松散 339
的结合体。我们将逐一探讨这两个问题。

当我们问起歌曲中乐曲与歌词的关系，有另一个区分是我们要加以注意的，尽管其中一个要点并不会让我们千思百虑：乐曲与歌词的**发音**有何关联？而乐曲与歌词的**意义**又有何关联？

我们之所以会唱歌，是因为我们能发出一个语词的声音，同时又能生产某种音调。如果每一个语词，至少从一种特定的意义上讲，只通过一个音调而产出，那所有的言语都是低劣的歌唱，但是，这样就不能**创作**歌曲了，因为每种意义只有一种旋律。创作歌曲的要求是，正确发音的规则在某些方面不是固定不变的，因而留出了诸多可能性：在英语中，并没有规则规定你的单词发音必须有多快、多响亮，或者用多高的音高，只要它的主导语音模式能够被识别。

这些日常的观察与我们的第一个问题相关联。假设我们问起一首特定的歌曲，其乐曲的声音是否在某方面与歌词的声音相似？这个问题几乎无从答起，因为歌词发音的很多方面，诸如响度，并不属于作为歌词的它们；它们**在唱出来时**才具有那种声音。然而，正如我们在第五章（§14）中所发现的那样，仍然存在一些可以较含糊地归属于词音的性质，而我们可以询问，比方说，它们的粗糙或平顺是否也由乐曲所展现。在这种较有限的意义上，我们可以对词音与乐音进行比较。

但是，这并不是词音和乐音之间关系中最重要的方面。一个配上音符而唱出来的语词，成为该音符的音色的一部分，从而也成为乐音本身的一部分。此外，歌词作为声音的运动——其重音、停顿、节奏组合、音节划分——也影响了乐曲的运动。由此，出现了歌剧翻译的问题。《魔笛》的高位点之一，是帕帕吉诺问帕米娜之处："我们现在该说什么呢？"帕米娜掷地有声地答道：

Mozart, *The Magic Flute*

（说实话， 说实话， 即使那是我们的罪行！）

正如奥登和卡尔曼在这部被搬上电视荧幕的歌剧的翻译说明中所指
340 出，[1] 这些德语并没有充分对等的英语译文。"实话"（truth）一词的意义，最接近于德语的"Wahrheit"，但是它缺少乐曲所坚持的声音运动，而"诚实"（truthful）一词，虽然具有这种声音运动，却味同嚼蜡，且无意义上的关联。

对于旋律的编排，我们要求它通过重音和停顿的调整而保留原始文本重要的次要意义，以确保暗含意义不被丢失，而我们也注意到，暗含意义有时因音乐中微妙的音调变化而进一步加强，或者全新而相关的暗含被补充进来。在这方面，雨果·沃尔夫是最伟大的大师之一，比方说，从他为歌德的《普罗米修斯》谱写的乐曲，以及他的《米

---

1 参见 W. H. 奥登和切斯特·卡尔曼翻译的《魔笛》（*The Magic Flute*, New York: Random House, 1956），第 107 页。比较 E. J. 登特和 E. W. H. 迈耶斯坦就如何翻译《费德里奥》这部歌剧中利奥诺拉所说的"Todt' erst sein Weib!"（意为"先杀了他妻子！"）这一问题上所产生的有趣而有启发性的争论（*The Music Review*, VI [1945]: 64, 128）。

开朗琪罗歌集》第三首歌曲《心灵可感到?》中，便可看出这点。但是，我们的主要问题不是乐曲的声音和歌词的声音之间的关系，而是乐曲的声音和歌词的意义之间的关系。

一个关于这个问题的争论，可能会通过如下方式产生。乍一看，很明显，在一些情况下，歌词和乐曲具有一种无比紧密的天然联系，使得它们看起来像是命中注定的配对物。一旦你学会吉尔伯特与沙利文的一首歌，比方说，则很难想象出这些歌词配合其他任何乐曲演唱的样子。舒伯特的一些诗歌配曲，让人觉得无比妥帖，后无来者，以至于其他作曲家不敢再次使用这些歌词。而如果我们并不完全清楚，作为乐曲和歌词之间一种关系的"适合"可以指谓什么，那么，想出不适合的情况，肯定是轻而易举的：席勒的《欢乐颂》配上《圣路易斯蓝调》的曲子演唱，或者"在羞耻中牺牲精神是情欲在行动"配上《扬基·杜德尔》这首儿歌的曲子演唱——仅从韵律的角度来看的话，它完全符合这一曲子。

但是，我们也可以表明，其中牵扯到主观的和隐私的因素，以及个人习惯的发挥空间。例如，当你学会《马槽圣婴》这首儿歌三种广为流传的旋律中的一种，或者学会《约翰·亨利》或《兰德尔王》这样一首可能有着诸多版本的民歌，然后听见其他人唱着不同的旋律，他们有着与你同样多的享受，并且有着与你同样强烈的感觉，即他们所唱的旋律和歌词是天造地设的，这时你也许会怀疑，适当性的感觉是否仅仅是熟悉性而已。如果《罗马弥撒经书》配上各式各样感人的旋律，以及一些诗歌反复再三地配上这些旋律，那么我们怎么能说，这些歌词只需要一种谱曲，而其他所有竞争对手无出其右?

同样的问题，可能也适用于一些这样的歌曲，在其中，相同的乐曲，或者近乎相同的乐曲，被用于截然不同的歌词。巴赫便是借用了他最初在其他地方为其他歌词谱写的乐曲，将其用于《B 小调弥撒曲》中的“十字架上”和“除去世人罪的主”这两段，二者似乎与歌词合而为一。据说卫斯理兄弟将水手所唱淫秽歌曲的旋律变成赞美诗的曲调，由此，使他们皈依了基督教。这是一种策略，其成功似乎依赖于
341 水手们在主题改变的情况下仍然喜欢旋律。举一个非常简单的例子，《一闪一闪亮晶晶》和《咩咩小黑羊》有什么共同之处，竟使得孩子们用同样的调子来哼唱它们？

融合论

这样，不同的歌词似乎适合于相同的乐曲，正如不同的乐曲似乎适合于相同的歌词。但是，歌词和乐曲之间是否可能存在某种联系，使得我们可以宣称，比起其他某种乐曲，如此这般的乐曲或多或少更适合这些歌词？认为这样一种联系可能存在的理论，可以总括如下：当一个乐段包含它所伴奏的一个语篇的呈现性对等物，也就是说，当它自身具有该语篇中所指涉的某些性质，它便适合于该语篇——即与它是融贯的。这种理论可被称为歌曲中乐曲与歌词之间关系的融合论。[1]

这是一种心理学理论：它断言，当听出的呈现性对等物具有一定的明确性和强烈性，连贯性这一区域性质就会显现，而歌词和乐曲就会成为一个现象整体的组成部分。正如许多其他问题，我们所需要的，是严谨细致的实验研究，以便确定这一理论在多大范围内是正确的，以及需要哪些进一步的资格和条件才是正确的。虽然我们有了一

---

1 我认为，这种理论虽然还没有发展到这样的程度，但它为大多数声乐作者所信奉，即使他们仅仅是假设之，而没有明确地表述。参考附注 19-B、19-C 和 19-D。

种常识层面的证据，以及资深的、具有高度敏感力的观察者的证词，我们仍然任重道远。然而，在这种理论能够采用一种真正适合这类研究的表达形式之前，妥当的做法是予以一些初步分析。让我们借助一些例子来说明这种理论及其含义。

1. 在巴赫第106号康塔塔《神的时间》（亦称《悲剧演出》）第二节，合唱团的三个低音停歇下来，而女高音在“lange”的第一个音节上继续飙音，以¾拍延长了十个四分音符。

2. 在普塞尔的《狄多与埃涅阿斯》中，每当“风暴”一词出现于咏叹调或宣叙调（见第5、19、26、30首；另见第25首中的“雷暴”），其唱法伴有急促的连奏，或者跳动的附点节奏。

3. 在亨德尔《弥赛亚》的第十一首低音咏叹调中，“行在黑暗中的人们”这些歌词的配乐是一段精彩绝伦的B小调旋律，彷徨、犹豫、游移不定。

4. 在巴赫第84号康塔塔《我满足了》的第一首咏叹调的音乐中，“我的福气让我满足”被配上了确然满足的伴奏乐曲；第二首咏叹调《我满心欢乐地吃掉我的那份面包》则配上了确然欢乐的伴奏乐曲。这两种性质在乐曲中有着明显的辨识度。[1] 342

5. 在《晚安》，也就是舒伯特的声乐套曲《冬之旅》的第一首歌曲之中，乐曲在第四节的“我不愿打搅你的安息”开始，由D小调转为D大调。

6. 亨利·迪帕克为波德莱尔的诗歌《邀游》谱写的曲子，

1　比较第56号康塔塔《我愿背起我自己的十字架》（*Ich will den Kreuzstab Gerne Tragen*）中的“我的轭已被打破”。

给人以同样的时光永恒和赏心悦目之感，一如诗中所提到的国度。在这个国度，“一切井然有序，无比美好，充满安宁、乐趣和华美”。

例 1 表明了乐曲与歌词之间可能具有的那种最简单的和最机械的关系：歌词只指谓音符本身的某个特征——这里指的是时间长度。当诸如此类的事情发生时，我们会注意到它们——在《圣尼古拉来访》脍炙人口的配乐中，“漫长的冬眠”中的“漫长”一词，也是如此——它们可用来实现具有一定魅力的效果，比如说，在他为《圣诞节的十二天》谱写的乐曲（他的《绿树上的红鸟》版本）中，罗伊·哈里斯用不同的音程来表示每一天：第二天，旋律上升了一个大二度，依此类推。

但是，虽然我们可能注意到这类关联的在场，却并不会注意到它们的不在场；“漫长”一词不需要用短音符来表示，正如它不需要用长音符来表示。这种关系是外在的关系。因此，对于我们对词曲的一致性的感知而言，诸如此类的对应性几乎毫无贡献。

例 2 提到我们在前一节中所讨论的那种东西，即音乐对物理运动的模仿，虽然它是简单而幼稚的。这是一种更紧密的对应关系：音乐模仿歌词所指谓的物理事件，也就是风暴。同样，这种对应性的在场是引人注意的，其不在场则非如此；我们从不觉得，一首旋律必须包含对文本中所提到的所有物理运动的模仿。事实上，即使巴赫的咏叹调包含数以百计诸如此类的模仿，他也从未试过逐行模仿。他在诗行中发现的一个语词，可能会让他联想到一个旋律音型，但是他会自始至终地使用这个音型。在确定词曲一致性的过程中，这种模仿所起的作用可能不太大。

例 3 中，亨德尔做了两件事；其乐段，正如例 2 中的那样，部分是物理运动的模仿，但是，它也部分是心理过程的模仿。因此，它不仅具有物理运动的一般动力学性质，而且还具有人类学性质。例 4 所展现的东西如出一辙，但更简单，也更清楚；再一次，在这里，与歌词所指谓的人类学性质相对应的，是乐曲的人类学区域性质。而在我看来，我们现在正置身于一个这样的领域，在其中，我们感受到了乐曲对于歌词的一种迥异的适合性，而不适合的乐曲会格格不入。亨德尔咏叹调的歌词，若配上《一闪一闪亮晶晶》的调子——这一韵律中的说话人很好奇，但并非真的在黑夜中游荡——将是荒诞不经的。而为 343
巴赫的“我满足”等歌词配上一种阴郁忧伤的旋律，则一定是无比怪异的。

事实上，我总觉得，巴赫在其第 170 号康塔塔《快乐的安宁》的最后一次女中音独唱中出现了错误，在这里，“继续苟活让我厌恶”等歌词被配上了一种舒坦惬意的旋律——尽管我可能忽略了一些其他关联。其效果有点像是用人们所熟知的男中音旋律来歌唱“我厌恶生活，我讨厌生活”这类戏仿语言。再以《艾俄兰斯》中仙后的歌曲《啊，傻仙子》为例。我认为，这首歌曲的一部分幽默感来自于歌词的不协调——特别是第二节中，说给伦敦消防局肖队长的话，竟被配上了如此严肃和流畅的旋律。

歌词和乐曲不协调的结果，也许就是分崩离析，或者，正如吉尔伯特和沙利文的歌曲中那样，产生了喜剧性；在任一情况下，它至少明显区别于歌词和乐曲真正拥有一种深厚的亲和关系的极端情况：正如亨德尔的例 3，巴赫的《除去世人罪的主》，《狄多与埃涅阿斯》中的《狄多哀歌》，以及舒伯特、勃拉姆斯、雨果・沃尔夫、迪帕克等人的许多歌曲中的那样。然而，我们目前的问题，是尝试把握这种亲和关系的本质。

那么，在例 3 和例 4 中，音乐的人类学性质就是歌词从字面意义上（例 4）或者从隐喻意义上（例 3）指谓的性质。在其他例子中，这一关系更加宽泛和遥远，但重要性不减。例 5 中，调子的改变，标志着诗歌的高潮，此时此刻，流浪者决心从小镇旁路过，不去打扰它的安宁；它带来了先前的反省所产生的一种使命感，一种对于他人的温柔，以及一种对于流浪者的命运的坦然接受；它是情感和情绪的一次净化。例 6 中，迪帕克远不是在描绘一片领土，或者在追溯任何单一的语词的性质：他是在处理诗歌整体上的道德风气，并且呈现它的听觉对等物。

现在我们可以尝试对融合原则更早前的版本重新表述如下：

> 一个乐段与它所伴奏的语篇连贯一致——与之相适应，如果它具有一些较强烈的人类区域性质，这些性质要么是歌词所指谓的性质，要么是歌词所描述的事件或情境的性质。

虽然上述表述不是完全准确的，但我认为，它是进一步研究所需要的一种更好的形式；至少，它可以经受经验的检验。我们所给出的例子，如果将其看作可能实例所组成的一个大类的抽样，那么它们在一定程度上证实了这一理论。然而，我们想要更多了解的，是相关的心理机制，以及一定程度的融合所需要的更详细的条件。我们可以试探性地提及一些更深入的考察。乐曲似乎拥有一种不同凡响的性质，即与其
344 他事物水乳交融，与它们保持亲密无间的关系；这就是乐曲在各种各样的场合似乎都恰得其所的部分原因。我理应认为，在一些歌曲中，我们可能会发现，要指出乐曲中任何一个尤能澄清歌词的突出性质是

很难的，但是，如果不存在太大的不协调，而乐曲本身又是无与伦比的——就像莫扎特的咏叹调中的那样——那么，这首歌仍然是一首歌，乐曲与歌词相安无事。事实上，是乐曲吞噬了歌词，并且把歌词的运动变成了自身运动的一部分。

这并不意味着乐曲与任何东西的结合，都可以像它在歌曲中与歌词的结合那样紧密。毕竟，就像我们在第五章（§15）中所看到的那样，歌词本身有着一个隐含的说话人，而一旦说话人也是歌手，鸿沟就不会过大，以致无法跨越。由此类推，歌曲的音乐主旨（musical substance）可以被认为是思想特质的进一步例示，这些特质在一定程度上已经存在于声音的音调和音色之中，如果诗歌被大声朗诵的话。这不同于寻找合适的香水来搭配粉蓝色的撑架裙，或者搭配《溜冰圆舞曲》。

因此，根据前面的讨论，我们可以看出融合论能够对前面所援引的异议予以什么样的回应。一些人基于熟悉性而偏爱《马槽圣婴》的某些谱曲，这点并不能推翻这一理论：证明一种旋律优于其他所有旋律——比方说，如果它具有其他所有旋律所缺乏的一种安抚的、摇篮般的运动——或者证明它们事实上可能在不同方面大致是同样适合的，这仍然是可能的。针对《罗马弥撒经》的谱曲，也可以在更大范围内说同样的话。

第二组例子同样无害。试看《一闪一闪亮晶晶》和《咩咩小黑羊》这两首儿歌。虽然一首是关于绵羊的，一首是关丁星星的，但是，作为诗义结构，它们有着许多共性。它们的修辞形式都是直接明了的。在《一闪一闪亮晶晶》中，一个感叹句之前，有一个祈使句，用的是简单的单音节语言，一行是一句。在《咩咩小黑羊》中，一个两行的回答之前，是一个两行的问题，同样是用直截了当的语言。这种语言结构的实现，乃诉诸这一简单旋律由于其明显的、决定性的和加重的音级而具有的抑扬顿挫；此旋律，就像这两首小诗中的说话人一样，直截了当，清楚自己在做什么，而且有着较局限的活动范围。不过，虽说这对这两首歌曲都很适合，但是它更适合《咩咩小黑羊》，因为，虽然《一闪一闪亮晶晶》包含一丝疑问（“我想知道”），但是这首曲子并不对任何东西感到疑惑。

要证明一些极其相似的考量，尽管更加微妙和深刻，也适用于巴赫对自己的借用——我认为这是可以证明的——这则是一项复杂的任务。毕竟，他最初为之配上《除去世人罪的主》的旋律的歌词，并不是《除去世人罪的主》本身以外的歌词，他对这段旋律的借用也不是不
345 加任何改动而全盘照搬，而且，毫无疑问，这首乐曲饱含丰富的人类学性质，其中一些也是歌词所表达的态度的性质：“除去世人罪的主，怜悯我们。”

呈现性的具体化

我认为，乐曲和歌词之间存在着一种更微妙的关系；但是，我们必须非常审慎地对待之。在呈现性对等物这一概念的基础上，我们也许可以增加一个呈现性具体化的概念，如果这个术语听起来不那么令人反感的话。我的想法是这样的。这里有一首悲伤的诗，它被配上了同样悲伤的音乐。这样的话，还好。但在我看来，我们通常不会觉得二者的结合是最充分的，或者是完全成功的，除非还存在着其他东西。音乐不应仅仅是强调歌词和强化它们的意义，而且还应以某种显著的方式为它们添砖加瓦。而音乐确实可以做到这一点。假设诗行朦胧不清，一如一些短小的浪漫抒情诗：“我很伤感，我的爱已远飏。”这就是它告诉我们的全部。尽管如此，音乐的伤感不会是笼统的伤感，而

是一种具体的伤感，一种明确的性质，也许有点听天由命或者有点烦恼，也许是深沉的或者肤浅的，也许是自怜的或者反讽的，也许是抽抽噎噎的或者双唇紧闭的。我明白这些描述过犹不及；它们是伤感的不同性质，而乐曲无法对它们进行精确的区分。但是，我还是认为乐曲可以做出一些这样的区分，而有时，歌曲具体的伤感性，正是乐曲所赋予的。

如果确实如此，那它就解释了一个似乎经常令人费解的关于歌曲创作的明显事实，即为什么最好的诗歌通常不能成其为最好的歌曲，而优秀的作曲家却能够把一首蹩脚的诗歌变成余音绕梁的歌曲——正如莫扎特和舒伯特等人多次所为。如果文本是“我很伤感，我心爱之人已远飏”，那么作曲家就有创作的空间。如果它是莎士比亚十四行诗或邓恩的诗歌中所表现出来的那种明确的和截然平衡的，但又矛盾的心理状态，那么作曲家可能一筹莫展，无法具体化其性质，相反，他可能对它百般不利。如果是这样，作曲家最好别动它。即使本杰明·布里顿为邓恩的《圣十四行诗》谱了曲，我仍然是这么认为。

当我们认为乐曲充实了歌词，一些乍看之下似乎由于不协调而分崩离析的歌曲，会让我们满足于它们的统一性。例如，在《意大利歌曲集》中，雨果·沃尔夫从保罗·海泽所写的《月亮提出严厉的控诉》中拈出一个可笑的奇喻——月亮数了数星星，发现其中最明亮的两颗不见了，那就是你的眼睛——并且给它配上最深沉、最温柔的乐曲。此处的乐曲随心所欲地支配着歌词。

呈现性具体化的概念可以运用于不同层面。最简单和最彻底的运用，也许是弥撒《信经》中一个段落的配曲。当然，所有时代的作曲家，都倾向于让“降临”一词配合下降的旋律乐句，而让“升天”一 346
词配合上升的旋律乐句。帕莱斯特里纳常常是这样，尽管《仰望主经》

这首弥撒曲是个例外。在他的《马切洛斯教皇弥撒曲》中，有一乐句是这样的：

在贝多芬的《D 大调庄严弥撒曲》中，这一乐句是这样的：

可以说，存在着两种下行，但它们是何其不同！在帕莱斯特里纳这里，基督降世就像是从一个相隔不太遥远的国度平静地进入这个世界；在贝多芬这里，则是充满戏剧性的突降。

也许，这一对比是我的过度解读。我不是说它们囊括了天主教和新教神学之间的全部区别，但是它们为歌词的直白陈述所贡献的态度和期待，确实是截然不同的。这就是为什么这些歌词的配乐如此美妙，并且可以通过如此之多的不同方式进行配乐的原因之一。《求主垂怜》可以是一声绝望的号啕，一次对于祥和的信仰的颂唱，一次哀求，或者是一次不自觉的赞美；是作曲家把它变成了这样子或那样子。福雷在他的《安魂曲》中，通过"勿让他们堕入幽冥"这些歌词的配乐告诉我们，有什么样的命运在等待着迷失的人们；在他的《安魂曲》中，威尔第通过"落泪之日"这些歌词所配的抒情旋律告诉我们，审判之日与其说是可怕的，不如说是悲惨的；而柏辽兹《落泪之日》的乐曲，则展现了令人惊恐的绝望。或者，另举一例，当亨德尔在《弥赛亚》中为“我知道我的救世主还活着”这些歌词谱曲的时候，正是乐曲准确地展现了这首咏叹调充分流露出来的那份安宁和自信的程度与本质。

当我使用“告诉我们”的字眼，我是夸大了我目前准备坚持的东西。在歌词含糊或抽象的地方，作曲家让乐曲提供了一种具体的性质，由此把这一性质赋予了歌曲，也就是歌词和乐曲的结合体；参考沃尔夫为歌德的《人性的局限》所谱的曲子。沃尔夫是否把神学或其 347
他方面的命题引入这首歌曲之中，则是另一个问题，这也是下一章所要讨论的问题。

呈现性的具体化这一概念，也有助于解释歌曲的另一个方面。举例而言，我们认为莫扎特和瓦格纳的乐曲有助于“塑造”其歌剧中的人物。也就是说，我们对那些人物——法斯塔夫、麦克白或者唐璜——有了一定的了解，这种了解不是我们仅凭聆听人物的言语和观看人物的行为就能获得的。言行反映的是一般品质：帕米娜——虽然《魔笛》并不是寻找性格一致性的最佳场合——当然是纯真和高洁的。但是，在她唱出帕帕吉诺的问题的回答时，伴奏乐曲中的那份斩钉截铁和全心全意，以及那份郑重其事和浑然忘我，透露出她致力于追求真理的真实品质和强度。乐曲同样有助于刻画一些与众不同的女孩——卡门、托斯卡、伊索尔德，或者音乐喜剧歌曲中那个“像风暴中的柳树一样焦躁不安”和“像绳子上的木偶一样跳动”的女孩。考虑到她的特殊困境，“这一曲调理应是女性化的、年轻的、紧张的，如果可能的话，还应像那个女孩一样美”，就像作曲家所说的那样，[1] 不仅如此，她

1　理查德·罗杰斯在奥斯卡·汉默斯坦二世所作的《抒情诗》(*Lyrics*, New York: Simon and Schuster, 1949)中如是说，见第 xv 页。

的问题和她的心理状态在一定程度上也理应是由这首曲子本身所赋予的——它们确实如此。

标题音乐

一旦我们得出结论说，歌词和乐曲可以在一首歌曲中实现卓有成效的结合，我们似乎只差一步就可以说，另一类词乐组合作品，也就是标题音乐，包括其最重要的变体，即交响诗，也同样如此。

探讨这个问题的第一步，就是达成“标题音乐”的一个定义，而这种做法早已不是毫无风险了。我的建议如下：所谓“标题音乐”，就是拥有标题的音乐。我相信，任何更狭义的定义，都不会让每个人都满意，而有些人会坚持一种更广泛的定义。然而，在此处划界，是有着充分的理由的，这些理由，在我们确定自己是知道在什么地方划了界之时，就会出现。这是因为，在上述定义中，尽管在一个除了极具误导性的定义，极少有定义做到简明扼要的主题中，其简明性令人称道，但是，仍然存在两个有问题的术语：“标题”和“拥有”。

我建议将一种这样的语篇视为标题：它叙述了不少于两个事件的系列，简言之，这一系列事件拥有最广泛意义上的情节，虽然未必是好的情节——我们在这里并不关心文学价值。我并不把《春》《离别》《船晕》或《公鸡》这样的题目包括在内，除非它们指称文学作品，诸如《唐璜》《仲夏夜之梦》《前奏曲》《培尔·金特组曲》，或者它们全靠自身来指谓情节，就像约翰·路德维希·杜塞克（1760—1812）的那首
348 乐曲，叫《1787 年 10 月 11 日海战与邓肯上将全面击败荷兰舰队》。

关于题目，有着一些有趣的问题，但在说上几句后，我仍不得不遗憾地将它们束之高阁。确实，就像我们在前面所看到的那样，当听众在聆听音乐的过程中想象特定的事物或事件时，诸如此类的题目发

挥了不可或缺的辅助作用。但是，这些题目之中，有一些是服务于纯粹的音乐功能。当一位作曲家在总谱上写下“哀伤”“激情澎湃”“嬉戏”，甚或“欢快的感恩赞美诗”之类的指示，我认为我们不应该把这些指示称为标题。在常规记谱法不完整的情况下，它们仅仅是作为总谱本身一部分的字词，在演奏中提供帮助而已。现在，一个诸如《春》，甚或《船晕》的题目，就可以服务于一种类似的功能：“用春天般的音质来演奏它”，或者“让它听起来令人作呕”。埃里克·萨蒂在他的一首乐谱上写道：“宛如一只牙疼的夜莺。”事实上，在我看来，在一首有争议的古典乐曲中，贝多芬在《田园交响曲》中写下的语句，最好被理解为对指挥家的一种隐喻性暗示，如果它们不是一时的奇思怪想的话。这样，“小溪边”的意思，就不是“这白描了一条小溪”，而是“赋予绵延的伴奏以一种均匀的、流畅的、涓涓细流的、小溪般的性质”。如此，我理应认为，《田园交响曲》根本不是标题音乐。但要注意，这并没有对乐曲发表任何评论；它的意思仅仅是，该乐曲没有标题。

当然，你可以回应说，其中有乡村舞蹈，有狂风暴雨，有雨过天晴；这些事件难道不是一个构成交响曲标题的简单故事吗？它们有可能是，但是我的异议集中于定义中一个更为关键的语词：“拥有”。说一首乐曲拥有一个标题，这是什么意思？如果它的意思是人们可以撰写一个故事来配合它，这是不够的；我认为任何乐曲都可以做到这一点，即使是巴赫的四十八首前奏曲和赋格曲，也是如此，如果你不介意故事有多滑稽可笑的话。它的意思一定是，存在着一个故事，它(1)在某方面与乐曲相符合，并且(2)在某方面是与乐曲一起提供的。

经过我们前面的讨论，应该不存在关于符合性的任何困难了：故事的诸片段所具有的动力学性质，可以与乐曲的动力学性质相匹配。引起问题的，是故事的提供。如果我现在坐下来，为巴赫《十二平均律曲集》第一卷中的《C小调赋格》撰写一个故事，这还不足以赋予它一个标题。我必须让这首赋格曲以某种方式来演奏，并且在同一个场合朗读或者发放我所写的故事。但是，这仍然不够，我必须指出，乐曲和故事是不可分割的：在听音乐之前，听众要先熟悉故事，而在听音乐的过程中，故事要牢记于心。如果这些我都做到了，那我就把乐曲变成了标题音乐，赋予了它一个标题。

如此，我理应认为，当柏辽兹指示听众理应熟悉他关于诗人的病
349 态小故事，他就给予了他的《幻想交响曲》一个标题；柴可夫斯基在编造故事时，则为冯·梅克夫人给予了他的《F小调第四交响曲》一个标题，尽管他一时疏忽，没有赋予它一个针对广大公众的标题。伦纳德·伯恩斯坦的《焦虑时代》，即使不是指涉奥登诗歌的题目，也由于他在唱片套背面援引自己对于这首诗的“阐释”而获得了一个标题——前提是你能理解这段不同寻常的文字。至于里姆斯基-科萨柯夫的《舍赫拉查达交响组曲》，他先是给四个乐章都起了一个题目，继而撤销之，而他最终在自传中提到，他本想给听众一些提示，但是又不想过于严格地限制自己的观念。这是一种小心翼翼的、患得患失的标题。

生产者的诸指示，我姑且如此称呼之——无论是作曲家本人、指挥家，还是杜撰标题的某个旁观者，这从根本上说都是无关紧要的——当然对听众没有约束力。听众可以撕掉故事或者不去阅读唱片封套上的文字，正如他可以对音乐弃之如敝屣。但在这里，我们主要关注的理论，无非是一种这样的理论，即在如此定义的标题音乐中，音乐与其标题可以融合成一个连贯的整体，从而共同形成了一个单一的审美对象。这一理论，我们可以称之为标题音乐的融合论。[1]尽管这种

1 这是我认为很多关于标题音乐的作家都信奉的理论；参见附注19-E中的参考文献。

理论不是特别明晰，因而不具备理想的检验条件，但是它可以进行初步而笼统的讨论。我们在这里无法彻底解决这个问题，但我将提出几点，供大家考虑。

一个人可以边听音乐，边给自己讲故事，这一点已经得到了人们的认可。但是，不能由此推断，人们在想象故事的同时，能够详尽地领会音乐的运动，并且陶醉于其中。如果乐曲的结构和肌质皆无比简单，正如歌曲的伴奏部分所倾向的样子，因而无须全神贯注于它，而故事的关注点只在于理解唱词的意义，那么，人们的注意力就不会过于分散。但是，如果乐曲是大型交响乐，而故事只有从更早前一次与乐曲本身没有明显关联的阅读中才能回忆起来，那么乐曲与歌词的符合性，很可能就只是一种简单的符合性，而没有成其为一种融合。当标题音乐的崇拜者说，他们体验到了融合，人们可能会询问，他们是否仅仅注意到了符合性而已：这是堂吉诃德攻击绵羊或风车的缘由；这是施特劳斯夫人敲击餐盘的缘由；这是扫帚追赶巫师徒弟的缘由。

另一个一般性原则似乎也适用。一首短而简单的乐曲——它只有一个主高潮，曲调缺乏变化，而且具有一种相当稳定的肌质——通过一种直接而简单的方式完成其目标运动，而当我们聆听这首乐曲，它不会分散我们的注意力，让我们一刹那，或者时不时地联想到农牧神 350
的舞蹈或者疾驰而过的火车，甚或一个垂死之人。但是，一部大型的音乐作品，其本身的音乐统一性和连续性依赖于其各部分之间纯粹的音乐关系：它需要发展，需要再现，需要变奏或者主题的组合。一个故事的文学统一性和连续性，则依赖于其各部分之间的另类关系：动机和实现，人物发展和冲突解决。因此，如果音乐和故事都是复杂的，但大体上又必须相符合，那么它们之间势必存在一种张力。它们每个越复杂、越统一，它们就越倾向于分化。这一原则，如果为真，并不否认可能存在着相对简单的标题音乐，其中发生了一定程度的融合，但是它同时对连贯的标题音乐的规模加以严格限制。在这一点上，贝多芬《利奥诺拉序曲》的各种版本是有启发性的。

此外，本身缺乏结构的统一性的音乐，不可能通过一个标题而变成统一的，不管这个标题有多统一。当人们说，一首交响诗，诸如李斯特的一首，其本身并不是非常统一的音乐，而是，其构成部分是相得益彰的，因为它们井然有序，一如它们所对应的事件，这可能是给人以误导的一种说法。实际情况是：我们的注意力集中于故事，而音乐隐遁于注意力的背景之中，或边缘之处，正如电影中作为背景音乐播放的音乐，它的出现，以及人们对它的聆听，都不能尽其本性，它只是用来展示故事的。然而，我必须承认，音乐渗透入事物而成为其中一部分的巨大活力和力量，即使在这里，也是显而易见的。如果音乐与故事中的事件有着任何相似性，那么，作为故事的一种安静的背景，音乐从不显得不合时宜，它的贡献是润物无声的；但是，如果音乐的性质极为强烈，而且是高度统一的，那么它就能够占有我们的注意力，而我们会像听众经常感觉到的那样，觉得故事是不合时宜的，它的存在实际没有什么道理。

最后，在本章开头所提及的那些意义以外的某种意义上，标题音乐的艺术为何必然是一种“混合的”艺术，这其中有一个更为根本的原因。在我看来，一个审美对象的一致性，部分在于它看似是一种单一的人类精神的产物或馈赠。这就是表现论背后的真义。但要注意，这不是表现论本身，因为这种“看似”事实上是描述审美一致性的另一种方式，它完全独立于这一问题，即对象实际上是一人制作的，还是多人制作的，抑或是无人制作的。在一幅再现性绘画中，同样一些线条描绘了世界，并且清晰地展现了设计；在一首歌曲中，同样一些声音唱出了歌词，并且形成了旋律。但是，在一首交响诗中，不可能存在这种单一性的源头；构成“诗”的概念和故事片段，是作为头脑中的记忆而存在着的，而音乐则来自于外界。对于尚未被稀奇古怪的理 351
论弄得一头雾水的人而言，如果他们认为它们之间的关联可能不仅仅是一次愉快的巧合，这将是令人诧异的。

附注与问题

§ 18

18-A. 音乐意义的表现论。（一）关于表现论的说明和论述，参见以下作者：

乔治·桑塔耶纳《论美感》（*The Sense of Beauty*, New York: Scribner's, 1896），第 192—208 页；桑塔耶纳宣称，“在一切表现中，我们可以区分出两个术语”：“表现性的东西”和“被表现的东西”（第 195 页），但后者被认为是前者所“包含”的一部分。

在《美学研究》（*A Study in Aesthetics*, New York: Macmillan, 1931）（第 2 章、第 3 章和第 4 章）中，L. A. 里德区分了“直接的”和“间接的”审美表现。对于前者，诸如声音的诡异性，他称之为“性质”（第 75—76 页），而后者（里德认为这是桑塔耶纳所忽略或者未加以重视的）则在于以往经验和当前情况的“融合”。举例而言，“参天大树傲世轻物，睥睨众生”这一事实，可以通过和自命不凡的人打交道的以往经验的“联想”而予以说明。但是，假设我们从未跟这样的人打过交道，因而不会以这种方式来描述树木的外观，那么，里德是提供证据来证明我们无法感知树木的这种性质呢，还是证明我们对性质的感知是以“联想”为前提？注意：“从字面意义上讲，乐曲并不具有诡异的性质”这样的陈述是真的；然而，在非字面意义上使用的，不是“具有”一词，而是“诡异”一词。

约翰·霍斯珀斯对桑塔耶纳和里德两个人的观点予以了讨论，见其《艺术中的意义和真理》（*Meaning and Truth in the Arts*, Chapel Hill, N.C.: U. of North Carolina, 1946），第3章。霍斯珀斯大体上支持桑塔耶纳，但是他强调了表现相对于感知者的可变性：“向某人表现”暗含“在某人心中唤起”，而不是“打算在某人心中唤起”（比较下文中霍斯珀斯后来所写的论文）。

在《艺术即经验》（*Art as Experience*, New York: Minton, Balch, 1934）（第4章、第5章）中，约翰·杜威生动地描述了表现的行为，以及这一行为在审美对象身上留下的印记，但是，特别是在缺乏“X表现Y”的任何定义的情况下，杜威对于“陈述”和“表现”的区分（第84页及后面数页），一点也不清晰。表现“所起的作用，不是导致一个经验。它构成了一个经验”（第85页）。这接近于说，表现并不是一种关系；但是杜威似乎又否认了这点（第99页及后面数页），特别是在他对线条的区域性质进行解释的时候，他认为这些区域性质“本身包含对象的属性”（第100—101页）。比较埃里西奥·维瓦斯《杜威艺术理论中的情感评析》（“A Note on the Emotion in Dewey's Theory
352 of Art,” *Creation and Discovery*, New York: Noonday, 1955）一文。

参见T. M. 格林《艺术与批评艺术》（*The Arts and the Art of Criticism*, Princeton: Princeton U., 1940），第12章，第15章，第19章第3节，以及罗伊·D. 韦尔奇的“附加论文”；另参见格林《音乐及其他艺术中的意义问题》（“The Problem of Meaning in Music and Other

Arts," *JAAC*, V [June 1947]: 308–313）一文。格林的观点，即艺术“表现的是一种关于现实的阐释”，或者是一种关于“某种题材”的阐释，他要将这种观点运用于音乐，是极其困难的——并不明显区别于他的另一个观点，即艺术作品，包括音乐，都包含命题（比较第八章附注20-B）。

在《审美表现》（"Aesthetic Expression," *JAAC*, XIII [September 1954]: 80–85）一文中，D. W. 戈查尔克将表现分析为“情感的暗示”。比较其《艺术与社会秩序》（*Art and the Social Order*, Chicago: U. of Chicago, 1947）中的第6章，特别是他对于“普遍而抽象的表现性”（第139—140页）和“艺术家个性的表现”的评析（第140—143页）。

在《艺术原理》（[*The Principles of Art*, Oxford: Clarendon, 1938], 第6章）中，R. G. 科林伍德小心翼翼地区分了情感的表现和情感的流露、唤起或描述；表现同时也是一种“探寻”。但是，他似乎认为，我们仅仅通过检查一件作品（特别参见第123页），就能知道艺术家是否真的是在“表现”，而不仅仅是在流露情感，或试图唤起情感。

在《艺术哲学》（*The Philosophy of Art*, New York: Dial, 1929）第2章和第8章，C. J. 杜卡塞提到了“感受的自觉客体化”，而他的观点是一种表现论。

关于音乐作品的心理学，参见詹姆斯·莫塞尔《音乐心理学》（*The Psychology of Music*, New York: Norton, 1937）第7章，特别是第268—281页。

亨利·艾肯为一种这样的观点进行了辩护，即艺术作品不仅是“表层”，它们还“表现或唤起”情感，因为，从现象学的意义上讲，被归于音乐的人类学性质是主观而相对的；参见其《作为表现和表层的艺术》（"Art as Expression and Surface," *JAAC*, IV [December 1945]:

87–95）一文，特别参见第 91 页。

在《论表现主义和形式主义所谓的不相容性》（“On the Supposed Incompatibility of Expressionism and Formalism,” *JAAC*, XV [September 1956]: 94–99）一文中，F. D. 马丁对“表现论”的辩护，颇为软弱无力，因为在对问题的表述（第 94 页）中，他混淆了音乐的“应为”和“实为”。

J. W. N. 沙利文的著作《贝多芬的精神历程》（*Beethoven: His Spiritual Development*, London: Cape, 1927, reprinted New York: Mentor, 1949），也许最好被视为表现论的一个被高估的、极具误导性的版本（参见第 8 章，附注 20-B）。

（二）关于对作为一种关系理论的表现论的批评，参见以下作者：

在美国哲学协会东部分会专题论文集中发表的《艺术中的表现概念》（“The Concept of Expression in Art,” a symposium in *Science, Language, and Human Rights*, American Philosophical Association, Eastern Division, Philadelphia: U. of Pennsylvania, 1952, pp. 127–144）一文中，文森特·A. 托马斯对他所说的“二项”理论（“two-term theory”）的检查，是鞭辟入里的。托马斯得出结论说，如果要坚持表现论，就必须将它表述为一种“单项”理论（“one-term” theory），而按
353 照我所用的术语，这种单项理论已不是表现论。托马斯也提出了一些问题，这些问题关乎音乐中人类学性质的可变化性之程度，以及验证这些性质所面临的困难（见下文附注 18-E）；在这一点上，托马斯在同一专题论文集中受到了道格拉斯·摩根的批评（第 145—165 页）。在诸性质的人际可变化性这一问题上，摩根支持艾肯（前引书）的看法，但对于他对这些性质的现象主观性的看法，却不予支持；然而，在摩根的观点中，很难找到他对于二项表现论的任何支持。另参见查尔

斯·哈茨霍恩在《表现的一元论理论》（“The Monistic Theory of Expression,” *J Phil*, L [1953]: 425–434）一文中对这一专题论文集的评论；哈茨霍恩提出，“感觉特性”与“感受”密切相似，因此可以被正确地称为“感受特性”，但是，“感受特性”或多或少是客观的——“焦虑的”比“令人焦虑的”更为客观（第433页）。

在《艺术表现的概念》（“The Concept of Artistic Expression,” *PAS*, LV [1954–1955]：313–344）一文中，约翰·霍斯珀斯对“表现”的各种意义进行了区分和检查，并且提出，表现-陈述（expression-statements）应简约为描述。

在其《艺术的表现论》（“The Expression Theory of Art,” in *Philosophical Analysis*, ed. by Max Black, Ithaca, N.Y.: Cornell U., 1950, pp. 75-101）（收录于威廉·埃尔顿主编《美学与语言》[*Aesthetics and Language*, Oxford: Blackwell, 1954]，第73—99页）一文中，O. K. 鲍乌斯玛也将表现分析为“拥有某种物质”；他的论证拐弯抹角，但颇为有趣。

另参见：苏珊·朗格在《哲学新解》（Philosophy in a New Key, Cambridge, Mass.: Harvard U., 1942），第8章（纽约蒙特书屋于1948年再版，第171—177页）中所做出的切中肯綮的批评；斯特拉文斯基的名言：“我认为，就其本质而言，音乐基本上无力**表现**任何东西”（《斯特拉文斯基自传》[*Autobiography*, New York: Simon and Schuster, 1936]，第83页；比较他在第181—186页对贝多芬的讨论）；埃德蒙·盖尼《声音的力量》（*The Power of Sound*, London: Smith, Elder, 1880），第14章；理查德·拉德纳《非符号美学理论的一些问题》（“Some Problems of Nonsemiotic Aesthetic Theories,” *JAAC*, XV [March 1957]）一文，第298—310页；哈罗德·奥斯本《美学与批评》

(*Aesthetics and Criticism*, London: Routledge and Kegan Paul, 1955)，第 7 章。

（三）使用“表现”一词，但其用法使得它沦为纯粹性质的关于音乐和其他艺术的观点，参见以下作者：

在《审美判断》(*Aesthetic Judgment*, New York: Crowell, 1929)（第 11 章，特别是 235—244 页）和《审美分析》(*Aesthetic Analysis*, New York: Crowell, 1936)（第 5 章）中，戴维 · W. 普劳尔用“感受”这一术语来表示“知觉”和“性质”，而他的观点可概括如下：“任何被表现的东西，都至少是性质的经验内容。”（《审美分析》，第 142 页）

在《哲学和感觉心理学》(*The Philosophy and Psychology of Sensation*, Chicago: U. of Chicago, 1934)，第 5 章，查尔斯 · 哈茨霍恩使用“表现”这一术语来讨论性质，尽管他有时更青睐“客观感受”这个同样误导人的术语（第 13 节，第 117—124 页）。

罗杰 · 塞欣斯宣称，音乐之用是“传达”（《作曲家、表演者和听众的音乐体验》(*The Musical Experience of Composer, Performer, Listener*, Princeton, N.J.: Princeton U., 1950)（第 22—28 页），或是“再造”（《批评家的意图》(*The Intent of the Critic*, ed. by Augusto
354 Centeno, Princeton, N.J.: Princeton U., 1941)（第 123—124 页）；但是，他的意思可被转换为性质术语。

在《情感主义、表现与象征意义》(“Emotivism, Expression, and Symbolic Meaning,” *J Phil*, LV [1958]: 112–118) 一文中，卢修斯 · 加文谈到了“乐感”。

参见艾薇 · G. 坎贝尔-费舍尔《内在的表现性》(“Intrinsic Expressiveness,” *Journal of General Psychology*, XLV [1951]; 3–24) 一文。

18-B. 模仿和意象唤起。关于音乐作为其他声音及视觉对象的模仿的讨论，参见埃德蒙·盖尼前引书，第 15 章和第 16 章（他使用了“暗含”一词）和莫塞尔前引书，第 206—210 页。

在《音乐：无形的艺术》（“Music, the Invisible Art,” *Musical Quarterly*, XVI [1930]: 297–304）这篇论文中，温思罗普·帕克赫斯特对奇思异想的“阐释者”展开了妙语连珠的批评。

关于音乐和物理运动之间的相似性，参见：卡罗尔·普拉特《音乐的意义》（[*The Meaning of Music*, New York: McGraw-Hill, 1931]，第 185—190 页，第 221—245 页）（普拉特争辩说，音乐之所以能够向一些听众暗示物理事件，是由于“音乐的触觉构件”，或“动态性”）；莫塞尔前引书，第 36—42 页；埃德蒙·盖尼前引书，第 105—109 页。埃里克·索兰廷《音乐表现的问题》（*The Problem of Musical Expression*, Nashville, Tenn.: Martin and Bruce, 1932），第 104—118 页，以及阿尔伯特·施韦泽《论巴赫》（*J. S. Bach*, trans. by Ernest Newman, Leipzig, New York: Breitkopf and Härtel, 1911）第二卷，都给出了一些有趣的例子。

当听众聆听一首乐曲，并在它的影响下想象出一个场景或者故事，这时，如果认为是音乐唤起了意象，这是否说得通？有一位实验者，也就是亚历克·沃什科（《音乐对脉率、血压和心理意象的影响》[*The Effects of Music upon Pulse Rate, Blood-Pressure and Mental Imagery*]，费城：1933 年私人印制版），他在留声机上播放曲子，并指导受试者“努力想象音乐的故事”（第 66 页），然后把故事写出来（第 67 页）。显然，受试者都能够为实验者编造出故事，他们接受了每首曲子有且只有一个故事的隐式断言。但是，在读完其中一些故事之后——例如为韦伯的《奥伯龙序曲》（第 175—181 页）和李斯特的《第二匈牙利狂想曲》(第194—204页)所写的故事——我们理应心存疑虑。受试者知道李斯特乐曲的题目，他们推断是吉普赛音乐，于是他们之中有几人报告说，这是吉普赛人在翩翩起舞；他们并不知道韦伯的序曲与莎士比亚的《仲夏夜之梦》有关，所以他们的故事从古罗马的战车比赛到死人复活，应有尽有，五花八门。比较H. P.韦尔德在《音乐欣赏的实验研究》(“An Experimental Study of Musical Enjoyment,” *American Journal of Psychology*, XXIII [1912]: 245–308)一文中所做出的较妥当的诸结论(特别参见第254—259页)，以及罗伯特·麦克杜格尔在《音乐意象：经验的自白》(“Music Imagery: A Confession of Experience,” *Psychological Review* V [1898]: 463–476)一文中那一
355 丁点有意思的自传内容。

18-C. **音乐和情感唤起**。音乐本身是唤起情感，还是唤起纯粹的感受状态？爱德华·汉斯立克对这个问题进行了深入探讨，见其《音乐之美》(*The Beautiful in Music*, trans. by Gustav Cohen, New York: Liberal Arts, 1957)，第1章，第2章，第4章，第5章。另参见莫塞尔前引书，第26—31页；保罗·欣德米特认为，音乐的诸性质前后相继的速度极快，因此它们所引起的感受不可能是“真实的”情感，见其《作曲家的世界》(*A Composer's World*, Cambridge, Mass.: Harvard U., 1952)，第49页。

约翰·霍斯珀斯(前引书第4章)建议使用“意义”一词来表示所有效果，包括对象所引发的情感(第75页)，但在我看来，他在后面对音乐“意义”的讨论，并不局限于这种语义；而它是否真的是J. W. N.沙利文(附注18-A)这样一些作家在谈论音乐的“意义”时所想到的语义，是非常令人怀疑的。在《审美意义的悖论》(“The Paradox of Aesthetic Meaning,” *Phil and Phen Res*, VIII [September 1947]:

99–106）一文中，卢修斯·加文采用了“意义”的一种类似定义。

18-D. 音乐治疗。从本章所讨论的三种语义中的任一语义上讲，音乐是否拥有一种意义？对于这个问题，音乐可被用于治疗目的的诸方式，有着什么启发？参见：爱德华·波多尔斯基《保健音乐》（*Music for Your Health*, New York: Ackerman, 1945），威廉·凡·德·瓦尔《机构音乐》（*Music in Institutions*, New York: Russell Sage Foundation, 1936），特别参见第 3 章、第 4 章、第 7 章、第 13 章，以及波多尔斯基主编《音乐治疗》（*Music Therapy*, NewYork: Philosophical Library, 1954）中的诸篇论文。

18-E. 人类区域性质的地位。为音乐中如此性质的客观性和非相对性所做的经典辩护，出自卡罗尔·C. 普拉特，见其前引书，第150—215 页。普拉特时不时地使用“表现”一词，使得它明显与“呈现”同义（第 195 页），虽然在《音乐设计》（“The Design of Music,” *JAAC*, XII [March 1954]: 289–300）这一篇后来所写的论文中，他似乎倾向于表现论。另参见：普拉特的讲演录《作为情感语言的音乐》（“Music as the Language of Emotion,” Washington: Library of Congress, 1952）；莫塞尔前引书，第 31—36 页，第 42—46 页。关于人类表情和行为的区域性质，参见所罗门·阿施在《社会心理学》（[*Social Psychology*, Englewood Cliffs, N.J.: Prentice-Hall, 1952]，第 7 章）中的精彩讨论。

当听众被要求描述欧洲音乐和印第安音乐中的短乐段，拉尔夫·H. 冈德拉施从中发现了明显的一致性，见其《决定音乐的情绪特征的若干音乐要素之分析》（“An Analysis of Some Musical Factors Determining the Mood Characteristics of Music,” *Psychological Bulletin*, XXXI（[1934]: 592–593）一文，以及《乐句特征的决定要素》

（"Factors Determining the Characterization of Musical Phrases," *American Journal of Psychology*, XLVII [1935]: 624–643）一文；比较《印第安音乐的定量分析》（"A Quantitative Analysis of Indian Music," *ibid.*, XLIV [1932]: 133–145）一文。

在一些实验中，由于实验者的指示通常将性质的描述和主观感受
356 或意象的报告混为一谈，这使得结果的可靠性变得难以评估。例如，试看马克斯·舍恩《音乐效果》（*The Effects of Music*, London: Routledge and Kegan Paul, 1927）中的各项研究。迈尔斯的受试者被要求说出他们对音乐的"印象"（第 12 页），而他们往往是描述音乐的特征（第 25 页）；但是，盖特伍德的受试者却被要求报告他们本人的"感受"（第 80 页，第 106 页）。沃什伯恩和迪金森要求的是"情感效果"（第 122 页），但他们的一些受试者却试图描述音乐；他们所使用的一些字词，如"自信""确定性""轻薄"（第 128 页），当然不是他们听到音乐时所处于的情感状态的报告。普拉特（前引书，第 196—201 页）对沃什伯恩–迪金森的实验做了一些有趣的评论，他指出，受试者有时声称音乐唤起了他们的不安或悲伤等不愉快的感受，但是他们又报告说他们很享受音乐——这明显表明，他们不是在讨论音乐让他们产生什么样的感受，而是在讨论音乐听起来如何如何。

舍恩和盖特伍德所发现的反应的一致性（第 131 页），也许部分来源于他们更加客观的（尽管绝不是毫不动摇的）的方法。比方说，他们不但谈论"音乐的类型"（第 135 页），而且还询问受试者："它让你有什么感受？"（第 144 页）。盖特伍德对音乐的隐喻描述中的一致性的研究，取得了积极的成果（第 265—266 页），但是她对问题的表述是有误导性的："有意或无意地将音乐的享受转换为其他的个人经验的条件，这种倾向性有多普遍？"（第 257 页）。她的研究，并没有为诸如

此类的“转换”提供任何证据。

本杰明·吉尔曼更早前进行的一项饶有兴味的研究（“Report on an Experimental Test of Musical Expressiveness,” *American Journal of Psychology*, IV [1892]: 558–576, V: 42–73），使得研究者得出一个结论：人们对一首乐曲的“意义”或“故事”的报告千差万别，这也许说明人们对乐曲的真实性质有着较大共识。在琼·唐尼的《音乐实验》（“A Musical Experiment,” *ibid*. [1897], IX: 63–69）一文，以及韦尔德的前引书（第 227—285）中，可以找到这一结论的更多证据。

沃什科（前引书）给受试者下达的指示，也表明了性质和感受的混淆。他发给受试者一张词汇表，要求他们从中选择“最能描述你有何感受，或者音乐对你有何影响”的两个语词，但在他的词汇表中，存在“美妙的”“奇异的”和“压抑的”等语词（第 66 页）！

T. M. 格林（前引书，第 332 页）关于“习得性的联想和惯例”的例子，均是可疑的，但它们需要逐一分析。例如，他提到希腊调式会让我们产生不同的“联想”。然而，不是调式，而是这些调式的乐曲，才具有他建议简约为“联想”的性质；比方说，苏格拉底对多里亚调式和弗里吉亚调式推崇备至，认为它们最能“表现勇气和节制的腔调”（《理想国》第 3 章，原页码 398—399；康福德译本，牛津：克拉伦登出版社 1945 年版，第 87 页），这时他是否在谈论这些调式的某种固 357
有性质，而不是传统上以这些调式创作的歌曲（包括其歌词），这点并不清楚。参见汉斯立克（前引书，第 96—97 页）对希腊调式入木三分的评论。

另参见格伦·海登《论音乐的意义》（“On the Meaning of Music”），这是作者 1948 年在华盛顿国会图书馆所做的一次讲演。

18-F．区域性质的知觉条件。目前已有一些心理学研究试图测定音乐中人类区域性质所依赖的一些局部性质和亚区域性质。其中最有名的是凯特·赫夫纳的研究，其客观的研究方法证实了调子（大调或小调）、节奏、旋律线等性质的重要性；参见《音乐大小调式的情绪特质》（“The Affective Character of the Major and Minor Modes in Music,” *American Journal of Psychology*, XLVII [1935]: 103–118）、《音乐中的表现》（“Expression in Music: A Discussion of Experimental Studies and Theories,” *Psychological Review*, XLII [1935]: 186–204）、《音乐中表现要素的实验研究》（“Experimental Studies of the Elements of Expression in Music,” *American Journal of Psychology*, XLVIII [1936]: 246–268）等论文。艾薇·坎贝尔–费舍尔的研究与赫夫纳的研究遥相呼应，见其《音乐中可表现的基本情感模式》（“Basal Emotional Patterns Expressible in Music,” *ibid.*, LV [1942]: 1–17）一文。比较P. R. 法恩斯沃思《赫夫纳形容词词表研究》（“A Study of the Hevner Adjective List,” *JAAC*, XIII [September 1954] : 97–103）一文。

埃里克·索兰廷（前引书）虽然用词较为随意，论证思路不甚清晰，但是他提供证据（第二部分），支持了一个这样的论题，即某些局部性质和亚区域性质的确有助于某些区域性质的突显。他所采用的一个测试是，作曲家在配乐填词时使用了某些音程、节奏音型，等等：他区分了“哀歌音型”“爱情音型”等等。但是他的论题并不“严格区别于”汉斯立克的论题（第 57 页）。梅尔文·里格对索兰廷的结论进行了验证，见其《音乐表现：埃里克·索兰廷理论之研究》（“Musical Expression: An Investigation of the Theories of Erich Sorantin,” *Journal of Experimental Psychology*, XXI [1937]: 442–455）；梅尔文的第二篇论文，即《速度乃音乐情绪的一个决定因素》（“Speed as a Determiner of Musical Mood,” *ibid.*, XXVII [1940]: 566–577）一文，新见不多；但参见《音乐中意义和情感的表现》（"The Expression of Meanings and Emotions in Music," *Philosophical Essays in Honor of E. A. Singer*, ed. by F. P. Clarke and M. C. Nahm, Philadelphia: U. of Pennsylvania, 1942）一文。

另参见：冈德拉施的论文（见附注 18-E）；C. P. 海因莱因《音乐中大小调的情绪特质》（"The Affective Characters of the Major and Minor Modes in Music," *Journal of Comparative Psychology*, VIII [1928]: 101–142）一文；莫塞尔前引书，第 31—36 页；以及罗杰·塞欣斯在《作曲家及其启示》（"The Composer and His Message," *The Intent of the Artist*, ed. by Augusto Centeno, Princeton, N.J.: Princeton U., 1941）一文中对《崔斯坦》序曲的出色分析。

18-G. 音乐中的幽默。音乐幽默的研究，也许可以为人类学性质在音乐中的地位的问题提供某些启发。区分出音乐可以具有幽默的两 358
种方式，是可能的（1）有些幽默是依赖于音乐与人的境况的关联（正如贝多芬《田园交响曲》中谐谑曲三重奏中的巴松管部分，可能会让听众想起乡村乐队的一位演奏者），或者是依赖于对其他乐曲的戏仿（如莫扎特的《音乐笑话》）。音乐幽默的一些例子是基于对其他音乐作品的引用，通常是对其标题或伴唱歌词的指涉，参见菲利普·开普勒《浅谈音乐的引用》（"Some Comments on Musical Quotation," *Musical Quartery*, XLII [1956]: 473–485）一文；（2）有些幽默是内在的，依赖于音乐自身缺乏内在一致性的，或者引人发笑的方面，比方说，在海顿《D 小调五度四重奏》（作品 76 号，第 2 首）中的小步舞曲的卡农部分，低音部无比忠实地模仿了高音部，而在终曲的开头分句结尾处，小提琴高音符听起来却颇似戏谑逗趣。如果上述区分成立，我们应如何分析并归类斯特劳斯《蒂尔的恶作剧》和《堂吉诃德》、马勒

《第一交响曲》、巴托克《第六弦乐四重奏》第三乐章中的“布尔莱塔”舞曲、巴赫《意大利风格变奏曲》，以及唐纳德·F. 托维所说的“大巴松管笑话”（见《音乐分析论文集》[*Essays in Musical Analysis*, New York: Oxford U., 1935–1939]，第一卷，第 170 页）？另参见海伦·马尔《音乐幽默研究》（“A Study of Humor in Music,” *American Journal of Psychology*, LXII [1949]: 560–566）一文。

18-H. 音乐的描述。批评家用来描述音乐的一些术语，也许是相当有用而准确的；其他一些术语也许是标新立异的和差之千里的。按照第三章（§11）中对隐喻的讨论，我们也许可以尝试通过某些区分而澄清诸如此类的描述性术语。一些术语似乎在字面意义上适用于所有过程，不管是音乐的，物理的，还是心理的，例如：快速、缓慢、加速、平顺、突兀；一些术语在字面意义上适用于心理过程，在隐喻意义上则适用于音乐，例如紧张、放松、欢快、忧伤；一些术语在字面意义上适用于物理过程，在隐喻意义上则适用于音乐和心理过程，例如：匍匐、优美、流动、徘徊；另外一些术语则在字面意义上适用于音乐，而在隐喻意义上适用于其他过程，例如渐强。这些比较是否有助于制定准则，以确定什么样的描述可能是清晰的，而不是过于含糊的，例如：“如雷鸣般的高潮”与“群魔在黑夜敲打铁皮锅，厉声尖叫”相比如何？

阿诺德·伊森伯格对音乐的描述充满怀疑，见《批评交流》（“Critical Communication,” *Phil R*, LVIII [1949]: 330–344）一文，收录于埃尔顿《美学和语言》（*Aesthetics and Language*），第 131—146 页：在他看来，当“优美”一词用于不同的对象或姿态，它所表达的意思从不会是相同的，因此我们无法验证任何一个关于优美这一所谓同一个区域性质的出现所依赖的知觉条件的一般陈述。这是一个很重要的论点。然而，我的想法是，只要这个描述性术语的使用是指向音乐本身，我们就可以保证，它在不同乐曲中近乎指谓同一个性质。我们无 359 法确证我们对于音乐性质的高度概括，但是我们可以得出一种有用的或然性。

18-I. 音乐意义的意指论。（一）关于这种理论的阐发和辩护，参见以下作者：

查尔斯·W. 莫里斯将审美对象作为肖似指号的理论，是在两篇令人备受鼓舞的论文中简明扼要地提出来的：第一篇论文是《美学与指号理论》（"Esthetics and the Theory of Signs," *Journal of Unified Science*（*Erkenntnis*），VIII [1939–1940]: 131–150）一文。在这篇论文中，有些关键性，陈述需要批判地分析，例如：（1）"使用肖似指号的语义学规则是，肖似指号指称任何一个这样的对象，其拥有其本身所拥有的诸属性（实际上是从其中选取出来的一些属性）"（第 136 页）；这一规则确实过于空泛，缺乏对于每首具有相关属性的乐曲的语言规定。（2）"在艺术作品中，指号载体（sign vehicle）乃其自身的实指对象（denotata）之一"（第 137 页）；但是，既然它是唯一的一个能够完全满足上述语义学规则，并且拥有其自身所拥有的全部属性的对象，那有什么可以阻止它成为自身唯一的实指对象呢？（3）抽象艺术无非是高度概括性的语义指称的一种极端情况"（第 140 页），也就是说，一个圆圈指称世界上所有圆形或球形的东西，而一个上扬的音程，则指称所有具有某种上升特征的过程。第二篇论文是《科学、艺术和技术》（"Science, Art and Technology," *Kenyon Review*, I [1939]: 409–423）一文，收录于埃里西奥·维瓦斯和莫瑞·克里格主编《美学问题》（*Problems of Aesthetics*, New York: Rinehart, 1953），第 105—115 页。注意，莫里斯援引了乏味、崇高、危险、欢快这样一些特征，将其作为“价值”（或“价值属性”）——在他的理论中，这些价值是审美指号的所指物（designata）——的实例（第 109—110 页）。另比较莫里斯《指号、语言和行为》（*Signs, Language and Behavior*, Englewood Cliffs, N.J.: Prentice-Hall, 1946），第 190—196 页，第 274 页注释。很明显，一首乐曲或者一幅画作几乎不可能是一个莫里斯所理解的意义上的“指号”，即一种初步刺激物（preparatory stimulus），它在某些条件下使得某个有机体产生了一种以某个行为家族的反应序列（response-sequences）来做出反应的倾向（第 10 页）。另参见马克斯·布莱克对于莫里斯的“指号”定义的批评和讨论，见《莫里斯的符号学》（“The Semiotic of Morris,” *Language and Philosophy*, Ithaca, N.Y.: Cornell U., 1949）一文，第 169—185 页。

关于莫里斯的理论的讨论，参见以下作者：本博·里奇将肖似指号作为基础，对艺术创造和审美体验的过程进行了一种有趣的分析，见其《审美对象的形式结构》（“The Formal Structure of the Aesthetic Object”）（刊登于《美学与艺术批评杂志》第 3 期 [日期不明]，第 5—14 页）一文，收录于维瓦斯和克里格前引书，第 225—233 页。比较：伊萨贝尔·亨格兰德《肖似指号与表现性》（“Iconic Signs and Expressiveness”）一文，刊登于《美学与艺术批评杂志》第 3 期 [日期不明]，第 15—21 页，亦收入维瓦斯和克里格前引书，第 234—239 页；C. 阿米克斯在《美学中的肖似指号》（“The Iconic Sign in Aesthetics,” *JAAC*, VI [September 1947]: 54–60）一文中对于里奇和莫里斯的讨论。

苏珊·朗格的理论，形成于两部著作：第一部著作是《哲学新解》（*Philosophy in a New Key*, Cambridge, Mass.: Harvard U., 1942）（1948 年纽约蒙特书屋再版），第 3 章，第 4 章，第 8 章，第 9 章，第 20 章。
360 书中观点所引起的几个问题，是需要，也是值得批评与注意的，例如：

(1)音乐是“呈现性的”或者“非推理性的”的符号(第75—76页，第79页)，而不是“推理性的”符号(第65—66页，第70—71页)(也许她在相同的意义上把一个语词看作一个符号，虽然它是一种不同类型的符号)。然而，我们为何认为音乐指涉自身以外的东西，而一张椅子或一座山峰却非如此，我在朗格的讨论中找不到她对这一问题的回答。(2)音乐没有“词汇”(第77页，第185页)，而是由“未完成的符号”(第195页)或者“未指定的符号”(第209页)所组成；但是，这与认为它不包含任何符号有什么区别呢?(3)音乐“表达”感受的“形式”(或“形态”)(第193页)；在此处，“表达”(articulation)可能是什么意思?(4)朗格女士的音乐观，其合理性在多大程度上依赖于她接受了——但后来摈弃了——路德维希·维特根斯坦所提出的那条极具误导性的建议(《逻辑哲学论》[*Tractatus Logico-Philosophicus*, New York: Harcourt, Brace, 1933]，尤其是4.01、4.012、4.021等段落)，即一个陈述是一个事实的“图像”，因此即使在“推理性符号论”之中，也存在呈现性符号论的某种要素，或者句法的肖似性(第66—68页)?第二部著作是《感受与形式》(*Feeling and Form*, New York: Scribner's)，第3章，第7—9章。这部著作的主要目的，是要把音乐的意指论泛化，以推广至其他艺术门类(第24页)。它还进一步发展了音乐理论：音乐创造了一种“虚拟时间的秩序”(第109页，第118页)。但在我看来，朗格的这部著作强调了其理论“呈现性的”方面，而贬低了“符号性的”方面。举例而言，她不确定自己是否是在讨论音乐的“意义”，于是以“生命意蕴”(vital import)代替之(第31—32页)。而她的观点，即“意义的要素不是从逻辑上区分的，与其说它被辨识为一个函项，不如说它被感受为一种性质”(第32页)，非常接近于认为只存在性质，而不存在任何意指。另参见她的《科学抽象与艺术抽象》(“Abstraction in Science and Abstraction in Art,” in *Structure, Method and Meaning*, ed. by Paul Henle et al., New York: Liberal Arts, 1951, pp.171–182)一文。在她更晚近的论文集《艺术的问题》(*Problems of Art*, New York: Scribner’s, 1957)中，符号论的色彩被进一步削弱，特别参见集第 139 页。

恩斯特·卡西尔的观点——朗格女士的观点是对它的进一步发展——在《人论》中有着简要的概括，见《人论》(*An Essay on Man*, New Haven, Conn.: Yale U., 1944)(纽约铁锚图书出版社 1953 年另收录)，第 2、3 章，特别是第 9 章。

关于朗格女士的理论的讨论，参见以下作者：欧内斯特·内格尔对《哲学新解》一书的精彩书评(*J Phil*, XL [1943]: 323–329)；莫里斯·韦兹《符号论与艺术》(“Symbolism and Art,” *Review of Metaphysics*, VII [1954]: 466–481)一文，亦即《感受与形式》一书的书评；保罗·韦尔奇《推理性符号和呈现性符号》(“Discursive and Presentational Symbols,” *Mind*, LXIV [1955]: 181–199)一文，这篇论文是针对“呈现性符号”观念的混乱而做出的一次极好的批评检查；阿瑟·萨特马里《绘画中的符号表现与审美表现》(“Symbolic and Aesthetic Expression in Painting,” *JAAC*, XIII [September 1954]: 86–96)一文，其是从表现论的视角写作的。

比较阿尔伯特·格瑞《音乐愉悦的基础》(*The Basis of Musical*
361 *Pleasure*, New York, Putnam, 1910)，第 3—5 章，附录 C，附录 D，第 169—196 页。我将格瑞的观点归为意指论的一种早期形式，因为他不仅认为某种音乐和心理过程之间存在着一种“对应性”——他对这种对应性进行了一些有趣的描述——而且还使用了“符号化”“指示”“白描”“描绘”之类的术语(第 72 页及后面数页)，他甚至提出了地图的类比(第 72 页)。必须注意到，当格瑞断言他更青睐音乐的"形式主义"理论，而不是"表现主义"理论，这不是因为他否认音乐能够或者确实经常能够"表现"(正如他在第 182—196 页的讨论所表明的那样，这是意指意义上的表现)，而是因为，他否认音乐的"天职"是意指(第 175 页)；换言之，他认为意指论者是在说，音乐理应意指，因为音乐的审美价值取决于它拥有一个意指对象，而这是格瑞所反对的。

关于意指论的其他(明显的)形式，参见：(1)L. A. 里德《审美意义》("Aesthetic Meaning," *PAS*, LV(1854–1855): 219–250)一文，特别参考第 240—46 页；注意他对"意义"的理解是与众不同的和含混不清的：物竞天择的观念所以"象征"演化的观念，是因为它属于同一个观念体系(第 222 页)。(2)马克斯·里瑟《论音乐的符义学》("On Musical Semantics," *J Phil*, XXXIX [1942]: 421–432)一文；但在他后来的《美国的艺术语义学理论》("The Semantic Theory of Art in America," *JAAC*, XV [September 1956]: 12–26)一文，即对意指论的一次批评检查(其中有对朗格、莫里斯和卡普兰的评论)中，里瑟似乎对意指论有了更多的怀疑。(3)诺曼·卡兹登《走向一种音乐现实主义理论》("Towards a Theory of Realism in Music," *JAAC*, X [December 1951]: 135–151)(注意"现实主义"一词的古怪用法)。对于这篇论文，保罗·L. 弗兰克在《音乐中的现实主义与自然主义》("Realism and Naturalism in Music," *ibid.*, XI [September 1952]: 55–60)一文中予以了批评检查。(4)亚伯拉罕·卡普兰并不坚持音乐的意指理论，但对于其他艺术门类，他确实坚持某种形式的意指论，并且提出了一种有趣的通过将它依附于某种表现论而调和二者的方法，见其《艺术中的指称意义》("Referential Meaning in the Arts," *JAAC*, XII [June

1954]: 457–474）一文。（5）刘易斯·W. 贝克提出了某种形式的意指论，但是他对“内涵”和“指称”等术语的用法需要加以分析，见其《艺术中的意义判断》（“Judgments of Meaning in Art,” *J Phil*, XLI [1944]: 169–178）一文（另参见批评和回应，第 513—521 页）。

（二）对意指论（包括莫里斯和朗格）的一般批评，参见理查德·拉德纳《论符号美学》（“On Semiotic Aesthetics,” *JAAC*, X [1951]: 67–77）一文。其提出：将审美对象视为指号，这与认为它们在审美经验中被予以直接的反应这一说法是不相容的。这一结论受到了欧文·科皮和 E.G. 巴拉德简明扼要的批评，参见科皮《艺术再现评析》（“A Note on Representation in Art,” *J Phil*, LII [1955] : 346–349）一文，以及巴拉德《为符号美学辩护》（“In Defense of Symbolic Aesthetics,” *JAAC*, XII [September 1953]: 38–43）一文。另参见：埃里西奥·维瓦斯《美学与指号理论》（“Aesthetics and Theory of Signs,” *Creation and Discovery*）一文；哈罗德·奥斯本《美学与批评》（*Aesthetics and Criticism*, New York: Philosophical Library, 1955），第 69—88 页，第
362 102—109 页，书中用“自然符号”这个术语来表示“肖似指号”。

爱德华·汉斯立克的那部鞭辟入里、洞察敏锐的著作（前引书），我部分将其理解为对意指论更早前不那么复杂的诸形式的全面批驳；特别参见该书序言，第 2 章，第 3 章，第 5 章，第 7 章。“树林是凉爽而多荫的，但是它当然不是再现了‘凉爽和多荫的感觉’”（第 4 页）；同样，“别名……是可以使用的，只要我们充分意识到它们的喻义——不，我们甚至无法避免使用它们；但是我们千万别说这段音乐‘表现’了自豪感，等等”（第 53 页），而“从审美意义上讲，如果说一段主题曲具有一种悲伤的或者高贵的强音，这是完全正确的，但如果说它表现了作曲家悲伤的或者高贵的感受，则谬矣”（第 74 页）。尽管存在

术语的误用，诸如关于象征主义的一些云里雾里的谈论（第25—26页），但是这一观点贯穿于全书，始终一致，坚定不移。

18-J. 音乐的“理解”。如果对在各种典型语境下被用于音乐的“理解”一词加以分析，将是有启示意义的。它是否具有各种不同的语义？它的用法暗含什么假设？它揭示了什么混乱情况？

在诸如此类的分析之中，我们可以考察许多认为音乐象征某种东西的著作；这些著作也许经常反映了意象唤起理论、表现论或意指论的一种非系统性的和偶然性的形式，而它们经常也无法保持音乐能做什么的问题与歌词和音乐一起能做什么的问题之间的区分。最有趣的和最雄心勃勃的音乐“符号论”研究，即阿尔伯特·施韦泽（前引书）的研究，尤为如此。参见戈登·萨瑟兰在《施韦泽的异端学说》（“The Schweitzerian Heresy,” *Music and Letters*, XXIII [1942]: 265–289）一文中精彩绝伦的说明和批评。举例而言，施韦泽先从《神降服了权势者》这一咏叹调（康塔塔第10号）中引用了模仿权势和衰落的音型，再从《E小调管风琴赋格曲》中引用了一段相似的主题，并说道：“这些动机为我们澄清了巴赫在《E小调管风琴赋格曲》的主题中所希望表达的恢宏观念”（第二卷，第90页）。更多的例子，参见卡尔·盖林格的讲演，即《巴赫音乐中的符号论》（“Symbolism in the Music of Bach,” Washington, D.C.: The Library of Congress, 1956）一文。

以下是几篇相类似但有着不同复杂程度的论文：保罗·F. 劳本斯坦《论音乐理解的本质》（“On the Nature of Musical Understanding,” *Musical Quarterly*, XIV [1928]: 63–76）；迈克尔·麦克马林《音乐的符号学分析》（“The Symbolic Analysis of Music,” *Music Review*, VIII [1947]: 25–35），亦即一次关于阿诺德·舍林的理论的讨论；亨利·普吕尼埃《音乐符号论》（“Musical Symbolism,” *Musical Quarterly*,

XIX [1933]: 18–23）；爱德华·A. 立普曼《音乐中的符号论》（“Symbolism in Music,” *Musical Quarterly*, XXXIX [1953]: 554–575）；埃德温·霍尔·皮尔斯《“颤音”的意味：以贝多芬最成熟的作品为例》（“The Significance of the ‘Trill’, as Found in Beethoven’s Most Mature Works,” *Musical Quarterly*, XV [1929]: 233–245）；E. H. W. 迈耶斯坦《贝多芬钢琴奏鸣曲中恶与苦的问题》（“The Problem of Evil and Suffering in Beethoven’s Pianoforte Sonatas,” *Music Review*, V [1944]:
363 96–111）；凯瑟琳·M. 威尔逊《诗歌与音乐中的意义》（“Meaning in Poetry and Music,” *Music and Letters*, IX [1928]: 211–225）；休·阿瑟·斯科特《贝多芬的“指纹”》（“That ‘Finger-Print’ of Beethoven,” *Musical Quarterly*, XVI [1930]: 276–289），这篇论文批评了欧内斯特·纽曼的观点，即贝多芬作品所共有的一个上升的三音符音型，总是具有某种“意义”（《无意识的贝多芬》[*The Unconscious Beethoven*, New York: Knopf, 1927]，第二部分）。

§ 19

19-A. 乐曲与歌词的声音。你能否找到一些歌词的声音与乐曲的声音听起来似乎不相适合的歌曲实例？这些实例暗含什么一般原则？参见苏珊·朗格《感受与形式》（*Feeling and Form*, New York: Scribner’s, 1953），第 10 章，此处是她为她所谓的“同化原则”（principle of assimilation）所做的一次出色的辩护，即乐曲的填词变成了纯粹的音乐元素；乐曲“吞噬”了歌词。

19-B. 乐曲与歌词的意义。当语词配上乐曲，语词的意义可能会发生什么变化？例如，如果以两个或以上的音节唱出一个单音节的语词，如果以高音符歌唱之，如果以低音符歌唱之，这是否会歪曲它的意义？你能否找到任何关于歌唱对语词的意义产生影响的一般性原则？

参见爱德华·汉斯立克在《音乐之美》(*The Beautiful in Music*, New York: Liberal Arts, 1957)第2章中的有趣评论；他强调了音乐相对于语词的"可塑性"。另见埃德蒙·盖尼《声音的力量》(*The Power of Sound*, London: Smith, Elder, 1880)，第20章，第21章，第22章；唐纳德·F. 托维《论声乐》(《音乐分析论文集》第五卷)，特别参考第115页，第175页，第199页，第205页；"弥撒曲"和"清唱剧"等词条(《不列颠百科全书》第十四版，芝加哥大学出版社1929年版，收入托维《音乐的形式》[*The Forms of Music*, New York: Meridian, 1956])；托维《词与乐：几点附加说明》("Words and Music: Some Obiter Dicta," *The Main Stream of Music*, New York: Oxford U., 1949)，第202—219页。

关于音乐中语义平行性的更多实例，参见：阿尔伯特·施韦泽《论巴赫》(*J. S. Bach*, trans. by Ernest Newman, Leipzig, New York: Breitkopf and Hartel, 1911)，第二卷；威廉·帕尔默《伯德的绘词法和暗示法》("Word-Painting and Suggestion in Byrd," *Music Review*, XIII [1952] : 169–180)一文。

19-C. 歌曲。要研究歌词和乐曲的适合性问题，就要检查相同歌词的不同谱曲：比方说，福雷和德彪西对魏尔伦《在暗中》这首诗的谱曲，以及杰拉尔德·摩尔饶有趣味地引用和评论的其他例子(《歌者与伴奏者》[*Singer and Accompanist*, New York: Macmillan, 1954]，第38—44页，第95—96页)；另参见第63—70页，第199页。音乐如何将人们的注意力引向诗歌情境的不同性质？另比较相同的或大致相同的谱曲中的不同歌词，比如巴赫和亨德尔对自身作品的一些借用。
364 不同的歌词是如何通过它们的声音特征而改变音乐的？（参见《不列颠百科全书》Donald F. Tovey 词条中的“巴赫”。）

参见：马里奥·卡斯泰尔沃-泰代斯科《音乐与诗歌：写歌者的问题》（“Music and Poetry: Problems of a Song Writer,” *Musical Quarterly*, XXX [1944]: 102–111）一文；莫塞尔前引书，第 259—262 页；爱德华·T. 科恩《谱曲填词：作曲家对待文本的方法》（“Words into Music: The Composers Approach to the Text”）一文，收入《声音与诗歌》（*Sound and Poetry*, English Institute Essays, 1956, New York: Columbia U., 1957）。

关于歌曲，还存在另一个有趣的问题。当乐曲的歌词是诗体，这些歌词的诗性（即其广义上的韵律和节奏）也许会得到保留或遭到破坏。这样的话，音乐有什么独立的内在特性，使得这种诗性有可能得到保留？完全独立于对歌词的任何指涉，在音乐本身之中，存在一种押韵现象，或者说乐句的平行性，其使得音乐的运动有了效仿诗体运动的可能。在贝多芬《A 大调弦乐四重奏》（第 18 号作品，第 5 首）中的小步舞曲三重奏中，结尾处的两个音符与第 5、6 音符明显形成音乐意义上的和韵。

Beethoven, *String Quartet in A Major* (Op. 18, No. 5)

你能否发现其他一些诸如此类的与诗体填词相关的音乐特征？

19-D. 歌剧。在歌剧中，乐曲和歌词的关系有什么特殊问题？例如，我们从哪些方面可以说，莫扎特的歌剧有助于塑造莱波雷诺、马赛托、黛丝比娜、多拉贝拉、帕帕盖诺、莫诺斯塔托斯、巴西利奥、奥斯敏等人物的性格特点？在威尔第、瓦格纳、普契尼的歌剧中，音乐事件——高潮、突然变调、早期主题的回忆——通过哪些方式来提供正在发生、已经发生或者即将发生的事情的信息？（西格蒙德·利瓦里在《莫扎特的〈费加罗的婚礼〉》[*Mozart's Le Nozze di Figaro*, Chicago: U. of Chicago, 1952] 一书中所做的详尽的批评分析中，时不时给出了一些好例子。）

参见：唐纳德·F. 托维词条中的“歌剧”“格鲁克”等词（《不列颠百科全书》），以及他的《论格鲁克》（“Gluck,” *Main Stream of Music*, pp. 65–102）一文；同时参考以下著作所提出的问题：温顿·迪安《〈卡门〉的真实评价》（“Carmen: An Attempt at a True Evaluation,” *Music Review*, VII [1946]: 209–220）一文——注意他为比才的一些歌曲作辩护的方式，以及他对阿尔班·贝尔格用一个简单的 C 大调原位和弦为《伍采克》第二幕戏中伍采克把钱交给玛丽的情节提供配乐这一做法的异议；关于这一和弦，比较汉斯·凯勒《论〈伍采 365
克〉的折中主义》（“The Eclecticism of *Wozzeck*,” *Music Review*, XII [1951]: 309–315 ; XIII [1952]: 133–137）一文，以及她的往来通信，第 252 页，第 332 页；埃德加·伊斯特《格鲁克的戏剧艺术》（“Gluck's Dramaturgy,” *Musical Quarterly*, XVII [1931]: 227–233）一文（特别是他针对汉斯立克对于“世上没有优丽狄茜我怎么活”的看法所引起的争议所作的评论）；阿尔伯特·格瑞《音乐愉悦的基础》（*The Basis of Musical Pleasure*, New York: Putnam, 1910），第 143—168 页；欧内斯特·纽曼《十七部名剧》（*Seventeen Famous Operas*, New York: Knopf, 1955）；道格拉斯·摩尔《听乐》（*Listening to Music*, rev. ed. New York: Norton, 1937），第 16 页；约瑟夫·科尔曼《作为戏剧的歌

剧》(*Opera as Drama*, New York: Knopf, 1956)；H. C. 科利斯《声与诗》(*Voice and Verse*, New York: Oxford U., 1928)。

19-E. 标题音乐。参见汉斯立克前引书(第 3 章)中饶有兴味的评析，以及他在第 6 章和第 7 章对于“主题”一词的分析。另参见：弗雷德里克·尼克斯《四个世纪以来的标题音乐》(*Programme Music in the Last Four Centuries*, London: Novello, 1906)；托维的“标题音乐”和“交响诗”等词条(《不列颠百科全书》)；R. W. S. 门德尔《作为标题音乐作者的贝多芬》(“Beethoven as a Writer of Programme Music,” *Musical Quarterly*, XIV [1928]: 172–177)一文，以及《交响诗的艺术》(“The Art of the Symphonic Poem,” *ibid.*, XVIII [1932]: 443–462)一文；詹姆斯·莫塞尔《音乐心理学》(*Psychology of Music*, New York: Norton, 1937)，第 262—268 页；M. D. 卡伏考来西《音乐批评的原则和方法》(*The Principles and Methods of Musical Criticism*, New York: Oxford U., 1923)，第一部分，第 5 章；阿尔伯特·钱德勒《美与人性》(*Beauty and Human Nature*, New York: Appleton-Century, 1934)，第 212—219 页；欧内斯特·纽曼《论理查德·施特劳斯》(*Richard Strauss*, London, New York: Lane, 1908)，第 43—88 页；道格拉斯·摩尔前引书，第 15 章。

19-F. 题目。一首乐曲与其题目之间是什么关系？如果它有一个描述性题目的话：比方说，舒曼的钢琴曲，格里格《培尔·金特组曲》中的曲子，圣桑的管弦乐组曲《动物狂欢节》；保罗·克里斯顿的《第三交响曲》，其副标题为《三大谜案》(*Three Mysteries*)。如果你知道这些题目，这会对你聆听这些乐曲产生什么影响？你能否通过实验发现你的反应是否具有典型性？题目是否应被视为一种标题？

19-G. 演奏指示。搜集作曲家给出不同寻常的演奏指示的例子：

例如，贝多芬《降 B 大调弦乐四重奏》(作品 130 号)中的“沉重的心情”；阿尔班·贝尔格《抒情组曲》中的“神秘的快板”和“狂喜的三重奏”。这些是否应被理解为一种极其宽泛的标题？应在什么地方划界？

19-H. 舞蹈。根据第十八节(§18)中关于音乐运动与物理运动之间相似性的讨论，音乐与人体运动的某种融合，似乎是可以实现的。在分析其中的种种可能关系之时，会遇到什么问题？一种舞蹈是否比另一种舞蹈更适合(更好地“阐释”)一首乐曲？参考朗格前引书，第 11、12 章。 366

第八章　艺术的真理

当一个人说出一个陈述句，我们不应满足于仅仅理解他所说的话；我们可以确定，而且在某些情况下必须确定，我们是否同意他所说的话。语句不只具有某种意义；它还具有或真或假，因而可信或不可信的特征。由于它具有这种特征，语句可以记录和传达知识。换言之，它具有一种**认知功能**。

绘画和音乐作品经常是用相似的术语来描述：它们“说”了某种东西，它们“传达”了某种东西，它们“启示”了某种东西。而这种言说方式，当然不仅仅意味着它们再现或模仿了物质世界，也不仅仅意味着它们表现或意指了什么，虽然后面这些术语已经被进一步扩展，从而包括了认知功能。说音乐具有某种意义，这是一回事，说它是真是假，则是另外一回事。在这里，似乎有两个不同的概念，虽然它们是息息相关的。“马”一词，不真也不假。但是，我们在第三章（§9）中就已提出，“马”的意义，应根据它在真陈述或假陈述中使用的能力来理解：“理查德有一匹马。”如果是这样，音乐的意指论，比方说，就是不完整的，除非它接着表明，音乐指号如何能够整合为某一类型的陈述：如果音乐从不为真，那么，它的各个组成部分也永远不会是有意义的。

我不准备一再强调这一点。我认为，有些人想说，音乐是有意义的，虽然它不能是真的或假的。如果一些人想要将意指论或表现论发
367

扬光大，从而使得音乐可以说是真的或假的，至少，这明显是一种扩展。而我们要在本章考察的，就是这种扩展的合法性。我们仍将把文学的问题放一放——它们将是我们下一章的关注问题——而只考察绘画和音乐作品的认知地位。

一开始就值得铭记的，亦即我们经常不厌其烦地强调的一点是：我们在这一讨论中必须依赖的主要术语，特别容易给人以误导。试看“说”这个词。霍雷肖·格里诺曾经说道：

> 在我的眼里，方尖碑在形式和特质上拥有一种不同凡响的能力，能够将人们的注意力引向一个历史上值得纪念的地点。它只说了一个词，但说得掷地有声。如果我听懂了它的声音，它是在说：这里！此外别无他言。[1]

格里诺是在区分他所赞同的邦克山纪念碑和他所反对的拟修建的华盛顿纪念碑，因为后者将被竖立在一个从未发生过任何值得纪念的事件的地点。我认为，针对音乐，我们也可以做出类似的评论：一个铿锵有力的、敲金击石的和弦，或一段嘹亮的小号声，都在用同样清晰的声音说道：“现在！”但是，这种“说”，显然与“理查德有一匹马”这句话全然不同。如果一座巨大的方尖碑没能让人们注意到任何东西，或者小号声没有宣布任何人的出现，都是令人失望的，但确切地说，它们并不是谎言。比起“这片土地因爱国者的鲜血而神圣”或者“皇族人物即将进场”，它们更像是“看！”和“听！”

1　霍雷肖·格里诺：《形式与功能》（*Form and Function*, ed. by Harold A. Small, Berkeley, Cal.: U. of California, 1947），第 26 页。

事实证明，即使是“真确”一词，也存在诸多陷阱，足以让我们时常保持警觉。虽然随着讨论的深入，我们对它有更多的话要说，但一开始就对几条基本规则达成共识，似乎是最好不过的。(1)当我们说某东西是“真确的”，让我们坚持把这个语词作为一个认识论意义上的术语——一个与知识相关的术语——而不是让它滑移，陷入它的另外一些为人所熟知的但不相关的语义，如忠诚、真挚，或纯真。(2)让我们别把真确性与心理状态混为一谈；“你觉得它是真确的，但我觉得不是”，这一陈述的意思是“你信，我不信”。而这些陈述无关乎真确性。(3)让我们姑且同意，真确性蕴含某东西与现实的一致性，但是，我们别让任何关于这一现实的**本性**的假设混入我们对“真确性”的定义之中。一个相信“灵魂不死”为真，“草是绿色的”为真的人，有权利说灵魂和绿草是不同类型的存在，但他不能说，“真确”一词是
368 在不同的意义上使用的。

§20 命题论

我们一开始可以引入没有什么特别意义的“命题”这一术语，用以表示任何或真或假的东西。这样，在本章中，摆在我们面前的第一个问题是，一些非语言类的审美对象是否是命题，或者是否包含命题。对于这个问题的肯定回答，我将称之为关于审美对象的认知地位的**命题论**。[1]

这种理论的主要轮廓较为简单，虽然它会提出一些微妙的问题，就像我们将会看到的那样。在语言学的话语中，哲学家区分了语句和

1 T.M. 格林、莫里斯 · 韦兹、安德鲁 · P. 尤申科都持这一理论；参考本章结尾的附注 20-B。

语句据说所“表达”的命题；语句乃命题的载体。这一区分所需要的论据很复杂，但也许它们主要是这些证据：首先，如果两个语句，诸如“Grass is green”和“*L'herbe est verte*”，能够表达同一个命题（“草是绿色的”），那么它们所表达的命题，不能等同于它们之中的任何一个。其次，我们所相信的，似乎是命题，而不是语句。第三，一个命题，即草是绿色的，在有人写下或说出一个表达这个命题的语句之前，也可能是真的。在苏格拉底被判刑之前，甚或在苏格拉底出生之前，“苏格拉底在公元前399年被处以极刑”这一命题就是真的，虽然当时它不为人所知。

如果我们做出这样一种区分，我们就有可能认为，通过“that”分句而命名的命题，除了语言载体，还有其他载体。确实，显然已存在这方面的例子。“我咳嗽的时候，将是打开灵媒外质之时”，在降灵会之前，灵媒可能对助手如是说。而这样的话，咳嗽就是“将是打开灵媒外质之时”这一命题的一个事先安排好的载体。但此处，存在一个特定的规约，或协议，使得咳嗽成为了语句的缩略形式。然而，命题论认为，即使没有这样的规约，也至少有一些绘画和音乐作品可被理解为命题的载体，恰如日常语言中的语句是命题的载体一样。也许，不是所有的绘画和音乐作品都是如此；我是把这一理论表述为较弱的，但绝非琐碎的或乏味的形式。在一些绘画和音乐作品中，命题论者区分了两个构件，即某种类型的“主题”，以及对于主题的评论——有时称为主题的“阐释”。通过这种方式，作品针对现实而“说”了某些话，而它所说的，可能会得到观众的认可，或反对。 369

绘画和音乐中的命题

这种或那种形式的命题论，显然是以批评家们针对美术作品而做出的诸多陈述为预设的，因此，如果手头有各种可供讨论的实例，则再好不过了。据说，伦勃朗关于圣经主题的后期油画和蚀刻画，其对这些主题的阐释，是诉诸门诺派教徒（门诺·西蒙斯的追随者）的朴素、谦卑、个人真诚的强调，以及圣经直译主义；乔尔乔内的绘画和鲁本斯的后期风景画是泛神论的；用乌纳穆诺的话来说，委拉斯凯兹和其他西班牙画家在他们的作品中体现了“生命的悲剧意识”和“对永生的渴望”；埃尔·格列柯的绘画是神秘主义的；丁托列托《彼拉多面前的耶稣》（1566年，威尼斯圣罗科教堂）断言，个体不仅有尊严，而且还服务于超出自身理解力的神性目标；库尔贝的绘画鼓吹人道主义和普世性的兄弟情谊；拉斐尔的《圣餐之争》（1509年，梵蒂冈签署厅）宣称，通往天堂的道路是圣餐礼，而且，尽管它就在《雅典学院》（约1508年）的对面，它还宣称：存在两种形式的知识，也就是理性和信仰；本·沙恩最著名的画作，是对于社会状况的谴责，以及对于社会正义的诉求。W. H. 奥登在勃鲁盖尔《伊卡鲁斯的坠落》（约1555年，布鲁塞尔美术馆）中发现了一个命题，把它写进了他的《美术馆》这首诗之中：

> 说到苦难，他们从未看错，
> 古代那些大师：他们深切体认
> 苦难在人世的地位……[1]

1953年，当纽约社会研究新学院由于奥罗斯科某壁画的一截被黄色

1 摘自《美术馆》（“Musée des Beaux Arts”），收入《奥登短诗集1930—1944》（*Collected Shorter Poems 1930–1944*）。奥登1940年版权，经兰登书屋和费伯出版公司授权复制使用。

窗帘遮挡而引发抗议，该大学的校长说，这幅画“并不表达全体教职员工的哲学”，而校长由此表达的意思，并不是它只是无法表达这种哲学，而是，它包含了某种与这种哲学相悖的哲学。（画上显示，斯大林和五名不同种族的苏联士兵僵硬地坐成一排，每人都手持铁锤，全都愁眉紧锁；即便是画家，也没有解释这幅画的哲学是什么。）

所有这些陈述，都是命题论的示例，因此，如果其中有任何一个陈述是真确的，那么，这一理论也是真确的。当然，并不是每个人都全盘接受这些阐释；如果有命题内含于视觉设计之中，那么这些命题的存在，有着不同程度的清晰性和重要性。试看本书插图中的三个例子。丢勒《最后的晚餐》（插图 6）与他更早前关于同一主题的木版画形成了一些极其鲜明的对比，其中最鲜明的对比，宛如夏洛克·福尔 370
摩斯那只不会在夜里吠叫的神犬。桌子上只有圣餐杯，而在地上最显眼的位置，则放着大浅盘，盘中**没有**牺牲羔羊。在丢勒制作这幅木版画的同时，路德正在争辩说，弥撒圣祭并不是献祭，而是一种象征性的誓约。“通过如此明显地强调圣餐杯而无视牺牲羔羊，丢勒似乎在公开表明，他信奉路德的观点”，帕诺夫斯基如是说。[1] 换言之，这幅图像蕴含新教神学的一部分内容。

杜米埃的《见证者》（插图 8）是一个特别有趣的例子，因为它可以从两个层面解读。一方面，它似乎属于一个特殊的政治背景，在其中，它传达了一个清晰而决定性的信息。[2] 它是杜米埃 1872 年为他的

1　欧文·帕诺夫斯基：《阿尔布雷希特·丢勒》（*Albrecht Dürer*, 3rd ed., Princeton, N.J.: Princeton U., 1948），第一卷，第 222 页。这句引文实际上指丢勒 1523 年的素描画，不过它也适用于这幅木版画。

2　我对于这一点的信息，是法国国家图书馆（Bibliothèque Nationale）文印室的 M. 让·瓦勒里–拉多以及杜米埃的素描画和水彩画编辑 M. 让·阿代马尔慷慨提供的。

石版画系列《时事》(*Actualités*)而设计的，但不知何故，它从未出版；它只是以大都会艺术博物馆所拥有的一张打样的形式而存在。1872年5月16日，法国成立了一个军事法庭，以审判法德作战期间向普鲁士人投降并交出梅斯城的莱茵河部队的统帅弗朗索瓦·阿希尔·巴赞将军。一些报纸支持巴赞将军——但他最终还是被判了叛国罪——并竭力强调为巴赞将军作证的人的社会高位和声誉。杜米埃的“见证者”，显然是控方的证人。因此，如果这幅画中存在着一个具体的命题，那它就是某种类似于“正如战争中的死者所会证明的那样，巴赞是一个叛国者”的东西。但另一方面，对这段历史一无所知的人，可能会在一种更宽泛的意义上，将这个命题理解为对战争恐怖的提醒，以及对高级军官和军事官僚的控诉。

在凯绥·珂勒惠支的《市政寄宿所》(插图3)中，人们或许能发现一种不太明确的社会批判。在这里，至少有饥饿和疲劳；其中是否也存在着一种这样的隐含意义，即某种未言名的力量——社会、战争或不公平的经济体制——是罪魁祸首?

命题论被用于音乐的情况，并不是那么普遍，但也不是没听说过。据说，有些作曲家，诸如柯达伊、斯美塔那、德沃夏克、西贝柳斯等，都是“民族主义”作曲家，而他们的音乐中，都有着强烈的民族主义色彩；然而，我不确定民族主义在这里是否是一个命题。我读过这样的内容：博胡斯拉夫·马尔蒂努的《幻想交响曲》颂扬捷克人民顽强的毅力和勇气，并预言他们将有一个史诗般的未来；阿尔蒂尔·奥涅格《礼拜交响曲》中的第三乐章攻击了“民族主义、军国主义、官僚主义、政府机关、关税壁垒、税收和战争把人变成机器”的“可怕
371 的愚蠢行为”。一些人认为，理查德·施特劳斯的交响诗《查拉图斯特拉如是说》，就像同名的尼采的著作一样，在传授“积极的”(yea-

saying)生活哲学，以及“超人”即将驾到的希望。

针对命题论，人们可能提出的最根本的异议是极其复杂的，因而无法在这里展开。要区分命题及其在日常语言中的载体，也就是语句，困难重重。首先，支持做出这一区分的论证，并不能证明它确实是必要的。例如，“Grass is green”可能与“*L'herbe est verte*”同义，即使不存在第三种东西，即二者都表达的一个命题。其次，命题的概念存在着严重的模糊性，这些命题迥然有别于任何一个命题载体，其本身不是任何类型的知觉对象，而且它们具有超越时间的存在或实存。除了语言载体，我相信命题这样的实体是不存在的。若是如此，命题论就会陷入严重困境，因为这样的话，一个命题就不是某种独立自在的，可以用一个乐句、一件视觉设计以及一个语句作为载体的东西：它无非是一个语句，或者，更确切地说，是某一类语句。而非语言类的对象要暂时替代诸如此类的语句，唯一方法是通过具体的语言规定：要让咳嗽声成为一个语句的替代物，传播媒介必须使用另一个语句。当然，作曲家可以为我们提供一个哲学纲领——比方说尼采哲学的要义——并规定交响诗是这一哲学的凝缩。但是，从这个意义上讲，我们可以赋予任何东西以任何意义。

即使命题论关于命题的理论能够维系——必须承认，这在当下的哲学讨论中是一个开放性问题——它还有另一个障碍。我们会询问，如果一个对象要成为命题的一个常规性的和系统性的载体，除了任意性的规定之外，它还必须满足什么条件？语言中有什么是陈述的表达所不可或缺的？在我看来，我们可以较有把握地说一点。在“草是绿色的”这个语句中，我们可以区分出两个根本上不同的功能部分。“草”一词所具有的功能，是告知我们，这个语句在日常意义上是关于什么的。“是绿色的”等语词所具有的功能，则是告知我们，人们针对主语说了什么。要表达一个命题——或者要成其为一个陈述——一个对象必须有两个部分：一是指示部分，回答“你在谈论什么？”这个问题；一是描述部分，回答“它怎么样？”这个问题。这两个部分，其本身都不是充足的。说出“草”“雪”、“彼得·派珀”等所指物，或者说出“是绿色的”“是白色的”“捏起一撮腌制辣椒”等谓词，并不是提供人们可以同意或者不同意的东西。

372　有人可能会反对说，并非所有语句都是主谓形式；当有人说，“下雨了”（It is raining），我们不会问“什么下雨了？”，所以“it”不是指示语。但即使在这里，语句中也有某些部分承担了这两个基本功能。“下雨了”将事情的发生或存在归结于某个事件，即降雨；因此，“raining”是指示语，而“it is”是描述语。而在拉丁词 *pluret* 中，屈折词尾 *et* 是描述语。

因此，问题是，我们能否在非语言类的审美对象中发现作为指示语的部分和作为描述语的部分。

述说与展示

让我们先考虑绘画。假设我们有一幅再现性绘画，它描绘而不是摹绘了一个对象，如一匹蓝马。这样的话，我们可以将马的形状和颜色区分开来，但是，对于这幅图像的这些方面，我们有什么依据认为哪一方面是指示部分，哪一方面是描述部分呢？我们无法从中提取出“所有蓝色的东西都是马”的命题，同样也无法提取出“所有马都是蓝色的”甚或“一些马是蓝色的”这样的命题。对我而言，这是一个一目了然的案例。也许，之所以如此，只是因为我遗漏了所有有趣的复杂性。但是，我认为，同样的原则也适用于重要的绘画作品。

至少，它适用于那些据我们所知是描绘而不是摹绘了任何特定事物的画作。珂勒惠支的石版画，可以说是描绘了饥寒交迫的人类，并且，通过抽象，它描绘了人类的苦难。它的同情指向儿童，这些儿童不是作为个体，而是纯粹作为无助的、无家可归的失去父亲的儿童。但是，无论珂勒惠支在心中，或者她的众多崇拜者在心中对社会提出了什么样的控诉，画中并没有任何控诉，因为画中没有什么东西可以被解读为一个指示部分，指向任何被控诉的东西。乔尔乔内的风景画也不包含泛神论的命题，即**上帝在自然界中无所不在**，因为它没有任何指涉上帝的指示部分。但是，我们也许可以说，它描绘了一处风景，这风景看起来似乎表明神性力量无所不在——正如弗朗茨·马克描绘了一匹蓝马，却并不述说所有的马都是蓝色的，或者存在着蓝色的马。勃鲁盖尔《伊卡鲁斯的坠落》亦是如此，我们可以暂时忽略它确实是伊卡鲁斯的摹绘，而只把它看作描绘：画中并没有一种这样的心理学概括，即人们对他人的苦难熟视无睹。但是它确实描绘了一个对坠海者视若不见的农夫，正如奥登所言，也许它甚至表明，“对于他来说，这失败没有什么大不了的”。

然而，《伊卡鲁斯的坠落》导致了一个更为棘手的问题。这幅画讲述了一个故事，或者——如果“讲述”一词太过强烈——它让我们想起了一个在其他地方讲述过的故事。现在，人们普遍认为，一个故事可以包含某种观念或意识形态，也就是一种“寓意”，正如故事简单易懂时人们所说的那样，因此在下一章中，我们将试图找到接受这一 373
观点的理由。例如，伊卡鲁斯的故事可以说是暗示或隐含人类不应过于骄傲自满和野心勃勃。但是，如果故事蕴含一个关于生活的命题，而画作则蕴含这一故事，那么，我们难道不应该说，画中蕴含了一个命题吗？在这两种情况下，“蕴含”的意思不可能是相同的；这幅画描绘了这个故事，而故事暗含这个命题。我们可以继而说道：因此这幅画暗含该命题。但是，这是一种很特殊的例子，因为在这种观点中，画作成为故事的一种插图，因而也就成了一种替代性指号，就像媒介的咳嗽声一样；它只能暗含一个故事已经暗含的一个命题。

但现在假设我们有一幅图画，它摹绘了单独的一个人或一个事件。在这幅画中，我们可以从再现中区分出两种不同的东西。让我们假设这是一幅总统漫画，画中的总统被画得像一只绵羊，站在那里凝望着国会大厦。难道我们不能认为摹绘内容是指示部分，描绘内容是描述部分，因此作为一个整体的图画是“总统在要求国会通过议案时就像一只绵羊”之类命题的一个载体？

在我看来，这是一种极端的情况，但又非常有启发性。这是因为，如果这不是一个命题载体，那么我理应认为，任何设计都不可能是命题载体。我目前的假设是，虽然没有文字说明，但总统和国会大厦是可辨识的摹绘内容，尽管描绘内容有失实之处。如果说此处存在着一个命题，理由似乎是充分的。它模糊不清的事实，并不是要点所在；它并不比我用以翻译它的明喻修辞更加模糊，而命题论者根本不必承认，它是可以充分地翻译为字词的，正如我们不必承认所有的英语句子都可以充分地翻译为法语。如果这幅漫画和另一幅漫画并排摆放在一起，后者把总统描绘成一个在国会大厅勒令通过其法案的狠角色，我们当然会说，它们对总统的描绘是截然不同的，而且，我们可以说，它们是相互矛盾的——这让它们听起来更像是命题载体。或许，虽然我们通常不会直接将这幅漫画说成是真的或假的，但是我们也许可以将其称为“有失公允的”，或者说它提出了一个“好观点”，于是这些表达式似乎隐含了谬误或真理。

因此，根据命题论，要知道一幅画陈述了什么，我们必须先确定它摹绘了什么，然后通过它的描绘方式观察那些属于摹绘主题的特征。这样，我们就可以从中看到命题，并确定这些命题是真是假，如果我们想的话。命题论者还普遍认为，命题的真确性和深奥性，与作品的最终价值存在着一定的关联。

不过，我并不信服。在我看来，命题论之外的另一种理论，似乎是更简洁明了的，且没有前文针对分离性命题所提出的难题，尽管我 374
不清楚如何通过绘画本身的检查而决定性地证明命题论是错误的。这另一种理论，暗藏于人们所深谙的某些关于视觉设计的言说方式之中。我们声称："在这幅画中，伦勃朗把萨斯齐亚（Saskia）再现为花神芙罗拉"，或者"在这幅画中，乔舒亚·雷诺兹爵士把西登斯夫人再现为悲剧缪斯女神"；在这里，"再现为"的行为，显然不涉及任何命题。因此，在一份关于近期展览的评论中，我们可能会读到这样的内容：马塔的绘画"将人呈现为无助的，受困于机械装置之中"；塔马约"画了仰望天空寻找神迹和预兆的人"；格罗茨"展现了沦为灰色的非实体的人……一件充满警示的作品"。我认为这些短句[1]是正确的。

我想要对比的两个语句是：（1）"这幅画将总统展示（再现、描绘）为绵羊般的"，以及（2）"这幅画陈述（包含这个命题）总统像绵羊"。我认为这些语句是不同的，而且前者优于后者。

绘画的命题论之外的另一种理论大致如下。绘画将摹绘主题再现为具有某些特征。但是，其本身并不主张真确性，或者构成一个命题载体：它仅仅提供了一个主题，即绵羊般的总统，作为国家救世主的拿破仑，作为宪法破坏者的林肯，等等。当我们作为旁观者对图画与我们所认定的事实进行比较，我们可以做出一个陈述，即图画与这些事实相符或不相符。这一陈述可能是真的或假的，但它是一个关于

1　这些短句是我从霍华德·德夫里发表于《纽约时报》上的一篇评论中借用的。

图画的陈述，而不是图画中的一个陈述。如果我们说，肖像画是真确的，那它只是在某种意义上如此，在这种意义上，当一个感官资料符合它的对象，它有时会被认为是“真确的”（true），但这会给人以误导；正确的语词是“真实的”（veridical），因为感官资料并不是陈述。

做出区分的另一种方法，是宣称绘画与语言陈述不同，它并不适合（true *of*），或符合（true *about*）其摹绘主题，而是忠实于（true *to*）它。[1] “忠实于”有两种不同的用法，其中一种用法，我们将在下一节中予以考察，而另一种用法在这里是相关的。我们可以说，这幅漫画忠实于或者不忠实于总统，正如我们说，一幅肖像画忠实于或者不忠实于它的坐模，即它所描绘的特征是他真正拥有的或者不拥有的特征。忠实性即类似性：在某个重要方面，图画就是一个肖似物。这种肖似性，是我们可以在一个语言陈述中注意到并指出的某种东西，但是，图画本身并不是一个表明它与坐模相似的陈述。我也不认为它的标题可以被看作肖似性的一个缩略式断定，即使它可以，图画也不会是整体性的命题载体，而只是命题的描述部分。

如果我们摈弃命题论，则必须诉诸另外一些更具审美正确性的术
375 语，对前文提及的关于绘画的陈述进行改头换面的表述。伦勃朗的宗教绘画展示了某些以某些方式发生的事件；它们描绘了宽恕和谦卑，而且我们可以说，在这些方面，它们更像门诺派，而不是其他教派，比如加尔文派。但这种陈述是对其再现题材的描述，而不是从作品本身中提炼出来的陈述。库尔贝和本·沙恩的主题，当然有着社会和政治的维度，但它们只是被提出来而已。将它们与世界相提并论，并追

1 约翰·霍斯珀斯在《艺术中的意义与真理》（*Meaning and Truth in the Arts*）一书中提出了这一点，并对之进行了有趣的阐述；参见附注 21-D。

问它们对世界的再现是否真实，或者是否失实的是我们。杜米埃的漫画，也可以以同样的方式来看待。它当然描绘了一种控诉，但是它所做的，不止于此，也就是说，它还把这一控诉表现为正义的。我们看到了一群人——或者曾经在人世间活过的人——站在冰冷而空荡的门口。我们从他们的视角看到了那个门口。但是，只有通过一种省略法，而且是一种给人以误导的省略法，我们方可说这幅漫画本身就是一种控诉。

丢勒的版画更为复杂，因为它对传统的基督教标志进行了操纵。我们当然可以说，拉斐尔的两件伟大作品，这幅图画蕴含了一种神学概念，甚至蕴含了一个概念体系。在这个意义上，如果说它是一件新教作品，并且它展示了某种对于人类与上帝之间关系的看法，则是完全正确的。但我必须承认，我们会忍不住补充说，这些作品之中存在着命题。这是可以理解的。这是因为，一个象征物可以通过规约逐渐成为一个语言表达式的替代品——正如前面所提到的咳嗽声这一媒介。羔羊提醒人们，弥撒乃圣祭。只要一件视觉设计描绘了诸如此类的规约性符号，便会存在某种语言，而作品便可以说是真的或假的。这个初步结论似乎是合理的。但是，在我看来，一旦没有这样的规约性符号，作品便无真假可言。

当然，从实用的角度来看，说绘画陈述了某种东西，还是说它只是展示了某种东西，这两者之间的选择是不重要的，虽然我不觉得这会让一个学美学的学生对它兴味索然。一幅包含某种神学谬误的画作——诸如一幅名为《基督脚踩蟒蛇》的画作，其显示基督的一只脚直接放在蛇上而不是放在马利亚的脚上，后者的那只脚触碰到了蛇——当然一定会受到赞助这幅画的教会同样坚决的谴责，无论它是一个错误的陈述，还是一次失实的展示。或许，这幅画会对宗教信徒造成同样大的伤害——除非它附有一个标签，指出它是一幅谬作。

音乐的语义学

当我们转向音乐来寻找命题论的依据，显然无据可依，事实上，376 我们很难理解，为何会有人相信音乐是包含命题载体的。诚然，听起来充满力量而又清晰的优美乐句，具有一种肯定的性质，而且，如果说这一性质仿佛呼唤激情澎湃的响应，这也不算是对它的不当描述。但是，我们并不是通过音乐去响应其他任何东西；我们只是折服于音乐本身，让音乐把我们带往它想去的地方。音乐可能是民族主义的，这里的意思是，它使用民谣旋律来让我们回想起某个地区；但是，音乐不可能是反民族主义的，或者是国际主义的，这里的意思是，它并不敦促采取措施，或做出预测。它能够呈现的，充其量是民族主义或反民族主义纲领文件的质性对等物。

此结论是基于以下事实：在音乐的肌质中，我们无法区分指示部分和描绘部分。郑重其事地考虑这种可能性，并不是愚蠢的，因为，如果音乐不仅可以被理解为包含了指号——我们有理由怀疑这一点，正如我们在前一章中所看到的那样——而且包含了不同逻辑形式的指号，那么，这将是音乐一个有趣的方面，并且这将赋予音乐一个新的维度。因此，我将简要讨论这么做的一种方法，这是我所能想到的最合理的方法，尽管它也不是十分合理的，而且据我所知，从未有人提出过这种办法。

想象有一种语法极简单的语言，它是专为纯粹的描述而设计的。这种语言中的所有单词都是动词，或者是动词的衍生词，而组合这些单词的唯一语法规则是这样的：将一个动词放在另一个动词之后，就是表明第一个动词所指涉的事件先于第二个动词所指涉的事件发生。

因此，在“降雪 / 融雪”这样一对动词中，第一个词“降雪”是指示语，第二个词被理解为在第一个动词之后发生，则是描述语：在我们的语言中，“降雪先于融雪”，或者，“房子着火、约翰快跑、泼水”述说了一系列事件。

现在，假设我们以一种类比的方式来解读乐段。呈现某种人类学性质，诸如欢愉、活力或悲伤的每一乐段，都应被理解为指向人类的生活或经验的一种性质；每一系列性质都代表一个这样的命题，即诸如此类的系列一般会出现于生活之中。这恰恰是一些人的言说方式。他们宣称：“柴可夫斯基的《悲怆交响曲》是一首悲观的交响曲，因为它以一种悲剧性的音符结尾。”根据我们的提议，其意思是，当一首乐曲呈现一个欢愉的乐段，继而是一个忧伤的乐段，它是在含蓄地表示，忧伤通常在欢愉后接踵而至，而如果乐曲的最后一段是忧伤的，那么它是在表示，这是总结生活的典型方式。同样，正如一些批评家所争辩的那样，如果贝多芬的最后一首四重奏（作品 135 号）是以一种肯定性的音符告终，那么它是在宣称，生活总体上是好的。

勾勒出一种诸如此类的音乐语义学，即便是寥寥数笔，就是为了表明，这样一种努力是荒诞不经的。然而，在我看来，如果有任何人郑重其事地附和一种这样的想法，即音乐在一种日常意义上，而不是在一种特立独行的或标新立异的意义上是真确的或错误的，那么他
就有义务证明，我们能够在音乐中区分出指示部分和描述部分，或者 377
用人们更熟悉的话说，区分出一个题材和这一题材的阐释。而这一方面，一直是做得不够的。

尽管细察之下，命题论的缺陷会暴露无遗，但是，在我们谈论绘画和音乐时，它是一个无时不在的诱惑。这是因为，绘画和音乐具有一个重要的特征，它几近是命题性的，因而使得这一区分难以维系。

一件视觉或听觉设计的自我呈现，带有人工制品的每种痕迹，即我们这样的存在者能够理性地认识并赋予秩序的某种东西；它似乎具有一种目的性和指向性。它对我们述说。当我们对它予以关注，努力去洞察它的内在本性，我们仿佛是在倾听一条“信息”，或者是在努力捕捉其创作者的声音。一幅再现性绘画具有一个视点，这从一种纯粹的空间意义上讲，就是说，它将主题再现为从某个点上观察到的：从近处、从远处、从视线的水平高度、从上方，或者同时从几个点。再现性绘画还具有一种更宏大意义上的视点，我们可以称之为它的**态度**；它将主题再现为一个具有某些思想和感受的人所看待的对象。比较爱德华·霍珀和巴尔蒂斯所画的房间和街道场景，或者比较雷金纳德·马什与约翰·斯隆的房间和街道景观。我们将一幅画的态度描述为冷漠的、超然的、冷酷的、同情的、无情的、温柔的；这些语词适用于每一幅再现性绘画中都在场的**隐含观众**。为方便起见，我们可以用画家的名字来称呼这位观众，但是，我们所谈论的，实际上不是画家，因为我们无须走出画作本身去比较雷诺阿和鲁本斯对裸女的态度，或戈雅和卡洛特对战争的态度，或者去描述图卢兹-罗特列克对排队接受医学体检的妓女，或者巴黎煎饼磨坊里饮酒者的态度。

一幅再现性绘画，因而拥有一个隐含观众，持某种态度——尽管它可能只是隐约可见——这种态度是通过画作所强调的诸性质展示的。这一概念与文学作品中隐含说话人的概念有着共通之处。我并不认为我们能够富有成效地将它延伸至非再现性的绘画或音乐，因为这样的话，它就变得过于空泛了。但是，这么做是有意义的，即使关于这类作品的态度的论述，是含糊其辞的。在一件纯粹的设计中，可能存在着娱乐或者高度的严谨、节制和自律，抑或放纵和狂欢。而批评家们有时会在音乐中发现一种热情外向的喜欢冒险的生活态度，或者一种深度内省的特质。

归根结底，这些描述最好被理解为对作品中普遍存在的或占主导地位的人类区域特质进行简明扼要的描述的尝试。它们并不蕴含，亦不预设作品可能是一个命题，或者内含一个命题。 378

§21　启示与直觉

无论就整体而言，还是就部分而言，绘画和音乐都不是我们可以肯定或否定的陈述，但是这一结论并没有解决我们在本章中所面临的宏观问题。因为，即使一个审美对象本身并不是知识的载体，正如一个真正的语言陈述式那样，它也可能与我们的知识有着某种直接而紧密的关系。至少，这是哲学家时而坚持的观点，而他们也提出了一些重要的理由。在我看来，关于艺术与知识之间关系的说明之中，大多数值得注意的说明，如果不是全部的话，都可以划归于两个总标题之下，这取决于启示或直觉的概念是否被视为最重要的。在本节中，我们将考察这两个概念。

根据一些美学家的说法，一幅画或一首乐曲的理解，并不能通过与语言陈述的比较，而是通过与手势、戏剧行为或者从云彩后面钻出来的月亮的比较。它不是针对现实的本性下断言，而是提示之，因此，虽然它在严格意义上不能称为“真确的”，但也许可以称为“启迪性的”“启发性的”，或“指导性的”。这种观点，我将称之为关于绘画和音乐认知地位的启示论。[1]

我们的第一个任务，是尝试澄清这一理论。首先，注意它与表现

1　这一理论有着各种不同的形式，叔本华、黑格尔、L. A. 里德、胡戈·闵斯特堡（Hugo Münsterberg）等，都持此理论；参见附注 21-A、21-B 和 21-C。

论有着一些相似之处，尽管在我看来，它们天差地别，足以让我们有理由给它们冠以不同的名称。如果一幅画表现了任何东西，那它就是艺术家的心理或精神中存在的某种东西，也就是他的感受或情感。但是，绘画被认为揭示的东西，则是外在于艺术家的客观物理世界中的某种东西，或者是物理世界背后的某种现实。当然，一个人同时持有表现论和启示论是可能的，而不加区分地将它们混为一谈也是同样可能的，只不过，它们提出的问题截然不同，值得分开处理。

“启示”一词在某些方面是令人费解的，而且它在这一语境下的合法性也并不牢靠。在日常语言中，“他在派对上的行为对我有所启示”通常意味该行为提供了观察数据，这些数据不仅（1）向我提出了一个新的假设，而且（2）构成了这一假设强有力的直接证据。在我看来，除非一个事件或事物能够同时满足这两点，否则我们通常不会说它启示了什么。所以，在听完贝多芬的《C 小调交响曲》，即第一首使用长号的交响曲的首演后，另一位作曲家可能会说：“当我听到这些
379 长号，这首曲子对我而言是一种启示”，言下之意似乎是，“它们让我意识到，其他交响曲对长号的使用也可以制造强烈的效果”。

但如果这就是启示的意思，“启示”一词如何能够适用于绘画和音乐呢？正如贝多芬的管弦乐对管弦乐有所启示，一幅画也可能提供关于绘画的启示。但是，一幅画能否对其他东西有所启示？试想人们可能针对一部电影而说出的那种话：“它揭示了智障的南方女孩在未圆房的婚姻中所处的那种（令人震惊的！）状况。”作者田纳西·威廉斯和导演伊利亚·卡赞便为他们 1956 年拍摄的备受谴责的电影《宝贝儿》做过类似的声明。即便是这种言说方式，也扩展了这个术语，使其超出了日常用法，因为尽管这部电影可能**暗含**一个这样的假设，即南方的智障女孩经常处于无性婚姻的困境，但它并没有提供一个真

实可考的个案历史（纯属虚构），因此它当然不是这一假设强有力的或直接的**证据**。

在此处，暗含假设和为假设提供证据支撑——证实之——之间的区分是重中之重，但我姑且认为它是被人们普遍理解和接受的。举一个极端的例子，一个男人可能会梦到妻子不忠，这个梦的回忆生动而清晰，也许在他的婚姻生活中第一次向他暗示了妻子不忠的假设。在这里，我们谈论的，是假设的来源或起源。但是，这一噩梦绝不是证明该假设的真实性的证据，虽然它也许是另一假设的证据，即他在潜意识中希望不忠的人是自己。

这样，在日常意义上，《宝贝儿》并未启示什么，而只是完成了日常启示的一半要求而已：它暗含假设——至少一些人认为是这样的。而一些再现性绘画，可能也是如此。我们可以说，如果一幅画描绘了一个贫穷的山区女孩用力搓洗衣服的情景——因我们无法描绘她未圆房的婚姻——那么它可能会暗含一个这样的假设，即贫穷的山区女孩过着艰辛的生活，尽管它同样不是证明这一假设的证据。然而，音乐根本不能通过这种方式提出任何假设，因为它没有主题。它也许暗含关于乐曲，关于作曲家，甚或关于乐曲创作的社会和文化条件的假设，但我看不出它如何能够像启示论所宣称的那样，暗含任何关于一般现实的假设，更遑论证实这些假设了。

如果我们把“启示”这一术语太当一回事，我们显然会误入歧途。如果它意味着假设的暗含和证实，则没有任何审美对象能够启示一般现实，除了作为个性或文化的征候。如果它仅仅意味着假设的暗含，则绘画可能是启示性的，而乐曲不能。但是，启示论企图推及所有艺术门类，因而是错误的。 380

共相主义形式

然而，许多启示论者心里所想的，也许是一种不同的理论，不管他们给它取的名字有多蹩脚。而这另一种理论的线索——它无关乎假设的暗含或证实——是他们经常使用的“共相”一词。哲学家一般将我们语言中的两类语词区分开来，即“单称”（“华盛顿纪念碑”）和“全称”（“纪念碑”或“众纪念碑”）。而大多数哲学家还区分了殊相，即以单称语词命名的个别的人、地点和事物（华盛顿纪念碑），以及共相，即各种殊相中可能存在的重复性的性质或关系（纪念性或丰碑性）。个别的纪念碑被认为是共相的“实例”，或者是其示例。

因此，我们要考察的第二种形式的启示论，是一种认为审美对象揭示共相的理论。我想称之为启示论的共相主义形式。它显然是大多数启示论者所辩护的东西：一幅画或一首乐曲揭示或显现一种共相，由此将我们的注意力引向它，入乎其内。它未必暗含假设：它也许只是呈现了可供检查或观照的共相，而丝毫没有归纳推理的念想。确实，许多启示论者都重视和强调这一点，而他们的观点可以表述如下：经验的迷惑性是天差地别的；排水沟里的一个烟蒂的可能不会唤起任何好奇心，窗下足迹却不然。我们无妨说，经验或多或少“在认知上是开放的”，这取决于它引起问题，或者提出问题，从而启动反思性思考的程度。这样，我认为，一些启示论者会宣称，观照一个审美对象中的一个共相的经验，也许是认知上封闭的，因为它不具备发起任何一种探究的倾向；但与此同时，他们还想宣称，在这一观照中，我们获得了知识，所以这个对象为我们做出了认知上的贡献。我们必须努力去理解和检验的，就是这种极具悖论性的理论。

共相这样的东西是否存在？而如果存在，它们的存在能否独立于作为其示例的殊相？这些当然是古老的基本问题，比起在中世纪，人们在今日对于这些问题的论辩，其激烈程度不遑多让，但更有成效。鉴于我们目前的目的，我们不得不遗憾地绕开这一论辩。如果像唯名论者坚持认为共相之类的东西并不存在那样，那么启示论的共相 主义形式显然是错误的。如果共相之类的东西是存在的，那么共相主义的立场可能是对的或错的。这，就是我们想了解的。

然而，迄今为止，我们根本不清楚共相主义的立场表达了什么重要的观点。它似乎存在于一个微不足道的陈述之中。音乐是欢快的，381
也就是说，它例示了**欢快性**这一共相，亦即某些心理状态中所例示的同一个共相；简言之，就这个共相而言，音乐与那些心理状态是相似的。这个依据，我们已经弃之如敝屣。音乐启示**欢快性**这一共相，如果这种说法听起来更有分量，那么我们不得不说，一件红色的连衣裙启示**红色性**的共相，一团黏土启示**可塑性**的共相。“启示”无非是“具有”的花哨替代词。

启示论者想要说的，不止这些。他认为，例示一个共相的任何东西，都可以说是在一种极其广泛的意义上揭示了共相，而两个不同事物对同一个共相的揭示，则有着不同程度的**强烈性**和**纯粹性**。在两个红色物体当中，一个可能比另一个更红；其中具有饱和度更高的特定色调的物体，对该色调的例示更为充分。所以，在两首欢快的音乐作品中，一首可能比另一首更欢快。这是强烈性的差异。一条由所有不同颜色的布块拼接而成的百衲被，并不能使红色布块清晰地显现为一个全红的对象。而一首乐曲，若它可以说至少在某一部分有着坚定而欢快的主要基调，则以一种理想化的形式呈现了这一共相，没有偶发的和混乱的伴奏，因而其纯粹性和自我身份是鲜明生动的。因此，启示论者可能会争辩说，比起日常物品，乐曲和绘画通常能够更强烈地、更纯粹地揭露它们的共相，而这么说的意思就是：它们不仅*拥有*共相，而且还*启示*共相。

按照我们目前对它的解读，我们必须承认，共相主义的立场至少适合众多绘画和音乐作品：正如我们所看到的那样，其中很多绘画和音乐作品确实具有较强烈的和较纯粹的人类学区域性质，它们迫使我们将注意力放在这些性质之上，或者在认知封闭的经验中将这些性质呈现出来，以供我们观照。我们可能不愿将其称为“共相的启示”，但我们也无法否定这一说法。然而，我们可以询问，该理论能否将审美对象与知识联系起来，由此确立审美对象的某种认知地位。

在这点上，存在着一些有价值的问题，其中一些深奥而棘手。让我们对它们稍加考察。哲学家有时认为，我们有两种经验知识，也就是基于感官经验的知识：“亲知”的知识和“描述”的知识。粗略而言，如果你见过或爬过马特洪峰，你就对它有了亲知的知识，而如果你只读过有关马特洪峰的文字或者只看过它的图片，你则对它有了描述的知识，也就是间接的知识。现在，假设你第一次读到这座山峰。你所获得的任何关于马特洪峰的描述，其篇幅都不足以列举出所有关于这座山峰的真确陈述，因此，当你亲眼看到它时，你会对它有更多的发现。你也许会用语言将这些发现表达出来，并且传达给他人。然
382 而，即使你能够完整地描述你观照马特洪峰的经验，这一描述与经验也不是同一的；换言之，看山和读山，仍然是不同的。

人们会说一些话，诸如：“犯过牙痛，你才真正知道牙痛是什么。”这大概就是亲知的知识。但是，*患有*牙痛，难道不是有别于*知道*牙痛吗？的确，只有你已经牙痛了，你才会有牙痛——纯粹的描述是不会让你牙痛的。这是无关紧要的。重点也许是：“牙痛”这个词，可以说只能以实例证示的方式来定义，因此，除非你有过牙痛，否则你无法

理解这个词的意义，并在其完全的意义上使用它。要给语词下定义，我们当然经常需要亲知的知识，但去定义一个语词，并不是去识知世界的某个方面。

我们必须将“拥有某种经验”和“识知某种东西”区分开来，而很多所谓的“亲知知识”，都不是知识，而仅仅是亲知。这特别适用于启示论。当我们聆听欢快的音乐，或者驻足而立，心满意足地凝视着欢快的绘画，我们确实领会到了某种东西，而当我们最终转身离去，我们已经拥有了某种东西；我们的经验拥有了内容。知识离不开亲知，亲知提供了原始资料。但是，如果没有推论，如果不通过推理而对这些资料予以整合与关联，亲知并不会成为严格意义上的知识。当然，“知识”一词可以在一种极其广泛的意义上使用，但是，如果我们断定一个感到眩晕的人拥有知识，即他在感到眩晕时知道自己有眩晕的感觉，那么，这种知识永远是一种局限于殊相和当下的特殊知识。

因此，在我看来，启示论的共相主义形式一方面有所得，但另一方面也有所失。它认为审美对象所呈现的诸性质可以成为未来知识的资料，而审美对象则通过这种方式与知识联系在一起。这点它说对了。而它认为诸如此类的性质的呈现或接受本身构成了一种知识行为，这点它却说错了——或者，如果这只是“知识”一词的一种牵强附会的语言用法的话，它的错误在于暗示这种知识在为心智所用之前，以及在面对更一般的、更遥远的假设之前，就已经是至关重要的。

本质与亲知

共相论者经常对其立场予以更充分的发展，提出要进一步限制审美对象所揭示的共相的种类。有几种可能的方法可以做到这一点。例如，你可以说，艺术所揭示的是经验的“感受性特征”，而不是关于它

383 的理性建构。诚然，这些感受性特征，如忧郁、生活之乐、清晨的干冷、夏日下午海边的慵懒等，都是审美对象所例示的共相。但是，如果说，感受性特征——感觉性特征——是唯一可以在再现性绘画（更不用说文学）中予以例示的共相，或者说，它们是我们理应感兴趣的唯一共相，这就不对了。

两种类型的共相主义形式是极为普遍和重要的，值得点评一二，尽管我将克制自己，尽量不给它们冠以哲学的精确性所要求的那种不合常态的名称——比方说，启示论的共相主义形式的本质主义变体。

第一种观点将人们的注意力引向一些哲学家在共相与殊相之间所做的进一步区分。一只个别的狗，诸如菲多，可能例示了众多的共相，如狗形、长毛、体大、力量、忠诚，等等。根据一种观点，菲多是一只狗，所以其中一些共相（如四足动物之特性）对它来说是本质性的，而另一些共相则是偶然性的（如忠诚），因为即使没有这些共相，它仍然是一只狗。根据我们目前所讨论的理论，乐曲和绘画有时揭示了自然界的本质特征——不仅仅是共相，而且是那些作为世界上一些殊相的本质的共相。它们的认知意义，正是在于此。

举例而言，有人说，塞尚在他所画的树木和建筑中捕捉到了它们的本质特征：其中永恒常驻的东西，譬如它们的基本几何形状，它们的坚固和可触摸性。也有人说，在《崔斯坦和伊索尔德》的前奏曲以及在《爱之死》的配乐中，瓦格纳为我们提示了无望的爱情和炽热的欲望的本质。

如果要详细说明大多数哲学家为何会摈弃这种理论所做出的关于本质特征和非本质特征的区分，这就会与我们自身的问题南辕北辙。这一区分实际上是语言上的区分：犬的本质特征，一般只是那些用来定义“犬”一词的特征。而什么样的特征被认为是菲多的本质特征，这尤其取决于你打算把什么样的语词用在它身上，或者，换言之，你要把它归于什么类。如果它被认为是犬，那么四足动物性对它来说就是本质性的；如果它被认为是长毛性野兽，那么，长毛性对它来说就是本质性的。除了人类的目的和人类的分类，没有什么特征本身是本质性的。因此，我们无妨认为，如果一位画家希望以某种方式来摹绘非多，以唤起人们对其本质特征的关注，那么，从某个角度来看，非多的所有性质都同样是本质性的，这等于说，非多本身并没有任何本质特征。

树木或炽热欲望并没有什么本质性特征，供富于创造力的艺术家抽象、强化并具体表现于作品之中。但即使是有，我们仍然要质疑 384
这件作品的认知地位。因为，无论对象对本质的例示是多么纯粹和强烈，它在这方面并非有别于同样例示了这一本质的原始树木或感受本身：这一对象不会给予我们知识，除非它告诉我们，它所例示的共相中有哪些是本质，哪些不是。没有人能够描绘一只没有某种颜色的狗儿，但每一种颜色都是非本质性的，因为有些狗儿并没有那种颜色。但是，图画不会告诉我们这一点，除非它也能表达一个命题——一种我们在考察命题论时所摈弃的可能性。

这种认为审美对象尤其与本质相关的理论，折射出了一种更为根本的信念，即它们必须尤其与重要的共相相关，而不是随便任何共相。然而，还有另一种方法来凸显这一重要性，它构成了共相主义立场的第二个变体，也是我们所关注的最后一个变体。

根据定义，共相在原则上是可重复的，也就是说，它可以出现于不止一个殊相。但是，实际上并不是所有共相都是重复性的。“一个五胞胎全部存活的加拿大家庭”是迪翁一家的一个特征，它至今是独一无二的，也许不会有其他家庭具备这一特殊特征。但是，“加拿大家庭”却是许多家庭的一个特征，无论是在过去、现在还是将来，都是如此。因此，我们可以说，某些特征是反复出现的，而在这些特征当中，有一些是广泛分布的，如**红色性**，另有一些则是不常见的，如**紫褐色条纹性**。根据我们目前的理论，一些绘画和音乐作品例示了经常反复出现的特征，由此让人注意到了世界普遍存在的而又不同寻常的特性。它们的认知地位，就在于此。

此外，不可否认这经常是实情。前文塞尚和瓦格纳作品的例子，也许说明了经常反复出现的特征，虽然它们没有说明本质性的特征。许多自然对象是固态的，而且大体上是圆筒状的；无望的爱情和炽热的欲望往往是人类的宿命。但是，除非塞尚的风景画和瓦格纳的前奏曲包含了某种命题，否则它们本身并不能告诉我们，它们的共相有**多么**普遍，或者它们实际上是否是普遍性的。这种知识必须通过一个概括过程而获得，此过程是基于从审美对象的外部所观察到的资料，而审美对象**内部**的资料对我们的这种概括是毫无用处的。因此，如果认为我们可以从审美对象本身中获得关于其共相的实际分布的任何知识，那就错了。

认为审美对象揭示经常反复的共相的观点，已经有了另一种表述方式，其采用了我们在上一节中简要讨论过的“忠实于”这一短语。这样，我们把一幅画中的描绘说成是“忠实于”摹绘主题——“它像
385 极了亨利”。但是，我们也可以说，这一描绘是“忠实于”一般事物的类——“鸭子确实有那种奇特的走路方式”，或者，“它让人感觉仿佛置身于海上风暴之中。”也许，我们有时确实是这样说话的，但总的来说，“相似”这个更为中性的用语，可能是更受青睐的。因为，我可以说，一幅画作的性质与世上很多东西相似，或者仅仅与一些东西相似，或者不与任何东西相似——如果它的性质在画外的任何地方都见不到

的话。但是，如果我使用“忠实于”这一短语，那么我必须说，画作要么忠实于现实——如果它的性质是经验中的一种普遍性质，无论它在画中是多么强烈和纯粹——要么**失实于**现实——如果它的性质百年难遇或未曾存在。但是，“失实于”被认为表达的意思，可能会超出它所能合理地表达的意思。

那些书面讨论美术和音乐的作者，往往再三强调这些艺术的认知价值。从某个方面讲，这是令人诧异的，即使他们在被迫放弃命题论和强版本的启示论之后，不得不提出：绘画和音乐作品之所以对我们有价值，部分是由于它们为我们例示了我们已经在世界上发现的，或者我们若看得更远就能发现的诸性质。对于这类作者而言，绘画和音乐这些艺术门类必须归入某个包括科学探究和哲学在内的宏大范畴：它们是“发现”和“交往”的模式。

发现是一回事，创造则是另一回事。当然，在自然科学家或数学家的工作中，创造和发现可以相互结合。但要注意，这些思想家声明，他们发现了我们在经验的感受性特征中**没有**遇到的事物，而且，由于他们能够证实这一声明，他们为自己的活动提供了强有力的理由。但是，如果一个画家或音乐家提出，其作品让我们熟知我们已经遇到的，或可以在其他地方遇到的诸性质，因而是正当的，并有着高度的认知价值，那么他的理由是苍白无力的。这不可能是珍惜作品的真正原因或主要原因。在我看来，事实可能与此相反：如果绘画和音乐被视为发现，它们是无足轻重的，但如果被视为创造，它们则是伟大的和不可替代的。毕竟，对我们最重要的，是它们创造了新的共相，这些共相在这些特定的绘画和音乐作品问世之前，从未在任何殊相中予以例示过。就音乐而言，不受理论误导的人，对此是一清二楚的，因为在音乐中，近乎一切都是补天然之不足，都是对自然的巨大超越；它几乎全是创造，以及对全新的可能性的想象和投射。我们可以更加容易地将绘画涂了色的形状，以及一些区域性质，追溯至自然的起源，而在历史上，这太容易使得人们把美学视为对自然的“模仿”了。但是，如果我们在画家的设计中所能看到的，仅仅是它的主导图案有点像哑
386 铃，或者它的性质宛如一丝忧伤的情绪，那么我们可能恰恰错过了这幅画与众不同的和珍贵的地方。

伊戈尔·斯特拉文斯基在哈佛大学的查尔斯·艾略特·诺顿讲座中说过一句睿智的话：“所有创造的源头是一种欲望，这并不是一种对于地球果实的欲望。”[1]保罗·克利掷地有声地捍卫了艺术家超越自然的权利和义务。[2]我承认，这两位证人并不完全是随机样本，但我相信他们是为同行发声——至少是为画家和作曲家从古至今的所为而发声，尽管他们被邀请谈论艺术时，有时会依赖启示论的措辞。在我看来，我在审美对象中发现的东西，是我在别处找不到的，因而我转向审美对象，去寻找唯独它们所能够提供的性质。我能否在未来的实证研究中将这些性质作为资料使用，这另当别论。我倾向于认为，至少在文学中，其中一些性质是非常有用的，我将在下一章回到这一点；但坦率地说，同样的话，并不适用于绘画和音乐。

直觉主义

我们现在可以转向关于非语言艺术的认知地位的**直觉主义理论**。[3]在我看来，从未有人对这一理论予以过充分的阐发，因此我们在此处

---

1 《音乐诗学六讲》(*Poetics of Music in the Form of Six Lessons*, New York: Vintage, 1956)，第 24 页；比较第 54 页。

2 1924 年的耶拿讲座；参见《保罗·克利论现代艺术》(*Paul Klee on Modern Art*, trans. by Paul Findlay, London: Faber and Faber, 1948)。

3 亨利·柏格森、贝内德托·克罗齐等人持此理论；参见附注 21-F。

有一部分任务是弄清楚这一理论一旦被予以充分的阐发，会是什么样子，因为，虽然它对明晰的表述有着天然抵触，但它肯定是许多教师和作家不加批判、不求甚解地坚持的理论。

哲学家们所说的知识理论，是一种关于人类知识的本性和范围的一般陈述，即对如下问题的一种回答：我们能认识什么？归根结底，似乎有三种不同的知识理论。经验主义是一种理论，它认为，所有知识都是由我们有理由相信的命题组成，因为它们与经验，亦即感觉和内省的资料相关。根据这一理论，除了重言式命题以外，所有真命题，要么是从经验中归纳出来的概括，要么是经验所证实的假设，因为它们解释了我们的经验之所以然。理性主义是一种理论，它认为，某些知识是通过纯粹理性，以一种先验的方式而获得，其独立于经验之外：有一些真命题是我们有理由相信的，因为我们把握了它们的必然性或自明性，或者是基于必然的真理将其演绎出来的。理性主义者承认，我们的一些知识是经验性的，但他们否认所有的知识都是经验性的。 387

这样，很明显，如果艺术的命题论是正确的，它可能会得到经验主义者或理性主义者的支持，尽管绘画和音乐的命题大多时候无疑会被视为经验主义命题。而启示论的共相主义形式，也可能会得到经验主义者或理性主义者的支持：经验主义者会宣称，艺术所揭示的共相，也是感官经验或内省的心理过程所提供的共相；理性主义者可能会宣称，这些共相也存在于一个与自然世界相分离的柏拉图式纯然存在的王国之中。

然而，直觉主义的知识理论不同于经验主义和理性主义，它导致了一种既不诉诸命题，也不诉诸共相的艺术认知地位的概念。根据直觉主义者的说法，我们拥有一种独特的洞察力，其既独立于感官经验，也独立于理性智识。它以非概念的形式，如直接信念，向我们传达知识；它不诉诸推论或推理，所以不会出错。直觉比任何东西都更像感受，但其自身不可避免地给人一种值得信赖的感觉。在直觉中，我们与对象直接交流；由于我们对对象的把握不受符号媒介的调停，直觉性的知识是不可言说的，而且 只有通过非语言类的审美对象，才是可传达的——这是该理论的一种形式。凭直觉，我们能够“内在地”，也就是同情地，把握事物，而不仅仅是从外部把握之：我们感受到悬崖巨石的重量或者笼中猛虎的强大生命力。直觉给予我们的，不是广义的知识或者抽象的概念，而是对于个体完整的独特性的洞见：不是岩石和老虎，而是这块岩石，这只老虎。直觉提供给我们的，是不可分割的整体；我们试图从一沓不同街道和房屋的照片中重构的，不是小镇，而是我们在其中生活时对小镇所产生的那种感觉。直觉独自为我们提供了对过程，对真实变化的流动性，以及对我们的内心生活之流的理解。

如果直觉主义者也持有一种形而上学的观点，即现实从其最内在的本性上讲只是过程，是生命冲动（élan vital），是生成而不是存在，那么他也许会宣称：只有在非语言类艺术中，我们才会拥有关于现实的知识；在科学中，我们只有针对现实而采用的一种系统化的实用方法，其关注控制，而不关注知识，关注逻辑重构而不关注洞察力。艺术家凭借超凡的敏感力，直觉到了某种关于世界的，或者关于人类内心生活的东西；他创造了一个审美对象；而这一对象，在我们观照它之时，会让我们进入一种特殊的心灵状态，在其中，我们分享了艺术家的直觉。因此，当我们看到凡·高的麦田，我们会感觉自己置身于麦穗之中，充满了生机和浪涌的力量，在阳光下奋力生长和成熟。或者，当我们听到布鲁克纳宏大而密集的重复高潮，诸如其《B 大调第五交响曲》的终曲，或者其《C 小调第八交响曲》的第一、第四乐章的

序曲，我们可能会感觉自己对人性之下暗流涌动的尼采式权力意志有 388
了全新的洞察。不是说这些洞察可以言传；语言文字只能见证我们获得了这些洞察，也许还引导他人也努力去获得这些洞察。

如果我们现在询问，我们能够找到什么理由来接受直觉主义理论，这时我们会处于一种不同寻常的境地。因为，这一理论显然不易反驳；如果有人声称他具有这类知识，我们可以采用什么方法来权衡这一声明呢？而一些直觉主义者，会由于被要求提供理由而感觉受到冒犯，因为他们声称自己已经跨过了理性失效的临界点。然而，这种免于攻击的赦免权，实际上并不是力量的源泉，而是怀疑的依据。这是因为，如果一个人看过凡·高的绘画或听过布鲁克纳的音乐，并告诉我们他发现了新的知识，但他却不能通过语言或行动提供任何证据来证明他拥有这种知识，那么我们当然没有理由同意他的声明。不是说，我们必须把他称为骗子；也许他的经历是感人至深的，难以禁受的，以及刻骨铭心的，以至于他觉得有必要使用他心目中最高级的辞藻来描述它。

我们无法借此机会来讨论我们必须针对一般的直觉主义知识理论提出的所有问题。但是，这种理论有两个要点是我们应该略加考察的。

第一点如下：如果我们坚持认为，直觉主义者表明了某些事物的存在，它们是人类自知若无直觉能力则无法认识的，这在我看来是公平合理的。直觉主义者提出了一种知识理论，以解释我们的一些知识；他一定认为，其中存在某种需要解释的东西。他可能会问："除了诉诸直觉，你如何能够知道你根本不受因果决定论的影响，或者你拥有某种通向自我毁灭的无意识意志？"对于这个问题，经验主义者可能会回答说："我不知道我有某种自由意志，因此，在这里，并不存在需要解释的知识，无论是从经验上还是从其他方面；即使我可能知道我拥有某种通向自我毁灭的无意识意志，我也是凭经验，也就是通过推断我的行为——包括我的行动和我的梦境——而得知这点的。”此时，直觉主义者承认，我们是凭经验认识一些事物的。而如果对于一项知识的经验主义说明是充分的，那他也理应根据奥卡姆剃刀原则而接受这一说明，该原则要求我们总是选择最简单的有效解释。他承担举证的责任；要为自己辩护，他必须提供一些例子，表明经验主义者承认我们拥有某种知识，但也承认他无法解释这种知识。

正如我们的两个例子所表明，这绝非易事。这是因为，经验主义者总有两个对策：他可以尝试对知识做出经验性说明，或者他可以否认它是知识。设定一个测试用例，是极其困难的。当经验主义者索要一个直觉知识的例子，直觉主义者只能根据自己的原则指向乐曲或画
389 作，并要求经验主义者靠直觉去感知其中的直觉性内容。“看看戈雅的《巨人》（插图 7）吧，”他可能说，“感受它给你带来的对于人类无意识的黑暗之域的洞见。”或者“听听布鲁克纳的慢板吧，感受一下它们深奥的宗教领悟”。但即使是这些言论，也可能过犹不及，因为两难之境是这样的：要合理地确定双方确实拥有直觉，而且是相同的直觉，就必须存在某种语言上的澄清，而任何诸如此类的语言澄清，肯定会歪曲不可言说的直觉本身，如果不是完全遮蔽之。

一些直觉主义者采取了一种更广泛的策略。其在于迫使我们接受一种深刻的、正本清源的概念对比，由此帮助我们在我们自身的经验中区分直觉和其他东西。他们将直觉与智识、理性或科学相对比，并对后者发动了广泛攻击，以表明它们在方法或范围上存在固有的局限性，因而不能囊括我们的全部知识。智识之用，是诉诸分析而缺乏综合；它提炼抽象，却无力处理具体的感受；它条分细缕，长于中断和分离，因而歪曲了心智生活的连续性和流动性；它将空间、逻辑或几

何学的秩序加诸事物；它使得新奇性和突生性沦为陈词滥调和司空见惯的东西。如此等等。

如果我们试图澄清诸如此类的陈述中所体现出的深度误解和语言混乱，恐怕会占用太多篇幅。对我们来说，这也不是必要的。因为，除非有另一种选择，否则对智识的总攻是徒劳的。这就把我们带到了关于一般的直觉主义的第二点。

一种知识理论，若没有一个真值标准，都具有致命的不完整性：直觉主义者因而面临一些艰难的抉择。他必须要么解释他如何区分真直觉和假直觉，要么声称所有直觉都是真的。如果他选择后者，而有人指出诸直觉明显是相悖的，那么他必须要么证明它们实际上并不相悖——凡·高对茁壮生长的农作物的洞察，与康斯太勃尔、克劳德或萨尔瓦多·罗萨的洞察并不相悖——要么争辩说，当人们有时认为自己拥有直觉，他们实际上并没有任何直觉，在这种情况下，他可能会再次被要求提供一个标准，由此来区分真直觉和伪直觉。

对于诸如此类的问题，直觉主义者的态度往往是不耐烦的，但这是没有道理的。拥有某种直觉，大概就是拥有某种经验。把一个经验称为“知识”，而不仅仅是“经验”，就是在宣称，某事物是通过经验认识的。换言之，当经验结束，我们对某事物的认识，一定会甚于我们在经验中对它的认识。因此，在已认识的对象和认识这一对象的经验之间，存在着某种区别。因此，从拥有经验到相信对象的某方面，这是一次飞跃，而且涉及一种推论行为。这一推论必须被证明是正当 390
的，且要符合推理的规则。因此，具有自证性或者内在正当性的直觉知识这样的东西，是不存在的。

只要某东西是凭直觉，也就是由于一种对于真理的直接感觉，而被人相信的，它就还不是知识，而只是一个有待探究的假设；当它成为知识，它就不再是纯粹的直觉信念。但是，即使存在直觉性的知识，而画家和作曲家都拥有这种知识，也不能由此推断，绘画和音乐作品能够把它传达于我们。因为，当你凭直觉认识笼中老虎的那种不可言喻的个性，你必须是在没有指号或符号协助的情况下面对它，并慢慢地深入它的内在本性。但是，如果你通过一幅老虎画像而认识它，你已然受到阻碍；某种东西介入其中，而你的知识不再是直觉。

我们似乎必须要用一个较为否定性的结论来结束本章，虽然我们在摈弃某些观点的同时，也提出了一些肯定性的想法。绘画和音乐作品并不是关于现实的知识，亦不提供关于现实的知识，无论是自然的现实，还是超自然的现实，无论是采取命题的形式，诉诸启示，还是为了直觉。而按照任何一种对于艺术本身或生命的多元价值的公正评估，我们也无须为之抱憾。这是因为，知识并不是一旦占有就能够赋予人类生活中的艺术以尊严和正当性的唯一东西。

附注与问题

§ 20

20-A. "真理" 的意义。关于"真确"一词适用于审美对象的各种意义——它们大多与认知功能无关——参见伯纳德·C. 海尔《美学与艺术批评中的新方向》(*New Bearings in Esthetics and Art Criticism*, New Haven, Conn.: Yale U., 1943)，第一部分，第 3 章；约翰·霍斯珀斯《艺术中的意义和真理》(*Meaning and Truth in the Arts*, Chapel Hill, N.C.: U. of North Carolina, 1946)，第 141—145 页。当 B.G. 科林伍德认为，审美对象若是好的，则也是真确的，他在这令人好奇的

论证中，是在什么意义上使用“真确”这一术语的，弄清楚这点将是很有意思的。见其《艺术原理》(*The Principles of Art*, Oxford: Clarendon, 1938)，第 287 页。

20-B. 命题论。(一) 这种关于非语言类审美对象的认知地位的理论，得到了如下作者的辩护：(1) T. M. 格林，见《艺术与批评艺术》(*The Arts and the Art of Criticism*, Princeton, N.J.: Princeton U., 1940)，第 23 章。注意他的观点(第 454 页)：“塞尚眼中之象(vision)的客观性”是通过观察自然而予以验证的；然而，格林并未提供虚假画作的例证，而他的表述(第 450 页)，即一个将两种不同风格用于同 391
一幅画的画家是“自我矛盾”的，当然具有误导性。对于音乐命题的验证方式，他也语焉不详(第 458 页)。(2) 安德鲁 · 尤申科，《艺术动力学》(*Dynamics of Art*, Bloomington, Ind.: Indiana U., 1953)，第 4 章。尤申科认为，通过“动态意象或矢量的呈现”(第 172 页)，绘画与音乐可能包含“隐含命题”，或者“对于真确性的主张”(第 168 页)。(3) 莫里斯 · 韦兹对音乐中的命题充满怀疑，见《艺术哲学》(*Philosophy of the Arts*, Cambridge, Mass.: Harvard U., 1950)，第 8 章，第 147—152 页，收入埃里西奥 · 维瓦斯和莫瑞 · 克里格主编《美学的问题》(*The Problems of Aesthetics*, New York: Rinehart, 1953)，第 600—604 页。(4) 道格拉斯 · 摩根则强调一个事件的照片和关于这一事件的陈述之间的极大相似性，见其《论图像“真理”》(“On Pictorial ‘Truth,’” *Philosophical Studies*, IV [1953]: 17–24) 一文。注意，他为语言陈述而保留了“命题”一词。(5) 参见伯特伦 · 杰瑟普《艺术作品中的意义域》(“Meaning Range in the Work of Art,” *JAAC*, XII [March 1954]: 378–385) 一文。

(二) 命题论受到了如下作者的批评：(1) 霍斯珀斯，前引书，第

157—161 页。(2) 金斯利 · B. 普赖斯，见其《艺术作品是符号吗?》(“Is the Work of Art a Symbol?” *J Phil*, L [1953]: 485–503) 一文，特别参见第 485—490 页，第 496—503 页；普赖斯非常中肯地提出，非语言类的艺术作品并不是“断言性的符号”。(3) 马克斯 · 里瑟，见其《艺术认识论概要》(“A Brief Introduction to an Epistemology of Art,” *J Phil*, XLVII [1950]: 695–704) 一文；但是，里瑟本人似乎另有一种命题理。另参见：W. T. 斯泰斯对格林的批评，以及格林的回应 (*J Phil*, XXXV [1938]: 656–661)；文森特 · 托马斯《格林教授是否证明了艺术是一个认知过程?》(“Has Professor Greene Proved That Art Is a Cognitive Process?” *J Phil*, XXXVII [1940]: 459–469) 一文 (但注意，托马斯是在抨击格林的这一观点，即所有艺术，至少是所有好艺术，都包含命题；托马斯本人认为，只有一些艺术包含命题，而这就是我所说的命题论)；卢修斯 · 加文《“艺术真理”的情感主义批判》(“An Emotionalist Critique of ‘Artistic Truth,’” *J Phil*, XLIII [1946]: 435–441) 一文。

20-C. 命题与语句。莫里斯 · 科恩和欧内斯特 · 内格尔简明扼要地提出了一个这样的观点，即命题与“表达”它们的语句是迥然有别的，见《逻辑与科学方法概论》(*Introduction to Logic and Scientific Method*, New York: Harcourt, Brace, 1934)，第 27—30 页。吉尔伯特 · 赖尔提供了这一区分的依据，并对它进行了技术性的讨论，见其《命题存在吗?》(“Are There Propositions?” *PAS*, N.S. XXX [1929–1930]: 91–126) 一文。另一种观点，即可真可假的是陈述句，因而没有必要去假定诸多存在实体，得到了伊丽莎白 · 莱恩 · 比厄斯利切中肯綮的辩护，见其《语句的语义层面》(“The Semantical Aspect of Sentences,” *J Phil*, XL [1943]: 393–403) 一文。对于实存命题论（subsistent-proposition theory）的其他批评，参见：拉尔夫·M. 伊顿《符号论与真理》（*Symbolism and Truth*, Cambridge, Mass.: Harvard U., 1925），第 5 章；保罗·马亨克《命题与语句》（"Propositions and Sentences," *University of California Publications in Philosophy*, XXV [1950]）一文，特别是第 275—297 页；A. D. 伍兹利《知识理论》（*Theory of Knowledge*, London, New York: Hutchinson's U. Library, 1949），第 5 章；亚伯拉罕·卡普兰和欧文·科皮洛维施《命题是否 392
一定存在？》（"Must There Be Propositions?", *Mind*, XLVIII [1939]: 478–484）一文。

20-D．绘画中的命题。搜集一些这样的画作实例，美术批评家可能认为或确实认为它们是命题或者包含命题。例如：克洛德的风景画所隐含的自然理论，是否有别于凡·高的风景画？一幅由于自然风景的烘托而人体显得矮小的风景画，是否在断定人类与自然相比是微不足道的？伦勃朗的蚀刻画作品《亚当与夏娃》（1638 年，欣德目录第 159 项）将两人描绘成一对情欲男女，此画是否在说，这是亚当和夏娃的本来面目？《纽约客》杂志几年前的一页封面呈现了一扇彩绘玻璃，窗内是一只复活节兔子的图形，它是否在断言复活节已然因商业化而失去了它的宗教意义？在勃鲁盖尔《农民的婚礼》中，我们看到的是新娘而不是新郎；如果她是基督新妇，这幅画是否在断言，没有真牧师到场，教堂就是凡俗的笑柄？参见肯尼斯·林赛和伯纳德·赫普《勃鲁盖尔绘画中的意义和方法》（"Meaning and Method in Brueghel's Painting," *JAAC*, XIV [March 1956]: 376–386）一文。更多例子，见韦兹前引书。在不诉诸命题论时，这些画作能否通过"呈现为"（shows ... as）这一表达式而予以充分的阐释？

保罗·蒂利克从"形式"和"内容"上对宗教绘画进行了有趣的

分析和归类，见《宗教情境》（*The Religious Situation*, trans. by H. Richard Niebuhr, New York: Holt, 1932），第 vii—xxii 页和第 52—70 页，以及《现代艺术的存在主义层面》（"Existentialist Aspects of Modern Art," *Christianity and the Existentialists*, ed. by Carl Michalson, New York: Scribner's, 1956）一文。

埃德娜·戴茨澄清了一幅画"呈现"某种东西和一个语句"陈述"某种东西之间的区别，见其《意义的图像理论》（"The Picture Theory of Meaning," *Mind*, LXII [1953]: 184–201）一文。戴茨指出，在绘画中，并不存在否定式、条件式和析取式陈述的类比物（第 196 页）；比方说，你可以将一只猫画成黑色，但你不能把一只猫画成非黑色。她的论点，也指向了陈述即事实图像的概念（参见苏珊·朗格，第八章附注 18-I）。

20-E．音乐中的命题。搜集一些这样的乐曲实例，美术批评家可能认为或确实认为它们是命题或者包含命题。例如，巴赫的风琴序曲在修改赞美诗的曲调时，是否也体现了神学教义？参见第七章附注 18-J 中的参考文献。贝多芬的《升 C 小调弦乐四重奏》（作品 131 号）是否在说，人的意志可以克服一切障碍？柏辽兹的《幻想交响曲》，是否体现了一种浪漫主义哲学？

§ 21

21-A．关于音乐和绘画的认知地位的启示论。柏拉图在《理想
393 国》第十章（第 595—601 页）中反对了这一理论，他说，一幅床的画作仅仅是物理的床的"模仿"，而物理的床又仅仅是一个理想的理念的模仿，因此，床的画作与"现实"隔了两层。他由此得出结论说，艺

术家“对现实一无所知，而只是对表象有所了解”（参见康福德英译本，牛津克拉伦登出版社 1945 年版，第 331 页）。但是，柏拉图的形而上学，很容易转化为艺术的启示论：艺术家压根儿不是模仿物理的床，而是试图领悟木匠所追求的同一个理念，只不过他比木匠更成功，因为他不用真的去制作出一张床，他只需要自由地抽象出“本质的”特性。这一步骤，被后来的思想家沿袭了下来。

各种类型的启示论得到了以下作者的辩护：(1)阿图尔·叔本华，见《作为意志和表象的世界》(第六版)(*The World as Will and Idea*, trans. by R. R. Haldane and J. Kemp, London: Routledge and Kegan Paul, 1907–1909)第三册，此处是一种共相理论；但是，叔本华将一些迥然不同的认知作用归结于音乐和绘画。关于叔本华的理论，参见：阿尔伯特·格瑞《音乐愉悦的基础》(*The Basis of Musical Pleasure*, New York, London: Putnam, 1910)，第 58—68 页；伊斯雷尔·诺克斯《康德、黑格尔和叔本华的美学理论》(*Aesthetic Theories of Kant, Hegel, and Schopenhauer*, New York: Columbia U., 1936)；约翰·斯托克斯·亚当斯《悲观主义美学》(*The Aesthetics of Pessimism*, Philadelphia: privately printed, 1940)。(2)L. A. 里德，见《美学研究》(*A Study in Aesthetics*, New York: Macmillan, 1931)，第 10 章；此处是一种共相理论。(3)多萝西·沃尔什，见《艺术的认知内容》(“The Cognitive Content of Art,” *Phil R*, LII [1943]: 433–451)一文，收录于埃里西奥·维瓦斯和莫瑞·克里格主编《美学问题》(*The Problems of Aesthetics*, New York: Rinehart, 1953)，第 604—618 页。这篇有趣的论文提出，艺术乃“可能事物的描写”；艺术家“启示”（“呈现”“创造”）了“理想的可能性”，这些可能性是现实世界之外的“其他选择”。但是，审美对象所呈现的，首先是一种现实性；音乐的新特性或

绘画的新设计并不只是一种可能性；在与其他事物同样的意义上，它是作为世界的一部分而存在，因此，如果说它是作品外部世界以外的一种“其他选择”，这等于说作品并不启示任何东西，仅仅是存在而已。

另参见：H. D. 刘易斯《启示与艺术》（“Revelation and Art,” *PAS*, Suppl. vol. XXIII [1949]: 1–29）一文；约翰·杜威《艺术即经验》（*Art as Experience*, New York: Minton, Balch, 1934），第12章；C. E. M. 乔德在“艺术是一种理解形式还是表现形式?”这一专题论文集中的论文（*PAS*, Suppl. vol. V [1925]: 190–203）。

黑格尔似乎持有某种形式的启示论，这体现在他声称艺术是绝对理念的感性显现；参见：《黑格尔艺术哲学导论》（*The Introduction to Hegel's Philosophy of Fine Art*, trans. by Bernard Bosanquet, London: Routledge and Kegan Paul, 1886），第二部分，第3章，第5章；W. T. 斯泰斯《黑格尔的哲学》（*The Philosophy of Hegel*, New York: Macmillan, 1924），第443—484页。黑格尔显然是一位本质主义者：画家会舍弃其主题的偶然性特征，如赘疣。他显然没见过皮耶罗·德拉·弗朗西斯卡的肖像画《乌尔比诺公爵》（1465年，佛罗伦萨乌菲齐画廊）。

J. W. N. 沙利文的著作《贝多芬的精神历程》（*Beethoven: His Spiritual Development*, London: Cape, 1927）（纽约蒙特书屋1949年另收录），则在几种理论之间摇摆不定。它一开始为音乐的一种启示
394 论辩解（第一部分，第1章），但贝多芬被认为传达的“个人的生命观”（序言），后来却更像是一种情感反应，而其音乐的“精神内容”，似乎沦为了一种表现论（第一部分，第3章）。在某些地方，沙利文非常接近于提出了一种命题论，比如他写道：“最后一批四重奏的贝多芬发现，最高的成就是通过痛苦的磨砺获得的”（蒙特书屋版本，第41页；

比较他对贝多芬《大赋格》的阐释)；但是，他又明显摈弃了命题论：“贝多芬所要表现的任何东西，都不能称之为哲学”（第70页），而且，“(音乐)根本不能表现观念”（第71页）。针对沙利文的评论，参见约翰·霍斯珀斯的前引书，第227—231页。

维克多·贝内特在《音乐表现的理论》(“The Theory of Musical Expression,” *Music and Letters*, XVII [1936]: 106–117)和《音乐与情感》(“Music and Emotion,” *Musical Quarterly*, XXVIII [1942]: 406–414)等论文中所提出的观点，较为散漫，但似乎就是启示论：艺术让我们能够“观照真理”（更早前的一篇论文，第107页）。

在《图像和观念》(*Icon and Idea*, Cambridge, Mass.: Harvard U., 1955)中，赫伯特·里德认为艺术具有认知作用——它们“至今是人类逐步洞悉事物本质的手段”（第18页；另见第53、73页及后面数页）——但他的论证并不清晰。

另参见阿瑟·O. 洛夫乔伊在《作为审美规范的自然》(“Nature as Aesthetic Norm,” *Essays in the History of Ideas*, Baltimore: Johns Hopkins U., 1948)一文中对18世纪各种形式的启示论的讨论。

21-B．共相和本质。(一)在乔舒亚·雷诺兹爵士的《艺术演讲录》(*Discourses on Art*)，特别是在第3次、第4次、第7次和第13次演讲中，新古典主义的观念，即艺术关注事物的一般本性，被予以了很好的阐述；对比布莱克在《演讲录》一书页边所写下的尖刻评论，如：“泛化结论，就是做一个白痴”（见罗伯特·戈德沃特和马尔科·特里夫斯《艺术家谈艺术》[*Artists on Art*, New York: Pantheon, 1945]，第263页；比较马约尔的评论，第406页)。T. M. 格林对绘画中出现的各种共相进行了分门别类(前引书，1940年，第14章、第16章、第17章)。

认为艺术主要关心殊相而不是共相的观点，得到了艾尔德尔·詹金斯的支持，见其《艺术的统一性和多样性》（“The Unity and Variety of Art,” *JAAC*, XIII [December 1954]: 185–202）一文。

（二）关于共相的本质和存在，参见：A. D. 伍兹利前引书；伯特兰·罗素《哲学的问题》（*The Problems of Philosophy*, New York: Holt, 1912），第 9 章（这两本书都是很好的入门级说明）；H. H. 普赖斯《思维与经验》（*Thinking and Experience*, Cambridge, Mass.: Harvard U., 1953），第 1 章；阿瑟·帕普《分析哲学的诸要素》（*Elements of Analytic Philosophy*, New York: Macmillan, 1949），第 3 章和第 4 章，以及附注部分。关于本质的概念，以及事物的本质特征和非本质特征之间的区分问题，参见亚伯拉罕·埃德尔《哲学理论与实践》（*The Theory and Practice of Philosophy*, New York: Harcourt, Brace,
395 1946），第 2 章。

21-C．亲知和感受性特征。“亲知知识”和“描述知识”之间的区分，是伯特兰·罗素（前引书，第 5 章）所做出的；但是，当罗素对比“认识关于颜色的真理”和“认识颜色本身”之时（参见 1946 年版，第 47 页），似乎很明显，后者根本不是认识（knowing），而只是看见（seeing）。亲知不是知识，霍斯珀斯入木三分地提出了这一观点（前引书，第 233—238 页），他援引了莫里茨·石里克的《文集》（*Gesammelte Aufsätze*）。另参见 C. I. 刘易斯《心灵与世界秩序》（*Mind and the World Order*, New York: Scribner, 1929），第 5 章，以及附录 B：“不存在纯粹通过亲知而获得的知识”（第 118 页）。另参见“亲知知识是否存在？”专题论文集（*FAS*, Suppl. vol. XXIII [1949]: 69–128），特别参见 J. N. 芬德利的论文，它以一种对美学来说颇为有趣的方式捍卫了亲知知识的概念。阿尔伯特·霍夫施塔特《直觉知识是否存在？》

(“Does Intuitive Knowledge Exist?” *Philosophical Studies*, VI [1955]: 81–87)一文，为亲知知识做了辩解。

胡戈·闵斯特堡认为，科学给予我们的，不是关于对象本身的知识，其乃关于对象的“至高真理”，而是关于对象与其他事物的因果关系的知识，见其《艺术教育原理》(*The Principles of Art Education*, New York: Prang Educational, 1905)，第一部分(大部分内容收入麦尔文·雷德《现代美学文选》[*A Modern Book of Esthetics*, New York: Holt, 1935]，第363—376页；1952年修订版，第387—400页)。但很明显，比方说，当他宣称，科学并不能给予我们关于海洋的“理解”，而艺术则可以，这时，他的意思实际上是：在艺术中，我们也许**拥有**(不是认识)海洋的某一方面。这就是勃朗宁《超验主义：十二章诗歌》(“Transcendentalism: A Poem in Twelve Books”)中的主题。比较A. S.埃丁顿《物质世界的本质》(*The Nature of the Physical World*, New York: Macmillan, 1928)，第15章；F. S. C.诺思罗普《诗歌的功用与未来》(“The Functions and Future of Poetry”)一文，收入《科学与人文的逻辑》(*The Logic of the Sciences and the Humanities*, New York: Macmillan, 1947)。

21-D. **关于“忠实于”**。对于这一表达式的分析和辩护，参见约翰·霍斯珀斯前引书，第6章(特别参见第173—175页，第183—196页)，以及第8章。霍斯珀斯对这一短语最令人信服的用法，是将它运用于文学，这一点，我们将在下一章予以考察。在《再论艺术真理》(“Artistic Truth Reconsidered,” *JAAC*, VIII [June 1950]: 251–258)一文中，伯纳德·C.海尔对它进行了更深入的讨论，他与霍斯珀斯所见相同，但他补充说道：“我觉得他夸大了它的重要性。”(第253页)

21-E. **创造与发现**。艺术家应主要被理解为发现者(如勘探者或天文学家）还是创造者（如发明家）？或者，他能否在同等的意义上兼有这两种身份？埃里西奥·维瓦斯便讨论了这一问题，尤其是它与文学的联系，见其《创造与发现》（*Creation and Discovery*, New York: Noonday, 1955），特别参见第 123 页、第 140 页、第 237 页。另参见赫伯特·里德《图像和观念》（*Icon and Idea*, Cambridge, Mass.: Harvard U., 1955），第 7 章。如果询问一个数学体系或者一次象棋比赛
396 在什么意义上既是一个新真理，也是一个审美对象，这也是有帮助的。

21-F．关于音乐和绘画认知地位的直觉论。（一）关于知识直觉论的一般阐述，说明性的和批评性的，参见：J. H. 兰德尔和贾斯特斯·布克勒《哲学导论》（*Philosophy: An Introduction*, New York: Barnes and Noble [College Outline Series], 1942），第 9 章；威廉·P. 蒙塔古《认知的诸方式》（*The Ways of Knowing*, London: Allen and Unwin, 1925），第一部分，第 2 章；保罗·亨利《神秘主义和语义学》（Mysticism and Semantics, *Phil and Phen Res*, IX [March 1949]: 416–422）一文，这篇论文对直觉性洞见的不可言说性予以了极其有趣的讨论。

（二）关于柏格森的直觉论以及它在艺术中的应用，参见：亨利·柏格森《形而上学导论》（*An Introduction to Metaphysics*, trans. by T. E. Hulme, New York: Liberal Arts, 1950）；《创造性演化》（*Creative Evolution*, trans. by Arthur Mitchell, New York: Holt 1911），特别参见第 135—185 页，在此处，柏格森对理智和本能进行了对比，并将“直觉”界定为“无功利的、自我意识的、能够对其对象进行反思和无限扩展的本能”（第 176 页）；《笑声》（*Laughter*, trans. by Cloudesley Brereton and Fred Rothwell, New York: Macmillan, 1911），第 150—171 页（收录于麦尔文·雷德前引书，1935 年版，第 179—191 页；1952 年版，第 114—126 页），在此处，柏格森的部分讨论采用了

启示论的语言；《时间和自由意志》（*Time and Free Will*, trans. by F. L. Pogson, New York: Macmillan, 1910），第13—18页（艺术对我们施加催眠，使得我们进入了一种高度同情和受暗示的状态）；A. A. 卢斯《柏格森的直觉学说》（*Bergson's Doctrine of Intuition*, London: Society for Promoting Christian Knowledge, 1922），第1章；H. 怀尔登·卡尔《变的哲学》（*The Philosophy of Change*, New York: Macmillan, 1914），第2章；T. E. 休姆《柏格森的艺术理论》（"Bergson's Theory of Art"）一文，以及《强度流形的哲学》（"The Philosophy of Intensive Manifolds"）一文（载于《思辨》（*Speculations*, London: Routledge and Kegan Paul, 1924）（部分内容收入维瓦斯和克里格的前引书，第125—138页）；阿瑟·萨特马里《柏格森的美学理论》（*The Aesthetic Theory of Bergson*, Cambridge, Mass.: Harvard U., 1937）；伯特兰·罗素《神秘主义和逻辑》（*Mysticism and Logic*, New York: Longmans, Green, 1929），第1章。

（三）虽然克罗齐将"直觉知识"和"逻辑知识"相比较（见《美学》[*Aesthetic*, trans. by Douglas Ainslie, 2d ed. New York: Macmillan, 1922]，第1章；以及维瓦斯和克里格前引书，第69—90页），但他继续说道：比起真假之间或现实和虚幻之间的任何区分，直觉更为根本，因此，称其为知识，是极其古怪的。关于更深入的说明，参见：克罗齐《美学纲要》（*Breviary of Aesthetic*, trans. by Ainslie, Rice Institute Pamphlet, Houston, II, 4, 1915）（部分内容收入麦尔文·雷德前引书，1935年版，第159—178页；1952年版，第94—113页），以及H. W. 卡尔《克罗齐的哲学》（*The Philosophy of Benedetto Croce*, New York: Macmillan, 1917），第3章和第4章；C. J. 杜卡塞《艺术哲学》（*The Philosophy of Art*, New York: Dial, 1929），第3章。

威廉·詹姆斯谈到了音乐与神秘经验的相似性（“音乐给予我们本体论的启示”），见《宗教经验的类别》（*Varieties of Religious Experience*, New York: Longmans, Green, 1902）（纽约现代图书馆 1929 年再版，第 412 页）；比较鲁道夫·奥托《神圣者的观念》（*The Idea of*
397 *the Holy*, London: Oxford U., 1950），第 47—49 页，第 20—71 页。

21-G．音乐批评的范畴。在这一点上，在我们讨论音乐作品的规范性陈述或价值判断——在第十章、第十一章、第十二章——之前，先回顾一下我们所做出的各种区分，也许是有帮助的。我们已经梳理了以下各种关于音乐的非规范性批评陈述。问题是，是否还存在批评家针对音乐所做出的其他非规范性陈述，而在此处，无法为它们提供它们所专属的范畴。

一、描述：关于音乐自身特征的陈述

（一）关于作品诸部分的陈述

1. 关于基本部分的陈述（“它始于 F 音”）

2. 关于复杂部分的陈述（“它由三个乐段组成，其中首段是 F 大调”）

（二）关于诸部分之间关系的陈述

1. 关于基础部分之间关系的陈述（“第二个音符比第一个音符高半音”）

2. 关于复杂部分之间关系的陈述；这些是关于**形式**的陈述，包括

（1）关于大比例关系的陈述（“这段再现了那段”）：**结构**

（2）关于重复性小比例关系的陈述（“这个旋律音型不断出现”）：**肌质**，或粗略地说，**风格**。

（三）关于整体或诸部分的区域性质的陈述

1. 关于非人类学性质的陈述（“这是有调性的”“这具有如此这般的运动模式”“这是统一的”）

2. 关于人类学性质的陈述（“这充满活力”）

二、关于音乐与其他事物的相似性的陈述

（一）关于音乐与其他声音，相似性的陈述（“这很像消防车的声音”）——关于再现的陈述

（二）关于音乐在（1）人类学性质或（2）运动模式上与以下过程的相似性的陈述

1. 心理过程（“这首乐曲宛如一种忧郁的状态”）

2. 物理过程（“这首乐曲宛如漂浮的肥皂泡”）

注意，关于音乐与其他事物的关系，除了音乐前因后果的所有真确陈述，在这里都被理解为相似性陈述（similarity-statements）。这些陈述可以称之为音乐的“阐释”，但是，这在某些方面也会给人以误导。

21-H．绘画批评的范畴。我们已经梳理了以下各种关于绘画的非规范性批评陈述。问题是，是否还存在批评家针对绘画所做出的其他非规范性陈述，而在此处，无法为它们提供它们所专属的范畴。 398

一、描述：关于绘画自身特征的陈述

（一）关于作品诸部分的陈述

1. 关于基本区域的陈述（“这是蓝色的”）

2. 关于复杂区域的陈述（“这是一个粉色圆点的椭圆形阵列”）

（二）关于诸部分之间关系的陈述

1. 关于基本区域之间关系的陈述（“此处蓝色的饱和度比那处蓝色高”）

2. 关于复杂区域之间关系的陈述：这些是关于**形式**的陈述，包括

(1)关于大比例关系的陈述（“绘画的这一边与那一边相平衡”）：结构

(2)关于重复性小比例关系的陈述（“这种笔触的形状贯穿整个画面”）：**肌质**，或粗略地说，**风格**

（三）关于整体或诸部分的区域性质的陈述

1. 关于非人类学性质的陈述（“有一个三角形的主导图案”——这也可以视为一个**结构**陈述，或“这是统一的”）

2. 关于人类学性质的陈述（“这充满活力”）

二、关于绘画与世界上其他对象的相似性的陈述

（一）关于再现的陈述，包括：

1. 描绘（“这再现了一匹马”）

2. 摹绘（“这再现了亚历山大大帝的战马比赛佛勒斯”）

（二）关于暗含的陈述（“这暗指一架风车”）（象征陈述是再现陈述和暗含陈述的子类）

（三）关于纯粹相似性的陈述（“这线条宛如人的掌心上的一条掌纹”）

注意，关于绘画与其他事物的关系，除了绘画的因果关系，所有真确陈述在这里都被理解为相似性陈述。（一）和（二）这两组中的陈述通
399 常被称为绘画的“阐释”，而这种用法似乎没有太大的风险。

第九章　文学与知识

我们通过言词所做的明显最重要的事情，是分享我们关于世界的信息，所以我们通常不会对语言做出与这种用法无关的理解。当然，我们知道，在不参与任何可以合理地称为信息分享的活动时，我们也有可能讲述一个笑话和享受一个笑话，但是，我们可以说，笑话是语言的一种较为特殊的和可有可无的用法。在对史诗或悲剧进行说明时，有一种强大的诱惑，令人不由自主地想要强调这些严肃语篇和轻浮语篇，例如笑话之间的区别。我们可以说区别就在于这一点：史诗和悲剧确实传达了某种东西，如果不是严格意义上的信息，那就是另一种形式的知识。

而比起绘画或音乐，文学对诸如此类的理论的接受，似乎明显得多。为了证明一幅画是真确的，或者音乐给予了我们知识，我们必须找到某种方法，让它们在不诉诸言词的情况下，做到言词自然而然地和在本质上所能做到的事情。但在诗歌和故事中，我们已然进入语言，以及陈述语气和陈述句的领域。而且，如果我们排除了一种这样的观点，即一些语词是纯粹情感性的，那么，在诗歌或小说中，就没有一个语词不会，或者不能出现于其他某种语篇，在其中，它明显被用来向我们提供关于世界某方面的信息。 400

我们在本章中必须予以考察的，正是文学的这一方面：文学的认知地位，或者文学与知识的关系。很多东西将取决于我们的结论，包括我们对文学在人类生活中的意义的总体看法。在讨论的过程中，我们可以借鉴从古至今关于这一话题的讨论中所出现的观念。但如果我们要精进殊胜，则必须注意两点。首先，这一主题的讨论在过去经常陷入僵局，因为问题的表述采用了诸如此类的某种方式，如下："文学的目的——或直接目的——是否是传授知识？"我们姑且不谈目的，因为这个术语往往把目的和成果混为一谈；让我们单纯询问，文学何为，或可何为。其次，至少有六个不同问题，在这里被混淆在了一起，它们很少被充分地区分开来。也许，一个好主意是，现在将它们列举出来，以指引我们克服即将面临的无法逃避的复杂情况。(1)文学作品是否有认知意义？我们曾在第三章(§9)处理过这个问题。(2)如果有，它们是否有真假之分？(3)如果有，它们在什么方面是真的或假的；这些术语与它们之中的哪些要素相关联？(4)如果它们是真的或假的，它们拥有什么类型的真确性或虚假性？(5)它们是断定，还是仅仅呈现其真确性或虚假性？我们将在下文厘清这一区分。(6)它们的真确性或虚假性与它们是好文学有没有关系？而这最后一个问题，直接将我们引入我们即将在下一章讨论的价值问题。

§22 文学的阐释

假设一名读者大体上知晓英语的单词和语法，我们发现，当他试图在最充分的意义上解读一部文学作品，他仍有可能面临某些问题。到目前为止，我们把这些问题分为两类。简言之，阐述的问题，就是按照诸词语给定的标准语义加上关于其内涵域的信息而确定一组词语(如隐喻)的语境意义。但是，即使一名读者已经阐述了一部作品，或者在作品中并没有发现任何需要阐述的东西，他也许仍要面对第二种问题。简言之，在我所指的特殊意义上的阐析问题，就是按照被报告的给定事件和事态，加上相关的经验概括，也就是物理学和心理学定律，确定作品中未被明确报告的作品世界的诸部分，诸如性格和动机。

但是，即使是经过了阐述和阐析，在每一部文学作品，至少是在每一部较为复杂的文学作品之中，还可能存在第三组问题。举例而言，华莱士·史蒂文斯的诗歌《看黑鹂的十三种方式》，是这样开头的： 401

一

二十座白雪覆盖的绵延群山中，
唯一的灵动
是只黑鹂之眸

二

我有三颗心
如一棵树上
栖着三只黑鹂

三

黑鹂疾旋在秋风中
它是哑剧的小角色

四

一男一女
合为一
一男一女一黑鹂

合为一

如此等等，还有：

六

冰凌挂满
粗狂玻璃的长窗
黑郦的身影
来回掠过
心情
在鸟影中追寻
一个不为人知的缘起

…………

八

我知道高贵的音律
和明晰而必然的节奏
但我也知道
那只黑郦
在我的所知中。[1]

1 摘自《看黑鹂的十三种方式》（"Thirteen Ways of Looking at a Blackbird"）。经阿尔弗雷德·A. 科诺普夫出版公司许可，收录于《华莱士·史蒂文斯诗集》（*The Collected Poems of Wallace Stevens*）。1931 年版和 1954 年版权归华莱士·史蒂文斯所有。

这时，如果我们询问，这首诗是“关于”什么的，也许答案既简单也棘手。或者，也许存在一种简单的答案，它并不是我们所寻找的，而真正的问题，却又无法回答。这首诗是关于黑郦、白雪、影子、冰凌、节奏：这些东西都在诗的世界里，因为它们是诗中的字词所指涉的；在某种意义上，它们就是这首诗的题材。但是，这并不是这首诗让我 402
们感到困惑的地方。我们想知道的是，是否存在某种将所有这些关于黑郦的不同指涉连接起来的一般性观念，亦即某种使得我们能够将它们联系起来的概念：这首诗的**主题**是什么？而我们想知道，是否存在这首诗被认为提供或包含的某种一般性陈述，即对于生活、艺术、人类或现实的某种观察或反思：这首诗的教义，或意识形态内容，或**论题**是什么？确定一部文学作品的主题，或诸主题，以及论题，或诸论题(如果有的话)的过程，我称之为**阐释**。而我们的第一个问题，类似于阐述和阐析的问题：在我们阐释文学的时候，我们是在做什么，我们又如何知道我们所做的事情是正确的？

我赋予了“阐释”这一术语一种比其惯用法更狭窄的意义，因为我认为文学理解的三个过程在方法上是迥然有别的，需要冠以不同的名称。我之所以将第三个过程称为阐释，是因为我觉得，这与我所说的绘画和音乐中的阐释最为类似，虽然未必是同符合契的。(我说过，音乐中没有任何需要阐释的东西，但是，当我这么说的时候，我是在目前的意义上使用“阐释”一词的。)断定一幅画再现或象征了什么，断定音乐意指或表现了什么(我认为这是一种错误的说法)，就是肯定作品与世界之间的一种意义关系或指涉关系；而断定一首诗具有某个主题或某个论题，同样是肯定这首诗不仅构建了自身的世界，而且还指涉了现实世界。

如此一来，阐释的问题可以采用以下术语予以表述：阐释就是按照诸语词给定的语境意义，以及作品世界的完整描述，而确定一部文学作品的诸主题和诸论题。这是我们的问题。或者说，这是我们的两个问题，因为，如果我们更加审慎地考察“主题”和“论题”这两个基本术语，我们就会发现，它们所面临的困难是截然不同的。

什么样的东西才算是一个主题呢？我们认为，《呼啸山庄》的主题是通过人与自然的善恶力量的和谐共存而寻求精神的满足；《战争与和平》的主题是青春与衰老、生命与死亡、野心与放弃之间无止休的律动性更迭。我们争论的是，叶芝的《学童之间》的主题是物质与精神之间的关系，还是劳动的人类学意义，抑或二者兼而有之。主题是以一个抽象名词或短语来命名的东西：战争的徒劳、欢乐的无常，以及英雄主义、非人性，等等。

要在主题和题材之间划清界限，也许不总是可能的，但对于批评的目的而言，它们也算是泾渭分明了。我们是用一个具体的名词或主格结构来指涉题材的：战争、风流韵事、阿兹特克人、悍妇的驯服。《俄狄浦斯王》的题材包括俄狄浦斯、伊俄卡斯忒、底比斯王国——戏剧
403 中的**对象**。或者，题材是瘟疫起因的调查——戏剧的**行动**。但是，主题却是傲慢、神力、命运、无药可救之恶、人类勇猛精进的精神。

因此，主题是某种可以思考或详述的东西，但它不能说是真的或假的。然而，我通过“论题”这个也许别扭的术语而表达的意思，恰恰是关于作品的，或在作品之中的某种东西，它**可以**称为真的或假的，如果有东西可分真假的话。例如，批评家宣称，莎士比亚的《暴风雨》反映了一种神秘主义的人生观；厄普顿·辛克莱的《屠场》是对自由放任的经济制度下穷人所遭受的不公正待遇的抗议；斯宾塞的《婚曲》和雪莱的《心之灵》中的柏拉图主义隐而不显。我们谈到了弥尔顿、萧伯纳和萨特的哲学、宗教、伦理和社会思想。我们争论托马斯·曼

的《浮士德博士》是乐观的还是悲观的，普鲁斯特的作品中包含多少叔本华和柏格森的思想。而我认为，这些意识形态成分可以通过某种形式表达出来，通过这种形式，我们可以说它们是真的或假的，尽管可能略有犹豫：即使是悲观主义，也可能是一种人生观，而不仅仅是一种感觉。

关于这些论题，有着一种术语学意义上的窘迫性。我希望有一个一般术语来表示作品中任何可称为真或假的东西。在前一章中，我一开始就提出了这一意义上的“命题”一词，这是正常的，但是，当我们阐发音乐和绘画的命题论时，我们就有必要——这也是正常的——把命题理解成非语言实体，即某种抽象物。这么做的目的，是为了避开我在这一语境下提出的用以替换另一个语词的这第二种观念，无论它一开始显得多么奇怪。每个可辨识的方面，只要一个语篇，或者一个语篇的一部分，在这方面可以说是真的或假的，那我就称其为该语篇中的一个述谓。[1]这样，如果一个语句既陈述了一件事，又暗示了另一件事，它则做出了两个述谓式判断：“亨利不是班上最差的学生”暗示他在班上几乎垫底。一个述谓可以用一个“that”分句来表达，尽管它在语篇中可能不是如此表达的。

因此，我们所做的初步区分，概括起来就是：一部小说的题材可能是康普森家族，或者更笼统地说，是南方的贵族。小说的一个主题可能是南方贵族的没落；一个论题可能是，南方贵族的衰落令人唏嘘，或者不可避免。因此，我们的第一组问题可以表述如下：每一部文学作品是否都有一个主题，或者有多重主题？如果是，我们如何知道它

1　这一术语，是借自伊丽莎白·莱恩·比厄斯利的两篇论文，即《语句的语义层》（“The Semantical Aspect of Sentences”（见附注 20-C）和《与陈述式相关的祈使句》（“Imperative Sentences in Relation to Indicatives,” *Phil R*, LIII [1949]: 175–185）。

们是什么？每一部文学作品，或者任何一部文学作品，都包含述谓
404 吗？如果是，我们又如何知道它们是什么？

主题

我们可以把一部文学作品的主题视为说话人脑海中的一个概念，即一种他明显认为值得注意的抽象性质或关系，因为他以某种方式把它挑选出来，对它予以关注。不是说，作品所描述的对象或事件的每一个特征都能构成一个主题，而是，只有那些在描述本身中受到一定重视的特征，才会如此。这样，一旦有人说了什么，至少是用严肃的语气，我们就会认为他心里想着某种重要的东西，或至少是某种比其他东西更为重要的东西，而不管我们可以将重要性归于什么样的特征或诸特征，我们都视其为这一述说的主题。从这种宽泛意义上看，几乎每一个语篇都会拥有某个主题或某些主题，无论多么含糊和不充分。

因此，即使是一首简单的童谣，也描述了某个事件或某种事态情况，并且，至少通过与可能说过的话的对比，而突出了它的某个特征。在《小杰克·赫纳》这首童谣中，我们有一种略微可笑的成功，男主人公的自吹自擂（“我真是个好孩子！”），显然与他的成就不成比例；由此，我们将主题视为某种类似于虚荣心的东西。当我们强力要求精确性，询问这一主题有多具体或有多普遍时，困难就出现了。因为杰克·赫纳还是黄口小儿，所以这是童年的虚荣心吗？或者，我们在这里是否有一个微妙的暗示，其指向人性的某种普遍性特征，即人类对良好的自我感觉的无止境需求，人类的成就和力量在宇宙视角下的微不足道，以及人类坐井窥天的狭隘视野——这使得他自以为是世界的中心，因而无法领悟最初赐予他“馅饼”的神意和力量？无论如何，如

此直接地断定这一切，无疑是对诗歌空谈臆说，望文生义。我们似乎不再是在阐释，而是在创作我们自己的作品，因为即使是最基本的作品，也可以通过这种妄生穿凿而变得博大精深。然而，在这些回响之中，有一些与诗歌有着某种较微弱的关系，诗歌的特质和魅力正是取决于这些弦外之音，即使它们并没有被单独区分开来。那么，我们在哪里划界呢？

在这点上，我们可以回到那首黑鹂诗上来。说话人感兴趣的，是黑鹂的什么？嗯，首先，黑鹂在不同的环境出没，而且人们可以从许多不同的角度看见它，正如标题所指出的那样。不过，这还不是主题。我们想知道这只鸟儿的多面性的重要之处，即它在鸟类中作为一只黑鹂所特有的，但又与人性或人类生活或整个世界中的其他事物所共有的某种东西，某种可以说是说话人在整首诗中始终揣摩的东西。但注意：(1)“关于黑鹂、群山、白雪和冰凌的这首诗，其主题是什么？”这一问题，与(2)“这首诗中的黑鹂、群山、白雪和冰凌**象征**了什么？”
这一问题正成为同一个问题，或者接近于成为同一个问题。405

也许，这两个问题并不一样。或者说，为了让这一等式成立而必须赋予“象征”的宽泛意义，是为省事的简单化而付出的过于高昂的代价。但是，它们看起来确实密切相关。如果圣诞苹果派的插曲可以说是将人类的虚荣心作为其主题之一，那么我们也可以说，小杰克·赫纳，或者他的苹果派，象征了人类的虚荣心。如果福克纳关于斯诺普斯家族的诸故事的主题是恶战胜了善，那么我们可以说，斯诺普斯家族象征恶战胜了善。“象征符号”这一术语如今为何是危险的和给人以误导的，而“主题”则相对好一些，我认为其中有着一些合理的理由，虽然不那么令人信服。但是，除非我们对针对文学象征符号的分析予以一定的考察，否则我们无法充分处理文学阐释的问题。

在第六章(§16)中，我们看到，要让任何对象成为象征性的，就必须存在其象征意义的一个实质基础：也就是说，它必须在那些认为它具有象征意义的人的生活中发挥某种重要的功能。在目前的语境中，我们可以搁置一种文学意义，它可以称为象征意义，但也许，最好别叫这名字，即寓言。通过某种词典的帮助，任一事件或任一系列事件都可以被赋予一种寓意：红十字骑士或绝望沼象征一个如此这般的东西。此处的关系，也许类似于标题音乐中乐曲和歌词之间的关系，既不是引人注意的，也不是全然无关的；或者说，它类似于绘画中基督教图像志的标志和形符。但有趣的是，在日常语境中不是象征符号的事物和事件——黑鹂或旅程——在文学作品的语境中却可以成为象征符号。我们的问题就是追问这是如何发生的，以及这些符号是如何被识别和阐释的。

实质基础的概念，很容易为人所接受；诚如旗帜或十字架成为一个国家或一种文化中的象征符号，因此作品世界中的一个对象也能成为象征符号，前提是它在人物的生活和命运中，或者在说话人的心理过程中起着重要的因果作用。事实上，有两种明显不同的途径，可使一个对象成为象征性的——要么作为一个戏剧意义上的主要道具，要么作为一个重复意象。

第一种情况大致是这样的。假设任何一个对象，如一座桥、一扇门、一只动物等，在叙事中的关键时刻不止一次出现，从而吸引了故事中人物的注意，并对他们产生影响，使得他们想起了其他事物。这样，它就有了象征意义。在霍桑的小说中，“红字”在最高潮的场景中处于视觉的中心；它是一颗“无价的明珠”和一个“燃烧的烙印”；而且它会引起羞愧、骄傲和孤独。因此，它可以表现小说占主导地位
406 的主题。在弗吉尼亚·伍尔芙的《到灯塔去》中，至少有六件艺术品

对这个故事很重要：卡迈克尔的诗、莉莉·布里斯柯的画、法式焖牛肉、萝丝的小零碎、庞斯富特先生的风格，以及拉姆齐夫人本人；我们可以说，艺术本身在这一语境下具有了象征意义。针对“野鸭”“白鲸”“建筑大师的塔楼”“樱桃园”、布莱克的“羔羊”、叶芝的“玫瑰”，以及近年来为作家们提供了众多象征素材的“群山”和“登山”，我们也可以提出类似观点。杰克·赫纳的圣诞派是一个有限个例；它只出现一次，但它是主要道具，因此是所有行动的焦点。

还有第二种情况，可使文学作品成为象征性的。假设有一个对象X，它的各种特征，是由贯穿整部作品的许多隐喻归属式中的修饰语所指谓的。换言之，假设同一个对象，或同一组相关对象，在多个隐喻中出现，那么我们可以说，这一系列隐喻已经建构了一个象征符号。我不知道我们能否针对《有一个弯曲的人》说同样的话，虽然一旦我们有了一个弯曲的人、一条弯曲的小路、一枚弯曲的六便士硬币以及一段弯曲的台阶，弯曲这个意象便趋于成为象征性的。问题是，“弯曲”在这些不同字行中的隐喻意义，往往天差地别。但是，当我们从《李尔王》《麦克白》或者《安东尼和克利奥帕特拉》中觅得重复的意象群，无论是天文的、动物的还是其他的，我认为我们此时可以说，重复性不是通过戏剧的行动，而是通过语言的肌质而创造了象征符号。而当我们在艾伦·泰特《小男孩之死》中看到“如大海般可怖”“摇摇欲坠的房间”“被撕成两半”“船骸上的白色桅杆”“为谵妄所困扰的挪威悬崖”和“腐烂的轻舟”等诸如此类的隐喻短语，我们可以说，在这首诗中，失事的船只是一个中心符号，尽管它从未被命名。

那么，针对这只黑鹂，我们该说什么呢？首先，他是一个在这首诗的十三段中都出现的对象，而对他的这种反复提及，表明他是最值得注意的，换言之，他是一个象征符号。但如果他是一个象征符号，他就必须象征**某种东西**。这就是困难之所在。在第六阕中，由于其飞掠而过的身影，他可能是死亡的象征，但这似乎与第四阕不相符；在第一阕中，他可能是警觉的象征，但这与第三阕不相符；在第八阕，以及在第四阕，他可能是邪恶的象征，但这又与第三阕或第二阕不相符。事实上，在整首诗中，似乎没有任何他可以象征的东西，特别是，如果我们把缺失的诗阕包括在内的话；换句话说，我们找不到明确的主题。然而，存在一个对于象征意义的**主张**，而这首诗不断地游移在它的边缘；换言之，可能的主题刚被暗示，便又被撤销。这首诗的奥秘，似乎就在于它把玩这些可能性的方式。

我丝毫不愿对这首诗采取独断的态度，因为它是一个著名的谜
407 题。某种东西被忽略的可能性，总是存在的，尽管有时你除了告诉别人你自己没有发现它以外，你并没有办法确定，他们是否发现了它。它之所以是一个富于启发性的例子，恰恰是因为它具有临界性，而在我们此处所关心的方面，它绝不是独一无二的；不计其数的现代诗歌，以及一些小说——例如卡夫卡的《在流放地》——都给人同样的感觉，即它们具有深奥而丰富的象征意义，但它们并不象征任何特定的东西，或至少是任何你可以用不同措辞而表达的东西。

在这一点上，我们最好尝试汇总这一关于符号和主题的复杂性的初步讨论所提供的种种线索。一个对象之所以在文学作品中成为象征性的，是因为它要么被确立为说话人异常关注的焦点，要么被确立为作品世界中另一个人物异常注意的焦点。它所象征的，是一组特征，这些特征是它所体现或引起的，并且通过行动或言语肌质而脱颖而出。在一部小说的进程中，它可能会积累象征意义。在一些情况下，我们并不能发现对象象征了什么，尽管我们可以看出，存在一种对于象征地位的主张；也许，它应该被称为**准象征符号**。在其他情况下，

我们至少可以发现它的一些象征意义:《武器与人》中的奶油巧克力，表明了步隆奇利的务实性；建筑大师的塔楼，表明了他自我毁灭的野心和傲慢。但是，一旦一个对象被确立为象征符号，它就会具有一种特殊的厚度和干扰性；被认为是重中之重的中心意义，会逐渐被遮蔽，越来越朦胧，越来越遥远。我们永远都无法确切地说，它的阐释该止于何处；我们觉得，我们探寻得越多，可能发现的也就越多。诚然，在某一点上，我们不再说，象征符号在其语境中有什么意义，而是在探索它的一般可能性；然而，我们不能指望能够毫厘不爽地标明这一点。在任何情况下，符号的中心意义，通常都是包含于作品的主题之中。

前一章中所讨论的启示论，似乎值得推广至文学，但之所以如此，主要是由于文学的主题层面。当作品所突显的一般特征——譬如人类抱负中的虚荣心——也可以在生活中找到，尽管很少有如此清晰和纯粹的形式，人们对这一事实的描述，自然是作品“启示”了人类的虚荣心。这犹如对着自然举起镜子，或者用扫描仪扫描人类的愚蠢行为。不是说，启示仅限于主题，题材在其他方面也可能是启示性的，比如我们说，汤姆·琼斯忠实于人性，或者说，艾伦·帕顿《哭泣的大地》准确地描绘了南非民生的某些方面。

在这些例子中，我们所谈论的，不是述谓，而是特征的匹配。“启示”或属于“呈现为”（“忠实于”）的言语模式，或属于“表明”（“符合于”）的言语模式。“这部小说启示了人类抱负中的虚荣心”是一个极其含混的语句，我们要先区分它的两种意义，然后才能判断它的真 408
确性。从一种意义上讲，它把一个命题归于这部小说，其也许等同于“这部小说表明，人类的抱负有时是虚荣的。”从另一种意义上讲，它将一个主题归于这部小说，其也许等同于“这部小说呈现了虚荣的抱负”，也就是说，它陈述了一个关于虚荣的人类抱负的例子，读者可以思考之，并以自己的经历来相比较。也许，文学中关于启示的陈述，大多是从后一种意义上理解的。这一区分也许可以通过以下问题进一步加强：一部文学作品，其人物、场景或主题也许忠实于人性或人生，但是否也有可能失实于它们呢？一个述谓，即一切皆虚荣，是真的或假的；将其称为真的或假的，是行得通的。但是，一部文学作品所例示的某种人性特征，却是不一样的情况；如果它也能从真实的人身上找到，我们就可以说它忠实于人性；如果不能，它却不是失实于人性，而只是一种新的虚构。

因此，从这个意义上看，文学是一种启示，或可以是一种启示；正如一个古老的批评传统所声明的那样，文学所展现的一些共相，与我们发现的关于我们自身的共相，是相同的，只是它们更加强烈而已。正如人们经常所说的那样，烈火骑士何斯佰(Hotspur)的急性子、哈姆雷特的自我反省、福斯塔夫不抱幻想的现实主义，都是高于生活的——尽管这不是它们唯一重要的地方。但是，如果人性中存在福斯塔夫式的或伊万·卡拉马佐夫式的倾向，那么，证明这一点的，并不是文学本身。既然“启示”这一术语如此轻易地滑入某种述谓理论，我认为不应推荐使用它。

论题

我们此时必须转向本节的第二个主要问题。大多数文学作品都有一个主题，这似乎是不言而喻的，但不能由此推断，它们都有一个论题——换言之，这并不意味着，它们可以部分地或作为一个整体而被合理地称为真的或假的。

让我们先盘点文学中所能发现的述谓，或表面述谓。一部小说中出现的语句和分句，可以分两大类。A 类是由报告故事的情境、物体和事件的语句组成。B类则是由一些这样的语句，如果有的话，所组成，在其中，叙述者以某种方式做出概括，或对情境予以反思。因此，我们无妨说，这部作品中的显性述谓，要么是报告（A类），要么是反思（B类）；要么像“拿破仑关于波罗底诺战役的军队部署的详细指令，没有一条付诸实施”，要么像“个别国王或将军的意志对历史进程没有任何影响”。毫无疑问，这种区分不可能毫厘不失，但是，它用处极大。当一部文学作品，诸如《战争与和平》，具有某种显性哲学，它将是以B类述谓的形式而提出的。

但除了作品中的显性述谓，还存在隐性述谓，其也可分为两类。C类述谓，是通过阐析而从A类述谓中推导出来的；它们是隐性报告。D类述谓，是通过阐释而从A类述谓中推导出来的：它们是隐性反思。 409

这个分类是初步的；它并不能证明任何东西。它不能回答我们的问题，但有助于我们将问题分解成若干方便处理的部分。假设这四类之中，我们在文学中找到了每一类的例子，那么我们可以将问题表述如下：任何可真可假的东西，都可以说具有真值——在我们知道它具有两种可能真值中的哪一种之前，我们就可能知道它具有真值。桌椅没有真值，述谓则有之。那么，在文学中的四类表面述谓中，哪一类真正具有真值呢？

让我们先考察报告类，隐性的和显性的。显性报告的载体是关于事物和事件的陈述句，这些语句构成了任何一部小说作品的主体。在我看来，只要我们愿意，我们可以将其中一些语句称为真的或假的，尽管我们可能不这么做。例如，德米特里·梅里科夫斯基《达·芬奇的罗曼史》是这样开头的：“在佛罗伦萨，染工公会的仓库与圣弥额尔教堂毗邻。”这很有可能是15世纪佛罗伦萨的真实情况；它可能是一个历史记载的开端。薇拉·凯瑟《大主教之死》的开头是这样子的：

“1848 年的一个夏夜，来自美国的三名枢机主教和一名传道大主教在俯瞰罗马城的萨宾山中一座别墅的花园里共进晚餐。”就其本身而言，这是一个清晰明了的陈述，可能是一部传记的开篇，尽管它很可能是虚构的。这些语句可以从它们的语境中提取出来，并且，从原则上讲，是可予以验证的，尽管在实践中并非如此，或者，也许难度极大。在这里，我并不认为所有的述谓在原则上都是可以证实的，但是，任何原则上可以证实的东西，当然都是一个述谓。

构成小说中显性报告的其他语句，具有一个特殊的特征：它们包含对于不存在的人、物或地点的指涉。一部小说是关于梅什金公爵或哈克贝利·费恩，香格里拉或约克纳帕塔法郡，慧骃马或火星绿人。一个关于哈克贝利·费恩或火星绿人的语句是令人费解的，因为，尽管它是关于某人的，它却又不是关于任何人的。有代词而没有先行词的语句，也是如此。让我们达成共识，即“当我考虑我的光明是如何耗尽的”暗示说话人是失明者；但说话人也是一个虚构的人物——除非我们认为代词“我”指代弥尔顿。这样一来，这个暗含便具有一个真值，因为它是真确的。在第五章（§15）中，我们已经清楚，这为何是不合理的。

让我们用“虚构语句”这一简略式，来表示“包含对于虚构的人、
410 物或地点的指涉的语句”。或者，如果“指涉”一词具有误导性，那么我们可以说，虚构语句是一个这样的语句，它包含一个并不指称任何东西的专名，或代词，或描述性的短语——譬如诺曼·道格拉斯《南风》中的“洛克里农牧神像”（Locri faun）。并不是说，小说中的所有语句都是虚构语句，但是我们的问题现在只涉及这些语句。它们具有某种真值吗？换言之，它们是述谓句吗？对于这个问题，似乎存在三种主要观点。

虚构语句的分析

第一种观点是最不哲学的：它认为虚构语句都是真确的——但，它们当然是在一种奇怪的匹克威克式的意义上如此。我称其为可能性理论（Possibility Theory）。这种理论认为，“乔治·F. 巴比特”和“齐尼思”这两个名字，如果要有意义，就必须指涉某种东西，而且，由于巴比特和齐尼思并不存在于时空之中，它们必须在某种其他意义上存在；它们的“存在模式”是作为一种“可能性”，而不是作为一种现实性；它们是另一个世界中存在的永恒理念。关于它们的语句，对于那个世界来说是真实的，尽管对于我们的世界来说，并非如此。

一个虚构现实的王国，在其中，所有主要人物永恒地自娱自乐，这一概念背后的动机，也许值得仔细研究。也许存在一种孩子气的恐惧，即一个人幻想中的最亲密的朋友，诸如三个火枪手、游牧男孩和艾凡赫，一旦被剥夺其现实性，即使是这一理论所提供的那种相当薄弱的现实性，就会失去他们的一些价值。

针对可能性理论，存在着两种主要的反对意见。首先，它实际上并没有回答它所应该回答的问题，因为它对“真确”一词的使用完全改变了主题。如果断言“保罗爱着弗朗切斯卡”是真确的，因为在一个可能世界里，存在着一个人名叫保罗，而另一个人名叫弗朗切斯卡的可能性，而且还存在着另一种可能性，即他们彼此相爱这，那么，这不过是以一种迂回的方式来断定这一语句在逻辑上不是自相矛盾的。但是，每一个经验性陈述，包括虚假的陈述，都是如此。在完全相同的意义上，“联合国是一个世界政府”代表了一种可能性，而且是许多人所希望的一种可能性，但它恰恰是假的。因此，一旦我们澄清了可能性理论，它根本不是理论；《神曲·地狱篇》中保罗和弗朗切斯卡的故事，是否在一般的意义上具有真值，这一问题仍然是悬而未决的。

其次，如果这种理论是相关的，其要求则会是复杂而无望的。这是因为，要构建一个充分的虚构现实，我们理应要提供我们自身世界的对应物。在这个虚构现实中，18 世纪的法国和 20 世纪的法国，将不得不与埃格敦荒野、格劳斯塔克、埃瑞璜理想乡、奥克弗诺基沼泽和永无乡永恒共存。它将不得不容纳《失乐园》的宇宙学和《爱丽丝
411 梦游仙境》中的化学。它难免自相矛盾，因此，除了所有的“可能者”，它也将包含许多的不可能者，而这将使它拥挤不堪。

第二种观点，我称之为虚构语句的证伪理论（Falsity Theory）。这种理论认为，虚构语句之所以具有真值，只不过是因为它们是假的。为弄清楚这一理论，我们理应再次考察虚构语句的诸类型。其中一些类型的虚拟语句将限定摹状词（definite description）作为它们的（语法）主语和宾语：“来自旧金山的绅士”（伊凡 · 蒲宁），“穿布克兄弟衬衫的男人”（玛丽 · 麦卡锡），“曾叫星期四的男人”（G.K. 切斯特顿）。其他类型的虚拟语句，则包含专名或代词。代词很容易被认为是专名的替代者。但是，根据一种专名观，除非专名命名了某种东西，否则它没有意义，因此，如果一个语句包含一个并不命名任何东西的专名，它就没有任何意义。有人已经表明，[1] 这一学说导致了不可接受的后果；根据这种学说，我们甚至不能说，“约克纳帕塔法郡并不存在”，或者“约克纳帕塔法郡这样的地方并不存在”等确定为真的话。如果我们这么说，我们要么陷入自相矛盾的境地，如果它恰好存在，要么是在胡言乱语，如果它并不存在。我们甚至不能合理地询问它是否存在。我们似乎必须说，即使专名没有指称对象，它们也确实具有

1 比方说，威拉德 · V. 蒯因；参见附注 22-F。

意义。但是，它们如何可能具有意义？

一个非常合理的说法[1]是，专名应被视为限定摹状词的缩略式。"叫我以实玛利，"《白鲸》的叙述者一开始如此言曰，于是，后来出现的"以实玛利"这个名字或"我"这个代词，便可能被视为"十二月一个星期六晚上从曼哈顿抵达新贝德福德港口的水手"的缩略式，从而指称故事中的第一个事件。故事中的专名，是在一个持续性的叙事中出现，并且，它们一般是伴随着一些关于被命名之人或其出现于其中的事件的事实而出现的，所以，你可以把你所了解的关于此人的第一点作为一种身份认定。

这种观点有着诸多难解谜题，其中一些过于幽微，而无法在这里充分处理之。一个专名的设计是为了提供一个绝对独一无二的指称意义；两个人可以有相同的名字，但是，它之所以是一个名字，而不是"男人"或"水手"这样的全称用语，是因为在每个使用语境中，它都指称一个人且只有一个人。如果一个限定摹状词要被视为一个专名的充分替代词，它必须是充足的，以确保同样独一无二的指称意义。而文学描述是否是独特的，则值得怀疑。以实玛利说，他的旅程发生于"几年前——甭管确切是多久以前"，这样，他使得我们无从知道，他的故事开始时，十二月是什么样子的。此外，如果"以实玛利"等同于某种限定摹状词，那么，在不是胡言乱语的情况下，我们必须在书中的每 412
一个地方，都能找到一个可以替代"以实玛利"和"我"的摹状词。

假设虚构的名字可以简约为限定摹状词；接下来的问题就是，如何逐一分析这些摹状词。经典分析法，[2]也就是摹状词理论，认为一个限定摹状词在逻辑上蕴涵它所描述的一个独一无二的对象的存在。

1　蒯因提出的说法；参见附注 22-F。

2　伯特兰·罗素所做的分析；参见附注 22-F。

“来自旧金山的绅士死了”蕴涵有且只有一个绅士来自旧金山。“洛克里农牧神像是伪造的”蕴涵有且只有一个洛克里农牧神像。既然洛克里农牧神事实上并不存在，而来自旧金山的绅士不止一个——虽然可能没有人恰好做过那短篇小说中的绅士所做过的事——这两个语句都蕴涵假陈述，因此其本身也是假的。如此一来，根据证伪理论，所有虚构语句——包括小说中的大部分语句——无非都是假的，因为它们蕴涵某些并不存在的人、物和地点的存在。

但是，证伪理论有着一些奇怪的和令人不安的后果，[1]因而似乎不能很好地说明我们在谈论不存在的东西时所表达的真实意思。我将只提及一个后果，然而它是很关键的。根据证伪理论，每一个包含“洛克里农牧神像”的语句都是假的：“洛克里农牧神像是一个伪造品”这一语句，以及“洛克里农牧神像不是一个伪造品”这一语句。在日常语言中，我们当然会将这些语句视为矛盾式。在迈克尔·英尼斯的一部侦探小说中，一个人物自称拥有洛克里农牧神像。假设他确实拥有一尊雕像，而有人询问，这尊雕像是否是真品，即它是否真的是洛克里农牧神像。正确的回答并不是：将它称为真品是假的，而否认它是真品也是假的。相反，我们理应说：关于其真伪的问题，并不会出现，因为世上本无洛克里农牧神像。当然，在许多小说作品中，尤其是在历史小说中，当然都存在一些假语句；但认为虚构语句是假的，这可能是一个错误。我们毋宁说，它们不真也不假。

第三种观点，我姑且称之为虚构语句的非述谓理论（Nonpredication Theory）。[2]简而言之，它认为，虚构语句并不真正做出述谓判断，因为它们这样做的能力，是假定了某种不存在的东西的存在。根据非

1 这些后果主要是由 P. F. 斯特劳森指出的；参见附注 22-F。

2 P. F. 斯特劳森对这种观点予以了最好的阐发和辩护，但形式上略有不同；参见附注 22-F。

述谓理论，“洛克里农牧神像是一个伪造品”并不是蕴涵，而是预设了，有且只有一个洛克里农牧神像存在。若句子 S_1 仅当另一个句子 S_2 为真时，才可能是真的或假的，则前者预设了后者；但注意，S_2 为真，并不能使 S_1 为真；它只是给予了 S_1 真值。如果法国没有迪涅这 413
样的村庄，那么《悲惨世界》第一部分的语句就没有任何真值。因此，根据这一观点，虚构语句并不是陈述。这不会使得它们是无意义的，因为我们能够很好地理解它们，而且我们知道，如果它们要成为陈述，就必须具备什么条件。但是，它们不是述谓。

非述谓理论从未被予以充分的阐发，但它似乎是这三种观点中最有前景的。然而，它也不是完全没有困难，或至少麻烦。举例而言，它可以说夸大了一个区分，这一区分，即使势所必至，在文学的实际语境之中，似乎也不是明显的和重要的。故事可能是这样开始的：“很久很久以前，美国有一位大胖子首相。”或者，它可能是这样开始的：“美国的首相挤过办公室的门口时，对他的秘书们道了一声早安”。根据非述谓理论，如果美国宪法永远不变，第一个语句是假的，而第二个语句则不真也不假。现在，在这二者之间，确实存在一个有趣的文学差异，而且，可以说，这是“朴素的”和“复杂的”的虚构叙事之间的差异；[1] 前者有更多的假语句，或者把这些语句放在关键的位置，而后者有更多既不真也不假的语句。《无名的裘德》开头是这样子的：“校长要离开村子了，每个人似乎都很难过。”这是复杂的类型。另一方面，亨利·格林的《爱》是这样开始的：“有一天，一个叫埃尔登的老管家躺在他的房间里，奄奄一息，女佣领班阿加莎·伯奇小姐在照料着他。”这是朴素的类型，或至少是一种高度复杂的朴素类型。但

1　斯特劳森也提出了这一点。

是，非述谓理论也许是正确的：风格差异的关键，在于一个这样的事实，即在一个类型中公开蕴涵的存在主张，在另一种类型中通过预设而予以暗示。

反思性述谓

因此，要概括我们针对小说中的报告类语句所做出的初步结论，我们可以说，其中有一些是述谓式判断，有一些——也许是大多数——则不是。因此，我们理应考察文学的反思性因素。我认为，显性的反思类语句未必给我们带来麻烦。托尔斯泰的历史哲学，乔叟笔下兜售赎罪券的教士所提出的观点，即“贪财乃万恶之源”，以及伊索寓言故事的寓意，如“弱者也能帮助强者”（《狮子和老鼠》）、“萝卜白菜，各有所爱”（《驴和蚱蜢》）、“说谎者讲真话也没人相信”（《牧童与
414 狼》）等，都是深植于作品自身之中的作品阐释；它们不是虚构语句，而是总括，因而可以明显是真的或假的，尽管它们较为模糊。

一个棘手的问题是，文学作品中是否存在隐性的反思性述谓。如果存在，我们如何解读它们。当然，这个问题与绘画和音乐的命题理论的问题极为相似。但是，这是一个不同的问题，而且是一个逻辑上独立的问题，因为此处的载体是语言，而很有可能，一篇语篇能够做出隐性的述谓，而一幅图画则不能。

让我们先弄清楚，该如何理解这些隐性的反思，然后再找找这种观点中可能存在的致命缺陷。正如我们在第三章（§9）中所看到的那样，在一个做出暗示或陈述的语句中，存在着隐性的述谓；或者，再一次，当两个语句或分句并置，以暗示它们之间的某种因果关系，这时，也存在着这种隐性述谓。被暗示的，或者被隐而不显地断定的东西，是说话人自称所持的对于他所描述的情境的信念，但他这么说的

时候，只有寥寥数语。因此，在更广泛的范围内，一部小说的叙述者可能会以某种方式，也就是以某种秩序和某种风格来讲述某些事件，以表明他在对它们下判断：从这些事件中读出某种普遍性意义，或者对它们的行动者予以某种评价。这样，一部文学作品的论题，或者教义内容，就是据说存在于戏剧说话人之内心的所有信念的集合。而对这一内容进行阐释的问题，就是确定报告暗含了什么反思的问题。

在我看来，这是对于文学批评家通常所持观点的公正阐述，虽然他们的表述可能并不完全一样。让我们先考察它可能会遭受的一些异议。

首先，有人可能会反对说，一部文学作品中的隐性反思，不能被理解为说话人心中未言明的信念。因为在一些小说中，诸如尤多拉·韦尔蒂的《为什么我住在警察局》、约翰·P. 马昆德的《波士顿故事》、阿尔贝·加缪的《堕落》、勃朗宁的《指环与书》以及辛克莱·刘易斯的《认识柯立芝的人》，故事是某人从第一人称讲述的，而讲述者在讲述的行为中，暴露了自身的局限性和能力欠缺。作品的总体态度，亦即基本观点，延伸并超越了讲述者心灵中的信念，甚至与之相悖。简而言之，作品的论题是通过反讽方式而呈现的。

这里确实存在一个难解的谜题。而它也不严格局限于我所举的极端例子，因为，在汗牛充栋的以第一人称讲述的文学作品中，读者可能知道说话人的某个方面，而这方面是说话人自己不知道的，或者可能知道正在发生的事件的某个方面，而这方面是说话人无法理解的——正如一个儿童讲述悲剧事件时，并不能意识到它们的悲剧性。但在这里，我认为我们必须坚持一些区分。有几个问题。对于正在发生的事情，我们能否比说话人知道得更多？能，我们能够基于事实而提供说话人并没有做出的推论；我们能够比他更深入地阐析这些推 415

论。我们能否从作品中发现说话人并没有做出的反思吗？一般不能，因为我们对故事的事件所做的任何反思，都不能自动地说成是作品所包含的反思。杰克和吉尔的故事，[1] 可能是对愚行——他们理应知道水总往山下流，却偏要上山取水——的警告，但我不能说，这真的存在于歌谣之中，正如我不能苟同批评家托马斯·里默的观点，即《奥赛罗》的一个告诫是"年轻女士应管好她们的亚麻布"。不过，有一例外。一个说话人陈述或暗示某种反思，这是可能的，但他是通过如此这般的方式——通过暴露他本人的愚蠢或者一厢情愿的倾向——这因而表明，他的反思很可能是错误的；这样，有效的述谓，就是反思的对立面，而这种有效的述谓，则是作品的真正反思。因此，我们可以说，作品的隐性反思，要么是说话人自称相信的述谓，要么是被反讽地暗示的其所谓信念的对立面。

第二个异议可能是，人们没有办法知道一部作品的隐性述谓是什么，或者，一旦出现分歧，并没有解决的方法。首先，考察一下简单的案例。伊索寓言总是以某种寓意结尾。寓意和寓言之间的关系是什么？例如，喊"狼来了"的男孩的故事，诠释（例示）了说谎者即使讲真话也没人相信的泛论。当然，它并不能证明这一泛论，因为那需要不止一个实例，而事实上，这一泛论并不完全是真确的。另一方面，这则寓言是一个例子，它不只适用于一种可能泛论，如：即使说谎的牧童讲真话，也没人相信他。假设有人讲述这则寓言而不言明这一寓意，我们自己能够说出它的寓意是什么吗？也就是说，我们可以阐释它的论题吗？也许可以，如果我们被允许沿用某种方法的话。首先，

---

1 指经典英文童谣《杰克和吉尔》（Jack and Jill），大意是杰克和吉尔到山上提水，杰克摔倒了，摔破了头，吉尔在后面也翻着跟头摔下来。这首童谣的起源不甚清楚，但一般认为杰克和吉尔暗指 18 世纪"邪恶的"国王路易十六国王和王后玛丽。——译注

我们要知道，这是一个寓言，或寓言故事；换言之，故事要以某种方式告诉我们，它应予以阐释，或者被赋予一个一般性的论题。其次，我们要试图想出最一般的论题，其具有合理性，并且可以通过反思寓言的诸事件而向某人暗示之。假设这种方法——我们可以称之为寓言阐释法——是正确的，即使没有道德标签，我们也可能针对伊索的“意义”而达成共识。

这种方法的第一步，也许不会引起无法解决的问题。作品本身必须表明，它是要予以阐释的；它必须暗示，说话人为自己所说的话归结出了某种意义，或者至高的重要性。在某种程度上，这仅仅是通过语气严肃的言语来实现的。以谚语为例。我们知道“一针及时，可省九针”的谚语，但是，我们如何知道这一针——或者省下的一便士，或
滚石，或空桶——是某个一般性观念[1]的一个实例，即说话人不只是 416
在谈论针线活，而且是在谈论机缘和远见？也许，我们所以知之，是因为这句话本身是如此琐碎，如此缺乏内在的趣味性；因为它似乎无关乎我们也许正在考虑人寿保险而不是缝补孩子们的衣服的情境；因为它的语调语气表明这番话有着一定的分量和重要性，这分量和重要性，是我们必须在它的一般意义，而不是在它的特殊意义中发现的。就像在绘画的阐释中那样，突显性原则在这里也适用。这一针，从某种意义上讲，已经成为象征性的。

寓言也是如此。作为一个故事，它仅仅具有最基本的情节和人物要素，加上某种宽泛的戏剧性反讽。它要么是反思性的述谓，要么什么都不是。但假设我们有一篇短篇故事，或一部小说，其具有内在的趣味性和复杂性；它越展开，就越不要求被赋予一个隐性命题。而为

1　这一谚语（A stitch in time saves nine）常意译为“小洞不补，大洞受苦”，表达的是类似于“防微杜渐”的普遍观念。——译注

了维系其形成一个隐性论题的能力，它必须以其他方式暗示，说话人已对事件进行了反思，并从中发现了一种对于人类的一般训诫。

要发现文学如何做到这一点并不容易。如果我们假设，虽然我认为没有理由这样做，每一部文学作品都有一个论题，那么，除非我们能够提供一个论题，否则我们不会认为我们已经读懂了它；如果我们满足于泛泛而谈的陈词滥调，这是容易做到的。我们可以说，那首黑鹂诗断言**一切事物皆有多面性**；但是，当我们言毕，我们可能会想，这么说有何依据呢？在另一个极端，一部讲述穷人被雇主、房东、商店、政客和警察长期压榨剥削的长篇小说，难免是一个关于社会关系的述谓，即使叙述者没有做出明确的概括；因为，若没有文体学的或其他的证据表明叙述者是愚蠢的、冷漠的或邪恶的，我们难免会推论说，在叙述者眼里，他所描述的事件是不公正的。然而，即使在这里，我们的阐释也只能是极为含糊而初步的，述谓越被认为是不具体的和不清晰的，阐释就越有可能是正确的。

但假设我们发现一部作品有不相容的阐释，我们如何知道哪一种阐释是正确的？阿瑟·米勒的《都是我的儿子》被视为反资本主义宣传而受到抨击，理由是，通过让父亲成为有缺陷的飞机引擎的制造商，它暗示所有的或大多数的制造商都是奸商。对此，米勒后来回应说：通过让克里斯·凯勒对父亲的错误耿耿于怀，这部小说暗示的是，这种罪恶在资本家中实际上是不常见的。要充分揭示和讨论此处所假定的阐释原则，将是错综复杂的。注意，如果我们遵循如下原则，即一部戏剧中，A 和 B 的每一种结合（公爵夫人玩扑克，楼上的女佣吸毒）都做出了一个隐性述谓（所有公爵夫人都玩扑克，所有楼上女佣
417 都吸毒），那么每一部戏剧都将充满隐性述谓。这个原则是荒诞不经的。也许，《都是我的儿子》根本不包含任何关于资本主义的述谓，无

论是支持还是反对，尽管它确实包含某些关于人类对于同胞的责任的述谓。

存在一个较弱意义上的阐释原则，它有时被予以采用，且更有正当性。如果期待一部戏剧的反思性述谓在形式上总是普遍性的，这可能过犹不及。但假设有一个普遍性的否定性陈述是广为信奉的，诸如“黑人成不了一流的外科医生”，或者“不同宗教背景的人通婚，永远都不可能幸福”。在这种情况下，仅仅提出一个反例——其中的人物和情境是三维的和发展的——就可能具有述谓的力量。一部戏剧，如果是关于一名伟大的黑人外科医生，或者一位长老会信徒和一位犹太人的幸福婚姻，则近乎是对于盛行的信仰的一种隐性否定。这未必暗示一部文学作品总是对它所投射的东西的可能性进行述谓，而只是暗示：当它的可能性被置于某些背景下，它就是述谓性的。我并不认为这些想象的戏剧是述谓，除非它们包含的一些人物质疑或强烈反对黑人的医学教育，或不同宗教信仰者之间的通婚。

举另一个例子。每个高中生都在老师的指导下学习罗伯特·弗罗斯特的诗歌，而他通常被要求从中寻找精神上的慰藉、强悍的新罕布什尔个人主义，以及新英格兰精神。但是，在伊沃·温特斯看来，弗罗斯特诗歌实际上的隐性反思式述谓是截然不同的。因为说话人认为：

> 冲动是可靠的，而理性是可鄙的；影响个人成长的决定，应是随性地、被动地做出的；个体应退出与同类的合作行动，之所以退出，不应是为了从事智识活动，而是为了保护自己不受外界影响的污染；离群索居，则无为而无不为；善念与恶念，无须过于执着。[1]

1　参见伊沃·温特斯《罗伯特·弗罗斯特：或曰诗人的精神漂泊者》（“Robert Frost: or, the Spiritual Drifter as Poet,” *Sewanee Review*, LVI [1948]: 564–596）一文，第586—587页。

存在人们赋予诗歌的诸多义理，但同样要注意方法。温特斯的假设是：弗罗斯特的所有诗歌有着同一个戏剧说话人，因此将它们放在一起，以构成一种单一的哲学，这是合法的。这就是控诉的力量之所在。另一方面，在这些述谓中，有一些存在于很多诗歌之中，也许只是隐隐约约的，尽管有时与完全相反的论题形成反讽。

这最后一个例子，带出了我们必须牢记的最后一点。作品的说话人，也许看起来是抱着不同程度的信心而相信其反思的，从深信不疑
418 到单纯的推测，即它相对可能性更高。因此，作品中的反思性述谓具有不同程度的可称为*述谓权重*（predicative weight）的东西。无论一首诗或一篇故事是否具有定义清晰的论题，在它的背景之中，可能暗藏着某些对于情景的模糊概括或判断，它们在说话人的内心似乎停留在悬而未决的状态，而批评家的部分阐释任务，就是找出它们，并帮助其他人注意到它们。但始终牢记它们的权重，这是重要的；即使为了确保拥有它们，我们必须暂时让它们变得更清晰和更明显，但是，当我们再次转向作品，我们也许不得不努力去回忆起它们，因为它们隐藏在暗处，而不是处于舞台的中央。当我们谈到那些越来越含蓄的概括或判断，我们无法划出一条清晰的界线，在这里，述谓戛然而止，说话人只是提供了两个供省察的主题，而没有指出它们之间的关系。但是，有时我们可以说，我们可能注意到了大多数具有极高的述谓权重的述谓，亦即在我们对作品本身的复杂反应中最有可能发挥重要作用的那些述谓。

§23　信念的问题

在我们讲故事的时候，我们是在做什么？我在这里所说的“故

事”，不仅仅是指一系列真实事件的关系，诸如“我的人生故事”，也不是我们为本应做某事而没有做而找到的一个借口。这个问题的另一种提法是：虚构类文学作品（fiction）和非虚构类文学作品（nonfiction）有什么区别？

针对这个问题，最幼稚的回答无非是：虚构作品为假，而非虚构作品为真。但是，这当然是站不住脚的。图书馆非虚构类作品的书架上，有很多书籍便包含虚假陈述，事实上，有些书可能全是虚假的；而许多虚构类作品所包含的地理或历史知识，则是真实的。

第二种回答是，虚构类作品由虚构陈述组成，或至少包含虚构陈述，即这一术语在前一节被界定时所采用的意义上的陈述，也就是由于指称不存在的事物而不分真假的陈述。但是，这个回答也是站不住脚的。这是因为，首先，正如我们所看到的那样，许多虚构类作品并不完全是由虚构陈述组成；其次，如果要杜撰一部关于某个真实人物的虚构类作品，使其不包含任何虚构陈述而只包含虚假陈述，这是可能的。

还有第三种回答，可能有几种版本。它本质上在于试图将虚构作品的报告类语句转化为其他语法形式——在于宣称，虽然这些语句看似是陈述句，但它们实际上是祈使句，或者是其他某种伪装的语句，即伪陈述句。也许，一部小说中的语句应被理解为心照不宣地从一个 419
祈使式短语开始，因而《三个火枪手》的开场白应是：“假设（或者，让我们假装）一六二六年四月的头一个星期一，一个年轻人驱马进入了默恩镇。”或者，小说中的陈述句也许应被理解为凝缩成它的指称成分，这一成分的要义可以用一个分词短语来表达：“那年那时的我”，而不是“你可以从我身上看到那年那时”。考察这两个版本。而在我看来，我们也无须长时间考察它们，因为我们似乎没有很好的理由将这些陈述句当成伪装的其他东西。人们当然是在以一种特殊的方式使用它们，但它们仍然是陈述句。

第四种回答[1]是：虚构作品和非虚构作品之间的区别，根本不是语篇本身中的区别，而是在于读者（或图书管理员）对它所持的态度。如果你对《三个火枪手》开篇第一句话的真假感兴趣，你是把它当作历史；如果你对它的真假不感兴趣，你则是把它当作小说。

诚然，这种观点有一定道理：虚构和非虚构在于不同的态度。或许，如果你意志极其坚强，你可以随心所欲地搁置你对真值的关注；你可以阅读《我的奋斗》《独立宣言》或牛顿的《自然哲学的数学原理》，而丝毫不关心它是真还是假，就像有些人把《圣经》视为"活的文学"，而只沉浸在作品本身的故事进展之中。但我认为，这并不全面。你无须通过忽视一个语篇的真值而使其成为文学，而忽视《自然哲学的数学原理》的真值，并不会使它成为小说。

断言

于是，我们来到第五种、也可能是最令人满意的观点。要表达这一观点，我们首先要在述说（uttering）一句话和断言（asserting）一句话之间做出某种区分。例如，当我引用别人所说的话，我只是念出这句话，但我并不认可它，甚或准备把它批得体无完肤；我提到它，纯粹是为了思考或理解它。然而，当我以如此这般的方式而述说一个语句，以表明我相信它——也就是说，明确表达某种信念，即使我可能是在表达我实际上并不笃定的某种信念（在这种情况下，我是言不由衷的）——并且以如此这般方式让我的听众也相信它，那么，我就是

1 由阿诺德·伊森伯格所提出；参见附注 23-A 中的参考资料。

在断言这句话。在日常会话中，在新闻栏目中，在法律文书中，我们认为语句是断言式的。但是，一部文学意义上的虚构作品，却是一种这样的语篇，在其中，报告类语句并不是断言式的。它们仍有可能是真的或假的——除了那些指称不存在的事物的语句——但是作者并没 420 有宣称它们是真的；他以某种方式表明，他既不相信它们，也不指望我们相信它们。

这样，我在“虚构作品”的客观定义中加入了一项要求，即作者必须使用某种信号表明他并没有下断言，至少在报告的层面上是如此。他无须明确表示，“与在者或逝者的任何雷同之处，纯属巧合”。他无须像乔叟的兜售赎罪券者那样指出，他的道具是假的，而他的故事是一种宗教性的兜售说辞。他无须像爱伦·坡写《黑猫》那样开宗明义：“我将要撰写的这个最疯狂而又最平常的叙事，我并不指望，也不企求各位相信”。存在各种为人所熟知的惯例，人们可以通过这些惯例表明语言的虚构用法。作家可以给他的故事贴上“长篇小说”“骑士传奇”“悬疑作品”等标签，或者，像切斯特顿那样，贴上“梦魇”的标签。这些都是撤销故事的断言性的方式，即使它是可信的。但当然，它也有可能是不可信的，即如果我们试图把它看作历史，并索要证据，我们势必碰壁。当一部小说包含对于从未被出声说过的思想的报告，或者他们从未告知的私人谈话，这暗示报告人不可能知道他所描述事情的真实性，这是一种表明他不会为自己所说之话主张真值的方法。如果小说家给他的第一人称叙述者所取的名字，并非其本人的名字，他显然是要将自己从作品中分离出来。同样，叙述者经常丝毫不差地说出故事中的某些要点——比方说，女主人公的发型——但是他闭口不谈其他要点，而这些要点是我们为确定诸事件是否真正发生所需要了解的。这种闪烁其词的做法，表明作者无意去确保读者相信什么。“某人从耶路撒冷南下，到了耶利哥”准确无误地提到了地点，但对日期只字不提。直至《卡拉马佐夫兄弟》接近尾声，叙述者才不经意地透露了一个事实，即他的村庄有一个可笑的名字：斯科托普里贡斯克[1]。这个名字几乎是偶然间提到的，即使隐瞒这个名字，卡拉马佐夫家族的故事，也几乎是无可挑剔的；但是，新闻报道一开始就交代时间和地点，则是非常恰当的。

当然，我们也会看到一些临界个案：《真正的忏悔》中的故事、历史小说、报纸专题故事、笛福的《摩尔·弗兰德斯》，等等。它们是虚构类作品，还是非虚构类作品，都不是十分确定的。但是，我们无须为之困扰；至于绝大多数的叙事，我们能够立即判断它们是否是虚构作品——再一次，这与断定它们是否为真并不是一回事。

因此，在报告层面上，一部虚构文学作品要么由虚构语句组成，要么由非断言式语句组成。让我们称之为虚构文学的非断言理论（Nonassertion Theory）。但这里，一个更严肃、更微妙的问题出现了。我们应如何看待反思层面上的述谓？在这里，存在两种可能性，虽然
421 我们也许无法在它们之间做出最终抉择，但我认为，第二种可能性比第一种更有吸引力。

根据第一种观点，最伟大的虚构文学作品，尽管不是全部，其典型特征正是这种双面性：第一层面由非断言式的显性报告构成，第二层面则由被断言的反思或论题构成。它不只是认为，作品的说话人被认为相信那些反思；这是不言而喻的。它实则认为，这部作品的作者，被认为提出了一些关于人生的一般观点，这些观点是他作为人所持有的，并且希望传授的。这种观点当然是完全一致的，它描述了日常语

1 该词在俄语中意为“容纳牲畜的地方”，故有此用。——译注

言中经常发生的情况，因为你可以以如此这般方式说出一个隐喻性或反讽性语句，使得它虽然在一个层面是非断言式的，在另一个层面却是断言式的。

我们现在所面临的问题，可以表述如下：我们应假设任何述说都是断言式的，除非有迹象表明它不是，还是应假设一个述说不是断言式的，除非有迹象表明它是？在讨论虚构作品的报告层面时，我们试探性地做出了第一个假设，因为我们能够表明，且几乎总能表明，在一部小说中，有某种东西提醒我们，不用对它的报告太较真。但是，如果将第一个假设一般化，可能并不稳妥。有什么能向我们证明，一个人在言说一个语句时，就是在断言某种东西，而一只鹦鹉在用几乎相同的语调语气说出同一个语句时，却不是？在不指望能够做到准确无误，或者不指望能够制定囊括所有个例的规则的情况下，我们也许可以说，在语用学的语境中，肯定存在某种东西，是某种存在于说话人在其境况中的伴随行为之中的东西，它向我们提供独立的证据——也就是，述说之外的证据——由此，使得我们将述说视为一个断言，即说话人相信它，也期待他人相信它。

如果我们能将作为断言性的一个条件的语用学语境这一概念梳理得足够清楚，那么，问题就是这样子的：如果一部小说包含一个隐含论题，那撰写和出版这部小说的行为是否会构成述说的一个充足的语用学语境，从而使得该述说成为一个断言？总体上而言，我认为，否认这点似乎是最好不过的——这是前文所提到的第二种观点。如果我们能允许一位作家假扮华生博士或者波菲利雅的情人，那么我们就能允许他假扮罗马天主教徒、尼采主义者或共产主义者。因此，即使是一部文学作品的反思性述谓，也是非断言性的；从广泛意义上讲，它们是故事的一部分，或者是行为的一部分。

这个结论也许难以理解。如果否认托尔斯泰利用《战争与和平》来宣传他的历史哲学，或者否认陀思妥耶夫斯基希望在《卡拉马佐夫兄弟》中传达他对于俄罗斯和宗教的一些观念，这似乎是奇怪的。但是，要注意其中的区别。我并不否认这些观念存在于作品之中，也不否认它们是真的或假的，并且可以基于好的或坏的理由而被接受或摈
422 弃，我只是否认，将这些观念放进作品的行为，是一种**断言**行为。托尔斯泰的附录当然是一个极为特殊的个例。但在我看来，我们可以从不同方面来看待它。它要么可以作为一个论点而独立存在，与它前面的事件了无关系，这样它就是一个真正独立的语篇，并可能是一种断言；它要么不能独立存在，这样它就是小说的一部分，也就是叙述者心中所思所想的一部分，因而不是断言。

我们也不能否认，托尔斯泰和陀思妥耶夫斯基确实相信这些东西；因为，从他们的其他著作和谈话中，我们发现了大量关于其信仰的独立证据。但是，即使一个作家相信某个述谓，并让它成为一部小说的隐含论题，他也并没有在小说**之中**断言之，虽然他肯定已经在其他地方断言过了，不然我们不可能知道他相信它。

当然，一旦我们对问题的讨论达到这一地步，我们关于小说的断言性的问题，就会出现某种琐碎性。我之所以强调把论题放入作品和断言这些论题这二者之间的区分，是因为人们在讨论这些问题时广泛使用的“真值主张”（truth-claims）这一术语，由于跨越这一区分而造成了麻烦。例如，有些人认为，这些观念不可能存在于其中，因为它们没有被断言，而另一些人认为，它们一定是被断言的，因为它们确实存在于其中。在这一点上，我们也许同意，为了知道一部小说的一个论题是否是作者所相信的，我们必须走出小说本身；而既然关于这一论题是否被相信的发现，对小说中的内容来说是无关紧要的，那么，

它不可能与批评相关。但在这一点上，我们将预料到下一章中所出现的一些问题。

前面讨论的另一个结果，是从一个不同的视角来表达另一种关于文学的普遍观点，即文学是某种形式的“传达”。一般来说，使用这种语言的批评家，都不得不偷换概念；他们坚持认为，诗歌不是一条“讯息”，但尽管如此，它仍然“传达”，而它所传达的，不仅是情感，而且是观念，或至少是形成某种观念的经验。我认为，诸如此类的讨论所不能厘清的核心事实，可以表述如下：作品包含述谓，对诸述谓的观照乃至验证，都能被不同的读者所分享，作者亦能。但是，作品并不是一条“信息”，也不是日常意义上的“传达”，因为它不是一个断言，因此不主张传递任何信息。

读者的信念

这一节的头一个问题，引出了一系列关于文学和信念关系的问题。我们现在必须从这些关于作者的信念的问题，转向关于读者的信念的问题，并探讨一部文学作品的解读在哪些方面，如果有的话，预 423
设了读者的信念，或者取决于读者的信念？

在第三章和第五章中，我们已经注意到某些类型的依存性。要阐述一首诗，我们必须知道其语词的内涵，以及其语句的暗含，而内涵和暗含是通过信念来界定的。要阐析一个故事，以及要把握其情节的统一性，我们必须相信某些一般性的心理学和物理学定律。要阐释主题和论题，我们必须多少了解某些象征物在人类经验中所起的作用，或者人们可能从某些资料中所做出的那种推论。这些是所谓**理解的信念条件**（belief-conditions）的例子。把握文学的隐含元素，这就像人们辨识一幅再现性绘画中的主题一样，是预设了信念的，而看懂绘画的设计或听出音乐的结构，则不预设信念，尽管它可能预设了各种类型的先前经验。

但是，我们现在关心的问题，是一种截然不同的问题：是否不仅存在理解一部文学作品的信念条件，而且还存在欣赏一部文学作品，也就是将它作为好作品而加以体验的信念条件？狭义上，这些条件是否牵涉作品的论题？传统上，这个问题有两种表述方式。第一种是询问，如果一部文学作品有一个论题是错的；换言之，如果它的戏剧说话人持有一种错误的哲学、道德或政治观，它能否是好的（或伟大的）？这是一部文学作品的价值与其真理之间的关系。第二种是询问，一部文学作品能否得到一位读者最充分的欣赏，如果这位读者，不管是对是错，并不相信其中一个论题的话？这是文学作品的价值与其论题的接受之间的关系。

这两个问题当然是迥异的，但它们是相关的，读者的信念越接近于真理，它们就越趋于归化为一。这是在讨论时很难把它们区分开来的原因，但也许将它们区分开来并不是必要的，只要我们别忘了它们的迥异性。

关于这个问题的种种可能观点，并不容易梳理。在分门别类之前，我们也许最好通过一种非系统性的方式来讨论一个简单的例子，由此提醒自己整个问题的散漫性。在《人与超人》中，萧伯纳让笔下的一个人物说道："英国人只要心里感觉不爽，就认为自己是道德的。"这话是诙谐风趣的，让我们假设它的诙谐风趣既是一种文学性特征，也是一种有价值的特征。这样，我们可以询问，诙谐风趣是否以任何方式依赖于这番话的真确性或可信性。我们可以马上给出一个直截了当的回答：作为一个关于英国人的概括，这番话无须先是真确的，然后才能是诙谐风趣的。在这种认为人们可以将不适感和道德混为一谈

的观点中，难道不存在某个笑点吗？但另一方面，如果这番话是针对 424
法国人（人们普遍认为法国人恰恰相反），或者是针对卢旺达-乌隆迪本国人（我们对他们的道德可能一无所知），它还会是这么可笑吗？你可以争辩说，除非我们相信在浓烟滚滚的地方至少有一些火焰，否则我们看不出这番话有什么可笑的。

但更微妙的中间立场也是可能的。并不是**所有**的混淆都是可笑的。也许这番话不是英国人的真实写照，但它的诙谐风趣也许至少依赖于一个假设，即不适感与某些人的道德观确实有着某种共性——因此，从康德的伦理学中推导出的一个结论就是：当你违背自己的自然倾向，你可以深信不疑地认为，你的行为是出于对道德律令的尊重，而不仅仅是遵守道德律令。**一些**人弄混了这点，即使英国人不是如此。在这种情况下，这番话的诙谐风趣并不完全独立于我们的信念，尽管独立于我们对**它**的信念。

幽默是一个特例，但萧伯纳的例子暗含一些更深入的方法，由此可以把问题变得更容易处理。首先，我们必须慎重对待“信念”一词。一首诗或一次演讲可能会让我们瞬间感动不已，从而产生一种现象级的接受感——罗素称其为“茅塞顿开”的感受。要将这种感受与分享或外向同情的纯粹强度区分开来并不容易，有时甚至是不可能的。但在我看来，这并不能界定“信念”，因为我们不应认为除非一个人有行动的倾向，否则他并不相信某种东西。我们并不总能确切地指出，什么样的行动与某种信念相关联：我相信某种盆栽植物长有 46 片叶子，但如果我再数一遍，却发现它长了 45 或 47 片叶子，那么我的这一信念会体现于我的惊讶之中。但是，如果你听到某些话时沉湎于某种快感，或者完全放弃你的批判力，这就不是信念。因此，如果你问我，我是否相信萧伯纳的话，我可能会颇为踌躇，难以作答；虽然没有十足把握，我觉得我相信清教徒卫道士的比例在英国是略高于另外一些国家，并且会准备好押宝这一点，如果被迫做出选择的话。

其次，萧伯纳的例子表明，我们如何能够在某个方面简化我们的问题。如果我们问，某种学说，作为一部文学作品中的一个论题，其真理性或可接受性对这部文学作品的价值有何影响，我们会马上陷入众多关于批评评价的问题，这些问题出于一些很好的理由，而留待下一章讨论。无论我们在这里得出什么结论，都可以根据那一章的内容重新考察它们。但在这里，在不面对价值问题的情况下，为了得出某种结论，至少是有用的结论，我们必须依靠某种假言式推理。我认为诙谐风趣是一种好东西，而对于萧伯纳的言论，我并不探问其真理性
425 与其文学价值的关系，而是探问其真理性与其诙谐性之间的关系。现在，假设事实证明文学作品中的某些特征可以提高作品的价值；那么，这些特征与作品诸论题的真理性或可接受性之间的任何关联就间接地成为作品的**价值**与其论题的真理性或可接受性之间的关系。但在当前讨论中，我们还面临另一个阻碍。这是因为真理性本身就是一种价值，而只要文学是真确的，或者以某种方式促进知识，我们就可以谈论文学的**认知价值**；我们将很快回到这个话题。但是，我一直认为存在文学的另一种价值，虽然我还不能对它做出更具体的说明，而我们所关心的正是这种**文学价值**，不管它最终会是什么。在弄清楚它是什么之前，我们并不能确定文学的哪些特征是它存在的条件，但是我们可以初步考察一些似乎具备候选资格的特征。

教化论

我们现在须加以考虑的理论，看到了文学的真理和价值之间的密

切联系。广义上，它可被称为文学的**教化论**（Didactic Theory）。[1]该理论通常表述如下：一部文学作品要成为"伟大的"，必须包含不只是真确的，而且是既真确又深刻的论题。这种观点可能是，而且经常是，纯粹的语言表达问题："伟大"一词，专属于既有认知价值，也有文学价值的作品。但无论如何，在它的某些版本中，存在一种或多或少隐而不显的观念，即认知价值和文学价值不能截然分离。这一观念不仅仅是，当读者所读到的一部作品，其论题引起了他的强烈反对，他会因此而错愕不已或气馁失意：一个阅读哈代《自然界的询问》一诗的天主教徒，发现此诗与休谟的《自然宗教对话录》相呼应：

> 我们是垂死下坠的神
> 苟活的残余，大脑和眼睛都已失去？[2]

或者，一个无神论者阅读霍普金斯的《德克夏兰德号遇难》：

> 存在之基，它的花岗岩：超越一切
> 　　理解的上帝，在死亡背后君临
> 一个暗示却隐藏、预示却须耐心等候的王国。[3]

1　柏拉图（《菲德罗篇》）、马修·阿诺德、华兹华斯、雪莱、W. T. 斯泰斯等，都持此理论；参考附注 23-B。

2　摘自《自然的询问》（"Nature's Questioning"），收入托马斯·哈代《诗集》（*Collected Poems*），1926 年版权，经麦克米兰出版公司许可复制使用。

3　摘自《德克夏兰德号遇难》（"The Wreck of the Deutschland"），收入《杰拉德·曼利·霍普金斯诗集》（*Poems of Gerard Manley Hopkins*），牛津大学出版社 1918 年版权，经出版社许可复制使用。

426 不知何故，论题的所谓虚假性，被认为破坏了形式本身。

遗憾的是，据我所知，尚未有人为教化论提供任何合理的理由。因此，没有什么可反驳的东西；但指出接受这种理论所带来的诸多不便之处，却是相关的。《神曲》和《物性论》包含截然相反的形而上学体系，因此似乎可以从教化论中推导出一个结论，即至少其中之一不可能是伟大的。这一观点也许依附于某些条件；你可以说，尽管这些诗歌有着一些虚假的述谓，但它们也包含许多真确的述谓——比如许多关于人性的真知灼见——即使你是一名罗马天主教徒，你仍有可能同意德谟克利特式原子论者对自然现象的许多解释，在一定程度上是正确的。但是，若说到这两部诗的说话人最关心的问题——即人是否灵魂不朽的问题——其中存在某种不可调和的对立。

如果可以存在好的乐观主义诗歌和好的悲观主义诗歌，好的马克思主义小说和好的法西斯小说，好的唯物主义戏剧和好的神秘主义戏剧，那么一部作品的文学价值似乎独立于其论题的真理性和可接受性。然而，这并不等于说，对于一部文学作品而言，它有什么样的论题并不重要，或者，好的文学可使用任何论题。我们可以采纳以下观点：作品的价值，不仅独立于其论题的真理性和可接受性，而且独立于其论题的每一个特征。但是，这种观点是难以立住的，事实上，大多数摈弃教化论的当代文学理论家，仍对他们的摈弃加以限制。他们通常宣称，尽管一个虚假的或不可接受的论题也许是一部好的文学作品所包含的，但不是**所有**虚假的和不可接受的论题都是如此。这种思路所面临的问题，因而是要明确指出那些将可用的论题和不可用的论题区分开来的特征。例如，人们认为，论题必须是“真诚的”“成熟的”“合理的”，或“重要的”。[1]

1 这些准则将在附注 23-C 中予以讨论。

我建议以一种稍微不同的方式来提出这个问题。但为了引入这个问题，我要先考察一个例子。在埃兹拉·庞德的《诗章第三十五》中，有这么一段话，在其中，说话人不经意间飙出了意第绪语（Yiddish）的口音。它的部分内容如下：

一个漂亮的犹太男孩
如能发声
会融化岩石的心
……[1]

这段话有着强烈的反犹主义偏见，其语调也令人极其反感。《诗章第四十五》（以及《诗章第五十一》）是对高利贷者的讨伐：

有了高利贷就没有好石头砌的房子——
每块打磨光滑，接得合缝，
面上雕着图案。
……[2] 427

也许，此处的对比并不清楚，并且需要做一些简化才能表达我的观点。例如，第一段也许在《诗章》某种更宏大的设计中起着一种必要的作用，这一设计被认为是揭示我们时代的混乱无序。但假设我们如此看

1　摘自埃兹拉·庞德：《诗章》（*The Cantos*），《诗章第三十五》（"Canto XXXV"），埃兹拉·庞德1948年版权，经New Directions出版公司许可复制使用。

2　摘自埃兹拉·庞德：《诗章》（*The Cantos*），《诗章第四十五》（"Canto XLV"），埃兹拉·庞德1948年版权，经New Directions出版公司许可复制使用。（此为赵毅衡中译文，见赵毅衡编译：《美国现代诗选》，北京：外国文学出版社，1985。——译注）

待之：我认为反犹主义，或者它对于犹太人的隐性述谓是虚假的，而关于高利贷的隐性述谓——从庞德的意义上理解的高利贷，它包括所有的金钱借贷，而不仅仅指利率不公平的借贷，我也认为是虚假的。反犹主义似乎破坏了它所在的诗章，并使得它们沦为低劣的诗歌；然而，随着诗章的展开，反高利贷的学说，却能融入一些美轮美奂的诗章的肌质中去。造成这种差异的原因，是什么？

针对这个例子，可以说很多，但我将只做简短的评述。反犹主义在它的语境中突兀出现，与诗章的其余部分并无密切联系；它本质上是一个低劣而庸俗的段落，反映了人们对中欧犹太人所持的最简单粗暴的刻板印象；它的语调麻木不仁，无动于衷。反高利贷的思想恰恰相反，它发展成为一个重复主题(refrain)，贯穿于一种节奏上受控的哀歌之中；可以说，它是一条主线，将一系列粗犷而强烈的意象串联起来；语调庄重严肃，态度显得深沉、专注、透彻和慎重；对绘画、技艺、贸易和婚姻的谈论，表明说话人考虑到了许多事情，并且，将他对高利贷的看法与事物的复杂性联系了起来。

简而言之，除了其真值和可接受性之外，一种学说还有其他重要的方面，包括哲学、经济、社会或宗教方面。而这种学说一旦成为文学作品的论题，这些其他方面就变得重要起来。首先，这一学说可能或多或少是连贯的——在使其诸部分之间关系一目了然的意义上，它在逻辑上是连贯的，而在其诸部分在相同的心境下浑然一体的意义上，它在态度上是连贯的。雪莱的哲学，即柏拉图主义和唯物主义的一种混合体，其连贯性在这些方面不如柏拉图或卢克莱修的哲学。庞德政治经济理论的连贯性，不如穆勒的政治经济理论；朱利叶斯·罗森伯格的纳粹主义形而上学的连贯性，不如马克思主义；弥尔顿哲学的连贯性，不如叔本华的哲学。在我看来，我们一般可以说，当一部文学作品包含某种学说，该学说的连贯性将加强作品的统一性——正如卢克莱修的形而上学成为《物性论》潜在的统一性——而该学说中任何根本的非连贯性，将削弱作为一个整体的作品的统一性。因此，如果作品的统一性程度关乎作品的价值，其论题的连贯性，亦如此。

其次，一个学说可能或多或少是复杂的，即它考虑到，或似乎考虑到了各种各样的人类经验：它可能包含更多的逻辑区分，覆盖更多的领域，或者具有更广阔的眼界。休谟的哲学比黑格尔的哲学简单，伊壁鸠鲁的伦理学比但丁的伦理学简单，马克思主义政治理论比洛 428
克、穆勒和杜威相继发展起来的民主理论简单。当一部文学作品包含某种学说，其复杂程度往往会体现在作品中，而如果文学的复杂性与其价值相关，那么其论题的复杂性也是如此。在《咏树》[1]《永不屈服》[2]或《房屋变成家需要一堆生物》[3] 等诗作的论题中，我们所反对的，可能是纯粹的简单思维（simple-mindedness）。

再次，除了其真值和可接受性之外，一种学说纯粹作为一种人类建构物，可能还具有某些性质。它可能是令人神往的、意义深远的、铿锵有力的、迂腐浅陋的、无病呻吟的、气势恢宏的、粗犷豪放的、慷慨激昂的、高情远致的，等等。而它可能拥有的诸如此类的性质，均有贡献于任何一部以它为论题的作品。因此，如果一部文学作品诸性质的强烈性关乎其价值，那么其论题诸性质的强烈性亦如此。

---

1 《咏树》（“Trees”）是美国诗人乔伊斯·基尔默（Joyce Kilmer, 1886—1918）于 1913 年发表的著名诗歌。——译注

2 《永不屈服》（“Invictus”）是英国维多利亚时代诗人威廉·欧内斯特·亨利（William Ernest Henley, 1849—1903）最著名的一首诗，写于 1875 年，出版于 1888 年，诗中体现了一种决心和病魔抗争，不向命运屈服的精神。——译注

3 《房屋变成家需要一堆生物》（“It Takes a Heap o' Livin' To Make a House a Home”）是 20 世纪美国诗人埃德加·艾伯特·格斯特（Edgar Albert Guest, 1881—1959）最著名的一首诗。——译注

在我看来，当我们从文学的视角来判断一部文学作品的论题，我们所应考虑的，正是诸如此类的特征。阿辽沙·卡拉马佐夫的无政府主义、查拉图斯特拉的权力意志概念、弥尔顿对于男女正当关系的粗暴观点等，是如何影响到它们所在作品的其他方面，以至于加强或削弱了那些与作品的文学价值相关的方面的？

经验主义和文学的真理

在本章中，还有一个主要问题有待考察。我们尚未对文学的认知价值进行全面的讨论。如果文学作品像绘画和音乐那样不做述谓，这个问题就不会出现，但是，正如我们所见，它们确实会做出述谓。现在，不管反思性述谓是否是作者所断言的，不管读者是否应该相信它们（仍然是述谓），它们都*可能*被相信，或不被相信。我们可以对它们予以探究，不在阅读过程中就在晚些时候，以确定它们是真是假。

至少这是一种观点，即经验主义者的观点。各种有趣的述谓在文学中出现，其中一些倘若为真，则是至关重要的。即使一部作品的文学价值并不因其真理性而坚挺或崩塌，其本身仍然值得验证。从经验主义的角度来看，我们的假设源于何处并不重要；重要的是，当我们对它们进行验证，它们有足够的证据来支持自己。当然，文学作品不会给我们提供证据，但没有证据的话，假设几乎不能被称为知识；尽管如此，在科学研究中，棘手的问题经常不是我们想到一个假设时要对它进行的验证，而首先是要想出一个原创性的、富有成效的假设。因此，文学可能具有巨大的认知价值，即使它只是提出关于人性、社会或世界的新假设，即使这些假设经过一定的分析和改进之后，也许
429 只有几个是可以证实的。对于文学，人们所提出的最常见的主张之一，即它促进了我们对人性的理解，便可以通过这种方式证明是完全

正确的。拜读伟大的小说，我们能够发现它们向我们展现了人类可能具有的各种动机，以及这些动机相互交织和冲突的各种不同方式。这些可能性，我们记得越多，就越能解释我们自身的，以及朋友和敌人的难解行为。

文学的这种认知主张极为重要，而且必须是经验主义者所承认的。注意，它不会挑起文学与科学心理学的冲突，因为文学作品本身并不能教给我们任何新的一般规律，如果“教”意味着不仅提出假设，而且要为假设提供证据支撑的话。如果说读者对基督教的理解可以通过阅读弥尔顿和邓恩而加深，或者对移民工人困境的理解可以通过阅读约翰·斯坦贝克《愤怒的葡萄》而加深，或者对西班牙内战的理解可以通过阅读安德烈·马尔罗《人类的希望》而加深，又或者对人类某些无意识冲动的理解可以通过阅读陀思妥耶夫斯基的《地下室手记》而加深，这是讲得通的。在这里，“理解”可能意味着在作品中发现新的假设，这些假设，当其遇上作品之外的读者的经验，似乎在经验上是站得住脚的。或者，它可能意味着熟悉新的感受，即作为一名移民工人或一个反对佛朗哥的斗士，是一种什么样的感觉。

如果文学中存在真确的述谓，我们可以和经验主义者一起宣称，它们在经验上是真确的。但遗憾的是，事情并不是这么简单。这是因为，兹事体大的、值得视为重要假设的述谓，只是隐而不显地存在于文学作品之中，以作为一个整体的作品所暗含的论题的形式存在，或者以隐喻性的归属式形式存在。现在，当我们说一个述谓是经验性的，我们在为它主张，其真假在原则上是可以经由一个探究过程决定的，在这个过程中，述谓与我们的经验间接相遇。在极其广泛的意义上，经验性假设的验证方式是借助已知的一般规律而演绎推导出结果，并通过观察对这些结果进行检验。除了特定的观测报告（“下午两点，温度计读数为97°”），所有的经验性述谓均应理解为假设，或者一般规律。因此，经验性的述谓必须是以某种形式存在，在这种形式中，它可以在演绎和归纳推理中被予以操纵，而不会改变其意义和造成语义含混，因而也就不会造成推理谬误。这恰恰是我们不能指望一个隐喻句所能做到的。

这一点可以简单说明。试看以下三段论推理，其中所有陈述都是
430 字面意义：

狮子是野兽。
此生物是狮子。
此生物是野兽。

此例没有逻辑谬误，因为每个词在整个推理过程中都保留了一种惯常义。但比较以下三段论推理：

狮子是野兽。（字面陈述）
此人是狮子。（隐喻陈述）
此人是野兽。（隐喻陈述）

当我们承认小前提中的“狮子”一词具有隐喻义，它的含义便有别于它在大前提中所具有的含义，而“野兽”一词也被赋予了语义转换的自由。简言之，这个三段论虽然表面上是正确的，但它有五个词项，因而犯了语义含混的谬论。

假如我们出于某种原因希望知道E. E.卡明斯那首关于坎布里奇女士的十四行诗的第一行是真的还是假的：

坎布里奇女士们生活在精致的灵魂里；

或者，比较 T. S. 艾略特的描述：

我留意到女仆湿漉漉的灵魂
在大门口发芽，疲惫不堪。[1]

这些都是一般性述谓，对于这些述谓，我们也许可以通过某种个案研究的方法检验之，以便通过对精心挑选的抽样人群进行深度访谈发现有多大比例的坎布里奇女士生活在精致的灵魂里，或者有多大比例的伦敦女仆拥有湿漉漉的灵魂。但很明显，给我们的采访者下达这样的指示将是没有希望的。当我们把这些隐喻性的归属式从其语境的控制中摆脱出来，它们便受制于其所在的每一个变化着的语境。它们的意义将会随着访谈的不同而发生改变，即使我们可以提出这个问题："你生活在一个精致的灵魂里吗？"我们得到的结果将完全是不科学的和不可靠的。

当然，也有方法克服这一困难：假设我们一开始就从述谓的语境中去理解和阐述它，也就是说，拟定一组与该隐喻对等的字面陈述，并让我们的采访者和统计专家使用字面陈述而不是隐喻。我们可以说，我们想知道的是：坎布里奇女士们在多大程度上仍然拥有她们的父母和祖父母曾经拥有的政治、社会、宗教和道德信仰；她们的情感生活在多大程度上是压抑的和空虚的；她们在多大程度上意识到自己

1　摘自《清晨临窗》（"Morning at the Window"），收入《艾略特诗集》（1909—1935），哈考特·布雷斯出版公司 1936 年版权，经许可复制使用。

属于并沿袭了一种传统；她们在多大程度上与自己阶级内部的人结婚或与外部通婚。这些都是我们可以探究的问题。如果这些问题可以被视为原始问题，即“坎布里奇女士们在多大程度上生活在精致的灵魂
431 里?”的替代问题或对等问题，那么在回答它们时，我们已经回答了这个问题。关于诗性真理的经验主义理论认为，诗歌中所有真确的隐含述谓，在经验上都可以通过这种间接方式予以证实。

但在这里，我们面临来自一个我们所预料到的方向的异议。我们用以替换隐喻性问题的字面意义上的问题，似乎并没有穷尽它的意义，而我们似乎也不能穷尽这一意义，或者确定已经穷尽了它，至少在实践中是如此。因此，假设卡明斯的诗行没有字面意义上的对等句，但假设它为真。如此一来——这是关键点——它不可能**在经验上**是真确的，因为它不能在经验上得到验证，因此，如果它有真理的话，它必须拥有一种截然不同的非经验性的真理。这是直觉主义者可能会提出的主要论点。

因此，与关于诗性真理的经验主义理论相反，我们可以提出直觉主义理论。这种理论可以同，而且通常是同我们在前一章中讨论过的关于音乐和绘画的直觉主义理论相结合，但它在一个不同的地方划出了重要的界限。它不会说，非语言类艺术可以传达语言所不能传达的某种真理，相反，它会说，非语言类艺术**以及**诗歌的语言因其多重隐含意义，可以传达字面语言所不能传达的某种真理。女仆们和坎布里奇的女士们也许不是直觉主义真理的最佳例证，因为一些直觉主义者也许承认，关于她们的语句实际上是经验性的。但我觉得其他直觉主义者会认为，即使是这些相对简单的例子中的诗人，也呈现了对于这些女士本性的某种直觉性洞见，而这种洞见不是社会学家或社会心理学家通过问卷调查、深度访谈和统计分析等工具所能证实的。然而，直觉主

义者更有可能援引伟大的文学作品——《李尔王》和《俄狄浦斯王》，以及沃恩和霍普金斯的神秘主义诗歌——所包含的宗教或形而上学直觉。比起“直觉”，他可能更倾向于使用“想象力”这个术语，而在我看来，想象力经常被认为是一种独立于感官经验之外的知识积累能力的称谓。[1]

释义的问题

我们现在已经转到一个棘手的，但相当清晰的议题，它对作为知识理论的经验主义与直觉主义之间的对比这一更大的议题而言是举足轻重的。这通常被称为释义问题，简单地说就是：文学作品能被释义 432
吗？但是，在探讨这一问题之前，我们必须尝试把它表述得更准确一些。首先，要注意的是，我们在这里感兴趣的，并不是文学的每个方面，而只是它的认知内容，即它所做出的述谓，因此，我们的问题应该以这样的形式来表述：“所有文学作品的认知内容都可以释义吗？”但其次，“释义”可能具有一种宽泛的意义，或者一种更狭隘的，也更相关的意义。无妨考虑两个语篇，D_1 和 D_2，并假设我们能够以某种方式安排它们，使得 D_1 所做的每个述谓，也是 D_2 所做的述谓，反之亦然。在这种情况下，我们可以说，它们具有相同的认知内容，因此，在“释义”的广义上，它们都可以被认为是对方的一种释义。此处的可释义性，是对称性的。现在，考虑另一个语篇，即 D_3，并假设我们能够以某种方式安排它，使得 D_1 中通过字面意义上的词语而明确陈述的所有东西在 D_3 中均有着相似的陈述，使得 D_1 所暗含的所有东西都是

1 雪莱、华兹华斯、马修·阿诺德、威尔伯·M. 厄本、菲利普·韦尔赖特等，都为诗歌的直觉主义理论做了辩护；参考附注 23-F。

D_3 明确陈述的东西，并且使得 D_1 通过语词而隐喻性地指涉（即蕴含）的每一个特征都是 D_3 通过语词而从字面意义上指谓的东西。在这种情况下，我们可以说，D_1 的所有认知内容都在 D_3 中被予以了释义，因此，D_3 是 D_1 的一种“散文体释义”（prose paraphrase）。此处的可释义性，不是对称性的，因为我们尚未排除这一可能性，即 D_3 所暗含的更多述谓，是 D_1 所没有的。我们只是明确了这一点：D_1 的内隐述谓，以及它的外显述谓，都在 D_3 中得到了明确的表征。我们所关心的就是这种释义，而当我不加限制地使用“释义”一词时，我所指的就是这种释义；另一种释义，我称之为“对称性释义”。因此，问题是，文学语篇是否总能进行这种意义上的释义？

我认为，对于大多数目的而言，这个议题可以被精简为两个问题。第一个问题是：每个隐喻都可以从字面意义上进行释义吗？或者，更笼统地说，任何语词所蕴含的每一个特征，都可以用另一个语词来指谓吗？毫无疑问，一些语词所蕴含的某些特征可以通过其他语词来指谓：例如，“奶牛”一词所蕴含的“温顺性”，也是“温顺”一词所指谓的。事实上，这是一个关于阐述的例子；一个阐述性语句是一种部分性的释义。但是，我们是否有理由认为“奶牛”蕴含另外一些特征，而这些特征要为它们找到或者建构字面意义上的语词，是不可能的？第二个问题是：一个语篇所暗含的所有东西能否被另一个语篇所陈述？再次，一些暗含的述谓无疑也是可以陈述的。“社会主义能否与民主相容？”所暗含的意义是，如果你不得不做出抉择，民主是你要守护的重要东西。在这种暗含意义中，它区别于“民主能否与社会主义相容？”。我们在阐析和论题阐释中所做的，恰恰是揭示暗含意义，而这
433 些过程给我们提供了部分性的释义。但是，我们是否有任何理由认为存在这样一些述谓，其本性决定我们不可能陈述之，而只能暗示之？

直觉主义理论的一个基本部分是否认诗歌的可释义性——我认为诗歌是问题的症结所在。直觉主义者坚持第三章(§10)中讨论的关于隐喻的随附理论，并有可能将其理由建基于这一理论之上；但他也可能坚持认为，文学中的符号可以包含超出阐释的可能性的意义，或者文学的隐含论题是显性陈述永远无法完全呈现的。直觉主义的理由得到了一种普遍论点的支持，然而这种论点被证明是文不对题的。

在第五章(§14)中我们看到，文学中对于"何是"和"如何"的传统区分一经检查便烟消云散，由此推断不可能存在两种对称性的释义，诸如 D_1 和 D_2。但是，这一异议并不能证明非对称性释义是不可能的，虽然它证明了对称性释义是不可能的。例如，当我们对一个隐喻进行字面翻译("他是一只狐狸"意味着"他狡猾、残忍、奸诈、危险"，等等)，译文可能暗含原文语境中并不存在的某种东西。之所以如此，仅仅是因为它以冗长的顺序呈现了原文语境中紧凑而凝练的内容。但是，这一异议并不表明原隐喻中存在译文原则上无法明确表达的某种意义。

但是，直觉主义者之所以反对释义的可能性，还有一些更具体的理由。首先，在日常语言及诗歌中诉诸隐喻，这表明我们需要用隐喻来表达字面语言所无法表达的意义，因此任何隐喻都超出了字面语言的资源。这样，作为隐喻的一种属类说明，以及隐喻的一种实际依据，这一异议无疑是合理的。但是，它并不能表明隐喻的认知内容是如此这般，以至于没有任何字面表达能够指谓它。事实上，我们总是看到，当隐喻被引入以补充现存的字面语言——在科学史中尤其如此("自然中不容真空""物竞天择"、潜意识的"抑制")，在其中，一个重要的特征被隐喻挑选了出来，而出于知识的目的，我们想要反复再三地指涉它——字面语言便取而代之。要么这个隐喻被抹杀，要么一个科学新词被创造出来，并被赋予这一指谓意义。

其次，重要的一点是，当我们试图解释隐喻性的归属式，也就是提供部分性的释义，我们经常会依赖于其他隐喻，或者依赖于其他类型的修辞语言。“说女佣的灵魂‘湿漉漉’和‘发芽’，这意味着她们是一群没有脊梁的、被打垮的和看不到希望的生物，她们只是被动地
434 接受现实，命若尘埃”，如此等等。人们可以争辩说，存在着一个不可避免的循环：对一个隐喻的最好阐述，是诉诸另一个隐喻，这意味着这种阐述根本不是我们所关心的意义上的释义。当我们说“拿破仑是一匹狼”，意味着拿破仑是凶猛的，拿破仑是残忍的，等等，我们的释义显然比这个隐喻含糊得多，实际上，它忽略了这句话最确切的要点；因为，归属于拿破仑的，是一种狼性的凶猛，一种狼性的残忍，而不仅仅是一般意义上的凶猛和残忍。因此，为准确起见，必须将狼的观念作为限定语带入阐述之中，以修饰每一个谓词；但这样一来，我们就没有将隐喻简约为字面语言，而只是将其扩展为一系列隐喻。不过，在我看来，这个困难只是表面上的。诚然，要使得阐述是准确的，“狼”一词必须出现于阐述之中，但是它无须*在隐喻性的意义上*出现。“拿破仑是一匹狼”所表达的，尤其是这样的意思：“拿破仑是残忍的，而拿破仑之残忍，如狼之残忍……”在这里，“狼”是字面意义上的，而不是隐喻意义上的用法。因此，在这里，似乎并不存在致命的困难，即认为字面释义不可能的某种论点。

第三，必须承认，在仅被暗含的述谓和公开陈述的述谓之间，存在着一个重大差异，也就是一个能够解释我们为何有时更喜欢暗示而不喜欢陈述的差异，而这一差异消失于释义之中。它是我所说的*述谓权重*中的一个差异，即主张和暗示，也就是坚定地述说和仅仅想吸引某人的注意这二者之间的差异，比起一个暗示，无论多么明显，一个

公开的陈述肯定更有述谓权重，而这在释义中也许是给人以误导的。这是很重要的一点，但它并没有带来不可逾越的障碍。它意味着，当我们对一个语篇的暗含述谓进行释义，我们也许要使用一套同时记录其述谓权重的符号。例如，括号可服务此目的。

最后，直觉主义者指出，即使一首诗可以释义，这一释义本身也不是一首诗。确实如此，但它实际上并不是一个反对意见。诗歌有许多特征是无法在释义中保留的，事实上，正是这些特征使它成其为一首诗，并使它作为一首诗是有价值的。但是，如果我们关注其述谓的真理性，那么这些述谓就是这首诗的抽象，而对这些述谓的真理性的关注，并不是对诗歌的关注。暂时以这样的方式看待原作，不会对它造成什么伤害；当我们返回至原作，我们会发现，它仍然拥有它的完整性和整一性。

诚然，上述观点不完全是结论性的；此处仍然存在着一些悬而未决的问题。但是，我们或许可以暂时依赖于某些要点。原则上，似乎确实不存在任何终结性的反对释义之可能性的观点；但是，人们有充 435
分的理由认为，释义在实践中通常是不可能的。我们能在最大限度上提供的，是一首诗的部分释义，而无论释义多么详细，我们几乎总感觉到，有某种东西被遗漏了，如果这首诗很复杂的话。但要注意，之所以产生这种感觉，可能经常是因为我们不确定我们是否已经理解了这首诗的所有意义，而不是因为我们理解了某种我们无法明确说明的意义。因此，随着释义愈加详尽，可以说它就越与这首诗趋于一致。它不是虚假的，因为其中的述谓也存在于这首诗之中；但它是人为的，因为这些述谓并不是以相同的方式存在。但是，即使我们在实践中很少能够对一首诗歌的**所有**内容进行释义，我们仍然能够对这首诗中我们想要释义的**任何**部分进行释义。意义的数量毕竟不是无限的，所以，原则上令我们无法把握的意义，并不必然存在。

而这就是经验主义者所要捍卫的全部。诗歌中可以辨识的，并值得探究的任何述谓，都是可析取和澄清的，而它的真理——它的经验性真理——则是可研究的。当然，在这个范围有限的论证中，我们并不能证明直觉主义是错的，我们甚至没有想起我们在前一章中讨论过的关于这种知识理论的一般性问题。但是，我们也许可以得出结论说，如果是为了坚持文学作品包含重要的隐性述谓，且其中一些是真确的，我们并不需要成为直觉主义者。或者换言之，如果你在知识理论方面是一个经验主义者，你就不会坚持一种这样的立场，即文学作品要么不作述谓，要么与非文学语篇毫无分别。

在追问文学的认知功能是否隐含一种特定的知识理论，或者是否是这种知识理论的证据时，我们已经通达本章中的一般性问题的中心，这个问题，因其分野而引起了各种不同的哲学探究。要决定我们最好以什么态度和期待来看待审美对象，如果我们希望从中获得最有价值的东西的话，我们就必须询问，正如在上一章中所做的那样，它们是否或在什么方面与现实，也就是与它们所在世界的其余部分相关联。这个问题在文学中最为尖锐，因为就其本质而言，文学作品似乎有着一种必要的和必然的对于现实的指涉，以及对于现实的关切。如果通过一种笼统的方式直接将这个问题表述为一个关于文学与生活的关系，或者关于“形式”与“内容”的相对重要性的宏大问题，这是不能令人满意的。它必须分解为几个问题，而毋庸置疑，它们的正确回答是复杂而微妙的，丝毫不亚于我给出的回答。当然，文学作品的理解离不开文学作品的语言；当然，文学作品有着社会的根源和果实；当然，文学作品的享受要求读者在信念和感受上有着一系列复杂的预先调整；当然，文学作品的主题和论题来源于整个人类生活，或者作用于整个人类生活。但是，文学之所以成其为文学，势必部分是由于 436 文学与关于文学的世界之间所保持的某种距离，即一种不同寻常的独立性和自足性，其使得文学本身能够得到人们满足的观照。这种超脱性的奥妙，在于文学有能力戏玩，并在其设计中囊括丰富而广袤的人类经历，包括信仰，而没有那种构成最完全意义上的断言的个人忠诚和行为承诺。

附注与问题

§ 22

22-A. 阐释。关于阐释的原则，参见：G. 威尔逊 · 奈特《火轮》（*The Wheel of Fire*, 4th ed,, London: Methuen, 1954），“序言”和第 1 章；注意，他反对将意图作为一个检验标准（第 6—7 页，第 278 页）；诺思罗普 · 弗莱《文学的意义层》（“Levels of Meaning in Literature,” *Kenyon Review*, XII [1950]: 246–252）。

关于将阐述、阐析和阐释整合在一起的分析，有一个很好的例子，参见艾伦 · 泰特对于自己的《联邦逝者颂》的分析，即《自恋者纳西索斯》（“Narcissus as Narcissus,” *On the Limits of Poetry*, New York: Swallow, 1948）一文，收入《现代世界的文人》（*Man of Letters in the Modern World*, New York: Meridian, 1955），以及 S. E. 海曼主编《批评行为》（*The Critical Performance*, New York: Vintage, 1956），第 175—188 页。威廉 · 燕卜荪对爱丽丝所做的弗洛伊德式阐释，也颇有启示意义，见《爱丽丝梦游仙境：小情郎》（“Alice in Wonderland: The Child as Swain”）一文，载于《牧歌的几种变体》（*Some Versions of Pastoral*, London: Chatto and Windus, 1930)，收入海曼主编前引书，第 115—150 页。另参见第三章附注 10-A 中的参考文献，第五章附注 15-C，以及后文附注 22-B。

在这方面，可以考察肯尼斯·伯克将文学视为象征行为的观念，参见：《文学形式的哲学》(*The Philosophy of Literary Form*, Baton Bouge, La.: Louisiana State U., 1941)，特别是第 1—39 页、第 66—89 页、第 90—102 页、第 119—132 页；《动机的基本原理》(*A Grammar of Motives*, Englewood Cliffs, N.J.: Prentice-Hall, 1945)，特别参考《济慈诗中的象征行动》("Symbolic Action in a Poem by Keats") 一文(收入海曼前引书以及雷·B. 韦斯特主编《现代文学批评论文集》[*Essays in Modern Literary Criticism*, New York: Rinehart, 1952]，第 396—411 页)；以及《对待历史的态度》(*Attitudes Toward History*, New York: New Republic, 1937)，第二部分，第 17—44 页。"我们认为诗歌(我在这里使用的这个术语，涵盖任何批评性的或想象性的作品)是为了实现诸情境而对各种策略的采用"(《文学形式》，第 1 页)；诗歌是一种"象征行为"，其"意义"，比方说，可以被理解为赛后握手的惯例，它实际上是说："没有恶意"，或者"别伤和气"(同上书，第 447 页)。借助于这些概念，以及许多衍生概念，伯克在阐述、阐析和阐释的整合中极大地促进了人们对于某些文学作品的理解。然而，
437 他主要是将诗歌的写作理解为诗人的象征行为(在关于济慈的论文中，他几乎一开始就开宗明义："一首诗是一个行为，即写诗的诗人的象征行为。")，而不是将诗中的思想和感受理解为说话人的象征行为。因此，他最终没有将作者和说话人区分开来，而他虽然宣称，要"欣赏"诗歌，我们无须研究作者的传记(同上书，第 25 页和第 73 页)，但他又认为，关于诗歌意义的陈述，与关于诗人的动机，也就是关于"诗歌

为诗人所做的事情”（同上书，第 73 页）的陈述之间，存在完全的连续性。因此，阐释倾向于无限扩展，从而变成作者心理学、历史和社会学。举例而言，济慈的诗歌最终是关乎 19 世纪形形色色的冲突，如科学与宗教的冲突，资本主义个人主义与社会主义的冲突，等等。伯克还对牵强的弗洛伊德式“解读”情有独钟：边沁针对精确的哲学词汇的建议，是一种自残的“象征性阉割”（《基本原理》，第 284—285 页）；休谟对因果关系的怀疑，是单身汉无意识中“对于性能力和后代繁殖的质疑”（同上书，第 183 页）。这些陈述当然不是阐述，不是阐析，亦不是阐释；如果它们真的是什么的话，那它们就是（高度思辨的和未经证实的）因果解释。不遵守这些区分中的任何一个，这是伯克所用方法的一个独特之处。

22-B. 文学中的象征符号。关于一般象征主义的参考文献，前文第六章附注 16-H 已经给出。下文所给出的参考文献，主要是关于文学的象征。

威尔伯·M. 厄本对象征符号的概念进行了分析，并较详细地讨论了象征符号的阐释问题，见《语言与现实》（*Language and Reality*, London: Allen and Unwin, 1939），第 9 章，以及第 466—476 页和第 487—492 页。

在《象征主义与美国文学》（*Symbolism and American Literature*, Chicago: 1953）（第 2 章）中，查尔斯·费德尔森认为，他所说的“象征主义的哲学”在一定程度上是对笛卡尔二元论和其他不适宜事物的规避（第 50 页）。他对“逻辑语言”和“象征语言”进行了对比（第 57 页），但他的对比并不是令人信服的；“离散性原则”和“原子”等被用于逻辑语言的术语，是无比混乱的：比方说，一种象征性的语言如何可能抹除说话人、说话人的言辞和说话人所谈论的对象之间的区分？

而如果标示区分，诸如马与非马的区分，是一门语言的原子式用法，那么，一个非原子式的象征符号如何可能有任何意义？

威廉·Y. 廷德尔给出了一些极好的例子，见其《文学象征》（“The Literary Symbol”）一文，收入第十四届科学、哲学和宗教研讨会的专题论文集《象征与社会》（*Symbols and Society*, New York: Harper, 1955），第 11 章。此文后来成为其《文学象征》（*The Literary Symbol*, New York: Columbia U., 1955）一书的第 1 章；不过，廷德尔对例子的讨论较为肤浅，而他对“象征”的定义，则过于宽泛，用处不大。

438 勒内·韦勒克和奥斯汀·沃伦对隐喻通过重复而转化为象征的过程进行了讨论，见《文学理论》（*Theory of Literature*, New York: Harcourt, Brace, 1949），第 193—195 页；比较 E. K. 布朗《小说的节律》（*Rhythm in the Novel*, Toronto: U. of Toronto, 1950），第 2 章。马克·舍勒分析了简·奥斯汀《劝导》中的商业隐喻，以及其他小说中的重复隐喻，并表明它们是如何促进了作品的统一性，见其《小说与类比矩阵》（“Fiction and the ‘Matrix of Analogy,’” *Kenyon Review*, XI [1949]: 539–560）一文，收入 J. W. 奥尔德里奇《现代小说批判论文集》（*Critiques and Essays on Modern Fiction*, New York: Ronald, 1952），第 83—98 页。参见罗伯特·B. 海尔曼《这个伟大的舞台》（*This Great Stage*, Baton Rouge, La.: Louisiana State U., 1948），第 1 章，尤其是第 6—19 页；注意他是如何将“主题意蕴”和“象征价值”联系起来的。海尔曼关于象征主义，以及关于《李尔王》的观点，受到了 W. K. 基斯特的批评，见基斯特《“新批评”与〈李尔王〉》（“The ‘New Criticism’ and *King Lear*”）一文，收入 R. S. 克莱恩等人编《批评家与批评》（*Critics and Criticism*, Chicago: U. of Chicago, 1952），特别参考第 119—123 页和第 136 页；另参见埃尔德·奥尔森《关于

象征主义的对话》(“Dialogue on Symbolism”)一文，第 567—594 页。海尔曼的阐释方法，类似于克林思·布鲁克斯在《裸体婴儿与男子气概的披风》(“The Naked Babe and the Cloak of Manliness”)这篇关于《麦克白》的论文中所使用的方法，见《精制的瓮》(*The Well Wrought Urn*, New York: Reynal and Hitchcock, 1947)，第 2 章。肯尼斯·伯克提出并举例说明了一种为一部文学作品的关键词“编索引”，以揭示重复意象的基本模式的方法，见其《文学象征主义分析中的事实、推理和论据》(“Fact, Inference, and Proof in the Analysis of Literary Symbolism”)一文，收入第十三届科学、哲学与宗教研讨会专题论文集《象征与价值》(*Symbols and Values: An Initial Study*, New York: Harper, 1954)，第 19 章。在《一首纯想象的诗：一种阅读实验》(“A Poem of Pure Imagination: An Experiment in Reading”)一文中，罗伯特·佩恩·沃伦对《古舟子咏》进行象征主义阐释时所用的方法，是极其散漫的，见塞缪尔·泰勒·柯勒律治《古舟子咏》(*The Rime of the Ancient Mariner*, New York: Reynal and Hitchcock, 1946)，第 61—148 页。J. 利文斯顿·洛斯明显认为，这首诗没有论题，而只有一个主题——越界后宽恕的必要性。格里格斯，按照沃伦对他的理解(第 62—65 页)，却认为这首诗二者皆无。沃伦本人则宣称它二者兼备：它“确实做出了一个陈述”(第 63 页)。在沃伦从中发现的两个主题当中，主要主题(“神圣的景象”)一目了然；次要主题离不开想象力，它需要大量强有力的、充满幻想的阐释。沃伦的方法受到了埃尔德·奥尔森和埃尔默·E. 斯托尔的批评，参见奥尔森《古舟子的象征解读》(“A Symbolic Reading of the Ancient Mariner”)一文(收入《批评家与批评》[*Critics and Criticism*]，第 138—144 页)，以及斯托尔《柯勒律治的象征》(“Symbolism in Coleridge”, *PMLA*, LXIII [1948]:

214–233）一文。

另参见：W. K. 温姆萨特《象征主义的两种意义》（"Two Meanings of Symbolism: A Grammatical Exercise," *Catholic Renascence*, VIII [1955]: 12–25）一文；诺思罗普·弗莱《象征主义的三种意义》（"Three Meanings of Symbolism," *Symbol and Symbolism: Yale French Studies*, No. 9（n.d.）: 11–19）一文。诺曼·弗里德曼《意象：从感觉到象征》（"Imagery: From Sensation to Symbol," *JAAC*, XII [September 1953]: 25–37）一文。另见第三章附注10-E中归于"意象"之下的参考文献。

对于象征主义阐释的任何原则，一个极好的测试用例是《白鲸》
439 中的白色巨鲸，它被赋予了多种阐释，近年来尤为如此。可参见：费德尔森前引书，第174—186页；廷德尔前引书，第351—355页；W. H. 奥登《迷人的洪水》（*The Enchafèd Flood*, London: Faber and Faber, 1951），第61—66页，第115—144页；D. H. 劳伦斯《美国经典文学研究》（*Studies in Classic American Literature*, New York: Seltzer, 1923），第11章；詹姆斯·贝尔德《以实玛利》（*Ishmael*, Baltimore: Johns Hopkins, 1956），第11章。

22-C. "原型意象"。卡尔·荣格提出一种这样的理论，即存在普遍性的象征符号或象征情境，它们在所有伟大的文学作品中发挥着强大的作用，见其《论分析心理学对于诗艺的关系》（"On the Relation of Analytical Psychology to Poetic Art," in *Contributions to Analytical Psychology*, trans. By H. G. and C. F. Baynes, London: Routledge and Kegan Paul, 1928）一文，第157—161页，第240—249页。这些"原始意象"是"集体无意识"中"无数经历的精神残余"。莫德·博德金和诺思罗普·弗莱都采纳了这种理论，参见博德金《诗歌中的原型模式》(*Archetypal Patterns in Poetry*, New York: Oxford U., 1934), 第1章，以及弗莱《文学的原型》("The Archetypes of Literature," *Kenyon Review*, XIII [1951]: 92–110)。另参见：约翰·普雷斯《火与泉》(*The Fire and the Fountain*, New York: Oxford U., 1955), 第6章;戴·刘易斯《诗歌意象》(*The Poetic Image*, New York: Oxford U., 1947), 第6章; 约瑟夫·坎贝尔《千面英雄》(*The Hero with a Thousand Faces*, New York: Meridian, 1956), 第1章，坎贝尔似乎认为，所有情节在象征的意义上是合一的。

22-D. 文学的启示论。关于一般意义上的艺术启示论，参见第八章附注 21-A、21-C 和 21-D；另参见迈耶·H. 艾布拉姆斯《镜与灯》(*The Mirror and the Lamp*, New York: Oxford U., 1953), 第2章。吉尔伯特·莫瑞在《诗歌的古典主义传统》(*The Classical Tradition in Poetry*, Cambridge, Mass.: Harvard U., 1927)(第9章)中所做的各种陈述，很难调和成一个连贯一致的立场，但他似乎持有一种启示论。

认为文学揭示共相，而且这是文学的专攻职责之一的观点，参见 W. K. 温姆萨特《塞缪尔·约翰逊的散文风格》(*The Prose Style of Samuel Johnson*, New Haven, Conn.: Yale U., 1941), 第6章及脚注，以及其《文学中"具体共相"的结构》("The Structure of the 'Concrete Universal' in Literature," *PMLA*, LXII [1947]: 262–280)一文，收入 W. K. 温姆萨特《语象》(*The Verbal Icon*, Lexington, Ky.: U. of Kentucky, 1954), 第69—83页，以及马克·舍勒、约瑟芬·迈尔斯和戈登·麦肯齐合编《论批评》(*Criticism*, New York: Harcourt, Brace, 1948), 第393—403页；比较约翰·克罗·兰色姆对这篇论文的批评和讨论(*Kenyon Review*, XVI [1954]: 554–564; XVII [1955]: 383–407)。

在《艺术中的意义和真理》(*Meaning and Truth in the Arts*, Chapel Hill, N.C.: U. of North Carolina, 1946)中，约翰·霍斯珀斯提出了他的观点，即文学作品“忠实于”人性(第 162—183 页)，并且在后来所写的但尚未出版的一篇论文中进一步发展了这一观点。参见艾布拉姆斯前引书，第 10 章。

认为文学提供经验的“感觉性特征”的观点，参见马克斯·伊斯门《文学的心灵》(*The Literary Mind*, New York: Scribner's, 1931)，第四部分，第 1 章。在其关于风格的论文中，沃尔特·佩特对“事实”
440 和“事实感”进行了对比，见莱恩·库珀主编《风格理论》(*Theories of Style*, New York: Macmillan, 1907)，第 390—391 页；他认为文学呈现的是后者。

22-E. “纯粹的”诗歌。认为诗歌理应“纯粹”的理论，其预设是诗歌可以是纯粹的，但是，其中所牵涉的“纯粹性”的含义，却很少是清晰明了的。有时，理论家和诗人谈论似乎表明，纯粹的诗歌就是没有意义的悦耳之音；有时，它意指没有“概念”的意象，即没有任何中心主题的意义(意象派诗歌经常是有意象和呈现性的声音对等物，却没有中心主题的诗歌)；有时，它意指没有“概念”的主题诗歌，即没有任何论题或述谓的意义。参见：罗伯特·佩恩·沃伦《纯粹和不纯粹诗歌》(“Pure and Impure Poetry,” *Kenyon Review*, XV [1943]: 228–254)一文，收入舍勒、迈尔斯和麦肯齐前引书(第 366—378 页)、罗伯特·W. 斯托尔曼主编《批判与批评论文集》(*Critiques and Essays in Criticism*, New York: Ronald, 1949)(第 85—104 页)，以及雷·B. 韦斯特所编《现代文学批评论文集》(*Essays in Modern Literary Criticism*, New York: Rinehart, 1952)(第 246—266 页)；约翰·克罗·兰色姆《诗歌：本体论札记》(“Poetry: A Note on Ontology,” *The*

World's Body, New York: Scribner's, 1938)，收入斯托尔曼前引书，第30—46页；马克斯·伊斯门前引书，第三部分，第2章。对于某种形式的意象派的总体辩护，参见埃兹拉·庞德《漩涡主义》(“Vorticism,” *Fortnightly Review*, CII [September 1, 1914]: 461–471)。对于庞德本人最有名的纯粹诗歌《在地铁站》(人群中幽然浮现的这些脸庞：/ 黝黑湿树枝上的片片花瓣)，[1]T. 汉佐(《阐述者》[*Explicator*]，1953年2月第11期26卷)和J. 埃斯皮(同上，1953年6月第11期59卷)予以了迥然不同的评述。

22-F. 虚构语句。在考察虚构语句的三种理论的可接受性时，我们所遇到的各种逻辑问题，可以归类如下：

(一)可能性理论。针对“冥府三头犬刻耳柏洛斯并不存在于现代科学的世界之中，而是存在于希腊神话的世界之中”这一命题，凡可以说的，威拉德·V. 蒯因已经说了，而且他言简意赅地指出了允许“存在”(或“存在模式”)这一术语有不同语义所带来的不便与累赘。见《逻辑学的方法》(*Methods of Logic*, New York: Holt, 1950)，第200—202页。

(二)证伪理论。罗素的摹状词理论初见于一篇早期论文，即《论指称》(“On Denoting,” *Mind*, N.S., XIV [1905]: 479–493)一文，收入《逻辑与知识》(*Logic and Knowledge*, New York: Macmillan, 1956)一书，以及H. 费格尔和W. 塞拉斯《哲学分析读本》(*Readings in Philosophy Analysis*, New York: Appleton-Century-Crofts, 1949)，第103—115页。另参见W. V. 蒯因前引书第196—208页和第215—224页，以及他的《论何物存在》(“On What There Is,” *Review of*

1　摘自《在地铁站》(“In a Station of the Metro”)，收入埃兹拉·庞德的诗集《人物》(*Personae*)，埃兹拉·庞德1926年版权。经新方向出版公司许可复制使用。

Metaphysics, II [September 1948]: 21–38）一文，收入《逻辑学的视点》（*From a Logical Point of View*, Cambridge, Mass.: Harvard U., 1953），第 1—19 页。罗素讨论了专名能否被视为限定摹状词的缩略式的
441 问题，见《人类的知识》（*Human Knowledge*, New York: Simon and Schuster, 1948），第二部分，第 3 章。在这个地方，罗素还提出：一个专名是"无意义的"，除非存在一个它所命名的对象。证伪理论得到了 A. J. 艾耶尔的支持，见《语言、真理和逻辑》（*Language, Truth and Logic*, 2nd ed., London: Gollancz, 1946），第 44—45 页。

（三）**非述谓理论**。P. F. 斯特劳森对虚构语句的分析，滥觞于《论指称》（"On Referring," *Mind*, LIX [1950]: 320–344）一文；另参见他的《逻辑理论导论》（*Introduction to Logical Theory*, London: Methuen, 1952），第 18 页、第 68—69 页、第 184—192 页。我在本章中对于这一理论的说明，在某方面简化了斯特劳森的理论。"当我们以定冠词起首的'如此这般者'开始一个语句，"斯特劳斯说道，"这表明——而不是陈述——我们正在指称，或意图指称'如此这般者'这一类中的一个特定成员"（《论指称》，第 331 页）。换言之，"美国的首相是一个共和党人"要有真值，它必须满足的条件，不仅是存在一个且只有一个美国首相，而且说出这个语句的人必须是打算用它来指称一个特定的人。我想要说的是，如果这个独一无二的指称对象存在，那么该语句具有完全独立于任何意图或愿望之外的真值，如果不存在，则不具有真值。这可以通过法庭上的判例来证明，因为一个人无意间诋毁了另一人，这是可能的。因此，如果你写一部关于一个赌徒的小说，他家住在曼哈顿西 89 街 1329 号，电话号码是 BO 7–3927，而碰巧的是，恰恰有这么一个人住在那里，并且有着同样的电话号码，那么你便指称了这个人，不管有意还是无意，而且你的故事也就成了

虚假的故事。这就是电话公司为何专门留出一批安全的虚拟号码，并按要求提供给作家们的一个原因。哈尔·罗奇制片公司在 20 世纪 40 年代为《逍遥鬼侣》（*Topper*）系列电影进行了某种宣传活动，其中包括向随机挑选的数百名男子发出了在芳香的粉色信纸上写成的露骨信件；这些信件的署名为“玛丽恩·科比”，这是电影和索恩·史密斯原剧本中女鬼的名字。洛杉矶地区恰巧住着一位名叫玛丽恩·科比的女子，所以她以隐私权受到侵犯和名誉权受到损害为由，起诉了这家制片公司；根据《记者报》（*The Reporter*）1955 年 6 月 30 日报道，她胜诉了，因为“法官认为这些书信对她的提及，确实一目了然，确定无疑”。

斯特劳森的观点得到了 H. L. A. 哈特的支持，见哈特《一个逻辑学家的童话》（“A Logician's Fairy Tale,” *Philosophical Review*, LX [1951]: 198–212）一文。它也接近戈特洛布·弗雷格的观点，见弗雷格《论意义与指称》（“On Sense and Nominatum”）一文，第 123 页（关于参考文献，见本书原第 123 页脚注 4）。试看这个句子：“婚礼后，来宾们吃了龙虾”（称为 S_1）。按照弗雷格的观点，S_1 并不是将“存在一个婚礼”（S_2）作为其“意义”的一部分（也就是说，它并不蕴含 S_2），但是，S_1 确实预设了 S_2，即除非 S_2 为真，否则 S_1 没有“指称”，或指称对象。

在《论预设》（“Presupposing,” *Phil R*, LXIII [1954]: 197–215）一文中，威尔弗雷德·塞拉斯批评了斯特劳森的观点，并提出了另一种微妙的观点取代之。其观点是基于一种这样的区分：尽管小说中的 442
语句是假的——他接受了罗素的摹状词理论，并因而持有虚构语句的证伪理论——但如果说它们是假的，则是不正确的，因为“这是假的”这一陈述只适用于有人下断言的语境。另参见斯特劳森《对塞拉斯先生的回应》(“Reply to Mr. Sellars,” *ibid*., pp. 216–231)一文，在其中，斯特劳森在一定程度上澄清和界定了自己的观点。

非述谓理论似乎也类似于卡尔·布里顿基于不同原因所持的理论，见布里顿《传播》(*Communication*, London: Routledge and Kegan Paul, 1939)，第 10 章。另参见吉尔伯特·赖尔、R. B. 布雷斯韦特和 G. E. 摩尔等人有趣的专题论文集《想象中的对象》(“Imaginary Objects,” *PAS*, Suppl. Vol. XII [1933]: 18–70)。

22-G. 隐性的反思性述谓。持有音乐和绘画的命题论的人(关于参考文献，参见第八章附注 20-B)，也持有一种这样的观点，即一些文学作品，如果不是全部的话，包括隐性的反思性述谓。似乎没人坚持这样一种立场：文学中存在着隐性的反思性述谓，而非语言类艺术中不存在任何命题。

在提出文学作品包含“真值主张”时，莫里斯·韦兹所表达的部分意思(虽然不是全部意思)是，它们都包含述谓；参见其《艺术哲学》(*Philosophy of the Arts*, Cambridge, Mass.: Harvard U., 1950)，第 8 章，收入埃里西奥·维瓦斯和莫瑞·克里格所编《美学的问题》(*The Problems of Aesthetics*, New York: Rinehart, 1953)， 第 590—604 页；该书基于一篇早期论文，即《艺术揭示真理吗?》(“Does Art Tell the Truth?” *Phil and Phen Res*, III [March 1943]: 338–348)一文，雷蒙德·霍克斯特拉在《艺术与真理：对韦兹先生的回应》(“Art and Truth: in Reply to Mr. Weitz,” *ibid*., V [March 1945]: 365–378)一文中，对此文进行了批评，韦兹进而在《艺术的逻辑：驳霍克斯特拉博士》(“The Logic of Art: A Rejoinder to Dr. Hoekstra,” *ibid*., V [March 1945]: 378–384)一文中予以了回应。韦兹的立场是：“二阶意义”(或“深层意义”)是“指称性的”，并且“隐含”于“情感性”的“一阶意

义”之中。在这里，“隐含”的意思似乎就是我所说的“暗含”，但韦兹对理查德·赖特《土著之子》的“深层意义”（隐性反思）的分析，似乎表明，“一阶意义”（显性报告）不可能是纯粹情感性的，否则它们不可能暗含反思。

瑞恰慈的伪陈述理论（关于参考文献，参见前面第三章附注 9-B），似乎在部分程度上否认了文学作品可以包含隐性的反思性述谓；曼纽尔·比尔斯基讨论了瑞恰慈的说明中所存在的一些困难，见《瑞恰慈论信念》（“I. A. Richards on Belief,” *Phil and Phen Res*, XII [September 1951]: 105–115）一文。

韦勒克和沃伦（前引书，第 10 章）对文学中关于观念的一些问题予以了评述。

22-H．诗歌与神话。近年来受到一定关注的另一种观点认为，通过与神话相比较，诗歌的认知层面便得到了澄清。这一理论以不同方式提出：伟大文学作为观念之载体的方式，与神话蕴含一种文化对于宇宙或其宗教的一般观点的方式，有着异曲同工之处；诗歌以某种方式生长于原始的思维方式和理解方式，在现存的神话中，可以最清楚、最直接地看到这一点。这种观点得到了恩斯特·卡西尔的有效辩护；参见《语言与神话》（*Language and Myth*, trans. By Susanne Langer, New York: Harper, 1946），第 6 章，卡西尔在此处提出：存在一种原始的“隐喻思维”，它体现于“根隐喻”之中，并且与诗歌中心灵的“自我启示”紧密相连。苏珊·朗格对卡西尔的理论进行了修正和发展，见《哲学新解》（*Philosophy in a New Key*, Cambridge, Mass.: Harvard U., 1942）（纽约蒙特书屋 1948 年另收录），第 6 章和第 7 章：神话是一种“非推理性符号”；“神话所能达到的最高发展阶段，是呈现史诗所揭示的人类生活和宇宙秩序”（蒙特书屋版，第 163—164 页）。 443

在《理论人类学》（*Theoretical Anthropology*, New York: Columbia U., 1953）（第 10 章）中，戴维 · 比德尼对各种神话观，以及它们的证据支撑，进行了极其出色的检查，他提出："诗歌、神话和宗教信仰不应相互简约，或彼此等同。"（第 313 页）在《神话的探寻》（*Quest for Myth*, Baton Rouge, La.: Louisiana State U., 1949）中，理查德 · 蔡斯给出了一种极好的历史说明，但他并没有为他的主要论题做出令人信服的论述，甚或做出真正明晰的表述；他的主要论题明显是：神话是文学（第 vi 页），而文学——所有或某些？——则包含神话。

22-I. **悲剧**。存在很多与这个术语相关的谜题；在审慎处理这些谜题的过程中，某些原则是有帮助的。我们可以尝试收集所有被作者或其他人称为"悲剧"的戏剧和小说，并询问它们有什么共性，如果重要的话，或者询问它们是否属于某些具有显著差异的大类，诸如希腊悲剧和伊丽莎白时期悲剧。我们可以询问，是否有可能析出和描述一些事件系列所具有而另一些事件系列所没有的某种特殊的区域性质——将"悲剧性"作为这一性质的名称，而不是作为具有这一性质的事件所引起的一种情感的名称——并探讨：（1）将"悲剧性"一词局限于这一性质，这是否存在某种普遍性的共识，以及（2）那些更随意地使用这一语词的人，能否被劝服采取这种用法。例如，我们可能会说，一连串纯粹的灾祸并不是悲剧，除非人物在一定程度上是可敬的，并与厄运顽强抗争。如果我们认为传统的悲剧"理论"（诸如黑格尔、尼采、叔本华的理论，特别是亚里士多德在《诗学》中对悲剧人物和情景的分析）是试图发现一部文学作品的世界中有什么特征倾向于让它的情节具有某种悲剧性，它们就成为经验性的和可验证的；虽然，毫无疑问，这并不是这些思想家的全部思想，甚至在某些情况下，这不
444 是他们的主要思想。

关于悲剧的一些当代讨论，参见：苏珊·朗格《感受与形式》(*Feeling and Form*, New York: Scribner's, 1953)，第17章和第19章；保罗·古德曼《文学结构》(*The Structure of Literature*, New York: Noonday, 1954)，第2章；吉尔伯特·莫瑞《诗歌中的古典传统》(*The Classical Tradition in Poetry*, Cambridge: Harvard U., 1927)，第3章；拉塞尔斯·阿伯克龙比《诗论》(*The Theory of Poetry*, London: Secker, 1924)，第二部分，第4章；弗兰西斯·弗格森《戏剧的观念》(*The Idea of a Theatre*, Princeton, N.J.: Princeton U., 1949)(纽约加登市铁锚图书出版社1953年再版)，第1章(很多内容收入海曼前引书，第317—337页)，以及附录；阿勒代斯·尼科尔《戏剧理论》(*The Theory of Drama*, New York: Crowell, 1931)，第2章，第84—102页；T. R. 亨《悲剧的收获》(*The Harvest of Tragedy*, London: Methuen, 1956)(其论点在第2章有概括)；尤娜·埃利斯-弗莫尔《戏剧的疆界》(*The Frontiers of Drama*, 3rd ed., London: Methuen, 1948)，第7章。

在关于悲剧的反复争论中，有一个争论是关于在20世纪创作悲剧的可能性。这个争论虽然有时成为语言的问题，但它牵涉经验性的问题。在《现代人的情绪》(*The Modern Temper*, New York: Harcourt, Brace, 1929)(第5章)中，约瑟夫·W. 克鲁奇提出：严格说来，悲剧在"自然主义"的年代是不可能的，他认为自然主义必然会否定人类的独特性和潜在的高贵性；当"悲剧"一词用于易卜生、斯特林堡，或者用于现代美国戏剧，诸如尤金·奥尼尔《厄勒克特拉悲悼》、阿瑟·米勒《推销员之死》、田纳西·威廉斯《玻璃动物园》，等等，它就是语词的误用；它们的"忧郁感"(第118页)被认为与莎士比亚和埃斯库罗斯的精神欢愉背道而驰。A. R. 汤普森进一步发展了同一种观点，他提出，哲学意义上的自然主义，心理学意义上的决定论，以及民主的平等主义，这些都对戏剧造成了破坏，从而将悲剧的升华转化为悲观主义和绝望：见汤普森《现代悲剧的困境》（"The Dilemma of Modern Tragedy"）一文，收入诺曼·弗尔斯特主编《人文主义与美国》（*Humanism and America*, New York: Farrar and Rinehart, 1930）（另参见罗伯特·谢弗在此书中的《一部美国悲剧》["An American Tragedy"] 一文）。R. P. 布莱克默对汤普森和谢弗予以了回应，见《论人文学科》（"The Discipline of Humanism"）一文，收入 C. H. 格拉顿主编《人文批判》（*The Critique of Humanism*, New York: Brewer and Warren, 1930）。在其《戏剧选》（*Collected Plays*, New York: Viking, 1957）的序言（第 27—36 页）中，阿瑟·米勒为悲剧英雄威利·洛曼所做的辩护，颇是有趣，且意味深长。

22-J. **喜剧**。存在很多关于喜剧或幽默的本质的有趣问题，但要厘清它们并不容易。例如，"是什么令我们发笑？"这个问题一定区别于"是否存在一种迥异的可等同于喜剧性或幽默性的文学区域性质？"以及"这种性质如果存在，其知觉条件是什么？"等问题。在《笑论》（*Argument of Laughter*, Cambridge, Eng.: Melbourne U., 1951）中，D. H. 门罗对主要的喜剧理论进行了极好的系统性的考察和批评讨论，
445 其中既有笑的解释，也有喜剧性的知觉条件的概括；他把这些喜剧理论分为四种主要类型。詹姆斯·费布尔曼《喜剧颂歌》（*In Praise of Comedy*, London: Allen and Unwin, 1939）是另一部令人受益的概述性著作。J. C. 弗劳格尔检查了各种心理学研究，并提供了一份很好的参考文献，见《幽默与笑声》（"Humor and Laughter"）一文，收入加德纳·林齐所编《社会心理学手册》（*Handbook of Social Psychology*, Cambridge, Mass.: Addison-Wesley, 1954），第二册，第 709—734 页。另参见：柏格森《笑论》（*Laughter*, trans. By C. Brereton and F.

Rothwell, New York: Macmillan, 1911)；马克斯·伊斯门《幽默感》(*The Sense of Humor*, New York: Scribner's, 1921)；马克斯·伊斯门《笑的享受》(*Enjoyment of Laughter*, New York: Simon and Schuster, 1936)；苏珊·朗格前引书，第 3 章；欧内斯特·克里斯《艺术中的精神分析探索》(*Psychoanalytic Explorations in Art*, New York: International Universities, 1952)，第 4 章；阿尔伯特·拉普《诙谐与幽默的起源》(*The Origins of Wit and Humor*, New York: Dutton, 1951)。

§ 23

23-A．虚构作品的本质。(一)阿诺德·伊森伯格令人信服地指出，虚构和非虚构的区分在于读者的态度，见其《语言的审美功能》("The Esthetic Function of Language," *J Phil*, XLVI [1949]: 5–20)一文；然而，他的很多要点，是与客观主义的区分相兼容的。

较好的全面讨论，参见玛格丽特·麦克唐纳德和迈克尔·斯克里文的专题论文集《小说的语言》("The Language of Fiction," *PAS*, Suppl. Vol. XXVIII [1954]: 165–196)。

在《论何物存在》("On What There Is," *PAS*, Suppl. Vol. XXV [1950]: esp. 127)(另见 W. V. 蒯因的回应，第 153—154 页)这篇专题论文中，P.T. 吉奇区分了一般语词(general words)的两种"用法"，即作为主词和谓词。如果说"一只狗在追逐我的猫"，那就是用"狗"作主词，"表示"一只狗；由此，我们可以询问："哪只狗？"如果说"斯波特是一只狗"，那就是用"狗"作谓词；我们不能询问："哪只狗？"因此，吉奇的结论是，如果说"飞马珀加索斯不像伊奥罗那样真实"，这是在陈述专名的两种用法之间的一个区别："伊奥罗"用于"命名"，而“珀加索斯”的使用“只是为了讲故事”。但是，吉奇并不对“讲故事”加以分析；而且，诸如“狗”这样的语词，在小说中既被用作（吉奇所说的意义上的）的主词，也被用作谓词；这样，它们怎么不能被用来命名呢？

（二）断言。金斯利·布莱克·普赖斯令人信服地指出，文学作品并不是断言性的，参见《艺术作品是符号吗？》（“Is the Work of Art a Symbol?,” *J Phil*, L [1953]: 485–503），特别是第491—496页；然而，当他说“我们阅读一本书时所处的语境，并不提供这样一种对待它的方式，这种方式构成了它的断言性用法”（第491页），我并不确定他是完全正确的，因为，如果有人受到《太阳照常升起》的影响而相信一战后的那代人万念俱灰，这就明显构成了一种普赖斯意义上的断言性用法。

吉尔伯特·赖尔的建议，即我们在小说中既不使用也不提及，而
446 是佯装使用语言，并没有充分展开，但它似乎是非断言理论，见《“如果”“所以”和“因为”》（“ ‘If,’ ‘So,’ and ‘Because’”）一文，收入马克斯·布莱克所编《哲学分析》（*Philosophical Analysis*, Ithaca, N.Y.: Cornell U., 1950），第323—340页。

C. S. 刘易斯指出一首诗在某些方面独立于语用学语境，见其《个人邪说》（*The Personal Heresy*, New York: Oxford U., 1939），第115—116页。

参见菲利普·西德尼爵士《诗辩》（*Defence of Poesie*, 1594）中常被援引的一句话：“对于诗人而言，他从不肯定任何事情，所以他从不说谎。”柏拉图的对话录《伊安篇》可被理解为非断言论一种早期的反讽性表述；苏格拉底对这位游吟诗人的最后一问，即“你更喜欢别人怎么想你，不诚实还是天赐灵感？”，无异于说，“要么你在撒谎，要么

你没有做出任何断言”（压根儿没有你所声称拥有的知识），而伊安选择了后者，就像西德尼那样。

非断言论使小说无比接近于哲学家们经常讨论的那个奇怪的小公式，这个公式是 G. E. 摩尔最先让他们注意到的，即：“*P*，但我不相信 *P*”，例如，“太阳光芒万丈，但我不相信它。”在关于这类语句的饶有兴味的讨论中，马克斯·布莱克争辩说，诸如此类的语句毫无用处，而且它们不下任何断言，见《言说与不信》（“Saying and Disbelieving,” *Analysis*, XIII [December 1952]: 25–33）一文。布莱克认为，正如“我高两英尺”这个实际上没人说的句子，“太阳光芒万丈，但我不相信它”这个句子是语言的一种误用，尽管不是自相矛盾的。讲故事是被称为语言的一种“虚构用法”，还是被否认是一种用法，这也许是无关紧要的；无论如何，存在着一种极其相近的类似。

> “孩子们，很久以前，”我们可能会说，“我被食人族抓住吃掉了……”
>
> 孩子们打断我，问道：“爸爸，真的是那样吗？”
>
> “不是，当然不是真的；但是，他们把我吃掉后，他们所有人都围坐成一圈……”

莫里斯·韦兹争辩说，文学中的隐性反思是断言性的；在《土著之子》中，赖特“宣称人类仅有的自由是毁灭的自由，先毁灭他人，最后毁灭自己”；但是，断言的诸条件是未经分析的。关于参考文献，见前文附注 22-G。韦兹的观点也被予以了解释，且有普鲁斯特的好例子的支撑。参见《文学中的真理》（“Truth in Literature,” *Revue Internationale de Philosophic*, IX [1955]: 1–14）一文，韦兹在其中仍然使用了“真理主张”一词，而且没有将文学的两个问题区分开来：文学是否包含述谓？文学是否包含断言？

23-B．文学的教化论。我认为柏拉图在《斐德罗篇》中是在坚持一种教化论，因为苏格拉底的声明是：虽然一次公正的演说可被用来为错谬的论题辩解，但最伟大的演说，却是为真理性的论题辩解。一批又一批批评家（包括大多数直觉主义者；参见附注 23-F），都坚持
447 一种普遍性的观点，即文学之伟大的一个必要条件是彰显某种值得注意的真理；在这里，我不打算提供这一观点的历史文献；关于参考资料，参见 W. K. 温姆萨特和克林思·布鲁克斯《文学批评简史》（*Literary Criticism: A Short History*, New York: Knopf, 1957）的所有章节。尤其参见约翰逊《莎士比亚戏剧集序言》，以及马修·阿诺德关于华兹华斯的论文，收入《批评文集》（*Essays in Criticism*, New York: Macmillan, 1889）（第 2 辑）。关于这一观点的现代阐述，参见 C. S. 刘易斯的《改邪归正暨论文集》（*Rehabilitations*, New York: Oxford U., 1939），第 26—27 页。刘易斯认为：“每一首诗，若其想象或思想的基础是愚蠢的、肤浅的、乖张的、狭隘的，甚或是错谬的，则会在某种程度上毁于这一事实。”另参见 W. T. 斯泰斯《美的意义》（*The Meaning of Beauty*, London: Richards and Toulmin, 1929），第 2 章和第 10 章。以下作者对文学中的伟大性这一观念予以了讨论：T. M. 格林《艺术与艺术批评》（*The Arts and the Art of Criticism*, Princeton, N.J.: Princeton U., 1940），第 24 章；戴维·戴希斯《诗歌中意义的地位》（*The Place of Meaning in Poetry*, Edinburgh, London: Oliver and Boyd, 1935），第 33—41 页；J. W. R. 珀泽《艺术与真理》（*Art and Truth*, Glasgow, Scot.: Jackson, 1937），第 17 页。

以下作者对教化论予以了批评：T. S. 艾略特，见其《莎士比亚与

塞内加的斯多葛哲学》（"Shakespeare and the Stoicism of Seneca"）一文，收入《艾略特文选》（*Selected Essays*, New York: Harcourt, Brace, 1950）；马克斯·伊斯门，见其《文学的心灵》（*The Literary Mind*, New York: Scribner's, 1931），第三部分，第 4 章。

23-C. 可用性准则。很多文学理论家和批评家提出了一些准则，用以区分能够成为好的文学作品之论题的错误信念和不能成为好的文学作品之论题的错误信念。其中一些准则似乎不太适用；另一些准则则很难与文学作品的文学价值联系起来，即使不是不可能；还有一些准则，经分析发现，它们似乎隐蔽地返回到之真或假的指涉上来。例如，如果说某种错误的哲学是"合理的"，这也许意味它并不是完全错误的。

卡尔·夏皮罗宣称，诗中的学说必须是"真心实意的"（《论诗韵》[*Essay on Rime*, New York: Reynal and Hitchcock, 1945]，第 62 页）；很明显，他的准则是真诚。艾略特在他的著名评论中也采用了同样一种准则，其评论关乎这一点：如果他发现《物性论》实际是但丁所写的"一次拉丁语习作"，他会有什么反应。（参见艾略特在《艾略特文选》中《论但丁》["Dante"] 一文中的注释，第 229—231 页）

在其他地方，在其《诗歌的用途与批评的用途》（*The Use of Poetry and the Use of Criticism*, Cambridge, Mass.: Harvard U., 1933）中《论雪莱与济慈》（"Shelley and Keats"）一文中，艾略特宣称，一种类似于雪莱哲学的哲学，不可能是好诗歌的论题，因为它不是连贯一致的，或者不是"基于经验事实之上的"，或者不是"成熟的"；相反，它是"幼稚的""脆弱的""不成熟的"。在《文学中"具体共相"的结构》（"The Structure of the 'Concrete Universal' in Literature," *PMLA*, LXII [1947]: 262–280）一文中，W. K. 温姆萨特也讨论了成熟的概念：

既存在复杂而有趣的恶，也存在浅薄粗鄙的恶；既存在莎士比亚的安448 东尼，也存在丁尼生《洛克斯利田庄》中的那位年轻人。

在《文学研究》(*A Study of Literature*, Ithaca, N.Y.: Cornell U., 1948)(第 9 章)中，戴维·戴希斯排除了一些学说，它们“极其狭隘或堕落，或者违背文明人所能容忍的任何东西，因而不可能仅仅把它们视为(作家的)纯粹技巧的一部分”(第 220 页)，而且他坚持认为，在错误的观点和“败德的”观点之间，存在着某种重要的区别(第 221 页)。

针对一首诗的学说与它的其他特征之间的一些关系，一些作者予以了解释和说明，参见：艾伦·泰特《哈代的哲学隐喻》(“Hardy's Philosophic Metaphors”)一文，收入《疯癫中的理性》(*Reason in Madness*, New York: Putnam, 1941)，再收入马克·舍勒、约瑟芬·迈尔斯和戈登·麦肯齐合编《论批评》(*Criticism*, New York: Harcourt, Brace, 1948)，第 182—187 页；以及德尔莫尔·施瓦茨《托马斯·哈代的诗歌与信仰》(“Poetry and Belief in Thomas Hardy”)一文，收入罗伯特·W. 斯托尔曼所编《批判与批评论文集》(*Critiques and Essays in Criticism*, New York: Bonald, 1949)，第 334—345 页。

在罗伯特·W. 斯托尔曼主编《批评家札记》(*The Critic's Notebook*, Minneapolis: U. of Minnesota, 1950)(第 7 章)中，可找到一系列鼓舞人心的引文，它们澄清了上述区分，以及其他区分。

关于文学中的信念，以及它对文学价值的影响的诸理论，其一个检验案例是 1948 年的博林根诗歌奖被颁给埃兹拉·庞德。[1] 其时，庞

1 第二次世界大战时，庞德在罗马电台发表了数百次广播讲话，抨击美国的战争行动，赞扬墨索里尼的治国政策，最终于 1943 年被控叛国罪，1944 年为美军所抓，监禁于意大利比萨俘虏营。1945 年他被押往华盛顿受审，后来被宣布精神失常而免于受审。(转下页)

德由于战争期间在意大利发表的广播讲话，而仍然身陷囹圄，但他的精神状态被认为不宜受审。这个奖项在批评家当中掀起了一轮关于庞德的法西斯主义与其《诗章》的激烈讨论，而在这次讨论中，人们表达了所有可能的观点。参见：罗伯特·希利尔《叛国的奇妙收获》（“Treason's Strange Fruit,” *Saturday Review*, June 11, 1949）；威廉·巴雷特《埃兹拉·庞德的奖项》（“A Prize for Ezra Pound,” *Partisan Review*, XVI [1949]: 344–347），以及很多批评家当年在晚些时候所做的评论，第512—522页，第666—672页；詹姆斯·布利希《埃兹拉·庞德的仪典》（“Rituals on Ezra Pound,” *Sewanee Review*, LVIII [1950]: 185–226）；阿奇博尔德·麦克利什《诗与信念》（*Poetry and Opinion*, Urbana, Ill.: U. of Illinois, 1950）。

23-D. 读者的信念。在针对这一主题的讨论中，人们通常援引很多令人惊愕的或者发人深思的言论。例如：瑞恰慈在《科学与诗歌》（见第三章附注9-B）中提及T. S. 艾略特的《荒原》，认为这首诗“实现了其诗歌和所有信念之间的完全断离”；柯勒律治的名言隽语，即“怀疑的自愿暂停构成了诗学信仰”（《文学传记》[*Biographia Literaria*, ed. By J. Shawcross, Oxford: Clarendon, 1907]，第二卷，第14章，第6页；比较作者对于《唐璜》的讨论，第186—189页）。

阿诺德·伊森伯格致力于澄清许多相关的问题，参见其《信念的问题》（“The Problem of Belief,” *JAAC* [March 1955]: 395–407）一文；比较H. D. 艾肯《审美性和认知性之札记》（“Some Notes Concerning the Aesthetic and the Cognitive,” *ibid*.: 378–394）一文；亚历山大·塞

（接上页）从那时起的十几年，庞德是在精神病院中度过的。庞德在关押期间所写的《比萨诗章》，于1949年获得了由美国国会图书馆颁发、由艾略特参与评审的博林根诗歌奖（Bollingen Prize for Poetry），此事一度在美国引起很大争议。——译注

森斯格《艺术中的真理》（“Truth in Art,” *J Phil*, LIII [1956]: 345–354）一文。关于信念的本质与童话之间关系的一些有趣评论，参见约翰·罗纳德·瑞尔·托尔金《论童话》（“On Fairy-Stories”）一文，收入《写给查尔斯·威廉斯的文章》（*Essays Presented to Charles Williams*, New York: Oxford U., 1947），特别参见第 62—63 页。

另参见：W. H. 奥登《公众与已故的威廉·巴特勒·叶芝先生》
449 （“The Public v. the Late Mr. William Butler Yeats”）一文，收入舍勒、迈尔斯和麦肯齐前引书，第 168—172 页；瑞恰慈《实用批评》（*Practical Criticism*, London: Routledge and Kegan Paul, 1929），第三部分，第 7 章，以及《文学批评原理》（*Principles of Literary Criticism*, London: Routledge and Kegan Paul, 1925），第 33—35 章；迈耶·H. 艾布拉姆斯《镜与灯》（*The Mirror and the Lamp*, New York: Oxford U., 1953），第 320—326 页。

R. B. 布雷斯韦特对界定“信念”的各种困难予以了说明，见其《论信念的本质》（“The Nature of Believing,” *PAS*, XXXIII [1932–1933]: 129–146）一文。注意他为“相信”所下定义的循环性：“我相信 *P*”的意思是“我迎合 *P*，并且有一种行动倾向，似乎 *P* 是真的”。但是，*P* 的真值不会给予我任何倾向——它只给予我对于 *P* 的信念；所以，这一定义的第二部分应理解为：“我有一种行动倾向，似乎我相信 *P* 是真的”。另参见 R. B. 布雷斯韦特《信念与行动》（“Belief and Action,” *PAS*, Suppl. Vol. XX [1946]: 1–19）一文。

如果你对“意义”的定义诉诸它与信念的潜在相关性，就像我在第三章所做的那样，或者通过期待来定义“理解”，那么，我们如何能够理解小说的意义却又不相信它，这就成了问题；C. H. 怀特利对这个问题进行了讨论，见其《论理解力》（“On Understanding,” *Mind*, N.S.,

LVIII [1949]: 339–351）一文，特别参考第 349—350 页。小说中一个陈述的意义依赖于它能够被用来影响信念，但是在小说作品的语境下，它不是这么使用的。

23-E. 小说中的合理性。人们经常认为，好的小说一定具有合理性，但这一概念很难分析。它似乎是一种内在的信服力，与逼真性截然不同。后者指不会出现经验性的"错误"，譬如让百花绽放于或群鸟出现于错误的月份，或者对纽约做出不准确的描述，或者弄错时代——提埃坡罗在他的画作《图拉真时期基督徒殉难记》中把一根烟斗塞进了罗马执政官的嘴里（1745 年，布雷西亚圣福斯蒂诺教堂）。罗伯特 · T. 哈里斯认为合理性是重要的，他提出，合理性在于内在的一致性，或者在于"将小说事件归于自然规律之下"；参见《小说中的合理性》（"Plausibility in Fiction," *J Phil*, XLIX [1952]: 5–10）一文。保罗 · 韦尔施（*Phil Rev*, LXII [1953]: 102–107）对这些观点予以了批驳。

小说中貌似真实的人生或生活品质，不应与断言混为一谈；新闻报道是断言式的，但人物通常没有实质性的东西；苏珊 · 朗格很好地说明了这一点，见《感受与形式》（*Feeling and Form*, New York: Scribner's, 1953），第 287—305 页。

23-F. 文学的直觉论。关于一般知识的直觉论，参见第八章附注 21-F。某些作家虽然总体上持一般的艺术直觉论，但也为这种理论在文学中的运用做出了他们的主要贡献。这种运用从未有人说得清楚，但它在很久以前便有迹可循。这种理论的诸元素，早已存在于以下著
作中：柏拉图的《斐德罗篇》表明，诗人虽然是迷狂的，但他的迷狂比 450
普通的迷狂更加神圣；雪莱的《诗辩》（诗歌"突显了事物以前从未被捕捉到的关系"；"一首诗就是表现为永恒真理的生命意象"；但是，

针对诗歌促进人与人之间的同情和理解的作用，雪莱所说的很多话，也能为经验主义者所接受）；华兹华斯 1800 年版《抒情民谣集》的序言（“诗歌是一切知识的气息和更美好的精神”，但同样，诗人“对人性的更多知识，未必是直觉的”）。

威尔伯·M. 厄本阐发了一种诗歌即知识的观点，这种观点总体上是直觉论式的，虽然他有时使用启示论的语言，见《语言与现实》（*Language and Reality*, London: Allen and Unwin, 1939），第 9 章和第 10 章。“洞察式象征”是一种“隐性断言”，其真理并不是从经验上检验的，而是被“证实”的。菲利普·韦尔赖特也提出了一种直觉主义理论，它不像厄本的理论那么重智，而且他通过索福克勒斯和艾略特的阐释而对它进行了说明，见其《燃烧的喷泉》（*The Burning Fountain*, Bloomington, Ind.: Indiana U., 1954），特别是第 4 章，第 13 章，以及第 14—16 页。

在《怀疑与诗歌》（*Scepticism and Poetry*, London: Allen and Unwin, 1937）（特别是第 2 章和第 8 章）中，D. G. 詹姆斯关于诗性真理的理论含糊其辞，摇摆不定，它似乎部分是直觉，部分是启示。“在诗中，诗人力图传达他对于对象的内在统一性和特质的感觉”（第 30 页；另见第 75 页）；诗歌是“想象性的感悟”（第 52 页）；但是，真确性的问题不会出现（第 63 页），诗人不下“断言”（第 67 页）。他详细地批评了理查的观点（第 2 章），但他否认诗歌所给予的东西可以被“称为知识”（第 273 页）。他对济慈于 1817 年 11 月 22 日写给本杰明·贝莱的那封为人所熟知的书信进行了有趣的讨论，但当然，他误读了它（第 190—194 页）。

在《诗歌意象》（*The Poetic Image*, New York: Oxford U., 1947）（第 1 章）中，C. 戴·刘易斯提到了一种“诗性真理”，它“不可证实”，

却“至关重要”，相当于一种生命延续的感觉（第 26—27 页）；按照我们对它的理解，它似乎是直觉主义的一种形式。菲利普·利昂可能是一个直觉主义者，但他对知识的描述，使得它看起来几乎不再是知识，见其《美学知识》（“Aesthetic Knowledge,” *PAS*, XXV [1925]: 199–208）一文，收入埃里西奥·维瓦斯和莫瑞·克里格所编《美学的问题》（*The Problems of Aesthetics*, New York: Rinehart, 1953），第 619—625 页。另参见：H. D. 刘易斯《论诗性真理》（“On Poetic Truth,” *Philosophy*, XXI [1946]: 147–166）一文；欧文·巴菲尔德《诗歌的遣词》（*Poetic Diction*, 2nd ed., London: Faber and Faber, 1952），特别参见第 33 页，第 55—57 页，第 85—88 页，第 144 页；哈罗德·马奇《马塞尔·普鲁斯特的两个世界》（*The Two Worlds of Marcel Proust*, Philadelphia: U. of Pennsylvania, 1948），第 216—228 页，第 246 页；以及卡尔·夏皮罗的一些奇怪言论，见《超越批评》（*Beyond Criticism*, Lincoln, Neb.: U. of Nebraska, 1953），第 22—23 页。

法国象征主义运动的诗人们，特别是像马拉美这样的理论家，在一种不协调的杂糅中，将一种纯粹诗歌的理论（参见上文附注 22-E）和一种直觉主义的诗歌理论结合起来，由此，他们意欲通过感性意象而唤起一种超自然的经验，从而洞达一个理想美的世界。参见 C. 451
M. 鲍勒《象征主义的遗产》（*The Heritage of Symbolism*, New York: Macmillan, 1943），第 1 章；另参见埃德蒙·威尔逊《阿克瑟尔的城堡》（*Axel's Castle,* New York: Scribner's, 1931），第 1 章，特别是第 11 22 页。

关于文学与科学的关系，参见马克斯·伊斯门前引书，第四部分，第 3 章。

23-G. 释义问题。文学作品能否或者在什么程度上能够被释义，几个作者对这个问题予以了讨论。克林思·布鲁克斯对可释义性持反对态度，见《精制的瓮》(*The Well Wrought Urn*, New York: Reynal and Hitchcock, 1947)，第 11 章、附录二，以及第 217—218 页。保罗·亨利则争辩说，隐喻是对一门语言具有经验意义的资源加以延展的一种特殊方式，因而是不可从字面上释义的，见其《意义的问题》("The Problem of Meaning," *Proceedings and Addresses of the American Philosophical Association*, XXVII [1954]: 24–39)一文。他通过肖似指号的概念(见第七章附注 18-I)对隐喻进行了分析：修饰语指称一个对象，而这个对象是隐喻义的一个肖似指号(在"我们被征召的尘埃的永恒精神"中，比方说，征兵成为临时服役的肖似指号)。

倾向于另一边的是：威尔伯·M. 厄本前引书，第 422—440 页；露丝·赫施贝格尔《隐喻的结构》("The Structure of Metaphor," *Kenyon Review*, V [1943]: 433–443)一文；C. S. 刘易斯《布拉斯佩尔与弗拉兰斯菲尔》("Bluspels and Flalansferes")一文，收入《改邪归正暨论文集》(*Rehabilitations*)，第 135—158 页。

在斯蒂芬·J. 布朗看来，圣托马斯(《神学大全》第三集第十问第十条第六点释疑[1])在文本中也表达了大同小异的观念，即隐喻句无法用于演绎推理；当《圣经》说"*A* 是 *X*"，而"*X*"是隐喻性的，那么，就无法通过大前提"所有 *X* 是 *Y*"而将 *A* 归于作为"*X*"的种属的"*Y*"之下。参见布朗《意象的世界》(*The World of Imagery*, London: Routledge and Kegan Paul, 1927)，第 9 章。

23-H. 文学批评的范畴。在这一点上，在我们讨论关于文学作品

1 作者的原文是"3ª pars Q. X a. 10 ad 6ᵐ"，按照《神学大全》的体例，这理应是"第三集第十问第十条第六点释疑"之意，但在《神学大全》第三集第十问第十条中，只有四点，并没有六点，因此此处疑为作者讹误。——译注

的规范性陈述或价值判断之前，梳理一下我们所做出的各种区分也许是有帮助的。我们已经整理出以下类型的关于文学的非规范性陈述。问题是，是否还存在批评家针对文学所做出的其他非规范性陈述，而在此处，无法为它们提供它们所专属的范畴。

一、描述：关于文学作品本身特征的陈述

（一）关于作品声音的陈述（"它很刺耳""它是抑扬格五音步"）

（二）关于音义关系的陈述（"这首诗愤怒的语调表现为短句和爆破音节"） 452

（三）关于意义的陈述

1. 关于基本意义的陈述（"在 18 世纪，'Gale' 乃 '徐徐和风' 之意"）

2. 关于复杂意义的陈述

（1）关于肌质的陈述

① 特定内核，即阐述性陈述（"'被征召的尘埃' 意味着肉体受灵魂统辖"）

② 重复特征，即关于风格的陈述（"它有一种恬淡、朴素、直接的风格"）

（2）关于主题或作品世界的陈述

① 关于作品中的人、物和事件的陈述

甲：显性陈述（"她死了"）

乙：隐性陈述：阐析型陈述（"她一定伤心欲绝"）

② 关于人、物和事件之间关系的陈述：结构性陈述（"它有一种飘忽不定的视点""它有三个主要高潮"）

二、关于作品对真实世界的指称的阐释性陈述

（一）关于作品主题或作品中某个象征符号的意义的陈述（“这栋房屋成为失意人生的象征”“这是一个关于失意人生的故事”）

（二）关于作品的论题或学说内容的陈述（“它认为世界已彻底
453 迷失了爱”“这是一部和平主义小说”）

第十章 批评评价

我们现在所要讨论的问题已经一拖再拖，希望能找到一种审慎周到的方法，让它们更易于解决。它们是我们在评价审美对象，也就是对其做出规范性陈述时所产生的问题。在余下三章，我们将探究有什么能够成为断定或相信批评性的价值判断的好理由。

举例而言，在一部极好的关于毕加索的著作中，作者们对毕加索划时代的画作《阿维尼翁的少女》(1907年，纽约现代艺术博物馆)做出了如下评价：

> 《阿维尼翁的少女》这一幅被如此频繁地描述和阐释的伟大油画，是某种原始视域的具体呈现，而且它指向了绘画的审美基础和技术过程中的根本改变，从这方面来说，它是至关重要的。但这幅作品本身经不起仔细的检查，因为它的笔触是仓促的，色彩是令人不快的，整体构图是混乱的，存在着对效果的过度关注和过多的人物姿势……事实上，这幅名画之所以影响深远，是因为它所预示的东西，而不是因为它所实现的东西。[1]

首先，要注意的是，他们区分了看待绘画的两种方式：一是它作为绘

1 参见弗兰克·埃尔加和罗伯特·梅拉德的《毕加索》(*Picasso*, trans. by Francis Scarfe, New York-Praeger, 1956)，第56—58页。

画史或毕加索风格的发展史中的一个事件而具有的意义，二是它纯乎作为一个审美对象而“本身”具有的价值。他们宣称，从第二种方
454 式看，这不是一幅出色的画作，而他们给出了以下理由：(1)“笔触是仓促的”，(2)“色彩是令人不快的”，(3)“构图是混乱的”，(4)“存在着对效果的过度关注”，(5)“过多的人物姿势”。第(4)点理由不太清楚，也许第(4)点和第(5)点理由实际上是一回事。

对于这个论证，我们可能会同时想到几个问题。首先，这些理由被认为支持的批评判断是什么？它的表述较为随意：“这幅作品经不起仔细的检查。”我们不能确切地说这做出了什么判断，但很有可能它至少是一种模糊的比较：毕加索后来发展了这幅画的风格，并以这种风格画出了更好的画作，诸如《格尔尼卡》(1937年，纽约现代艺术博物馆)。第二，为什么仓促的笔触必然是糟糕的笔触？如果“仓促”纯粹是指画家所耗费的时间，那么伦勃朗、保罗·克利和毕加索本人难道没有出色的仓促笔触吗？或者，“仓促”所指的并不是绘画行为，而是绘画本身的某些特征？第三，为什么“令人不快的”色彩，“混乱的”构图或者过多的“人物姿势”必然是一幅画作的瑕疵？举例而言，这幅画的欣赏者为何不能回答说，除非人物摆出那些奇怪和浮夸的姿势，否则这幅画中的盎然意趣——其仪式化的僵硬和戏剧张力的独特结合——将不复存在？虽然作者们没有把它评为毕加索最伟大的作品之一，但是他们肯定愿意承认它的某种价值，而事实上，很难理解的是，它如何能够具有重大的历史意义，如果它不够出色，不足以呈现这样一种风格的可能性的话？

这段话提出了更终极的关乎批评本身的目的的问题。对毕加索的绘画做出这种判断，是为了服务于什么好的目的？一些批评家认为，他们的本职工作仅仅是描述和阐释，由此帮助我们最充分地熟悉

一个审美对象的复杂性。一些批评家认为，他们理应补充一份关于其本人好恶的程度的简短报告，并做出一个关于他人的可能反应的预测——“我不是垂钓者，但是钓鱼爱好者将会喜欢这本书”。另一些批评家则觉得，有必要通过某种更加客观的方式，绝对的或比较的，来评定作品的等级。鲍斯韦尔宣称，在约翰逊给友人兰顿的一长串书单（虽已拟订，却从未实施）中，存在如下内容：

> 一份《旁观者》《闲谈者》和《卫报》的列表，按数字划分为六级价值，其中有注释给出了褒贬的理由。[1]

这是一份令人感兴趣的文件，一个关于评判式或评价式批评的最极端的例子，它像对待肉类、烟草或学生那样，对审美对象评级分类。哪 455
怕在原则上诸如此类的计划是否可行，这将是我们下文所要探讨的问题之一。

规范性的问题最好谨慎处理。我们将首先概括批评家实际上给出的典型理由，对它们进行分类，并对它们进行初步的逻辑检查，看看在我们直面这些问题之前，可以在多大程度上澄清之和简化之。

§24 理由和判断

批评评价的论证，可以压缩为如下公式：

---

1 《约翰逊传》(*Life of Johnson*, Oxford Standard ed., New York: Oxford U., 1933)，第二卷，第 619 页。

X 是好的
　坏的
　比 Y 更好或更坏
　　因为……

在这里，X 是任意一种审美对象：诗歌或戏剧，雕塑或奏鸣曲，因此“好”“坏”“更好”和“更坏”等规范性术语被认为是在审美语境下使用的。“因为”一词之后，是判断所需要的理由。它未必是一个盖棺定论式的理由，即它凭本身可以确保结论为真，但是它宣称自己是一个相关的理由，即与其他理由一起，它的真确性对结论有一定的影响。批评家给出了什么种类的理由呢？

存在两组理由，它们可以从其他理由中分离出来，而在这里，我们至少可以暂时搁置它们，因为它们不是我们所关注的问题。第一组由指涉作品的认知层面的理由组成。这样，我们发现前文的批评表达式有时是以诸如此类的方式完成的：

……它是深刻的。
……它述说了某种重要的东西。
……它传达了一种重要的人生观。
……它洞达一个普世性的人类问题。

这些陈述褒扬 X，因为它促进了我们的知识；我们无妨说，这些陈述是我们将一种认知价值归属于 X 所需要的理由。这种价值，我们已经在第八章和第九章中讨论过了。

第二组理由更加混杂：

……它振奋灵魂，鼓舞人心。

……它是有效的社会批判。

……它具有道德教化的作用。

……它促成可欲的社会和政治目标。

……它离经叛道。 456

这些理由，似乎都将道德价值归属于X，或者否认X具有道德价值（最后一个例子），如果我们把可欲的社会效果算作是道德的话。一个审美对象在什么方面可能在道德上是有价值的，这点我们尚未深究，但我们将在第十二章中讨论这一问题。与此同时，如果我们搁置这第二组理由，并从这时候开始，仅仅关注那些非认知的和非道德的理由，这似乎也是合法的。

我们剩下了第三大组理由。它们具有特殊的审美性，正如《阿维尼翁的少女》的判断所需要的那些理由。这些理由进而细分为三小组，每一小组我们都必须谨小慎微地检查。有一些理由指涉审美对象本身的特征：构图是“混乱的”，存在着“过多的姿势”。让我们将这些称为客观性理由（Objective Reasons）。有一些理由指涉对象对感知者产生的影响：色彩是“令人不快的”，也就是给人以不悦的感觉。让我们将这些称为感受性理由（Affective Reasons）。有一些理由则指涉对象的原因和条件，也就是指涉艺术家或其材料：笔触是“仓促的”，如果这意味着它是仓促完成的话；（在画家的脑海中？）存在着“对效果的过度关注”。让我们将这些称为起源性理由（Genetic Reasons）。用“标准”一词来指涉人们在一个批评理由中所诉诸的任何东西，将是很方便的。因此，当批评家将“笔触仓促”作为一个否定性评价的理由，他是在假定一毫不苟的笔触是可取的，因而我会说，他是将笔触的一毫不苟作为标准。

我们现在必须逐一讨论这三组理由，不过是按反向顺序。

起源性理由和感受性理由

如果一个理由指涉先于作品而存在的某种东西，即指涉作品的生产方式，或者它与先在的对象或心理状态的关系，那么我称之为起源性理由：

> ……它实现了(或未能实现)艺术家的意图。
> ……它是成功(或不成功的)表现的一个范例。
> ……它巧夺天工(或粗制滥造)。
> ……它标新立异，别出心裁(或循规蹈矩，平庸无奇)。
> ……它是真诚的(或不真诚的)。

我并不主张在这里讨论所有这些理由，但是我想介绍一些关于它们的普遍观点，并表明可对它们予以什么样的分析。[1]它们提出了许多令人费解的问题，其中的主要问题与意图的概念息息相关。

“安德烈·纪德的《背德者》是一部完美的小说，因为他在其中完全做到了他所要做的事情。”或者，“舒伯特《降B大调第二交响曲》第一乐章逊色于莫扎特的大多数第一乐章，因为舒伯特在其中未能实现他的意图。”这些都是意图主义评价的常见用语。在第一章(§1)中，
457 我们已经讨论了作为描述和阐释的一个标准的意图，但是，这种规范性的作用，却引起了新的问题。它所支持的评价方法，包括两个步骤：

1 更深入的评论，留待本章结尾处的“附注与问题”。

（1）找出创造者想要作品成为什么，（2）确定作品是否实现，或者在多大程度上没有实现创造者的意图。

我想表明，对于批评评价而言，这些起源性的理由，特别是对意图的诉求不可能是好的，也就是不可能是相关而合理的。反对这些理由的论点之核心内容，可予以简要的概括，而在我看来，它是完全决定性的。但是这一概括要令人信服，可能需要某种补充性的评析，因为存在着意图主义标准的几种伪装，以及几种将意图主义标准与其他更令人信服的标准相混淆的手段。然而，基本上而言，这一论点是这样的：（1）在作品本身以外，我们很少能够足够准确地窥知意图，从而能够将作品与意图相比较，并衡量作品的成败。（2）即使我们可以做到这一点，由此产生的判断，也不是对作品的判断，而只是对创作者的判断，这完全不是一回事。

第一点是显而易见的。如果我们没有关于创作者意图的外部证据，我们就没有什么东西可以拿来与作品相比较，而它必然是完全的成功，无论它有多糟糕；或者，更准确地说，“成功”和“失败”这些词语，并不能在严格的意义上适用于作品。关于莎士比亚、弗美尔、伊特鲁里亚的雕塑家、《一千零一夜》的创作者以及古老民谣的作曲家的意图，我们根本没有任何证据，除了他们留给我们的作品。如果意图的实现与否是价值的唯一检验标准，那么我们根本无法评价这些作品，因而也无从知道它们是好是坏。

但假设我们确实拥有某种外在证据；在目前绝大多数情况下，要让我们能够胸有成竹地断定作品不能充分实现意图，它肯定是远远不够的。我们首先要注意，证据要有多充分才行。如果一个人告诉我们，他要去打保龄球，我们就能推断他的意图，因为我们可以假定大多数保龄球手都有相同的意图，那就是尽可能得高分。这是一个有固定目标（即 300 分）的标准化任务；它可以反复设定，并用言语来充分表述。一个射箭运动员或台球运动员也能够准确而清晰地指出他的目标。但是，如果一个诗人要在他的诗歌之外用言语告诉我们他想写的诗歌确切是什么样子，这则是一件全然不同的事情。此外，保龄球手的那种任务，可能自始而终受到一个单一意图的控制，因此从这个意义上说，它是有局限性的。但是，创作协奏曲是一种这样的行为，在其中，诸意图不断变化和发展；这样的话，成品要比较的是哪一个意
458 图？而即便是一个伶牙俐齿的作曲家，他如何能够通过言语来准确地描述那个意图，从而使得比较成为可能？

必须承认，仍然存在一个小小的区域，在其中，进行某种比较是可能的。在一位画家选择画布和打开颜料时，他可能对我们说，他要画的图画将是欢快和轻松的，而如果他不知道该如何安排局部条件——形状和色彩——以使它们具有这种区域性质，他则可能无法完全实现这一目标。当然，如果他是一位好画家，在他不经意间瞥见了另外一些令他更感兴趣的可能性之后，他可能会中途放弃原有的目标。但他最终可能功亏一篑，而我们也可能发现这一点。或者，一位作家可能告诉我们，他的意图是让他笔下的一个人物成为谜一般的人物，或者一个不卑不亢的悲情人物，或者一个高贵的人物，而他可能无力塑造诸如此类的人物，从而无力阻止他们陷入矛盾或惺惺作态之中。但是，很少有创作者在笔记和自传中给我们留下如此具体的记录。我们并不知道舒伯特是否一开始就酝酿了一首降 B 调交响曲，并希望它在某个重要方面区别于最终写成的交响曲。而如果我们说，它并非成功之作，因为它达不到我们所期待的样子，那么，我们不是在说，舒伯特确实谋划更好的东西，而是在说，他本应这么做，却没有做。

第二点完全独立于第一点。如果我们能够确定纪德成功地实现

了他的意图——比方说，如果我们从他的言语中得知他对自己的小说很满意——我们并不是在进一步对这部作品做出评价，因为它是否值得谋划这个问题马上出现了。纪德也许满意了，但是这并不意味着我们也必须满意；反言之，门德尔松从来都不满意他的《A大调（意大利）交响曲》（作品90号），但是许多听众都满意。如果有人完成了一项艰巨的任务，比如在瓶子里造船，我们会称赞他的能力或技能，即使我们暗自认为他是在浪费时间。当我们说“巧夺天工”，这是对生产者的判断，在逻辑上与产品是好是坏的问题无关。不幸的是，如此众多的语词遮蔽了这一区分，例如“错误”一词。假如一个批评家在一幅画中注意到了一些看似随意的线条，或者异常变形的图形，他想知道是否要褒扬它们，于是他询问它们是否是一个“错误”。现在，如果这意味着“它们是有意为之的吗？画家是否手误？”那么问题就是，画家是否是一个笨拙之人：简言之，他是否值得褒扬。但是，批评家感兴趣的也许是另一个问题：这一线条或图形能否通过它对作品中那些有价值的和可欲的特征的贡献或破坏而合理化；比方说，不予以歪曲变形的话，这个图形的精神性或美感就会降低。这是一个不同的问题，因为一位笨拙的画家可能偶有神来之笔，而一位大画家可能会刻意地、颇费苦心地画出一条线条来破坏他的图画。有人说，如果布莱 459
克当时用更多的技巧来制作木版画，其木版画最有价值的特质，反而有可能遭到削弱。

当我们牢记对创造者的判断和对受造者的判断之间的区别，当我们保持“意图”的一种明晰语义，那么支持意图主义方法的似是而非的诸论点，则不值一驳；事实证明，要么对意图的诉求无关乎评价，要么对意图的明显诉求是对其他某种非起源性的标准的隐秘诉求。然而，在我们结束起源性理由的讨论之前，也许我们应当对另一个标准予以简要的考察。这个标准的支脉确实复杂和微妙，它就是：原创性。

艺术中的原创性一般被认为是个好东西；问题是，为什么。首先，我们要注意，它在严格意义上是起源性的：说一个对象是原创性的，就是说它在被创作的时候，在某个突出的方面区别于当时创造者所知的存在的其他东西。从这一严格意义上说，原创性显然与价值没有关系：这个对象可能是原创性的和美好的，也可能是原创性的和糟糕的。卡拉瓦乔是有史以来最具原创性的画家之一，但这并不能使他成为最伟大的画家之一。但是，假设我们只关心好的艺术作品——包括卡拉瓦乔的作品——并询问原创性是否只是我们称道它们的众多依据之一。即便是在这里，我们也可以很容易地设置一些测试用例来将原创性与价值区分开。假设海顿的两首交响曲非常相似，而我们并不知道哪一首是他先写的；当我们认定 *A* 是较早的一首曲子，我们是否要断定 *A* 更胜一筹？而当新发现的管乐部分倾向于是 *B* 时，则要做出相反的判断？

重要的是作曲家的原创性，而不是音乐的原创性。我们称道，而且是公正地称道海顿、贝多芬、斯托拉文斯基和巴托克的原创性，如果他们的创作不仅有原创性，而且出色的话。但是，这种推崇是基于某种类似于经济基础的东西，或者是基于公共福利。在某些音乐问世后——在 83 首海顿四重奏和最新统计的 107 首交响曲出现之后——尽管它们在某个音域有着令人难以置信的多样性，我们还是接受了回报递减律。可以说，如果另一位作曲家以原创性的革新来拓宽室内乐和交响乐的音域，而不是在同样的音域内创作，这更多是对我们的审美资源的贡献。为此，我们褒扬他，但从这样的褒扬中，我们不能推断出任何关于作品的好坏的结论，当然，除了在通常情况下，我们不会认为他的原创性是值得褒扬的，除非诸结果是足够有价值的，能够表明原创性的观念值得继续关注。

如果一个理由指涉审美对象对感知者产生的心理效果，我称之为感受性的理由： 460

……它给人以快感（或不给人以快感）。

……它令人兴趣盎然（或沉闷枯燥、单调乏味）。

……它使人激动、感人至深、扣人心弦、振奋人心。

……它有着一种强烈的情感冲击。

批评评价的感受性方法，在于根据作品对批评者本人或他人所产生的或者可能产生的心理效果来判断作品。就像下文所表明的那样，我并不像看待起源性理由那样，认为诸如此类的感受性理由与审美对象的判断无关。这一点说来话长，必须在下一章中予以阐发。在这个阶段，我将只声明，感受性理由本身是不充分的，因为它们缺乏两个重要方面的信息。

首先，如果有人断言，他听了贝多芬《降 E 大调弦乐四重奏》（作品 127 号）的慢乐章，并且它给了他“快感”，或者他提示我们它也会给予我们快感，那么我认为这番话是对这首经典乐曲的弱反应。然而，从一种极其宽泛的、不痛不痒的意义上讲，它确实给予我们快感，正如咸味花生和纵身跃入凉水都给人以快感。因此，我们必须询问，它给人以什么种类的快感，以及这种快感（如果它必须被称为快感的话）是如何区别于其他快感的，并且是如何恰恰从这些区别中获得其特殊性的。而这一研究路径将把我们带到了第二点。这是因为一个感受性的陈述虽然告知了我们作品的效果，但是它并没有从作品中筛选出这一效果所依赖的那些特征。换言之，我们仍然可以询问，这首乐曲有什么东西是给人以快感的，而这东西是其他乐曲所没有的。这条研究路径与第一条研究路径势必是平行的，因为它将会引导我们将这种快感与其他有着不同原因和对象的快感区分开来。

针对其他感受性理由中隐而不显的一般观念——如果作品引起某种强烈的情感反应，它就是好的——也可以提出两个同样的问题。这种情感反应如何区别于通知死讯的电报、汽车失控险丧命、孩子身患重疾或喜结良缘所引起的强烈情感反应？诚然，有一个重要的区别是情感反应的理由必须考虑在内，否则它就不是完整的。审美对象中的什么东西引起了情感反应？也许是我们在经验中所聚焦的某种强烈的区域性质。诚然，正如我们在第一章（§3）中所看到的那样，其中一些感受性术语实际上经常是描述性术语的具有误导性的同义词：它们的意思是对象具有某种较为强烈的区域性质。当然，在这种情况下，理
461 由不再是感受性的，而是客观性的。

客观性理由

如果一个理由指涉作品本身中的某个特征——某种性质或内在关系，或者某一组性质和关系——或者指涉作品与世界之间的某种意义关系，我称之为客观性理由。简言之，一旦描述性陈述或阐释性陈述在批评论证中作为理由而出现，它们将被视为客观性理由。在这里，这个区分可能看起来有些不自然，因为按照一些理论，某些类型的阐释性陈述，诸如“*X* 再现 *Y*”，可以以如此这般的方式进行重新表述，以便指涉作品对其感知者所产生的效果。但是，我还是把阐释与客观性理由放在一起，虽然我并不认为批评家给出的所有客观性理由都是好的理由。

即使我们现在只讨论客观性理由，我们仍然发现它们种类繁多，

所以我们可能自然而然地想知道，是否还可以做出进一步的细分。我认为，当我们对批评理由进行广泛的检查，其中的大多数我们都可以轻而易举地在三大组中找到它们的空间。首先，有一些理由似乎牵涉作品的*统一性*或不统一性之程度：

……它结构紧凑（或结构混乱）。

……它在形式上是完美的（或不完美的）。

……它具有（或缺少）一种关于结构和风格的内在逻辑。

其次，有一些理由似乎牵涉作品的*复杂性*或简单性之程度：

……它立意高远，恢宏大气。

……它对比丰富（或缺少多样性，重复冗余）。

……它幽微而富有想象力（或粗制滥造）。

再者，有一些理由似乎牵涉作品中人类区域性质的*强烈性*，或者强烈性的缺失：

……它充满活力（或死气沉沉）。

……它大气磅礴，色彩鲜明（或纤弱无力，暗淡无光）。

……它是美的（或是丑的）。

……它是温柔的、反讽的、悲惨的、优美的、精致的、富有喜剧色彩的。

前二组理由似乎没有引起我们在讨论“统一性”和“复杂性”这

两个术语时没有注意到的任何难题。很明显，批评家经常明确搬出一件作品的统一性，作为褒扬作品的一个理由，或者假定统一性是个好东西；而我从来没有听说过一种这样的论点，即一件作品之所以是好的，是由于它是杂乱无章的。例如，我在《纽约时报》上读到了以下关于《蓝色狂想曲》的内容：

> 幽默、快乐和感伤都在其中。按照交响曲的标准，这部作品
> 462 的结构并不紧凑，但它极松散的设计反而增添了它的魅力。

我认为，此话的意思不可能是这部作品恰恰由于结构松散而更加出色，而是其独特的性质，即“幽默、快乐和感伤”，可能会被一种更有序的形式所削弱。如果一位批评家说，一件作品之所以是蹩脚的，恰恰是因为它过于统一，那么我认为他说话的语境会表明，他的意思是它太简单了（也就是说，过于缺乏强烈的区域性质）。

也许不那么显的是，批评家经常明确搬出一件作品的复杂性作为褒扬作品的一个理由，或者假定复杂性是一个好东西。有时，批评理论家的谈论似乎表明复杂性是现代批评家发明的，是荷马、维吉尔和贺拉斯等人从未听说过的东西。但是，当人们说一首简单的抒情诗可能是一首好诗，我认为这是因为它可能具有一种高度的统一性以及一种强烈的性质。事实上，某些区域性质只见于相对简单的审美对象——参见詹森的《构图》（插图 1）和《市政寄宿所》（插图 3）——但在这种情况下，我们之所以褒扬它们，并不是由于它们的简单性，而是由于它们的强烈性。

第三组中的理由是最令人费解的。存在以下一类实际理由，似乎是毋庸置疑的：

甲："这幅画很好。"

乙："为何？"

甲："哦，它有着一种永恒的安宁和静谧。"

我认为，此处"永恒的安宁和静谧"指的是一种无处不在的区域性质，正如在其他例子中的那样，而且我（姑且）以同样的方式来理解"美"，尽管在下一章中，我将不得不对这个极其特殊的术语进行更详细的讨论。但是，有一个难题马上出现了。

你可以说——有何依据，我们将在下文考察——一个好的审美对象必须具有*某种*鲜明的性质，而不是一个纯粹的非实体或零点。性质是无关紧要的，只要它是*某种东西*——它可以是悲伤的或欢快的，优美的或粗俗的，温和的或严苛的。但这也许过于宽泛了。我们可以想到一些令人毛骨悚然的或恶心不已的作品——用写实主义手法画出的尸体、亨利·米勒的《北回归线》，或者超现实主义电影《一条安达鲁狗》开头那把切割眼睛的剃刀。这些作品中，就有性质的强烈性，但这并不能让它们成为好作品。这也许是因为，对于正常的人类忍耐力而言，某些性质纯乎是不可观照的，哪怕是一刻一秒，而如果我们能够划分界限的话，则必须排除这些性质。或者，这也许是因为，我们在批评评价中所接受的作为标准的东西，并不是诸如此类的人类区域性质，而是人类身上的那些我们向来崇尚的人类区域性质。在我看来，更有可能的是，在某些作品中，性质的强烈性是在统一性付出太大代价的基础上实现的。这也许就是批评家在宣称《阿维尼翁的少女》"对效果过度关注"时所表达的意思。 463

但是，也许有人争辩说，并不是任何人类区域性质都会被当成褒扬的一个依据，因为有些性质会被援引为贬抑的依据：浮夸、矫揉造作、附庸风雅；一件作品之所以是糟糕的，是因为它花里胡哨、无病呻吟，或多愁善感。诚然，这些术语都是谓词，但不是所有的谓词都指涉积极的知觉性质。一旦诸如此类的特征作为贬抑的依据而被加以援引，我认为它们可以被分析为否定性的。浮夸是伟大性和宏大性的外在形式——它是一首长篇交响乐，有着无与伦比的渐强音——加上一种内在的空洞性，即缺乏活力和丰富性。一首诗中的多愁善感，并不是一种情绪，而是说话人对一种感受的要求，这一感受他并没有在诗歌的肌质和对象中予以戏剧化和呈现。毫无疑问，所有这些语词都过于幽微，因此不能在如此短暂的时间内处理完毕，而且，毫无疑问，它们的意义也变化不定；我让很多问题悬而未决。但是，我认为，只要这些特征是（否定性的）批评评价的标准，它们就不是指涉性质的强烈性，而是指涉强烈性的缺失，或者指涉统一性或复杂性的缺乏：松垮、暗淡、软弱、作品无法兑现承诺、虎头蛇尾，等等。

优点与缺点

现在，假设一位批评家指出讨论中的特定作品的某个特征，由此来支持一个价值判断："如果华兹华斯《颂诗：忆童年而悟不朽》的主题不是那么隐晦，它会更加出色。"这一宣告的形式是在声明，这种隐晦性是这首诗的一个缺点，正如人们可能会说，意象恢宏是它的一个优点。我所说的"缺点"和"优点"，是指破坏或促进其价值的特征：它们分别是有缺陷的，或不良的特征，以及值得称道的，或优良的特征。与此相仿，我们可以说，坚而不硬是苹果的一个优良特征，而长虫子则是苹果的不良特征。

但是，优点和缺点之类的术语提出了一个重要的问题：一个特征能否在一首诗中是一个优点，在另一首诗中是一个缺点（或者优缺点都不是）？或者，将该特征称为一首诗中的一个优点，这是否蕴含，或预设了一个一般性原则，根据这一原则，无论它出现于何处，它都是值得称道的？意象的恢宏性是否总是一个优点，而主题的隐晦性是否总是一个缺点？首先要注意的是，我们并不是在探寻好坏的普遍性条件。如果虫子的活动局限于一个很小的区域，一个长虫的苹果仍有可能是一个好苹果，只要这个苹果具有苹果的其他可欲性质。虫子是一个缺点，但不是一个致命的缺点。因此，一首诗，实际上是《颂诗》本身，可能由于其优良特征而成其为一首伟大的诗，即使它有一些不良特征。因此，如果存在一个一般性原则——其表述为："隐晦的主题总是诗歌中的一个缺点"，或者"恢宏的意象总是诗歌中的一个优点"，那么这个原则并不意味着这些特征要么是诗歌之善的必要条件， 464
要么是诗歌之善的充足条件，它仅仅意味着：在其他条件相同的情况下，它们的在场，会让诗歌变得更好或更差。

一个审美对象的每一个特征，其贡献似乎不能予以原子论式的考察。生活中的许多事情都是如此；正如棒球棒之于棒球，芥末的最大价值取决于法兰克福香肠；可以说，除非二者都在场，否则它就不是野餐的一个优良特征。但这样的话，就存在着一个将棒球棒和野餐联系起来的一般性原则，尽管它并不简单：在有棒球的情况下，棒球棒就是野餐的取乐特征——假定有某些类型的野餐者。与此相仿，我们可以认为，宣称璀璨的意象是一首诗中的优点，就是信奉某个一般性原则，这个原则关于恢弘意象助推诗歌，至少是某些其他特征都在场的诗歌的能力。但是，信奉这样一个原则的存在，当然不意味着能够阐发它。评论家可能拥有一种直觉，即在《颂诗》中，意象的恢宏是一个优良特征，但这样的话，它是否总是这样，或者它这样是否依赖于与其他特征的关系，这就成为一个关键问题。如果我们知道我们所说的“好”是什么意思，正如我希望我们将在下文知道的那样，那么这个问题就成了一个经验性问题。

类似的话，也适用于美术和音乐评论家特别挑选出来予以强调的优点和缺点。例如，深度空间在一些画作中是好东西，而平面空间则在另一些画作中是好东西；不同性质的强烈性取决于它们相互依存的关系。透视法和图形的尺寸-距离关系中的精确性，是一幅皮耶罗·德拉·弗朗西斯卡油画或一幅伦勃朗蚀刻画所需要的，在其中，一旦作品某个部分违背了它，就会带来一种干扰人的不统一性；但在一幅塞尚的静物画或在丁托列托和图卢兹·罗特列克的一些作品中，对这种精确性的违背，却由于以这样的方式而获得的诸性质而成为一个优点。有时，批评家可以一眼看到这些东西，且对自己的感知力信心十足。然而，宣称任一特征在任何作品中都是缺点或优点所要提供的一个充分理由，势必包括一种根据某个一般性原则而做出的关于这一特征的价值贡献的解释，无论它是单独的还是与其他特征相结合。

一个关于一种艺术中的优缺点的原则，我们可以称之为**具体准则**（Specific Canon）。下一个问题是，诸如此类的具体准则是否总能归于**一般准则**（General Canons）之下？这些一般准则并不适用于特定的诗歌，而是适用于所有艺术。例如，假设一位戏剧批评家宣称，某部戏剧的一个缺陷是，行动的发生时间超过了 30 年，因而故事是松散杂乱的。现在，再一次，他无须宣称，一部戏剧的行动越短，它必然越好；他也无须求助于新古典主义法则之一，比如一部戏剧的行动不应超过 24 小时；他也无须宣称，最好的戏剧总是一些这样的戏剧，它们
465 的行动尽可能最短，即与戏剧本身的时间完全相同，诸如本·琼森的《沉默的女人》、易卜生的《博克曼》、田纳西·威廉斯的《热铁皮屋顶上的猫》。但是，如果他的理由受到质疑，他也许可以宣称，在其他条

件相同的情况下，行动的时间越短，戏剧就越倾向于是统一的；而时间越长，就越容易分崩离析。在一些戏剧中，这种倾向性也许会被其他统一性特征所抵消，但遗憾的是，这些特征是目前所讨论的戏剧所缺乏的。这样，这一论证就将把漫长的行动时间归结为一个具体准则之下的一个缺点——“在一部有着众多人物和显著的景物变化，却没有一幕到另一幕的象征性延续的戏剧中，漫长的行动时间是一个不良特征”。但这一论证所做的事情，不止于此，因为它通过宣称漫长的行动时间是不统一性的一个知觉条件，而将戏剧的这个具体准则归于一个更一般的准则之下。因此，一般准则就是某种类似于“不统一性总是审美对象的一个缺点”的东西，或换言之，它类似于“不统一性是审美对象的一个不良特征”。此准则与人们在宣称《阿维尼翁的少女》具有一种“混乱的”构图时所诉求的，是同一个准则。

因此，我们目前对客观性理由所做的分类表明，至少有很多种类的客观性理由可以归于三个一般准则之下：统一性准则、复杂性准则和强烈性准则。换言之，具体准则中所指涉的戏剧、诗歌、绘画和音乐的客观特征，至少有大部分是可以有条件地予以正当化而成为标准的，因为可以说，它们是其所属作品的统一化、复杂化或强烈化的特征，它们或单独发生作用，或与其他特征相结合。

一般准则的运用

下一个问题是：是否**所有**的客观性理由都可以归于这三个准则之下？毫无疑问，这是一个非常大胆的问题，因为考虑到批评语言的微妙性和灵活性，以及某种批评思维的随意性，如果批评家给出的所有客观性理由都可以归于三个标题之下，那几乎是匪夷所思的——除非这些标题足够含糊或笼统，能够涵盖所有的逻辑可能性。但是，让我们看看，如果我们使用心里所想的三重归类法来检查批评推理的一些案例，我们会有什么发现。

在其关于丁尼生《泪水，无用的泪水》的著名论文中，克林思·布鲁克斯将这首诗与《拍岸曲》进行了比较，并解释了他为何断定它远胜千里。[1] 他说道：前者“结构极其紧凑”，而后者则引入了对“豪华游
466 轮”的“不相关的”指涉，因而是“更加混乱的”。在这里，他显然诉诸统一性准则。他说道：后者“亦是一首单薄得多的诗”，并且是“更加粗糙的”；它逃避“对经验的心理学探究”，而前者则由于“对不同素材的想象和把握”而拥有了“丰富性和深刻性”。在这里，他诉诸复杂性准则；在意域和幽微性上，第一首诗都更符合这一准则。他谈到了《泪水，无用的泪水》的“戏剧活力”和“戏剧力量”，并将它与《拍岸曲》相对比，特别称赞了它最后一节的强烈性。而在这里，他是在诉诸强烈性准则。布鲁克斯提出了《泪水，无用的泪水》的开篇悖论是优点还是缺点的问题，但根据他的讨论，他得出的结论是：它对诗歌的复杂性做出了有价值的贡献，而不是削弱了诗歌的统一性。

或者，考虑毕加索《三位音乐家》两个版本的异同比较，其中一个版本收藏于纽约现代艺术博物馆（1921 年），另一个版本收藏于费城艺术博物馆（也是 1921 年）：

> 第一个版本是其中最动人的，也是最凝固的和色彩上最暗淡的。三个人物的图形在宽广的矩形平面上排布，他们的脸部给人一种原始面具的感觉。只有中间的小丑，因其所穿的黄红相间的

1 见《丁尼生诗中哀泣者的动机》（“The Motivation of Tennyson’s Weeper”）一文，收入《精制的瓮》（*The Well Wrought Urn*, New York: Reynal and Hitchcock, 1947），第 153—162 页。

> 格子外衣及其吉他的曲线，为这件阴郁、诡异、神圣的作品增添了一丝欢快，而作品的结构体现了深邃的思想和无与伦比的技艺。另一个版本则是以一种全然不同的精神绘制而成……但是，虽然构图更加多样化，色彩更加悦目，而深度更受侧重，装饰意图也更明显，但是这一变体缺乏此画纽约版的庄严和伟大……虽然更复杂，色彩更鲜艳，这个最终版本既没有另一个版本的简朴性，也没有它那十足的经济性。后者庄严大方的构思令人过目难忘。[1]

在这里，意图主义的痕迹或许可以转化为一个客观性术语——“经济性”。我们在第二章（§6）中看到，它可能意味着线条和形状中的意义多样性，因而是一种复杂性；“深邃的思想和无与伦比的技艺”并不是作为客观性理由而介入，而是对毕加索（当之无愧）的赞扬。我们还剩下什么（没比较）？这两幅画根本不是统一性上的比较；人们理所当然地认为，这两幅画中的构图都是统一的，而这是与被归属于两幅画的高价值息息相关的诸因素之一。这两幅画是复杂性上的比较；费城的那幅画的一个优点是，它更加复杂，更加多样化，装饰细节上更加丰富，而且它具有纽约那幅画所缺乏的深度。但是，根据第三种比较，这个方面被认为是失衡的：纽约的那幅画具有某种难以描述的区域性质，即其“神圣的”阴郁，其“简朴”，其比费城那幅画中的任何区域性质都要强烈得多的“庄严和伟大”；而这被说成是一个相当重要的 467
优点。

如果比较一些讨论音乐的段落，诸如唐纳德·F. 托维著作中的段落，这将很有启发意义，尽管我尚未发现有哪个段落整合了我们刚在

1 埃尔加和罗伯特·梅拉德（Robert Maillard），前引书，第 104—106 页，第 126—129 页。

前文考察过的那么多样的理由。我们可以检查托维对莫扎特《C大调第三十六交响曲（林茨）》（作品425号），或者门德尔松《意大利交响曲》的分析。但是，也许以下段落的比较是合适的：

> 因此，在贝多芬势必会形成一簇简明的新主题的地方，舒伯特倾向于通过发散性发展的过程来弱化和延长他的呈示；而另一方面，舒伯特的发展部确实倾向于形成其主题之一的某个特征，但他的途径是将这一主题转变为一个长时间的对称重复的抒情过程。在其呈示部的任何一点上，德沃夏克倾向于危险的发散性，并在开始他的第二组之前频繁迷失方向，而他的发展部经常只是无休止地重复一个单一的音型，其执着之力度或渐增性，并不比在睡梦中不断呢喃“闪烁，闪烁”的睡鼠强多少。但是，在这些问题中，没有一个是能够通过经验法则而解决的。[1]

在这里，“发散性发展”和“迷失方向”等短语似乎牵涉作品的统一性；“一簇简明的新主题”和“无休止地重复一个单一的音型”似乎牵涉作品的复杂性；“弱化”“抒情”“力度或渐增性”似乎牵涉作品性质的强烈性。托维认为，在考察音乐的价值时，这些方面的考虑是具有相关性的，尽管他当然不是在尝试对这些音乐大师做出最终结论。

因此，这三个准则对许多批评理由予以了支持。在我看来，这并不是由于它们是含糊的，因为它们不会含糊到无法验证和使用的地步，正如我在第四章和第五章中所说的那样。它也不是由于某种使得

1 参见唐纳德·F. 托维的《音乐分析论文集》(*Essays in Musical Analysis*, London: Oxford U., 1935)，第一卷，第13—14页。

这组准则实际上沦为重言式的隐蔽的含混性，比如宣称每个审美对象要么是复杂的，要么是不复杂的。我们很容易编出这三大准则以外的理由，诸如起源性的理由，或者以下理由：

……它是在辛迪加报纸专栏上发表的。

……它讲的是日本的采珠潜水作业。

……它是一个共产党员写的。

只不过，这些恰巧不是好的理由。我们可以找到其他批评表达式，它们乍一看似乎不能归于三大准则之下，例如：

……它是真诚的。

……它具有自发性。

……它违背（或忠于）它的媒介。

……它充分利用了（或未能利用）它的媒介。 468

对于诸如此类的表达式，也许存在一个关于它们的可理解性的初步问题；实际上，我们已经粗略地检查了其中的一些术语。但我相信，经过分析，它们会被发现要么脱离客观理由的范围而陷入意图主义或感受主义，要么与这些准则只有间接的联系。

这一结论的合理性也不是由于一个这样的事实，即这些准则允许随心所欲的合理化。你似乎可以将几乎任何东西合理地解释为一个好的审美对象；当然，它必须拥有对它有利的**某种东西**，且这种东西能够与其中一个准则相关联。现在看来，这种异议是有道理的，而我不认为它是坏事。我们还没有提出审美对象是否可能依据某种量表进行分级的问题；在这一点上，我们只是在询问，如果让一个批评家指出一个审美对象中的优点或不足，他能够睿智地谈论什么，而对于艺术中可以发现的好东西的种类，我们应当鼓励批评家，以及我们自己，持尽可能开放的态度。从这个意义上看，准则的图谋是慷慨大方的，即使它的原则寥寥无几。但与此同时，人们能够指出某些审美对象中的众多缺点，以及严重的，也就是普遍存在的缺点，而在另一些审美对象中，人们只能找到屈指可数的缺点，这仍然是事实；优点，也大同小异。

举例而言，某大学的图书馆有一块匾额，上面写有 W. D. 福尔克的以下诗句：

> 你怎么能把你的生命奉献给肮脏之物
> 当弥尔顿的语调抑扬顿挫，雄辩滔滔，
> 或者莎士比亚叩问你的内心，或者荷马歌唱，
> 或者全心全意的以赛亚唤醒你沉睡的灵魂?

你可能耗时良久来指出这有多糟糕，且你很难发现它有何优点。从统一性的角度来看，它基本上是分崩离析的；当莎士比亚在叩问他的内心，当以赛亚在唤醒他的时候，受众却在把自己的生命奉献给肮脏之物。各个诗人通过“当”一字而被生硬地联系在一起，但是，如果不同的意象细想之下并没有呈现出观念上的一种极度的散漫性，这种杂糅是可以容忍的。从复杂性的角度来看，这首诗毫无幽微性可言；它包含“荷马歌唱”这样的无效空间；在“肮脏”或“叩问”的可能含义中，没有一个被予以处理和阐发，而是都被其他语词所消解了。从其人类区域性质的角度来看，它则是软弱和言不由衷的，即使是作为一种道

德劝诫。而且，它没有合乎节奏的句法或语言上的生命力。华兹华斯的《颂诗》，却非如此。

综上所述，审美对象，无论是听觉的、视觉的还是语言的，其判断可以有意义地诉诸这三个一般性的批评标准，即统一性、复杂性和强烈性。而且，知名的批评家，便时常诉诸这些标准。在我看来，我们 469
甚至可以说，他们所有的具有逻辑相关性的客观理由，都依赖于对这三个基本标准的直接或间接诉求。这也许是一个过于笼统的主张；无论如何，它的阐述足够明确，以至于可能受到攻击或者得到辩护。在下一章中，我们不得不考虑几道可能的“防线”；然而，有一轮严重攻击，是我们先要加以注意的。

§25 批评论证的本质

批评家确实经常为他们的批评评价提供客观理由，这一事实值得注意，因为它表明，批评家将自己的评价视为可以且理应有理由支撑的那种东西。但是，这一事实本身并不能解决关于规范性批评的哲学问题；事实上，它造成了这些问题。这是因为，为一个陈述提供理由，就是宣称任何一个接受这个理由的人都应当接受这一陈述，或者至少倾向于接受它。而这一主张的正当性，必须始终建基于某种根本的推理原则。当有人宣称 P 是 Q 的一个好理由，我们总能够询问为什么——换句话说，是什么让它成为一个好理由。但是，如果不存在诸如此类的正当化原则，那又该如何？在这种情况下，我们理应摒弃批评家认为其判断存在理性证成的主张，并得出结论说，表面上的理由根本不是理由。这将会是一种批评怀疑论。

试看以下微型会话：

甲："这幅画很好。"

乙："为何？"

甲："这是一幅色调微妙，画面生动的风景画，线条也极为细腻。"

正如我们所见，甲对风景画的描述，可能会引起几个问题，而这一推理成功与否，则取决于对它们的充分回答。但是，我们现在关心的是另一点，而且是一个难点。为知道甲的理由是否与他认为这幅画很好的结论是相关的，我们必须知道，"好"在这种语境下是什么意思。即使没有广泛的分析——其中一些分析出现于下文——我们也能轻易地想到"好"所拥有的可能意义，即它在某些语境下可能会被认为拥有的诸意义。其势必使得甲的理由是全然无关的，至少作为一个**理由**是如此，尽管它作为一个评论，最终可能具有某种奇怪的相关性。这一区别可以通过以下会话来说明：

甲："马上会下雨吗？"

乙："你看下天空。"

470 乙的回答并不是问题的答案，但它绝不是答非所问。

因此，我们现在的问题是：在这些审美语境中，何谓"好"和"坏"？但是，"何谓"这个短语可能会引起两种截然不同的探询。一方面，我们可能想知道，批评家在使用其价值术语时真正想表达什么意思，他们被追问时会给出什么定义？他们心照不宣地遵循什么使用规则？结果可能是，这些术语拥有一种较局限的一般意义，或者一组这样的意义；或者，结果可能是，从批评家到批评家，或者从语境到语境，它们也许具有一种易变的意义，而这样的话，我们只能试图指出词义变化的范围，并提供在特定语境中寻找它的技巧。但还有第二个问题：我们也许想知道，批评家可能是在表达什么意思，如果可以说，不仅考虑到他们的"所思所想"，而且考虑到那些关于规范性判断提供理由支撑的整个程序的逻辑学和认识论问题的话。这样，可想而知，我们也许会得出结论说，批评家并不能成功地将任何明晰的意义归结于他们的规范性术语，例如"好"。或者，情况也许是这样：为使我们的批评评价有说服力，我们必须以某种方式使用"好"一词，而这种方式使得这些评价无法得到客观陈述的支持。

在接下来的一章中，我们将考察某些关于（审美语境中的）"好"这个词的用法、可能用法或应然用法的系统性说明。但在我们处理它们之前，我们必须先进行一次初步的探究。某些哲学家已经从根本上抨击了批评推理或提供理由的程序。他们认为，要么没有任何批评判断可予以理性的辩护，要么只有为数不多的几种判断可予以理性的辩护。我们现在必须处理的，就是这些怀疑和质疑。

存在两种关于（审美语境中的）"好"的意义的理论，它们表明上一节所讨论的所谓批评论证，根本不是真正意义上的论证。根据这些理论，"这是统一的"与"这是好的"的关系，不可能像人们通常认为的那样，是理由与结论的关系。我们必须小心翼翼地考察这两种理论，但是如果我们先想起推理的几个一般特征，这些理论的意义就会更加清楚。

今天，几乎所有人都同意，归根结底只有两种基本的论证类型，即演绎和归纳。日常语言及批评家的著述之中所提出和接受的论证，从逻辑角度看，大多是不完整的。例如：

这是统一的；
因此，这是好的。

就其本身而言，这就是一种不合逻辑的推论（*non sequitur*）。但逻辑学家的观点是：诸如此类的论证，其逻辑力，即其说服力，被认为源于
471 各方在讨论中所心照不宣地假设的支撑前提。简言之，它们是省略式的，除非我们先明确潜藏的假设，否则确定它们是否合理的逻辑任务是无法完成的。在这个将诸假设明确化的过程中，我们遵照我们认为一个完整的论证是由什么构成的观念的引导，而且我们愿意接受省略式的论证，如果结果表明它一旦被补充完整就是一个合理的演绎论证或者一个合理的归纳论证的组成部分的话。

这个问题中存在着诸多我们必须在此处予以忽略的复杂性；一些关于逻辑学的著作对它们进行了更加充分的探讨。[1] 但是如果上述假设成立，便可推断出某些结果。要确定基于统一性的省略式论证是否合理，我们必须先确定它是否应被理解为一个演绎论证的一部分，或者一个归纳论证的一部分。现在，我们可以通过提供一个普遍性的大前提而将它扩展为一个有效的演绎论证：

（所有拥有如此这般程度上的统一性的审美对象都是好的。）
这个审美对象拥有如此这般程度上的统一性。
因此，这个审美对象是好的。

1 例如，参见马克斯·布莱克：《批判思维》（*Critical Thinking*, 2d ed., Englewood Cliffs, NJ.: Prentice-Hall, 1952），第 2 章；门罗·C. 比厄斯利：《实用逻辑》（*Practical Logic*, Englewood Cliffs, N.J.: Prentice-Hall, 1950），第 7 章。

但是，这意味着大前提必须是一个普遍性准则，而不幸的是，诸如此类的普遍性准则无一是真确的。我们在上一节中看到，批评评价的准则无法予以普遍性的阐述，而只能作为一般倾向，或换言之，只能作为统计学意义上的概括。

因此，似乎并不存在任何一套真理性的普遍准则，使我们能够将省略式的批评论证转化为演绎论证。但是，归纳推理不会出现这种困难。要将我们的省略式论证转化为一个归纳论证，我们只需要一个限定性的准则。有几种方法可以做到这一点，例如：

（如此这般程度上的统一性倾向于使一个审美对象成其为好的。）

这个审美对象拥有如此这般程度上的统一性。

因此，这个审美对象是好的。

在这里，大前提是一个关于倾向性的陈述，正如我们讨论过的准则，而结论当然也不是必然从诸前提中推导出来的。如果我们对这个对象没有更多的知识，我们最多只能说，我们有某个理由认为它是好的，尽管在对其复杂性与其人类性质的强烈性有所了解之前，我们并没有十足把握接受这个结论。

那么，我们能否把批评论证理解为省略式归纳，使其最终经得起归纳推理的一般原则的检验？我们无法一下子就给出这个问题的满意答案，但同时我们必须看到，对这一观点的怀疑有着可理解的依据。因为它将批评家的理由视为评价的证据，可以说，这就像病人症状的 472
事实是其患有某种疾病的假设的证据。但乍一看，“这是好的”这一陈述与“这是统一的”之间的关系，似乎不同于“约翰得了肺炎”和

“约翰的体温是 104.2 华氏度”之间的关系。当批评家将“好”这个词用于审美对象，他所做的事情，似乎至少超出了医生用“肺炎”一词所做的事情。因此，人们开始怀疑：“这是好的”并不是一个逻辑论证的结论，而“这是统一的”在严格意义上也不是一个理由。这一怀疑导致了两种关于批评论证的理论。

述行论

关于批评论证中实际上发生的事情的第一种理论，始于对某种语言话语的分析。这种话语并不提供关于一种先在的事态的信息，但它本身能在世界中促成某种改变：它吸纳某人加入秘密社团，册封爵位，或赋予某人公民身份。“以此戒指为证，我与卿结为夫妇”，这不是一个关于婚礼的陈述，而是婚礼本身的一部分，事实上，它就是结婚的行为。这类话语被称为“述行式语言”。当然，同样的功能也可以由非语言行为来实现：授予国会勋章，或者在无名烈士墓前献上花圈。

因此，我们姑且把批评家的判断，即“这是好的”，视为一种向审美对象致敬的话语。既然它不是一个陈述，而是一种行为，那么它就没有真假可言，因而它不可能是一个论证的结论；换言之，提供理由以确立其真值的说法，是没有意义的。我将称之为批评论证的述行论。[1]

述行论承认，批评讨论中的“为何”这一关键词，在某种意义上是对提供“理由”的要求，但是它坚持认为这一语词暗藏着一种含混性。因为我们谈论的是一个陈述所需要的理由，即相信或断言这一陈述为真所需要的理由；就是在这种意义上，理由是一个论证的组成部分。我们也谈及做某事，诸如看牙医，或接受一份工作的一个理由；

1 玛格丽特·麦克唐纳德已勾勒出这样一种理论；关于参考文献，参见附注 25-A。

而在这里，不存在理由所支持的任何陈述，而是存在一个这样的行动，其施行要通过理由而正当化。在这后一种意义上，述行论承认批评式的评价话语可能是公正的或不公正的；然而，它们既不真，也不假。

遗憾的是，对于述行论而言，尚未形成能够将充分的依据和不充分的依据区分开来的原则。不过我们可以知道这些原则是什么样 473
子。授予勋章的行为，其唯一依据是认为士兵的行为受之无愧的官方判断，正如一垒裁判员横向挥舞手臂的唯一依据是其认为跑垒者先于垒球到达的官方判断。简而言之，尽管述行式行为本身并不是一个陈述，但是它预设了或者建基于一个陈述——“这配得上一等奖”——这个陈述本身就是一种规范性判断。批评家所说的“这是好的”，更像是对述行式行为进行正当化的判断，而不是述行式行为本身。因为，与艺术评审团决定将画作挂在展览厅不同，批评家的宣告并不是一种官方行为。它没有权威性，丝毫改变不了世界。

当然，述行论的捍卫者必须否认一个述行式话语的正当化本身就是一个价值判断；他同意，若是如此，他的理论就会受到破坏。以授予国会荣誉勋章为例。授予这一勋章的理由是，士兵实施了一个“超出职责要求”的行为。其职责要求在军事法典中有着极其仔细的界定。在这里，理由似乎是一个简单明了的描述，尽管必须存在一个决定是否奖赏的一般规则，也就是一个关于奖赏的条件的规则。同样，我们为何不能说，“这是统一的”明确指出了“这(在审美上)是好的”这一赞赏的决定条件之一？然而，我认为这是行不通的，即使是军功章的授予也不行。“这一行为超出了职责要求”不是一个纯粹的描述；它已然是一个价值判断，因为“超出”不仅意味着该行为比规定的任务更危险或更困难，而且还意味着它是一种可取的行为，一种受赞许的行为。或者，如果这在严格意义上不是“超出”的意义的一部分，那它是被视为理所当然的，因为除非这一行为是好的，否则它的危险性不会成为奖赏的正当理由。

情感论

批评论证的第二种理论，不像第一种理论那么深入，因为它并不把批评评价等同于非语言行为，但是其简单形式确实否认评价是真正的陈述，而其复杂形式则认为，尽管评价可能具有一个述谓成分，它们还具有另一个独特的特征，这一特征使得它们不能像日常经验陈述那样使用。这两种形式，我们可以称之为批评论证的情感论。[1]

简单形式的情感论认为，尽管一个批评评价有其语法形式，但它并不是陈述，而是两个成分的结合体：一是为说话人的感受提供证据
474 支撑的感叹式成分（如“啧啧！”），一是呼吁受话人分享说话人的感受的祈使式成分（“也想说‘啧啧！’！”）。批评家说一首诗是好的，其实是在表明自己对于这首诗的态度，并试图唤起别人同样的态度。既然感叹句和祈使句既不真也不假，那么根据情感论，一个价值判断并不是一个陈述，因此它不能作为一个论证的结论而出现。换言之，我们无法为它提供理由。

正如我们所看到的那样，批评家们经常认为，他们是在为自己的判断提供理由，但正如述行论一样，情感论也区分了“理由”一词的两种语义——在此处是不同的语义。举例而言，我们也许会询问某人约会迟到的理由是什么。如果他说因为他要带孩子去看医生，那么他就给出了一个理由。毫无疑问，这是一个很好的理由。如果他说他忘

1 尚未有人主要结合“好”的批评用法对这种理论进行过讨论，但在伦理学中，这种理论的经典阐述出自查尔斯·L. 史蒂文森的《伦理学与语言》；参见附注 25-B。

记了时间，那么他并没有给出理由，而只是给出了一个原因；他是在解释自己为何迟到，而不是在为自己迟到辩解。根据简单形式的情感论，批评家只能给出第二种意义上的理由。假设甲说，“那是一首烂诗”，而乙询问“为何？，这时乙是在邀请甲做出某种真确性陈述，好让他和甲一样不喜欢这首诗。甲必须在乙的感受上下功夫。如果他觉得乙已然不满杂乱无序的意象，他可以说：“它的意象杂乱无序。”或者，他可以说：“雷尼尔王子不喜欢它”，或者“它的销量已达百万册”，或者其他任何真确的，并且会利用乙者的某种偏见的东西。情感论在一个“理由”和另一个“理由”之间所辨识到的唯一区别是：一个是有效的，另一个是无效的；如果它能确保乙产生预期的反应，那么无须为它多说什么，或者无须对它要求更多。在好的理由和不好的理由之间，不存在逻辑上的区别。

要确定这是否是一种可接受的关于批评论证的实际过程的说明，我们必须分别考察该理论的两个层面，即祈使式层面和感叹式层面。

将审美语境下“这是好的”这样的判断看作伪装的祈使句，这是否合理？诚然，说话人可能希望能够影响他人的态度，他甚至可能得偿所愿，但是这不会让这个陈述成其为一个祈使句。“我感觉很冷”，并不是一个祈使句，尽管它会促使一个人起身关窗；此外，每个断言式陈述都是一个要求别人相信的邀请，但是“下雨了”并不能被分析为“我相信天下雨了，你也相信吧！”如果在“这很好”中，还隐含着某种命令（不止信念），那么要发现它是什么并不容易。也许，说话人的意思是“喜欢这个吧！”或“别再不喜欢它！”，但这些都是稀奇古怪的命令；你如何能够命令一个人去喜欢某种东西？也许，说话人的意思是：“跟我读：‘这是好的！’”——但如果他命令的是语言的言说，那几乎没有什么能令他满足的。确实，如果宣称（审美语境下的）“这

475 是好的”有着一种特殊的祈使式成分，似乎很难自圆其说。

我认为，这一结论可以通过更广泛的考察得到加强。一般的规范性陈述分为两种，包括我们针对审美对象做出的那些陈述。有时，我们提出实用性的建议：你应该买《德国安魂曲》或《唐·乔万尼》的唱片，而不是那一张；你应该去看这部电影，而不是那一部，或者应该宅在家里看电视。让我们将诸如此类的判断称为**推荐**，它们为现实选择的问题提出了解决办法，而我们最终无法逃避诸如此类的关于审美对象的决定——这是我们要在第十二章重拾的一个话题。要决定购买一部歌剧的两张唱片中的哪一张，你当然要考虑许多因素：成本的比较、购买的难易（包括你急着要，而一张有现货，一张则须订购的情况）、录制的差异、指挥的剪裁、唱针划纹噪声、演奏等。关于这些因素的规范性陈述——“演奏出色”“唱针划纹声很安静”——不同于直接的推荐。我可以说唱片 X 的音质更好，而 Y 更便宜，并让你自己来做最后的决定。这些是对于某某方面的优点的判断，让我们称之为**褒扬**。一个理性的推荐，大概是基于正确的褒扬，但褒扬本身并不是一个行动的建议。在极端情况下，这种区别往往会消失：例如，如果两张唱片只在一个方面（比如音质）有差异，那么“X 的音质更好”这一褒扬就强烈暗示了“选择 X”这一推荐，因为在这种情况下，选择 Y 是不合理的。然而，即使在这种情况下，这种区别也是值得保留的。

认为推荐包含一种祈使式的成分，这种观点是很有道理的。例如，一个关于对错的道德判断，是对“我应当做什么”这样一种问题的回答——尽管这一问题的回答是否是一个单纯的指令，并不完全清楚。但是，批评评价并不是推荐，而是褒扬；它们提供了决策所需要的相关材料，但是其本身并不强令做出任何决策。因此，将它们视为部分的命令，似乎并不合理。

当我们转到“情感论”中的感叹式部分，我们面临一组截然不同的难题。在我看来，如果说“这幅画很好”是纯粹的情感性语言的一个范例，以及在前面第三章（§9）中所介绍的那种意义上，它具有情感意蕴和情感含义却没有语义，那么这不再被认为是合理的。混合式情感论接受了以下这一结论：规范性术语也许具有某种语义。但它坚持认为，它们也具有情感力量，而这给批评推理带来了一种特殊的复杂性。因为根据这种观点，当一个论证的结论中出现一个情感性术语，这一论证总会犯下某种谬见，使得它不可能是完全合乎逻辑的。 476

举一个简单的例子，假设我们可以找到两个这样的术语——这在第三章中受到了质疑——它们有着相同的语义，但其中一个是中性的，另一个则拥有负面的情感意蕴和情感含义，比方说“在罢工期间工作的人”和“工贼（即顶替罢工者上班的工人）”。要证明 *X* 在罢工期间工作，可能是完全可行的，而 *X* 可能也完全愿意承认这一谓词适用于他。但是，假如我们继而对他说道：“如果两个术语具有同样的语义，那么很明显，它们在任何语境下都可以互换而不会造成语义的改变；因此，如果你是一个在罢工期间工作的人，那你就是一个工贼。”当然，这个论证在某个层面上是完全有效的。然而，*X* 会强烈拒绝“工贼”一词，而且他有一个合理的理由：如果他接受这个词，并将它用于自己身上，他也将接受它的情感含义。也就是说，在使用这个词时，他是在表达对自己的不满，而这是一种错误的表达，因为他并没有对自己不满。这一论证之所以是谬误，是因为它将前提中并不存在的一种隐秘的情感效应，引入了结论之中。

在情感论者看来，批评论证中的“这是好的”，也是同样的情况。我们也许愿意接受“这是统一的”这一事实性前提，但对于“这是好的”却迟疑不决，因为它表达了我们并没有产生的赞许感觉。因此，所有的批评论证，如果被视为论证的话，都会通过这种奇特的方式而成为谬误。因此，它们最好别被视为真正的论证。

现在，我们大体上知道该如何处理隐秘情感效应谬误；我们可以使用中性术语，或者在情感效应最小化的语境中使用情感性术语，这样就能事半功倍。既然如此，一个批评论证为何不能依样画葫芦呢？如果比起“倾向于高度饱和的红色系上的色彩”，“温暖绚烂的色彩”被认为是情感性的，那么我们无妨使用情感色彩更弱的术语，或者消除情感效应。但是，对于情感论者而言，此处正是问题的症结所在：他宣称，“好”的情感层面，恰恰是它的规范层面。如果取消情感效应，你就不会再有批评评价；如果保留批评评价，你就会有情感效应，以及谬误。

那么，我们有何依据来确定一个语词的情感层面就是它的规范性层面呢？这绝不是一个容易回答的问题，当今的哲学家对此也尚未达成共识。但是，有一点是一目了然的：如果存在非情感性的规范性陈述以及非规范性的情感性陈述，那么规范性和情感性就不是同一回事。在我看来，这恰恰是实情。一些情感性的陈述不是规范性的陈述，这点得到了人们的一致认同；甚至不是所有表达和唤起好恶之情的情感性陈述都是规范性陈述，我认为这点也得到了人们的一致认同。而我认为，一些规范性陈述绝不是情感性的，尽管这有更多的商榷余地。假设当某人说某东西是好的，他一般是表明他对它并不是无
477 动于衷的。然而，他可以以一种无比平静的方式使用这个词——“在我的判断中，它是好的”。这个“好”，可能接近于没有任何情感含义。同样，假设当我们听到“好”一词，我们可能会产生一种喜欢的倾向，但我认为，如果我们不只是震颤的感性，我们便不会产生这种倾向；这一语词可能几乎没有任何情感含义。

复杂形式的情感论做出了一种让步，它与述行论的让步相似。假设我们试图区分（审美语境下的）“好”所表达和唤起的不同感受：表示审美肯定的“噢，啧啧！”和表示道德赞许的“好哇！”。如果甲在一幅特定的画作前发出“噢，啧啧！”的赞叹，或者他在《三位音乐家》的一个版本前发出的“噢，啧啧！”的声音比在另一个版本前发出的声音更大，那么这是为什么。而乙可以询问这是否妥当，尽管他询问其真假是不明智的。因此，为了证明自己的言语的正当性，甲必须辩称这幅画具有某些特征，是这些特征促成了审美上的肯定，而不是审美上的否定，或者促成了某种与该场合相适合的其他类型的肯定——正如在板球比赛中说“投得好”是合适的，在棒球比赛中却不合适。知道什么样的带情感色彩的感叹词适用于特定的情境，就是知道该如何使用规范性的表达式，而如果一个人在一幅结构糟糕的画作前发出“噢，啧啧！”的声音，却又不说出任何错误的地方，他则是在滥用规范性表达式。

但是，在我看来，像这种试图在可正当化和不可正当化的情感性话语之间做出区分的任何努力[1]，即使是诉诸这种迂回的方式，都会把情感论篡改得面目全非，从而使得它和我们将在下一章中考察的那些关于价值的心理学理论几乎没有分别。这是因为，即使“噢，啧啧！”在复杂形式的情感论中无真假可言，“‘哦，啊！’这一话语是对福雷《安魂曲》的恰当回应”这一陈述，其本身就是该理论不得不判断真假的一个规范性陈述，而这个陈述恰恰是情感论理应分析的一个原始批评判断，即“福雷的《安魂曲》是好的”。

1　即引入理查德·勃兰特所说的“确证论题”（Validation Thesis）；参见其《经验性断言理论在伦理学中的地位》（“The Status of Empirical Assertion Theories in Ethics,” *Mind*, LXI [1952]: 458–479）一文。

相对主义

到目前为止，我们在这一节一直是在考察批评论证的本质。但是，一旦我们考察批评争论——作为一种双向论证的争论，在其中，对于同一个判断，一个批评家给出了支持的理由，而另一个批评家则给出了反对的理由——某些问题就会更加一目了然。

> 甲：“《长夜漫漫路迢迢》是一部戏剧杰作。”
>
> 478 乙：“它有什么伟大之处？”
>
> 甲：“它有一些感人至深的场景，而且它有一种厚积薄发的力量；人物是真实的，冲突也是人性的深刻冲突。”
>
> 乙：“好，我同意你这么说它，但难道你不觉得这部戏虽然篇幅很长，但情节缓慢沉闷、反反复复，令人生厌？而且人物和冲突本质上是非常初步的？在我看来，总体上的效果是单调乏味和能量涣散，因此，我不会称其为杰作，尽管它是奥尼尔的作品。”

刚考察过的两种关于批评论证的理论，当然也适用于诸如此类的争论。述行论势必宣称，在这种情况下，甲是在对这部戏表敬尊，而乙则是在拒绝对它表敬尊；但从这一点往后，这两个争论者会有什么分歧，则不清楚了。根据情感论，这样一种争论应主要被理解为态度上的，而不是信仰上的分歧；它也许包括对于戏剧的实际特征的分歧，但确切地说，它之所以成为一种价值争论，恰恰是因为：即使这些分歧消除了，甲的正方态度和乙的反方态度之间仍然存在一种不可简约的对立。然而，在我们结束这一节之前，我们还必须处理另一种关于这类争论的一般观点：相对主义。[1]

尽管这个术语很常见，并为人所熟知，但是它在大多数讨论中的使用过于随意，因此我们一开始就必须以不同寻常的学究态度来对待它。我打算先仔细解释一下我觉得这一术语最好要怎样使用，以引出这一领域的核心问题。述行论和情感论是关于批评推理的本性的理论，或换言之，它们是关于“好”一词在审美语境中的功能的说明。现在，还有另一种方法来提供关于审美语境下的“好”的说明，那就是给它下定义。定义是一种有着如下形式的语句：

（审美语境下的）“好”具有与……相同的意义。

其中，定义项使“好”所指谓的特征更加明确。根据述行论和情感论，“好”是无法定义的，因为它不是用来指谓事物的任何特征。但是，如果我们不接受这些理论，那么我们就可以随心所欲地提出一个这样的问题：“‘好’在审美语境中是什么意思？”，或者，“如果说一个审美对象是好的审美对象，这是什么意思？”

在下一章中，我们将探讨回答这些问题时所给出的提议的主要类型，而我不想预测这一论证的细节。但是，相对主义是一种这样的观点，即只有某一种类型提议才是可接受的，而如果这一观点是真确的，它将会极大地简化我们在下一章中所讨论的问题。这就是我在这里探 479
讨它的原因。但是，虽然我们将“好”的一些可能定义作为例子使用，我们关心的，却不是它们作为定义的合理性，而只是它们的一个方面。

1　在美学中，乔治·波阿斯、F.A. 波特尔和伯纳德·C. 海尔等人为这种理论作了辩护；参见附注 25-D。

假如有两个批评家在争辩某审美对象：

甲："*X* 是好的。"
乙："*X* 不好。"

这就是说，他们说出了逻辑上明显相悖的语句。但是，它们是否真正相悖，则取决于我们所接受的"好"的定义。假如我们说（不用介意这些建议的合理性）：

"*X* 是好的"意味着"*X* 得到了薪资最高的批评家的认可"。

这样，我们的原始范例可以通过替换而转述如下：

甲："*X* 得到了薪资最高的批评家的认可。"
乙："*X* 没有得到薪资最高的批评家的认可。"

根据"好"的"最高薪资的批评家"型定义，当甲乙一人说 *X* 好，一人说 *X* 不好，他们确实是相互冲突的。而无论甲乙是谁，情况都是一样的，只要他们是在讨论同一批批评家，即世界上薪资最高的批评家。

相反，假设我们现在说：

"*X* 是好的"意为"我喜欢 *X*"。

这样，当甲乙做出了他们的价值判断，每个人实际上是在说他喜欢或不喜欢什么，于是我们的原始范例就等同于：

甲："我喜欢 X。"

乙："我不喜欢 X。"

根据"好"的"我喜欢"型定义，当甲乙一人说 X 好，一人说 X 不好，他们实际上并不冲突。这就是我断言"我喜欢"型定义是一种**相对主义定义**，而"最高薪资的批评家"型定义并非如此时所表达的意思。

因此，（审美语境下的）"好"的定义，就是相对主义的，如果根据这种定义可以存在两个批评家，其中一人声称某审美对象是好的，一人却否认它是好的——或者其中一人声称它好于另一个对象，一人却不以为然——但他们实际上并不冲突。注意，情感论并不提出"好"的相对主义定义，因为它并未提出任何定义；但如果我们想的话，我们可以轻而易举地扩大外延，由此将情感论称为一种相对主义**理论**，意思是它是一种关于批评争论的理论。根据这种理论，表面的矛盾并不是真正的矛盾。如果"我喜欢"型定义是正确的，那么甲是在做 480
出一个陈述，只不过它是关于他自身感受的。乙可以随己意否定这一陈述：

甲："这是好的。"

乙："不，你并不。"

重点是，他不能通过回答"它不好"来否定它。

因此我们可以说，相对主义是一种这样的理论：它认为（审美语境下的）"好"必须从相对主义的角度进行定义。

"相对主义"的定义，使用了"可以存在两个批评家"这一分句，而这就是允许不同形式的相对主义。"我喜欢"型定义，是一种极端的形式，我们可称之为个体相对主义，因为从这一定义可以推知：任何两个发生争执的批评家，实际上是在讨论不同的事情，因而并不相互矛盾。但是，另一种形式的相对主义，诸如文化相对主义则有所不同。假设：

> “X是好的”意为“X得到了与我处于同一文化中的人的认可”。

其中，“我”指的是说话人。那么，如果声称X好的甲和否认X好的乙都是同一文化的成员，也就是说，两人都是西欧人或美拉尼西亚人，那么他们是相互矛盾的；但如果甲乙来自不同文化，也就是说，一人是古希腊人，一人是复活节岛人，那么他们就不是相互矛盾的。因此，(审美语境下的)“好”的文化相对主义定义是一种这样的定义，即根据这种定义，不同文化中的说话人相互之间是无法进行真正的争论的，因为一旦他们试图使用“好”这个词来表达真正意义上的分歧，他们就会以失败告终；每个人都只能谈论自己的文化。依此类推，我们可以提出其他类型的相对主义：时代相对主义(指涉说话人所在的历史时期)、民族相对主义、阶级相对主义(指涉说话人所在的社会阶级)，如此等等。

在所有这些可能定义中，哪一个，是最合适的？这点我们将在下文考察。目前，我们所关心的是一个一般性的优先问题：是否存在我们被迫接受某种形式的相对主义的理由？我们是否必须在论证的这个阶段摈斥(审美语境下的)“好”的所有非相对主义定义？

假设一位哲学家试图说服我们接受“好”的一个相对主义定义，他能拿出什么论据呢？好吧，首先他也许会试图向我们表明，事实上批评家确实是以这种方式使用他们的规范词的。他不必固守一种类型的相对主义，并声称它总有适用性。他可能会搬出一个批评家，让我们称之为丙。当丙和自身文化中的另一个批评家交谈时，他总是准备好为自己的判断提供理由，但是，当丙与亚里士多德或印度教的批评家发生分歧，他从不提供任何理由。这表明他有清醒的意识，即他的判断包含一种对于自身文化的隐式参照，因此他不会与来自其他文化的批评家发生真正意义上的冲突。而相对主义者可能还会搬出另一 481
个批评家，即丁。丁从不为自己的判断提供任何理由，即使被别人再三催促，因为他所说的“这是好的”，只是“我现在喜欢这个”的意思。因此，他实际上从来不会与其他批评家发生冲突，甚至不会与不同时期的自己产生冲突。

但在这里，丙和丁听起来像是漫画人物，因为他们世所少见。鉴于他们的自省意义，以及他们提供理由的做法，大多数批评家似乎并不赞同相对主义，至少不是以一种较为确定和系统的方式认可它。他们完全可以说，如果丁所说的“这是好的”无非是“我现在喜欢它”的意思，那丁是在一种较为特殊的意义上使用“好”一词的，因而他不是在交流，因为无论他说什么，其他人都不会从这种意义上去理解它。但是，相对主义者通常不诉诸批评家的自省。他宣称，除了批评家**认为**自己所表达的意思和所做的事情，他们**能够**赋予“好”的唯一意义，是相对主义的；他们必须承认，批评理由的相关性总受到诸多限制——个体的、社会的、历史的、文化的，等等。

假设两个批评家产生了一个争议，或一次表面上的争论，他们分别是甲（“X是好的”）和乙（“X不是好的”），而且争议已经持续了很长时间。在此期间，每人都给出了许多相关和不相关的理由，每人都接受了对方的理由，但他们始终坚持自己的判断：

甲："它的情节别出心裁。"

乙："同意，但我还是认为它不好。人物单薄了点。"

甲："同意，但我还是认为它很好。风格很鲜明。"

乙："同意，但我还是认为它不好……"

不久，我们可能会开始怀疑哪里不对劲；看样子，意见的分歧并不能通过推理解决。也许，这是一个伪问题。如果它是一个伪问题，它就不能从理性上解决，而只能予以*解构*：也就是说，它的伪性质可以通过论证的重述而一览了然——如果争论者承认重述与他们真实的想法对等的话。

这个问题有两种根本不同的解构方法。首先，我们可以说，他们实际上是在谈论不同的事情；两人所指涉的，并不是同一个 X，因为每人都不是在谈论一件客观的作品，而是在讨论对象对他的显现方式。简言之，对于甲而言，"X" 指"甲对作品的呈现"，而对于乙而言，"X" 指"乙对作品的呈现"。这种解构建议，可被称为*个别主义*，其定义如下：个别主义是一种理论，它认为在批评争论中，每一个争论者总是谈论且只能谈论自己当时对对象的呈现。因此，批评家们从来不会真正有分歧。

在第一章（§4）中，我们已经找到理由来质疑个别主义的真确性；我在这里提到它，只是为了维系它的迥异性，因为人们经常将它与相
482 对主义混为一谈。如果个别主义是对的，相对主义便不成立，因为相对主义预设争论者在谈论同一个对象，只不过他们针对这一对象说了不同的话而已。相对主义是解构这个问题的第二种方法；它宣称，甲乙虽然用"X"来指同一个东西，但他们是在不同意义上使用了"好"一词，因此他们并不相互冲突。

个别主义的另一种表达方法，是宣称规范性批评术语并不适用于审美对象，而只适用于审美对象的呈现。假设你一而再再而三地欣赏一首新乐曲，每次聆听之前都有短暂休息。第一次听时，你将从中获得一些乐趣，第二次甚或第三次听时，你可能获得更多的乐趣；尔后，乐趣也许开始急剧减少，乃至于沦为明显的痛感；到了第四十次，你可能甚至很难强迫自己去听。现在，如果（审美语境下的）“好”只适用于每一次呈现，我们将不得不做出如下断言：“第一次呈现很好，第二次呈现更好……然后它们开始越来越糟糕。”但很明显，我们并不是以这样的方式使用“好”一词；发生改变的，并不是这首乐曲的“好”，而是我们，也就是我们接受它的能力。它还是那首乐曲，跟以前没有分别，但我们所得到的音乐呈现越来越不充分，而我们对这些呈现的反应能力也越来越弱。

然而，相对主义者并不认为两位争辩的批评家是在讨论不同的对象——尽管他有时可能会犯下这样的错误。他坚持认为，他们对同一个对象有着截然不同的态度。但是，相对主义是一个消极论题，它认为这一争论无法找到一个合乎理性的解决方法——也就是诉诸推理的解决方法——因而它根本不是一个真正意义上的争论。这样，问题就变为：人们可以提供什么样的经验性证据来支持这一观点？

诉诸可变性的论证

相对主义者所诉诸的证据，可分为两个部分，它们为两种密切相关的但有区别的论证提供依据。一种是诉诸可变性（variability）的论证，一种是诉诸不变性（inflexibility）的论证。我们必须逐一考察它们。

第一种论证的基础是趣味有差异：人们所享受、推崇、选择、赞美和珍惜的审美对象，会由于年代、文化、民族、社会阶层、家庭、个人的差异而大相径庭。即使是在一个强烈要求一致性的年代和地区，我们也会发现这一点。尤其是在艺术史上，我们发现富于创造力的艺术家与其作品的声誉存在云渊之别：凯鲁比尼、梅尔维尔、邓恩、亨利·詹姆斯、埃尔·格列柯，甚至是复辟时期被认为比奥特维差得多的莎士比亚。这些事实——我将使用“趣味的可变性”这个一般术语
483 来表示它们——都得到了充分验证。但是，我们必须小心翼翼地维持可变性与相对主义的迥异性。可变性是一个经验事实；相对主义则是一种关于“好”一词的正确界定方法的理论。这样，“趣味有差异，因此批评判断是相对的”这一论证显然是无效的。从人们喜欢不同审美对象这一事实，断不能推导出一个这样的结论：在对审美对象下判断时，人们只能记录自己的喜好。

但是，趣味的可变性是不能轻描淡写地打发的。它看起来是这么明显和势不可挡，它是这么深沉，而且它反复无常的变化以及它顽固的执着，经常看起来是如此独立于任何理性讨论且免受其影响。我们很容易因它气馁，并得出结论说：在规范性地讨论审美对象时，我们唯一能做的就是宣称它们是如何吸引我们以及与我们相似的人的。

但可变性的意义是没办法估量的，除非我们对它进行进一步分解。这是因为，可变性之所以看似庞大，是因为“趣味”这个包罗万象的术语将一批极异质的现象归并在一起，其中一些与相对主义有关，一些与之全然无关。例如，存在(1)**偏好**的可变性，我以此表示一些这样的差异：交响乐团的节目内容在每个季节、每个时代都会变化，部分是因为人们听腻了同样的东西；或者，一些节目变化的力度不足，是因为季票持有者一心要舒舒服服地享受音乐，而不愿意做出必要的努力去熟悉新的作品。但这些冲突可以搁置一边，因为它们无须牵扯

到（审美语境下的）好坏；要决定是演奏贝多芬的《第二交响曲》还是沃尔特·辟斯顿的《第二交响曲》，这也许完全独立于任何相对的批评评价，如果它们都值得演奏的话。或者，举另一种例子。当我们环顾这个国家所建造的一些房屋——卡农切特之类的维多利亚哥特式怪物，纳拉甘西特的斯普拉格旅馆，或加利福尼亚州尤里卡市的卡森之屋——我们会惊讶于已经实现的纯粹的丑，我们无法想象怎会有人认为它们是美的。但在这里，真的存在批评评价的差异吗？毕竟，我们并不知道它们是否曾经被认为是美的；也许，建造它们的那些人对美丑不太敏感，而是急于炫富，要不惜代价仿造旧世界的奢华和贵族气派。

简言之，偏好的可变性未必蕴含（2）批评判断的可变性。如果更多人喜欢安妮·莫罗·林德伯格的诗胜于喜欢迪伦·托马斯或W.H. 奥登的诗，这并不意味着他们所有人都会说，他们认为她的诗更好。但假设他们确实说出了这番话，那么就有了我所说的判断的可 484
变性，即同一个东西被不同人或不同群体说成是好的和坏的。如果我发现自己的判断不同于 90% 的美国同胞，我也许会觉得，民主式的做法不是声称他们是错的，而是收起自己对于诗歌价值的一般判断的执着，由此诉诸一种肯定能消除冲突的相对主义言说模式。但是，我不必这么做，况且这么做也不是真正的民主；因为，如果我坚信我为自己的判断所给出的理由胜过 90% 的人为其判断所给出的理由，那么我就有责任坚持己见。

缺乏证据支撑的判断之可变性，区别于另一种可变性：（3）理由的可变性。有了这第三组，我们便可着手处理更为根本的问题。假设两个人对某东西，诸如一张桌子的长度，产生了分歧；只要他们对其分歧的解决方法达成共识，便不会存在什么根本问题。但是，假设他们一人有卷尺，一人有码尺，而每个人都坚持使用自己的工具，但得到的结果始终不同；那么，他们的分歧就不仅仅是关乎桌子的长度，而且还关乎测量桌子长度的正确方法。他们愿意接受的理由是截然不同的。在这里，我们最终面临一种可变性，它可能会让我们得出结论说，他们的争论是无法解决的，而处理这种争论的唯一方法，是引入长度的一种相对主义定义：一人的意思是“卷尺测量的长度”，另一人的意思是“码尺测量的长度”。说到底，两人都是对的。

在批评史中，我们确实找到了这第三种可变性的例证——而且，我相信，这是唯一一种我们需要在这里予以关注的可变性。假设一位新古典主义批评家对莎士比亚的《麦克白》吹毛求疵，因为它违背了时间和空间的整一律，而一位浪漫主义批评家却歌颂它是一部杰作，因为它的人物塑造是细腻幽微的。到目前为止依旧相安无事，他们都在桌子上摊了牌；最好的批评评价是一项集体事业，因为要理解一部复杂戏剧的好坏优劣，可能需要各种天赋和敏感力。但假设这位新古典主义批评家不无遗憾地说道：对人物的心理透视，其细腻幽微并不是戏剧的一个正面或负面特征——而这位浪漫主义批评家毋宁说，这是一部伟大的戏剧，因为它发生在苏格兰。假设这位浪漫主义批评家以同样惋惜的口吻说道：遗憾的是，这些整一律已经完全过时了，所以谴责一部戏剧违反了这些整一律，就像人们批评它分五幕而不是分四幕一样，都是不相关的。

如此一来，这个争论就会陷入一些根本问题之中，而在这里，就像在测量长度的例子中的那样，会存在一种强烈的诱惑，使人想要通过“好”的一种相对主义定义而消解这一争论。如果“好”的意思是“符合我和我的时代所采用的标准”，则两位批评家都可能是对的，他
485 们实际上并没有冲突。但是，这种消解是不成熟的，就像在测量长度

的例子中那样。这是因为，即使是对于这些根本问题我们也无须谈虎色变。在桌子一例中，我们认为，要么码尺是错的，要么卷尺是错的，而且我们会建议将它们与更权威的标准相比较——如果有必要的话，与华盛顿国家标准局的标准相比较。如果这两个争论者拒绝让人检查他们的工具，而始终坚持他们是对的，那么我们不会认为这使得他们变成了相对主义者，而是认为他们顽固不化，不愿了解真相。

对于批评争论，我们能否也说同样的话？这个问题现在已变成：时间和地点的整一律是否是一个相关的标准，而心理的幽微性是否也是一个相关的标准？但这就是诉诸可变性的论证介入的地方。在测量桌子长度的例子中，存在一个我们最终诉诸的公认标准。但是，审美现象的可变性，难道不是表明了诸如此类的公认标准在批评中并不存在？在这一争论中，我们不能诉诸任何东西来决定哪些理由是相关的，因此它不可能有理性的解决方法。在接受整一律为标准的两位新古典主义批评家之间，可能存在真正的分歧；但在新古典主义批评家和浪漫主义批评家之间，则不可能存在任何分歧。从他们不愿接受对方理由的事实，可以看出这一点。

但关于标准，有两个问题。首先，我们可以询问，是否已经存在或者在什么程度上已经存在关于一个标准的共识？在美国这个国家，存在着关于长度测量的共识。在其他某些领域，诸如大专院校的资质认证，以及（我最近读到的）圣诞树的分级，正处于立标准的过程。还有一些领域则毫无标准可言。在批评中，我相信上一节的论证已表明，在极宽泛和根本的层面上，当我们对一般准则加以考察，则存在被广泛接受的标准。我们可以将种种更具体的标准与这些标准关联起来作为从属的条件。例如，我们可以在统一性下找到作为经验性概括的新古典主义准则的空间，在复杂性下找到心理学的幽微性的空间。

因此，一般准则具有一种公开而稳定的特质，我们可以诉诸这一特质。

但是，对于批评标准的完全共识，现在当然是没有的，也许永远都不会有。而关于标准的第二个问题——这个问题要在国家标准局成立之前提出——是这样子的：标准能否存在？或者是否应该存在？趣味的可变性丝毫不能证明，如果要提出批评评价的某些标准，并给出理由解释为什么这些标准理应被接受和优先于其他标准，这是不可能的——虽然也许有其他理由这么认为。因此，这是我们在下一章所要
486 处理的主要问题：我们想知道，采用统一性、复杂性和强烈性等标准是否是正当的。

相对主义者往往把论证向前推进了一步。他宣称，我们证明一个标准的正当性的唯一方法，是将其追溯至另一个更一般的标准，因为特殊准则隶属于一般准则。然而，这种方法从来不会让批评家脱离标准，他只是从一个标准转到另一个标准。因此，除非他采纳*一些*没有任何逻辑依据的标准作为起点，否则他永远都不可能拥有*任何*标准。因此，所有的批评争论最终都是依靠没有理由支撑的标准，而为了防范徒劳的辩论，规范性的批评术语应通过某种方式下定义，以承认这一事实。

我想要质疑的是上述论证的第一个前提，因为除了追溯至其他标准，还有另一种证明标准的正当性的方法——根据采纳此标准而非彼标准所产生的结果。这是一条出路，我们将在下一章的结尾处探讨之。

诉诸不变性的论证

然而，在我们结束这一章之前，我们理应对相对主义者的另一条推理脉络予以一定的关注。这一路线，我称之为诉诸不变性的论证。我们可以假设，审美的好恶是有原因的，正如其他所有的心理状态，

包括信仰和怀疑。但是，通过理由，也就是通过做出断言并为之提供证据而改变我们的信念有时是可能的，尽管我们知道信念有时似乎是我们无法直接通过论证而把握的更深层次的和更无意识的条件所导致的结果，而这些信念是不容许人们对它们进行推理的。假设我们应当证明我们的审美喜恶完全取决于某些条件——我们的幼年教育或文化**环境**，或举一个极端的例子，我们的“体质”。[1] 换言之，假设内胚/黏液型体质者或随和、外向、爱好逸乐者总是偏爱某种绘画，而外胚/神经型体质者或脑机能发达、内向、严谨自制者总是偏爱另一种绘画。我们可以认为，既然一个人的体质从娘胎起就是固定的，不受我们的控制，那么审美偏好也是固定的。因此，如果一种体质的人试图通过争辩而改变另一种体质的人的偏好，这绝对是徒劳无益的。我将体质的可能性视为一种朴素的可能性，但一种完全意义上的文化或经济决定论也为同样一种论证奠定了基础。

但是，我们在这里有着什么样的论证，以及它的合法结论是什
么？即使审美偏好完全是由我们无法控制的因素所决定，我们也不 487
必违心地将“*X*是好的”定义为“我这种体质的人喜欢与*X*相似的东西”。事实上，这是无用的废话。因为如果我们真的能够确立某些类型的绘画与某些体质之间的关联，那么以另一种且是非相对主义的方式来对“好”进行重新界定就是可能的。诚然，我们会区分“好”的三种含义：

“好$_1$”意味“受到内胚/黏液型体质者的喜爱”；

1　在此处，我想到的是查尔斯·莫里斯在《人类价值的多样性》(*Varieties of Human Value*)一书中报告的研究；关于参考文献，参见附注25-D。

“好$_2$”意味“受到中胚 / 筋骨型体质者的喜爱”；

“好$_3$”意味“受到外胚 / 神经型体质者的喜爱”。

因此，如果出现“*X*是好的吗？”这样的问题，我们在回答之前会直接要求提问者解释清楚，其心里想到的是这三种含义中的哪一种；但这样的话，这个问题当然就变成了纯粹的经验性问题。“好”的这三个定义，无一是相对主义的。它们是否令人满意，我们拭目以待。

不变论虽然不会迫使我们成为相对主义者，却会声称其表明了某些种类的批评论证是徒劳的。因此，我们仍然要询问，这一声称是否有依据？可以说，我们无法说服喜欢生洋葱的人不去喜欢它，我们又怎能指望能够说服他们不去喜欢米基·斯皮兰或摇滚乐呢？但是，批评论证的效用性并不取决于我们能否直接通过理由而改变人们的好恶。我们并不指望只要我们拿出理由向人们证明诚实和勇气是美德，就能把他们变得诚实和勇敢。但这并不能表明，讨论这些品质的可欲性是徒劳的，因为通过一些间接的方式，我们可以促进和培育我们自己和别人身上的这些品质。如果没有什么直接或间接的方法可以改变审美偏好，那么谴责它们就是没有意义的。确实如此。这就是体质类型理论可能会抛出的观点。但是，有大量的证据——事实上，其中一些是诉诸可变性的论证——表明，个人的趣味是可以改变的，即通过适当的训练来提高细腻的辨别力，扩大享受的范围，以及加强复杂的理解力是可能的。如果趣味的改变或培养是可能的，那么我们就无法回避它们是否应该被改变的问题。相对主义者并没有通过语词的重新定义而直面这个问题，这使得它成为不可问的问题。

我与批评相对主义的一贯论点之间的争执是，它们关于可变性和不变性的证据极少经过足够深入的分析。假设人们赞美《蒙娜丽莎》

(约1505年,巴黎卢浮宫)的各种不同特质,假设18世纪的读者可能比浪漫主义时代的读者更喜欢诗歌中的抽象词语,假设一部最新小说的两个批评家很少给它相同的评价。尽管如此,所有诸如此类的事实 488
都是没有意义的,除非我们做出各种区分。人们各有所好,这一事实并不能证明批评争论是徒劳的;如果每个人都喜欢同样的东西,那就不可能出现任何批评争论。引起争论的,首先是不同偏好的存在;相对主义的问题是,在争论出现后,我们可以怎样对待它。核心的问题是:是否有任何决定性的证据表明,存在着批评判断的某些理由,这些理由是一个批评家群体所给出或接受的,而另一个批评家群体则认为它们是不相关的?而且,原则上并不存在任何理性的方法来说服每个批评家群体相信这一证据是错误的。我并不认为相对主义者能够拿出这样的证据。但是,可以说,要证明这样一种理性方法是存在的,责任落在非相对主义者身上。我们在下一章中必须承担的,就是这个责任。

附注与问题

§ 24

24-A. 作为评价标准的意图。第一章附注1-A中给出的一些参考文献,尤其是《意图》(《世界文学辞典》)和《意图谬见》等文章,对意图予以了探讨。主要将意图作为一个评价标准而加以讨论的其他文章,列举如下。

意图主义评价的经典辩护之一,是J. E. 斯宾加恩的《新批评》("The New Criticism," 1911)一文,收录于《创造性批评》(*Creative*

Criticism, New York: Holt, 1917）及论文集《美国的批评》（*Criticism in America*, New York: Harcourt, Brace and Howe, 1924）。斯宾加恩的论证揭示了克罗齐的表现论为何是意图主义的一种形式（参见克罗齐《美学》，第 10 章）。H. L. 门肯对这种“斯宾加恩—克罗齐—卡莱尔—歌德式理论”予以了颇为有趣的支持，见《批评的批评之批评》（“Criticism of Criticism of Criticism”）一文，亦收入《美国的批评》。就像斯宾加恩一样，门肯似乎相信它是道德主义批评和类型批评之外的唯一选择。

亨利·D. 艾肯和伊萨贝尔·C. 亨格兰德也在一定范围内为意图主义的方法予以了辩护，见其专题论文《艺术中的意图与阐释》（“Intention and Interpretation in Art,” *J. Phil*, LII [1955]: 733–753）。这篇论文主要是讨论评价而不是阐释。在我看来，他们过多地将评价和阐释混为一谈，并且似乎坚称批评评价部分在于或者可以在于将审美对象判定为“表演”。

在他对温姆萨特《语象》（*The Verbal Icon*, *Comparative Literature*, VII [1955]: 344–361）的评论中，埃里西奥·维瓦斯批评了“意图谬见”，并提出了另一种观点，即每部文学作品都具有一种“理想
489 的”“内在”意图，可以为批评家的“直觉”所把握。西奥多·雷德帕思认为，“意图谬见”的错误在于认为，我们永远都无法了解未实现的审美意图，见其《现代美学的若干问题》（“Some Problems of Modern Aesthetics”）一文的第一部分，收入 C. A. 梅斯主编《二十世纪中期英国哲学》（*British Philosophy in the Mid-century*, New York: Macmillan, 1957）。雷德帕思正确地指出，意图谬见所阐述的立场过于绝对化，而在本书中，它稍微变得笼统一些。然而，我认为他规避了主要的问题。这一问题不是我们是否有理由认为一部作品并没有完

全实现某个意图，而是：我们是否有充足的证据来证明这一特定的意图是什么，以便确定作品在什么方面以及在多大程度上未能实现这一意图；我认为几乎不可能获得的，正是这种证据。在《艺术哲学》（*The Philosophy of Art*, New York: Dial, 1929）（见第269—277页）中，C. J. 杜卡塞将他讨论的意图主义标准视为唯一一套与“被视为艺术作品的艺术作品的批评”（第270页）相关的标准。另参见：A. K. 库马拉斯瓦米《意图》（“Intention,” *The American Bookman*, I [1944]: 41–48）一文；R. 杰克·史密斯《诗歌有机理论中的意图》（“Intention in an Organic Theory of Poetry,” *Sewanee Review*, LVI [1948]: 625–633）一文。

瑞恰慈所使用的“有缺陷的交流”这一观念，就是一个意图主义标准，见《文学批评原理》（*Principles of Literary Criticism*, London: Routledge and Kegan Paul, 1925），第25章和附录A；克罗齐的“成功的表现”同样是一个意图主义标准，受到约翰·霍斯帕斯的全面检查，见《艺术表现的概念》（“The Concept of Artistic Expression,” *PAS*, LV [1954–1955]: 313–344）一文。

关于文学史的意图主义用法的例子，参见赫德主教为斯宾塞的《仙后》所做的辩护，收入戴维·戴希斯《文学批评的方法》（*Critical Approaches to Literature*, Englewood Cliffs, N.J.: Prentice-Hall, 1956），第261—266页。

24-B. 原创性。谴责文学中老掉牙的表达方式，或陈词滥调；赞美一部作品的“新意”；一旦发现某作品是剽窃而来，对其印象瞬间一落千丈，凡此种种，皆为常态。但是，如果我们可以证明那些不能以偏题而打发的对于原创性的诉求，其相关性是由于它们实际上诉诸客观性的准则，那么我们就可以拒绝将原创性作为一个评价准则。也许，陈词滥调不仅仅是常见的表达方式，而且也许是与其语境风格格格不入的常见表达方式。

关于“新颖性”的重要性更早的讨论，参见：艾迪生在《旁观者》第411—414期中的论说文，收录于P. R. 利德和R. 威辛顿《文学批评的艺术》(*The Art of Literary Criticism*, New York: Appleton-Century, 1941)，第231—242页；爱德华·扬《原创作品的猜想》(*Conjectures on Original Composition*, 1759)，收录于马克·舍勒、约瑟芬·迈尔斯和戈登·麦肯齐合编《论批评》(*Criticism*, New York: Harcourt, Brace, 1948)，第12—30页。关于原创性标准的现代辩护，参见T. M. 格林《艺术与批评艺术》(*The Arts and the Art of Criticism*, Princeton, N.J.: Princeton U., 1940)，第404—407页。比较瑞恰慈《实用批评》(*Practical Criticism*, London: Routledge and Kegan Paul,
490 1929)，第三部分，第5章；当“套板反应”是诗歌本身，而不是读者的误读，那么问题就是：由于套板反应而遭到差评的诗歌，是由于缺乏原创性还是由于更客观的理由而受到批评？我还拜读过密歇根州立大学的理查德·拉德纳所写的但尚未公开发表的一篇关于原创性的宏文。

24-C. 真诚性。为适用于一般审美对象，而不仅仅是那些包含述谓的审美对象，这一术语也许要通过作品的区域性质和艺术家创作时的情感之间的某种一致性来定义。当它被如此定义，它无关乎对象本身的价值，这就一目了然了，虽然虚伪性确实可能会被当成控告艺术家的一个依据。真诚性的问题“应永远被驱逐出批评之外”，C. S. 刘易斯如此言曰，见其《个人邪说》(*The Personal Heresy: A Controversy*, New York: Oxford U., 1939)，第120页。另参见亨利·黑兹利特《批评的剖析》(*The Anatomy of Criticism*, New York:

Simon and Schuster, 1933)，第 9 章。

24-D. 艺术欺骗。一些关于技巧、真诚性和原创性对于批评评价的相关性的微妙问题，源于一些这样的作品，在其中，艺术家隐藏了自己的身份，并将作品归属于他人，诸如：詹姆斯·麦克弗森的“莪相”诗作；托马斯·查特顿的“查利”诗作；普罗斯佩·梅里美的“克拉拉·加苏尔”剧本；阿尔塞奥·多塞纳所伪造的中世纪和文艺复兴时期雕塑；一度被认为是米开朗琪罗所制作的《沉睡的丘比特》(伦敦维多利亚和阿尔伯特博物馆)；乔瓦尼·巴斯提亚尼尼、洛科莫夫斯基和艾奥尼的伪造品；汉·凡·米格伦在二战期间伪造的弗美尔画作。当我们发现诸如此类的作品名不副实，这会对我们的评价产生什么样的影响？

24-E. 感受性批评。《感受谬见》一文(参考第一章附注 3-B)对感受性理由的全面摈弃太过绝对，因为正如我在第十一章所提出的那样，归根结底，倘若不结合审美对象对其感知者产生的某些类型的效果，批评评价似乎是无法进行的。戴维·戴希斯抨击“感受谬见”，因为它拒绝将情感效果作为价值的一个指引，见其《新批评：一些资格条件》(“The New Criticism: Some Qualifications,” *College English*, II [1950]: 242–250)一文。他宣称价值不能脱离效果，这是完全正确的，但他错在认为，这证明他对文学批评中的统一性和复杂性等准则的全面攻击是正当的。

“感伤性”(sentimentality)的概念　　见瑞恰慈前引书第三部分，第 6 章——能否被客观地分析？

24-F. 客观性理由。(一)这里的主要问题，只有通过许多批评理由的细心研究才能解决；这一问题是，所有具有客观的指称对象，并 491
且不能被视为明显无关的理由，能否都能分析为统一性、复杂性及性质的强烈性等准则？例如：(1)“一首好歌是指具有可唱性且具有符合歌词的乐曲的歌曲”。不可唱性——也就是无人能唱的意思——与可唱性这一理由并不属于同一个层面；它不是对歌曲下判断，而是否认此歌曲的存在。比较文学中的朦胧性这一概念：如果一首诗歌不可唱，或者如果你无法诵读这首诗歌，你便无法对它下判断。(2)“我宁可去听舒曼演奏一首蹩脚的交响曲，也不愿去听其他人演奏一首出色的交响曲”（斯蒂芬·威廉斯如此言曰，见拉尔夫·希尔主编《交响曲》[*The Symphony*, Baltimore: Pelican, 1949]，第174—175页）。这能否根据三大准则予以分析？

在《理解诗歌》(*Understanding Poetry*, rev. ed., New York: Holt, 1950)（见第274—278页）中，克林思·布鲁克斯和罗伯特·佩恩·沃伦称乔伊斯·基尔默的《咏树》是一首糟糕的诗歌，因为它尤其呈现了一幅“无比混乱的画面”（第275页）；他们的理由受到了杰弗里·弗利斯巧妙的抨击，见后者的《一首“坏诗”新解》(“Further Notes on a ‘Bad’ Poem,” *College English*, XII [1951]: 314–320)一文。然而，弗利斯对“感受谬见”的讨论是错位的，因他将自己的论文变成了对于“作为一种批评实践的细读”的一次总攻，并辩称复杂性在《咏树》中的在场与否，无关乎这首诗的价值。就此而言，他是相对主义的立场。

（二）关于人们提出的批评原则的例子，参见如下著作：哈罗德·奥斯本《美学与批评》(*Aesthetics and Criticism*, London: Routledge and Kegan Paul, 1955)，第251—259页和第268—289页（他的文学标准是“准确性”“让艺术隐而不露的艺术”，以及旨在加强意义的字音控制）；W. H. 哈多《现代音乐研究》(*Studies in Modern Music*)节选，收入埃里西奥·维瓦斯和莫瑞·克里格主编《美学问题》(*The Problems of Aesthetics*, New York: Rinehart, 1953)，第262—276页（他使用了“活力”“难度”“比例”和“适宜”等“原则”)。

在《审美性质》(*Aesthetic Quality*, New York: Scribner's, 1937)(见第1章和第9章)中,斯蒂芬·C.佩珀将“性质”的“生动”“绵延”和“深度”作为批评标准(第223—225页,第246页);如果将这些标准与本章中论述的标准进行一番比较,将是饶有兴味的。在《艺术批评的基础》(*The Basis of Criticism in the Arts*, Cambridge, Mass.: Harvard U., 1945)中,佩珀更详尽地制定了各套批评标准,并将它们的起源追溯至他的“世界假设”。在这个他所关心的宏大计划中,他允许各种标准存在,并似乎认为相关性的唯一标准是世界假设所提供的那些标准。但是,他在结尾部分(第140—141页)所提出的“折中”标准或复合标准,与三个一般标准相差不远。

一个很好的练习是揭示和检查卡尔·E.西肖尔的内在假设,见其《探寻音乐之美》(“In Search of Beauty in Music,” *Musical Quarterly*, XXVIII [1942]: 302–308)一文。

在《用于艺术批评的论证有何区别性特征?》(“What Are the Distinctive Features of Arguments Used in Criticism of the Arts?” *PAS*, Suppl. vol. XXIII [1949]: 165–194)这篇专题论文中,约翰·霍洛韦探讨了准则在批评中所起的作用。关于作为特殊准则的“戏剧统 492
一性”,参见阿勒代斯·尼科尔的《戏剧理论》(*The Theory of Drama*, New York: Crowell, 1931),第38—60页。关于文学评价问题的总结,参见勒内·韦勒克和奥斯汀·沃伦《文学理论》(*Theory of Literature*, New York: Harcourt, Brace, 1949),第18章。

批评理由的分类,特别是客观理由和其他理由之间的区分所依据的一系列有趣的材料,见约翰·西阿弟给安妮·莫罗·林德伯格1956年的《独角兽与其他诗歌》写了一篇负面评论后所收到的一连串书信。在担任《星期六评论》的诗歌编辑之后，西阿弟写了一篇有趣的文章（《人人都能写（坏）诗》，刊登于《星期六评论》1956 年 5 月 5 日第 22 页），阐述了他筛选诗歌出版的原则。在 1957 年 1 月 12 日刊第 54 页，他基于无懈可击的客观依据对林德伯格夫人进行了尖锐的批评，但在随后的刊期中，他却收到了潮水般涌来的信件。他先是受到了广泛的攻击，后又得到了广泛的支持。除了这些信件，编辑们还写了一篇社论谴责他，而西阿弟先生则予以了意气昂扬的回应，发表了《评论家的狗屁责任》一文。人们在这场争论中所给出的各式各样的理由，以及各式各样关于诗歌和批评的隐含假设都值得研究一二。

24-G．忠于媒介和利用媒介。莫里斯·韦兹在《艺术哲学》（*Philosophy of the Arts*, Cambridge, Mass.: Harvard U., 1950）第七章较详细地讨论了他所说的“纯粹主义”（Purism）原则，不过他摈弃了这一原则。即使不顾“媒介”一词的混乱（参见第二章附注 6-B），要弄清楚纯粹主义被认为断言了什么，也是极其困难的。很明显，它宣称：(1)“任何媒介都不应用来做它实际上做不到的事情”（第 121 页）；这似乎是稳妥的；(2)“它不应强为其所不能”（第 120 页）；这是一个明智的劝告；(3)“诸艺术应做其最擅长的事情”（第 28 页）；此处理解的是“仅仅”的意思，而韦兹正确地指出，这种观点的理由并不充分；(4)“诸艺术应做将它们相互区分的事情”（第 28 页）；这是一个完全不受支持的建议；(5)每种媒介的“表现潜力”，“应予以尽可能充分的实现”（第 121 页）；此乃金玉良言，只要我们不要求所有潜力都要在任何一部作品之中实现。

T. M. 格林（前引书，第 407—413 页）非常看重这些批评表达式，将它们视为根本的，但他对它们的说明，时而是无害的陈词滥调，时而是可疑的具体规定。例如，他说道：“技巧娴熟的画家，是以一种适合颜料的方式而使用颜料的。”（第 408 页）“否定媒介”就是“不能穷尽媒介的相关潜力”，犹如“忽略音色和动态变化的”音乐（第 408 页）；很明显，没有任何一个创作者能够在一件作品中穷尽一种媒介 493
的所有潜力，因此这个表达式的运用最终沦为了意图主义：“由于任一具体作品中的预期目的可以通过一种更丰富和更有效的使用而得到更有效的实现，主要媒介在比例上仍然是未尽其用的。”（第 409 页）例如，“石头的石性可能会受到如此这般的重视，以至于我们对作品所产生的主要且近乎唯一的印象，就是这一石性”，这时，就发生了“媒介的偶像崇拜”，或者“对媒介的某个方面的过度利用付出了其他方面的代价”（第 411 页）。但是，既然“石性”本身并没有什么不妥当之处，这第二种表达就再次沦为意图主义；问题是：何为“客观性”？它又能否得到“更有效的”实现（第 411 页）？

然而，值得做的一件事情，是对批评评价中一些对于媒介的典型诉求加以分析，以确定它们能否在合理范围内被归于三大准则之下，例如：一部改编自舞台剧的电影经常受到苛责，因为它未能更多利用舞台上的可能技术；哥特式建筑对石头的“自然”重量的拒绝或克服，被认为是一个优点而非缺点；乔舒亚·雷诺兹爵士不满吉贝尔蒂为佛罗伦萨洗礼堂所制作的青铜门，认为这位艺术家“逾越了雕塑和绘画之间的边界”，并且创造了有大量人物的大型作品，这些作品“本可以通过恰当的色彩来表现的”（引文摘自 J.A. 西蒙兹《意大利文艺复兴》[*Renaissance in Italy*, New York: Modern Library, 1935]，第一卷，第 649 页）；伦勃朗在其版画，特别是后期版画中对于蚀刻法和针刻法的混合运用，可能会遭到一些“纯粹主义者”的反对。关于这最后一个例子，注意：约翰·巴克兰-赖特（见《蚀刻与雕刻》[*Etching and Engraving*, New York: Studio Publications, 1953]）对作为雕刻家的丢勒极为严苛，认为他并没有“在它作为一种简单而直接的雕塑般的线性技术这一真正意义上处理媒介”（第 17 页），因而他的雕版画“过于频繁地否定了媒介”（第 18 页；另参见类似的评论，第 173 页、第 175 页、第 225 页）；但是，W. M. 艾文斯对此不以为然，他写道：“较之它是在地下室或顶楼印制的事实，一幅特定的版画处于这个或那个过程的事实，并不会对其艺术优劣产生更大的影响。”（《版画的样貌》[*How Prints Look*, New York: Metropolitan Museum of Art, 1943]，第 143 页）

以“过于偏重鉴赏力”为由而贬低审美对象——诸如柏辽兹、李斯特、斯温伯恩和拉斐尔所受到的一种批评——似乎也隐而不显地指向了媒介。但是，在诸如此类的判断中，要说出这一指责的真实依据，并非易事。

24-H. 类型批评。先将审美对象归入一个种类，或类型——一部史诗、一幅风景画、一首大提琴和钢琴奏鸣曲——然后根据该类型
494 的某些假定准则来判断其价值的批评评价方法，目前已很少有人采用了，但是它的理论基础和启示值得分析。当一部作品符合未知类型的准则，它的类型是如何确定的？这个问题暴露了许多类型批评中所隐藏的意图主义。例如，赫尔穆特·亨格兰德在《艺术批评程序的建议》（“Suggestions for Procedure in Art Criticism,” *JAAC*, V [March 1947]: 189–195）一文中提出，一幅画应根据它所属于的“风格”类别来判断；但是，对画作的归类似乎依赖于“假定的目标”（第 193 页），或者依赖于画作（即画家）显然“关心”的东西（第 192 页）。关于类型批评的辩护，参见 R. S. 克莱恩主编《批评家与批评》（*Critics and Criticism*, Chicago: U. of Chicago, 1952），第 10 章，以及第 13—18 页；以及 W. K. 温姆萨特对这一观点的评论，见《芝加哥批评家：新古典主义

类型的谬见》(“The Chicago Critics: The Fallacy of the Neoclassic Species”)一文，收入《语象》(*The Verbal Icon*, Lexington, Ky.: U. of Kentucky, 1954)，第41—65页。

C. S. 刘易斯半开玩笑半认真地提出了一种这样的观点：存在两种主要文类，即“好的”文学和“二流的”文学，而在你能够确定一部作品是好是坏之前，你必须先对它进行分类，见其《高雅与低俗》(“High and Low Brows”)一文，收入《改邪归正暨论文集》(*Rehabilitations*, New York: Oxford U., 1939)，第97—116页。

24-I. 作为批评家的艺术家和作为艺术家的批评家。人们经常说，批评家必须也是艺术家——比方说，只有诗人才能评诗——因为他必须准备好给出改进的建议，由此支持自己的批评评价。换言之，如果他断定一首诗是糟糕的，他应能告知诗人它有何问题，以及它该如何改进；但在这个过程之中，他本人是在扮演诗人的角色。莫蒂默·卡迪什便提出了这一问题，见其在“审美判断的证据”专题论文集中的《论语境选择的重要性》(“The Importance of a Choice of Context,” *J Phil*, LIV [1957]: 670–679)一文；他似乎认为，批评评价(至少是负面评价)本身都是为了改进而提出的建议。虽然我认为我们无法一直坚持这一点，但我们可以争辩说，用以支持批评判断的理由等同于建议：“这幅画不平衡，因为这个图形太偏向右边了”与“如果这个图形向左挪动一点，这幅画就会更好”是相同的意思。比较“这块布丁不够咸”和“这块布丁加点盐会更好”。但是，理由似乎并不等同于建议，尽管建议有时可以从理由中推导而出。毕竟，挪动图形也许不会完善画作，因为它可能会削弱作品目前较妥当的其他某个特征(比如它的中心焦点)。判断、理由和建议之间的逻辑关系问题是至关重要的，但它至今无人研究。 495

§ 25

25-A. 批评论证的述行论。语言的述行式用法，是由 J. L. 奥斯汀在《他人的心灵》（"Other Minds," *PAS*, Suppl. vol. XX [1946]: 170–175）这篇专题论文中指出的。

玛格丽特·麦克唐纳德在她与 A. H. 汉内和约翰·霍洛韦合作发表的《艺术批评中的论证有何区别性特征？》（"What Are the Distinctive Features of Arguments Used in Criticism of the Arts?" *PAS*, Suppl. vol. XXIII [1949]: 165–194）专题论文集（她的论文经修改后，收录于威廉·埃尔顿主编《美学与语言》[*Aesthetics and Language*, Oxford: Blackwell, 1954]，第 114—130 页）中写道："肯定一件作品是好的，更像是授予奖章，而不是指出作品的任何特征，或其创造者和观众的状态的任何特征"，因此它"不真也不假"（埃尔顿，第 121 页）；它不能通过演绎推理或归纳推理而确证（第 122 页）。但是，当麦克唐纳德宣称批评家的客观陈述并不是支持其判断的理由，而是用来"传达"或"呈现"作品，正如人们演奏一首奏鸣曲来表明它有多好（第 129 页），我不解其意。

25-B. 批评论证的情感论。情感论之提出，通常是作为一种关于我们对"好"一词的一般用法的说明；或者特别是关于它在道德语境中的用法；但是，诸如此类的说明也是关于这个语词在规范性推理中所起的作用的说明。伦理学的情感理论所取得的很多研究成果，可以水到渠成地移用于美学语境下的"好"，但是褒扬和推荐之间的区分要铭记于心。关于情感论的一个充满活力的朴素版本，参见 A. J. 艾耶尔《语言、真理和逻辑》（*Language, Truth and Logic*, 2nd ed.,

London: Gollancz, 1946)，第 6 章。在史蒂文森的《伦理学与语言》(*Ethics and Language*, New Haven, Conn.: Yale U., 1944) 这部引领后来所有讨论的系统性著作中，这种理论被赋予了一种能够处理日常语言的诸多幽微之处的形式。后来的讨论往往专注于祈使性因素，而不是感叹性因素的探讨。例如，在《道德语言》(*The Language of Morals*, Oxford: Clarendon, 1952) 这部经典著作中，R. M. 黑尔便非常重视作为行动指引的道德判断(如"这是错误的")的祈使性。他认为，一个祈使句可以是一个推论所得出的结论(第 2 章和第 3 章)。

在以下讨论中，人们注意到了情感论所提出的一些问题：理查德 · 鲁宾逊、H. J. 帕顿和 R. C. 克罗斯的专题论文集《伦理学的情感论》("The Emotive Theory of Ethics," *PAS*, Suppl. vol. XXII [1948]: 79–140) (鲁宾逊的辩解在某个方面是令人纳闷的；他认为，我们对"好"一词的使用，经常不是为了表达情感，而是为了指涉作品的一个客观特征，只不过我们"习惯于受骗")；理查德 · B. 勃兰特的《态度论的一些谜题》("Some Puzzles for Attitude Theories") 一文，收入雷 · 莱普利主编《价值的语言》(*The Language of Value*, New York: Columbia U., 1957)，第 153—177 页；温斯顿 · H. F. 巴恩斯《无命题的伦理学》("Ethics Without Propositions") 一文，同上书，第 1— 496
30 页；文森特 · 托马斯《伦理学的分歧与价值的情感论》("Ethical Disagreements and the Emotive Theory of Values," *Mind*, LX [1951]: 205–222) 一文；阿舍 · 摩尔《道德争议中的情感理论和理性方法》("The Emotive Theory and Rational Methods in Moral Controversy")，同上书，第 233—240 页。另参见玛丽 · 马瑟西尔《规范性语言的使用》("The Use of Normative Language," *J Phil*, LII [1955]: 401–411) 这篇令人颇感兴趣的论文。她在此文中提出，要根据说话人所"表达"

的赞许或不满而对“规范性陈述”进行界定。

25-C．作为褒义词的“好”。黑尔（前引书，第8章）认为，价值判断的“主要功能”是褒扬，但是，他强调褒扬和选择密切相关，并坚持认为所有褒扬都是可能选择的指引。在《伦理学》（*Ethics*, Baltimore: Pelican, 1954）（见第12章）中，P. H. 诺埃尔-史密斯宣称，“好”一词的“基本用法”是“表达或解释一种偏好”（第163页），但是他也区分了这个语词的另外一些用法。

25-D．相对主义。我对“相对主义”的定义，是在理查德·B. 勃兰特严谨而缜密的分析（见其《霍皮伦理学》[*Hopi Ethics*, Chicago: U. of Chicago, 1954]，第6章和第16章，尤其是第88页和第235页）的基础上，稍加简化而完成的。在文本中，我所关心的是勃兰特所说的相对主义的“逻辑论题”，把它看作一种关于规范性的批评术语应如何定义的理论。我认为，我对相对主义的阐发，与勃兰特的阐发是对等的，虽然在他的版本中，他谈到了两个争论的批评家“都是对的，或至少都不会错”（第88页）的可能性，而我则认为他们并不存在真正的冲突。关于一般的相对主义更多有趣的讨论，参见亚伯拉罕·埃德尔《伦理学判断》（*Ethical Judgment*, Glencoe, Ill.: Free, 1955），特别是第1章、第3章和第4章。埃德尔偏好“不确定性”一词，尽管他没有对其进行较确切的界定；很明显，如果一个争论问题没有合乎理性的解决方法，它便具有不确定性这一特征；如果一个问题没有合乎理性的回答，它便是不确定的。埃德尔关心心理学、社会学和人类学的资料，认为这些资料会缩小伦理学中不确定性的范围。

在《美学与艺术批评中的新方向》（*New Bearings in Aesthetics and Art Criticism*, New Haven, Conn.: Yale U., 1943）（第二部分，第3章）中，伯纳德·C. 海尔为相对主义做出了最著名的辩护之一，其在

很大程度上建基于诉诸可变性的论证（参见第二部分，第1章）。海尔将相对主义理解为“客观主义”和“主观主义”之外的另一种选择（我们将在第十一章中考察这些类型的理论）；他所提出的形式是一种社会相对主义。虽然他不完全是这样说的，但是他的立场可以被阐述为一种关于（审美语境下的）“好”的语义的理论。他宣称：“只有当艺术对象的阐释是根据某种理应明示或默会的批评体系，好坏优劣的艺术判断才具有可理解的意义”；如果两位争论的批评家诉诸不同的标 497
准，他们实际上并不相互抵牾，因为他们都没错（第135页）；一个批评判断的“约束力”，只适用于那些接受与说话人相似的标准的人（第137、141页）。因此，海尔的观点似乎如下：当一个批评家说“*X*是好的”，如果他希望这一陈述在经验上是真确的和可证实的，他的意思只能是“*X*符合我所接受的如此这般的标准”；由此推断，他只能跟一个接受了相同标准的批评家发生冲突。从这一角度而言，如果说这些标准本身是正确的或不正确的，这没有意义，但海尔认为，人们可以以缺乏智识、敏感力、真诚性、幽微性等为由，合法地摈弃某一套标准（第143页）。这点很奇怪，因为这样一来，一个批评家似乎就没有任何理由不接受所有通过了负面测试的标准。在这种情况下，海尔的定义将不再是相对主义的，因为任何两个批评家都会有同样的标准。海尔后来的论文通过一些新范例而更加简明扼要地重申了他的立场，并为其作了进一步辩解：见其《重拾相对主义》（“Relativism Again,” *JAAC*, V [September 1946]: 54–61）一文，收录于埃里西奥·维瓦斯和莫瑞·克里格主编的《美学的问题》（*Problems of Aesthetics*, New York: Rinehart, 1953），第436—445页；以及《批评家的理由》（“The Critic’s Reasons,” *JAAC*, XVI [December 1957]: 169–179）一文。

在他的《诗语》（*The Idiom of Poetry*, Ithaca, N.Y.: Cornell U., 1941）

这部富于启发性的小册子中，弗雷德里克·A. 波特尔为一种有趣的时代相对主义做了辩护。他的论点可以概括如下：诗歌的重要性在于唤起人们的感受，而它的价值则是通过所唤起的感受的强度来衡量的；不同历史时期都有自己的感受，这些感受由不同种类的诗歌所唤起（按他的术语，每个时代都有自己的"感受力"）；因此，所有批评都是"主观性的"，这就是说，批评家只能讨论他与自己所处时代所共有的感受力，以及作品对它所产生的影响（特别参见第16、34、40页）。"所有的批评判断，都是相对于生产它们的时代而言"（第5页）。波特尔的观点受到了克林思·布鲁克斯的批评和讨论，参见布鲁克斯《精制的瓮》（*The Well Wrought Urn*, New York: Reynal and Hitchcock, 1947）附录一。有趣的是，波特尔将其相对主义的批评评价观点和非相对主义的伦理学完全割裂开来。这本身并不是自相矛盾的，但是它提出了一个这样的问题：人们能否为伦理学的绝对主义提供理由，而这些理由却不适用于审美价值？

乔治·博亚斯似乎坚持某种形式的个人相对主义，虽然他的辩解较为肤浅。他甚至断言，任何人想说"我之所欲，不可欲也"，都是"不可能的"，见其《批评家入门读本》（*A Primer for Critics*, Baltimore: Johns Hopkins U., 1937），第6章，收录于维瓦斯和克里格前引书，第430—436页。另参见：亨利·黑兹利特《批评的剖析》（*The Anatomy of Criticism*, New York: Simon and Schuster, 1933），第3章、第4章和第7章；阿瑟·蔡尔德《审美价值的社会历史相对性》（"The Socio-historical Relativity of Esthetic Value," *Phil Rev*, LIII [1944]: 1–22）一文，收录于维瓦斯和克里格前引书，第445—462页；亚伯拉罕·卡普兰《批评中的所谓危机》（"The So-Called Crisis in Criticism," *JAAC*,
498 VII [September 1948]: 42–47）一文。

25-E．可变性与不变性。关于趣味的历史嬗变的证据以及可变性的其他形式，参见：黑尔前引书，第 97—107 页；丽塔·韦尔曼关于维多利亚时期趣味的说明，即《维多利亚皇室》(*Victoria Royal*, New York: Scribner's, 1939)；E. E. 凯利特《文学中的时尚》(*Fashion in Literature*, London: Routledge and Kegan Paul, 1931)，特别是第 1 章、第 3 章、第 4 章和第 20 章(在《趣味的陀螺》[*The Whirligig of Taste*, New York: Harcourt, Brace, 1929] 一书中，他提供了另外一些关于某些作者和文类的声誉之起伏变迁的素材)；F. P. 钱伯斯《趣味的历史》(*The History of Taste*, New York: Columbia U., 1932)；琼·埃文斯《趣味与气质》(*Taste and Temperament*, London: Cape, 1939)。

查尔斯·莫里斯对绘画中的偏好进行探讨，并发现了它们与体质和生活态度之间的有趣关联，参见其《人类价值的多样性》(*Varieties of Human Value*, Chicago: U. of Chicago, 1956)，第 7 章(另参见他在雷·莱普利主编《价值的语言》[*The Language of Value*, New York: Columbia U., 1957] 中所出版的论文)。当然，莫里斯并不赞同本章中出于解释的目的而使用的那种朴素的身体决定论。关于一般意义上的体质理论，参见威廉·H. 谢尔登《人类的体质类型》(*The Varieties of Human Physique*, New York: Harper, 1940)，以及《人类的气质类型》(*The Varieties of Human Temperament*, New York: Harper, 1942)。

另参见索尔斯坦·维布伦关于"金钱名誉对趣味的渗透和引领"的讨论，见其《有闲阶级论》(*The Theory of the Leisure Class*, New York: Macmillan, 1899)，第 6 章(现代图书馆出版社再版，第 139 页；另见第 149—150 页)；以及大卫·休谟《论趣味标准》("On the Standard of Taste," *Philosophical Works*, 4 vols., London: Longmans, Green, 1874–1875)一文。

25-F. **个别主义**。就我所知，我临时如此命名的这种观点，迄今尚未有人予以系统性的辩护。但是，它可以通过以下这本有趣而极其浅显的小册子来解释清楚，其总论点暗含个别主义的理论：西奥多·L. 肖《珍贵的垃圾》(*Precious Rubbish*, Boston: Stuart Art Gallery, 1956)。在此书中，两种观点一而再，再而三地出现：(1)在人生和能力发展的某些阶段，人们只能欣赏复杂性有限的审美对象；(2)人们产生了审美疲劳，希望体验新的对象。但是，这些并不能表明我们只能对特殊的呈现下判断。关于一些发人深省的讨论，参见第16—17页、第44页、第47页、第74页和第145—146页。注意一种频繁出现的论证形式：例如，针对戴维·伊文的一个陈述，即"没有音乐家会听腻莫扎特的音乐"(《百万人的音乐》[*Music for the Millions*, London: Arco Publications])，西奥多·L. 肖反驳说："你能想象出比《伊利亚特》《李尔王》《"朱庇特"交响曲》等这样一份永恒不变的'菜谱'更加可怕的东西吗？"

斯蒂芬·C. 佩珀所抨击的，与其说是相对主义，不如说是个别主义，见其《艺术作品》(*The Work of Art*, Bloomington, Ill.: Indiana U.,
499 1955)一书，第5章。

第十一章　审美价值

在讨论批评评价的依据时，哲学家们通常用一个更加简练和更加方便的术语来替代我们目前为止一直在使用的那个略显笨拙的字词：“（审美语境下的）‘好’”。他们不说一个审美对象是“好的”，而是说它拥有审美价值。相应地，他们不会称一个对象比另一个对象更好（但不是因为它拥有更高的认知价值或道德价值），而是称它拥有更高的审美价值，或在审美上更有价值。

诚然，这种替代偏离了我们在前一章中遵循使用的批评家的常用语言，这标志着兴趣的转移。如果对批评中所发生的实际论证和争论的研究能够表明批评家们认为自己的判断是真确的或错误的，是基于推理的或合乎理性的，就像我所认为的那样，那么他们当中有许多人可能仍然不清楚他们是用“好”这个词来做什么，或者他们是用它来表达什么意思。但是，给他们指出以下一点也许是可能的：如果包含这些术语的陈述要成为真确的且具有逻辑上的正当性，那么他们使用的规范性术语可以是什么意思，或者，如果你想的话，必须是什么意思。对于这一目的而言，我们最好选择一个人为性较强的术语，比如“审美价值”这一术语。我认为，我们可以证明批评家实际上是在讨论审美价值，不管他们是否使用这个术语；更重要的是，我们可以证明，只要他们愿意，他们就可以谈论它，而这是值得一试的。

然而，对于被提出的这个术语的适当性，可能存在一个它被质疑

500 的直接原因。批评家对审美对象既做出肯定性的判断，也做出否定性的判断：存在“好的”赋格曲和静物画，也存在“坏的”赋格曲和静物画。但“价值”这个术语，在其最常用的意义上，并没有一个与之相对应的反义词。诚然，哲学家有时会使用“反价值”一词，而我们也可以这么做，如果有必要。但是，我认为我们可以通过一个更激进的论题而避免之，如果它可以接受的话。也许，存在一种极其明晰和确定的意义，在这种意义上，我们可以把审美对象说成是“坏的”，也就是说它拥有某种特征，这种特征与“好”的特征是截然相反的。当然，一个对象看起来可能会让我们感到不适，正如有些声音听起来令人难受。现在，考虑业余画家作品展上的一幅画，它会让你“吐槽”这是一幅坏的画作。一段裂开的人行道随处可见，作为一个视觉设计，它和这幅画一样差，但是你根本不会费心去对它下判断。因此，我认为：在这些情况下，这些批评判断中的“坏”，通常意味着偏离了批评家所期待的，并自认为有理由期待的某种粗略水平上的审美价值。这就是我们为什么会认为一句简单的诗句“对于孩子来说算是不错了”，或者会认为巴尔的摩动物园中令人称奇的贝奇所完成的一幅指画“对于黑猩猩来说算是不错了”的原因。因此，艺术中的“坏”，只不过是审美价值的一个低等级，也许极低等级，抑或是审美价值的缺失。

并不是每个人都接受这一观点，即不存在所谓的负审美价值，而人们经常认为，负审美价值只不过是我们理应用“丑”表达的意思。我对它的怀疑主要是基于前一章中针对批评家的判断理由的讨论。如果人类区域性质的强烈性是正面评价的一个依据，那么并不存在负面评价的相应依据，因为量表的底端没有这类特征。如果复杂性也是一个依据，那么同样不存在负面评价的相应依据，因为量表的底端是零复杂性或任何异质性的缺席。如果统一性是一个依据，那么可以说，与统一性相反的是不统一性，但是知觉场的每一个可分辨的部分都拥有某种程度上的统一性，而不统一性无非是统一性的一个低等级——虽然也许是一个直接令人不快的等级。阿尔贝托·贾科梅蒂的《令人厌恶之物》（1931年，私人收藏，纽约）已经足够令人厌恶了，而且它一点也不美；无论它作为达达主义或超现实主义是多么有趣，它都不太像一件雕塑作品。但我认为，如果认为它拥有负审美价值则是错误的。

这一章的问题可以通过以下述语来表述：我们所需要的是一种审美价值理论。而这样一种理论理应能够回答一些问题。它将包括“审美价值”这个术语的定义；它将包括一种关于审美价值的判断如何，或如何可能被使用、被知真假、被理由所支持，以及与其他判断有何关系或可能有何关系的说明。在一种更宽松的意义上，情感论和述行 501
论可以归于这个术语之下，但我认为更好的做法也许是把它们理解为否认“审美价值”指称任何东西，即审美对象或人类的任何性质，或对象与人类之间的任何关系。我们将在本章中考察的三种主要理论确实为“审美价值”这一术语找到了一种用法和一种指称意义，并提出了一种关于批评推理的一般性说明。

§26　美论

在探讨第一种审美价值理论之前，我们理应探究人们对于这一术语本身不满的两个可能来源。该理论合法而安全的用法，确实取决于两个预设：一是审美对象中存在一种价值，区别于审美对象可能附带地拥有的其他种类的价值，诸如认知价值和道德价值；二是同一种价值可以从各种各样的审美对象中找到，因为虽然我们将“好”一词用于希腊的双耳陶瓶和沃尔特·迪士尼的动画片，但不能由此推断我们两次都是在同一意义上使用了这个词。

关于第一个预设，我觉得情况是一目了然的。我所说的所有褒扬皆属于一个可辨识的种属，而我们可以通过它们的支撑理由中所诉诸的依据或标准中的差异而将一种褒扬和另一种褒扬区分开来。当我们对褒扬审美对象的随意一组理由加以分析，就像我们在上一章中所做的那样，它们就会分解为逻辑上独立的小组，其中两个小组，我将其归于认知价值和道德价值之下，而第三个小组，我现在建议将其归于审美价值之下。

举例而言，一张唱片的某些特征可以相互独立地受到褒扬：比方说，我们可以在不知道价格的情况下对演奏做出判断。因此，将唱片的经济层面和审美层面区分开来，似乎是轻而易举的。而在极端情况下，我们实际上是被迫接受这一区分的，比如去世已久的歌剧明星的 78 转 / 分唱片，其中一些仅仅是物以稀为贵。诚如人们经常所言，一幅画无论好坏，都可以遮掩墙上的破洞，而在止门器中，造型价值并不是不可或缺的。

以一种略微不同的方式提出这一观点将是有启发性的。假设我们有两幅画，*X* 和 *Y*，有人说 *X* 比 *Y* 好。[1] 现在，假设他也说，无论是
502 它们的内部特征还是它们的制作方式，抑或是它们与其他事物的关系，*X* 和 *Y* 别无二致。这相当于说，他拿不出任何理由来支持他的判断，因为他针对一幅画所说的话，同样也适用于另一幅画。另外，假设他不是说 *X* 和 *Y* 在任何方面都别无二致，而是说它们的起源**存在着**一个区别——一幅画是“赝品”——但它们的内部特征并无区别，因

1 这个例子是 R. M. 黑尔所给出的例子的进一步拓展，见黑尔《道德语言》(*The Language of Morals*, Oxford: Clarendon, 1952)，第 80—81 页。

而没有人仅靠肉眼就能区分它们。这样的话，我认为这相当于说，这一判断并不存在任何审美的理由，虽然也许存在另外一种理由；批评家所使用的“好”一词，不能再指称审美价值，而只能指称其他某种价值。

在我对“审美价值”这一术语的用法中——我声明，在“好”的批评用法中，这条规则实际上是行之有效的——任何可观察的特征都别无二致的两个对象，不可能存在审美价值上的差别。这条规则有助于区分审美价值和其他价值。但是它并不有利于任何特定的审美价值理论，因为“可能”一词并没有受到进一步的限定。根据某些价值理论，如果 X 和 Y 看起来完全一样，那么从逻辑上看，X 不可能在审美上胜过 Y；正如从逻辑上看，除非一个图形有直角，否则它不可能是正方形。根据其他一些理论，从经验上，也就是从心理学的角度上看，某些线条在某些知觉条件下不可能显现为平行的——也就是说，拥有这种区域性质——除非它们实际上是不平行的，就像局部测量的结果所表明的那样。

批评的多元主义

针对第二个预设，我们可以提出其他质疑，虽然它们似乎尚未引起美学家的重视。就像我们所看到的那样，批评家们经常做出比较性的审美判断：《樱桃园》比《野鸭》伟大；莫扎特的《A 大调弦乐四重奏》(作品 464 号）优于贝多芬的《A 大调弦乐四重奏》(作品 18 号，第 5 首)；雷诺阿的收藏于费城的《浴女》(1884—1887 年，卡罗尔·S. 泰森收藏）不如克利夫兰的《浴女》(1892 年，克利夫兰艺术博物馆)。按照“审美价值”的术语，所有这些差别都是审美价值在程度上的差别；因此，这种价值是所有艺术作品在更高或更低程度上拥有的价值。

但是，如果两部戏剧在审美价值上的差别与两幅画在审美价值上的差别是同一种差别，那么提出以下这种问题则是完全合理的：克利夫兰的《浴女》比《野鸭》拥有更高的审美价值吗？莫扎特的《A 大调四重奏》比《泪水，无用的泪水》拥有更高的审美价值吗？《夺发记》比普拉克西特列斯的《赫耳墨斯》拥有更高的审美价值吗？这些问题听起来有些古怪。

503 问题是，是什么让它们古怪？部分原因在于一种这样的建议：我们希望对所有这些不同的对象进行一种线性的排序，也就是一个单一的量表上的评级。“女子游泳队比男子篮球队更强”也许一开始就具有这样一种令人困惑的效果，如果我们想到的第一件事是她（他）们并不在同一个联赛，因而没有共同的依据。但是当然，我们允许这种比较是有意义的，比如基于胜负记录的比较。“简的听力比约翰的视力更好”也以同样的方式而让人有点困惑，不过还不至于不可调和；我们也可以说“简的听力比她的视力更好”（比较：“威廉 · 布莱克和但丁 · 加百利 · 罗塞蒂作为诗人比作为画家更优秀”）。如果视力和听力都可以用量表测量，那么在一种量表上接近顶部的表现，可以说优于在另一种量表上接近底部的表现。然而，这些例子并没有解决我们的难题。这是因为，是否存在两个被比较事物在某种程度上共同拥有的**单一**的因素，诸如运动能力或提供关于环境的信息的能力，这个问题仍然挥之不去。

关于审美对象的种种稀奇古怪的问题，批评家一般不会问。他不会问《樱桃园》是否是一部好的艺术作品，甚或是一部好的文学作品，而是问它是否是一部好的戏剧。他不会问莫扎特或贝多芬的四重奏是否是更伟大的艺术作品，而是问哪个是更好的音乐作品，甚或是更好的四重奏。按此提示，人们可以认为，并不存在所谓的好的审美对象，而只存在好的戏剧、好的雕像、好的音乐作品等。或者，也许存在好的喜剧和好的悲剧，或者好的古典交响乐和好的赋格曲。假设音乐和戏剧为某些目的而可以归于一类；即便如此，并不是每一类都有一个“好的”。存在好的椅子和坏的椅子，但也许不存在好的家具和坏的家具。如果说“带我去看一栋好房子”，这是有意义的；但如果说“带我去看一个好的物质对象”，则是胡言乱语。一个**作为**物质对象的物质对象，有什么好呢？

同样，人们有准则来确定一根香蕉为何是好的——清甜、软糯、有嚼劲。但是，人们没有诸如此类的准则来确定一颗好水果为何是好的。当一根好香蕉的准则与一个好柠檬或好苹果的准则相抵牾，怎么可能存在这种准则呢？当然，我们可以说，好水果的类是由好香蕉、好梨、好李子等组成。但是，这是一个不同的概念。简而言之，人们可以认为存在文学价值、美术价值、音乐价值等，却不存在所谓的**审美**价值。这种理论，我称之为**批评多元主义**。[1]

我之所以对多元主义理论予以一定的阐发，是因为它是一个有趣的挑战，而且它开辟了一种我将在本章最后一节加以利用的思路，而不是因为我觉得它是一个严重的阻碍。为证明审美价值这样一种东西 504
是存在的，我们将不得不对它下定义，但是我们没有任何理由一开始就质疑它的存在。在批评评价的特殊准则当中，有如此之多，也许是全部，都隶属于适用于所有艺术的一般准则，这一事实就是我们在现阶段猜测存在审美价值这样一种东西的最充分的理由。审美价值是个别的艺术门类可能具有的特殊价值之外的价值，或至少区别于这些特

1　根据类型下判断的批评家（参见附注 24-H），可以说是承认这一理论的某种形式，虽然他们也许不会以这样的方式为之辩解或阐述之。

殊价值。

多元主义理论是一种关于规范性术语在批评中的“正确用法”的理论，比方说，它认为“好的戏剧”和“好的四重奏”是正确而有意义的用法，而“好的审美对象”或“好的艺术作品”则不然，除非“艺术作品”仅限于美术，正如偶尔发生的那样。“这幅画是好的”，应被理解为“这是一幅好画”。如果这个理论是对的，它就限定了与批评评价相关的理由的种类。但是，多元主义理论的观点虽然依赖于语言的惯用法，却得不到它的有力支持。

诚然，批评家很可能拒绝比较某些审美对象，即使是同一类审美对象；当两部戏剧或两首弦乐四重奏都是高度复杂的，而且都是杰作，这时如果试图决定哪个是更伟大的也许是几乎不可能的，也是完全没有意义的，即使二者的伟大是同一种性质。但是，许多拒绝对《樱桃园》和贝多芬的第 59 号第 1 首作品进行比较判断的批评家，都会斩钉截铁地宣称，第 59 号第 1 首作品比《查理的姑妈》拥有更高的审美价值，而《樱桃园》则比阿丁赛尔的《华沙协奏曲》拥有更高的审美价值。如果这些陈述是有意义的，那么更早前所做出的其他陈述也是有意义的，虽然证明这一点的难度大得多，甚或实际上是不可能的。

美

我们将在这一章中探讨的三种理论，都是对一般的审美价值的说明。第一种理论，也是最简单的一种，是通过美的概念来分析审美价值。大致而言，这种理论认为，一个审美对象的审美价值，在于它所拥有的某种独特的区域性质，即“美”；而其审美价值的强弱，取决于这一特征的强弱。这，就是审美价值的美论（Beauty Theory）。

我们最好马上扫除两个语言障碍。第一个障碍是“美”这个术语经常超出正常范围的笼统性。许多研究美学的作者把它当成“审美上有价值”的一个准确的同义词来使用。在这种用法中，“是美的”无非是批评认可的一般表达式，它所替代的是“拥有审美价值”。然而，505
既然我们已经采用了“在审美上有价值”这个术语，我们并不需要用“美”来表达这种广泛的意义，而我们确实又需要用狭义上的“美”来阐述美论。因为美论提出，对象之所以是审美上有价值的，是由于它是美的，但这并不意味着它由于美而是美的。

“美”一词的一个更大障碍是它变化多端的语义。情况是如此混乱，以至于只有通过一些高压措施才能恢复它的秩序。并不是所有包含“美”这个字眼的一般陈述都是美论。我们有时会发现，哲学家甲说：“美乃成功的表现”，而另一位哲学家乙反驳说：“美乃有机的统一。”他们可能认为，他们之间存在分歧，但是他们很有可能只是在两种不同的意义上使用“美”一词，其陈述并不是相互对立的美论，而是关于“美”一词应如何使用的不同建议。现在，如果甲和乙早已在相同的意义上对“美”进行了定义，那么这些陈述也许真的就是相互对立的理论。例如，假设他们都认为美是一种特殊的性质，甲者强调当且仅当审美对象是成功的表现时，它们才会出现这一性质，而乙认为当且仅当审美对象拥有有机统一性，这一性质才会出现。在这种情况下，甲和乙确实提出了两种理论；他们的争论是真实的，而他们的立场是可争辩的。

人们经常争辩美是客观的还是主观的。假设丙持前一种观点，丁持后一种观点。其分歧的症结在哪里？他们也许是用“美”来表达不同的意思，但在他们同意用它来表达同一种意思之前，他们不可能与对方论战，或者处理任何真正的问题。丙指的是审美对象中的一种性质，而丁指的是感知者的一种感受。如果丁所谈论的东西是感受，那么他使用另一个语词会好得多，因为用“美”来表示一种感受是有误导性的。当他宣称“美是主观的”，他根本不是在提出一种美论，而是在否认审美对象中存在任何诸如此类的性质，并且断定：存在着对审美对象的某种反应，这种反应乃批评评价的真实基础。

因此，我选择一开始先讨论一种简单的、我称之为“美论”的审美价值理论。我相信，有些人将会从中看到自己的理论，或其理论的某个部分，或与其理论类似的东西。在我看来，这种理论是合理的，尽管并不真确，而且是极具启发性的。任何人如果看不出它就是自己的理论，但又坚持把自己的理论称为美论，都可能会感到短暂的失望，但我相信他将会找到自己的理论，或者与自己的理论相类似的东西。它将在本章后文出现，被冠以一个不同的、我觉得更合适的名称。

506 因此，美论可以用三个句子概括如下：

一、美是知觉对象的一个区域性质。

二、美具有内在的价值。

三、“审美价值”意味“一个对象由于它的美而拥有的价值”。

美论主张将审美价值与其他种类的价值区分开来，将其作为一个知觉对象由于美而被赋予的那种价值。根据这个理论，如果要证明一个对象具有审美价值的判断是正当的，你首先要表明它拥有美，然后从逻辑上推导出它具有审美价值。[1]

1　柏拉图、普罗提诺、T. E. 杰瑟普、T. M. 格林、C. E. M. 乔德等都坚持美论；参见附注26-B。

语句三也许被认为明确指出了批评家所表达的真正意思，而它也是美论的一些支持者所会提供的，或者它也许被认为提出了一种方便的言说方式；无论是哪一种情况，它都依赖于前两个语句，但这两个语句提出了棘手而重要的问题。

试看第一个语句。在这一理论中，美被认为是一种简单的区域性质，也就是一种这样的性质，诸如光滑性和白色性，它不能被分析为更简单的性质。作为一种区域性质，它是一个综合体的性质；然而，这只会让它的知觉条件变得复杂起来。针对美与拥有美的对象之间的关系，美论有两种截然不同的思路，而这些思路进而导致了该理论的两种不同形式。在超验主义的形式中，美是一种柏拉图式的共相，这一共相存在于或存有于时空之外，但同时依附于审美对象之上，审美对象因而对它有或多或少充分的体现。在自然主义的形式中，美是对象中的一种突生物，一种与其他任何区域性质都相似的区域性质。与这种形而上学的区别相对应的，是一种认识论上的区别：在超验主义的形式中，美是凭直觉把握的；在自然主义的形式中，美是直接凭感官感知的——听到或看见。

然而，这一理论的两种形式都认为，美在一个对象中的发生，无论它是依附性的还是突生性的，都是取决于对象的其余特征，即对象的诸要素、内在联系和其他的区域性质。因此，在两种情况下，关于一个对象在什么样的知觉条件下总会拥有美这一性质的探究，都是相关的，而美论也被期待对此做出解释。问题是：是否存在美的必要条件，或者存在美的一组有限的充分条件？

正是在试图回答这个问题的过程中（这些回答至今无一是功能圆满的），美论出现了另一种分野。它的回答分为两大类，我们可以称之为形式主义和智识主义。

形式主义理论认为，美的发生是对象的某些形式属性的一个函
507 项，因此它试图对这些生成美的属性做出尽可能准确的描述。例如，它可能会坚持认为，也许存在某种程度的统一性和某种程度的复杂性，任何一个兼而有之的知觉对象，也将拥有可直觉的或可感知的美；而且，如果这种统一性或复杂性得到了加强，而不会同时削弱另一个性质，那它就会更美。除了我们已经熟知的关于统一性和复杂性程度的难题，是否有必要在这个公式中增加至少一个变量，从而使得美也依赖于其他区域性质的强烈性——如果美论要足以支撑批评家的实践的话——这仍然是一个问题。当然，这样一来，它不复是一种纯粹的形式主义理论了。另一方面，一些理论家从数学的领域中探索更精确的可能性。比方说，他们从绘画、音乐和戏剧，以及建筑、雕塑和陶器中发现了黄金分割（$a:b= b:[a+b]$）。如果美的知觉条件能够通过一些诸如此类的简单公式来测定，那将是令人无比满意的。但在我看来，迄今还没有比较可靠的证据表明，黄金分割或任何一组简单的理想比例对美来说是必要的或充分的。[1]

智识主义理论的方向截然不同；它经常是我们在第八章（§21）中讨论过的启示论所推导出来的结果。根据这一理论，对象之所以美的条件，不纯粹是对象的诸元素、内在联系和其他区域性质，而且是它对某种概念性或认知性内容的体现或彰显。智识主义者面临的困难，不少于形式主义者，除了启示论经过分析后仍然得以保留的较朴素的真理，他无法准确地说出一首海顿的四重奏、一个瑞典水晶玻璃水壶、朱丽叶对罗密欧所说的脍炙人口的台词或马蒂斯的摩尔式内景体现了什么样的智识内容，以及这一内容是如何体现的。

1 关于这一路径的研究的参考文献，参见第四章附注 13-C 和 13-D。

我之所以提到美论的这些划分和含义，是由于我觉得它们值得考虑，这不仅仅是因为它们的的确确带来了许多附带性的启迪，而且还因为它们的可能真理。但是，为了将我们的讨论保持在可控的范围，我将专注于最一般和最根本的问题。知觉条件的确定这一问题，其视为天经地义的，已超过了我愿意承认的。毕竟，美这样一种简单的具有现象客观性的性质是否存在呢？当我们从一幅画中辨识出它的线条、形状和色彩，它的结构关系，以及它的人类学区域性质——动作和旋转，欢愉和活力——是否还存在我们所遗漏和没有提到的其他东西，也就是美？我可能很容易怀疑这点；但在一些情况下，我想不出 508
任何比“真美啊”更合适的说法了。

当然，美论很难解释人们在对美的理解上为何会有如此之多的分歧。它是一种非相对主义的理论。正如我们所看到的，可变性并不能证明相对主义是正确的，但是任何一种审美价值理论都理应给这种可变性的某种解释留出空间；它必须与它相容并存。而对于美论而言，其困难要大于其他理论，因为美被认为是由直觉或知觉直接而即时地把握的。持这种理论的超验主义形式的直觉主义者，可能诉诸美的盲目感这个概念；但是，我们已经分析了直觉主义中的问题。持自然主义形式的经验主义者大概会坚持认为，正如其他某些区域性质，美的感知也许要求长时间的训练以及密切的注意、心无旁骛的专注和摆脱无关纷扰的自由。美很容易擦肩而过。

但是，即使存在美这样一种性质，即使美的在场赋予一个对象以审美价值，我依然认为它不能被当成审美价值的唯一依据。如果“美”一词具有任何明晰和限定的语义，我猜它并不适用于《俄狄浦斯王》《魔山》《李尔王》，巴托克的部分钢琴协奏曲，以及鲁本斯和丁托列托的一些画作，更遑论格吕内瓦尔德的《基督受难》（约 1510 年，科尔马博物馆）。这些作品也许是雄浑有力的、肃穆的、可怖的，但它们并不美。至少，我认为美的理论家按理会这么说。当然，一些人可以随心所欲地宣称这些作品是美的，因为他们在宣称某东西很美的时候，仅仅是指它拥有高度的审美价值。但是，任何人一旦使用“美”这个词来表示一种性质，并将其用于那些最常被称为美的对象，为了保持一致性，都将不得不放弃将它用于这些作品。

事实上，我们也许可以复活一种相当古老的但今天已不受欢迎的观点，即存在一个包含诸多迥异的、产生价值的性质的家族：美、崇高、优雅、悲剧、喜剧，抑或其他性质。这些性质可以理解为跨越了艺术门类的界限：可能存在优雅的诗歌和优雅的舞蹈，悲剧性的戏剧、悲剧性的绘画和悲剧性的旋律，等等。这里的问题是，似乎没有办法展示任何一个特定的性质列表，是审美上有价值的诸性质的一个完整目录。一些美学家在列表上补充了怪和丑。但是，忧郁、静谧、急遽、险峻等性质又如何？事实上，正如我们在第十章（§24）中所追问的那样，
509 任何一种积极的、迥异的、强烈的人类区域性质，则又如何？

内在价值

前文所做出的关于美论的概括，包含三个语句。对语句一的讨论把我们引向了一些相关的问题，并通过对语句三提出极大质疑而告终。不管是作为批评用法的报告还是作为一种新用法的提议，语句三均似乎过于狭隘，因为它忽略了批评评价如此之多的明显相关的理由。这样，就剩下了语句二，以及一个不同类型的问题。

为确保我们清楚语句二的意思，不妨回顾其中的关键词的定义。如果宣称一个对象的价值是一种工具性（或外在性）价值，这就是宣称该对象是作为其他某个有价值的对象的生产手段而获得这一价值的。

当然，“价值”这个术语也适用于事件和事态。如果宣称一个对象的价值是一种内在的(或终极的)价值，这就是宣称该对象所拥有的这一价值独立于它与其他对象的任何手段-目的关系。可以说，工具价值是一种借来的价值，它可以从一物传递至另一物，或者更好的说法是，它像电荷一样传送至与它有适当接触的任何事物，正如健康的价值在工具性意义上依附于为健康保驾护航的药物，并进而依附于用以购买药物的钱财，等等。虽然“内在价值”这个术语被不同的作者赋予了很多不同的意义，但在这里，它纯粹是作为“工具价值”的对立面而使用的。注意，一个对象可以拥有多种迥异的价值，有些是内在性的，有些是工具性的，但同一种价值或对象的总价值的同一部分，不能同时是内在性的和工具性的。

美论认为美拥有内在价值。为了证明某种东西拥有工具价值，你要指出它是或可以是其他已被公认具有价值的东西的一个手段；当某种霉菌被发现可以产生青霉素，它就获得了以前所没有的工具价值。但是，你如何证明某种东西拥有内在价值呢？你能给出什么样的理由呢？在这一点上，美论有两个选择。经验主义者会认为，唯一一种能够提供的理由是诉诸与人类态度的某种关系。然而，它不是一种手段—目的关系，因为这会使价值成为工具性的。这种观点是我们在下一节中必须予以检查的。它是许多持美论的人所不能接受的，因为它使美的价值，尽管不是美的存在，依赖于人的态度。第二种选择，则诉诸一种理性主义的知识论。

根据这种观点，“美具有内在价值”是一个自明陈述，其真确性是理智所直接把握的，并确定性地认识的。诸如此类的把握，经常是 510
用“直觉”一词来称呼，但是我们在第八章(§21)中已经发现，这个术语有一种迥然不同的用法，而即使在这一点上直觉主义和理性主义可以交相融合，我还是认为，有一些可能的区别是应予以保留的。因此，我要说的是，在这种理性主义的形式中，美论的观点是：语句二是有意义的综合陈述之一，但在其中，孤立的理性看到了主词和谓词之间的一种必然联系。理性因而具有自身的知识，不存在对于感官经验的依赖。

理性主义者对这种知识的必然性的辩护，有时会诉诸此处理应提及的另一个关于规范性推理的一般原则。众所周知，如果我们区分关于世界之实然的非规范性陈述和关于世界之应然或非应然的规范性陈述，那么我们必须小心翼翼，以免在推理时将它们相混淆。人们通常认为，关于什么是好是坏、是对是错的规范性陈述，是无法从非规范性的陈述中演绎出来的，无论非规范性陈述的数量是多少。因此，在含有一个规范性结论的演绎式论证中，至少要有一个前提是规范性的。实际上，当我们在前一章中提出，从“这是统一的”（非规范性的陈述）中并不能直接推导出“这是好的”（规范性的陈述），其时我们就已经考虑到了这一点，虽然没有明说；我们需要另一个前提，也就是一个规范性前提的帮助。美论家按照演绎推理的模式来理解批评论证：如果能够证明对象是美的，那么就能够从逻辑上推断它是好的。因此，他可能会争辩说，所有的批评推理，最终都必然建基于某个根本的规范性前提。这一前提要么是任意选择的，正如相对主义者所主张的那样，这样所有的批评推理都只是假设性的，要么它必须是自明的，如此它则无须通过某个更根本的前提来证明。“美具有内在价值”，就是这种不证自明的前提。

很明显，我们的故事至此差不多结束了，因为在我们揭示了潜在的知识论并将它交给人们检查之后，我们就只能任其自然了，正如在其他很多时候，我们离开美学而投身于哲学的其他领域。如果你同意不证自明的陈述是存在的，而且，如果你觉得这一陈述是不证自明的，那么你已准备好与美的理论家并肩同行。但并不是说，讨论只能到此结束，因为针对自明性或表面上的自明性，人们有很多话可以说，只不过不能在这里说而已。如果你不相信语句二是不证自明的，那么一个问题仍然挥之不去：美的理论家是否有办法让你相信它是不证自明的，或者更笼统地说，你事实上确实是凭理性而意识到美是具有内在价值的？有一个著名的论点[1]就是这种意思，我们可以简要讨论一下它，以此为本节作结。 511

想象有两个世界，一个在各方面都美轮美奂，一个却奇丑无比；让我们假设并牢记：这两个世界都不是人的肉眼所能看到的。一个世界的美，将永远不会为人所欣赏，而另一个世界的丑，则永远不会冒犯任何人——没有人会与它们相遇，即使是邂逅也不会有。现在，假设有人问你更希望其中的哪一个世界存在。“更希望”在这里不只是一种感受；打个比方说，当你*想到*其中一个世界，也就是在想象中观照它，你无疑会获得更多的快感。这个问题要有意义，就必须是这样的：细思之下，这些世界中的哪一个更好，或者有更充分的理由存在，或者，如果你力所能及的话，要求你帮助它存在，这是否是一目了然的？

即使是这种抽象的思维实验，要设计它，从而使得它真正成为美的内在价值的试金石，也是很难的。例如，根据一种说法，“不可见的世界具有审美价值”的意思，类似于“如果有人看到它，他会发现它是有价值的”——一个明显为真的陈述。这种说明——其表述在此处是粗线条的和不完整的——是我们将在下文第 28 节（§28）中予以检查

1　这一论点是 G. E. 穆尔在《伦理学原理》（*Principia Ethica*）中提出的；关于参考文献，参见附注 26-B。

的。但是，如此定义的价值，肯定不是内在价值，而对于美论而言，问题仍然没有解决：就其本身而言，且在没有任何对于人类经验的间接或隐秘的诉求的情况下，美的世界是否并不比丑的世界更好？

对于这个问题，也许可以给出一个盖棺论定式的回答：如果有人自称完全无动于衷，那么就无法向他提供选择一个世界而不是另一个世界的理由，因为这两个世界都是无法体验的。任何理性的偏好都站不住脚；为使其中任何一个世界存在而做出的努力，都是徒劳的。但对于理性主义者来说，这种中立的回答是不可接受的。在他看来，姑且不论结果或反应，一个世界比另一个世界更受欢迎，这似乎是不证自明的；他认为这是一种合乎理性的自明性，任何一个沉着思考且没有实用或情感的困扰的人，都会意识到这种自明性是他必须予以承认的。但是，如果我们质疑任何一个重要的陈述，尤其是这个陈述，可以是不证自明的，那么我们必须摈弃美论的理性主义形式。

§27 心理主义定义

美论所提供的“审美价值”的定义，是该术语的一种*客观主义*定义。由此，我指的是它并不指涉任何人的心理态度；美，以及美所固有的价值，是审美对象本身的特征，完全独立于任何人对它的感受。
512 正如我们所看到的那样，美论对“审美价值”的定义是否符合大多数人在审美语境中对“好”一词的用法是可疑的，而他们*能否*这样使用它，也是极其可疑的——如果他们想要批评的价值判断能够予以理性辩护的话。

现在，如果这种最有说服力的客观主义定义存在困难，我们必须探索一种*主观主义*定义的可能性，即其中的定义项指向某个人或某些人的心理状态的定义。例如，如果有人建议把“得到大多数称职，批评家的好评”作为“具有审美价值”的定义项，这将是一个主观主义的定义，因为这个定义项诉诸那些批评家的态度。于是，问题油然而生：被提出的这样一种定义，是否是一种我们能够被说服接受的定义？人们已经提出各式各样的主观主义或心理主义的定义，但存在一个为所有这些定义提供支撑的总论点。

任何事物如果不与人类的需求或欲望产生直接或间接的关系，如何可能拥有价值呢？如果说无人对一个对象感兴趣，或者以这样或那样的方式关注它，这不正是对一个零价值对象的描述吗？如果价值并不是知觉对象的一个性质，诸如它们的红色性或宏大性，那么它应当是一种关系，依赖于某个人对对象采取某种态度。换一种随意而熟悉的说法，对象不是因为好而受喜爱，而是因为受喜爱才是好的。更好的说法是，当我们说它是好的，我们事实上所表达的或只能表达（如果我们感觉敏锐的话）的意思是，某人对它有着如此这般的亲和态度——赞许、兴趣、欲望。用以表示亲和态度的最一般和最不丐题的常用词，可能是“喜爱”，所以我们无妨采用这个语词：

> “X具有价值”意味着“某人喜爱X”。

这给我们提供了“价值”的一个定义，但不是“审美价值”的定义。要获得后者，我们首先要区分可被称为“审美喜爱”的某种喜爱，或者某种方式的喜爱：

> “X具有审美价值”意味着“某人以某种方式（即审美地）喜爱X”。

可以选择将其他表达式作为定义项，例如："某人在审美上欣赏 X"，或者，"某人从 X 中获得了审美快感"。但是，这些都可以通过"喜爱"来定义。我认为，"欣赏 X"的意思，大致是"体验 X，并喜爱对 X 的体验"。而"从中获得快感"，似乎就是"欣赏"的同义词。

要区分审美喜爱和其他种类的喜爱并非易事，但要做出如此区分
513 的想法似乎也无不妥。在他对各种女人的积极态度中，一个男人可能会区分出爱情、友谊、父爱、手足情，甚或手足情中的长幼之别等不同感情。同样，对于乔治·华盛顿大桥，他可能会区分出对它作为一个设计的一种喜爱和对它作为新泽西州高速公路和亨利·哈德逊公园大道之间的捷径的另一种喜爱。现在我们可以转向这个问题，并询问审美喜爱或审美享受与其他喜爱有何区别；也就是说，我们可以探究审美经验的本质。但这还不是必要的，因为我们首先要在"审美价值"的心理主义定义注意到的困难，是一种更一般和更根本的困难。如果心理主义的定义排除了这些异议，那么探讨审美经验问题的时机也就成熟了；如果时机未到，我们将在下一节中找到一个更合适的地方来处理这个问题。与此同时，在这一语境下，无妨将"喜爱"理解为"某种（尚未明确的）方式的喜爱"的缩略形式。

我们现在已经有了"审美价值"的一种心理主义定义的总体框架。事实上，它是一个粗略的近似定义，因为它留下了很多悬而未决的问题。但关于它，有三点要注意。

首先，认为"审美价值"应从主观上予以界定的观点，与我们在上一章中所讨论的情感论并不是一回事：情感论认为，"审美价值"根本不用定义，因为当某人宣称一个审美对象是好的，他并不是做出了一个关于它受人喜爱的陈述，而只是在表明——不是断言——他本人对它的喜爱之情。其次，如果心理主义的定义可以接受，将是无比方便

的，因为它注意到了价值源于事实的问题。如果规范性陈述仅仅是某种心理学陈述，它们就是可检验的，恰如其他的经验性陈述，而批评推理也就不会陷入企图从非规范性前提推导出规范性结论的谬误。第三，心理主义的定义据称是对“内在审美价值”的一种定义；喜爱的态度被理解为一种针对对象而采取的态度，这种态度不是由于对象是其他事物的手段，而是由于对象本身。根据心理学的观点，蛋糕、笑话、赛马之类的东西都具有内在价值，虽然未必都具有审美价值；这等同于说，它们为人们所享受。

因此，所有的心理主义定义，无论它们在尚未考察的诸方面存在多大不同，都一致同意，内在价值在于与人类的某种关系，也就是我们一直粗略地描述为“受喜爱”的那种关系。这是正确的，无论喜爱的对象是一个知觉对象，如绘画或音乐作品，还是其本身就是一种感觉，如快感。这是因为，如果我们像一些哲学家那样宣称快感是有内在价值的，就是在宣称快感由于其自身而受喜爱。只有一种心境或态度才能赋予内在价值，而如果有什么东西是任何心灵都不可能对之形 514
成这种态度的，那么这东西就是无价值的。

个人性的和非个人性的定义

上面提出的框架，仍然给我们留下了从可能的定义中广采博撷的余地。然而，这些定义分为两大组。

在一些心理主义定义中，定义项或明或暗地诉诸说话人。假设人们提出：

> “X具有审美价值”意味着（1）“我喜爱X”，或
> （2）“我所处文化中的人都喜爱X”。

根据上述论点，一旦任何人做出一个关于审美价值的陈述，他都是在报告自身的喜好，或者通过他定义的某个群体的喜好。因此，根据这个定义，要知道 *X* 是否真的具有审美价值，我们应当调查说话人或其家庭、阶级、职业、宗教或文化中的其他成员的喜好。我们无妨将这类定义称为个人性的主观主义定义。当然，这些全是相对主义的定义，除非该群体包括所有人：

"*X* 具有审美价值"意味着"我的同类中大多数人都喜爱 *X*"。

这不是相对主义，因为讨论审美价值的所有生物都是同一物种的成员，因此根据这种定义，要找到两个谈论不同群体的论辩者将是不可能的。但是，如果定义如下：

"*X* 具有审美价值"意味着"我的同胞中大多数人都喜爱 *X*"。

这样，如果甲和乙来自不同国家，那么甲就可以肯定，而乙就可以否定 *X* 具有审美价值，但是他们之间并不会产生冲突。

要注意的是，主观主义的定义不会仅仅由于说话人恰巧属于定义项中所提到的群体这一事实而摇身变成个人性的定义。以下面这一荒唐的定义为例：

"*X* 具有审美价值"意味着"所有蓝眼碧瞳的人都喜爱 *X*"。

无论一个蓝眼碧瞳的人是在什么时间说的，这种定义都不会成其为个人性的。这不是一个相对主义的定义，因为，如果出现了一首诗是否具有审美价值的问题，那么根据这种定义，真正的问题是它是否受到所有蓝眼碧瞳的人的喜爱。而这个问题当然要经受经验性探究的检验。但是，

> “*X*具有审美价值”意味着“眼睛颜色和我相同的人都喜爱*X*”。

这一定义却是一个个人性定义，而且是相对主义的；其中提到的群体，会因不同的说话人而有所不同，视其眼睛的颜色而定。 515

其中的定义项并不指涉说话人的主观主义定义，我们可以称之为**非个人性**定义，例如：

> “*X*具有审美价值”意味着“所有活力充沛的美国人都喜爱X”。

无论说话人是否是一个活力充沛的美国人，上述定义都是非个人性的，因为如果我们采用这个定义，所有关于审美价值的争论都是名副其实的：也就是说，它们是真正关于该对象是否受到所有活力充沛的美国人的喜爱的争论，而这是一个经验性问题。这个例子无论多么牵强，指出并强调了我们的心理主义定义中两处需要改进的地方。首先，任何人在提出诸如此类的定义时都无须宣称，所有活力充沛的美国人事实上都熟知正被讨论的那一有益身心的对象。他可以将定义项表述为一种条件形式：

> “任何一个活力充沛的美国人，都会喜爱*X*”。

这就意味着，*X* 是否具有审美价值的检验标准，并不是所有活力充沛的美国人是否已体验过 *X* 并发现它符合自己的口味，而是：如果他们在一次市场调查或清仓促销活动中接触到 *X*，他们是否会喜欢它？其次，主观主义者在提供“审美价值”的一种比较性的、积极的意义时，当然想尽可能地遵循批评的用法。他会希望使用如下表达式：

> “*X* 比 *Y* 具有更高的审美价值”意味着“*X* 比 *Y* 受到（更多？）人的（更多？）喜爱”。

这两个“更多”，其中之一或二者的可以接受性，取决于其他关于相关群体的决定。例如，如果核心群体是活力充沛的美国人，这个定义可以明确指出：(1) 他们当中有更多人喜爱 *X* 胜过 *Y*；(2) 就个人而言，他们当中的大多数人既喜爱 *X* 又喜爱 *Y*，但更喜爱 *X*：(3) 喜爱 *X* 的人，比喜爱 *Y* 的人更充满活力。

我们无须进一步探讨这一思路的诸多复杂之处；对于一般价值的主观主义定义，已有人进行了大量研究。[1] 个人性定义，特别是由于它们的相对主义，有着自身所特有的困难。非个人性定义则面临一种特殊的两难境地，特别是在美学中。如果认为批评家在使用“好”和“坏”之类的语词时，实际上是想指涉大规模的、未经筛选的群体，诸如 20 世纪的男人或活力充沛的美国人的偏好，这终究是荒诞不经的。批评家们心里很清楚，按照这样的检验标准，他们所推崇的东西几乎没有什么是有审美价值的：比方说，是否存在大多数活力充沛的美国人一听就喜欢的室内乐？（这完全独立于能否让他们喜欢上它的问
516

1 特别是戴维·W. 普劳尔、R. B. 佩里和 C. I. 刘易斯；关于参考文献，参加附注 27-A。

题。)不言而喻,批评家认为一些人更有资格去体验审美对象。

因此,更有趣的非个人性定义,是那些提出了另一个限制条件的定义。很明显,当我们不累、不饿或不焦虑的时候,我们都处于听音乐的更好状态;而具备出色的听力、辨音能力和旋律记忆力的人,明显比缺乏这些能力的人更适合听音乐。假设我们的定义组理应只包括合格的人,同时明确规定他们的最佳体验条件:

> "*X*具有比*Y*更高的审美价值"意味"在**合适的条件**下,所有**合格的感知者**对*X*的喜爱超过*Y*,或者会超过*Y*"。

诚然,诸如此类的心理主义定义最接近于日常的批评用法。但是,它引起了两组难题。第一组难题关乎"合适的条件"。读诗或看画的合适条件是什么?这是一个敏感问题,而我们只知道部分答案。我们不能指望能够列举出可欲条件的完整集合,但是我们大可不必这么做,因为我们经常可以证明批评家看戏时处于醉酒或消化不良的状态,看戏前与妻子发生了争吵,或追赶潮流的观众在戏剧开始后才嘈嘈杂杂地赶到剧院,从而毁掉了第一幕戏,由此,我们宣布批评家的判断是不合格的。当然,这些事实并不表明他的判定是错误的,而只是表明他在做出判定时并没有处于合适的条件。然而,存在一个难题:我们如何确定看戏的合适条件?也许,唯一的方法是弄清楚享受和判断在哪些方面受到了干扰。如果是这种方法,那么我们就有一个问题:"合适的条件"似乎就是"一个具有审美价值的审美对象被体验为具有审美价值的条件"。但是,这样一来,我们的"审美价值"定义,显然就变成了一个循环论证。

这个定义中的另一个关键词——"合格的感知者"——也出现了

同样的问题，且更加棘手。再一次，是什么使得一个诗歌读者或音乐家比另一个诗歌读者或音乐家更胜一筹，这是一个值得思考的问题，而其中一些必要的资格条件，是存在检验标准的。也许，我们无法设计阅读能力或音乐天赋的完整检验。但是，如果音盲的人做出音乐判断，而语言能力得分偏低的人做出诗歌判断，我们很容易质疑他们。然而，在我们淘汰明显不合格的人之后，可能还有一个庞大的群体，其不合格并不明显，而在这一点上，我们会发现自己像以前一样，是以一种循环论证的方式来定义“合格的感知者”：能够辨识审美对象
517 中的审美价值的人。例如，敏感力经常作为批评家的一个可欲特征而被提及；我们能否对它进行定义或检验，而不用考虑这些批评家对已被判断为好的审美对象做出什么样的反应？

这些都是极为棘手的、悬而未决的难题。但是，即使“审美价值”的合格旁观者型定义可以通过非循环论证的方式来表述，它仍然像是逻辑上的本末倒置。“一个具有审美价值的对象，将会（在审美上）受到一个完美的批评家的喜爱”，这一陈述是确定为真的。但是，这个陈述与其说告诉了我们应当如何定义“审美价值”，不如说告诉了我们应当如何定义“完美的批评家”。正常的顺序是先定义“审美价值”，然后再确定辨识价值的最佳条件，以及辨识这一价值所需要的才能，从而使得批评家的资质能够通过它们来表述。合格的感知者和批评专家当然存在，我们可以利用他们的反应和判断作为对自身反应和判断的检查。但是，当我们对审美价值下判断，对这些批评家的参考并不是判断的意义的一部分。

开放问题式的论证

有两种一般意义的论证，可用来批驳心理主义定义的所有形式，

事实上，可用来批驳所有通过完全非规范性的术语来定义"审美价值"的企图。这第一种论证有时被称为"开放问题式论证"[1]。所有的主观主义定义都会把某些问题变成不可问的问题，而这些问题是人们确确实实地提出的，而且都是很好的问题；这表明，这些定义并不符合实际用法。我举一个例子。假设有人认为每个年代对文学都有其独特的敏感力，或者选择性的反应，并且提出要通过说话人及其所在时代的敏感力来定义"审美价值"，正如批评意见的权重所表明的那样。这样，当一个批评家说"这是好的"，这只能是"我和同年代的大多数批评家都喜欢它"之类的意思。但有一天，一个批评家也许会开始反思并想问自己以下这个问题，正如沃顿追问蒲柏，罗塞尔·霍普·罗宾斯追问艾略特：

> 我知道我和同年代的大多数批评家都喜欢这首诗，但它是好诗吗？

根据提出的定义，他是不可以提出这个问题的，因为这等同于询问：

> 我知道我和同年代的大多数批评家都喜欢这首诗，但我和同年代的大多数批评家都喜欢这首诗吗？

换言之，"我和同年代的大多数批评家都喜欢的东西真的是好的吗？"，这个问题被敏感力型定义变成了无意义的呓语；它不再是一个 518
开放式问题。每个主观主义定义都封闭了一个不同的问题，但对于每

1　这种论证出自 G. E. 穆尔；关于参考文献，参见附注 27-C。

个定义而言，要设计一个许多批评家通常都会视为合理的和可问的问题则是可能的，但这个问题同时会遭到该定义抢先一步的破坏。这表明，这些批评家并不是在按照定义所提出的方式使用“好”一词。

当然，有人会回应说，这些问题中有一些终究是要封闭起来的，因为它们实际上是无稽之谈，而批评家在提出这些问题时也是糊里糊涂的。如果批评家假装绕开其年代的局限性，而从一个更大的视角去判断审美对象，岂不荒谬？即使他拒绝承认这些局限性，如果哲学家坚持认为，批评家对“审美价值”这个术语的用法，使得他无法在不相互矛盾的情况下质疑其所在时代中的批评意见之共识所得出的审美价值判断，由此将他的注意力引向这些局限性，甚至敦促他服从它们，这难道不是正确的做法吗？但是我认为，此处混淆了判断的意义和判断的验证。假设我们对后者满腹狐疑，并宣称一个批评家无法知道当代的音乐、绘画和文学将会受到什么样的最终裁决，因而永远都不可能知道当代的批评家们是正确的还是错误的。这是荒谬的怀疑论，但即便如此也不能由此推断这个批评家不能忖测那些批评家是否是错的，或者，当他质疑他们的判断，他并不能表达某种清晰而合理的意义。“我们几乎所有人都对霍普金斯、叶芝和艾略特给予了极高的评价，但我们可能是错的”，这不太可能是真的，但它在逻辑上并非不可能。

对趣味提出疑问，确实是有道理的，因此要解决关于什么是好的审美对象的问题，我们并不能诉诸人们实际上喜欢的，或者一眼见到就会喜欢的东西。“*X* 是好的，但我不喜欢”，以及“*X* 并不好，但我喜欢”等语句也许较为罕见，但它们绝不是自相矛盾的。即便是“*X* 是好的，但没有人喜欢它，或者不会有人喜欢它”这个语句，也不是自相矛盾的，虽然它可能很少是真确的和可证实的，或者永远不可能是真确的和可证实的。

这个要点，有着一种更强势的表达方式。

> 甲："我喜欢 X"。
>
> 乙："但是，你**应当**喜欢它吗？"（"它值得喜欢吗？"）

如果甲喜欢 X 胜过喜欢 Y，那么人们总能提出的一个问题是：他是否应当喜欢 X 胜过喜欢 Y，他喜欢 Y 胜过喜欢 X 会不会更好一些，简言之，Y 是否比 X **更受欢迎**？在关乎对错以及"应当"一词最具分量的道德语境中，这种形式的论证最为运掉自如。在审美语境下，这种论证可能看起来是荒谬可笑的，或至少像是奇怪的清教主义和道德主义。喜欢凯瑟琳·诺里斯胜过喜欢托马斯·曼，喜欢施特劳斯圆舞曲胜过喜欢《画家马蒂斯交响曲》，喜欢罗克韦尔·肯特的画胜过喜欢卢奥的画，这有错吗？你不会说，喜欢林堡奶酪胜过喜欢陈年的车达 519
奶酪，或者喜欢巧克力麦芽糖胜过喜欢莱茵葡萄酒是错的，即使你认为这些味道令人作呕。事实上，在人生的某些阶段，对更简单、更甜蜜的审美对象情有独钟，可能是正确的；对施特劳斯圆舞曲或艾灵顿公爵的音乐所产生的早年趣味，可能是一些人的音乐历程中的一个必经阶段。因此，有人可能会争辩说，审美享受并不接受行为的那种评估：当我们做了某件事情，询问我们是否应当这么做，这是合乎情理的；但是，当我们欣赏侦探小说和科幻小说，询问我们是否应该享受它们，则是不合情理的。

现在，我承认审美义务和其他义务之间至少存在着一种程度上的区别，而它就在于后果的或然严重性。在道德领域本身，我们也有着同样的区别。例如，一些行为在公开场合是错误的，而在私人空间则是正确的；这一区别似乎在于对他人的影响。美学领域中的问题也是，趣味是否有后果，一个人有何趣味是否会对世界产生影响。答案是肯定的。当然，一个人有权选择自己的趣味，正如他有投票权，但是我的邻居投什么票，最终会对我产生至关重要的影响，因此我有权说服他投下明智而富有同情心的一票。因此，从长远来看，我的邻居认为什么在审美上是好的，这对我可能也是至关重要的，正如它对我所在的社会和文化是至关重要的，虽然在后果不能准确预测的情况下，我对其趣味的判断不可能很苛刻。我不仅是在谈论几年前报纸报道过的华盛顿州雅基玛地区的那位男子那样的人——此人用一千根拖把杆搭建了半个街区长的栅栏，上面涂抹了几十种不同的颜色，而这令邻居们怒不可遏。我在思考艺术对人类生活各方面所产生的种种微妙的但普遍和深远的可能影响——然而，这是留给下一章的一个主题。也许，一个人的阅读和音乐趣味，其重要性并不如他对金钱、教育、离婚、公民权和意志自由的观念。但是，这不意味它是微不足道的。

诉诸劝导性定义的论证

反对“审美价值”的主观主义定义的第一种一般论证，可以与同样为人所熟知的第二种论证形成类比。[1]但是，它们的核心要点在于迥然不同的领域。第一种论证极其强烈地反对作为关于审美语境下的“好”的日常意义而被提出来的主观主义定义。但是，一些哲学家会回应说，他们不关心大多数人所表达的意义是什么；他们有自己的也是
520 更好的意义。他们寻找的不是定义，而是再定义。因此，只要我们愿意，有什么能够阻止我们决意将某种心理学的意义，无论是否是日常

1 这种论证来自查尔斯·L. 史蒂文森，有修改；关于参考文献，参见附注 27-D。

意义，归于“审美价值”这个术语，由此赋予它一种更加方便的新用法呢？例如，我们可能会宣称：

> 从现在开始，我建议“X比Y具有更高的审美价值”仅仅意味“与Y相比，X受到了称职的20世纪批评家更强烈的喜爱”。

毕竟，这样会让事情变得简单；它会让所有关于审美价值的问题都迎刃而解，而这将是事半功倍的。

一个人要提出这种建议是很容易的，但要让其他人接受它却不总是容易的。当我提出这样一种建议，我其实是要求你们采用同一种意义，至少在你们读到或听到我的话时是如此。但是，为这个要求，我能给你们提供什么样的依据呢？现在，我也许可以诉诸约定论的某种一般性基础，就像事实上我为本书中被用作技术用语的其他语词所做的那样。例如，我可以说：“‘说教’只是一个有着诸多松散意义的语词，为了某种文学理论而在一种略新的意义上使用它，这是很方便的——而现在，我将继续明确这一意义。”如果在讨论文学理论的过程中没有其他术语已然符合我要求它所承担的特殊任务，那你就没有什么好依据来反对我的提议。因为，即使你允许我拥有这种重新定义的自由，你也无须担当任何东西；比方说，这并不意味着，在我所采用的新意义上是说教式的文学，所以在这个术语的其他意义上，也必然是说教式的。

但是，根据我现在所关注的论证，规范性术语的情况与“说教”等非规范性术语的情况截然不同。因为，无论一个规范性术语是什么意思，它都必须具有一种情感意蕴，或者一种影响他人态度的倾向。这也许不是很明显，但根据这种论证，要让一个术语成其为规范性的，它是必须在场的，而这种意蕴是规范性术语，例如“价值”的一种固定共生物，早就隐藏于日常语言之中。那么，“审美价值”的再定义，诸如刚才所援引的那个，会产生什么效果呢？作者说道：从现在开始，当他写到“比……具有更大的审美价值”，他应被理解为仅仅是表达“比……更受20世纪批评家的喜爱”的意思——但是他继续使用“价值”一词，而不是“喜爱”一词。这是因为，无论“价值”在形式上是如何被再定义的，它都会保留它原有的情感力量。因此，这种再定义具有一种对20世纪批评家的喜好给予祝福和赞许的效果。而对其喜好持不同态度的人，自然不愿接受这种再定义。

“好”和“审美价值”的所有心理主义再定义，都被认为具有这种
521 特殊的误导性。它们被称为“**劝导性**定义”，即一些这样的定义，它们通过字词的情感力量而改变人们对下定义者所赞许的某些事物的态度。如果有人不愿使用“好”和“价值”这样一些字词，而只想谈论其好恶，那当然是他的言论自由。但是，如果他要求人们允许他通过使用“好”和“价值”等字词来谈论他的好恶，却又随意对它们进行再定义，那么我们就可以追问他的这一策略有何企图。他的唯一收获是，其好恶可能被赋予了“好”和“价值”等字词的一些有利的情感力量，从而坐享其成地获得了权威性；而任何接受这种再定义的人，都是诈骗同伙。

这第二种论证能否适用于所有规范性术语，仍然有商榷的余地。正如我们所见，其中一些规范性术语并不是情感性的，或者不是高度情感性的。但是，我认为这种论证确实适用于一些从心理学上定义“审美价值”的粗糙尝试。不管怎样，这两种论证可以用其他术语来概括。[1]

1 这些术语有很多来自于R. M. 黑尔；关于参考文献，参见附注27-C。

“好”和“价值”等规范词在批评话语中有一个主要功能：它们都是被用于*褒扬*。这样，任何人只要提出了“审美价值”的一种心理主义定义，实际上都是在主张定义项是被定义项的一个替代品。而这种主张是无法自圆其说的，因为没有任何心理学陈述，就其本身而言，是能够发挥规范性陈述所能发挥的褒扬功能的。我之所以说“本身”，是因为一个非规范性陈述在某些情况下确实会被当成一种褒扬。“这得到了新批评家的高度评价”，可能会在某些圈子里引起一片赞叹声，虽然在另一些圈子里它会被认为是对作品的谴责。这取决于听者已经认可的其他褒扬是什么。“这得到了新批评家的高度评价”所产生的效果，取决于“这是一首好诗”所表达出来的一种信念；因此，此二者的含义不可能是相同的。

我认为，如果我们考察“审美价值”的另一种定义，这点就会更清楚一些。这种定义虽然不是一种心理学定义，但也是一个通过纯粹的非规范性术语而做出的“审美价值”定义。你一定还记得按照一套准则来评判戏剧的新古典主义批评家和按照另一套准则来评判戏剧的浪漫主义批评家之间的争论。它绝不是完全存在于想象中的。在上一章（§25）中，我们注意到，有两种方法可以解决这一争论，也就是揭露它的欺骗性。一种方法是指出这些批评家实际上是在讨论不同的东西；这是个别主义。另一种方法是提出“好”（或“审美价值”）的一种相对主义定义。此外还存在第三种方法，对于这种方法，我想不出什么特别恰当的名称。假设新古典主义批评家只愿意接受一种理由，即 522
关于一部戏剧是否符合地点、时间和行动的某些准则的陈述，认为只有这种理由与戏剧的审美价值相关；而浪漫主义批评家只愿意接受另一种理由，即关于人物的心理个性和复杂性的陈述，认为它们才是相关的。不言而喻，他们的争论终将陷入僵局。

现在，在我看来，这两位批评家是否应当只接受他们所接受的理由，这将永远是一个开放性问题，而我们也许有充分的理由来接受更多种类的理由，虽然这些批评家可能固执己见，不会同意这点。但是，一些哲学家——他们可能会被称为相对主义者，尽管不是严格意义上的相对主义者——会宣称在这种情况下，准则的选择反映了一种根本的趣味，于是我们走到了理性论证的尽头。因此，在这一点上，论证是徒劳的，而让其徒劳显而易见的最好途径，是对它予以解构。也许有人提出，两个批评家实际上都是用“好”来表达不同的意思，因此“好”应该分成两个词。新古典主义批评家的意思是“符合某些形式准则”，浪漫主义批评家的意思是“具有高度的心理个性和复杂性”。这场争论是无法解决的，因为两位批评家通过他们的价值判断表达了两种不同的意义；将每个价值判断的意义简约为争论中所使用的准则，这点便一目了然了。现在，你能够理解这一提出的定义为何像是“好”的一个心理主义定义，以及它是如何受困于同样的缺陷。新古典主义者所说的“好”和“符合某些形式准则”，不可能是同一种意思。他说，这部戏剧之所以是好的，是因为它符合这些准则，但他的意思并不是说这部戏剧之所以符合准则，是因为它符合准则。显然，“好”所表达的意思，一定不仅仅是对这部戏的某种描述或阐释；纯粹的事实陈述，甚至是心理陈述，都无法传达它的完整意义。

关于好恶的语言是一种重要而有用的语言，但它并不是批评判断的语言。“它好吗?”不能简约为“你喜欢它吗?”（它更像是“你对它的反思性判断是什么?”），甚或“我会喜欢它吗?”（它更像是“考虑到我要花钱费力去看它，或考虑到我已经看过而对它进行更深入的研究会让我付出时间成本，它是否值得我去理解它?”）。

因此，我们的问题在下一节仍然存在，尽管我们已对种种可能性予以了较大的限制。如果“审美价值”的心理主义定义是一种完全通过态度来界定审美价值的定义，那么任何一个诸如此类的定义似乎都是行不通的，不管是作为一种关于用法的报告还是作为一种要求改变用法的推荐。不过，这当然不排除“审美价值”的定义中对于心理状态的所有指涉，而事实上下文所要考察的理论，部分是，虽然不纯粹是，一种心理主义理论。

§28　工具主义理论

如果我们摈弃美论的捍卫者以及“审美价值”主观主义定义的提出者所给出的关于审美价值的说明，那么我们必须往另一个方向看待问题。审美价值的问题，还有另一种处理方法。批评表扬的一般判断，可通过以下形式来表达：“这是一个好的审美对象。”当然，我们也可以做出具体的判断，诸如“这是一首好奏鸣曲”，或者“这是一幅好风景画”。价值理论的学生已经指出，从语法上讲，我们似乎是通过两种不同的方式来使用“好”这个语词。[1]我们会说“金钱是好的”和“你这人很好”这样一些话，而在这些陈述中，“好”本身是作为一个谓词出现的。但是，我们也会说“一种好品格”“一辆好车”“一份好工作”“一种握网球拍的好方法”，而在这些短语中，“好”一词是依附于或附属于一个名词或名词短语的。当“好”被用于“一个好 X”形式的短语，这通常被称为语词的附加用法。即使是看似非附加性的用法，实际上也可能是附加性的；这并不影响我的论点。

因此，“一个好的审美对象”这一短语，就是“好”的附加用法的

1　这一区分受到了 W. D. 罗斯、R. M. 黑尔和 R. S. 哈特曼的重视，而海伦 · 奈特则指出了它对于批评评价的相关性。关于参考文献，参见附注 28-A。

一个例子。而我们的问题是要弄清楚：说某东西是一个好的审美对象，这是什么意思，以及如何可能证明这是真确的。

为了帮助澄清“一个好 X”的正确分析，让我们先考察一种确定不正确的分析，虽然它可能会被人们提出。假设有人说道：

“这是一个好 X”意味着“这是一个 X，我喜欢它。”

现在，找到一些这样的惯用短语是可能的，在其中，“好”被用作附加语，而且它仅仅暗示说话人的喜好：比方说，“一段好时光”。但是，当我们称某样东西是一把好扳手、一头好牛或一名好管道工，我们所说的当然不仅仅是它属于某个类，并且受到人们的喜爱。我们是在陈述这样一种喜爱的依据，而这些依据就在于扳手、奶牛或管道工能够按人们对同类事物的某种期待而工作的能力。

功能类

那么，“好”一词的附加用法在什么条件下是合适的呢？只有在它所附属的名词指称我所说的某个功能类的时候，它才是合适的。这
524 个概念需要稍微澄清一下。假设我们有一些东西，它们之所以被认为属于同一个类，是由于它们共同拥有的某种内部特征，诸如它们的形状、色彩或材质——而不是由于某种外部特征，诸如它们都在澳大利亚，或都是由一个盲人织布工在 1900 年以后所制作。内部特征和外部特征的区分，若要极其具体，则需要一些审慎的分析，但是我们无妨假设这是可以做到的。现在，在我们划出一个这样的类之后，我们可能会发现，有某种事情是这个类的成员能够做到的，而以类似方式定义的其他类的成员却做不到，或者做得没那么好。也许，这个类之

外的一个偶然对象能够比这个类中的一些对象做得更好，但从整体上而言或平均而言，这个类是最适合这项工作的类，或者是唯一适合这项工作的类。因此，这个类可以说是一个功能类，而它的成员可以说具有某种功能。

功能未必与意图相关：它是对象以某种（可欲的）方式服务的能力，无论它们是否是为了这一目的而创造出来的。当然，最适合拧螺帽的扳手，是被设计成具有某种功能。奶牛并非如此，但是你仍然可以用奶牛做一些好的事情，或者可以从奶牛身上得到一些好东西，这些是其他生物无法提供的，或者无法如此轻易地、充足地或忠诚地提供的。如果人们发明了另一种工具，比如夹钳扳手（钳子和扳手的混合体），用它拧螺帽更轻松，或者力道更大，或者打滑的可能性更小，那么除了在新发明尚未渗透到的地方，扳手就会失去它的功能。

椅子是一个功能类，而办公椅也是一个功能类，因为比起其他类型的椅子，办公椅能更好地服务于一个目的。在我看来，家具不是一个功能类，虽然它包括许多不同的功能类；没有什么事情是家具（仅仅被视为家具）能做而其他事物不能做得同样好的。因此，"这是一件好家具"只能意味"这要么是一把好椅子，要么是一张好桌子，要么是一张好沙发，要么……"事实上，很难找到人们所熟悉的类不是功能类的真正好例子，因为倘若这个类和其他类之间存在某种差别，那么这种差别被用于某种好用途的可能性总是存在的。

但是，类的成员具有一种功能是不够的；在实现该功能的程度上，它们一定有所区别。如果所有的一元硬币都如出一辙，那么"一枚好的一元硬币"就没有意义了；一枚伪造的一元硬币，根本不是一元硬币，而你也不会说，一枚五分镍币是一枚劣质的一元硬币。但是，很难找到关于真正无意义的"好"的附加用法的例子，因为无论词语组合乍看之下是多么奇怪，一旦我们详加斟酌，几乎总能成功地找到这个类所适合的某种可能用途，而其成员都能多少出色地服务于这种用途。因此，“一颗好星星”是与众不同的，但也许对于太空航行而言，
525 一颗星可能会比另一颗星好一些；“一个好白痴”作为教科书的例子也许是极具启发性的；“一个好的麻疹病例”，则可能是向实习生展示的一个病例。

因此，我们截至目前的讨论可以通过以下表达式来概括：

> “这是一个好 X” 意味“这是一个 X，它成功实现了诸 X 的一个功能。”

或者，更具体也更明确地说：

> “这是一把好扳手”意味“这是一把扳手，对于拧螺帽这个(好)目的而言，它是高效的(容易操作的，方便快捷的)。”

这些定义并不是一帆风顺的；事实上，它们都被略微歪曲，以引出下一个要点。第二个定义确实根据扳手的预设功能而定义了“好的扳手”。但注意，它并**没有**对“好”这个语词下定义，因为这个语词也出现于定义项中，并没有被这个定义排除在外。为了以另一种方式提出同一种观点，我在我的“功能”定义中植入了对价值的指涉：一个对象要具有一种功能，则必须不仅存在它所能做的某种特殊的事情，而且这一事情必须是值得做的。

在我看来，“一个好 X”这个短语，通常预设了 X 的用途本身就是好的。毫无疑问，“好”的用法可以包含所谓的价值中立性，有时

它确实如此。在这个意义上，它无非是高效的意思。但我认为，一般而言——至少是在“一个好的审美对象”中——使用“好”一词而不是“高效”一词，就是在心照不宣地认可它所适用的目的。如果一个人坚信拷问永远都不可能具有正当性，却声称“这是一个好的拷问方法”，或者一个人坚定不移地倡导非暴力却声称“绞刑是处决罪犯的一个好方法”，这听起来就会有点怪诞不经。为避免误解，他最好说“高效”或“成功”，或者诸如此类的话。“他是一个极好的窃贼”以及“这是一桩完美的谋杀案”之类的陈述，听起来可能要么是反讽的，要么是冷酷的。

如果我们按照“一把好扳手”的同一种思路来看待“一个好的审美对象”，我们就会想到一些有趣的可能性。首先，我们当然要证实**审美对象**是一个功能类——也就是说，有某种事情是审美对象能够做而其他事物做不到的，或者做得不够彻底或不够充分的。是否存在审美对象尤其擅长的某种事情？你对一个审美对象所能做出的处置，是通过某种方式来感知它，让它形成某种经验。所以，“**审美对象**是一个功能类吗？”只是对我们迟迟不提的一个古老而熟悉的问题的一种略带学究气的提问方式：“是否存在**审美经验**这样一种东西？”我们在上一节中注意到，在区分审美喜好与其他喜好时，心理主义定义就提出了这个问题。许多美论家也对此进行了讨论。但是，正是在目前的 526
语境下，这个问题才变得尤为紧迫。

审美经验

问题是，我们能否从经验中分离出我们与审美对象的交往所独有的某些特征，并以一般性的术语来描述之。诚然，听音乐的经验在某些方面与参观大教堂或看电影的经验大相径庭。文学阅读肯定对我们，抑或为我们做了某种事情，而这事情是听音乐所无法做到的。反之亦然。一个关于我们对于审美对象的经验的充分说明，将不得不审慎地处理这些问题。但是，所有这些经验是否都拥有某种共性的东西，某种可以有效地区分的东西，这至少是一个有待探究的经验性问题。人们已经进行了一些探究，尽管仍有诸多未解之谜。然而，我们可以在合理的范围内信任某些概括，这些概括是一些作者通过敏锐的内省归结出来的，也是我们每个人可以在自己的经验中予以检验的。[1]

我认为，以下观点是几乎每个人都接受的：

第一，审美经验是一种经验，在其中，注意力牢牢地集中于一个现象中客观的场域中异质而相关联的组成部分——视觉或听觉模式，或者文学中的人物和事件。一些作者提出，在这样一种经验中，一旦我们深深地沉浸于视觉设计的张力或音乐的发展设计，现象客观性和现象主观性的区分本身，往往会消失不见。这可能是夸大其词，但无论如何，这种经验由于具有一种中心聚焦而区别于白日梦漫不经心的幻想；视线始终不离开对象，而对象则掌控着经验。我认为，如果说对象导致了经验，这是可以的，但是它们的关系当然更为紧密，因为作为一个知觉对象的对象，在经验之中也显现为其现象中客观的场域。

第二，审美经验是一种具有一定强烈性的经验。一些作者宣称，它是一种弥漫性的、由强烈的感受或情感所主导的经验，但是这些术语在心理学理论中仍然处于不确定的位置；我们所说的在一个审美经验中的情感，也许只是经验本身的强烈性。无论如何，情感的特点是

1 在下文（辅以附注 28-B 中的更多评析）中，我十分依赖于约翰·杜威、爱德华·布洛、瑞恰慈和伊曼努尔·康德的著作；关于参考文献，参见附注 28-B。

它与对象，也就是现象场本身紧密相连——我们为人物悲伤，或者对一个意想不到的转调的结果心里没底。审美对象给予了我们一种凝神专注的经验。可以说，戏剧仅仅呈现了人类生活的一部分，即生活中 527
值得注意的、意味深长的那一部分，并将我们的注意力集中于那一部分；绘画和音乐邀请我们去做我们在日常生活中很少做的事情——仅仅关注我们所看到的或听到的，心无旁骛。它们把我们的能量集中于我们所关切的一个异常狭隘的领域。鸿篇巨制的小说可能更甚；事实上，它们总处于耗尽注意力的危险中，因为它们将注意力分散至我们日常的对于环境的弥漫意识之中。

这就是“没有痛感”这句话特别适用于审美经验的原因。这种快感在强烈性上往往无法与满足日常欲望的快感相提并论。但是，凝神专注的经验可以阻断所有扰乱我们的快感的否定性反应——令人分心的小噪声，器官功能障碍，未付账单、未完成书信和未摆脱的窘境所带来的烦扰。它发挥了威士忌的作用，只不过其方法不是让敏感力变得迟钝，让意识变得模糊，而是暂时将注意力引入经验的自由而畅通无阻的通道。

但是，这一讨论已经预示了审美经验的另外两个特征，它们也许都可以归于**统一性**之下。这是因为，第三，审美经验是一种浑然一体的经验，或者说是一种异常连贯的经验。一个事物通往另一个事物；没有任何缝隙或未填空白的连续性的发展，一种对整体上宛如天启的引导模式的意识，一种有序的、趋向高潮的能量积累，这些都在一种非同寻常的程度上存在。即使经验临时被中断，正如在我们放下小说去给草坪浇水或吃晚饭的时候，它也能保持超常的连贯性。拿起小说，你便马上回到了作品的世界，几乎像是没有被打断过一样。音乐由于机器故障或电话铃声响起而停止，但一旦重新开始，也许两小节就足以建立起与之前音乐的联系，而这时你显然再次处于**同一个**经验之中。

第四，审美经验是一种自身异常完整的经验。经验中的诸因素所唤起的冲动和期待，被感觉是被经验中的其他因素所抵消或分解了。由此，某种程度上的平衡性或终结性得以实现，并为人所享受。经验将自身从外来因素的干扰中分离出来，甚至与其相隔绝。当然，它无法逃离所有的紧急情况。我听过贝多芬的《“华尔斯坦”奏鸣曲》（作品 53 号）的终乐章被一名消防队长打断，这位队长突然出现在舞台上，开始驱逐站在通道上的观众；而即使钢琴家保罗·巴杜拉-斯科达从这一乐章的开头重新演奏，他确实再也无法再现出这段开头的独特性，它是毫无停顿地从奏鸣曲的慢乐段流淌而出的。但是，由于审美经验所特有的高度集中的或局部化的注意，它往往从日常的经验之流
528 中脱颖而出，并作为一个单一的经验而存在于记忆之中。

审美对象有一个与众不同的，但我认为很重要的方面：可以说，它们都是虚拟对象（objects *manqués*）。它们缺少某种东西，这使得它们不可能是完全真实的，或获得物的完全地位——或者，更好的是，阻止现实的问题出现。它们是性质的综合体，即表层。小说或抒情诗中的人物拥有的是截断的历史，他们只是他们所呈现出的样子。音乐是没有任何移动的固态之物的运动；画中之物不是一个物质对象，而只是一个物质对象的表象。即使是栩栩如生的雕像，虽然它为我们呈现了一个活的生物的形状、姿势和生命力，但其自身显然不是一个活的生物。舞蹈家为我们表演的是人类行为的抽象——悲欢爱惧的姿态和动作——而不是行为（杀戮或死亡）本身。这是“扮假作真”的一种意义，从这种意义上看，审美对象乃扮假作真的对象；而它们在我们无须诉诸实际行动的情况下引起审美经验所特有的那种赞赏性观照的能力正是有赖于此。

一个审美经验可能在相互关联而又相互独立的三个方面中的任一方面或所有方面上区别于另一个审美经验：(1) 它可能比另一个经验更**统一**，也就是更连贯和 / 或更完整；(2) 它的主导性特征，或贯穿其中的感情基调，可能比另一个经验更**强烈**；(3) 它整合并入其统一性之中，或其主导特征之下的不同元素之范围或多样性，可能比另一个经验更**复杂**。如果有一个一般术语可以涵盖所有这三个特征，这将是很方便的。我建议这么说：一个审美经验比另一个审美经验具有更大的**量值**——也就是说，它更像是一个审美经验；其量值至少是这三个变量的函项。经验越是统一，就越像是一个整体，而自我的介入就越专注；经验越是强烈，自我的介入就越深入；经验越是复杂，自我的介入就越广泛，也就是说，其反应就越丰富多样，也许亦越持久。

我并不认为量值在此处暗含测量标准——它只是一个集体名词，用以表示经验中有多少事情正在集中地或广泛地发生。它也许是一个过于含糊的概念，从而没有什么用处。这仍然有待观察，但是人们对这个概念的合法担忧，有着两个必须第一时间坦诚面对的来源。首先，要注意，我现在是在比过去更宽泛的意义上使用“统一性”“复杂性”和“强烈性”等术语——不仅把它们用于经验中现象上客观的呈现，而且用于整个经验，而整个经验既包括感受因素，也包括认知因素。依我判断，即使在这种引申用法中，这些术语仍是可理解的。当然，若论用法的确定性和准确性，它们就有所欠缺了。其次，虽然我声明这三个特征都与量值相关，而经验的量值正是这些特征的结果，但是我还没提出某些关乎量值的可比性的问题——它们马上就会引起我们的注意。显然，一种可能的说法是：如果两个经验的统一性和复 529
杂性大致相当，那么具有更高程度的强烈性的经验，将具有更大的量值。但是，如果它们在一个方面是相当的，在另外两个方面却截然不同，那又如何？这个问题仍然悬而未决。

当然，审美经验的诸特征可以单独出现于许多其他经验之中，但我认为它们不会以相同的组合出现。就拿我们玩游戏来说，游戏必然包含对于无实用目的的活动的享受。但是，虽然心理学研究尚未揭示游戏心理学的所有奥秘，但游戏似乎并不必然是一种高度统一的经验。观看一场棒球或足球比赛也普遍缺乏一种主导模式和完满性，尽管它有时在较高程度上拥有这些特征，并且是一个审美经验。锲而不舍地攻克一项科学研究难关或者解决一个数学难题，可能具有审美经验明显的戏剧模式和完满的终结性，但其本身并不是审美经验，除非思想活动与感性显现，或至少与知觉对象的现象中客观的场域紧密相连。

诸如此类的区分是含糊而初步的，它们是当前最需要研究的一些问题。无论如何，我们可以将审美经验视为一种经验，尽管其独特性只在于其特征的组合，而不是在于任何一个具体特征。我们可以说，审美对象一般都具有产生这种经验的功能，即使在日常生活中，具有一定量值的审美经验往往来自于其他东西，而不是来自于审美对象。这是审美对象的特殊用途，即它们所擅长的事情。总体而言，这是它们的看家本领；它们在这方面最值得信赖，只有它们才能提供最大量值的审美经验。

作为一种能力的价值

我们现在可以根据审美对象的功能——假如我们可以做出另一个假定——而界定“好的审美对象”。假设使得一个审美经验是好的，因而是一个好的审美经验的东西，是它的量值，而且，如果一个审美经验具有更大的量值，那它就比另一个审美经验更好，更值得拥有。

这样，我们就可以说：

> “X是一个好的审美对象”意味着“X能够产生好的审美经验（即较大量值的审美经验）。”

以及：

> “X是一个比Y更好的审美对象”意味着“较之Y，X能够产生更好的审美经验（即更大量值的审美经验）。” 530

我将把这些称为被附加地使用于审美对象的“好”的**功能性**定义。

现在，向“审美对象”定义的过渡已轻而易举。我建议这种简单扼要的说法：“是一个好的审美对象”与“具有审美价值”是同义的。或者：

> “X具有审美价值”意味着“X具有产生一个较大量值的审美经验的能力（诸如此类的经验具有价值）。”

以及：

> “X比Y具有更大的审美价值”意味着“较之Y，X具有产生一个更大量值的审美经验的能力（诸如此类的经验具有更多价值）”。

由于这种定义是根据结果，即一个对象对于某种经验的效用性或工具性而界定“审美价值”的，我将其称为“审美价值”的**工具主义**定义。[1]

在这点上，需要做出两条澄清性的解释。第一条解释关乎“有能力产生”或“能够产生”这一短语。定义项并没有规定效果一定会发生，而是它可能会发生。这种定义当然是非相对主义的；它甚至允许我们说，一幅从未有人见过的画作也是有审美价值的，意思是，如果它在合适的条件下被人看到，它就会产生一个审美经验。正如“营养”一词，“能力”被称为**趋态词**(dispositional term)。说一种物质是有营养的，这不是预测任何人事实上都会受到它的滋养，而只是预测对于在某些(未指定的)条件下食用了(未指定的)一定量的人来说，这种物质是有利于身体健康的——具有食物价值。毋庸置疑，我们有时能够对审美对象做出具体的预测，正如我们能够对食物做出预测——“这会让你更加健康，如果你连续三个月每天都吃至少 6 盎司的话。”而我们有时会去找读过某本书的人，并提出一些问题，如：“它打动你了吗？你认为我会喜欢读吗？”但我认为，一个批评评价者试图回答的，并不是那一类问题，而是这一类问题：“它**能够**打动人吗？”换言之，审美价值的问题，就像营养的问题一样，似乎是一个关于对象能够产生什么效果的问题，或者换句话说，如果我们想，我们可以用它来做什么。

必须承认，“能力”一词，深究之下是不明确的，但在我看来，只要它受到某些管控，它就不会过于不明确，从而毫无用处。首先，一个关于能力的陈述必须明确指出一个参照类，如果它要易于证实的
531 话。[2] 我们想要知道，应根据哪一类事物来测试对象，以确定它是否真

1　W. D. 罗斯、C. I. 刘易斯、阿尔伯特·霍夫施塔特、托马斯·门罗等人都提出了这种定义；其他作者的用法似乎大同小异。关于参考文献，参见附注 28-C。

2　在最近一篇关于“论审美判断的证据”的专题论文中，阿尔伯特·霍夫施塔特就很好地提出了这一点(参见附注 28-C)。

正具备这种能力。滋养马的东西，未必就能滋养人。当然，参照类的范围越窄，能力陈述所提供的信息量就越大，但只要存在某个参照类，陈述就可能是真确且有用的。对于审美价值的陈述而言，参照类首先是人类，但是我们可以轻而易举地通过增加明显的要求而极大地缩小这一类的范围。要读波德莱尔，你必须懂法语；要听音乐，你不能是音盲；要看画，你不能是色盲。毫无疑问，我们可以继续增加要求。注意，这与“合格的批评家”的界定并不是同一个问题，因为在这里我们并不是追求作为一个专家级的评论家所需要的标准，而只是排除了某些类型的人，即使让这些人接触审美对象也是无用的。即使我们已经排除了各种不可能性，我们仍然会使用“能力”这个术语，因为我们无法预测所有懂法语的人都能从波德莱尔的诗歌中获得一种审美经验，我们只能预测：只要符合要求，没有什么能够阻止他们获得审美经验。

其次，能力唯一的直接证据是它的现实化，虽然一个关于能力的陈述在能力从未实现的情况下也可能是真确的——即使自然资源从未被开发，也依然是资源。一个对象是否具有审美价值的检验标准，无非是它的一些呈现实际上是否导致了审美经验，并且成为审美经验的一部分。

最后，“能力”是一个肯定性的而非否定性的术语，而这一区分是举足轻重的，如果不走极端的话。我们可以谈论一个审美对象形成审美经验的能力，或者我们可以谈论一个人有感于审美对象的能力。但是，在这两种情况下，我们都假设——而我相信是基于充分的证据——审美经验之中存在一个发展方向，即能力大小之间的一个区别。回应莎士比亚比回应格雷厄姆·格林需要更大的能力，回应贝多芬比回应菲尔德·格罗菲需要更大的能力，回应塞尚比回应诺曼·罗克韦尔需要更大的能力。人们因年长而厌倦格雷厄姆·格林，但他们不会厌倦莎士比亚。人们有时为了海顿的交响乐而放弃柴可夫斯基的交响曲，但我觉得他们不会为了柴可夫斯基而放弃海顿。如果我们在一个阶段失去了对勃拉姆斯的敬仰之心，但后来又回归于他，那将是出于不同的理由。我们并不认为，一个人具有对莎士比亚无动于衷的能力。这不是一种能力，而是一种能力的匮乏。能力更大的对象，其能力的现实化，反而不像能力更小的对象那么容易——雪橇越重，其作用力就越大，而能驾驭它的人也就越少。因此，如果柴可夫斯基的审美价值比巴赫的审美价值更经常地为人所拥有和享受，那么后者的价值就更
532 大，这仍有可能是真的。

工具主义定义

我所勾勒的工具主义定义，包含另一个不同寻常的特征，即括号的插入。我不确定括号是否是表达我意思的最佳符号，但它们是我所能想到的最佳符号了。工具主义的定义并不是前一节的意义上的一种心理主义定义，因为它并不主张将关于价值的陈述简约为纯粹的心理学术语。事实上，它并没有定义“价值”，因为这个术语既出现于定义项之中，也出现于被定义项之中。它仅仅通过某种经验而定义了“审美价值”这整个术语。但是，它承认，除非在括号里给出一个这样的假设，即经验本身是值得拥有的，否则这一定义不可采用。

如果工具主义定义是用纯粹的心理学术语来表述，如下：

> “*X*具有审美价值”意味着“*X*具有产生一定量值的审美经验的能力”。

那么，它无法逃避人们针对所有心理主义定义所提出的异议——“开放问题式”的论证，以及对劝导性定义的指控。这最后一个定义实际上并没有界定“审美价值”，而只是界定了“审美力量”，或诸如此类的东西。把这种力量称为一种价值，就是预设效果本身具有价值，而这个预设理应予以澄清。但严格地说，预设并不是定义项的一部分，它更像是对定义的适用条件的一种规定。这就是我把它放在括号里的原因。这个定义也许可以通过以下方式扩展：

> 假设审美经验拥有价值，那么“审美价值”可以被定义为“产生一定量值的审美经验的能力”。

如果说一个对象具有审美价值，这就是说：(1)它有产生某种审美效果的能力；(2)这种审美效果本身是具有价值的。与此同出一辙，“青霉素具有医学价值”这一陈述的意思是：(1)青霉素具有产生某种疗效的能力，也就是说，它可以治愈或缓解某些疾病；(2)疾病的治愈或缓解是有价值的。

为确定工具主义定义的可接受性，我们必须体会人们提出这种定义的精神。它并不主张要报告批评家在被要求提供(审美语境下的)“好”的定义时所说的话；但是它确实主张，要指出他们可以表达，或许必须表达的意思是什么，如果他们希望他们实际上为批评评价所给出的理由具有逻辑上的相关性和说服力的话。至少，工具主义的定义与实用批评不谋而合，这是毋庸置疑的。假设一位批评家说，一个特定的审美对象是一个非常好的审美对象，而我们问：“为何？”他的回 533
答将在于指出审美对象的某些特征，这些特征有助于它拥有区域性质的高度统一性、复杂性或强烈性。如果我们进一步向他施压，并追问

“统一、复杂性和强烈性为什么是可欲的”，他可以回答说，其中一些特征或全部特征，其程度越高，审美对象所能唤起的审美经验的量值就越大。举例而言，对象越统一，其经验就可能越统一——这一点似乎有充足的证据支撑。既然诸如此类的经验的唤起——假设这种经验本身是好的——是构成审美价值的东西，那么根据定义，任何为审美对象唤起经验的能力提供支持的论证，也都是为其审美价值提供支持的。

另一方面，如果批评家称一个特定的审美对象是糟糕的，那么根据工具主义定义，我们会期待他拿出证据来表明这一对象极其缺乏能够促成高度的统一性、复杂性或强烈性的诸特征。而这正是批评家确实给出的那种客观理由，正如我们在前一章中所注意到的那样。简而言之，对于似乎为很多批评论证提供支撑的三大准则的诉求，其本身可以通过“审美价值”的工具主义定义而获得正当性。这是因为，这些准则所指涉的，是审美对象的能够让它们形成审美经验的诸特征，只要诸如此类的经验的发生处于这些对象的控制之下。

但是，这是对批评论证的本质的一种相当抽象的考察，而当我们考虑到批评家的实际情况，即他可能做出判断或给出理由时所处的条件，工具主义的定义可能会被认为不是那么合理。例如，人们经常强调，审美价值是直接体验和认识的东西；它无须诉诸计算或推理，但可以直接检查——它是完满的，如果有什么东西是完满的话。但是，即使根据工具主义的定义，关于直接性的学说中的真理仍然可以保留。如果一位直接面对一幅画的批评家发现自己从画中获得了一种我们称之为“审美经验”的享受，他便拥有了这幅画有能力形成这样一种经验的直接证据，因为如果此画形成了审美经验，它便是拥有这个能力的。他的享受是直接的，并且是有着充分的证据支持的。

当然，这并不意味着他不会出错。因为，当他宣称这幅画具有审美价值，他不仅是在说它能给人以快感，而且在说它能给人以**哪一种**快感。正如人们有可能把其他经验误认为是宗教经验，人们也有可能把其他经验误认为是审美经验。我从某处风景获得的经验，实际上也许是一种怀旧的感觉，因为此谷仓似曾相识，宛若我童年时期农场上的那个谷仓；我听到某些音乐时所起的震颤和寒栗，可能源于一个这样的事实，即它是一首古老的赞美诗曲子，与我埋藏已久的幼年时期的宗教经历紧密相连；我阅读一部小说时所感到的激动之情，可能是对 534
其社会寓意的回应，它更像是为一次政治竞选提供帮助的激动，而不是一个审美经验的激动。苏格兰人很容易高估彭斯、自由民主诗人惠特曼，或者古老的法兰西学者所写的《罗兰之歌》。

简言之，我也许偶尔会将审美经验与其他经验相混淆，并由于对象在其他某个方面感动我，就误以为它具有审美价值；而在这里，批评家的妥当做法是通过对象的分析向我表明它可能无法形成一个较大量值的审美经验，因此我的反应很可能是一种非审美的反应。他预测，通过更审慎的内省，我将会发现这一点。

真正被作品感动的批评家，当然不需要理由来证明自己受到感动。但是，他也许有兴趣分析这部作品，以便更准确地找到其经验的基础。或者，如果他的第一反应是无动于衷的或否定性的——如果他觉得作品乏善可陈——他可能会怀疑这种反应是否充分。也许，更深入的研究会表明，这部作品可能具有形成 定量值的审美经验的能力，尽管它目前还做不到这点，因为理解力的困难尚未克服。在其他情况下，批评家可以拿出理由来解释为什么要极力劝告那些没听过音乐、没去过展览或者没看过戏剧的人去尝试这些东西；因为作品本身中有证据表明其具有审美价值。

因此，回到前一章第 25 节开头所提到的例子，“这是统一的”确实不是“这具有审美价值”的证据，这与“病人体温是 104.5 华氏度”是“病人患有肺炎”的证据并不完全一样。这是因为，“这具有审美价值”是一种趋态式陈述，而“病人患有肺炎”则不然。但无妨比较“此食品很危险”和“它含有沙门氏菌”。在此处，含有细菌是证据，它表明食品一旦食用，就可能产生可怕的后果，正如统一性的在场是作品一旦被凝神感知就会产生某种审美效果的证据。

判定的问题

一旦采用“审美价值”的工具主义定义，以及它对于批评论证的附带含义，则我们喜欢一个审美对象胜过另一个审美对象，或者称颂 X 优于 Y，这有时确实能够予以理性的辩护。人们自然想知道，它们是否总能如此。哲学家们开玩笑般地提出过这样一种观念，即要设立审美价值的一种量表或特殊次序，甚或一种分级系统，也就是类似于第十章开头附近塞缪尔·约翰逊在来自鲍斯韦尔的引文中所提出的那
535 种。我们可以用“>”符号表示“优于”关系，这种关系被予以了工具主义的定义，因而它是非对称性的，因为如果 $X > Y$，则不可能 $Y > X$。然而，它不是递推性的，因为如果 $X > Y$ 且 $Y > Z$，我们并不能必然推导出 $X > Z$。虽然我们可以通过许多令人非常满意的方式来操纵诸如此类的符号，但我们必须认识到，在审美价值的比较判断中存在一些重大的局限性。

在某些情况下，是否 $X > Y$ 的判定牵扯到一些问题。假设我们发现两个审美对象，即 X 和 Y，但我们既拿不出 $X > Y$ 的理由，也拿不出 $Y > X$ 的理由。我们仍有可能发现，自己喜欢其中一个胜过另一个，而当它唾手可得时，我们没有理由不去选择它。简言之，存在

着一些偏好，即在审美对象之间做出的抉择，它们乃批评论证的漏网之鱼；这些偏好无法予以理性的辩护。我们无妨说，诸如此类的偏好属于批评评价领域中的一个理性上不可判定的领域（Area of Rational Undecidability）——一个理性论证无法到达的领域，在其中，选择，如果有选择发生的话，无法接受理由的引导。例如，试看斯卡拉蒂的两首键盘奏鸣曲，一首是E大调（柯克帕特里克编目第380首），一首是B小调（柯克帕特里克编目第87首）。我不会声称，这一对曲子都属于不可判定的领域；事实上，认为任何一对作品都属于不可判定的领域的结论是一种消极的结论，而在对这两首作品进行详尽的研究之前是不能得出这种结论的。但是，这两首曲子都是高阶作品，虽然其有天壤之别，而为便于讨论，我们无妨假设：我们对其中一首曲子的每个赞誉，都能从另一首曲子中找到相匹配的优点，这样我们就找不到任何理由认为其中一首理应被判定为一个更好的审美对象。

这样一来，也许不会有问题出现，因为我们甚至不会喜欢一首胜过另一首，而事实上，在这些情况下，如果有人问我更喜欢哪一首，我会发现这个问题很难回答，虽然我可能稍微倾向于《E大调奏鸣曲》。那么，假设我们确实更喜欢这一首，却没有理由宣称它是更好的。我们仍然是在它们之间进行抉择，而这甚至可能是一个实用性的判定，正如一位朋友站在那里，把拾音臂放在唱片凹槽上，并邀请我们听一首奏鸣曲。但是，虽然我们有很好的理由来聆听我们更喜欢的那首曲子，我们却拿不出任何理由——这么说有点奇怪——来更喜欢一首曲子。如果这是真的，那么这对奏鸣曲就属于不可判定的领域。但注意，属于这个领域的总是一对作品。比方说，我们很明显可以给出理由说，较之《G大调奏鸣曲》（柯克帕特里克编目第146首），《E大调奏鸣曲》是一首更好的作品，因此这一对奏鸣曲并不属于不可判定的领域。

因此，不可判定的领域是所有成对的审美对象，即 *X* 和 *Y* 所组成的一个类。对于这样的审美对象，我们无法证明其中一个比另一个更好，或者它们在审美价值上旗鼓相当。不可判定性并不等同于相对主
536 义，虽然它有时由于二者之间的密切关系而被称为相对主义。如果我们坚持保留“优于”这一表达式，以便在 *X* 和 *Y* 被归入不可判定的领域时对它们进行比较，那么我们可以对“优于”予以相对主义的，也就是诉诸主观性术语的定义。不过，我打算采用另一种用法。当 *X* 和 *Y* 被归入不可判定的区域，我们没有理由认为比起另外一个对象，其中一个对象有能力产生量值更大的审美经验。因此，在这个领域之中，我不会说一个比另一个更好、更可取或者更可欲；但如果说它是人们更喜爱的或更渴望得到的，则没有问题。

审美价值中有两个因素造成了这个不可判定领域。

第一个因素是批评的价值判断采用了多项标准。假设有人给我们一篮子苹果，并让我们按最差到最好的顺序排列。为了完成这项任务，他给我们提供了苹果的优良特征一览表，这些特征类似于批评评价的一般准则：口感、软硬、大小、色彩、无磕碰、无虫洞，等等。如果没有诸如此类的一览表，我们当然会束手无策，因为我们甚至不知道任务是什么——就像有人告诉我们要把一个苹果、一个柠檬和一个萝卜按顺序摆放好，却没有给我们提供任何关于顺序的界定原则的指示一样。

现在，不妨假设我们知道该如何按照每个特定的标准摆放所有苹果。也就是说，我们可以将它们按大小排列——将相同大小的放在一起——或者按口感，或者按是否有瑕疵排列。但是，这不是指定的任务，因为我们不应按照几种顺序，而是应按照一种单一的能够在某种

程度上兼顾所有标准的顺序摆放它们。我们该如何着手完成这项任务呢？首先，我们可以挑选出所有没有任何斑点的苹果，把它们放在一端，也许分成两组或三组，如果我们可以找到一些在某个特征（如口感或大小）上出类拔萃的苹果的话。然后，我们可以挑选出所有伤痕累累、布满虫洞的苹果，将其放在另一端。那项艰巨的任务，便在于这两端之间，而我们当然会发现鉴于给定的指示，一旦越过某个点这一任务是无法完成的。因为，虽然我们可以轻而易举地判定某些苹果整体上优于其他苹果，但也会有许多成对的苹果是我们无法判定的：一个口感极佳，但个头偏小，有轻微磕瘀，另一个口感稍差，却又红又大。能让我们完成这项任务的唯一方法是得到对标准本身进行加权或分级的进一步指示，如："口感比大小更重要；一旦难分高低，将更多的注意力放在大小而不是颜色上；一旦难以定夺，不要理会虫洞，而是要衡量苹果没有虫洞的那一部分的大小。"也许，没有人能够事先制定一套完整的能应对所有可能性的加权标准。但是，一旦问题出现， 537
我们可以采用规则，而我们最终也许能够消除所有的不可判定性，因为在每种情况下，规则都能决定 *X* 是否比 *Y* 更好或更差，或者与 *Y* 旗鼓相当。

对于审美对象，是否也可如此？如果我们把统一性、强烈性和复杂性作为三个独立的标准，我们难免会发现许多成对的审美对象是无法在审美价值上分级的。例如，*X* 和 *Y* 的复杂性几乎相同，但是 *X* 的统一性略胜一筹，而 *Y* 则具有更强烈的性质。如果 个人更喜欢 *X*，另一个人更喜欢 *Y*，似乎并没有任何理性的方法来解决这一差异。他们只是对不同的标准赋予了不同的权重而已。因此，一位批评家可能会赞赏一幅蒙德里安作品中恰到好处的平衡，但同时也承认该设计的简单性；而另一位批评家也许会赞赏一幅丁托列托作品中的复杂性，但同时也承认其设计有时并不是那么统一。为了获得某些强烈的以及令人称道的性质，诸如蒙德里安作品中冷漠的必然力，或者丁托列托作品中气势磅礴的伟大和动力感，其他特征的少许牺牲是在所难免的。没有任何一套规则规定，在这三个批评标准之中，有一个理应享有比其他两个更大的权重。

一些人似乎侧重区域性质纯然的强烈性，另一些人则侧重明晰的结构，但是似乎并没有方法来证明他们孰对孰错。当然，通过进一步研究审美经验的本质及审美经验所依赖的条件，我们有可能完善我们的判断准则，并引入加权规则。但就目前而言，不可判定的领域仍然存在。如果批评家甲宣称一件作品没有足够的秩序，因而不符合他的心意，而批评家乙则宣称这件作品足够生动，完全符合他的心意，那么，他们似乎都不能证明这件作品是很好的或不是很好的。但当然，他们仍有可能同意，比起其他某些审美对象，它无疑更胜一筹或稍逊一筹。

因此，如果我们摘取邓恩几首最好的诗、海顿的几首四重奏或伦勃朗的几幅蚀刻画，要断定该组中哪一个更好，哪一个更差，这也许是不可能的。但是，我们无须为之困扰。毕竟，当我们处理这样一组诗歌、四重奏或蚀刻画，我们所处理的无疑都是达到极高成就的审美对象。其中一首诗是否比其余诗歌稍胜一筹，这有什么重要的呢？更重要的是要看到每首诗有何长处，并对其产生喜爱之情。这丝毫不会暗示我们分辨不出价值上的差异，这种差异使得邓恩最好的诗歌区别于罗宾逊·杰弗斯最好的诗歌，海顿的四重奏区别于米约的四重奏，伦勃朗的蚀刻画区别于华特·席格的蚀刻画。

导致批评评价中出现不可判定领域的第二个因素，是审美对象区域性质的多样性。虽然一个区域性质依赖于复杂的感知条件，但其本身是简单的，也许只是纯粹地受到人们的喜欢或不喜欢——诸如成熟或未熟的橄榄、乳酪、欧洲萝卜、卡门贝干酪、苦薄荷和爱尔兰威士忌 538
的味道。在某些作曲家的作品中，存在着反复出现的典型特征：巴赫的低音旋律中所独有的张弛有度的动态变化，就像在康塔塔中那样；勃拉姆斯一些旋律中的六度音和七度音的哀鸣和渴望，就像有时在其四重奏与《E 小调交响曲》（第 4 首）中那样；巴托克采用切分音和不协和音时所形成的尖锐犀利，就像在《第三四重奏》某些部分中那样。现在，完全有可能有人宣称勃拉姆斯的《C 小调四重奏》（作品第 51 号，第 1 首）是高度统一的，有着极其充分的发展，而且拥有极其强烈的区域性质，因此它无疑是一首好的四重奏——但遗憾的是，他无法容忍这些勃拉姆斯式的特性。或者，虽然他可能无法凭理性依据判定巴托克的一首四重奏是否比德彪西的四重奏更伟大，但他可能会将德彪西式的特性奉为至宝，而对巴托克式的特性心生厌恶。

这并不意味着他的趣味不可改变。然而，问题的关键是：一个人之所以喜欢 *X* 胜过喜欢 *Y*，可能仅仅是由于 *X* 的特性，而对于这种偏好，他无法拿出进一步的依据。当然，他无须宣称 *X* 优于 *Y*，但是他是在做出选择，而他的选择就属于不可判定领域。我不知道，“莫奈作品中的特性令杜米埃痴心迷恋，却让库尔贝鄙夷不屑”这一陈述是否真确，[1] 但它简明扼要地表达了一种足够普遍的经验：我确信，福克纳、卡夫卡、海明威、蒲柏或马维尔的特性，既令一些读者着迷，也令另一些读者兴致索然。这是一个有利于众多文类的有力论据，因为如果一部作品的特性是我们永远都不可能喜欢的，那它只不过是无法为

1　B. C. 海尔引自安伯斯·瓦拉德的《雷诺阿》（*Renoir*, New York: Knopf, 1925），第 47 页，见其《美学与艺术批评中的新方向》（*New Bearings in Aesthetics and Art Criticism*, New Haven, Conn.: Yale U., 1943）第 98 页的注释。

我们所用而已，但即使如此，我们仍有可能从理智上认识到它的价值，并深信，其他人从中所获得的经验与我们必须从别处获得的经验在量值上是不相上下的。

审美价值

就像我们在前文所注意到的那样，"审美价值"的工具主义定义是经过精心建构的，为的是揭示一个这样的事实：要采用这一定义，就是要理所当然地接受某种东西已知是有价值的。这种东西就是审美经验。这种定义使得审美对象的价值成为目的的手段。但是，我们当然马上会面临另一个更深入的问题，这个问题关乎目的本身的价值：我们有何依据假定这种经验是有价值的？现实中的批评家无须担心这个问题：如果他能够假定审美经验是值得拥有的，那么他就可以对诸如此类的经验所依赖的审美对象的那些特征进行探究。换言之，对于批评家而言，审美经验是他无须质疑的一个预期目的（end-in-view），
539 正如生命和健康是医生的预期目的，只要他还是一名医生，而尽一切努力维持生命和健康，这对于他来说就是一个自明的公理。当然，医生有时可能会想到更终极的问题，特别是当他面临萧伯纳的《医生的两难选择》中所描述的那种困境之时，而人们也没理由否认批评家为何就不能也是一个人。再换一种说法，病人如何看待其生命和健康，这对于作为医生的医生来说是不重要的。同样，批评家归于审美经验的价值是一种内在价值还是仅仅是一种工具性价值，这对于批评家来说也是不重要的；只要审美经验拥有任何价值，他的工作目标就已经明确了。

但是，批评家不问的问题，总得有人来问和答。同样，总得有人去弄清楚批评家的假设是否合理。这是一个哲学问题，它属于美学的

范畴。审美经验是否具有价值？如果是，为何？必须承认，当我们现在进一步探究这一问题，我们若涉渊水。不过，充分的美学理论理应敢于承担不可避免的风险。

在这一点上，似乎存在两种主要的选择。一种选择轻而易举，唾手可得，而另一种选择则更为微妙，也更为复杂。

第一种选择是整合“审美价值”的工具主义定义和一般“价值”的一种心理主义定义，并由此宣称审美经验具有内在价值，因为它们得到了人们的喜爱、享受或渴望。假设有人说：“我愿意接受你的结论，即好的音乐具有审美价值，而且我认为，如果我花大量的时间去听音乐和研究音乐，我将能够从音乐中获得一定量值的审美经验，但是，诸如此类的经验有什么好处呢？我为什么要劳心费神呢？”你也许会回答：“但是，当你能够拥有这些经验，你将能尽情地享受它们。”如果你和他都满意这个回答，那么似乎无须多说。

诚然，很多时候这个回答足矣。但是，这只是因为它将某些事情视为理所当然的。如果有人要以同样的依据来证明伪造联邦储备券或将人们推到火车前面的行为的正当性，即他享受这些挑战性的、惊险刺激的行为，我们决不会认为他的理由是决定性的。人们常说，审美经验“因其本身而值得拥有”，而事实上它们是因其本身而值得拥有的东西的范例，即典型。但是，尽管这个短语显然是一种强烈的褒扬，我们也必须对它予以更审慎的检查。它所表达的意思可能是什么？审美经验可能因其本身而被人们享受，而无须念及昨天或明天，这当然是真确的；它们给人以那一种享受，这是关于它们的一个重要事实。但是，我们能否由此推断审美经验的价值是审美经验或其快感所固有的东西，从而不用考虑它们发生的条件，或者为了获得它们而不得不 540
做出的牺牲？这是萧伯纳的戏剧所提出的另一个问题。

当我们询问某种东西是否给人以享受，我们是在询问它的有关信息，正如我们询问它是否是庞大的、成熟的，或者是否会发生故障。如果这是我们想要知道的，那么价值的问题还没有出现。但是，一旦我们针对某种东西的价值提出问题，并要求关于其价值的陈述要有理由的支撑，这时我们就提出了一种截然不同的问题。我们想知道它与其他事物的关系，包括它可能会阻碍或加强的其他享受；简言之，我们想知道它的后果。这样，审美经验是否具有价值的问题就不复是它是否能够给人带来享受的问题，而是它的享受与我们作为人类、作为20世纪民主社会的公民所能获得的其他享受相比，是否有正当性的问题。这种说法也许极为严肃，但正如我们即将看到的那样，这是一个大问题。

这种思路将我们带到第二种选择，这是工具主义价值论所做出的选择。[1]这种理论包括"审美价值"的工具主义定义，但它也包括一个影响更加深远的陈述。它否认了美论和心理主义定义所共有的基本哲学假设：所有的工具价值最终都回归或依赖于内在价值。根据工具主义理论，内在价值这种东西是不存在的。我担心的是，为这个结论所做出的论证并不是很完整或很清楚的，而是错综复杂的。我们在这里必须对这一立场进行简要概括，能足以表明其要点即可。

一个炉子具有价值，这是显而易见的。一块布丁、一位教师也是如此。根据工具主义理论，当我们将价值赋予炉子，我们必须谨记，它是服务于某个目的的，比如给老师做布丁，而这一目的是有价值的。你永远无法判断任何东西的价值，除非你诉诸它与当时被认为有价值

1　我对这一理论的阐述是基于约翰·杜威关于伦理学和价值理论的著作；关于参考文献，参见附注28-D。

的其他东西的关系。当然，你总可以把问题从手段转移至预期目的。烹饪的价值是什么？这也是一个非常棘手的问题，但它是一个不同的问题，因为我们现在是将这个行动视为一种手段，而我们的预期目的可能就是为人们提供美食佳肴。以下是人们所熟知的手段和目的之链条：如果我们有手表，我们就能遵守和牙医的预约；如果我们守约，我们的牙齿就能得到修复；如果我们的牙齿得到修复，我们就会更健康，疼痛就会缓解；如此等等。

问题是，所有诸如此类的链条是否最终都必须通往最后一步，在 541
这里，人们发现某种东西本身是好的，而不是作为其他任何东西的手段。工具主义者说“否”。但通常的回答乃“是”，而支持它的论证采用了几种形式：神学的、理性主义的，以及民族主义的。例如，一个经常出现的而且有着一定合理性的回答是：条条道路通幸福，而幸福是唯一的内在之善，其他一切则是实现这一内在之善的手段。这种回答存在着一些微妙的困难，而哲学家们对它也是众说纷纭，莫衷一是。我不知道它是否真的是一个回答。这是因为，“幸福”并不能命名其他东西作为其手段的某种东西，除非它是在极其广泛的意义上使用，从而包括任何人的一切欲求或一切所为——修道院的誓言、点金术、食忘忧树者的天堂、广告主管的生活。幸福根本不是目的，或你所能追求或实现的任何东西，而是一种没有什么问题或冲突解决不了的生生不息的生活——也许是一种不会真正出现棘手的价值问题的生活——的一种弥漫性区域性质。

让我们考察另一种回答。回想起某种愉悦而无害的快感——一次林间漫步、一首歌，一堆篝火。把它想象为隔绝的，即不会对未来产生任何后果。这样，我们难道不应该说，这种快感是内在地有价值的，而且内在地好于同一时间段所发生的头痛？我承认我们有时会如此谈论，但是我不认为这是最好的谈论方式。诚然，我们享受这种快感，而且如果实际上没有任何后果，那么我们没有理由不去享受它。这样的话，就没有必要宣称快感（内在地）是好的，其好坏的问题甚至不会出现，问题是不存在的。但是，如果我们询问它是否是好的，如果我们发现了一个关于它的问题，那么我们的目光就超越了快感本身——事实上，我们总能如此。这个例子其实是不真实的，且不存在全然没有后果的行为。当我们在树林里漫步，或者在篝火前静思，我们实则取消或推迟了其他活动，因而已做出了抉择。

在工具主义者看来，如果一个对象是内在地有价值的，那么没有任何理由可以证明它，因为理由在于指出它与其他事物的联系，但是如果价值取决于这些联系，那么它就不是内在的。价值在某方面必须是不证自明的。然而，如果我从炉子开始追溯它的后果，以及这些后果所产生的后果，我似乎永远不会到达任何具有不证自明的价值的东西。

通过这番讨论，我认为我们可以对两个经常被用来反对工具主义理论的最具破坏性的异议予以回应：其一，工具主义理论被认为是自相矛盾的。现在，如果说可能存在没有预期目的的手段，或者说，X 由于是实现 Y 的一个手段而具有工具价值，而 Y 却是无价值的，这是
542 自相矛盾的。但是，说一个对象具有工具价值，这仅仅蕴含它作为工具而服务的对象是具有价值的；从这一陈述中，我们并不能推导出任何对象都具有内在价值。其二，工具主义理论被认为是无意义的。因为，如果没有东西具有内在价值，那么可以说，“内在价值”对世界并没有适用性，因而也就没有意义；但这样的话，“所有价值都是工具性的”这一陈述也同样是没有意义的。但我相信这是谬见。“内在价值”没有适用性，这确实是真的；但是，它具有一种意义，也就是一种指谓。

在决定论者看来，“无因事件”没有适用性，因为每个事件都有一个起因；然而，他深知他所说的“起因”和“无因”是什么意思，而他对无因事件的否定，亦非痴人梦呓。

因此，工具主义价值理论的主要启示可以总结如下：关于价值的陈述应视为人们针对价值问题，也就是必须做出抉择的情境所提出的解决方法。抉择总是发生于特定的行动之间——不是快感、荣誉或自我实现之类的抽象物，而是这种给人以快感的或者这种带来荣誉的行为过程，且这一过程有着前因后果的特定链条。每个这样的决定，只要合乎理性，都必然包含根据预期目的而对可选择的手段所做的思考。颠扑不灭的预期目的是不存在的，原则上没有预期目的可免于怀疑或检查。但即使如此，在任何关于价值的问题中，总有一些预期目的实际上是未经质询的。这是因为，每当你权衡不同的手段或者不同的预期目的，你一定总是根据它们与你当时并不质疑的更遥远的其他预期目的的关系而对它们加以权衡的。当然，后来的经验可能会摧毁你对这些目的的信心，因为具有绝对终极性的目的并不存在。我们所有人都是先有很多目的，也就是目标和欲求，尔后才能够寻求它们的正当化。而在工具主义者看来，如果要同时质疑我们的所有目的，这从问题的本性上来说是不可能的。这样，关于价值的问题确实解决了，至少是暂时解决了；相互抗衡的手段或相互冲突的目的之间的调和完成了，我们创造了我们的冲动与我们的需求和满足之间的暂时和谐。一些解决方法持久有效，而另一些解决方法则很快会被新的经验所动摇。

此外，在人类经验的历程中，某些东西已被证明是众多目的的重要手段，以至于我们在生命的诸价值中给予它们一种特权的和受保护的地位，而我们这么做有着很好的理由。它们本身并不是最终目的，但是它们几乎在每个地方都是工具价值的组成部分，因此它们被视为相对固定而恒常的预期目的。这些东西是真理、爱、健康、隐私、公民的共同权利，以及各种各样的自由。在下一章中，等待我们讨论的最后一个问题是：艺术本身或艺术所提供的经验，是否也位居这群尊贵
543 者之列？

附注与问题

§ 26

26-A. 审美价值。关于批评评价与道德评价的比较，参见 R. M. 黑尔《道德的语言》（*The Language of Morals*, Oxford: Clarendon, 1952），尤其是第 8 章和第 9 章。

在《一个情境缘何是审美的？》（"What Makes a Situation Aesthetic?" *PAS*, Suppl. vol. XXXI [1957]: 75–92）这篇专题论文中，J. O. 厄姆森讨论了审美评价与道德、经济、宗教、智识以及其他评价的区分问题，而他的回答——应根据用以支持评估的那种理由或适用准则而予以区分——似乎非常接近于本章中所建议的回答。他试图更具体地阐述审美的界定性准则（aesthetic-defining criteria）是什么，但他的说明如蜻蜓点水，较为初步。

斯图尔特·汉普希尔在《逻辑与欣赏》（"Logic and Appreciation"）一文（收入威廉·埃尔顿编《美学和语言》[*Aesthetics and Languages*, New York: Philosophical Library, 1954]，第 161—169 页）中所提出的论点，虽然不是十分清楚，但它也许可被看作多元主义理论的一种极端形式：它认为每个审美对象的判断都应"根据自身的优点"

（第 164 页），而根据一般准则所做出的批评评价则是没有理由支撑的。汉普希尔质疑批评评价作为其种群的属类是不存在的；在他看来，认为批评评价和批评理由都存在的观点，是源于一种与道德判断的错误类比。他似乎认为，只有当审美对象"解决一个问题"（第 164 页），而不是"无的放矢"（第 162 页），批评评价才能给出理由。很明显，汉普希尔在此处并未划清褒扬和推荐的界限；他看到批评评价不是推荐，于是推断它们不是褒扬；但是，一些道德判断——例如人品的判断——同样不是推荐。

26-B. 美论。也许，这个理论的阐述从未精确如斯；我尝试通过一种最合理、最有趣和最有收获的形式来表述之。柏拉图的艺术理论理应被视为美论的一种早期超验主义形式，或至少部分是如此：例如，参见《菲多篇》（原书第 76 页）、《斐德罗篇》（原书第 249 页）、《理想国》（原书第 507 页）和其他对话集中关于"绝对美"的谈论，以及《会饮篇》中关于理想美的谈论。在他对作为一种"纯粹快感"的美的讨论（《斐里布篇》原书第 51—53 页和第 64 页）中，柏拉图勾勒出一种关于美的感知条件的形式主义理论。这一理论得到了普桑的呼应："美的理念不会自上而下进入物质之中，除非这经过了最精心的准备。"（参见罗伯特·戈德沃特和马尔科·特里夫斯《艺术家谈艺术》[*Artists on Art*, New York: Pantheon, 1945]。）普罗提诺进一步发展了柏拉图的理论；关于他的观点，参见《九章集》第一章和第五章的摘录 544
（斯蒂芬·麦肯纳译，收入 G. H. 特恩布尔主编《普罗提诺精要》[*Thc Essence of Plotinus*, New York: Oxford U., 1934]，第 42—50 页，第 170—178 页）。在《艺术与经院哲学》（[*Art and Scholasticism*, trans. by J. F. Scanlan, New York: Scribner's, 1930]，第 5 章和第 128—133 页）中，雅克·马里坦总结了他自己对托马斯主义的美论所做出的超

验主义式的扩展，在圣·托马斯这里，美有着更多的自然主义色彩。参见 V. B. 埃文斯《艺术的经院哲学理论》(“A Scholastic Theory of Art,” *Philosophy*, VIII [1933]: 397–411)一文。

我一直将 G. E. 摩尔的伦理学著作，尤其是《伦理学原理》(*Principia Ethica*, Cambridge, Eng.: Cambridge U., 1903)，视为一种现代形式的美论最有前景的出发点。摩尔本人并不坚持美论，因为他偏向于将“美”界定为“一种这样的东西，对它的欣赏和观照本身是好的”(第 201 页)，这使得美的观照而不是美是内在地有价值的(第 200—207 页)。但在我看来，摩尔对于“善”的不可定义性的论证(第 6—16 页)，可以同样令人信服地适用于“美”，而他对于从未被人观照过的美的价值的论证(第 83—85 页)，可以被理解为一种对于美的内在价值的论证，就像我所理解的那样——要调和它与他后来所提出的“美”的定义却不容易。注意：摩尔认为，关于内在价值的陈述并不能用理由来支持(第 148 页)；它们必须是不证自明的，或者可以从自明的陈述中推导而出(第 143—144 页)。

C. E. M. 乔德对一种超验主义形式的美论予以了有力辩护，见《物质、生命与价值》(*Matter, Life and Value*, London: Oxford U., 1929)，第 266—283 页，收录于埃里西奥·维瓦斯和莫瑞·克里格主编《美学的问题》(*The Problems of Aesthetics*, New York: Rinehart, 1953)，第 463—479 页。

哈罗德·奥斯本似乎持有一种美论，虽然他的立场并不鲜明，因为他的定义并不能令人满意，见其《美论》(*Theory of Beauty*, London: Routledge and Kegan Paul, 1952)。例如，“美本身只不过是非反思性的直觉可以直接领悟的突生性的知觉构形这一原则的延伸……”(第 122 页)——这近乎说，美是一种区域性质。但是，比较“美是指艺术家将知觉材料组合成一个有机整体”（第126页），在这里，美似乎不是合成性质，而是作品自身的统一性和复杂性。关于奥斯本本人的观点，参见第91—94页和第122—131页。他对心理主观主义的批评，详见第四章。对于试图用数学术语来描述美的知觉条件的形式主义学说，他也予以了深入的讨论。

以下作者似乎都坚持美论：A. C. 雷纳，见其《美学的领域》（“The Field of Aesthetics,” *Mind*, XXXVIII [1929]: 160–183）一文；T. E. 杰索普，见其《美的定义》（“The Definition of Beauty,” *PAS*, XXXIII [1933]: 159–172）一文（一次特别好的讨论）；T. M. 格林，见其《美与艺术的认知意义》（“Beauty and the Cognitive Significance of Art,” *Phil*, XXXV [1938]: 365–381）一文。

W. T. 斯泰斯（《美的意义》[*The Meaning of Beauty*, London: Richards and Toulmin, 1929]）并不持美论，因为他在一种广泛的意义上使 545
用“美”，从而使得美包括所有审美价值（第9—10页），但是，他的分析（尤其是第3章和第6章）可以转述为关于作为一种性质的美的知觉条件的智识主义理论的一个极好例子。若以这种形式来表达，其观点是这样的：当一种由他所说的“经验性的非感性概念”所构成的智识内容以某种方式与知觉性特征相交融，造成二者难分你我，这时一个对象就拥有了美这一性质。然而，对于“交融”的本性，他语焉不详。斯泰斯暗示，进化的概念可能会以某种方式而与一个领域的知觉对象相交融，从而使得我们可能会“将进化**视为**一个实存的对象”（第60页）；另外一些例子包括“进步、文明、精神或道德律令”（第62页）。如果智识内容必须处于抽象的这一阶梯，则很难看出它在众多审美对象的美中发挥什么作用。

关于旋律之美的必要条件和充分条件的问题，参考埃德蒙·盖尼

《声音的力量》(*The Power of Sound*, London: Smith, Elder, 1880)，第9章。

在《论批评欣赏》(*An Essay on Critical Appreciation*, London: Allen and Unwin, 1938)(第1章)中，拉尔夫·W. 丘奇从多元主义的观点出发，对美论进行了批驳："美"一词，正如"色彩"一词，并"没有任何单一的、独一无二的指称对象"(第53页)；不存在所有所谓"美的"对象都拥有的共同性质，而只存在一个由不同性质所组成的家族。

26-C. 丑。关于"丑"一词，存在着很多有趣的问题。例如，审丑判断的存在，是否表明存在一种肯定性的审美无价值(aesthetic *dis*-value)？丑，是否是一种迥异的突生性特征？或者，丑与美的关系是否如痛感之于快感——二者不在同一个层次？

参见：卢修斯·加文《艺术之丑的问题》("The Problem of Ugliness in Art," *Phil R*, LVII [1948]: 404–409)一文；M. J. 斯托尔尼兹的《论艺术中的丑》("On Ugliness in Art," *Phil and Phen Res*, XI [September 1950]: 1–24)；斯泰斯的前引书，第4章。

要弄清楚一组丑的东西——一张比利时风格和刚果风格混搭的古怪面具、苏联在华沙建造的科学文化宫、维多利亚风格的会客厅、19世纪的厂房——是否具有一些共同的特征，这将是有趣的，如果人们对所有这些东西达成共识的话。对于费城的建筑师弗兰克·弗内斯——除了别的，他还设计了宾夕法尼亚大学那座硕大无朋的图书馆——刘易斯·芒福德做出了如下评价："在褐色数十载中，在致力于将丑打造成为一个积极原则方面，他无人能比。"[1] 参见《纽约客》杂

1 "褐色数十载"来自刘易斯·芒福德在1931年出版的同名著作《褐色数十载》(*The Brown Decades*)。该书反映了美国建筑在1865—1895年间的变迁。——译注

志《天际线》（"The Sky Line," *The New Yorker*, April 28, 1956）专栏，第 106 页。

26-D. **类属性质**。迄今为止，已有很多人试图区分和界定一套完整的类属性质，它们与美铢两悉称：崇高、秀丽、优雅，等等。关于崇高，参见：康德在《判断力批判》（*Critique of Judgment*, trans. by J. H. 546
Bernard, 2d ed. New York: Macmillan, 1914）中针对崇高的分析，第 101—150 页；阿图尔·叔本华《作为意志和表象的世界》（*The World as Will and Idea*, trans. by R. B. Haldane and J. Kemp, 6th ed., London: Routledge and Kegan Paul, 1907–1909），第一部分，第 259—274 页。斯泰斯（前引书，第 5 章）的讨论，也颇有启发性。

26-E. **工具价值和内在价值**。这两种价值的区分方式不尽相同，而很多东西依赖于采用一种清晰而连贯一致的用法。哈罗德·N. 李对常见的区分予以了解释，见其《"内在价值"的意义》一文，收入雷·莱普利主编《价值的语言》（*The Language of Value*, New York: Columbia U., 1957），第 178—196 页。另参见摩尔前引书，第 21—27 页。

C. I. 刘易斯在《知识与价值判断的分析》（[*An Analysis of Knowledge and Valuation*], La Salle, Ill.: Open Court, 1946]，第 382—396 页）中所做的审慎讨论，有着很重要的参考价值。注意，我使用的"工具价值"这一术语与刘易斯的"外在价值"有着相同的立场，但它是通过一种更加中性的方式来定义的：我无非是说，如果 *Y* 具有价值——不管这一价值本身是内在性的还是工具性的——*X* 是实现 *Y* 的一个手段，那么 *X* 就具有工具价值，而刘易斯则在"外在价值"的定义中指出：具有外在价值的对象，乃是直接或间接地实现内在价值的一个手段。刘易斯认为，只有经验或其特性才能拥有内在价值；当一个对象直接地或即时地引起一个具有内在价值的经验，这个对象的外在价值则被认为是它所“固有的”；当一个对象是一个拥有固有价值的对象的生产手段，则其价值被认为是“工具性的”。因此，对于刘易斯而言，固有价值和工具价值实则外在价值的分支。

§ 27

27-A．“审美价值”的主观主义定义。在其专著《价值理论研究》（*A Study in the Theory of Value*, Berkeley, Cal.: U. of California, 1921）中，戴维·普劳尔勾勒出了基于“兴趣”之上的“价值”定义。普劳尔建议将审美价值等同于广义的内在价值（参见第200—201页和第274—275页，以及《审美判断》（[*Aesthetic Judgment*, New York: Crowell, 1929], 第336—339页）。在其《价值通论》（*General Theory of Value*, New York: Longmans, Green, 1926）中，拉尔夫·巴顿·佩里详细地阐述了“兴趣”型的定义；特别参见第5章，以及其《价值的领域》（*Realms of Value*, Cambridge, Mass.: Harvard U., 1954），第1章和第18章。另参见杰罗米·斯托尔尼兹《论艺术熟习与审美价值》（“On Artistic Familiarity and Aesthetic Value,” *J Phil*, LIII [1956]: 261–276）一文。

一种更加精致的主观主义式的价值理论是C. I. 刘易斯的理论。这一理论尤其对审美价值进行了较为详细的分析，见《知识和价值判断的分析》（*An Analysis of Knowledge and Valuation*, La Salle, Ill.: Open Court, 1946），第12—15章。刘易斯主要想表明价值判断是经验性的。直接价值是经验之中所产生的满足感的一种特性；一个对象中的价值是产生这样一种直接价值的“潜能”，而直接价值则是内在价值(尤其参见第411—412页,以及前文附注26-E)。审美价值是“固有”价值的一种;它必然在较高程度上是“直接令人满足的”(尤其参见第434—437页和第457—462页)。关于刘易斯理论的进一步讨论,参见:斯图尔特·M.布朗《刘易斯的审美》(“C. I. Lewis's Aesthetic,” *J Phil*, XLVII [1950]: 141–150)一文;卢修斯·加文《论刘易斯教授审美价值理论中的相对主义》(“Relativism in Professor Lewis's Theory of Esthetic Value,” *J Phil*, XLVI [1949]: 169–176)一文。 547

在《一种价值理论》([*A Theory of Value*, New York: Scribner's, 1938],第2章和第3章)中,约翰·R.里德将“价值”定义为经验的一种感受性特征(第54页);他还讨论了这一定义给批评带来的后果(第8章)。另参见德威特·H.帕克《论人文价值》(*Human Values*, New York: Harper, 1931),第2章和第15章。

在《价值的诸形式》(*The Forms of Value*, New York: Columbia U., 1950)中,阿尔伯特·L.希利亚德提出了一种形式的享乐主义。“价值”被定义为快感或“积极情感”(第42页)。一个直接产生愉快反应的对象,诸如审美对象,被认为是价值的一个“最终手段”,而不是“中间手段”(第31—41页);诸如此类的对象具有“终极”价值,而非“工具”价值(第53页,第57页)。因此,审美对象拥有终极价值(第54页),但是关于其价值的陈述却包括对于时间、条件和人的指涉:“对于*A*而言,*X*在时间*t*和条件*C*下具有终极价值。”

采用“审美价值”或“美”的主观主义定义的,还包括以下等人:C. J.杜卡塞,见《艺术哲学》(*The Philosophy of Art*, New York: Dial, 1929),第14章和第15章;乔治·波阿斯,见《批评家入门读本》(*A Primer for Critics*, Baltimore: Johns Hopkins U., 1937),尤其参考第1章和第3章;托马斯·门罗,见《通往美学中的科学》一书中的“自然主义哲学中美的概念”（“The Concept of Beauty in the Philosophy of Naturalism,” *Toward Science in Aesthetics*, New York: Liberal Arts, 1956）一节，第262—267页，第277—280页，第289—299页。

关于“善”和“美”的主观主义定义所受到的批评，参见W. D. 罗斯《对与善》（*The Right and the Good*, Oxford: Clarendon, 1930），第75—104页，第122—227页。

27-B. “合格感知者”的定义。文本中所提出的问题，即“*X*具有审美价值”能否被定义为“*X*受到一个合格的感知者的（审美）喜爱”，是值得进一步探讨的，也许可以沿着第28节（§28）中关于审美经验的讨论所提出的思路。主要的困难在于，要尽量确保“合格感知者”的定义不陷入循环论证。关于这一方面的帮助，参考罗德里克·弗斯《伦理绝对主义与理想旁观者》（“Ethical Absolutism and the Ideal Observer,” *Phil and Phen Res*, XII [March 1952]: 317–345）一文，在其中，弗斯谨小慎微地阐述了一种根据“理想的旁观者”的赞赏而对伦理学术语进行定义的方法。理查德·B. 勃兰特和理查德·亨森分别在《伦理学中“理想旁观者”理论的定义》（“The Definition of an ‘Ideal Observer’ Theory in Ethics,” *Phil and Phen Res*, XV [March 1955]: 407–423）和《论理想性》（“On Being Ideal,” *Phil R*, LXV [1956]: 389–400）等论文中讨论了弗斯的提议。一个有趣的问题是：
548 弗斯的方法在多大程度上可以移用于审美价值，而且，比方说，要具体指出伦理学中的理想旁观者之特征——全感全知、无功利、客观公正、始终如一——此中之困难是大于还是小于具体指出美学中的一个理想旁观者，或者一个拥有理想经验的批评家之特征的困难？另参见亨利·D. 艾肯《审美价值的多元分析》（“A Pluralistic Analysis of Aesthetic Value,” *Phil Rev*, LIX [1950]: 493–513）一文，特别参考第3

节和第 4 节。

27-C．自然主义谬见。G. E. 摩尔在前引书第一章中提出了"开放问题式的论证"，作为他批驳他所说的"自然主义谬见"的论证的一部分。这个谬见——它被认为是所有企图通过非规范性术语来界定规范性术语的人在所难免的——已然成为诸多讨论的话题，这既是因为它的哲学意义，也同样是因为它的含糊其辞。例如，摩尔指出，任何人若将"善"定义为"快感"，则不可再说快感是善，因为这只意味着"快感是快感"。关于这一谬见的讨论，参见：R. M. 黑尔前引书，第 5 章；W. K. 弗兰肯纳《论自然主义谬见》("The Naturalistic Fallacy," *Mind*, XLVIII [1939]: 464–477）一文，另收录于 W. 塞拉斯和 J. 霍斯珀斯《伦理学理论读本》(*Readings in Ethical Theory*, New York: Appleton-Century-Crofts, 1952)，第 103—114 页；A. N. 普赖尔《逻辑与伦理学基础》(*Logic and the Basis of Ethics*, Oxford: Clarendon, 1949)，第 1 章。

27-D．劝导性定义。我们将这一术语，以及它所指谓的概念归于查尔斯 · L. 史蒂文森；参见他的《伦理学与语言》(*Ethics and Language*, New Haven, Conn.: Yale U., 1944)，第 9 章和第 10 章。史蒂文森始终坚持一种描述性的和分析性的研究路径，而不愿将劝导性定义的使用定性为一种错误或谬见。但是，他似乎暗示，"'*X* 是正当的'意味着'*X* 将会促进大多数人的最大幸福'"这样一种定义，是有欠妥当的，因为它们的目的在于操纵态度。注意，如果一个定义的定义项也包含与被定义项有着同样的情感力的语词，那么，这个定义则不是劝导性的，正如以下定义："'*X* 是正当的'意味着'与任何可用的其他选择相比，*X* 将会促进更大的善'"。

27-E．需要性。一般"价值"还有另一种类型的定义，它不是主观主义的，而是自然主义的，也就是说它是通过可从经验上观察的特性而界定的。沃尔夫冈·柯勒极充分地阐述了这种观点，见《价值在事实世界中的地位》(*The Place of Value in a World of Facts*, New York: Liveright, 1938)，第2章、第3章和第9章。柯勒区分出了一种特殊的（“第三性的”）区域性质，称其为“需要性”。这是一种矢量性质(vector-quality)，因为它一旦发生，现象场的一个部分就指向另一部分，或对它提出要求，或敦促它进行内部调整。需要性经常发生于主、客观两极；我需要钱财，或者我渴望吃到葡萄。这就是主观主义定义通过将所有价值变成人与物之间的一种关系而将其简约成的
549 那种情境。但是，在很多其他情况下，要求、需求或需要是在现象场本身的客观部分内发生的，正如一个和弦渴望被另一个和弦所跟随，一幅挂歪的画作要求被调正。当我们感受到一项任务的压力，或者一个义务的重担，矢量便从现象中客观的世界转向了作为现象学主体的我们；此处的需要性，其方向与饥饿或口渴的需要性恰恰相反。这种观点也受到了库尔特·考夫卡的辩护，见《艺术心理学中的问题》(“Problems in the Psychology of Art”)一文，第二部分，收入《艺术：布林茅尔专题论文集》(*Art: A Bryn Mawr Symposium*, Bryn Mawr, Pa.: Bryn Mawr College, 1940)。另参见D. H. 纽霍尔《需要性、事实与价值》(“Requiredness, Fact, and Value,” *J Phil*, XLVII [1950]: 85–96)一文。需要性与格式塔心理学中的“好的完形”密切相关；参见H. J. 艾森克《“好的完形”的实验研究——一种新方法》(“The Experimental Study of the ‘Good Gestalt’—a New Approach,” *Psychological Review*, XLIX [1942]: 344–364)一文。

在我看来，像需要性这样的一种性质，或者一个由密切相关的诸性质所组成的家族，其现象学意义上的现实性是不容置疑的，但是这

不能视为“价值”的定义。“开放式问题”和“劝导性定义”的反对，在此也适用。例如，即使画作“需要”调正，这一需要是否应予以实现，这个问题仍挥之不去；这与我发现水并需要喝水的情况完全相同，但是，我是否应该喝水的问题，也取决于其他方面，比如水的纯净度。根据需要性观点，客观的现象场中的矢量在原则上与主观的现象场中所产生的矢量并无二致；它们都产生了需求以及满足这些需求的可能性，而且它们引起了价值问题，不过它们并没有解决这些问题。

§ 28

28-A．“好”的附加性用法。在《对与善》(*The Right and the Good*, Oxford: Clarendon, 1930)一书的第 3 章，W. D. 罗斯讨论了“这个语词的附加性或修饰性用法，正如当我们提及一个好的跑手或一首好诗时那样”(第 65 页)。另参见 R. M. 黑尔《道德的语言》(*The Language of Morals*, Oxford: Clarendon, 1952)，第 6 章和第 7 章，他提出：在“好的计时仪”和“好的钻床”中，“好”具有相同的意义——其褒扬性的一面——但适用准则是不同的。注意，黑尔对“功能性”这一术语的用法，与我的用法略有不同(第 100 页)；例如，他宣称，与“汽车”不同，“草莓”并不是一个“功能词”(第 112 页)，因为它无须通过某种目的来定义。而在我的用法中，使得草莓成为一个功能类的，不是以某种方式来定义“草莓”，而是发现草莓的一种功能，根据这一功能，我们可以断定某东西是一颗“好草莓”(亦参见第 133 页)。

在《价值命题》(“Value Propositions”)这篇极其有趣但专业性较强的论文中，罗伯特·S. 哈特曼对“一个好 *X*”进行了一种令人好奇

550 的分析，参见雷·莱普利主编《价值的语言》(*The Language of Value*, New York: Columbia U., 1957)，第197—231页。一匹马是任何能够满足“马”之定义的东西——也就是，具有“马”的定义性特征的东西——但是，复数的马也拥有其他的非定义性持征。哈特曼将这些特征称为马之概念的“说明”。他宣称，一匹好马不仅具有定义性特征，而且具有说明性特征；一匹劣马“不太像一匹马”，因为它缺乏某些说明性特征。我认为我们无法维系这一区分，因为我们无法明确规定说明的范围；比方说，有牙齿是否是马的说明的一部分？跑得快呢？说明是否也包括马儿不受欢迎的特征？(另注意哈特曼对“外在”和“内在”的不同寻常的定义，第200页。)

在《审美判断中“好”的用法》(“The Use of ‘Good’ in Aesthetic Judgments,” *PAS*, XXXVI [1936]: 207–222)(另收录于威廉·埃尔顿主编《美学和语言》[*Aesthetics and Languages*, New York: Philosophical Library, 1954]，第147—160页)一文中，海伦·奈特讨论了她所说的“好”的“具体用法”，诸如“好的网球运动员”“北京好人”等等；她声称，审美判断的“好”就是以这样的方式使用的(第149页)。与黑尔不同，她认为“好”的意义因采用不同的适用准则而发生改变，正如在两个批评家使用不同的判断标准时的那样。但是，如果两个人使用不同的标准来判断一个网球运动员，他们未必是在不同意义上使用“好的网球运动员”，而只是在预设好的网球运动最好从不同方面来衡量(另外，尤其参见第156—158页)。

在其《论评级》(“On Grading,” *Mind*, LIX [1950]: 145–169)这篇发人深思的论文中，J. O. 厄姆森加深了人们对“好”的附加用法的理解；另参见卡尔·布里顿和M. J. 贝克的批评评论(*Mind*, LX [1951]: 526–535)。

归根结底，“好”的附加用法和非附加用法之间的区分也许会土崩瓦解；“好”的所有用法都是附加性的（也许，“在所有包含‘好’的真实而可确证的陈述中，‘好’都是被附加地使用的”，这一陈述相当于工具主义的价值理论）。例如，如果有人说“钱是好的”，毫无疑问，我们可以询问“对什么好？”，而我们得到的回答——比方说，“对购物好”——则会提供一种语境，在其中，原始陈述中的“好”最终被发现是附加性的。诚如奈特女士指出的，“这个审美对象是好的”，这可以被理解为等同于“这是一个好的审美对象”。比较棘手的是哲学家们所杜撰的那些例子，诸如“快感是好的”。在这里，如果将它重新表述为“快感是一个好 X”的形式，似乎甚为怪异。也许，这是一个人为的例子。我们可以想象出一些这样的情境，在其中，一个人也许会问“快感是好的吗？”但是，在那些情境——疑病患者询问医生太多的快感是否会影响消化或造成血压升高中，“快感是好的”这一回答势必是附加性的；也就是说，“快感对于你的病疾来说是一种好的治疗”。 551

28-B．审美经验。首先要考虑的是瑞恰慈无人不晓的否定，即不存在审美经验这种东西（见《文学批评原理》[*Principles of Literary Criticism*, London: Routledge and Kegan Paul, 1925]，第 2 章和第 32 章），而他的这种观点受到了罗杰·弗莱的批评（见《变形》[*Transformations*, London: Chatto and Windus, 1926]，第 1—10 页）（纽约铁锚图书出版社 1956 年再版）。事实上，瑞恰慈经常被引用的一个最引人注意的陈述——看画是与步行至美术馆或穿衣服“全然不同的某种东西”——由于种种妥协而闪烁其词，其力量因而消失殆尽。他同意审美经验“可区分”，虽然“它们只是日常经验的进一步发展，一种更精致的结构，而绝不是一种全新的、截然不同的东西”（第 16 页）；它们更加复杂和统一。这是工具主义定义所要求的一切。瑞恰慈担心，如果我们区分了审美价值，它将会“脱离日常经验的其他价值”，并意味着艺术是“审美家的私人天堂”（第 17 页），但是诸如此类的后果，当然不可能发生。

存在很多关于审美经验的讨论，其中一些将在下文引用。为方便起见，它们被分为两组：（一）一组强调经验的连贯性，或平衡性。（二）另一组强调经验的完整性，或分离性和自足性。这些强调并不是相互抵牾，而是相辅相成的。一些作者便同时强调了二者。

（一）瑞恰慈本人对审美经验的分析，是诉诸他所说的“联觉”（参见 C. K. 奥格登、瑞恰慈和詹姆斯·伍德《美学基础》[*Foundation of Aesthetics*, London: Allen and Unwin, 1922]，第 14 章），即各种冲动的一种“平衡”或“调和”，在这种状态中，冲动“维系自由的游戏……毫无阻碍”（第 75 页）。然而，这种抽象的表述缺乏充分的例证，这使得它的使用并无十足把握。但是，在《文学批评原理》第 15 章和第 32 章（另收录于埃里西奥·维瓦斯和莫瑞·克里格主编《美学的问题》[*The Problems of Aesthetics*, New York: Rinehart, 1953]，第 386—395 页）的帮助下，我们能够理解它们所要表达的那种观点：悲剧中相对立的怜悯和恐惧的“平衡和稳定”；诗歌中“反讽的”复杂态度，这态度在“我真的相信她，虽然我知道她说谎”这样的诗行中彰显无遗；有时通过一幅画的张力或音乐的和声解决而实现的非凡的稳定性或合宜性。

瑞恰慈点评了另外两个观点与其相似的作者，虽然他们的观点并非完全一致：威尔伯·M. 厄本，参见其《评价的本质和法则》（*Valuation: Its Nature and Laws*, New York: Macmillan, 1909），第 7 章；艾瑟尔·D. 普弗（豪斯），参见其《美的心理学》（*The Psychology of Beauty*, Boston: Houghton, Mifflin, 1905），第 2 章和第 3 章。普弗对

“美”的定义如下：“美的对象拥有一些这样的性质，这些性质将个性融入一种统一的、自体完整的状态之中”（第 49 页）；在审美经验中，存在着强烈刺激与安宁的共存，对立倾向的“调和”“诸力的平衡”（第 50 页）。

H. S. 兰菲尔德对审美经验的统一性进行了收获颇丰的讨论，见 552
其《审美态度》(*The Aesthetic Attitude*, New York: Harcourt, Brace & Howe, 1920)，第 7 章。

（二）在《判断力批判》([*Critique of Judgment*, trans. by J. H. Bernard, London: Macmillan, 2d ed., 1914]，第 45—100 页）中，康德将“趣味判断”描述为“无利害关系的”（但仍是“有利害关系的”），它关心对象中的“合目的性的形式”；“无目的的合目的性”是康德用来区分审美经验与实用和道德经验的说法。另参见 T. M. 格林《康德审美论的重估》(“A Reassessment of Kant's Aesthetic Theory”)一文，收入 G. T. 惠特尼和 D. F. 鲍尔斯主编《康德的遗产》(*The Heritage of Kant*, Princeton, N.J.: Princeton U., 1939)。在《作为意志和表象的世界》[*The World as Will and Idea*, Book III, trans. By R. B. Haldane and J. Kemp, 6th ed., London: Routledge and Kegan Paul, 1907–1909]，尤其第 230—234 页和第 253—259 页）中，叔本华将一种“无意志”的“观照”状态视为审美经验的主要特征：在对柏拉图式的本质的观照中，自我失去了它的自我感，挣脱了“充足理由律”。

在其脍炙人口的论文《作为一个艺术因素和一条审美原则的“心理距离”》(“‘Psychological Distance’ as a Factor in Art and an Aesthetic Principle,” *British Journal of Psychology*, V [1912]: 87–118)（此文要点摘录于维瓦斯和克里格前引书，第 396—405 页，以及麦尔文 · 雷德《现代美学文选》[*A Modern Book of Aesthetics,* 2d. ed., New

York: Holt, 1952]，第401—428页）中，爱德华·布洛提出了“心理距离”这一术语，用以表示“审美意识”的一个区别性特征。在这种心理距离中，人们不再是根据目的和手段的关系，或者不再是从实用的角度上去考虑对象。距离是一个程度的问题，既取决于主观因素，也取决于客观因素。客观因素包括审美对象的那些将其“框住”的特征——乐曲前后的静默、舞台、基座等。布洛针对于文学中“距离的一致性”的讨论极为精辟。但是，他试图从距离的概念中推导出一个规范性的批评原则：最好的审美对象是一些这样的对象，在其中，存在“尽可能缩短的距离，但又不至于完全失去距离”，而这一原则所导致的明显后果——比方说，现实主义绘画总是最好的绘画——似乎过于严苛而令人无法接受。

更早前的作者似乎在一定程度上预示了布洛的理论，譬如：艾瑟尔·普弗（前引书）对“安宁”的强调是密切相关的，而她又谈到了“作品的封闭空间”中“所有运动倾向的阻遏”，以及“个性意识的消失”（第79页）；在《艺术教育原理》（*The Principles of Art Education*, New York: Prang Educational, 1905）第二部分，胡戈·闵斯特堡也谈到了审美经验中作品与世界的“隔离”，以及“行动冲动”的缺失。关于一种相似的观点，参见何塞·奥特加·伊·加塞特《艺术的非人化》（*Dehumanization of Art*）的部分内容（收入雷德前引书，第429—442页）。

在《审美经验的定义》（“A Definition of the Aesthetic Experience,” *J Phil*, XXXIV [1937]: 628–634）一文（另收录于维瓦斯和克里格前引书，第406—411页，以及维瓦斯《创造与发现》[*Creation and Discovery*,
553 New York: Noonday, 1955]，第93—99页）中，埃里西奥·维瓦斯提出，审美经验的区别性特征是一种凝神专注于一个现象学客体的“不及物”注意；这一定义被予以了简短而切中肯綮的辩护。在《审美交往的自然史》（“A Natural History of the Aesthetic Transaction”）一文（收入耶范特·H. 克里柯瑞恩主编《自然主义与人文精神》[*Naturalism and the Human Spirit*, New York: Columbia U., 1944]，第 96—120 页，尤其参考关于统一性的第 108—111 页）中，此定义得到了进一步发展。

另参见查尔斯·毛隆《美学与心理学》（*Aesthetics and Psychology*, trans. by Roger Fry and Katherine John, London: L. and Virginia Woolf, Hogarth, 1935），尤其是第 3—6 章：“艺术家观照宇宙，而无利用之心”（第 39 页）。

（三）约翰·杜威将审美经验视为“一个经验”的描述，洞彻事理，意味深长，其本身就值得考察一番。其滥觞于《艺术即经验》（*Art as Experience*, New York: Minton, Balch, 1934，特别是第 3 章、第 6 章、第 7 章、第 8 章、第 11 章；其中第 3 章收录于维瓦斯和克里格前引书，第 325—343 页，以及雷德前引书，第 62—88 页。一个经验是一般经验的一部分，它由于其高度的统一性，而从其他经验中分离出来。在杜威看来，这种统一性在于它弥漫着一种单一的个性化特质，并被经验的其他特征所强化：其完满性（经验所唤起的冲动有始有终，直至在经验中完成），其连续性（一个阶段通往另一个阶段，没有任何缝隙或未填空白，因而每一阶段本身包含过去与未来），其节律（一种张弛有度的动态过程，或有序变化），其累积性（材料的持续积累），其形状（或占主导地位的运动模式），其能量聚集，等等。杜威对其中一些术语的使用是异常生动的，但它们也是含糊不清的，很难从经验上予以支持，但在我看来，它们指向了审美经验的各个重要层面，这是不可否认的。这部卓越非凡的著作，几乎每一页都有引人深思的段落，不过，由于篇幅有限，此处无法援引和评析。依我所见，杜威对二元论的厌倦，使得他抹除了太多的必要区分，而这些区分正是我在前面的章节中殚精竭虑地建构的，尽管如此，他的书中处处都是有趣而重要的真知灼见。

另参见卡罗尔·普拉特《音乐的意义》(*The Meaning of Music*, New York, London: McGraw-Hill, 1931)，第87—103页。

28-C. "审美价值"的工具主义定义。几位作者虽然在其价值理论上并不是工具主义者，却给出了"审美价值"或某个同源词的工具主义定义。例如，W. D. 罗斯(前引书，第126—131页)将"美"定义为"在心灵中产生某种经验，即我们所熟悉的被冠以审美享受或审美战栗之类的名称的那种经验的力量"(第127页)。托马斯·门罗的观点是同样明确的，见其《艺术中的形式与价值》("Form and Value in the Arts")一文，收入《通往美学中的科学》(*Toward Science in Aesthetics*, New York: Liberal Arts, 1956)，第249页；参见他针对"功能"所
554 展开的整个讨论，第237—252页。在《美的意义》(*The Meaning of Beauty*, London: Richards and Toulmin, 1929)中，W. T. 斯泰斯将"美"这一术语等同于"审美价值"(第10页)，而他对它的使用(第205—209页)，可出现于工具主义定义之中。C. I. 刘易斯(参见前文附注27-A)则将"审美"价值界定为一种产生"内在"价值的"潜能"。另参见斯蒂芬·C. 佩珀《论艺术作品》(*The Work of Art*, Bloomington, Ind.: Indiana U., 1955)，第2章，尤其是第56页。也许，我们也可以将塞缪尔·亚历山大包括进来，见其《美与价值的其他形式》(*Beauty and Other Forms of Value*, London: Macmillan, 1933)，第180—187页。特别参见阿尔伯特·霍夫施塔特在"审美判断的证据"专题论文集中的《论审美判断的依据》("On the Grounds of Esthetic Judgment," *J Phil*, LIV [1957]: 679–688)一文。他还为审美价值的多元主

义理论做了简要的辩护。

28-D．工具主义的价值理论。杜威的价值理论从未被予以充分清晰和明确的建构，而在杜威思想的发展过程中，它兼容并蓄，汲取了各种因素和趋势。但在我看来，杜威价值理论的重要部分就是它的工具主义，此理论这一部分的主要特征，可概括如下：(1)存在着一种这样的坚持，即选择总是相对于特定情况而言的，在这些情况中，某些预期目的被暂时固定下来，其他预期目的则待定，而价值考量在于权衡目的和手段的相互关系，以找到当下冲突的解决途径。(这些观点形成于《人的本性与行为》[*Human Nature and Conduct*, New York: Holt, 1922]，尤其是第三部分。)(2)我们针对价值的决定应被视为实验性的，通过实证知识而正当化(《确定性的追求》[*The Quest for Certainty*, New York: Minton, Balch, 1929]，第 10 章)，因为在“褒奖”或喜爱和“评价”或价值判断之间，存在着一个根本区别(见《统一科学国际百科全书》中的《评价理论》[*Theory of Valuation, International Encyclopedia of Unified Science*, Chicago: Chicago U., Vol. II, No. 4, 1939])。

关于进一步的澄清，参见：亚伯拉罕·埃德尔《自然主义与伦理学理论》(“Naturalism and Ethical Theory”)一文，收入克里柯瑞恩前引书，第 65—95 页；西德尼·胡克《杜威伦理学中的可欲性与情感性》(“The Desirable and Emotive in Dewey’s Ethics”)一文，收入胡克主编《杜威：科学哲学家与自由》(*John Dewey: Philosopher of Science and Freedom*, New York: Dial, 1950)，特别参考第 195—200 页。关于目的与手段的关系，参见查尔斯·L. 史蒂文斯《伦理学与语言》(*Ethics and Language*, New Haven, Conn.: Yale U., 1944)，第 8 页；关于杜威，参见第 253—264 页。关于杜威的立场所受到的批评和评价，参见：约翰·R. 里德《一种价值理论》(*A Theory of Value*, New York: Scribner's, 1938)，第 245—259 页；戴维·W. 普劳尔《价值理论的研究》(*A Study in the Theory of Value*, Berkeley, Cal.: U. of California, 1921)，第 4 章；亨利·D. 艾肯《杜威的价值问题之反思》("Reflections on Dewey's Questions about Values")一文，收入雷·莱普利主编《价值的合作式探究》(*Value: A Cooperative Inquiry*, New York: Columbia U., 1949)，第 16—42 页。

28-E. 审美价值的阶梯。书中的讨论，忽略了很多可能的思路，它们可能与一个这样的问题相关联，即不同种类的审美对象在同一个
555 量表上的分级是否存在固有的局限性。例如，我们将一种快感说成是大于另一种快感，但是任意两种快感能否相比较？注意，比较性的分级尚不是测量：我们也许会发现，在最佳条件下，理解阿基米德的验算（即圆柱体中的内切球体的体积是圆柱体体积的三分之二）所带来的快感，大于一个巧克力冰淇淋蛋筒所带来的快感。但是，我们不能说前者等于多少个后者。

关于不可判定领域的一些相关观点，参考卡罗尔·C. 普拉特《审美判断的稳定性》("The Stability of Aesthetic Judgments," *JAAC*, XV
556 [September 1956]: 1–11)一文。

第十二章　人类生活中的艺术

严格地说，一个对象形成审美经验的能力并不是一种价值，除非这种经验本身具有价值。正如我们所看到的那样，探究这第二种价值的本质并不是批评家的天职；他必须专注于审美对象。但是，它是美学家所无法回避的一部分任务。

当然，如果要坚持艺术在各种文化商品和教育目的中占有重要地位，任何人都必须通过证据来支持这一观点，即艺术所提供的经验在某个重要方面对我们是有裨益的。如果我们坚持要大学生在规划学业时选修诗歌课程，或者在音乐和美术课程之间做出抉择，那么我们理应有一个充分的理由，因为我们所花费的时间本可以用于明显实用的课程，诸如心理学、经济学或自然科学。我们允许钢铁和水泥从高速公路和酒店转移入剧院、美术馆或歌剧院；当人们可以投身于农耕或人寿保险销售，我们却鼓励他们将生命中的数载时光用来学习写作、舞蹈、绘画或中提琴演奏。毫无疑问，在美国，人们每年在好的审美对象上所花费的金钱，与他们花在酒类或赛马上的金钱相比，只是小巫见大巫而已。尽管如此，艺术还是有其社会成本的，我们有时必须面对一个这样的问题：我们如何回应，或者能否回应那些断言艺术不值这一代价的务实者？ 557

遗憾的是，在美学中，恰恰是在这一点上，可用的证据极其匮乏。而且，由于艺术研究也是在这一点上与我们作为人类所拥有的其他深沉而迫切的利益——道德的、政治的、经济的——发生了联系，由此产生的问题，即使对于这个乱麻般的学科来说，也是异常混杂、含糊和令人不满意的。我们必须在本章中尽其所能地厘清这些问题，但是我们又常常会因证据不足而停滞不前。对于艺术的这些更宏大和更深远的意蕴，我们仍要上下而求索，甚至比美学的其他领域有过之而无不及。

§29 道德判断和批评判断

在定义“审美价值”时，我们是将注意力局限于审美对象对我们的诸影响方式之一：其典型的和直接的影响。但是，我们必须拓宽自己的视野，并询问，审美对象还可能通过哪些其他方式——更长远的或更间接的，但同样重要的——影响到我们。这是因为，根据我们更早前所做的区分，如果我们感兴趣的不仅是对审美对象的一种特殊的审美褒扬，而且是将它们视为某种要制作、接触、拥有的东西，那么除了它们的审美价值以外，这些审美对象的其他特征也具有了相关性。在一个预先决定了的审美选择语境中——正如我们已经决定去看戏，而现在必须决定看哪一部——审美价值有时也许是唯一的争论问题。但是，如果我们去看一部戏剧，它不仅仅是和另一部戏竞争我们的时间、金钱和精力；和它竞争的还包括去观看冰球比赛、检查支票账户、辅导孩子功课、修理漏水的水龙头——事实上，包括任何想得到的在现有条件下服务于某个预期目的的人类活动。

一个功能对象所产生的效果，有时分为两类：首先，存在该对象的功能所导致的效果，即它出色地完成其功能所产生的结果。如果一种新药具有缓解吸入性过敏的具体功能，那么只要它疗效良好就能减轻鼻腔不适，缓解空气中的致敏花粉或其他颗粒所引起的喷嚏或头痛，并促进更大的心理健康。这些算是这种药物的固有效果：它主要负责完成的事情。但是，除了固有效果，它也许还存在副作用，需要进一步研究才可避免之：药物可能让你昏昏欲睡，或者导致轻度的消化不良，或者让你的牙齿轻微变色。或者，它可能不会对每个人，而只是对某些人产生这种副作用。副作用未必都是坏事，它与我们对 558
工厂的主要产品（如猪肉）和副产品（如肥皂或猪油）的区分是如出一辙的。

如果将这种常识性的区分运用于审美对象，它就能澄清我们的问题。让我们先考察它们的固有效果。审美经验是审美对象的直接效果。现在，假设存在审美对象的更长远的效果，即它们经由审美经验而产生的效果。例如，假设我们可以证明，审美经验本身特别有助于为一旦漫溢于公开的行动之中就具有破坏性的心理冲动提供一个宣泄口。[1] 在日常生活中，我们内心的沮丧和烦躁必然会积少成多。当然，如果它们发展成为积重难返的神经症，则可能没有任何家庭疗法足以治愈它们。但在大多数时候，它们只是顽固的、烦人的、令人困扰的，能够削弱我们对创造性活动的欲望，侵蚀我们的自信心，妨碍我们与他人的关系。现在，我们可能会试图借助各种娱乐活动来逃避这些烦躁情绪——事实上，在广播和电视出现之前的世界历史中，让千百万人一天 24 小时都在娱乐（如果他们愿意的话），这从来都是不可能的。我并不认为我们能够在娱乐和审美经验之间划出一条清晰的界线，但我相信它们之间存在着一些至关重要的区别。娱乐也许是一种审美经

1　在这里，我不敢自诩有能力对亚里士多德的宣泄说做出权威性的解释（参见本章末的附注 30-A），但为说明问题，我在将亚里士多德的悲剧效果理论引申至其他艺术的基础之上提出了一个粗略的假设。

验，但它无甚力量：它是愉快的、被动的、轻松的、肤浅的。它当然是对烦扰的一时逃避，但是它可能只是一种止痛剂。药效过后，疼痛或卷土重来；各种冲动其时也许只是被堵住和削弱了，而不是从系统中宣泄一空。

但是，在审美对象的帮助下，我们可以消弭这些破坏性的冲动，而不会让它们在内心有增无已，亦不会把它们发泄在我们的邻居身上。对于文学而言，这尤为合理，因为我们可以随心所欲地感受它的虚构世界，并且历经各种情感——爱、恨、自满、义愤、愤世嫉俗——而不用担心伤害到任何人。甚至，对于音乐经验来说也是如此；我们沉浸于音乐过程的力量和目的性，而充分形成的情感虽然不受直接操纵，作为其感觉基础的紧张和躁动，却可能会为音乐所利用、缓和与化解。而如果我们认为绘画的经验是一种时间性的经验，这种经验 最终也有可能像音乐一样具有心理上的益处。

这一假设虽然是高度思辨的，却非毫无根据。我们所有人都可
559 以通过内省而在自己身上找到它的某种证据。在审美经验之后，经常会产生一种极其特殊的心旷神怡的感受，一种摆脱了内心的烦扰或失衡的异常自由的感觉。而这也许坐实了净化或宣泄，抑或升华的效果。要让这一假设得到人们的高度认可，我们所需要的是足够多的能证明这一效果的生理和行为上的证据。但现在，假设存在诸如此类的情感净化，则更进一步的后果也可推论而知被审美对象治愈的人，正如戒掉咖啡的人可能更能与他人建立友善、亲近和信任的关系；他们可能更不会沉溺于非理性的情绪爆发、突如其来的偏见和挥之不去的怨恨。他们可能会成为更好的邻居，更有耐心，更善解人意，更为宽容——就选举、为陪审团服务以及看到他人主张的公正性而言，则是更好的公民。

我之所以保留这个假设的假设性，是因为它主要是一种解释说明。这一观点或与其类似的观点能否得到证实，我们将在下文予以更充分的考察，虽然即使在这一讨论中，我们也不敢说对结论很有把握。不管怎样，姑且假设审美对象对人们产生这样一种长远的效果，并且它们是通过自身所特有的审美功能而产生这种效果的，由此，这种效果就是一种固有效果。但是，一些审美对象也可能对人们产生其他效果，这些效果或多或少独立于审美经验之外。例如，它们用来哄孩子入睡，或让他们保持清醒，也许是很有效的；它们可能会通过散布错误的行为典范，或强化而不是净化某些紧张和破坏性的冲动而助长青少年犯罪；它们可能会加强少女的贞操观，或勾起老色鬼的淫念。这些是艺术的副效果，一些可能是好的，一些可能是坏的，一些可能是好坏难辨的。

在我看来，我们最好选择用审美对象的“道德判断”来表达什么意思，这已经很清楚了。我是在一种宽泛而又很常见的意义上使用“道德”一词的。将一种行为称为“正当的”，这是狭义的道德判断；而当我们指出体育运动对人格塑造所产生的可能影响，或者贫民窟对青少年犯罪所产生的影响，我们则是做出了广义的道德判断。因此，对一个审美对象进行道德判断，就是指出它对人类行为所产生的某种副效果，并进而判断这种副效果是好是坏：“这部小说离经叛道”“这幅画是色情画”“这尊雕像会腐化年轻人的心灵”。道德判断和批评判断是迥异而相互独立的，或者看起来是如此。这就是说，我们似乎可以毫无矛盾地说，一首诗是一个好的审美对象，但它会宣扬不健康的政治观，或者一部戏剧是一个糟糕的审美对象，但它无疑会促进心灵的纯洁。这些陈述是否自相矛盾，或者是否永远是错误的，我们将予以简短的考察。 560

在这些区分的帮助下，我们现在必须检查两种关于艺术的道德层面以及道德与审美之间关系的普遍观点——若将它们称为理论，则是有误导性的。

唯美主义

这两种观点中，较简单的一种——我称之为唯美主义[1]——具有直言无隐的优点。它认为审美对象并不从属于道德判断，只有审美范畴才能，或理应适用于它们。这不是由于它们是对象而不是行为——因为当对象的在场对行为产生影响，人们也许会承认，对象是可以从属于道德判断的——而是由于根据我们目前所考察的观点，我们无须考虑审美对象的副效果，如果有的话。

唯美主义涉及一种值得同情和关注的态度。这是对社会在接受全新的、突破性的审美对象时经常采用的道德说教方式所表现出的一种健康的不耐烦态度。对常见模式的偏离，会引起人们的警惕，或者人们对它们的反应，是对社会后果的极度恐惧，而不是那种预示着一个更健康的社会秩序的热切的冒险精神。当我们注意到斯特拉文斯基、巴托克、詹姆斯·乔伊斯、迪伦·托马斯、毕加索或亨利·摩尔所遭受的如洪水决堤般的敌意，有时甚至是暴虐，我们可以推断，岌岌可危的不只是趣味的问题；根深蒂固的习俗、既定的思维和感觉模式、既得利益被认为受到了威胁。但是，许多抗议都是基于草率判断和胡乱预测。能证明真正危险的证据在哪里呢？我们无须反复琢磨简单的案例。有没有证据表明，有人的品格由于欣赏过多的毕加索作品

1 我认为这种观点主要是沃尔特·佩特和奥斯卡·王尔德所持的观点，泰奥菲尔·戈蒂耶和詹姆斯·阿博特·麦克尼尔·惠斯勒次之；关于参考文献，参见附注 29-A。

而受到了破坏？它们能否动摇我们对人体解剖学的观念，或者削弱宗教信仰，或者煽动我们去喝过量的苦艾酒？《春之祭》或《火鸟》能对任何人造成什么永久性的伤害？不可否认，在电影中存在更多的争议空间。但是，在强烈反对《黑板森林》这部耸人听闻的揭露校园暴力的电影的所有人当中，有多少人能拿出确凿的证据来证明它会破坏公众对学校的信心，或者它会助长中学生的违法行为？当《金臂人》由于违反了不许把毒瘾表现为手到病除的小病小恙的禁令而被拒绝加盖“电影制作守则”的许可印章，虽然它可能对公众产生的不良影响是不难想象的，但是我们对这些影响的言之凿凿的预测，是否真的有据可依？

似乎存在两种主要的论证路径，是它们导致了部分不相容的结 561
论，而这些结论是为支持唯美主义而提出来的。事实上，我们若谨本详始，就理应区分两种唯美主义。但是，既然这两种唯美主义尚未有人予以严谨的阐述或系统性的辩护，我们在此处似乎不必谨本详始，而在总体观点中给人以启发的东西，都可以拿过来使用。第一种论证路径是基于一种坚定的关于审美教育之潜力的乐观主义。假设审美对象偶尔会产生不良的影响；比方说，假设事实确实是如新闻所报道的那样，当法国电影《男人的争斗》在墨西哥城上映——这部电影无比详细地展示了如何抢劫珠宝店的保险柜——它不得不下架，因为它非常有启发性，使得当地的抢劫案件翻了四番（在巴黎，警方则不抗议，因为按照他们的说法，这种方法实则过时了）。或者，再举一个例子，《尼沙普尔莪默·伽亚谟的〈鲁拜集〉》甚至会促使人们转而信仰宿命论。尽管如此，诸如此类的副效果是偶然的和可纠正的，它们与其被归咎于审美对象，不如被归咎于教养不当。适当的艺术教育势必教会人们以正确的方式对审美对象做出反应，这种方式不是将它们视为一种半吊子哲学的灵感，或视为行为准则，而是将它们视为本身值得享受的对象。事实上，也许正是艺术中经常提供的蒙昧教育，以及它对启思激趣和道德升华的强调，人们动辄将文学混同于非文学语篇，并企图将其付诸实践，即使它是不道德的。

也许，这样一来，文学是近乎无害的，或者可以设法让它如此。因此，当我们考虑审美对象，我们可以忽略它们被认为产生的所有副效果，而仅仅考虑它们的审美价值。批评家关注的问题，不在于为公民权、爱国主义、神秘主义或其他东西而艺术，而只在于为艺术而艺术。当然，“为艺术而艺术”的口号，其意义纷繁复杂，不总是连贯一致的，而且很少是清晰明了的，但是它确实粗略地划分出了一种普遍态度。

上述论证路径可以被称为诉诸无害性的论证；我给它冠以一个名称，是为了区别于另一种论证路径，后者从一个不同的前提出发，但其结论较为接近。我将其称为诉诸审美优先性的论证。

假设*存在*审美对象的副效果，甚至存在严重的、持久的和无法预防的副效果。即便如此，人们仍然可以争辩说，它们可以与审美价值完全割裂开来。或者，如果存在某种关联，那也是一种逆向的关联：在艺术的门外汉看来，审美价值越高，对象就越有可能是令人不安的、激进的、充满活力的、震撼人心的、离经叛道的——不管怎样，一开始是这样的。这是因为伟大的艺术家一直在探索新的视角，创造出强烈的
562 新区域性质，以闻所未闻的方式将事物整合在一起；如果他所制作的东西是好的，它就会成为某个既定的好作品之敌，且后者并不如它好。

因此，如果我们必须在一个审美对象的道德价值和审美价值之间做出抉择，有什么原则可以指导我们？对于唯美主义者而言，这不是问题。除了让生命尽可能充满活力——绽放宝石般的璀璨光芒，选择

绚烂生命中的一段充实时光，占有最大量值的经验——生命本身的价值还能是什么呢？而这恰恰是我们的艺术经验；它是按照我们所知道的最好方式而生活。艺术远非其他目标的婢女，它直接且源源不断地输送生命中最美好的东西，即强烈的意识——它为我们提供了生命自身所要成为的，但很少能够在艺术之外实现的东西。当然，唯美主义的这一部分与价值的心理主义定义是息息相关的；它断言存在一种自在的目的，一种内在的善，而审美经验即此善。

如果这是真的，那么艺术不受欢迎的副效果实际上就无关紧要了。它们是我们为了最美好的东西而不得不忍受的种种不便，但无论有多遗憾，它们永远都不可能压倒一个真正好的审美对象的审美价值。关于这个结论的一个明显例子，参见乔治·摩尔所言：

> 我何须在意数百万悲惨的犹太人死于法老的鞭笞或埃及的太阳之下？正是因为他们死得恰得其所，我才有机会欣赏这些金字塔，或者让一个小时的沉思充满了赞叹。在我们当中，有谁会想用它们来交换那些死去的受辱奴隶的生命？我何须在意安格尔的《泉》是以牺牲某个十六岁少女的美德为代价？这位模特儿因酗酒和疾病缠身而惨死在医院里，但比起我一定要拥有的《泉》这一美妙的天真之梦，这又算得了什么……[1]

因其自我中心的立场，这段话不能被认为是一个哲学论题，但它蕴含一种对于某些人的深刻警示。这些人在满怀热切地吹捧艺术的时候，忘记了艺术终究是人类活动的人文产物，并且忘记了他们必须从人类

1　乔治·摩尔：《一位年轻人的忏悔》（纽约：布兰塔诺出版社，1917年），第144—145页。

生活的整体情境中去寻找它们的价值。摩尔所说的那种选择，屡见不鲜。在我们的年代，我们不会忘记墨索里尼的女婿对一枚炸弹在一群手无寸铁的埃塞俄比亚人当中绽放的“美”所做出的充满诗情画意的描述。

第二种形式的唯美主义是一种纯粹的、心无旁骛的观点。它坚持艺术的价值高于一切。它是狂热主义的一种形式，偏执于一善，罔顾其他。从工具主义的角度来看，它没有任何逻辑依据；它是一个单纯的断言，甚或是一个单纯的偏见，而在这里，我认为我们没有必要针对它而
563 赘言。

道德主义

我们所要考察的第二种观点，可以赋予其日常的名称，即**道德主义**。大致而言，道德主义的批评家是这样子的，即他们仅仅或主要是根据道德标准来评判审美对象。我们可以从一个这样的批评家身上辩认出这种态度，当他写到审美对象，他所感兴趣的，完全或几乎完全是这些对象或好或坏地影响其接触者的倾向性，而他对这些对象的实际处置的判断——它们应该买入还是卖出，展览还是表演——则是基于他针对这一倾向性所下的结论。

在道德主义的标题下，可以区分出两种截然不同的立场；它们基于不同的论证，且有着不同的含意。我们最好依次对它们进行单独的探讨。

第一种论证可追溯至我们在前一章中的讨论，即我们询问审美对象是否具有某种功能的地方。假设审美经验这种东西是不存在的，那么就没有什么任何特别的事情是审美对象能够声称比其他对象做得更好的。如果实情如此，按照工具主义的分析，则不存在审美价值这

样的东西，当然也就不可能存在基于审美依据之上的对审美对象的判断。

但是，这并不意味着审美对象的任何判断都不可能存在。我们仍然可以询问："审美对象何为（如果其所为不比其他对象更好，则至少是高效的）？"好吧，它们唤起人们的感受，它们以这种或那种方式让人们心旌摇曳。这似乎是一个合理的回答。但是，唤起人们的感受有什么用呢？如果仅仅是让人心旌摇曳，这似乎是没有意义的；价值取决于你唤起了什么感受（一些感受是好的，一些则不是），取决于你让人们因什么而心旌摇曳。但是，可欲之感受（诸如爱、宗教信仰、四海之内皆兄弟的人类感情）和不可欲之感受（对他人和自我的仇恨、不信任、恐惧等）的区分，就是一种道德上的区分。于是，一个特定的审美对象是好的还是坏的，这一整个问题——明显是审美问题——便被还原为审美对象唤起的感受是好还是坏这一（道德）问题。让我们称之为诉诸简约化的论证。[1]

在这里，我们无须对诉诸简约化的论证所导致的许多重要而有趣的后果刨根问底；很明显，它蕴含对于前文在第十章和第十一章所提出的观点的一次彻底检查。它这意味着所有的批评评价都是道德评价，即道德问题是批评家所应考虑的唯一问题。当然，根据道德主义的观点，批评家可以处理关于技巧的问题，只要它们关乎对象在唤起感受中的有效性。但是，对象最终要像宣传那样进行判断；事实 564
上，二者不存在根本性的区别。批评家的资质主要是他应具有正确的道德准则或体系，而且能够准确地预测审美对象所产生的心理效果。正如托尔斯泰所表明的那样，若不加区别地将这种方法用于人

1　根据我的理解，这是柏拉图和托尔斯泰的重要论证之一；参见附注 29-B。

们所熟知的审美对象，这势必会导致既定的比较评价机制的全面修订。比方说，这将会使《汤姆叔叔的小屋》的地位凌驾于《哈姆雷特》之上。

我认为，诉诸简约化的论证是不可接受的。审美价值是无法解构的，因为它是作为一种迥异的价值而存在。然而，还存在第二种论证，即诉诸关联性的论证[1]，它是一个与简约论者迥然不同的道德主义学派所使用的。让我们姑且承认，存在审美价值这样一种与道德价值迥然而异的东西，但同时假设审美价值的程度取决于某方面的道德价值的程度。换言之，让我们假设：拥有较低道德价值的审美对象必定拥有较低的审美价值，而那些拥有较高道德价值的审美对象必定是好的审美对象。如果存在诸如此类的对应性或关联性，批评家则无须关心审美价值，而可以仅凭道德依据做出自己的判断。因为，即使关联并不完美，他也会认为偏差是微不足道的。

这种观点会让人想起第九章（§23）中讨论过的文学教化理论；它们在某些方面是相类似的，但是诉诸关联性的道德主义论证更难合理化。道德主义的批评家经常说，一首诗若在道德上不好，则不可能是一首好诗，但他们往往不会宣称一首诗若在道德上是好的，则不可能是一首坏诗。他们中有一些人也愿意接受唯美主义观点对于音乐和非写实绘画的道德效果的怀疑，但是，也有一些道德主义的批评家会将他们的范畴延伸至整个领域：音乐会激起情欲或让人情不自禁，或另一方面，它会增强战斗的勇气或坚定道德信念；即便是非写实绘画，也可能会通过充满张力的设计、鲜艳的色彩搭配和充满尖锐冲突的图

1 粗略地说，这是约翰·罗斯金、J. W. R. 珀泽、L. A. 里德、伊沃·温特斯等人所采用的论证；关于参考文献，参见附注 29-B。

案而激发人们对于暴力和违法行为的嗜好，或者它可能会促进人们对于秩序和合式的一种冷静的热爱，以及从自律性中产生的一种平静的喜悦。因此，要证明诉诸关联性的论证，我们必须表明促进积极的道德价值之音乐和视觉设计，正是那些更加统一的，因而是更好的审美对象的音乐和视觉设计，而在道德上最具破坏性的音乐和绘画则是最混乱无序的。

事实上，这种论证在传统上总是严重依赖于道德秩序和审美秩序之间的一种假设关系，而毫无疑问，它们之间确实存在一种深沉的和
深奥的类比性。我们在艺术中发现的许多区域性质都是借用人性的道 565
德层面上的品质来命名的，这些名字恰如其分，但当然也是隐喻性的："自律""果断""得体""矜持""稳健""强壮""平静""大胆""健康"，仅援引一些积极正面的术语。但是，类比性并不是一种因果关系。要证明端庄得体的音乐使我们的行为举止端庄得体，仅仅指出音乐与人们所期望的行为之间的相似性是不够的。诚如圣·奥古斯丁所言，音乐也许是道德秩序的一种意象，但不能由此推断说，音乐越好，就越没有不可欲的副效果。就音乐和绘画而言，我们至今尚未发现道德价值和审美价值之间的关联。

当我们转向再现性的对象，我们可以承认具有更多合理性的是一种这样的主张，即存在道德的或不道德的影响。这些影响经常被清教徒夸大其词，因他们凭自身的过度反应来判断别人的反应，但毫无疑问，一幅图画可能是一种难以抗拒的性刺激。而在这里，存在对诉诸关联性的论证予以初步支持的常识性证据：一般来说，为性刺激而设计的图画，无论是像广告图片那么含蓄还是像色情照片那么露骨，作为视觉设计往往是很差的，而那些作为视觉设计的伟大作品，在性刺激的副效果上往往不是这么有效。设计越好，就越有可能专注于自

身，从而遏制幻想和联想，但当然，其中并不存在任何必要关系。最好的春宫图可以像塞尚或拉斐尔的画那么伟大，虽然要发现其伟大可能是难的。

在文学及电影这样的大众艺术之中，艺术的副效果被公认是最为明显的。也许我们可以同意道德主义者的观点，那些在道德上产生最不良效果的电影，往往在审美上是最糟糕的。很明显，它们具有很高的娱乐价值，但就其审美价值而言却属于临界个例。不过，这一关联远非完整。

有时很难断定道德主义者在谈论审美对象时采用了这两种论证中的哪一种。他的语气总存在轻视或无视审美价值的嫌疑（诉诸简约化的论证）。再考虑一下本书绪言中提到的由伯纳德·罗森塔尔所制作的《美国家庭》雕像群。它的一些评论者——那些想要它描绘警察的行动的人——似乎一点也不关心审美价值。另一方面，国家雕塑协会，一个保守的学院派雕塑家组织，其主席于 1955 年 3 月 11 日给《纽约时报》写信说道，它“不是真正的雕塑，而是一个金属怪物”，这将它置于“一种混乱文化的新遗迹之中，从道德上来讲，这种文化对我们一定是有害的”。尽管他没有解释雕像有何害处，但他的观点似乎
566 是：如果雕塑产生坏的道德效果，则不可能是好的雕塑。

马克思主义

有一种形式的道德主义值得另眼看待，因为虽然它明显归于我们的总标题之下，但它与前文所考察的两种论点相背而行。我称之为马克思主义，因为马克思主义者对它的阐述是最为详尽的，而且是它坚定不移的支持者。不过，其基本原则恐怕也是一些强烈反对马克思主义的政治改革者共同接受的。

这一原则就是马克思主义者对于审美对象的副效果的道德主义式坚持。马克思主义者是一种特殊的道德主义者，其对所有行为的判断都是基于一个目的，即推动无产阶级革命，以实现一个无阶级的社会。伦理学因而被简约为政治学。现在，对于审美对象的诸多不同态度是马克思主义者所愿意接受的：一些马克思主义者，正如马克思本人，赋予了艺术某种崇高的价值；另一些马克思主义者则将艺术视为一种社会奢侈品，而不是生活中正儿八经的东西。但在这两种情况下，审美价值的考察都从属于政治考察——而这就是基本的马克思主义原则——审美对象不可能在政治上是中立的。

很明显，这一原则要么适用于审美对象，要么适用于审美对象的制作者，而第一种适用性虽然在这里是主要的，但人们有时将它与第二种适用性混为一谈，而且不仅仅是马克思主义这么做。极权政府，有时还有民主政府中惶恐不安的官员，可能对画家更感兴趣，而不是画家的作品。因此，纳粹党将柏林博物馆收藏的一幅马克斯·贝克曼的版画《自画像》(插图 4)以及他的其他很多作品一并清理了，因为他是犹太人。但是，如果后来发现这幅画成为戈林的私人收藏品，这也不足为奇。数年前，美国新闻署被游说取消了一次名为“艺术中的体育”的绘画巡展，因为一些画家据称是共产主义者或共产主义者的同谋。有人争辩说，即使这些画作本身并没有鼓吹共产主义的倾向，但它们的展览也许会让这些画家备受鼓舞，因为他们得到了官方的认可，提高了知名度，也许还身价倍增。我并不认为这是一个能够为新闻署的决策予以正当化的充分论证；在我看来，它是一个软弱无力的论证。但这种论证并不是我们现在所关心的。原则上，只要人们愿意就可以区分埃里希·克莱伯作为指挥家的一面，以及他作为一个独立的人拒绝被纳粹党利用的一面。毋庸置疑，当柏林爱乐乐团或费城交

响乐团这样的乐团在国外巡回演出，它们作为机构组织，实则是外交
567 政治的工具。但是，这并不是艺术不能中立的要义所在。

非中立性原则（如果我们可以这样称呼之）就是一个这样的陈述，即每一个拥有突出的审美价值的审美对象，都具有一种促进或妨碍我们的社会、政治目标的倾向，无论它们是什么。例如，假设你在写剧本，而你想让它包含戏剧冲突，因此，你就要写一个坏人，至少是某个犯了错误的人。这样，坏人一定是某个人——飞机制造商、管道工、大学教师、男人或女人，或高或矮，或金发或黑发。无论你做出什么选择，你都必然要承担一种模糊而微妙的，但又真实和可界定的社会责任：你会含蓄地反对制造商或管道工，你会助推人们态度的塑造，因为你的观众会受到些许鼓励，将制造商或管道工想象成容易犯错的那类人。即使你的戏剧中没有坏人，情况也会一样。社会责任是不可避免的。你的窗帘升起，电话铃响了，一个穿工服的女佣出来接电话。这时，你必须马上做出选择：她是一个黑人女佣，还是爱尔兰女佣，抑或是法国女佣？她是胖是瘦？做事麻利还是拖沓？即使你不把她刻画得滑稽可笑，从而让观众觉得瑞典女佣总是郁郁寡欢，或者黑人女佣总是快乐而愚蠢，你仍然会影响人们的态度。这是因为，将她放在一种卑微的地位，却不对此提出明确抗议，就是默许了这一想法，即她的本职工作就是伺候别人，而这也加强了观众接受这种情境——剥削，如果这是剥削的话——的倾向。

这些例子看似牵强，但绝不是不值得慎思明辨，当然，要承认这一主张的重要性，你无须在你的伦理学中成为一名马克思主义者。这是因为关于电影（这些电影已经受到了广泛的研究）的证据是，文学的道德副效果——重要而持久的副效果——是通过*信仰*的形成而产生的。不是说作品一定要有一个论题，即使作品不包含任何反思性的述

谓，它也可能影响信仰。假设你有一系列影片（你经常如此），每部影片中都有一个黑心的警察，一个肥胖的酒保，一个卑劣的日本人，一个浪漫的墨西哥人，或者一个俄罗斯间谍。也许，就其本身而言，这些影片中的每一部都只不过是呈现了它的人物，而根本不包含任何论题。然而，其影响，尤其是对不成熟的或半成熟的观众所产生的影响可能是强大的。这个基本过程在某方面与真实生活无异；如果你在不到一年的时间就在你的城市里遭遇六个黑心警察，你就会发现很难不形成关于当地警力可能腐败的概括。当然，可怕的差别在于，电影观众并没有看到任何黑心警察，而只是看到六个为了演绎扣人心弦的故事而假装是黑心警察的人，但这一差别恰恰是他经常难以记住的东西。在看电影的情境中，由于电影极端的新闻体和纪录片般的写实 568
主义，人们对真理的信念被激发了出来；通过将人物视为典型和象征而做出概括的倾向得到了强化；观众处于一种暗示性和可操纵性的状态。此外，有大量证据表明，人们对于各个社会群体的态度，可以通过观看电影和电视而进一步发展、加强，甚或反转。

我认为，这些是我们所有人都理应同意的，但是马克思主义者走得更远，而且在这一点上并没有那么多的患得患失。即使审美对象的道德效果主要是通过信仰的形成而实现，我们也不能由此推断说这种效果仅限于文学和再现性绘画。这是因为，每个作品都存在一个隐含的生产者，其所生产的那一种作品向观众揭示了某些潜在的态度，并邀请他们来分享这些态度。而如果艺术管理部门不及时打压，人们将会接受这些态度，因为他们会认为诸如此类的态度是社会所允许的。因此，作曲家必须赋予其作品以某种旋律与和声，而他的选择是举足轻重的。简朴而朗朗上口的民谣旋律，以及简单的自然和声，表明作曲家希望每一个人都能享受他的音乐，即他对大众持一种欢迎的态度。复杂的旋律和刺耳的和声则表明作曲家是为精英创作，而对大众不屑一顾：此乃“资产阶级的形式主义”。音乐欢快，表明他在一个社会主义社会中过得幸福；音乐悲伤，则可能助长人们对于未来的悲观主义，必须及时加以镇压：此乃“主观主义”。如果作曲家创作了大量的合唱作品、戏剧和舞蹈音乐，这说明他是在鼓励集体主义和团队合作；如果他创作室内乐，说明他太过排外：此乃“个人主义”。

绘画，也是如此。非中立性原则颇适用于杜米埃的《见证者》（插图 8）之类的图画，这种图画具有很强的倾向性，并且在某些情况下显然可以被视为颠覆性的。珂勒惠支的《市政寄宿所》（插图 3），尽管具有普遍性和宽广的人性，却可能会在某个萧条时期引发社会动乱。但是，马克思主义者会将同一原则应用于一幅纯粹的图案，诸如詹森的《构图》（插图 1），而这恰恰是因为它是非再现性的，因为它从政治场景中抽身而出，这是对政治优先性的一种隐性否定。

对于马克思主义者而言，图画要为人所接受，就必须有人情味；立体主义和表现主义的目的是供少数人欣赏，因而隐含反社会性。“社会主义现实主义”是用以表示倾向于促进与社会的革命发展相适应的态度的艺术——包括文学、绘画和音乐——的术语，而即使苏联的批评家对这一术语的定义似乎不甚清晰，他们在任何特定时代似乎都知道什么与它相符，什么与它不相符——即使他们在另一个时代有
569 着不同的认识。当然，我们不应将苏联的实践等同于马克思主义理论，但前者有时有助于理解后者。

基于非中立性原则，马克思主义批评家的任务不言而喻：对于每个审美对象，他应确定其政治价值或无价值是什么。而他对它的处置——赞美或谴责，以及随后发生的任何嘉奖或查抄——将完全取决于这种政治评判。无论纯粹的审美价值是什么，它永远都无法凌驾于

政治之上。此乃第三种道德主义观点，即诉诸审美优先性的论证的对立面。假设音乐是伟大的，却犯了资产阶级形式主义之不韪，它仍然理应被果断摈弃，因为作曲家可以回炉再造，或者可以找另一个作曲家取而代之，以创作出一部同样伟大却不犯资产阶级形式主义之不韪的作品。或者，如果小说内容丰富，感人至深，但遗憾的是它显然会助长人们对党的领导人和各个部长的猜疑，那么，在下令更换一部同样出色的但描写的是一群不同的坏人的小说时，我们也许会感到些许遗憾，但不会感到愧疚。

但是，如果这些不幸的态度形成因素可以通过恰当的教育而消除，甚至变成无害的，则又如何？在我对于唯美主义的说明中，就暗示了这一点。心智成熟的人不会被人以如此明显的方式来操纵——他不会仅仅因为观赏大多数人都不喜欢的立体主义绘画就蔑视所有人的权利，他不会因为看了《国家的诞生》就仇视黑人，或者看了《雾都孤儿》就仇视犹太人。这难道不是成熟之概念的一部分吗？也许，如果我们为学童开设一门关于怎样看电影的课程，鼓励他们讨论自己观影前和观影后的态度，并通过将这些态度与自己的其他经验联系起来而纠正它们，那么，在态度的塑造方面，我们能够帮助他们提高对于电影的免疫力，但同时不会影响他们对电影的享受。也许，我们可以给予他们一种超脱性，使他们能够摆脱其亲眼所见的东西的影响。

但是，马克思主义者无比强烈地反对的，恰恰是这种观点。他也许对它的可能性满腹狐疑，而且，他也许深信大多数人总是容易受到审美对象的副效果的影响，尽管他对人类本性的可塑性充满信心。但是，即使他不是满腹狐疑的，他也不诉诸艺术对于生活的超越性，或者，用他的话来说，艺术与生活的分离性。马克思主义者所信仰的，是通过一种逆向的方法来训练人们；他认为我们应当总是对审美对象最微妙的政治倾向保持高度的敏感，并准备好对它们做出反应，而不是让自己能够暂时忘却政治和经济，以及严峻的国际形势，而心无旁骛地投入音乐或一部戏剧之中。如果音乐明显是为少数人而不是为大众所设计的，我们理应享受不了它。或者，如果我们认为戏剧不是对它本应痛恨的少数几个群体进行否定性的反映，我们理应容忍不了
570 它，因为按照马克思主义者的观点，他们会阻挠社会的进步。

到目前为止，我们一直是在考察艺术的副效果，以及道德主义和唯美主义对它们所持的看法。但是，至今仍有一个基本问题是我们尚未探究的。审美对象是否拥有一些本身就有重大价值的固有效果，这一问题便被提了出来。一种可能的回答——亚里士多德的宣泄说——已通过举例说明而予以了粗略的概括。但是，其真伪有待讨论；它仍然是假设性的。但很明显，我们对这个问题的回答，对于任何针对唯美主义和道德主义中的真伪因素的最终判断来说，都是至关重要的，而现在已经到了面对这个问题的时候了。我们将在下面一节，也是最后一节中处理这个问题。

§30 艺术的内在价值

那么，归根结底，艺术有什么用？对于这个问题——在艺术哲学中的所有问题中，它是最直截了当和最有影响力的——人们众说纷纭。它可能是务实者满腹狐疑地提出来的问题，因为他们坚信管道系统的改进、疾病的防控以及机动车技术的发展是进步和文明的组成部分，但是他很难在此图景中找到地方来安置协奏曲、水彩画和抒情诗。这并不是说他拒绝向有心者提供这些东西，而是说他不理解人们在畅想社会的基本需求时，为何非要将它们考虑在内。它也可能是唯美主义

者以反讽的口吻提出来的问题。唯美主义者对管道工程和机动车换挡装置同样持怀疑态度，正如泰奥菲尔·戈蒂耶在《莫班小姐》为人所熟知的序言中所说的那样：

> 音乐有何用？绘画有何用？有谁会傻傻地喜欢莫扎特胜过阿尔芒·卡雷尔先生[1]，或者喜欢米开朗琪罗胜过白芥的发明者？没有东西是真正美的，除非它永远都没有任何用处……

审美对象“并不比一打牡蛎和一品脱蒙哈榭葡萄酒更重要”？[2]

但无论其口吻如何，这个问题是值得回答的，因为它扎根于艺术哲学的深处。让我们先考察它要求什么样的回答。我们无妨假定，管道工程、医药和机动车都致力于为人类谋福利。它们具有特殊的功能，而它们直接服务的目的，则又是实现许多其他目的的手段，因此 571
它们的正当性是不容置疑的，即使它们有时可能会被用于不当的目的。审美对象有别于那些具有直接实用性的对象，因为审美对象的即时功能只是提供某种本身可以被享受的经验。我们能否表明，这种审美经验的形成反过来可以通过这种经验对我们产生的更长远的效果——换言之，审美经验为人类福利做出了自己的贡献——而得到证实？

“艺术有何用”这个问题，也许应该分割为两个问题，其中第二个问题是我们最为关心的。创造一个审美对象的行为，对创造者本人有

1　阿尔芒·卡雷尔（1800—1836），著名记者，在《莫班小姐》出版的同一年，他在与别人决斗时死去。戈蒂耶也许认为他是一个以写作艺术来服务于政治和社会目的的人。

2　参见威廉·萨默塞特·毛姆：《总结：毛姆写作生活回忆》（*The Summing Up*，Baltimore: Penguin, 1938），第 214 页。参见第 76 节全部内容。

什么用处？而已完成的审美对象对它的体验者又有什么用处？对于其中第一个问题，我们所知有限，不过仍有一些谈资。然而，你是在谈论专业的创作艺术家——我这里所指的，未必是靠艺术养家糊口的人，而是一个将艺术作为终身事业的人——还是在谈论业余的艺术家，二者有着天渊之别。当然，此二者并非泾渭分明，因为创作音乐或绘画的欲望可能具有任何程度上的深刻性。尽管如此，其中牵涉两种不同的效用性。

如果询问专业创作者所从事的工作对他有什么用处，这近乎荒谬——一旦置身于一个合适的环境，他会发现自己是不由自主的。他的动机以及他得到的回报是与众不同的，因为他所创造的对象坚持自身的存在，并让他以一种潜心贯注的方式将自己琢磨而成。他的满足感与其他种类的创造者——科学家、哲学家、社会和经济机构的组织者——在能够通过积聚和集中所有力量而创造带有大善之烙印的某种东西之时所拥有的满足感相比，也许并不是全然不同的。

对于业余创作者，即文艺爱好者或涉猎者而言，回报则是不同的，尽管他们也许也有自身的伟大之处。很明显，演奏乐器、跳舞、填词、作曲、创作小说和诗歌、玩油漆画，等等，似乎对从事这类活动的人产生了大有裨益的心理效果，即使其成果的审美价值微乎其微。近年来，教育家已经普遍意识到这一事实，而现在人们理所当然地认为，音乐和美术的指导以及戏剧和协奏曲的参与，都是中小学教育的一个重要组成部分。心理学家和精神病学家也许尚未确定创造活动实现其效果的确切方式，但它似乎可以释放受压抑的能量，消除受挫感，缓解紧张情绪，恢复一种平衡感和整体感，并通过这些方式改善精神的健康状况。上一节总结的亚里士多德的宣泄说，似乎有很多内容适
572 用于此。事实上，艺术的一些裨益，虽然不是全部，也许既来自于一

个只是还不错的审美对象的生产，也来自于一个伟大的审美对象的体验。

即使艺术的特殊价值仅限于它们对于创造者本人的价值，我们也有充分理由投入大量的社会力量去推广它们——帮助每个人成为画家、音乐家或作家，只要他们力所能及。如果成立国家艺术顾问委员会，甚或成立美国艺术基金会能够提供加强艺术教育之手段，那它将是物有所值的。但是，艺术创造作为创造者之心理治疗的私人价值，应与其公共价值区分开来。当然，一个人自身越有创造冲动，他就越能欣赏和享受他人所创造的审美对象。所以，此二者是相互关联的。但是，第二个问题比第一个问题更为宽广。

现在，让我们回到艺术对于消费者的价值，无妨这么说。让我们用“内在价值”这个术语来表示审美对象产生好的内在效果的能力，也就是说，它们通过自身所形成的审美经验而产生可欲的效果的能力。从古至今，艺术的崇拜者总是以最崇高的言辞来赞美艺术的内在价值；我们现在想知道的是，这种赞美是否名实相符。首先，因为我们一开始就要谨小慎微，我们并不知道审美经验对人有什么害处。也许它可能过犹不及而产生一种颓废的世纪终结感（*fin de sièclism*），尽管我们确实不知道是该把颓废派的颓废归咎于审美对象，还是该直接宣称这些对象无法治愈他们顽固的神经官能症。但是，审美经验对人有任何用处吗？

审美对象的效果

可以预料，在哲学的任何一个分支中，最深刻的问题往往会得到最不确定的回答——不是因为人们的探究不够勤勉，而是因为这些问题难以回答。针对艺术的内在价值，人们已经提出了很多极好的主张，而在证明这些主张的真确性之前，需要大量深入而复杂的心理学研究。它们并不是没有证据的支持，只是其证据是零散的、不确定的，难免被错误的内省和情感偏见所歪曲。在我看来，如果我们悉数展现被以述谓而不是直陈式断言的形式而归于审美对象的内在价值的主要种类，那这将能最好地体现我们的知识现状。我相信，它们全都存在一定的真确性，而且其中一些有着足够的证据来印证这一观点，即审美对象具有一种极重要的内在价值；但与此同时，对其内在价值的辩
573 护尚未圆满，我们仍然任重道远。[1]

因此，我们可以宣称：

（1）审美经验缓解紧张，并消弭破坏性的冲动。这是我们已经描述过的亚里士多德的声明，但可能需要补充一点。如果伯特兰·罗素在接受诺贝尔奖的演说中所言为实，即追求刺激是人类的基本动机之一，那么艺术也许是有价值的，因为它为这种动机提供了发挥的空间——不然，在一个不再狩猎的文明社会，这种动机有时可能会在煽动社会动乱和战争方面发挥危险的作用。这是因为，正如罗素提出的那样，发明或艺术创造的刺激与发现（包括对一部全新而复杂的艺术作品的发现和探索）的刺激，是两种最高级、最纯粹和最令人满足的刺激。如此看来，艺术乃暴力的一种道德替代物。

（2）审美经验消除自体内部的小冲突，有助于实现一种整合或和谐的状态。可以说，当我们的注意力被一个审美对象所吸引并受其控制，我们经常会感觉到一种不同寻常的**明晰性**，仿佛我们内心的一团乱麻被理顺了。起初，也许存在一种简朴状态——没有东西是重要的，除了这一和弦或者这一旋律；而后来，当各种复杂性出现，这种明晰

1　在列举以下各项内容时，我特别借鉴了雪莱、瑞恰慈和约翰·杜威的观点；关于参考文献，参见附注 30-A。

性依然存在，因为在一个更大的却不失统一的结构中，它们仍然有一席之地。假设你处于一种不安的心境，面临几项似乎都要求关注的义务，但其中没有一项能占据主导地位，以让你感觉到一种目的的单一性。有时，在这些情况下，你可以阅读一本小说，欣赏一幅画或聆听一首音乐，尔后，当你返回你的问题，你也许会发现自己的心境焕然一新，变得更加敞亮，也更加果断。这，就是艺术的刺激，一种令人心旷神怡的效果。

（3）审美经验磨锐洞察力和辨别力。我们当然能够通过训练提高我们对色调和音高的鉴别力——这无非是说，审美经验让你更长于形成审美经验。但是，审美经验确实要求人们异常关注区域性质——不仅是文学人物的情感和态度，而且是绘画和乐曲的人类学性质——的微妙差异。如果审美经验可以让我们变得更加敏感，更有洞察力，那么，这将对我们生活的所有其他方面都产生广泛的影响，诸如我们与他人的情感关系。

（4）审美经验培养想象力，以及设身处地为他人着想的能力。在审美经验中，我们必须向新特质和新形式敞开怀抱，日常的陈腔滥调和常规反应被打破和抛诸脑后。我们知道摆脱掉那些经常扼杀创造性的想象力之自由游戏的阻遏后是什么样子。也许，存在着一种想象力训练，它甚至能够提高我们思考原创性的科学假设、寻找走出现实困 574
境的新方法、更迅速地理解别人的所思所想的能力。我们也许能够做出更有弹性的反应，能够更好地适应新情况和出乎意料的偶发事件。

如果审美经验可以被认为是以这四种方式作用于人格，那么更长远的效果是可以预测的——它们也是审美对象的内在价值的一部分，尽管是间接如此。例如，我们可以说：

（5）用医学术语来说，审美经验是心理健康的一个辅助手段，但也许，与其说它是一种疗法，不如说它是一种预防措施。如果在一个世界里，人们在日常的事件过程中发现街道、建筑和工作场所处处都是和谐的形状和色彩，既养眼又对精神有益；人们每天都花费一定时间来聆听或演奏具有高度审美价值的乐曲；人们喜爱好的语言的精妙之处，并自行使用这种语言来写诗或讲故事，那么，这个世界将是人们所期待的一种社会，在其中，许多常见的神经症和精神病（其中一些始于较轻的症状）将不会再出现。虽然它尚未经过检验，而我们也不能言之凿凿，但是“二战”期间古典音乐会在英国所获得的令人惊叹的成功，也许是间接的证据。

（6）审美经验培育相互间的同情和理解。如果前面的假定为真，我们可以期盼审美经验能够让人和衷共济。这不等于说艺术是一种交往形式，即我们通过中国人的艺术而了解中国人，或者通过法国人的小说而了解法国人。但是，如果两个人聆听同一首音乐或观看同一幅画，只要他们学会做出相同的反应，他们就共同拥有了一个经验。所有的共享经验都有助于将人们在友谊和相互尊重中团结一致，而审美对象则在世界中发挥着一种特殊的作用。理由部分是实用性的：许多审美对象比瀑布、洞穴、沙漠和地震更便携。但同时，它们代表着经验的某些性质的精髓或精华，而任何地方的任何两个人，只要享受其中一个性质，他们之间就形成了某种纽带。

（7）审美经验为人类生活提供了一个理想。艺术的这种社会功能很难进行只言片语的描述。在审美经验中，我们所拥有的是一种这样的经验，在其中，手段和目的紧密相连，使得我们感觉不到它们的分离。一件事通往另一件事，并在其中找到它的位置；终点内在于起点，起点延伸至终点。诸如此类的经验允许存在最低程度的空虚、单调、挫折、失败和绝望——压垮很大部分人类生活的诸性质。在一些哲学家看来，在我们的社会中，让我们深受困扰的诸问题之一，就是手段和目的之间经常存在的巨大鸿沟。很多劳动本身是无趣的、机械的和令人精神压抑的，而劳动者无法看到其劳动和最终产品之间所存在的一种有意义的关联——工匠制作椅子的方式，在每一步骤都可 575
以靠他对于椅子与其目标之间的关系的一种生动意识来引导。当预期目的相隔十分遥远，可望不可及，生活的手段——星期六狂欢晚会、六十五岁退休——就失去了它们的满足感。而目的也由于分离而失去了它们的价值。狂欢只成为一种恣意纵情的释放，接踵而至的是头痛和懊悔。退休带来了难以言表的无聊，以及一种无用的感觉。如果目的的一部分满足性可融入手段之中，而每一阶段的手段可被意识到承载着目的之意义，我们理应在生活中享有某种更接近于审美经验本身的性质的东西。同时，这样一种经验向我们提供了一条线索，即最丰富和最快乐的生活会是什么样子。

社会管控的问题

如果审美对象确实拥有内在价值，就像我从现在开始所假定的那样，而且它们有时也对其体验者产生不可欲的副效果，就像上一节所表明的那样，那么在社会哲学中有一个问题是我们不能熟视无睹的。因为在这种情况下，当一件作品既拥有重大的内在价值又拥有重要的不可欲之副效果，有时便会出现冲突。对于个体而言，就会面临在这些考量之间进行抉择的问题，而对于官员而言，则会面临社会管控的问题。

我们也许会承认，当这个问题据说已经出现的时候，它实际上往往是一种幻象。“艺德冲突”往往源于狭隘的道德观和对快乐的无知与恐惧。如果将不道德归结为行为对严格界定的形式规则的偏离，而不是认为它包括内心的邪恶和阴暗、冷酷，以及对某种境况中的人类需求的无动于衷，那么绘画和诗歌经常会被发现是不道德的。如果我们认为强烈的快感总会令人萎靡不振，而不是认为快乐和深沉的成就感可归入最健康的和最有益健康的状况，那么，我们当然会不可避免地对艺术产生怀疑；感性被混淆成肉欲，满足被混淆成自私。这种态度经常导致镇压组织的出现——包括为了将书商的某些平装书下架而设立的组织，必要时还要出动警力。例如，在许多城市，国家体面文学组织将欧内斯特·海明威、威廉·福克纳、约翰·多斯·帕索斯、乔伊斯·卡里、阿瑟·库斯勒、乔治·奥威尔、爱弥尔·佐拉——以及索恩·史密斯、米基·斯皮兰和许多其他雇佣文人——的作品列入黑名单，并企图禁售这些作品。

但是，即使是基于一种宽厚的道德观，我们也必须承认审美对象有可能产生某种不道德的效果——要么鼓励冷酷、恶毒或野蛮的行为，
576 要么灌输可能会破坏或扭曲道德生活的态度，特别是当人们对这些审美对象漫不经心和不求甚解的时候，而情况也经常是如此。福克纳的段落被断章取义；海明威哲学中的反理性一面与其他更积极的方面的联系被切断而备受认可和追捧；奥威尔《1984》中噩梦般的残忍为人所津津乐道，却忘记了它的人性论题。也许，这些会对许多读者产生某种不幸的影响，更遑论那些与民间和政府的审查员不断对抗的经典作品：阿里斯托芬的《吕西斯特拉忒》，《查泰莱夫人的情人》，萨德侯爵、薄伽丘、亨利·米勒的作品，等等。

因此，艺术的社会管控问题源于这样一种冲突的可能性及一个这样的事实，即审美对象本身虽然只是一个对象，没有对与错、合法与不合法之分，但这一对象的生产、演奏、表演、呈现、展示、出版或出售行为，就像所有行为一样，必须根据其社会目的来判断，因为它

是一种产生后果的行为。这个问题千丝万缕，涉及许多错综复杂的话题，我们无法指望在这里充分探讨之。但是，主要的话题可通过社会控制的一个重要方面，即审查制度，而予以简单扼要的说明。

我们可以区分出审查制度的两种基本类型，不过我们在这里只需要考察其中一种。例如，存在**意识形态的审查制度**，即弥尔顿在《论出版自由》中所反对的那种审查制度，也是独裁政权最惯用的那种审查制度。这种审查制度有其特殊目的，即保护官方的或公认的信仰免受批判和检查，以免暴露其谬论。这种审查制度当然也影响到了审美对象，只要它们可能是思想的载体。但是，西方最常见的艺术审查制度是**道德审查**。由此，我指的是旨在保护行为中所体现的，或针对的道德标准的审查制度。“道德”一词常常被认为只适用于男女之事，它当然包括我们在判断行为是对还是错、该赞扬还是该谴责、可欲还是不可欲、正当还是不正当的时候，所使用的适用于行为的所有标准。一部小说可能会挑唆一些读者走上犯罪道路，或鼓励他们向社区公益基金会捐款，或让他们对遭受旱灾的农民更富有同情心，或让他们相信南方黑人的投票权无足轻重，因为他们实际上并没有投票的渴望——任何一部诸如此类的小说都会造成某种道德影响，无论是好还是坏。

淫秽品

然而，最活跃的、在情感上最受支持的一种道德审查，是关于性行为的规范化的道德审查。我们可以通过考察这种道德审查而指出一般的道德审查的问题。它以“淫秽品”这一关键词为中心。此处所想 577
象到的，是以下这种情况：假设一部作品，诸如詹姆斯·乔伊斯的《尤利西斯》，一方面似乎拥有较大的审美价值，因而也拥有内在价值；但同时假设它是淫秽作品。在这种情况下，该如何处置它呢？是出版，还是镇压？如果出版，公共图书馆是否应购置一本？如果购置了一本，它应自由流通还是应受到某方面的限制？如果一门大学文学课程要研究乔伊斯，授课教师是否应推荐或规定《尤利西斯》这部书，或无视之？这些都是审查者所面临的现实问题。

至少，这是我们可以看待这种情况的方式，如果我们能够将一种可验证的意义归于“淫秽”一词的话。这是一个根本问题。从其法律意义上讲，“淫秽”是一个趋态词；也就是说，它指审美对象对某一类人造成某一类（不可欲的）效果的能力或倾向性。而界定这一术语的困难，分为两类：一是效果具体化的困难，二是相关人员具体化的困难。

法院习惯将“淫秽”定义为“倾向于诱发性冲动或引起不洁性交的淫念”。这个定义在很多方面都不能令人满意。我认为我们必须舍弃“念头”的说法。一个身穿比基尼泳衣的女孩，可能会唤起男人不完全纯洁的念头，但这并不意味着这些念头的产生会提高这些男性背叛恋人或妻子的概率。“冲动”稍微好一些，但它极其含糊；在这个术语的一种极明晰的意义上，一位男性也许会整天都色眯眯地盯着穿泳衣的年轻女士，却不会产生追求她的冲动。或者，如果我们认为快感本身就是一种冲动，那么我们必须补充说，许多冲动并不会外化为行动。简而言之，我们最好基于行动而将“淫秽”界定为一种诱发道德上错误的性行为的倾向性，而为了证明这样一种倾向性的存在——比方说，存在于摩莉·布卢姆的独白之中——我们至少要举出一些案例表明它已经产生了这种结果，或者与它极为相似的段落都已经产生了这种结果。

但是，证明某人受到了作品的影响，这是不够的，因为这个某人可能本就是神经质的，容易受到大多数人都毫不在意的各类事物的影响。我们不能根据最感性的或最病态的人来判断大多数人的反应。这是伍尔西法官在《尤利西斯》一案[1]中所确立的重要原则之一：作品是否是淫秽品的检验标准，是正常感性之人的反应，而不是易感之人的反应。伍尔西法官认为，在审查程序中，"性本能正常"之人这一概念所发挥的作用，应同于"理性人"概念在侵权法中所发挥的作用—— 578
比如有人由于没有对自己的车辆、狗只或后院台阶采取"合乎理性的"预防措施而被起诉。根据这一原则，我们就再也不可能像以前那样镇压一本书——进而言之，一幅画或一部电影——因为它对儿童是不好的，或者让年轻的修女羞红了脸。如果儿童和修女需要特殊保护，那就应当采用另外一种保护方式，而不是禁止每个社会成员去接触这部作品。

即便是这种分析，也不能让"淫秽"成为一个非常准确的术语，而一种这样的观点是甚有道理的，即它的定义永远都不可能具有法律用途所要求的充分的精确性。法院有朝一日也许会改变观点，认为所有使用这一术语的法律都违反了《第六修正案》，因为它们无法足够精确地界定出版淫秽书籍罪，使得出版商无法预知自己是否犯有此罪。淫秽性的确定并不像确定其他类型的危险性那么容易，诸如上瘾性或对心脏有害。

然而，无论多么含糊，几乎可以肯定的是，"淫秽"适用于一些不会产生分歧的东西，即大部分色情文学和摄影——以及色情音乐，如果有这种东西的话。在"淫秽"一词的帮助下，我们可以给"色情"下一个非常有用的定义。我们无妨说，如果一个审美对象（1）是淫秽的，

1　关于参考文献，参见附注 30-C。

而且(2)具有微乎其微的审美价值，甚或没有任何审美价值，那么它就是色情的。确切地说，这不是法律定义——法律定义规定，淫秽性必须是蓄意为之——因为散播色情是一种刑事犯罪，除了没收违禁品之外，还可处以罚金或监禁。

假设我们能够区分一些这样的对象，它们无疑是淫秽的，但不会向我们主张它们的内在价值。它们不会引起任何冲突，因此社会管控的问题也就简单多了。例如，有诱发儿童的虐待行为之倾向的犯罪漫画书，不能主张以内在价值抵消这种不良副效果，因为，当它们被视为文学或造型艺术，它们实际上并没有内在价值——至少，它们在这方面的价值是如此之低，以至于它们很容易被没有这种副效果的作品所取代。这类书籍的出版商经常宣称，任何针对它们的法律条文，都将会对海明威、福克纳、莎士比亚以及詹姆斯王钦定版《圣经》构成威胁。但这似乎并非实情，因为如果内在价值的判断是可以公开验证的，正如它看起来的那样，那我们就可以做出一种法律上令人满意的区分，并且在不影响具有内在价值的文学作品的情况下，可以制定法律条文来将犯罪漫画定性为非法的。当然，从一种否认内在价值存在的视角来看，或者从一种相对主义的视角来看，这种区分是不可能的，但是从一种工具主义的视角来看却是有可能的。

对于审美价值的主张和道德价值的主张之间——或者更确切地
579 说，依赖于审美价值的道德价值主张和不依赖于审美价值的道德价值主张之间——所存在的真正冲突，人们可能会持两种过于简单的立场。从我们所说的唯美主义的视角出发，可以得出一个这样的推论：尽管审美价值匮乏的对象可能会受到官方的镇压，但是拥有显著的审美价值，因而也拥有显著的内在价值的对象必须免受审查，不管它们被认为流溢出什么不可欲的副效果。在唯美主义者看来，这些副效果必定是被夸大其词的，而不管怎样，审美价值在人类财富的级系中都是至高无上的。如果一部精彩绝伦而感人至深的戏剧促使人们皈依一个邪教教派，或者发动一场大屠杀，则又如何？尽管如此，倘若它是一部好的戏剧，长远来看，它最终将是利大于弊的。

我想，这种教条主义的立场在今天几乎是找不到拥趸了，而且很难看出该如何为它辩护。但是，道德主义的观点是同样片面的。因为道德主义者必然认为，一旦存在一个重大风险，即一个审美对象可能会产生道德上不可欲的副效果，那么，无论它拥有多大的审美价值，都理应予以镇压。这是著名的防范罪恶协会在鼎盛的萨姆纳和康斯托克时期所遵循的基本工作原则。它是1873年“康斯托克法案”（Comstock Act）的基本原则，按照这一法案，邮政总局仍然致力于扣押和销毁《吕西斯特拉忒》的插图本、避孕书籍、裸体杂志和丑闻杂志，以及其他各式各样的邮寄物品。根据这一原则，人们能否为支持作为一部文学作品的《吕西斯特拉忒》而强行做出某种并不适用于《机密》（*Confidential*）[1]的辩护，这是无关的；只要其插图，或其语言，或其场景超出了允许的限度，就会被判定为淫秽品并被销毁。

然而，在《尤利西斯》一案中，另一个原则作为一个先例而得以确立，而且它是唯一一个可以在我们所规定的基础之上予以合理辩护的原则。在评判这部伍尔西法官坚持必须将其作为一个整体来考量（而不是脱离上下文断章取义）的书籍时，内在价值（如果有的话）必须根据道德无价值（如果有的话）来加以衡量，而道德无价值则包括可能存在的淫秽性。伍尔西法官认为，在他所理解的这一术语的意义上，《尤利西斯》整体上并不是淫秽的；但是他也承认，《尤利西斯》是一

1　此处可能是指美国导演爱德华·L. 卡恩导演的一部犯罪电影，于1934年上映。——译注

部杰出的文学作品，而不仅仅是色情作品，这与他的判决具有相关性。在费城书商一案中，柯蒂斯·博克法官进一步发扬了这一原则。[1] 如果法庭的判决必须权衡社会福利，包括作品的内在效果和副效果，那么，法庭必须知道作品的内在价值实际上是什么。这就需要专家的判断。因此，可以邀请文学批评家和文学教师出庭，在其能力范围内证明作品的审美价值之程度——福克纳和海明威的作品可以被认为具有
580 较高的审美价值，索恩·史密斯和米基·斯皮兰的作品可以被认为具有较低的审美价值，而真正的色情作品中的匿名文本则毫无审美价值可言。

当然，从相对主义的视角来看，英语教授为审美价值做证的场面有些荒诞不经，就好像他们是被请来解释死因和死亡时间的医生，或者是被请来诊断被告是否患有精神病的精神病学家。如果审美价值的判断没有理性依据，那么这方面的专家也就不存在，教授们所做的证言证词的分量，就不会强于逮捕书商的警方，或声称《上帝的小园地》或《一个我从未创造的世界》会毒害女儿的心灵的母亲们所做的证言证词。但是，正如我们所看到的那样，虽然我们不能指望从文学批评家这里得到关于审美价值的程度的精确估算，从而可以根据社会科学家关于作品的可能危害性之预测而权衡之，但是对二者进行比较和权衡的想法，却不是无稽之谈。事实上，在法庭所允许的范围内，这是我们所能做的唯一合乎理性的事情。

艺术的社会支持

在这一讨论中，我们必须专注于审查制度的理论问题和原则。它

1 关于参考文献，参见附注 30-C。

的实践完全是另一回事，而要充分处理它的话，会让我们鞭长莫及。例如，你可能会同意，原则上，对拥有内在价值的审美对象的审查，有时可能是正当的，但是你仍然会坚持认为，在人性和管理心理学不变的情况下，事实上审查制度——对于这些拥有内在价值的作品来说——总是弊大于利的。也许没有任何一种官方的审查制度能够真正公平地看待艺术，并反映社会中更开明（而不是落后）、更敢于试验（而不是谨小慎微）、更具鉴赏力（而不是麻痹不仁）的那一部分。也许，任何团体，诸如为了给电影授权而设立的团体——任何可能获得这份工作的团体——都会倾向于遵照那种最无聊、最外在的"准则"，这种准则关乎亲吻的时间长短或者对"堕胎"一词的提及，或者关乎一个凶手逍遥法外的描述，虽然当一个凶手逍遥快活，直至最后一刻才由于任何一个理智的人都自觉能够避免的某种愚蠢的错误或明显出格的行为而被抓捕归案，他所受的惩罚肯定不能让电影观众相信"犯罪有恶报"。

这些是社会、政治和经济问题，而它们超出了我们的探究范围。

但是，当我们把注意力从社会对艺术的关注转向其他方面，我们无法忘记，这既有积极的一面，也有消极的一面。艺术给政府带来的问题，不仅出现于存在某种社会危害的威胁之时。社会应一直关注艺 581
术的内在价值，以及最大限度地鼓励和推广艺术的必要性。如果，正如它看起来的那样，我们必须把艺术视为生活，或至少是美好生活的一种必需品，就像其他东西一样，那么，我们必须准备投入时间、金钱和精力，以建立和维持一个自由的环境，在其中，艺术能够蓬勃发展，结出最好的果实。

针对联邦政府为着手鼓励作曲家、雕塑家、画家、舞蹈家、剧作家、诗人及其他所有富于创造力的艺术家而可能采取的最佳途径，人们的意见不一，这是合乎情理的。这也不意味着他们的最好作品必须从政府的角度出发，通过其吸引力的大小和受欢迎的程度来衡量。正如当代文学长期以来的遭遇，当代音乐和美术近年来也遭受了一些猛烈的但受误导的攻击，[1]这些攻击似乎建基于一种关于什么构成了艺术的“民主”观的错误观念。正如“社会主义现实主义者”，这些作者经常解释说，一个审美对象要么不可能拥有很高的审美价值，要么即使它拥有较高的审美价值，也不值得我们尊重和仰慕，更遑论经济上的支持，除非它通俗易懂，并能与消遣和娱乐的大众艺术争夺即时的关注和享受。但是，趣味的这种绝对水平的简约化，这种拒绝承认文明中有些好东西在一个特定时期只有少数人能够领悟和欣赏——尽管在另一个时期少数人可能会变成多数人——的不情愿，并不是民主政治理论所必然导致的一个逻辑结果，而只是对艺术的所有标准和所有希望的抛弃。

富于创造力的艺术家最需要从其社会中得到的，是自由。富于创造力的艺术家，其独立性是很多人难以理解的，因为如果他缺乏幽默感，其独立性可能会显得粗鲁而野蛮，但如果他不乏幽默感，它亦同样固执。但是，在享受艺术家的劳动果实时，除非人们愿意承认和支持使之成为可能的社会条件，否则没有任何人尽到其全部责任。艺术家的自由的正当性，往往是以不可辩护的术语而表述的：作为“自我表现的自由”的一种诉求——就好像任何人都有权利以他人为代价而表现自我一样。但是，艺术家的自由不是自我表现，而是发现审美经

1 亨利·普莱曾茨：《现代音乐之痛》（*The Agony of Modern Music*, New York: Simon and Schuster, 1955）；乔治·比德尔：《当代艺术的是与非》（*The Yes and No of Contemporary Art*, Cambridge, Mass.: Harvard U., 1957）。

验的新模式，以及开辟审美经验的新源泉的自由——这种自由对人类来说是多多益善的，无论他们是否都意识到了这一点，而他们大多都不知道，他们实则需要这种自由。

现在，一般公众已经深刻地认识到了一点——虽然政府官员和实业家有时还是会在关键时候忘记它——实证科学家在其领域之中若没有广阔的自由，则在很长一段时间内，都无法指望他能推动该领域中的知识进步。这就是说，他必须能够——还有，他在工作中必须不仅 582
是没有身体危险的，而且是满腔热忱和充满信心的——阐述各种各样的假说，与其他科学家讨论这些假说，并深入探究这些假说。而在这些假说当中，有很多将会被证明是错误的，一些则会动摇既定的观点和声誉，但大多数将会富有成效地推进他的研究，直接地或间接地。有创造力的艺术家可能并不会给予我们严格意义上的知识，但是他的目标是给予我们一些这样的对象，一旦我们知道该如何使用它们，它们便是我们所能拥有的无价之宝，而艺术家要实现其所思所想，也要拥有发现的自由。他必须尝试种种观念（其中一些观念也许是稀奇古怪和令人怀疑的），以赋形于它们，并将它们公之于众，这样他和众人就能与它们一起栖居，并对它们熟稔于心。在尝试之前，艺术家常常不知道什么是值得尝试的，而且除非艺术家的想象力能够自由自在地漫游，另辟蹊径，否则他无法为世界的财富锦上添花。如果他的作品乏善可陈，它会枯萎而亡。但是，如果他的作品可圈可点，那么他的自由，乃至于他的自由所服务的一些标新立异的和令人不快的用途，都会得到很好的回报；因为他为整个创造世界增添了一个全新的对象，这一对象的价值，只要人类充分意识到自己为之心折首肯的渴望，便是不可估量的。

附注与问题

§ 29

29-A. 唯美主义。这种观点的经典表述出自沃尔特·佩特，见其《文艺复兴》(*The Renaissance*)1868年版的结论部分，以及《享乐主义者马利乌斯》(*Marius the Epicurean*)。它在奥斯卡·王尔德的一些讽刺短诗中也有所概括。属于同一种一般观点的是泰奥菲尔·戈蒂耶《莫班小姐》的序言，在其中，他抨击了所有企图将道德或实用标准运用于艺术的做法；以及詹姆斯·A. 麦克尼尔·惠斯勒的演讲录《十点钟》(“Ten O’Clock”)，她在其中提出，艺术是一个自在的目的。另参见霍勒斯·M. 卡伦《艺术与自由》(*Art and Freedom*, New York: Duell, Sloane and Pearce, 1942)，第一卷，第6章和第11章。

从未有人对唯美主义做出系统性的阐述，但弄清楚我们能否做到这点，也许是有启发性的。例如，从戴维·W. 普劳尔(《审美判断》[*Aesthetic Judgment*, New York: Crowell, 1929]，第15章)所提出的那样一些前提出发，便可以发展出唯美主义的一种形式。普劳尔将内在价值和审美价值视为同一。当然，他并不认为所有的审美价值都来自艺术，但是他确实接近于将所有的道德价值简约为审美价值，比方说，他断言，正是贫穷、疾病和非正义所导致的不适感，“使得它们不得人心，是丑的和恶的”(第349页)。基于普劳尔的这种价值理论，
583 克莱夫·贝尔(《论艺术》[*Art*, London: Chatto and Windus, 1914]，第二部分，第3章，另收录于埃里西奥·维瓦斯和莫瑞·克里格主编《美学的问题》[*The Problems of Aesthetics*, New York: Rinehart, 1953]，

第 578—583 页）提出了一种近乎纯粹的唯美主义艺术观："宣布任何东西为艺术作品，就是将一个对象归结为善的一种如此直接而有力的手段，以至于我们无须担心它的任何其他可能后果"（第 115 页）；另参见第四部分第 3 章，以及第五部分第 2 章。

29-B. 道德主义。西德尼 · 辛克对审美关注和道德关注之间的冲突点，以及人们为解决这一冲突而做出的主要尝试予以了有益的梳理，见其《论艺术的道德效果》（"The Moral Effect of Art," *Ethics*, LX [1950]: 261–274）一文，收录于维瓦斯和克里格前引书，第 545—561 页。辛克倾向于将"道德效果"这一术语局限于引发道德反思的审美对象（他认为这些对象只能是文学），但是他同时承认其他审美对象可以通过下文附注 30–A 中所讨论的"非道德"效果而间接地服务于行为动机。

道德主义的简约形式出现于柏拉图的哲学之中，而柏拉图似乎对两个重要命题深信不疑：（1）从其内在价值来看，审美对象只能"滋养和浇灌情欲"，这是一种破坏性的效果（《理想国》第十章，602c—608b）；（2）一旦审美对象拥有适当的形式和性质，它们就能够产生强大而有价值的副效果（《理想国》第三章，376e—403c）。托尔斯泰的论证举重若轻，表达极其连贯（《何为艺术？》[*What is Art?* trans. by Aylmer Maude, New York: Oxford U., 1930]，尤其参阅第 1 章、第 10 章、第 15 章、第 16 章和第 18 章，其论证的部分重要内容收录于维瓦斯和克里格前引书，第 483—498 页），但是它令人惊诧地摈弃了近乎所有的音乐和文学经典，包括他自己的作品。这理应促使我们逐步对这一论证展开仔细检查，因为它值得仔细考察，尤其是它所依据的，并未全部明言的诸前提。

诉诸关联性的论证，或认为审美价值和道德价值密切相关的论题，得到了一些作者的辩护，参见：约翰·罗斯金《艺术演讲录》(*Lectures on Art*, New York: Maynard and Merrill, 1893)，第三讲："按由高到低的绝对精确性，可能艺术的美好是它所表现的情感之道德纯洁性和庄重性的表征"(第 81 页)；J. W. R. 珀泽《艺术与真理》(*Art and Truth*, Glasgow, Scot.: U. Publications, 1937)，第 15 章和第 16 章(他的辩护与"题材"所受到的一些有趣的混淆息息相关，第 146—147 页)；L. A. 里德《美学研究》(*A Study in Aesthetics*, New York: Macmillan, 1931)，第 11 章(他未能充分区分关于作品的道德效果的问题和关于富于创造力的艺术家之品德的问题)；A. H. 汉内《艺术中的道德》("Morality in Art," *PAS*, XXXI [1931]: 37–54)一文(但他将一种明显是道德主义的艺术观与一种弹性的和相对主义的道德观整合在一起)。伊沃·温特斯提出了一种道德主义的诗歌观，见其《为理性辩护》(*In Defense of Reason*, New York: Swallow, 1947)中的"《呓
584 语的剖析》序"，即"先决问题"一节，另收录于罗伯特·W. 斯托尔曼所编《批判与批评论文集》(*Critiques and Essays in Criticism*, New York: Bonald, 1949)，第 201—209 页；在其论文《罗伯特·弗罗斯特：或作为诗人的精神漂泊者》("Robert Frost: or, the Spiritual Drifter as Poet," *Sewanee Review*, LVI [1948]: 564–596)中，温特斯对他的原则进行了说明，尤其参见第 566 页和第 586—588 页。温特斯语焉不详，但他似乎是认为，诗歌本质上有价值的效果是：通过同理心和理解力的扩展，"它让我们成为一个更近乎完美的和更知情达理的存在者"。

关于道德主义观的批评和讨论，参见：W. K. 温姆萨特《诗歌与道德的关系再辩》("Poetry and Morals: A Relation Reargued," *Thought*, XXIII [1948]: 281–299)一文，另收录于《语象》(*The Verbal Icon*, Lexington, Ky.: U. of Kentucky, 1954)，第 85—100 页，以及维瓦斯

和克里格前引书，第 530—545 页；雅克·马里坦《艺术与经院哲学》(*Art and Scholasticism*, trans. by J. F. Scanlan, New York: Scribner's, 1930)，第 9 章；迈耶·H. 艾布拉姆斯《镜与灯》(*The Mirror and the Lamp*, New York: Oxford U., 1953)，第 326—335 页；劳伦斯·比尔迈耶《审美经验》(*The Aesthetic Experience*, Merion, Pa.: Barnes Foundation, 1924)，第 7 章。

29-C. 马克思主义艺术观。关于一般观点，参见：列夫·托洛茨基《文学与革命》(*Literature and Revolution*, trans. by Rose Strunsky, New York: International, 1925)，第 5 章；埃德蒙·威尔逊《三元思想家》(*The Triple Thinkers*, rev. ed., New York: Oxford U., 1948)中的"马克思主义与文学"一节；詹姆斯·托·法雷尔《受惊吓的非利士联盟》(*The League of Frightened Philistines*, New York: Vanguard, 1945)中的"文学与意识形态"一节。法雷尔较早前的著作，即《文学批评札记》(*A Note on Literary Criticism*, New York: Vanguard, 1936)一书，区分了关于艺术与社会价值的可能立场，而如果将其区分方式与书中所给出的"唯美主义"和"道德主义"的定义相比较，会很有意思；特别参见第 1—6 章，第 10—11 章，以及第 207—209 页。

非中立性原则得到了巴罗斯·邓纳姆强有力的辩护，见其《反神话的人》(*Man Against Myth*, Boston: Little, Brown, 1947)，第 7 章。另参见：尼古拉·布哈林的《诗与社会》("Poetry and Society")一文，收入维瓦斯和克里格前引书，第 498—514 页，此文呈现了马克思主义者对文学中形式主义的抨击；霍华德·法斯特《文学与现实》(*Literature and Reality*, New York: International, 1950)，此书并没有区分以下两种陈述：一是艺术不能在政治上中立，一是艺术不应在政治上中立；安德烈·日丹诺《文学、哲学与音乐论文集》(*Essays on*

Literature, Philosophy, and Music, New York: International, 1950），他在其中（论文一）写道：作家乃“人类灵魂的工程师”（这句话被认为出自斯大林）；特别参见第 32—33 页。关于音乐的意识形态，参见：日丹诺，第 81—85 页，第 92—96 页；西德尼·芬克尔斯坦的《音乐如何表现观念》（*How Music Expresses Ideas*, New York: International, 1952）是一部偏狭而缺乏深度的历史，与其标题并不相符。他的另一部著作，即《艺术中的现实主义》（*Realism in Art*, New York: International, 1954），同样名不符实。

关于反马克思主义者对非中立原则的使用方式的例子，参考密歇根州众议员乔治·A. 唐德罗在国会所做的众多演说。他十年如一日
585 地捍卫美的艺术，使其免受现代主义和其他主义的入侵。

关于更晚近的苏联理论，以及艺术在苏维埃俄罗斯所处境地的信息，参见安德烈·奥尔科夫斯基《苏维埃政权下的音乐》（*Music under the Soviets*, New York: Praeger, 1955）。这是一部令人爱不释手的著作（特别参见第 37 页、第 45 页及后面数页、第 154 页、第 158 页及后面数页、第 181 页、第 213 页；在本书中举例的时候，我一直铭记他的一些观点）；赫尔穆特·莱曼-豪普特《独裁政权下的艺术》（*Art under a Dictatorship*, New York: Oxford U., 1954）；尼古拉斯·斯洛尼姆斯基《德米特里·德米特里耶维奇·肖斯塔科维奇》（“Dmitri Dmitrievitch Shostakovich,” *Musical Quarterly*, XXVIII [1942]: 415–444）一文；伊戈尔·斯特拉文斯基《音乐诗学》（*Poetics of Music*, Cambridge, Mass.: Harvard U., 1947），第 5 章。

29-D. 艺术的社会和心理副效果。20 世纪 30 年代早期出现了一系列关于电影以及电影对儿童所产生的效果的研究，其中很多研究的思路浅薄，敷衍了事。然而，其中最出色的研究（露丝·C. 彼得森和 L.

L. 瑟斯通《电影与儿童的社会态度》[*Motion Pictures and the Social Attitudes of Children*, New York: Macmillan, 1933])则清晰地且令人信服地表明，电影可能对儿童的社会态度产生强烈而持久的影响(关于《国家的诞生》的讨论，参见第 60—61 页和第 64—65 页)。这些研究因亨利 · J. 福曼《我们的电影塑造了孩子》(*Our Movie Made Children*, New York: Macmillan, 1935)而众所共知。这是一部不求证事实就轻易下结论的著作。针对这些研究，莫提默 · 艾德勒进行了详尽的逻辑批评，其中很多观点切中肯綮，见其《艺术与审慎》(*Art and Prudence*, New York, Toronto: Longmans, Green, 1937)，第三部分；在第六章和第七章中，艾德勒以经院哲学式的耐心，对电影所受到的指控进行了分析和检查。在《我们是电影塑造的吗？》(*Are We Movie Made?* New York: Macy-Masius, 1938)中，雷蒙德 · 莫利对艾德勒的论点予以了总结。

近年来，人们开始将大量的注意力集中于另一个领域，这主要是弗雷德里克 · 魏特汉的著作使然。魏特汉那部雄辩的和令人印象深刻的著作，即《无辜者的诱惑》(*Seduction of the Innocent*, New York: Rinehart, 1954)，通过大量的证据表明，一味阅读犯罪漫画书而拒绝其他书籍，正如千百万儿童所做的那样，这些漫画书就会对儿童产生严重影响：(1)会让他们熟悉这些漫画书中所充斥的每一种性变态行为，或者诱导他们做出这些行为；(2)会让他们在暴力和残忍面前心硬如石，因为漫画书使暴力和残忍看起来是生命中可欲的和可接受的一部分；(3)会让他们形成对于各社会群体的偏见态度；以及(4)间接诱发犯罪和其他反社会行为。魏特汉的论据并不是完全决定性的，并且也受到了批评；关于这一点，以及关于一般意义的犯罪漫画问题，参见：威廉 · R. 洛克哈特和罗伯特 · C. 麦克卢尔《法庭上的淫秽品》

(“Obscenity in the Courts”)一文(参见下文附注 30–C)，特别是第 590—598 页；沃尔特·盖尔霍恩《个人自由与政府管控》(*Individual Freedom and Governmental Restraints*, Raton Rouge, La.: Louisiana
586 State U., 1956)，第 55—67 页；保罗·布兰夏德《读书的权利》(*The Right to Read*, Boston: Beacon, 1955)，第 9 章。

值得一提的是，阿尔弗雷德·金赛在《女人的性行为》(*Sexual Behavior in the Human Female*, Philadelphia: Saunders, 1953)中提供了一些数据，这些数据似乎表明人们在性方面并不受书籍的影响，只不过他的研究并未继续深挖下去。本杰明·卡普曼宣称，黄色文学甚至可能会通过一种亚里士多德式的宣泄而减少公然的冒犯，见其《性侵者及其侵犯》(*The Sexual Offender and His Offenses*, New York: Julian, 1954)，第 485 页。

§ 30

30-A. 艺术的内在价值。在其《诗学》第 6 章、第 9 章、第 11 章、第 13 章和第 14 章中，亚里士多德在回应柏拉图的简约化论点时，似乎为艺术的内在价值做出了最早的值得注意的辩护。在他的理论中，悲剧的效果是“通过怜悯和恐惧而宣泄情感”。虽然学者们还没有就亚里士多德所表达的确切意思达成共识，但毫无疑问，亚里士多德深信，悲剧效果乃悲剧的社会价值之依据，因为它表明悲剧所实现的不仅仅是一种慵懒的感受刺激。参见：萨缪尔·H. 布彻《亚里士多德诗歌美术理论》(*Aristotle's Theory of Poetry and Fine Art*, 4th ed., New York: Dover, 1951)，第 6 章；弗雷德里克·A. 波特尔《论宣泄》(“Catharsis,” *Yale Review*, XL [Summer 1951]: 621–641)一文，这是一篇特别有意思的论文；A. H. R. 费尔柴尔德《亚里士多德的宣泄说》（"Aristotle's Doctrine of Katharsis," *The Classical Journal*, XII [October 1916]: 44–56）一文；G. F. 埃尔斯《亚里士多德〈诗学〉研究概述》（"A Survey of Work on Aristotle's Poetics," *The Classical Weekly*, XLVIII [February 14, 1955]: 76–78）一文；弗兰西斯·弗格森《戏剧观念》（*The Idea of a Theater*, Princeton, N.J.: Princeton U.）（纽约铁锚图书出版社 1953 年再版），第 1 章；利瓦伊·A. 波斯特《从荷马到米南德》（*From Homer to Menander*, Berkeley, Cal.: U. of California, 1951），第 1—26 页，第 245—269 页。

弗里德里希·席勒在《美育书简》（*On the Aesthetic Education of Man*, trans. by Reginald Snell, New Haven, Conn.: Yale U., 1954）中提出，艺术的享受和美的感知是理性和自由的发展历程中的一个必经阶段（特别参见第 2 封和第 23 封书信）。

在 1840 年的《诗辩》（*Defence of Poetry*）（另收录于马克·舍勒、约瑟芬·迈尔斯和戈登·麦肯齐合编《论批评》[*Criticism*, New York: Harcourt, Brace, 1948]，第 455—470 页）中，雪莱在文学的内在道德价值与其偶然效果之间做出了较为清晰的区分。他对前者推崇有加：诗歌唤醒了人们的想象力，因而也唤醒了人们相互间的同情心；"一个人如要成为至善者，必须具有强烈而全面的想象力"（舍勒、迈尔斯和麦肯齐前引书，第 459 页）；"道德之善的伟大工具，是想象力"（第 459 页）。

在其《文学批评原理》（*Principles of Literary Criticism*, London: Routledge and Kegan Paul, 1925）（特别是第 5—8 章、第 15 章、第 31 章、第 32 章，其中第 15 章及第 32 章的部分内容另收录于埃里西奥·维瓦斯和莫瑞·克里格主编《美学的问题》[*The Problems of*

587 *Aesthetics*, New York: Rinehart, 1953]，第 386—395 页）（另见瑞恰慈《科学与诗歌》[*Science and Poetry*, London: Routledge and Kegan Paul, 1926）中，瑞恰慈提出，在诗歌的经验中，各冲动被系统化、调和和整合，这给精神的健康和心灵的健全带来了持久的弥漫性的裨益；他认为，文学（以及其他艺术门类）对文明的不可或缺性正是基于此。关于其他人对瑞恰慈的评价，参见“美学中心理学的局限性”专题论文集，特别是海伦·奈特的论文（*PAS*, Suppl. vol. XI [1932]: 169–215）。

约翰·杜威（《艺术即经验》[*Art as Experience*, New York: Minton, Raich, 1934]，特别是第 1 章、第 2 章、第 11 章、第 12 章、第 14 章）比任何作者都更重视审美经验和生活之间的连续性，并辩称，艺术的事业对人类有着至高的价值，因为它们能产生统一性的和解放性的效果。“审美经验是一种展现，是某种文明的生活之记载和庆祝，是一种促进其发展的手段，以及是对于这一文明的质量之最终判断。”（第 362 页）。关于杜威观点的更多讨论，参见：E. A. 希勒《杜威的审美论》（“Dewey's Esthetic Theory,” *J Phil*, XXXII [1935]），第 617—627 页，第 650—664 页）一文；霍勒斯·M. 卡伦《艺术与自由》（*Art and Freedom*, New York: Duell, Sloane and Pearce, 1942），第一卷绪论，第二卷第 32—34 章。关于目的和手段在审美经验中的互通性及其社会意义，参见：杜威《经验与自然》（*Experience and Nature*, Chicago: Open Court, 1925），第 9 章；卡伦前引书，第二卷第 144 节和第 145 节；劳伦斯·比尔迈耶《论审美经验》（*The Aesthetic Experience*, Merion, Pa.: Barnes Foundation, 1924），第 3 章。

阿尔弗雷德·诺尔司·怀特海令人信服地捍卫了艺术作为教育的一个组成部分所具有的重要性，其部分依据是，艺术帮助人们看到作为整体的事物之具体有机性，而不是沦为抽象物的牺牲品，参见《科学与现代世界》(*Science and the Modern World*, New York: Macmillan, 1925)(纽约蒙特书屋1948年再版)，第13章，特别是第197—207页，此处很多内容另收录于雷德《现代美学文选》(*A Modern Book of Esthetics,* rev. ed., New York: Holt, 1952)，第565—571页。另参见《教育的目的》(*The Aims of Education*, New York: Mentor, 1949)，特别是第24—25章、第55—57章、第66—68章。

米尔顿·纳姆一再强调艺术在联合人类的过程中所发挥的作用，见其《艺术乃文化理解力的桥梁之一》("Art as One of the Bridges of Cultural Understanding," *Approaches to Group Understanding*, Conference on Science, Philosophy, and Religion, New York: Harpers, 1947)一文，以及《艺术与美术在交往中的功能》("The Functions of Art and Fine Art in Communication," *JAAC*, V [June 1947]: 273–280)一文；另参见《论艺术的功能》("The Function of Art")一文，收入《艺术：布林茅尔专题论文集》(*Art: A Bryn Mawr Symposium*, Bryn Mawr, Pa.: Bryn Mawr College, 1940)。

关于艺术的内在价值的更多讨论，参见：苏珊·K. 朗格《感受与形式》(*Feeling and Form*, New York: Scribner's, 1953)，第1章；刘易斯·芒福德《创造性艺术在当代社会中的作用》("The Role of the Creative Arts in Contemporary Society," *Virginia Quarterly Review*, XXXIII [1957]: 521 538)一文；哈罗德·泰勒《道德价值与艺术经验》("Moral Values and the Experience of Art")一文，此文乃作者1952年3月22日在现代艺术博物馆所做的一次演讲，后由该博物馆艺术教育委员会整理出版；乔治·桑塔耶纳《艺术中的理性》(*Reason in Art*)，即《理性的生活》(*The Life of Reason*, 2nd ed., New York: Scribner's,

588 1922)第四卷，第9章和第11章，收录于维瓦斯和克里格前引书，第514—530页；D. W. 戈查尔克《艺术与社会秩序》(*Art and the Social Order*, Chicago: U. of Chicago, 1947)，第9章和第10章；德威特·H. 帕克《美学原理》(*The Principles of Aesthetics*, Boston: Silver, Burdett, 1920)，第3章和第14章；T. M. 格林《艺术家的责任与机缘》("The Responsibilities and Opportunities of the Artist")一文，收入露丝·N. 安申主编《行为的道德原则》(*Moral Principles of Action*, New York: Harper, 1952)；C. J. 杜卡塞《艺术、批评家与阁下》(*Art, the Critics, and You*, New York: Piest, 1944)，第6章。

近年来，人类学家和精神病学家已经做出某种尝试，以确定是否存在普世性的不以文化为转移的人类需求；如果存在，那么一个颇有意思的问题是，我们能否将艺术的内在效果与这类需求的满足联系起来。参见：亚历山大·麦克贝思《生活中的实验》(*Experiments in Living*, London: Macmillan, 1952)，第3章；埃里希·弗罗姆《心智健全的社会》(*The Sane Society*, New York: Rinehart, 1955)，第3章。

关于文学的社会价值，参见：克里斯托弗·考德威尔《幻象与现 实》(*Illusion and Reality*, London, Macmillan, 1937)，第12章；伊丽莎白·C. 赖特《布里奇斯〈美之证明〉中的隐喻、声音和意义》(*Metaphor, Sound and Meaning in Bridges' The Testament of Beauty*, Philadelphia: U. of Pennsylvania, 1951)，第14章；拉塞尔斯·阿伯克龙比《诗论》(*The Theory of Poetry*, London: Secker, 1926)，第一部分，第6章；关于绘画的社会价值，参见弗朗西斯·B. 布兰夏德《绘画理论中相似性的隐遁》(*Retreat from Likeness in the Theory of Painting*, 2d ed., New York: Columbia, U., 1949)，第146—147页；关于音乐的社会价值，参见埃德蒙·盖尼《声音的力量》(*The Power of*

Sound, London: Smith, Elder, 1880)，第 16—18 页，尤其是第 369—379 页。

30-B. 艺术对于富于创造力的艺术家的价值。关于创造过程的著作汗牛充栋，但其中能够清楚地说明创造活动对创造者本人的心理健康有何影响的，并不多。关于精神分析式解释的一个例子，参见哈里 · B. 李《论心灵的审美境界》(“On the Esthetic States of the Mind,” *Psychiatry*, X [1947]: 281–306) 一文，以及其中所参考的较早前的论文；李争辩说，创造的冲动以及对秩序的热爱，反映了艺术家对于自己受压抑的愤怒和破坏性的冲动的无意识罪感。精神病学家对这一主题的研究仍然任重而道远，但是文学外行对它的自由臆想变得更难了，因为人们已经对一首诗据说是在睡梦中由潜意识所作这一经典例子产生了强烈的质疑；参见伊丽莎白 · 施耐德《忽必烈汗的“梦”》(“The ‘Dream’ of ‘Kubla Khan,’” *PMLA*, LX [1945]: 784–801) 一文。

30-C. 审查制度的问题与原则。“审查制度”在严格意义上是指对出版物或公开演讲所实施的事先管控，但就像在这里一样，它经常被用来涵盖所有针对审美对象的官方管控，包括事后的追究。我所读过的关于法律问题的最好著述，是威廉 · R. 洛克哈特和罗伯特 · C. 麦克卢尔发表的《法庭上的淫秽品》(“Obscenity in the Courts,” *Law and Contemporary Problems*, XX [1955]: 587–563) 一文，这明显是《明尼苏达法律评论》1954 年第三十八卷中的《文学、淫秽品法与宪法》(“Literature, the Law of Obscenity, and the Constitution,” *Minnesota Law Review*, XXXVIII [1954]) 一文的节略本。作为这一卷期刊专门 589
刊登的“淫秽品与艺术”专题论文集的一部分，这篇文章精辟地探讨了 (1) 对“淫秽品”的定义所依据的效果予以具体化的问题 (第 590—598 页)，(2) 确定“可能观众”的问题 (第 598—602 页)，以及 (3) “文学、科学和教育价值”的相关性问题(第602—607页)。另参见J. E. 霍尔·威廉斯《英国现代法中的淫秽品》(“Obscenity in Modern English Law”)一文，同上书，第630—647页。泽卡赖亚·查菲的《政府与大众传播》([*Government and Mass Communications*, Chicago: U. of Chicago, 1957]，第一卷，第9—13章)，也很好。在《淫秽品与法律》(*Obscenity and the Law*, London: Secker and Warburg, 1956)一书中，诺曼·圣约翰-史蒂华斯回顾了淫秽品管控的历史，并讨论了当前的形势。另参见沃尔特·盖尔霍恩前引书，第2章。莫里斯·欧内斯特和威廉·西格尔的《致纯洁者》(*To the Pure*, New York: Viking, 1928)，以及莫里斯·欧内斯特和亚历山大·林德利的《审查者的得步进步》(*The Censor Marches On*, New York: Doubleday, Doran, 1940)，都探讨了很多真实案例，并提出了很多针对审查制度的反对意见(欧内斯特和林德利，第15章)。保罗·布兰夏德讨论了更多更晚近的诉讼案(前引书，第6章，第7章，第10章，第11章)。为更多例子，参见：安妮·莱昂·海特《禁书名录》(*Banned Books*, 2d ed., New York: Bowker, 1955)；罗马天主教会《禁书索引》(*Index of Prohibited Books*, Vatican, 1948)。关于审查制度的辩护，参见威廉·乔因斯顿-希克斯《我们需要审查官吗？》(*Do We Need a Censor?* London: Faber and Faber, 1929)。

伍尔西法官在1933年12月6日就《尤利西斯》诉讼案所做出的裁决，被收入克利夫顿·费迪曼主编《钟爱阅读》(*Reading I've Liked*, New York: Simon and Schuster, 1941)一书第382—388页，以及纽约现代图书馆于1946年出版的《尤利西斯》。博克法官1949年3月18日在“联邦诉戈登等人案”(*Commonwealth v. Gordon et al*)中所做出的裁决，被收入宾夕法尼亚州费城县治安季审法庭1949年的《区县报告》(*District and County Reports*),第101—156页;上级法院确认了意见书的正当性,但对于博克法官的建议,即某种形式的"明显而即刻的危险"准则应适用于淫秽品,却未予支持。在1957年2月25日的"巴特勒诉密歇根州案"(*Butler v. Michigan*)中,弗兰克福特大法官为大多数人发声,一再重申:以可能对儿童造成伤害为由而对成年人的审美对象进行审查,这是反宪法的。1957年6月24日的"罗斯诉合众国案"(*Roth v. United States*)也值得注意。更多有趣的相关文件,参见沃尔特·M.丹尼尔斯《书籍的审查制度》(*The Censorship of Books*, The Reference Shelf, New York: Wilson, Vol. 26, No. 5, 1954);另参见维克托·韦布赖特1952年12月10日代表美国世界文学新文库出版公司向众议院的当代色情作品特别委员会(盖辛斯委员会)所提交的陈述——一份针对委员会本身的片面报告的必要补充。D. H.劳伦斯的两篇生动有趣的论文,即《色情与淫秽》("Pornography and Obscenity")和《一个关于〈查泰莱夫人的情人〉的建议》("A Propos of *Lady Chatterley's Lover*")(收入H. T.摩尔主编《性、文学与审查》[*Sex, Literature and Censorship*, London: Heinemann, 1955]),并没有对这一问题做出太多的贡献。亨利·米勒《记要深记》(*Remember to Remember*, New York: New Directions, 1947)文集中的《淫秽与反射法则》("Obscenity and the Law of Reflection")一文,亦如此。 590

关于当前的问题,查阅美国图书出版商委员会的审查公报。

30-D."淫秽"与"色情"的界定。在《作为一个美学范畴的淫秽性》("Obscenity as an Aesthetic Category")(收入专题论文集《法律与当代问题》[*Law and Contemporary Problems*],第544—559页)一文中,亚伯拉罕·卡普兰对这些术语做出了截然不同的分析,并区分了三种淫秽性;卡普兰还指出,伍尔西法官的"性本能正常之人"这一概念与“理性人”的概念并没有可比性，因为在他看来，与前者不同，后者可以通过归纳推理的逻辑来界定（参见第 547 页）。另参见：洛克哈特和麦克卢尔前引书，特别是第 590—602 页；圣约翰-史蒂华斯前引书，第 9 章。

30-E．政府与艺术。格雷斯·奥弗迈耶讨论了在没有政府管控的情况下对艺术予以政府支持所涉及的问题，参见其《政府与艺术》（*Government and the Arts*, New York: Norton, 1939），特别是第 13 章和第 14 章；这本书虽然不是最新的，但它包含大量关于美国的政府支持历史（特别是 20 世纪 30 年代）的信息。

赫尔穆特·莱曼-豪普《独裁政权下的艺术》（*Art under a Dictatorship*, New York: Oxford U., 1954）是一项关于纳粹党等政权下的艺术的研究，它在很大程度上促进了人们对于极权主义需求和艺术用途之间关系的理解，同时以一种令人茅塞顿开的方式讨论了民主国家中的政府支持问题（特别参见绪言和结论部分）。

另参见克莱夫·贝尔《论艺术》（*Art*, London: Chatto and Windus,
591 1913）一书，第五部分。

索　　引

（按英文字母次序排列；页码为原书页码，即本书边码）

1 n. 指注释。

F

G

H

I

O

T

W

图书在版编目（CIP）数据

美学：批评哲学中的问题 /（美）门罗 · C. 比厄斯利著；邓文华译 .-- 北京：商务印书馆，2025.

ISBN 978-7-100-24951-5

Ⅰ. B83

中国国家版本馆 CIP 数据核字第2025T9P035号

美学：批评哲学中的问题

（上、下卷）

〔美〕门罗 · C. 比厄斯利 著

邓文华 译

商 务 印 书 馆 出 版

（北京王府井大街 36 号 邮政编码 100710）

商 务 印 书 馆 发 行

北京市白帆印务有限公司印刷

ISBN 978 - 7 - 100 - 24951 - 5

2025 年 8 月第 1 版　　开本 880 × 1230　1/32

2025 年 8 月北京第 1 次印刷　　印张 $33^{1}/_{4}$

定价：188.00 元